MEMOARER

från

ANDRA DIMENSIONEN

Books by Christine Kromm Henrie and David Henrie

Published by Access Soul Knowledge

The Spiritual Design: Channeled Teachings, Wave 1

The Spiritual Design: Channeled Teachings, Wave 2

Notes from the Second Dimension; Volume 1

Helig Design: Kanaliserade Budskap; Första Vågen (Svenska)

Helig Design: Kanaliserade Budskap, Andra Vågen (Svenska)

Notes from the Second Dimension; Volume 2

Memoarer från Andra Dimensionen; Del 1 (Svenska)

Books Scheduled for Publication in 2022 - 2024

The Spiritual Design, Wave 3

Notes from the Second Dimension; Volume 3

The Spiritual Design, Wave 4

Vi vill tacka och framhålla de många andar som har bidragit till bokserierna *Helig Design* och *Memoarer från Andra Dimensionen,* som vecka efter vecka outtröttligt delar med sig av sin visdom och kärlek. Vi betraktar dem som vår andliga familj och är hedrade att få presentera deras ord för dig. Vår djupaste tacksamhet går till de sanna författarna till dessa böcker: Ophelia, Bob, Jeshua, Isak, Zachariah, Ari, Eli, Ia, Tosh, Jeb, Elahim Rådet, Nionde Rådet, Gergen, Ole och en mängd andra väsen som är tysta partners i detta samarbete för att göra Jorden till en bättre plats.

~ Christine and David

Memoarer
från
Andra Dimensionen

Del 1

Christine Kromm Henrie

&

David Henrie, Sp.D.

Access Soul Knowledge
Stockholm, Sweden

The Library of Congress has cataloged the hardcover edition as follows

Names: Henrie, Christine Kromm | Henrie, David

Originalets title: Notes from the second dimension: volume 1 /

By Christine Kromm Henrie and David Henrie

Description: 490 pages ; 23 cm. | Access Soul Knowledge, 2019

Identifiers: LCCN 2019905902 | ISBN 9780998987071

Subjects: 1. Spirituality. 2. Channeling (Spiritualism). 3. Reincarnation.

Classification: •BF1275.D2 H-- 2019 | DDC 133.9'01'35—dc22

LC record available at https://lccn.loc.gov/2019905902

Other Formats Available

ISBN 9780998987064 (Paperback Edition)

ISBN 9780998987088 (Kindle e-book Edition)

ISBN 9780998987088 (EPUB e-book Edition)

Memoarer Från Andra Dimensionen

ISBN 9781951879082 (Swedish Language Paperback Edition)

ISBN 9781951879099 (Swedish Language Kindle e-book Edition)

ISBN 9781951879105 (Swedish Language EPUB e-book Edition)

Swedish Translation by Susanne Kromm, Christine Kromm Henrie

Cover Photo Art: ID 6702029 © Ldambies | Dreamstime.com

Printed in the United States of America

First Edition

First Printing, June 2019 (English Language)

First Printing August 2022 (Swedish Language Translation)

Imprint: Access Soul Knowledge

Stockholm, Sweden & Williamstown, WV, USA

Publisher information at www.AccesSoulKnowledge.com

Innehållsförteckning

Sida	*Rubrik*
1	**Skapande av nya Själar**
12	Hur nya Andar skapas (21 Jan, 2018)
27	En Armé av Ljusbärare (1 Juli, 2018)
34	Att ta hand om Småstjärnorna (16 Dec, 2018)
40	**Småstjärneskolan**
42	Bob som Gästföreläsare (2 April, 2017)
45	Att gå samman med Träd och Stenar (28 Maj, 2017)
51	Från Teori till Praktik (9 Okt, 2017)
59	Bestämdhetsceremonin (29 Okt, 2017)
65	Andlig Lemonad (11 Nov, 2017)
68	Bobs Elever lär sig Distansundervisning (18 Nov, 2017)
74	Undervisning av Tom (17 Dec, 2017)
83	Solsken och Moln för Småstjärnorna (21 Dec, 2017)
87	Marsvin på 4H-Gården (23 Dec, 2017)
90	Tom reser till Vattenvärlden (31 Dec, 2017)
97	Småstjärnorna åker på Läger (13 Jan, 2018)
99	Växthusplaneten och 4H-gården (28 Jan, 2018)
106	**Från en Liten Stjärna till en Stor**
107	Bob läser ur min Dagbok (11 Dec, 2016)
112	Vårt Ursprungliga Solsystem (11 Dec, 2016)
119	Bob börjar Resa (25 Dec, 2016)
138	Resa genom de Kosmiska Akvarierna (8 Jan, 2017)
141	Arbete på Egen Hand (25 Jan, 2017)
144	Bobs Individ tas bort (19 Mars, 2017)
147	Egenstudier är en Dygd (26 Mars, 2017)
155	Individen och Evolutionen (7 Maj, 2017)
159	Bob övar på att smälta samman med Christine (4 Juni, 2017)
161	Ophelias jättestora Harpa (4 Juli, 2017)
163	Bob, Professorn i hans Arbetsrum (14 Okt, 2017)
168	Bob funderar över sin Utbildning (22 Okt, 2017)
171	Bob står inför Rådet (11 Nov, 2017)

180 Bygga ett Solsystem
181 En Byrålåda i Labbet (15 Jan, 2017)
186 Stjärnors och Planeters Kärnor (15 Jan, 2017)
192 Orsak och Verkan (23 April, 2017)
203 Månar är annorlunda (5 Mars, 2017)
212 Isak, Gravitationskungen (12 Mars, 2017)
217 Sidoeffekter i Lådan (30 Mars, 2017)
222 Atmosfären fungerar korrekt (7 Maj, 2017)
227 Bob får se mitt Första Projekt (7 Maj, 2017)
230 Solsystem som Kosmiska Chakran (11 Maj, 2017)
236 Varför var det Tre i Rad? (19 Juni, 2017)
238 Arbetsfördelning (19 Juni, 2017)
246 Uranus i Resonans med Solen (3 Dec, 2017)
253 Bob får välja en Plats (25 Juni, 2017)
257 Bubbelträningen börjar (16 Juli, 2017)
263 Snurra som i en Torktumlare? (24 Sept, 2017)
267 In i Ugnen (3 Dec, 2017)
270 Bob reser för att se sitt Solsystem (15 April, 2018)
276 Ophelias Speciella Växt (29 April, 2018)
279 Solen är en Jukebox (13 Maj, 2018)
283 Bob får en Väska med Grundämnen (19 Maj, 2018)
287 Ensam med Väskan (19 Maj, 2018)
292 Att Leka det Mästerliga Medvetandet (28 Maj, 2018)
295 Melodin i Lådorna (3 Juni, 2018)
297 En Hälsosam Sömn, eller Död? (21 Juni, 2018)
303 Månfolket (30 Okt, 2018)
308 Mera Egenstudier i Labbet (16 Dec, 2018)
310 Månar resonerar med Vatten (23 Dec, 2018)
314 Planerar ett besök hos Evolutionsgruppen (3 Feb, 2019)
320 Framsteg och Belöningar
320 Siahs Planet (5 Nov 2017)
329 Djungel-Bob (7 Okt, 2018)
333 Avancerad Bubbelträning (10 Dec, 2018)
337 Krympanpassa Bubblan (16 Dec, 2018)
341 Jeshua föreläser om att resa (6 Jan, 2019)
346 Reser till Siahs Värld (8 Jan, 2019)
352 Åter hos Siah (12 Feb, 2019)
358 Bob får en plats i Rådet (10 Feb, 2018)
365 Ole, den Vise Åhöraren (29 April, 2019)

373 Träning inför Resa till Jorden
374 Att vägleda och vaka över Själen (8 Jan, 2017)
377 Strålande färgrik (16 April, 2017)
381 Slå iväg Bollar av Kunskap (3 Juni, 2018)
386 Arbeta med Fossiler (Jul 8, 2018)
389 Vad är Slutresultatet? (6 Nov, 2018)
396 Gergen ger sig till känna (10 Dec, 2018)
402 Ia berättar Hemligheter om Planeten (23 Dec, 2018)
409 Bob kommer med en hel Påse Lappar (31 Dec, 2018)
418 Bob blir Toms Mentor (6 Jan, 2019)
420 Gergen om att uppskatta de Små Sakerna (8 Jan, 2019)
423 Tre små Elahims tittar in (13 Jan, 2019)
433 Låt Intervjuerna börja (28 Jan, 2019)
440 Ett Träningsläger för Guider (3 Feb, 2019)
445 Bob kommer med en Katalog till Zachariah (8 Feb, 2019)
453 Vart tog de vägen? (12 Feb, 2019)
464 Träningslägret är en stor Succé (12 Feb, 2019)
469 Kung Henrik VIII rider igen (14 April, 2019)
478 Robin Hood undervisar de Rika (11 Maj, 2019)

---

486 Skapelsens Hjul
487 Om Författarna

Skapande av nya Själar

Jag minns fortfarande ganska tydligt den första dagen, det första ögonblicket faktiskt, då Bob dök upp i våra liv. Christine och jag hade vandrat till en plats som vi med värme kallar "Chipmunk Mountain" på grund av den mängd små jordekorrar som vi hade upptäckt bor i de steniga områdena nära en av de imponerande vackra topparna längs kanten av Klippiga Bergen i Colorado. Det var en solig, varm dag i början av oktober 2016, och jag hade precis lagt ut lite nötter och frön på en avsats som en gåva till våra små lurviga och fjäderprydda vänner som bor på detta berg, när Christine plötsligt sa: "Det är någon här", vilket betyder en ande. Hon hade en tydlig vision av en ganska liten figur som närmade sig henne och hörde honom säga ganska högt, "Har du gjort anteckningar?" Utan att vänta på svar, sa han sedan, "Det har jag!" innan han vände om och vaggade iväg, iklädd i vad som tycktes vara en brun mantel och sandaler. Sedan detta första möte har vi välsignats med hans återkommande besök på nästan varje transsession som vi har genomfört; välsignats inte bara på grund av hans charmerande personlighet, utan för den enorma mängd information han har gett oss under de senaste åren. Det blev ganska uppenbart efter att vi hade publicerat *Helig Design - Första Vågen* att vi skulle behöva ägna en serie böcker till de fantastiska berättelserna om hans äventyr och all den kunskap han har delat med oss. Hans otroliga insikter i det arbete som pågår i andevärlden avslöjar en kunskap som aldrig tidigare varit känd för människan. Vi presenterade många delar av hans framställningar i våra tidigare böcker, *Första Vågen* och *Andra Vågen*, i hopp om att kunna fånga huvudidéerna, men var tvungna att utelämna mycket av de tillhörande detaljerna för att hålla innehållet mer hanterbart. Denna serie, *Memoarer från Andra Dimensionen*, bör ses som kompletterande lärdomar relaterade till *Helig Design*-konceptet. Vi kunde bara publicera cirka sex hundra sidor utskrifter i *Första* och *Andra Vågen*, vilket har utelämnat nästan två tusen sidor samtal som inte använts. Denna serie är ett försök att presentera några av de underhållande och lärorika reflektioner från Bob, Ia och Gergen - alla specialister som (i anden) vistas på den andra dimensionen och som inte fick rum i de andra böckerna. Antingen på grund av utrymmesskäl, eller att de var ämnen som inte är kopplade till huvuddelen av de budskap och lärdomar som presenterades i *Helig Design*-böckerna.

De andeväsen som presenteras i denna bok, liksom hur dessa andar talar genom Christine, har alla presenterats i våra tidigare böcker, så vi kommer bara att ge en kort återblick beträffande våra relationer. Det finns många andar som har gett budskap, men bara Ophelia, Isak och Zachariah har inkarnerat på Jorden, och det var för mycket länge sedan. De andra andarna har kunskap om, och är involverade i, detta plan i egenskap av Råd som administrerar verksamheten på planeten Jorden. Den som främst bidrar till den här boken är **Bob**, en mästarkonstruktör och, enligt sig själv, en stor resenär. Han skapades som en liten ljusgnista i den andra dimensionen och utvecklades till en punkt där han blev intresserad av att färdas till andra dimensioner för att studera och lära. Det var på det stadiet i hans utbildning som **Gergen**, hans mentor, konsulterade **Jeshua**, min mentor, vilka beslutade att matcha Bob och mig som ett vänskapspar som skulle hjälpa varandra att utvecklas på olika sätt. Bob valdes ut att agera som guide för mig under de perioder när jag ”vandrade på Jordens yta”, och i gengäld skulle han komma och studera med mig i den sjätte dimensionen för att lära sig mera om form. Och så, som Bob skulle säga, drogs planen igång. Innan det här projektet startade hade jag ingen aning om att Bob var min närmaste andliga guide och att han har varit med mig under samtliga mina liv på Jorden sedan cirka fem hundra tusen år tillbaka i tiden. Mycket av materialet i den här boken är Bobs personliga berättelser om sina iakttagelser när han färdades från plats till plats i andevärlden; en förstahandsupplevelse i hur en ande uppfattar sin omgivning. Man kan kalla det hans dagbok. En annan ande som tydligt framträder i Bobs liv, och därför också i denna bok, är **Ia**, hans närmaste följeslagare på sin hemdimension. Ia och Bob skapades samtidigt tillsammans, i en process vi närmare kommer att beskriva i det första kapitlet, och även om de har olika uppgifter och intressen, betraktas de som ett par som alltid kommer att stödja och lära av varandra. Gergen är både Ias och Bobs mentor, och **Ole**, en äldre medlem av ett Råd i den andra dimensionen är i sin tur Gergens mentor. Detta Råd övervakar skapandet och underhållet av alla livsformer på Jorden, inklusive människokroppen. **Ophelia**, som du känner till från *Helig Design*-serien, är en av de viktigaste administratörerna av detta projekt och är närvarande vid varje session. Hon övervakar allt som Bob säger genom Christine och kommer ofta för att ge honom information att gå vidare med. En ny ande, som Bob ofta talar om, är en yngling som han kallar **Tom**. Ia är en av lärarna i barnkammaren och en del av den tidiga utbildningen av andar på den andra dimensionen, småstjärnor ofta kallade, och Tom var elev i en av Ias stora grupper. Bob besöker ofta Ias klasser som föreläsare för de små, och han kände igen mycket av sig själv i Tom. Som vi kommer att beskriva i den här boken tilldelades Bob så småningom uppgiften som mentor till Tom, och vi fick en inblick i hur Tom utbildades och blev hjälpt på vägen till att bli en självständig ande, en av de många som arbetar för att hjälpa Jorden.

I våra tidigare böcker berörde vi kort vad andarna sysslar med på den andra dimensionen, som är så nära inblandade i naturen på vår planet. Kulturell mytologi från Jordens alla hörn är fylld med berättelser om alver, älvor, naturandar, pysslingar, troll, vättar och andra mystiska varelser. Även om den moderna människan är avskuren från mycket av den andliga medvetenhet som våra gamla förfäder hade, är vissa individer fortfarande känsliga för och kan upptäcka dessa väsen. Tyvärr är många beskrivningar påhittade och antyder ibland att naturens andar kan visa negativa eller ovänliga egenskaper. Alla andar från den andra dimensionen är rena ljusvarelser, utan ondska eller negativa avsikter. Från de omfattande samtal vi har haft med Bob och Ia, vet vi att det finns flera typer av naturandar, baserat på det arbete de gör på Jorden. Vissa arbetar med vattenlevande liv, andra med växter eller djur, och ännu en grupp är involverad i DNA-modifiering. Alla dessa andar är ungefär lika stora och är lite över en meter som fullvuxna, även om de kan krympa sig ner till en mycket liten ljusboll när de färdas på Jorden. Sedan finns det de riktigt små andarna som kallas ljusbärare, vilka inte är större än ett finger eller till och med en nagel. Dessa är en del av en gruppmedvetenhet och många tusentals kan utgöra ett andligt väsen, även om de verkar oberoende av varandra i naturen. Dessa små ljusbärare har i sitt arbete hjälp av myriader av fysiskt manifesterade insekter, skalbaggar, bin, maskar, mikrober och andra skapelser, som alla är utformade av den andra dimensionen för att utföra specifika uppgifter med avsikt att upprätthålla planetens hälsa och balans. Haven, djuren på land och atmosfären ovanför oss har alla synliga och osynliga grupper av andliga väsen som arbetar för att bevara liv och balans i naturen. När människor tanklöst och besinningslöst fördärvar grunden för de ekologiska pyramiderna, visar det på vår djupa andliga okunnighet inför de Råd som övervakar våra handlingar; samma Råd som genom eoner av ansträngning har arbetat för att skapa de livsformer som vi nu äventyrar. Det är inte konstigt att de nu uttrycker sin oro och talar direkt till oss (*genom Christine*) och hoppas kunna korrigera mycket av hur vi missförstår verkligheten runt om oss. Det största hinder vi står inför är vår bristande medvetenhet om den verkliga andliga designen bakom hela skapelsen.

Det finns flera mycket viktiga filosofier som våra andevänner vill förmedla genom sina berättelser. Som människor har vi mycket svårt att föreställa oss änglar eller Skaparen eftersom vi föreställer oss att de ska befinna sig ”någonstans där uppe", onåbara och oberörbara. Andarna berättar för oss att varje organism, från den minsta amöban till den största valen, ett grässtrå, varje träd i en skog, en myra – allt som lever omkring oss innehåller en medvetenhet från det **Mästerliga Medvetandet**, den del av Skaparen som projiceras ut i de **Kosmiska Akvarierna** *(de olika universum, där vårt bara är ett av tolv)*, för att skaffa sig erfarenheter inom formens världar. Allt levande (utom människor) innehåller denna typ av andlig energi. Växter har känslor, träd har en medvetenhet, djur kan tänka och känna, eftersom de alla innehåller lite medvetande från Skaparen. Förutom det statiska medvetandet i alla livsformer, finns det otaliga andar från den andra dimensionen som rör sig tyst och osynligt runt i naturen, som ser efter alla växter, djur, fåglar, mikroorganismer, fiskar, vatten och till och med atmosfären ovanför oss. Om vi bara skulle lära oss en enda läxa av allt det som våra andevänner berättar för oss, borde det vara att det finns en gudomlighet och helighet närvarande i hela skapelsen. Om vi tar det som en sanningens hörnsten skulle det tvinga oss att se på oss själva med kritiska ögon och fråga oss hur vi på en mycket personlig nivå behandlar och interagerar med dessa aspekter av Skaparen. Om denna enda läxa skulle omfamnas av samhället, skulle vi behandla djur med respekt och den kommersiella djurhållningens grymheter skulle försvinna. Kalhuggning av skogar skulle upphöra och vi skulle sluta giftbespruta grödor. Det skulle inte finnas plast eller radioaktiv strålning i haven och vi skulle förbjuda all genetisk modifiering. Planen som sprider giftig geo-engineering över himlen skulle förbjudas för evigt och vi skulle upphöra med den vårdslösa förstörelsen av det skyddande skiktet runt Jorden, som är resultatet av den alltmer utbredda mikrovågsstrålningen. Men utan att bara vänta på alla dessa stora förändringar, kan vi kanske bli mer andliga i våra egna sinnen och hjärtan – åtminstone det kan vi göra av oss själva.

Den andra delen av de filosofiska råd som andarna har gett oss för att leverera vidare till världen har att göra med vårt sätt att tänka, det sätt på vilket vi ser världen. Ett barn är medvetet om att det inte vet allt. Det finns plats i deras liv för mirakler och nyfikenhet; de är öppna för möjligheten att det kan finnas en jultomte eller en tandfe, eller kanske en ängel som svävar över deras säng på natten. Men alltför snart skickas de ut i den institutionella skolan, där de skedmatas med läroböcker för allt. De okända mysterierna ersätts gradvis med cynism och passivitet och allt hopp om att se världen på ett andligt sätt försvinner under de mörka molnen. Som ung pojke tillbringade jag mycket tid med att vandra omkring ensam i skogen och kände ofta närvaron av energivarelser eller något annat väsen som inte var av denna världen, vilka rörde sig i närheten genom skogen likt en bris - nästan omöjligt att upptäcka, förutom värmevågen i luften när det passerade. Det logiska sinnet avfärdar dessa förnimmelser som ren fantasi, men ändå - är det verkligen det? För att verkligen förstå vad andarna säger måste vi tillåta oss att vara öppna för magin och ge oss själva tillåtelse att leva i en värld som innehåller mysterier och energier som vi inte förstår. Alla samtal med våra andliga vänner innehåller idéer eller budskap som kan verka nästan alltför omöjliga att tro på, men om du håller ett öppet sinne kanske du upptäcker att det som de berättar är mycket mer rimligt än det som antingen vetenskap eller religion stödjer som verklighet. Som Sokrates uttryckte det: ”Jag vet att jag är intelligent, för jag vet att jag inte vet någonting,” och det sättet att tänka är något som vi måste ha när vi närmar oss denna lärdom.

När vi talar om vibrationsdimensioner, är det baserat på hur andarna beskriver Skaparen och alla olika manifesterade andliga och formbaserade världar som finns. Stora delar av våra tidigare böcker ägnades åt att förklara dessa begrepp, så vi hoppas att läsaren känner till den informationen eftersom det är nödvändigt för att följa historien om Bobs resor till olika platser. På sidan XX 7 XX visar vi ett litet diagram beträffande hemdimensionerna för de andar som nämns i den här boken, liksom vilken huvudfunktion andarna i dessa respektive dimensioner har. När vi till exempel hänvisar till ”Sjätte” eller ”Andra” i hela boken, bör det förstås som sjätte dimension eller andra dimension. Som en betraktelse högt ovanifrån är de femte till tionde dimensionerna direkt ansvariga för att skapa den form vi ser i vårt universum och i de andra kosmiska akvarierna, baserat på instruktioner som Skaparen har sänt ner genom den tolvte och elfte dimensionen *(de högsta Råden).* Skaparen sänder ett moln av medvetenhet ut i de olika kosmiska akvarierna, och en liten bit av det Mästerliga Medvetandets energi finns i alla livsformer, förutom de som upptas av själar från olika dimensioner. Här på Jorden är människan den enda varelsen som inte har någon medvetenhet av det Mästerliga Medvetandet inom sig som levandegör formen. Uppgifterna som samlats in av det Mästerliga Medvetandet sänds tillbaka till det centrala navet, Skaparen, och nya andar och nya mönster tänks ut för att skapa balans på platser som behöver hjälp. Korrigeringarna kan vara lika små som en DNA-modifiering i en insekt eller så stora som att flytta på delar av galaxer. Nya andar skapas med en plan som innehåller den andens avsedda livsväg eller syfte och tillverkas som ett litet energiknippe, vilket innehåller strängar av medvetenhet från Skaparen. När anden har slutfört sitt uppdrag, återvänder den till Skaparen och bär med sig de ackumulerade gåvorna av kunskap som den förvärvat.

Bilden av **Skapelsens Hjul** presenterades i *Andra Vågen,* men vi inkluderar den längst bak i boken som en påminnelse. Det är ett sätt att föreställa sig band av vibrationsfrekvenser som definierar dimensionerna. Skaparen, som visas som det centrala navet i diagrammet, är energikällan för allt som är, inklusive individuella andar. Hjulet är indelat i tre huvuddelar; Skaparen, de andliga dimensionerna och de tolv olika universumen (”kosmiska akvarierna”), som vart och ett innehåller de första till fjärde dimensionerna. Varje kosmiskt akvarium är hem för unika byggstenar, som används för att skapa olika former, så det finns universum av ljud, universum av till hälften energi-till hälften materia, universum av energi, universum av ljus och några universum av elementärt material. I vårt universum tolkar vi den första dimensionen som väte, helium, kol, gravitation, röntgenstrålar, gammavågor etc, men byggstenarna är olika i vart och ett av de tolv kosmiska akvarierna. Även om den femte till och med den nionde är andliga dimensioner, är de också områden av form. Endast Skaparen saknar form.

Skapelseprocessen har förklarats som en gemensam insats mellan de andliga dimensionerna och Skaparen. Skaparen skickar idéer ut i de andliga dimensionerna, där olika Råd kommer med planer för hur de ska genomföras. De högre Råden skickar det allmänna syftet vidare ner till de lägre Råden, som lägger till mer förfining. Så småningom når det dem på Andra till Åttonde, som är arbetsdimensionerna. Det är dessa andar som manipulerar energi för att skapa strukturer eller levande väsen med byggstenarna i den första dimensionen i varje kosmiskt akvarium. Skaparen skickar delar av sin medvetenhet ut i formens dimensioner för att övervaka allt som sker. Detta kallas det Mästerliga Medvetandet, och det återrapporterar till Skaparen från alla nivåer och verkligheter. När obalanser inträffar inleder Skaparen förändringar genom att skicka ut nya idéer, men också genom att skapa nya modeller av själar för att utföra vissa uppgifter. De äldre andarna i varje dimension måste då ta hand om de nya själarna och hjälpa dem att uppfylla sitt livsändamål. Hela systemet fungerar som en enda organism, även om den är extremt komplex.

På nästa sida finns ett förenklat diagram som visar hur dimensionerna är organiserade. Varje dimension har både en andlig sida och en manifesterad sida. När Bob (eller vilken ande som helst) går till andra dimensioner för att studera, kan han bara besöka den manifesterade sidan. Biblioteket och valven på den femte dimensionen, till exempel, är manifesterade platser på den Femte. Den andliga sidan kan endast nås av dem som föddes (eller skapades) på den dimensionen. Men den andliga delen är också uppdelad efter område och syfte. På den Andra skapades Bob, Ia, Gergen och Ole alla för att hjälpa Jorden, så deras primära område är med andra jordrelaterade andar. Ole, som har funnits länge, har avancerat och har tillgång till de flesta områden på den Andra, skulle jag anta. På diagrammet har vi listat dimensionernas grundläggande funktioner tillsammans med namnen på de andliga guider som representerar de olika världarna. Ari, Eli och Jeshua föddes på den Sjätte i en grupp som kallas Elahim. De kommer alltid att vara Elahim, även om de nu verkar i Råd på den Nionde eller Tionde. Alla själar vidareutvecklas alltså för arbete i andra dimensioner.

SKAPAREN
Andlig Sida
Manifesterad Sida
Närmast Skaparen
12e
Råden på Tolfte
Helande Rådet
11e
Råden på Elfte
Ari (Elahim)
Eli (Elahim)
10e
Evolutionsgruppen
Elahim Rådet
Jeshua (Elahim)
Zachariah
9e
Nionde Rådet
Isak
8e
Arbetar med
Atmosfär, Grundämnen
Gravitation,
Elektromagnetism
Ophelia
Setalay
Josephine
(Shea)
7e
Arbetar med Ljus,
Solar, DNA,
Ljuskapslar.
Emotionell (kvinnlig)
Lasaray
Seth
(Elahims, Tallocks)
6e
Arbetar med Ljud &
Form, Planeter,
Galaxer.
Mental (manlig)
Flest Själar på Jorden
5e
Bibliotek med Valven,
Trädgårdar,
De Äldstes Cirkel
Ole (Gergens Mentor)
Gergen (Bobs Mentor)
Bob, Ia, Tom
Naturandar
2a
Arbetar med Levande Form
Växthusplaneten, 4H-
Gården, Vattenvärlden.
Rådet på Andra.
Andliga Dimensioner
4e - Mentala Världen
3e - Vibration av
Manifestation
2a - DNA eller RNA
Liv på Planeter
1a - Element, Gravitation, Elektromagntisk,
Atmosfär. Närvarande i hela Universum
4e
3e
2a
1a
1a
Kosmiska Akvarium.
Universum av Form.

För att undvika att den information som lämnas riskerar att oavsiktligt påverka Christines medvetna sinnen inför framtida sessioner lyssnar hon inte på, eller läser, något av det som andarna från de högre dimensionerna talar om förrän vi börjar redigera böckerna. Jag sammanställer böckerna och skriver i första person, men Christine och jag går igenom varje bok i flera månader efter det första utkastet är sammanställt. Våra andliga vänner är dock de som dikterar huvuddelen av innehållet och vårt jobb är att hålla deras budskap så tydliga och organiserade som vi bara kan. När samtalen har skrivits ner görs endast några smärre ändringar för att rensa upp meningar som kan vara förvirrande. Vårt mål är alltid att bevara renheten i budskapen de levererar, och alla originalinspelningar lagras på flera platser för framtida referens och dokumentation, för den händelse en kommentar någonsin skulle ifrågasättas. Vi har också flera ljudfiler tillgängliga på vår webbplats, så att läsaren kan få en känsla för hur varje ande kommunicerar.

När Christine började kanalisera de andar som vi så väl har lärt känna, var Ophelia, Zachariah, Jeshua och Isak de enda som under de första månaderna kommunicerade och gav allmän information om andevärlden, tillsammans med råd om kost och övningar vi borde göra för att förbereda de högre energier som skulle komma in. Så småningom började de berätta om olika verksamheter och sysselsättningar i de andliga dimensionerna, så vi kommer att börja den här boken med det första omnämnandet av den andra dimensionen, när Zachariah introducerar Bob.

Z. Bob har gjort anteckningar. Han vill verkligen vara en del av detta och han har noterat. Oavsett vad någon säger är han förberedd och har gjort anteckningar ett bra tag. Det är inte bara en nyck från hans sida. Han har förberett sig väl och inhämtat kunskap om er och hur ni kommunicerar med andevärlden. Så han har gett akt på hur han ska samarbeta med er båda på bästa sätt. Men han vill verkligen vara involverad och han vill bli erkänd som en person som är delaktig i detta arbete. Låt dig inte luras av hans sätt, han är en mycket värdefull källa om du väljer att arbeta med honom. Det är något han faktiskt kan hjälpa dig att arbeta med, din egen personlighet, inte bara med boken. Han bringar ljusenergi och värme till sådant som har stagnerat. Han har faktiskt helande krafter, den här lilla individen, så avfärda honom inte bara som en lustig liten figur. Han är en healer.

D. Vad heter han, vad ska vi kalla honom?

Z. Du kan kalla honom Bob. Det har han inget emot. Hans andliga namn är... *(av respekt för hans önskemål avslöjar vi inte hans namn, men i våra sessioner tilltalar vi honom vid hans andliga namn)*, men fysiskt vill han bli känd som "Bob". Bob är ett namn mer tillgängligt för människor på grund av hans personlighet, det gör det mer underhållande för allmänheten om du presenterar honom som Bob. Bob kommer med stor helande förmåga. Han är klokare än han verkar och tillhör ett rike nära besläktat med denna värld. Som från djupet av Jordens inre.

D. Vilken dimension kommer han från?

Z. Den andra. Han är från Jordens inre. Han är bekant med varelser inom och på planeten. Inte så långt in, inte som kärnan. Kanske upp till en kilometer ner. Det är som ett rike av hjälpare på planeten, städare.

D. Det måste alltså vara icke-fysiskt, en energinivå?

Z. Ja, det stabiliserar jordmassan och ser till att vattnet är rent. Det här är mäktiga naturandar, om du så vill. Jag ser dem, jag vill inte säga som myror, men de är små. Han är mycket engagerad i detta rike. Han är också här för att hjälpa dig i din utveckling, låta dig fullt ut blomstra i den person du är. Och det är i stor utsträckning din egen kärna som måste accepteras - du måste förstå ditt förflutna och vissa erfarenheter du gjort; de är inte en del av vem du är som person, de är helt enkelt läxor du gjort. De har i sig inte format dig, de är enbart upplevelser. Han är här för att påminna dig om att fortsätta skratta och vara mer öppen med vem du är. Människor kommer att finna dig mer attraktiv om du visar båda sidor; både den mer sårbara sidan, eftersom människor måste förstå den väg du har vandrat, men också visa dem hur du har förvandlats till lättare energier.

Det var veckan därpå som vår vän från den andra dimensionen gjorde entré i våra liv. Vi hade heller ingen aning om hur mycket vi skulle komma att uppskatta hans muntra närvaro och något unika sätt att leverera idéer eller anteckningar, som han ofta kallar de ämnen han har valt för dagen. Alla andar har ett karaktäristiskt sätt att tala, inklusive ordval, hastighet, meningsstruktur och tempo. Bob har ett lite lustigt sätt att läspa. Han kan inte säga "s" så bra, vilket gör hans dialoger underhållande att lyssna på, även när han är mycket allvarlig. För ungefär ett år sedan berättade jag för honom om vårt beslut att presentera några av lärdomarna från hans dimension i en separat serie böcker - vilket gjorde honom väldigt lycklig. I *Andra Vågen* beskrev Bob hur framsteg i andevärlden belönas med ytterligare kunskap eller upplevelser, något han liknade med klappar under julgranen. Så när han säger "under granen" är det det han menar.

D. Jag vill berätta för dig att jag har bestämt mig för att i en egen bok ställa samman mycket av den information som den andra dimensionen har gett oss, så att du kommer att ha din egen kunskapsöversikt. Så allt som du, eller Ia, eller Gergen berättar för mig, kommer jag att sammanställa på en egen plats.

B. Mmm! Ole kanske också vill komma. Huhuhuh, det var en överraskning!

D. Det kommer att vara din beskrivning av hur du ser ditt liv och din verklighet.

B. Det var en fin present! O-oh! Ophelia kommer in nu med sitt finger! *(Hans sätt att säga att hon varnade honom.)* Hon ler men hon säger, "Du ska inte berätta saker till höger och vänster nu min vän", för hon vet att jag lätt blir exalterad över saker och ting. Ophelia kom in och hon sa: "Vi ska prata lite om det här." Hon vet att jag lätt blir upphetsad och vill berätta, så hon sa att vi ska prata mer om det här.

D. Hon kan tala om vad vi kan släppa till allmänheten.

B. För om det är jag som bestämmer, så kan alla möjliga saker släppas ut, och det är vad hon oroar sig för, säger hon. Ah, men hon är glad över det, det är hon. Oh, det här är en av mina klappar, sa hon, under min gran! Det är för att kunna ... hon sa att hon visste det här, hon sa att du har berättat det för henne. Men ingen sa nåt till mig.

D. Jag kom just på, för en vecka sedan eller så, att jag behövde samla alla dina lärdomar, eftersom det är så många saker som du har sagt som är riktigt roliga eller riktigt kloka.

B. Ophelia säger att ni talade om det här, det är en av mina överraskningar, sa hon, under granen. Men hon sa att vi alla kommer att delta, vi kommer alla kunna dela mer, och Ia kommer att dela mer, för Ia äger all kunskap om hur man uppfostrar nån från grunden, så att säga, och får den att blomstra. Hon sa att det finns så många människor här som inte ges möjlighet att blomstra eftersom dom inte vårdas på det sätt som dom ska från början, och det skapar på nåt sätt disharmoni. Men också, hon sa att vissa själar har valt att sätta sig i dom situationerna för att se om dom kan blomstra ändå, även om dom inte har fått dom bästa förutsättningarna från start. Så dom som gör det, dom tar det faktiskt som ett rapporteringsuppdrag, kan man säga. Hur växande kan ske och hur man kan bli en blomma, oavsett om man börjar från en kärleksfull bas eller inte.

Hur nya Andar skapas (21 januari 2018)

På den andra dimensionen skapas andarna i grupp och sänds till en barnkammarmiljö i ett stort energiknippe, som Bob kallar ett ägg. På andra dimensioner kan det vara så att själar skapas individuellt, men det verkar som att alla skapas som en del av en grupp, vilken delar ett gemensamt mål eller syfte. På den andra dimensionen är Ia en av dem som arbetar med de "nyfödda" andarna och eftersom hon är Bobs partner har vi fått en unik inblick i hur dessa små tas om hand och hur de utvecklas och undervisas i enlighet med det syfte Skaparen gett dem. Bob sa att det nyskapade knippet av andar är kompakt när det sänds till barnkammaren från Moderenergin, men när de enskilda andarna separeras och förflyttas in i sitt eget område, expanderar de och växer lite. Ia är bara en av specialisterna på den andra dimensionen som övervakar processen att väcka energiägget och sedan tolka Skaparens avsikt för just den gruppen. Efter att varje ande har separerats från knippet, börjar den långa processen att vårda var och en för att bli till det syfte som Skaparen har för dem, alltmedan Ia och andra lär och tränar de små medan de växer upp till småstjärnor *(unga andar).*

Zachariah undervisar också, men hans elever är lite äldre. Han sa, och detta kan vara lite förvirrande för dig, att han delar sin energi och kan undervisa på många olika nivåer och i flera klasser samtidigt. Ia har förmodligen samma förmåga, så hon kan sköta många åldrar och grupper av de små på samma gång. Bob har ofta sagt att Ia är väldigt bra på att lägga pussel, både med hänvisning till hennes arbete med DNA, men också hennes förmåga att vårda och upptäcka de mycket subtila indikationerna i det mönster som ges till varje ande som kommer genom hennes barnkammare. Vi vill påpeka att vi medvetet har låtit många grammatiska fel stå kvar i Bobs språk, inte för att vi är för lata för att fixa till dem, utan snarare för att det är så han talar, och vilka är vi att ha åsikter om hans val av ord? Kommatering kan också vara lite knepigt, eftersom det ibland är svårt att upptäcka slutet på hans meningar, på grund av hans frikostiga användande av "och" och "men", men om du är lite överseende och hänger med, kommer du att höra den vackra melodin i hans berättelser. Jag har också använt streck och punkter i hans meningar, antingen för att visa på en kort paus eller för att indikera att han är på väg att vika utanför ämnet, vilket han ofta gör för att lägga till en förtydligande kommentar eller sidoobservation. Med Bob skriver vi också ”dom” istället för ”dem” och ”nåt/nån” istället för ”något/någon” då det mer speglar hans sätt att prata.

B. Så, Ia är här, och hon har börjat uttyda det första pusslet i det nya ägget.

D. Och hur går det?

B. Det är mycket arbete. Hon säger att det finns många som jobbar med det. Hon säger, "Många långa timmar." Det är vad hon sa. Dom försöker komma underfund med, det är nästan som en kokong, och den läggs i en vagga, en stor vagga. Och när ägget delar sig så expanderar det, annars skulle dom behöva ett sånt stort utrymme att jobba i. Men dom sover fortfarande i ägget, allihopa, så Ia och dom andra håller på och avkodar det nu. Det första dom gör är att försöka upptäcka rytmen, hjärtrytmen, för det är det första tecknet på vilken typ av grupp det kommer att bli. Hjärtrytmen är som en sång; hon säger att den skapar en melodi, och det finns dom som är väldigt skickliga på att upptäcka den. Dom sjunger på nåt vis – lärarna runt omkring – och dom försöker lyssna på hjärtslagen i det här stora ägget. För alla omkring det har olika expertområden, och Ia är ingen expert på just den delen av att analysera ägget. Men hon berättar att det finns dom som verkligen kan stämma in på hjärtslaget; dom mässar, om du så vill, för att spegla ägget, så att dom kommer i resonans med det, och till slut är det just det som kommer att öppna upp ägget, som kommer att få det att vakna upp och bli levande. Men dom sjunger med det, det är nästan som att gå in i trans, för att ge dig en bild, och dom gör det när dom knyter an till hjärtslaget. Ia kommer in mycket senare, och hon tolkar dom olika färgerna. Hon säger att det är som att dissekera en groda, man tittar på olika saker och tar ut och analyserar det. Men det är också som en välkomstceremoni för ägget, eftersom ägget självt reagerar på sången, och det är så dom blir levande där inne och vaknar.

D. Blir de medvetna om ljudet?

B. Precis. Ljud och ljus är grunderna för allt. Dom kommer alla från ljus, men dom vaknar upp av ljudet. Men Skaparen lägger in en liten melodi, om du så vill, som är gruppens hjärtslag.

D. När du säger hjärtslag, är det som en ljuspuls genom deras energikropp?

B. Det är som en vibrerande puls i det här ägget. Det är samma mönster i hela gruppen, så även om dom senare kommer att delas upp i individer, kommer dom fortfarande att minnas varandra, eftersom dom har samma hjärtslag, så dom kommer aldrig att hamna fel. Dom kommer aldrig att gå vilse och dom kommer alltid att hitta tillbaka till sina vänner, eftersom dom har samma hjärtslag, samma vibration. Det är så en själ kan hitta vägen hem, eftersom dom vet exakt var deras vänner är, för dom följer den rytmen, det hjärtslaget. Det är lättare för dig att förstå om jag säger att det är som ett hjärtslag, även om det är HELA varelsen som håller rytmen. Det är inte ett fysiskt organ som ett hjärta, men det är ett sätt att lokalisera din grupp och ditt hem. Så oavsett vart dom här små själarna tar vägen, kommer dom alltid att minnas och kunna kommunicera med varandra. Även om dom skickas ut till andra kosmiska akvarier *(ett av de tolv universum, som beskrivs i Första och Andra Vågen)*, så kommer dom fortfarande att kunna kommunicera på det viset. Och det är också så själar kommunicerar. Det gjorde ni två också, det var så ni hittade varandra, för ni kommunicerade i ert hjärtslag och i er rytm.

D. Så det är samma sak för andar i alla dimensioner?

B. Precis. Precis. Det är därför du aldrig kan gå vilse, och det är därför du aldrig behöver vara rädd för att du inte ska hitta tillbaka hem, eller hitta dina vänner. För även om några vänner är i sitt andliga hem, och några kan vara, låt oss säga, inkarnerade eller till och med i olika kosmiska akvarier, så är det fortfarande den där pulsen som förbinder er, eller förbinder dig med hela din grupp också. Så du kommer alltid att kunna använda dig av den. Men om du är en människa, så är du så låst i behållaren att du har svårt att höra den signalen. Då är det bara med stor möda man hör sina hemvibrationer i sitt eget väsen. Det är som att inte höra sitt hjärtslag.

D. Så när människor inte hör sina hjärtslag, är de mer benägna att göra misstag i sina val av vänner och partners?

B. Precis, för dom gör bara val utifrån behållaren och sinnet, dom gör inte val utifrån sin centrala kärna och sina hjärtslag. Och hjärtslaget är faktiskt, jag säger hjärtslag, men det är inte ett organ, det är inte hjärtat, det är den centrala mittpunkten som är pulsen, det är där pulsen finns. Men det är tillräckligt nära så det kan kallas ett hjärtslag, så det är därför vi säger det. För det kan bli för rörigt att tro att det finns en puls i den centrala mittpunkten i solarplexusområdet. Det är lättare att tänka på hjärtat, eftersom människan kan känna hjärtslag, men du kan inte nödvändigtvis alltid känna pulsen i din mittpunkt.

D. Så när du talade om att känna igen ditt hjärtslag, talade du om att känna igen din puls?

B. Precis. Den pulsen är det som förbinder dig med där du är och med dina vänner. Och det var den pulsen som fick er båda att känna igen varandra. Så du sänder ut pulsen till den andra, som har förmågan att ta emot den. Men en annan som inte har samma mottagare som du, om ni inte kommer från samma ställe, då försvinner pulsen bara rakt ut i etern, eftersom det inte finns nån mottagare i andra änden så att säga. Det är så här som du kan kalla tillbaka din andliga grupp, din själsgrupp, om du så vill. MEN, du har också grupper som du inkarnerar med och dom sänder ut andra pulser, men inte lika starka. Så det är ett sätt att hitta varandra, för ingen gillar att gå vilse. Men pulserna kommer bara ut annorlunda. Den renaste pulsen som kommer från din centrala mittpunkt, den känner du alltid igen och den är samma för alla som hör hemma i din cirkel. Det spelar ingen roll var du befinner dig, du kommer alltid att kunna höra den, för den pulsen har inga gränser för hur långt den kan färdas. Så just nu försöker dom få den här allmänna pulsen i ägget att etableras i deras minne, så att alla ska komma att känna igen den. Det kommer att ligga på en undermedveten nivå, men den kommer alltid att kunna förnimmas, när du väl har fått den. Och det är vad det här mässandet är till för. Dom försöker få minnet av just den här pulsen, som är specialdesignat för det här ägget, rotat. Och att alla ska känna igen och komma ihåg den inom sig. Det är det första du gör.

D. Det är verkligen fascinerande.

B. Aah, Ia berättade det här för mig.

D. Jag skulle vilja fråga, liknar pulsen ett hjärtslag i sin frekvens, eller är den snabbare eller långsammare?

B. Det börjar lite långsamt, och mässandet gör att det går snabbare. Men det är inte nödvändigtvis typ boom...boom...boom, det kan vara annorlunda också. Så varje ägg, varje grupp, har en egen melodi, och här skulle du kanske tro att hjärtslaget är detsamma, men det är det inte, det är helt unikt designat för var och en av er. Men Ia säger att det börjar lite långsamt, och vad du sen gör är att du måste värma upp det på nåt vis, kombinerat med mässandet. Det är till för att dom ska upptäcka den där pyttelilla pulsen, och den ökar dom genom att sjunga och genom att ge värme till det där lilla ägget. Det är egentligen inte så litet...

D. Jämfört med dig?

B. Oh, jämfört med mig skulle det vara kanske som tio jag.

D. Menar du originalägget?

B. Det ursprungliga ägget. MEN, det är för att du måste kunna arbeta med det. Men inuti det, när det börjar dela sig, kan det vara som hundratals små blivande småstjärnor. Men just nu, eftersom Ia och hennes vänner som också är lärare, dom är typ en åtta eller tio stycken, måste kunna hantera det här så är det mindre, eftersom annars skulle det vara ett enormt stort ägg, om det vore hundratals av min storlek. *(Energiknippet är mera kompakt, och sedan när individuella andar separeras, expanderar de i storlek.)*

D. De skulle behöva en riktigt stor stege.

B. Aah, skulle måsta vara utomhus för att hantera ett sånt stort ägg. Men det är faktiskt mindre, det är lite komprimerat först och sen expanderar det.

D. Så du har sett på när de arbetar?

B. Aah, jag har varit med Ia, så klart, för jag har studerat det här nya ägget. Ia sa att jag kunde komma, men jag ser bara på, jag tittar på hur hon jobbar, och hon sa, att om jag är tyst och inte ställer några frågor kan jag få se på. *(Börjar viska)* För den första fasen genomförs faktiskt i fullständig tystnad. Det här ägget är extremt känsligt för all påverkan, så hon sa, "Du vill ju inte att det första ordet dom hör ska vara en svordom eller nåt." *(Skrattar)* Ungefär så är det! Så hon sa, "Det här är den första nivån, och du är välkommen." Jag sitter liksom på en liten stol och jag kan se vad dom gör. Det är typ som att öppna en kokong, och jag kan se hur dom försöker tolka ägget; det är nästan som kirurgi. Dom tar ut varenda en, och det ser nästan ut som ett labb, för dom dissekerar det hela, och lägger dom i olika grupper, baserat på vilken kategori dom tillhör, och det finns flera som Ia, Ia gör inte det här själv. Dom är nog åtminstone ett tjugotal nu runt ägget, och dom tyder och organiserar utifrån dom olika modellerna. Så dom delar och...

D. När de först kommer ut interagerar de förmodligen inte så mycket med dem, eller hur?

B. Dom placeras i ett tyst utrymme. Varje gång du går in i en ny miljö måste du gå in en vilofas på nåt vis, så det är vad dom gör. Senare när du gör det, kan det helt enkelt vara så att du typ mediterar, eller så går du in i din ljuskapsel. Men här, eftersom det här är deras första besök, så kommer dom att ligga i en ljuskapsel, men dom kommer att sova, om du så vill. Det är som att ta sig en liten tupplur, när dom väl har dissekerats och skilts från gruppen, så att säga. Men alla placeras i en barnkammare där dom måste sova lite. Det är för att väcka upp och skapa den där ljuskapseln. Dom kommer i en stor ljuskapsel, men nu måste dom vara i en egen ljuskapsel, så det får dom här. När du väl fått en ljuskapsel, då måste du på nåt vis lära dig att vara i stillhet och låta den bli ett med dig; och det är vad som sker i barnkammaren. Så när dom är i den stora kapseln är dom trygga, men sen måste alla skaffa en egen kapsel också. Så det är vad jag ser nu, dom läggs nästan som i en..., inte en låda, men vi kan kalla det en babylåda. Den är genomskinlig, så jag ser allt.

D. Som en liten kuvös.

B. Jaa, jag kan se den, och i den där lådan får dom en ljuskapsel som dom blir en del av och sover i. Det är som att plantera ett frö och så småningom kommer dom alla att vakna upp, men dom kommer att vakna på olika sätt, på samma sätt som här, inte vakna upp samtidigt. Det är samma sak här. Och ja, det här är vad jag har observerat på avstånd, eftersom det inte är meningen att jag ska interagera och engagera mig.

D. Nu kan du se vad Ia har hållit på med, medan du har varit ute och flackat omkring i universum.

B. Flackat omkring i universum, hehe, ja det har jag verkligen.

D. Kommer Ia så småningom att följa den här gruppen när de utvecklas, kanske följa dem till platser utanför den Andra?

B. Inte Ia. Hon kommer att få en ny stor grupp.

D. Så hon börjar om?

B. Hon börjar om. Jag frågade henne om det, jag sa, "Vill du inte fortsätta?" och hon sa, "Nej, min plats är här, jag tycker om att ge dom det bästa möjliga alternativet och grunden för att dom ska kunna blomstra. Och för mig är det en glädje att kunna ge dom den första nivån av välbefinnande och kunskap, men också att göra dom medvetna om sin egen unika förmåga, det första steget."

D. Ja, för att de kommer helt nya och fräscha från Skaparen, eller hur?

B. Helt nya.

D. Så Ia upptäcker vilken potential de har?

B. Ja, och hon finner stor glädje i det, att ta reda på det. Hon säger, "Det är så jag växer, för ingen är den andra lik." Även om du känner att "Okej, här är en splitter ny liten grupp, och dom är helt nya från Skaparen, men dom är också helt nya för mig. Du kan aldrig veta vad Skaparen har gett uttryck för och skapat i sin lilla fabrik; så det är inte hela tiden samma sak". Men hon finner stor stolthet och glädje i att identifiera vad Skaparen har avsett för nästa omgång av grupper.

D. Så hon arbetar mest med småstjärnor som hör till Jorden?

B. Aah.

D. Det måste finnas många andra lärare som jobbar med andra olika världar och planeter?

B. Aah, ah. Så förstår jag det, eftersom hon nästan står Skaparen närmast, så hon ser det första som kommer. Hon ser Skaparens nya avsikt, och vad hon har att jobba med. Så alla grupper som kommer, och det kan vara över hundra individer, då säger hon, "När dom kommer försöker jag lista ut vilken Skaparens nya avsikt är, eftersom förhållandena i dom olika kosmiska akvarierna och världarna förändras, och det reagerar Skaparen på". Hon ser det första tecknet eller nyckeln från Skaparen om vad den nya avsikten är. Hon säger att det är hennes största glädje, när hon får en ny klass. Hon säger, " Okej, jag undrar vad som kommer här för att utvecklas, och vad avsikten med den här nya gruppen av hjälpare är, som så småningom kommer att gå ut och undervisa och lära sig olika saker?"

D. Det måste vara givande.

B. Så på sätt och vis är hon NÄRMARE pålen (*Skaparen beskrivs som centrumnavet på Skapelsens Hjul, och är mittaxeln eller pålen inom skapelsens sfär; se Andra Vågen*) än jag är! (*Skrattar högt*) Huhuh, aah det var annorlunda, det var lurigt! Jag är så fokuserad på att vara med i det gamla Rådet, men hon får förhandstitten av vad Skaparen har för avsikter och tankar.

Hahaha. Jag kanske ska gå och sniffa runt där! Huhu. Oh, det skrattar hon åt! *(Han tittade åt vänster, där hon stod.)* Hon säger, "Jag har ju berättat, men du var aldrig intresserad", men det är jag nu, det är jag nu! Haha.

D. Det är ett helt annat sätt att se på det.

B. Det är som när man får barn på Jorden, det är samma sak. Det är en helt ny sak, och du vet inte vad syftet är för den nya själen som kommer in, eftersom den är en förlängning av Skaparen. Så om du behandlar barnet väl, då har det potentialen att till fullo bli syftet som både Skaparen och själen hade. Men om förutsättningarna inte är dom rätta, eller om vissa saker läggs på barnet, kanske det inte blir vad Skaparen avsåg att det skulle vara.

D. Människor ser bebisar som en tom duk där de behöver måla in sin egen bild.

B. Aah, men det är inte meningen att du ska skapa din egen avbild, utan det är – som Ia gör, hon är inte där för att skapa dom i hennes avbild. Hon är där för att identifiera vad deras sanna natur och uppdrag och avsikt och idé är, och om du gör det med en bebis, så ska du inte försöka göra den till en spegelbild av dig själv. I så fall kunde du bara ställa dig framför en spegel, om det var det du ville, men du ska försöka identifiera vad den individens verkliga potential och uppdrag är. Lägg inte in dina egna avsikter, som "Oh, jag är läkare, den här måste också bli läkare", för du vet inte om det är vad Skaparen och andevärlden avsåg och bad den här specifika själen att göra. Så du vill inte stå i vägen för det, du vill att barnet till fullo ska kunna bli sin egen unika modell och person, så att det följer den avsikten – för det är inte bara själens avsikt här, det är också vad Skaparen bad den specifika själen att komma ner och göra. Så du vill inte lägga din egen avsikt på den lille och säga, "Oh, jag spelade fotboll. Den här måste också spela fotboll. Det är så det är. Jag kan se, att Ia är närmare Källan, hon kanske bara kan ta sig en snabb titt, så här *(böjer sig fram och tittar åt vänster, och visar hur han ville få en glimt av Skaparen)* när dörren öppnas och dom alla börjar strömma in, och hon kan bara titta in. Hon sa att det inte är så det fungerar, men då frågade jag, "Men hur kommer dom dit?" Och hon sa att det är som ett ljus som kommer in i barnkammaren, det är som en stor ljusboll och sen löses den upp och blir alla dessa små ljus. Det är den nya gruppen som kommer in. Hon sa att det är som en mor, det är nästan som ett ägg, som ett ljusägg, och när det kommer till henne, så öppnas det bara upp och löses upp i en massa små ljus.

D. Så det kommer in som ett stort ljus och bryts ner till ett knippe små ljus?

B. Precis. Och hon sa, "Det är min största glädje när det här kommer, för jag vet att det bara finns den renaste avsikten i dom alla, både kollektivt och individuellt, och när dom kommer ger det mig den största glädjen *(Bobs röst mjuknade plötsligt när Ia klev nära, och det lät som om hon var den som talade)*, och de blir en länk i en lång kedja av förändringar. Och när jag löpande undervisar dem kommer de att utveckla sina unika mönster och ljus inom sig, och de kommer att bli gränsöverskridande, de kommer att transformera och utstråla det unika ljuset i den värld som de är avsedda för. De är små ljusbärare, och man kan upptäcka dem i fåglar, enbart i vinden, men när de kommer är de helt rena, och jag är mycket lycklig över att förstå hur vi bäst ska få dem att fungera, eftersom de alla är unika. De är rena och oskyldiga, sända direkt från Källan."

D. Det var verkligen en vacker beskrivning.

B. Huhuh. *(Bob kom in igen).*

D. Jag är glad att Ia också får en chans att förmedla sina idéer och dela rampljuset. Hon kommer att sluta med en liten stjärna på bröstet. Jag är säker på att hon förtjänar det.

B. Ahahaha. Mmm. Verkligen. Jag tror jag ska gå och hänga med henne, jag ska gå och kolla dörren! Hahaha, om det kommer ett ägg till, så ska jag försöka kika in där! Huhuhuhuh.

D. Och titta in i det bländande ljuset.

B. Det bländande ljuset! Hon sa att det inte är som att ägg kommer varenda dag. Jag sa, nästa gång ägget kommer tänker jag vara där, och när dörren öppnas...kan det vara så att dörren är en portal till Det Mästerliga Medvetandet! Men hon sa att det nästan är som en hiss, men jag är inte säker på det, så jag tänker gå dit. Jag sa, "Säg till mig nästa gång, så är jag där när det här paketet kommer".

D. Du kanske vill umgås med de blivande småstjärnorna?

B. Aah, intressant. Hon säger, "Dom vet inte riktigt syftet, så det är mitt jobb att ta reda på det". Så det är inte så att jag kan, när alla dom här små ljusen börjar utvecklas, att jag bara kan fråga, "Vad har du för anledning att vara här? För det vet dom inte!" Det är en träning, sa hon, och hon bär ansvaret för den träningen och den kunskapen för att upptäcka dom olika mönstren. Det är som ett pussel, sa hon, hon upptäcker dom olika bitarna i dom här små blivande småstjärnorna som kommer; men *dom* vet inte. Så hon sa, "Jag kan inte fråga dom, "Vad är ditt uppdrag? Vad är din plan? Hur var det där uppe hos Skaparen? Var kommer du ifrån?" Hon sa att jag inte kan fråga för dom vet inte. Men hennes undervisningsnivå är att förstå det, och det kommer hon att göra, eftersom hon upptäcker olika mönster och hur dom är sammanfogade. Det är så hon kan läsa av vad ändamålet med den nuvarande gruppen är, och avsikten med uppdraget som dom ska fortsätta på, och vad i grund och botten Skaparens avsikt är.

D. Det verkar nästan som ett DNA-mönster?

B. Precis. Dom har som en liten inre karta, som en ritning, och hon sa att man kan känna igen gruppen på olika sätt, den kollektiva gruppen och deras mönster, eftersom dom på nåt vis bär på samma mönster. Men när man bryter ner det ser man dom olika mönstren inom dom, och hon sa, "Det är så jag vet och så jag kan läsa av." Och, baserat på hennes utbildningsnivå kan hon förstå och försöka tyda vad avsikten från Skaparen är.

D. Wow. Det är verkligen en stor ära.

B. Aah. MYCKET skicklig, är hon. Och det här är vad hon har gjort när jag har varit ute och rest. Det här har hon lärt sig om i sina böcker. Huhuh. Och jag trodde att hon bara var...

D. En dagisfröken, som läste sagor?

B. Läste sagor! Nää, det gjorde hon inte. Hon försöker, sa hon, identifiera dom olika mönstren inom dom, baserat på hur dom är uppbyggda, nästan som en DNA-karta; men dom har olika färger inom sig, det är som en färgkod, en färgkarta. Hon sa, "Det är så som jag förstår vad Skaparen också vill att jag ska lyfta fram i just den gruppen".

D. Det är en mycket skicklig färdighet som hon har utvecklat.

B. Oh, och jag har bara varit ute och rest. Hmm.

D. Alla andeväsen lär sig på sitt eget sätt, längs sin egen väg. Det var inte med det syftet du skapades.

B. Aah, hon lärde sig mycket där. Jag är väldigt stolt över henne, väldigt stolt över henne!

D. Jag är säker på att hon är stolt över dig också.

B. (*Skiner upp*) Aah, det sa hon att hon är.

D. Ömsesidig respekt alltså, det är en av de andliga lagarna.

B. Det är därför som hon har suttit med Gergen och läst om alla dom där ljusen och pyttesmå detaljerna som vi pratat om tidigare. *(Bob sa att Ia studerar energimönstren vi ser som DNA-strängar.)* Det här är... det här är detaljerna! Om jag hade varit uppmärksam på detaljerna hade jag också gjort det här. Men jag håller på med grejer på annat håll, så jag gör andra saker.

D. Det är inte för sent att lära sig.

B. Nej, du måste vara där du kan göra ditt bästa. Som den här gruppen till exempel, som precis har tagit examen, den första gruppen, dom har precis blivit uppdelade. Ia och hennes vänner och andra Råd har tolkat deras uppdrag, så dom vet hur man ska portionera ut dom på olika nivåer där dom är tänkt vara. Som just nu, till exempel, är det många som ska till Vattenvärlden, sa hon, för haven är i stort behov av tillsyn. Så det är många *(andra småstjärnor)* med Tom som ska till Vattenvärlden, och det är ändamålet som Skaparen hade med den specifika gruppen.

D. Jorden är till tre-fjärdedelar täckt av vatten, så det finns mycket liv i haven.

B. När det var min tur så var det en majoritet som åkte till Växthusplaneten, men jag begav mig till 4H-gården. Vem vet vart dom här *(andarna i det nya ägget)* ska ta vägen. Men i den gruppen som precis tagit examen, var det en majoritet som skickades iväg till Vattenvärlden för att lära sig om att uppgradera, underhålla och få tillgång till ljus och syre. Dom ska bli vatteningenjörer.

D. Kommer de inte att leka med marsvin på 4H-gården?

B. Det finns inte samma behov där just nu. Så det är dom här detaljerna som hon har jobbat med. Hur som helst, okej, jag tror jag ska gå och kolla det där, för om det kommer ett ägg - oh, hon säger att det gör det inte, det kom just ett. Varför sa du inget till mig? *(Han vände sig om och talade till henne, som stod på hans vänstra sida.)*

D. Hon borde ge dig en liten inbjudan nästa gång.

B. Jag kanske bara tittar på dom och ser ljus, jag kanske inte kan tyda deras lilla karta, deras färgkarta, för jag har inte den utbildningen, och hon sa att jag egentligen inte har tålamodet heller! Huhuh. För det är inte som att du tittar en gång och säger, " Okej, nu förstår jag," det är mycket jobb, det är inte som en färdig bild. Man måste lära sig att tolka både den kollektiva gruppen och individen. Det är på samma sätt med människorna här, det finns både ett gruppmedvetande och en individnivå, så du måste tyda det. Hur som helst, okej, okej, jag ger mig av nu.

D. Okej, min vän, jag ser fram emot att prata med dig snart igen.

B. Ah, okej, hej då.

Några veckor senare fortsatte Bob sin diskussion om de framsteg som gjordes i barnkammaren på den Andra, medan Ia och de andra andarna fortsätter att analysera och vårda de små blivande småstjärnorna som fortfarande var hopbuntade i det stora energiägget.

B. Så, Ia har jobbat med sitt pussel, du vet, med dom små.

D. Vad händer där? Tittar du fortfarande?

B. Jag kollar ibland, men det är så tyst. Det är som att arbeta i tysthet, och jag försöker fråga, men dom säger, "Sscchh," och jag säger, "Vad gör du?" och hon säger, "Sscchh", och då sa jag, "Okej", och så går jag runt och försöker prata med nån annan. Jag sa, "Så, vad gör du, vad har du hittat?" Jag är främst intresserad, måste jag säga, av vad dom hittar, inte så mycket vad dom gör. Så jag frågade, "Vad hittar du här?" men dom säger bara alla, "Sscchh", så det verkar vara en slags tyst aktivitet, och efter ett tag tyckte jag inte att det var lika roligt längre. Dom är verkligen vänliga, det är inte som att dom sparkar ut mig eller nåt, dom säger bara, "Sscchh" och sen försökte jag gå till nån annan och fråga, "Vad hittar du här?" Men ingen svarar och då tänkte jag att om jag väntar och frågar efteråt, när den här lilla ceremonin är över, då kan jag fråga vad dom har hittat, vad som var dagens fynd, så att säga. Men dom säger, "Vi försöker fortfarande fastställa det, vi arbetar med gruppen." Så vid det här laget dissekerar dom det där stora ägget, utifrån sina kompetensområden. Så man dissekerar till exempel energin i äggets syfte, det är för komplicerat för att gå närmare in på det, men det är att identifiera både syfte, vibration och plats för deras framtida uppdrag via gruppmedvetandet kontra individen, vilket kommer senare. Men du måste identifiera kärnan i deras personlighet, och hur dom...det är svårt att sätta ord på, främst för att dom inte pratar så mycket med mig heller, men det gäller att identifiera den unika modellen och personligheten ur en mängd olika aspekter.

För att göra det enkelt, om vi till exempel tar det i mänskliga ord; är det ett empatiskt ägg? är det ett vetenskapligt ägg? är det ett ägg som kommer att fungera som lärare? är det ett ägg som kommer att jobba med teknik? Alltså, sånt.

D. Så vid det här laget sitter allt fortfarande ihop?

B. Dom sitter fortfarande ihop, som en klump, och varje specifikt expertområde här – och Ia är ett – försöker identifiera avsikten och syftet med den här specifika gruppen som är på väg att senare lösas upp till individer. Så, är det en teknisk grupp? Kommer dom att arbeta på Jorden, eller kommer dom att jobba nån annanstans? Vilket är deras expertområde?

D. Från ditt perspektiv, kan du se igenom det? Är det som en boll av energi?

B. Aah, det är som ett ägg, men det är mer genomskinligt. Det är som ett skal, men det är inte hårt som ett ägg. Så det är som ett vibrerande fält och inuti finns det en puls, det är som ett organ inuti. Så på nåt vis ser det ut som ett ägg. Men dom identifierar vilken modell det är.

D. Det kosmiska ägget.

B. Det kosmiska ägget, precis. Så det är vad jag har gjort, kollat runt på olika saker.

Den föregående sessionen var från januari 2018. Bob talade inte om Ias ägg igen förrän i maj 2018, vilket är följande samtal. Under de mellanliggande månaderna hade han presenterat flera andra ämnen. Hur andar skapas och utbildas är ett viktigt ämne för människor att förstå, så Bob återupptog diskussionen och fortsatte precis där han slutade flera månader tidigare.

D. Så reser du fortfarande lika mycket?

B. Aah, jag är också hemma, jag är med Ia, jag är nyfiken på det här ägget. Det har ändrat färg, vilket betyder att det har ändrat sin skapelsecykel, så att säga. När det kom in var det bara vitt, och nu börjar det bli ljusblått. Det kommer att gå igenom flera färgförändringar innan det börjar lösas upp, och färgförändringarna representerar specifika lärdomar, läror; ja, inte läror, nödvändigtvis, men det är att uppleva vissa saker som just kommit till liv. Så det går igenom alla möjliga faser av regnbågens färger innan dom börjar lösas upp. Och nu är det i den ljusblå fasen, det är där dom är nu.

D. Binder den här processen liksom samman alla dessa andeväsen till ett gemensamt syfte?

B. Precis. Det är också – när det väl börjar lösas upp, till slut när det har gått igenom alla färger av erfarenhet och manifestation av sitt ursprungliga väsen och utförande, det är då det börjar delas upp, och det är då du kan se vilken färg som är dominerande inom den gruppen. I gruppen som gick till Vattenvärlden var den dominerande färgen, främsta i den gruppen, mörkblå. Trädgårdsmästarna hade till exempel mycket grönt och orange. Det är då dom vet, OK det här specifika ägg är främst till för att vara till hjälp, låt oss säga, som i trädgårdar *(naturen).*

D. Vilken färg hade du?

B. Min färg var röd.

D. Och det är relaterat till 4H-gården?

B. Nää. 4H-gården är som en slags gul färg. Men min specifika färg, min egen, hade mycket rött.

D. Är det en resenärs färg?

B. Precis. Jag tycker om rött. Jag gillar alla färger, det representerar olika nivåer av förståelse och medvetenhet, liksom olika aspekter av ens personlighet och specifika utförande så att man ska bli den modellen. Så, inom varje själ finns det ett färgmönster, oavsett om du kommer från ett ägg— du kanske också kommer från ett ägg, och jag vet inte vilken färg du har— men det representerar ditt uppdrag, din personlighet, om du så vill, för även som själ har du en personlighet.

D. Alltså, när du sa till mig för ett år sedan att visualisera en regnbåge när jag bad dig komma och hjälpa till med något, sa du att färgen var antingen grön eller brun.

B. Jo, men det gröna och brunaktiga är dominerande i den andra dimensionen på grund av det faktum att vi tar hand om naturen och djurlivet. MEN MIN individuella färg, som kan betraktas som, låt oss säga, som i min centrala mittpunkt - det är inte nödvändigtvis så att jag går runt som en rödaktig person - men jag har etablerat ett centrum av rött inom mig. Du kan se det så, att mittpunkten är din kärnfärg, och i mitt fall är den röd. Men rent generellt, där vi befinner oss är det mycket grönt och brunt. MEN, låt oss ta Tom och hans vänner, som kommer att ha den här mörkblåa färgen, där skulle deras centrala mittpunkt vara en mörkblå fläck. Det är bara för att ge dig en bild, men det är inte som att vi går runt som en färgkarta. När du väl övar på att expandera din egen ljuskapsel, då kommer den färgen som syns starkast att vara den centrala mittpunkten, och i mitt fall, när jag expanderar och jobbar med min ljuskapsel, så är det faktiskt så att min centrala mittpunkt, min röda punkt, den kommer att bli större.

D. Var det därför Gergen sa åt dig att inte ta på dig en röd dräkt när du gick till Rådet?

B. Precis. Precis. För han sa att det skulle bli för mycket.

D. För då skulle alla veta att du är en resenär?

B. Precis! Då skulle jag avslöjat min täckmantel *(frustar och skrattar glatt)* HUHUH, oh det visste han! Men jag ville visa dom att jag var en resenär, men han sa, "Nä, vi ska kamouflera det lite grann." Så jag tog en annan färg på ytan, bara för att ge dig en bild, typ.

D. Ja, jag förstår.

B. Aah. Så, Ia jobbar med ägget, som nu har blivit ljusblått, och dom övar på ett sätt som ska upptäcka ifall dom är mottagliga. Så när dom kommunicerar med det här stora ägget, det ljusblå, vill dom se om deras frekvenser kommer tillbaka, och dom sänder in olika frekvenser.

D. Så de skickar in frekvenser i ägget, som radarsignaler?

B. Precis. Och dom vill se vad det är som kommer tillbaka, för det här är den första kommunikationsnivån. Och det här är signalen för att se om det här sammansatta ägget tar emot och ger tillbaka, och VAD är det som dom ger tillbaka.

D. Så de undersöker för att se vilken typ av mönster det har?

B. Precis. Och vilken slags kommunikationsförmåga det har. Allt är såklart telepatisk kommunikation. MEN, kanske det här ägget kommer att kommunicera mer i bilder, som Gravitationsgruppen *(han syftar på en grupp själar från den Åttonde, som han arbetar med i vårt labb på den Sjätte. De är väldigt skickliga på att skicka bilder till honom)*. Summa summarum: HUR dom reagerar på signalerna som Ia och hennes vänner skickar in, och HUR frekvenserna kommer tillbaka så att dom kan tolka eller analysera - vilken typ av kommunikationsförmåga den här specifika gruppen har.

D. Oj, det är en riktigt komplicerad process.

B. Verkligen. Men allt är på det viset, du vet, när du får en bebis här måste du lära den ett språk. Det är samma sak, den måste lära sig alla möjliga saker; den måste lära sig gå och kommunicera och prata. Så det är samma sak.

En Armé av Ljusbärare (1 juli 2018)

Som tidigare nämnts finns det många typer av andeväsen på den andra dimensionen, och de rör sig fram och tillbaka mellan sitt hem och de olika planeterna där det finns liv. En del av andarna är vad vi kan kalla kollektiva, vilket betyder att den större anden kan dela upp sig själv i otaliga mindre ljuspartiklar för att utföra vissa uppgifter. De mindre partiklarna är fortfarande under kontroll av den större andens medvetande. Det är det som Bob syftar på när han talar om molnet eller dimman från Skaparen. Eftersom andevärlden är skild från de manifesterade världarna som finns i vårt "akvarium", vårt universum, har inga andar faktiskt ett permanent hem på vår planet. Precis som du och jag kommer och går, så gör alla andra andar, inklusive partiklarna i det Mästerliga Medvetandet som finns i de levande livsformerna, liksom andra dimensionens väsen, som vårdar och ser till dessa skapelser.

D. Så, vad mer har hänt med dig?

B. Jag har dansat.

D. Oh? Med dig själv?

B. Med Ia.

D. Varför har Ia börjat dansa?

B. För jag bad henne.

D. Vilken typ av dans?

B. Den som snurrar. Hon gör det lite snabbare nu. Men hon är glad att hon också fick prata *(genom Christine),* så hon känner för att fira, så vi har snurrat lite. Och jag har faktiskt varit med henne för att titta på ägget som nu börjar lösas upp. Jag kan se mycket grön färg. Det här specifika ägget är på väg till Jorden, och det är en grupp trädgårdsmästare!

D. Det låter bra. Jorden skulle behöva lite hjälp i det avseendet.

B. Det kommer att vara, min känsla är, att dom kommer att dra igång vissa växter som var helande och bra för klimatet och miljön vid en tidigare tidpunkt som påminde mycket om det nuvarande klimatet. När det sker växlingar och förändringar i klimatet och atmosfären, då reagerar vi. Så det här ägget är faktiskt ett gensvar från det Mästerliga Medvetandet på hur man kan möta skiften och förändringar i atmosfären på det här planet. Så dom kommer att jobba med att skapa, inte bara nya fysiska växter, utan dom kommer faktiskt att jobba mycket med dom levande varelserna i jorden, inte bara daggmaskarna, utan såna små stjärnpartiklar som är osynliga för blotta ögat. Dessa kommer att förändras, vi måste uppgradera dom lite. Dom är som levande väsen, fast mer som biologiska prickar.

D. Är de synliga för en människa?

B. Nää, inte för blotta ögat, men man kan se dom, typ i ett labb. Om du tänker på ljusbärarna, men dom är ännu mindre, pyttesmå, dom är inte som individer i den meningen. Några i det här ägget, inte alla, men en grupp här är designade som en molekyl, som en liten bit av en atom. Så om du tänker dig en vanlig grupp av småstjärnor, och dom är ungefär 80, så är den här specifika gruppen som kommer att flytta ner in i jorden, dom är miljoner. Så du kan se skillnaden, om du vill prata storlek.

D. Så de skulle vara som små eldflugor av energi?

B. Jaa, i jorden.

D. Kommer det att hjälpa till med alla genmodifierade frön?

B. Ja precis. Dom kommer att installeras för att fungera i tysthet, i jorden. Dom rapporterar inte tillbaka till en mentor, som Tom gör till mig, men en stor del av det här ägget är som en direkt förlängning av Det Mästerliga Medvetandet. Allt är såklart en direkt förlängning av Det Mästerliga Medvetandet och Skaparen, men det här är som att Skaparen själv rör sig tyst, som en tyst massa, som en liten armé, fast en armé på ett bra sätt, inte på ett dåligt sätt. Det är som att han flyttar in; jag säger han, men det är, ni vet, Skaparen, han–hon–den-det, rör sig som en stor tyst dimma över landskapet. Man kan jämföra det med en vind, fast i jorden. *(Han beskriver en massa ljuspartiklar som renar jorden och varelserna i jorden.)*

D. Så det skulle handla om en betydande intelligens som kommer in med den, mer än vad du skulle kunna lägga i en daggmask eller en insekt?

B. Precis. Precis. Det är som ett tyst moln, eller en vind, som kan röra sig självständigt och utan begränsningar genom jorden, och gå under berg, om det skulle behövas, till andra regioner. Dom är som prickar; du vet när du ser fiskar, dom där stora stimmen av fiskar, hur alla rör sig på samma gång? Det här är på samma sätt, för att ge dig en bild.

D. Det låter fint. Är alla andar från den andra dimensionen skapade i ett knippe av energi, som de som Ia tar hand om? Eller finns det sätt som andra grupper kommer in på, som till exempel de där små energivarelserna vid floderna du nämnde tidigare?

B. Alltså, alla här kommer från ägget, men i just det här fallet innehåller det här ägget inte bara det här molnet, där finns också vanliga blivande småstjärnor, om du så vill. Men alla kommer in, börjar, som ett ägg.

D. Så alla trädgårdsmästare och resenärer kommer in så?

B. Ia och jag kom förmodligen in i samma ägg, men vi var på två olika sidor av ägget, kanske. Men vi kom in med samma inlärningscykel och mål. Och det finns andra ägg som kommer in, som hör hemma i energivärldar, där det inte finns nån fysisk manifestation. Med varje ägg som kommer in är det som att öppna en stor låda, en stor present. Typ som att lägga alla dina julklappar i en stor låda; där är en brandbil, där är en docka, där är chokladen; det är samma sak, det är så ägget kommer in. Men det är fortfarande adresserat till samma destination och med samma syfte, för det mest. Så i fallet när Tom kom in fanns det en enorm föresats, hela tonvikten låg på vatten, så den gruppen har kommit in för att bistå haven.

D. Det är verkligen fascinerande.

B. Så jag vet inte om det finns en annan, typ "tvillingflamma", som är ute och reser som jag gör, som kom från mitt ägg, från samma skolklass som jag.

D. En backup-Bob!

B. En backup, huhu, om jag skulle sluta fungera! Då tar dom in den andra.

D. Det tror jag inte; allt är perfekt designat, så det behövs ingen backup-Bob.

B. Men äggen har också olika storlekar. Vattenägget var en storlek, men det här ägget, sa Ia, är mycket större. Kanske var mitt ägg bara jag! Huhuhuh.

D. Ja, du är unik, du är speciell.

B. Jag kanske kom i en bubbla, som min rymdbubbla *(bubblan han reser i genom de olika universumen)*. Jag tycker om att man ger mig uppmärksamhet, det gör jag verkligen.

D. Jag tror att alla verkligen uppskattar dig. Alla sätter värde på den kunskap som var och en av andarna ger, men människor reagerar väldigt positivt på dig.

B. Aah, det vill jag att dom ska. För jag vill göra mig hörd, och jag vill vara hjälpsam, och jag vill se... du vet, om människor kan höra det, då är jag säker på att dom kommer att förändra en del saker, och också skicka det vidare, berätta för andra. Eftersom jag inte kan vara överallt. Det jag vill göra är att plantera frön, för att få andra att berätta historien och få förändringar att röra sig som en vind över Jorden. Det är vad jag vill, det är vad det hela handlar om. Men jag - jag gör det också.

D. Du gör din del, för alla tycker om att lyssna på dig. Kanske kan du få en egen TV-show någon dag.

B. Oh, jag ställer upp! Ophelia, hon skrattar åt det. Hur som helst, okej, Ophelia säger att vi måste spara energi för energin är lite låg i det här fordonet, så vi får kämpa lite, för energierna är lite långsamma, och jag försöker puffa upp det lite grann. Så du vet, det är vad jag har hållit på med. Jag har också sjungit lite med Ia och ägget. Jag har gått med i Kumbayan *(han började sedan sjunga)*, Kum–bye–ya, Kum–bye–ya...

D. Det är inte riktigt det som du sjunger för ägget, eller hur?

B. Nää. Men dom har delat sig nu, så det finns en liten grupp här, som är helt nya småstjärnor; Jag sjunger för dom, och jag kan känna hur lyckan sprider sig i det här lilla klustret.

D. Det är bra, du är en fin farfar.

B. Oh, Ia sa att jag kan sjunga för *dom*, så jag inte gör nån skada på det stora ägget! Haha, så hon gav mig den här lilla klustergruppen och sa, "Du kan sjunga vad du vill, så länge det är upplyftande", så det är därför jag sjunger Kumbaya. Hon sa att jag kan göra vad jag vill med den här lilla klustergruppen, men jag får inte komma in och sjunga för hela ägget eftersom jag inte har den utbildningen.

D. Så några har brutit sig loss, och några är kvar?

B. Aah, precis. Lite i taget löses det upp. Och jag fick det här lilla klustret.

D. Hur många blivande småstjärnor finns det totalt, förutom de små som ska ut och ner i jorden?

B. Jag vet inte hur många som är i ägget, men den här lilla gruppen som jag fick sjunga för, dom är typ fyrtio till sextio småttingar. Dom är rätt små.

D. Det är ju en hel klass. Kanske kommer du att få undervisa dem.

B. Oh, jag kanske borde sjunga typ vandringsvisor för dom. Jag försöker klura ut här, men det är jättesvårt att se, jag har ju inte utbildningen, jag kan inte urskilja om nån i det här klustret är som en ny Tom för mig, en ny elev.

D. Det kan ta ett tag att urskilja det.

B. Dom är glada, men just nu sover dom, verkar det som. Det är inte som att dom är mina, men Ia sa att jag kunde passa dom en stund. Jag antar att det inte är nån skada i det.

D. Hon kanske lär sig att göra lite av det du gör, prata igenom henne här *(Christine)* och resa, och nu lär du dig lite om vad hon gör, för att bygga på dina färdigheter.

B. Jag är barnvakt. Det är faktiskt ett stort ansvar. Om dom vaknar måste man vara där. Jag är säker på att det är viktigt. Dom fortsätter sjunga där borta. Det är ett stort ansvar att fostra dessa små.

Eftersom Bob berättar historien om sitt liv i kronologisk ordning, som vi skulle se det, är alla dessa sessioner i ordningsföljd. Han kan ibland hoppa tillbaka för att göra en kommentar om något han tidigare diskuterat, men anteckningarna han tar med till varje session är mycket välorganiserade. Ia, Gergen, Ole och Rådet på den Andra är också närvarande när Bob talar genom Christine, så i nästa session tar Ia vid där Bob tidigare slutade. Eli hade talat och ställt sig åt sidan, och normalt kommer Ophelia in en kort stund för att rensa energierna åt Bob, som ibland har svårt att smälta samman med Christine. Baserat på Christines ansiktsuttryck trodde jag att det var Bob som hade kommit in för att tala.

D. Behövde du ingen gatsopare idag? (*Jag insåg att det inte var Bob när Ia började skratta*) Du lurade mig!

Ia. Jag lurade dig! Aah Bob sa förra gången att du inte kunde bli lurad, så nu försökte vi nåt annat.

D. Du imiterade honom väldigt bra, så jag antog bara att det var han. Så hur har du det idag Ia?

Ia. Tack bara bra.

D. Jag är glad att du kommer på besök. Vad har du på hjärtat?

Ia. Oh, utvecklingen går verkligen framåt i vår nya klass.

D. Ägget?

Ia. Ja, ägget är upplöst nu och vi håller på att uttyda det. Men inte längre som ett kollektiv, de har fått varsin äldre elev som jobbar med dem vid sidan av lärarna. De jobbar i tre grupper. Så det finns den lilla blivande småstjärnan, sen den något äldre småstjärnan, som kan betraktas som en tioåring eller en tolvåring i ditt sätt att tänka, tillsammans med en lärare. Så det är som en treenighet av kommunikation och växande, där alla tar del av utvecklingen i lärande och undervisning.

D. Så du lär dem på en gång att ta hand om de yngre?

Ia. Att bli lärare, hjälpare, ja.

D. Så det här är efter att de har begett sig till Vattenvärlden eller Växthusplaneten?

Ia. De har faktiskt kommit tillbaka.

D. Har Tom någon?

Ia. Oh, Tom, ja han har en liten småstjärna. Han försöker leka med sin lilla lärling, för han minns att han själv var väldigt lekfull som liten. Så vi har faktiskt gett honom en som är väldigt nyfiken och dessutom väldigt aktiv.

D. En till länk i kedjan! (*Både Bob och Tom är väldigt aktiva, så det är inte förvånande att Tom skulle få en personlighet som matchar.*)

Ia. Länken utökas verkligen. De små har stort behov av välbefinnande, och eftersom det här är det första steget för att bli lärare är det även väldigt givande för vår tolvåring, om vi nu ser det som en ålder. Den äldre läraren övervakar bara, samtidigt som han skapar värme för dem båda när de växer.

D. När de blir tonåringar, är de fortfarande i klassrummen eller är de mer självständiga?

Ia. De deltar alltid i de olika klasserna. Men klassens storlek kan ändras över tid. Tolvåringarna har vid det här laget börjat flytta över i mindre klustergrupper, runt tio eller så, och där kommer de att förbli tills de når ungefär sexton års ålder. Igen, om man nu jämför med mänsklig livslängd. Vid sexton anses du vara vuxen och kan börja jobba inom ditt eget expertområde. Som vi vet började Bob med det redan tidigare. Han trädde in i det som ligger bortom vår värld, till fantasilandet som han kände sig dragen till. Hans inre drivkraft skapade en snabbare väg för honom. Men normalt brukar vi gå vår egna individuella väg när vi når sexton års ålder.

D. Relativt sett, hur gammal var han? Jag vet att han fick lämna några småstjärneklasser tidigt.

Ia. Elva.

D. Det var då han först börja utforska bortomvärlden?

Ia. Det var då han följde med vår lärare, Gergen, till bortomvärlden, det stämmer. Han kom naturligtvis tillbaka, men från den punkten var han i, jag skulle inte kalla det en specialskola, för det var det inte, han sattes helt enkelt i olika studiemiljöer för att trigga hans kommande väg.

D. Men han hade fortfarande en liten grupp som han jobbade med, för att han har talat om att vara i labbet med dem?

Ia. Precis. Och han har just nu också en grupp på sex eller sju elever som han fortfarande tar hand om. Så på alla nivåer ser vi till att ta hand om dem som varit våra elever. Gergen kommer alltid att finnas till för oss till exempel, så det är samma sak. De blivande småstjärnorna i det här ägget, de nyfödda så att säga, har kommit för att lära sig skapa energivågor. De är här för att arbeta med myllan och med djur och växtliv, främst växter, även på havsbotten.

D. Försöker ni fixa en del av de skador som människor gjort?

Ia. De jobbar för att etablera högre frekvenser av ljus. Energinivåerna måste öka runt växter och i miljön för att de överhuvudtaget ska kunna fungera. Dessa kommer att placeras under längre perioder, trots att tid inte finns, men den här gruppen kommer att placeras mer stationärt än andra. Så de kommer att slå sig ner på vissa områden och regioner där det är stort behov av hjälp. Lite annorlunda än andra grupper som går in och sen lämnar, som kan gå in i levande varelser och till och med stenar. Dessa här är designade för att stanna kvar. Bob skulle inte ha velat vara i det ägget! Hihi.

D. Det är inte så man reser omkring.

Ia. Det är det verkligen inte. Så det var allt för idag. Jag ville bara komma förbi och överraska dig lite.

D. Ja, det gjorde du verkligen, för du lurade mig totalt.

Ia. Det var hela idén, sa Bob, det var hans lilla hemlighet.

D. Stort tack för att du kom, Ia. Vi talas vid snart igen.

Ia. Oh, det gör jag så gärna. Hej då.

Att ta hand om Småstjärnorna (16 december 2018)

Christine kan stanna i transtillstånd i ungefär en timme, och vi har som rutin att sitta en gång i veckan, på söndagsmorgonen. Ophelia och Bob kommer till varje session, och Bob förväntar sig att få en möjlighet att lägga fram sina anteckningar som han för dagen har tagit med. Det finns vanligtvis tid för två eller tre ur vårt andliga team att ge budskap, och den första som talar är den som är närvarande från den högsta dimensionen. Vi har ett dussintal som växlar av varandra, och det inkluderar Ari, Eli, Jeshua, någon från Elahim Rådet, Isak, Ophelia, Zachariah, Tosh, Gergen, Ia och flera andra. Även om det sällan händer, så finns det ibland inte tillräckligt med tid över för Bob att tala, så vi har kommit överens om att vi ska hålla en separat session under veckan som kommer, ifall han någon gång blir utknuffad. Något han inte är riktigt belåten med. Eftersom han sällan får komma till tals först, så känner han sig mindre viktig än de andra. För inte så länge sedan fanns det inte tid för honom under vårt söndagspass, så vi satt igen några dagar senare, och det första han sa när han kom in var, "Eget möte, min scen. Eget möte, min scen!" vilket visar hur starkt han känner för att få lov att tala. Sanningen är den att han får nästan hälften av transtiden och lämnar alla andra andevänner att dela på resten. Kanske har han förtjänat den rätten, eftersom han har varit min *(Davids)* närmaste andliga guide och följeslagare under alla mina inkarnationer på Jorden, och det här är den allra första gången som han har kunnat tala direkt med mig. Det betyder mycket för honom att vara en del av de vanliga söndagspassen, eftersom det finns dussintals andar som samlas omkring oss och observerar. Redan söndagen efter hans ”Egna möte” dök han upp och gav Ophelia en lapp som såg ut att komma från Gergen eller Rådet på den Andra, och sa i princip att Rådet förväntade sig att Bob skulle tala idag. Ophelia frågade sedan var han hade fått lappen. Han berättade för henne att den låg på hans kontor, så han tyckte att han skulle vidarebefordra den, men nämnde inte att det var han själv som hade skrivit den och lagt på sitt skrivbord. Ophelia, förstod naturligtvis och visste vem som hade skrivit lappen, eftersom ingenting är dolt i andevärlden, men det fick henne att skratta. Han hade mycket tydligt uttryckt sina känslor.

Ämnet om skapandet och vården av de nya själarna, som Ia tidigare talade om, hade inte berörts igen på flera månader, men när det så gjordes, fortsatte de precis där de slutat.

B. Jag skulle inte, jag skulle INTE missa det här tillfället, för vem vet om det kommer att finnas ett annat fönster! Nån säger, "Oh, vi kommer att ha eget möte, men vad händer om eget möte inte kommer? Så den här gången chansar jag inte!

D. Vem skrev den lappen?

B. Det gjorde jag.

D. Jag tror att Ophelia misstänkte det.

B. Jag skrev det på ett sätt som jag vet att Gergen gör; "Bob har permission från studier i Rådet för att komma och besöka den ursprungliga gruppen och tala nu i eftermiddag", även om det är morgon här, men det är vad som stod på lappen. Men Ophelia sa, "Vem skrev den här lappen?" Och jag sa, "Oh, den låg på skrivbordet i mitt arbetsrum, och jag tänkte, oh, jag kanske borde ge den till Ophelia." För det stod liksom inte "Till nån" nånstans på den.

D. Inga underskrifter, bara ett meddelande. Jag tror inte att hon blev helt lurad.

B. Nej, Gergen kommer att få reda på det här. Men vi har faktiskt ett litet uppehåll i våra Rådsmöten, så det var inte en komplett lögn, men jag tänkte att det skulle se bättre ut. Om jag skulle bli påkommen med fingrarna i syltburken så att säga, så vore det absolut inte bättre. Men hon brukar veta exakt vad jag håller på med. Jag ville komma fram och prata lite om – för det här speglar uppfostran och den typ av utveckling som finns i ALLA andliga världar, så även om jag pratar om den Andra så är det inte mycket annorlunda på andra småttingars förskolor. Efter att du har tytt ägget och dom börjar delas upp, är det vanligtvis då som jag får träffa dom. Jag får ju inte lägga mig i alltför mycket med själva ägget, du vet, sniffa omkring det. Det är inte så att jag är sjuk eller att jag skulle smitta dom med nåt eller så, men Ia sa en gång att om jag är för nära medan dom försöker tyda melodin som strålar ut från ägget så kan det skapa förvirring. Dom håller också ett visst avstånd, så att det inte uppstår nån förväxling med deras energi och deras melodi. Så att ägget förblir helt och hållet rent. Men eftersom jag inte har nån träningen i hur jag helt ska dölja min egen melodi i närvaro av en annan varelse, så märks min melodi vart jag än går. Jag kan inte skruva ner den, så att säga, bara för att jag håller på att tolka en annan melodi. Så hon sa att även om jag är där och står långt bak, eftersom jag inte har förmågan att transformera mig och tysta ner mig, så kan ägget störas, och deras jobb kan bli att dom tolkar MIG istället, för dom hör min melodi!

D. De skulle tro att de alla var små globetrotters.

B. Oh, alla dessa små globetrotters. Då skulle Ia säga, "Du får dom allihopa, och dom kommer att följa dig." Men jag är inte säker på att jag verkligen vill det. När jag säger att jag inte riktigt kan dämpa min melodi i den andra dimensionen för att tolka ett ägg, så är det inte samma sak som när man rör sig över olika barriärer. Då förvandlar man faktiskt sin melodi lite grann. Som när jag besöker den Sjätte, och jag har ju lärt mig vilken sorts melodi som finns där, då speglar jag den på nåt vis. Så, det är liksom, här är text och musik som hör till den Sjätte och då sjunger jag den, för att ge dig en bild. Så jag kan spegla melodin och sången på den Sjätte - det är så jag får lov till att komma in. Det är som att man får text och musik som hör till den verkligheten och kan anpassa den till sin egen melodi. Men det jag sa om den Andra är att jag inte bara kan tysta ner mig själv, det är det som är skillnaden. Så jag måste förstå den *(melodin)* på Sjunde och den Sjätte, och till och med den Femte i Biblioteket— för att jag ska kunna ta mig dit, förvandlas jag till den melodin, frekvensen och den vibrationen som finns där. Och det är så som man får tillstånd - du får texten och musiken till den specifika verkligheten. Jag väntar fortfarande på, du vet, den Tionde.

D. Så du får inte umgås med de nya småstjärnorna ännu?

B. Men ganska snart. Så när ägget har delat sig då är jag välkommen tillbaka på nåt vis, för att umgås med dom små. Och dom verkar nästan som ... om du tänker dig popcorn, så poppar dom omkring på det viset. Det är ungefär så det är när dom först delat det här stora ägget. Därifrån tilldelas alla en liten fadder, som bara ta hand om just dom. Det är inte meningen att faddrarna ska lära dom så mycket utan mest sköta om dom. Och dom är ganska unga, så om du tänker på att en blivande småstjärna är en bebis på upp till ett år gammal eller nåt, så får dom en femåring som bara ska utstråla värme och närvaro, eftersom dom nu vet och har upptäckt att dom inte längre är i ett stort ägg. Så värme är viktigt för att dom ska vilja gå vidare med sina önskningar och behov av att ha solsken i huvudet, så att säga. Genom att dom känner närvaron av andra.

D. Så stannar femåringarna hos dem hela tiden?

B. Ja – ja, precis. Innan det är dags att lära sig saker sitter dom bara där och utstrålar värme och vägleder dom.

D. Är de tillsammans i ett stort utrymme?

B. Aah, det är en stor sal, men det är ändå uppdelat. Så det är där dom är. Så småningom handlar det förstås om att få olika undervisning och förstå olika saker, men för att det ens ska kunna ske måste man vara omsluten av jämlikar som inte kräver nåt av en, som bara utstrålar en närvaro och en kärlek, en värme till dom små.

D. Görs det skillnad när de tilldelas vissa femåringar, försöker de matcha karaktärer?

B. Aah, dom försöker ta in femåringar som är väldigt lika i sin karaktär, så det inte blir som en främling för dom små, även om vi alla är likar. Det dom gör, femåringarna ... det dom förmedlar är omsorg – att ta hand om nån. Så det är som att ha en fisk i en skål... så du får en guldfisk och du är ansvarig för att se till att den inte dör. Dom tar det ansvaret på ett extremt bra sätt, för femåringarna vill verkligen se till att deras guldfisk lever och sprattlar.

D. Så det är faktiskt deras första erfarenhet av att ta hand om en annan själ?

B. Det är att vårda och ta hand om, och ge lite av en omfamning, för att se till att deras fisk mår bra i sin skål. Så deras första lärdom är bara att förstå att du osjälviskt bryr dig om en annan varelse - det är vad du gör. På nåt vis är du alltid kopplad till den specifika fisken.

D. Kommer du ihåg när du var så liten?

B. Jag minns att jag var omgiven, som i en kokong, och det var värme och jag kunde sova där, och jag kände mig väldigt skyddad och trygg. Det var som en stor vila.

D. Har du något minne av vem det var som beskyddade dig?

B. Aah, det var en gumma, en vän till Gergen. Dom var som hopparade när jag var en liten småstjärna. Det var jag och Ia, och så var det Gergen och en gumma, och dom var som föräldrar till oss, det här lilla tvillingparet.

D. Så Gergen tog hand om Ia?

B. Precis. Men sen ... den där kvinnliga energin, hon var nästan som en mormor, jag tyckte väldigt mycket om henne. Men hon jobbar mycket med magiska drycker i andra verkligheter, så jag träffar inte henne så mycket längre.

D. Du har aldrig nämnt henne tidigare.

B. Hon är som en medicinkvinna, det är vad du skulle kalla henne. Jag tycker väldigt mycket om henne, hon berättade sagor och sånt, speciellt för mig.

D. Förmodligen om att resa.

B. Huhuh. Jag gillade det, jag tyckte om att bara vara där, och hon pratade mycket med mig och berättade historier, bara pratade om saker. Och jag minns att jag inte förstod allt, men jag tyckte bara om närvaron av nån som pratade med mig, och det gjorde hon. Hon pratade massor och hon berättade om dom mest fascinerande saker. Jag önskar jag bara kunde komma ihåg dom.

D. Hon kanske berättade några hemligheter för dig.

B. Jag kallade henne Lou–Lou.

D. Var hon en motsvarighet till en femåring vid den tiden?

B. Nej, hon var äldre. Så det här var kanske senare i mitt liv som småstjärna, men det är henne jag kommer ihåg, så hon var nog med mig från första början. Jag står fortfarande i kontakt med henne ibland, men hon jobbar mest med sina drycker. Hon skapar nya växter och flytande form. Hon jobbar mycket med flytande verkligheter – och hon är väldigt upptagen! Så Ia jobbar inte heller så mycket med henne, eftersom vårt jobb mer handlar med energi och fast form. Men Lou–Lou är mer i vattenvärldar, typ som vätska. Inte direkt vattenvärldar, utan mera flytande. Hon tar fram prover på nya växter, men vätskelika växter. Vissa har inte en helt fast form— alla är inte som typ sjögräs. Jag kanske ska bege mig dit faktiskt, för jag har inte träffat henne på ett tag. Men hela processen är att du har nån som en mentor som följer dig, och du vet, Gergen, han var rustad för att ta hand om både mig och Ia. Så det var det som hände.

D. Det är verkligen trevligt att få veta. Så det lilla ägget, som du ser på nu, kommer du att vara engagerad i någon av dem?

B. Nää, det är inte så att vi alla får en fisk. Jag kanske får en senare. Jag hade en, för länge sen, men nu är jag i första hand intresserad av att se vad det här nya ägget kommer att göra. Men Ia sa att dom inte kommer att få veta det än. Nu är dom i fasen av få ömhet och bli omhändertagna - dom är bara i en slags äta och sova fas och blir omhändertagna. Jag frågade om jag kunde få som en manual om hur man tyder signaler, men

Ia sa, "Det handlar om ÅRATAL, om nu år hade funnits, av träning för att ens förstå tolkningsmaualerna, och det är inte så att jag bara kan ge dig en, för du skulle inte förstå och det skulle bara skapa fler frågor för dig."

Vi bör påpeka att Bob och de andra andarna presenterar idéer på ett sätt som vi kan förstå. Ia mäter inte i "år", men Bob har ansträngt sig för att skapa en tidsram som är begriplig för oss. Andevärlden har många likheter med vårt universum, eftersom det är designat av de andliga dimensionerna, men vissa saker de säger är helt enkelt för att hjälpa oss att förstå konceptet. Tid, som vi förstår det, existerar inte i andevärlden, men det finns på Jorden. I vårt andliga hem är "tid" ett mått på lärande och framsteg, och är cyklisk till sin natur, inte linjär. Efter att alla andar i energiägget har separerats och gått igenom en period av att vakna upp och bli aktiva, placeras alla som kom i knippet i samma stora klassrum där de får friheten att leka och lära sig om sin nya miljö. Precis som vi människor är skapta för att glömma, är de nya andarna, som kom från den allvetande Skaparen, också utan minne av sitt ursprung. De är visserligen avsedda att uppfylla vissa målsättningar men de ges också utrymme att utforska andra intresseområden. Ia och andra mentorer är experter på att upptäcka mönstren i Skaparens syfte för varje ny själ, men det är upp till själen att utveckla och uppfylla sitt eget syfte. Zachariah sa en gång att själar, som inte presterar som förväntat, kan på något sätt återlämnas för att modifieras, men det är ganska sällsynt. Lärarna och mentorerna arbetar tålmodigt för att få fram det allra bästa i varje ny själ, och den utbildningen börjar i det som vårt andliga team kallar Småstjärneskolan.

Småstjärneskolan

Efter att energiknippet har delats upp i individuella själar, som kan uppgå till över hundra, introduceras själarna gradvis i olika inlärningssituationer under mild ledning av avancerade andeväsen, såsom Ia. Den andra dimensionen är betydligt mer omfattande än vi kan förstå, eftersom dessa andar ansvarar för livsformerna på varje planet i alla kosmiska akvarier. Som vi har diskuterat i tidigare böcker är alla andar som kommunicerar med oss en del av en grupp som är involverad i det projekt vi känner som "Jorden", även om vissa aldrig har inkarnerat här. Själar på den Andra är designade för en specifik funktion på en specifik planet, så när Bob och Ia skapades kom de tillsammans som en del av en grupp som var avsedd att arbeta på Jorden, åtminstone till att börja med. Alla de små andarna i de därpå följande grupperna, som Ia och Bob är mentor för eller tar hand om, har också Jorden som destination, så kunskap om denna planet överförs från de äldre andarna till de yngre. Var och en bidrar lite mer till den kollektiva förståelsen. Det finns omsorgsfullt utformade skolor för att lära de växande andarna inom vissa specialiteter, i stort sett indelade i fyra huvudgrupper som rör djur, växter, vattenlevande livsformer eller energimönster. Alla småstjärnor på den andra dimensionen måste delta i lektioner och lära sig om de olika typerna av liv på Jorden, men kommer normalt bara att gå i avancerad träning i en av de fyra grupperna. Detta beslut är en fråga om varje liten småstjärnas preferens och fallenhet, men det de väljer kan helt enkelt vara en medvetenhet om det mönster som Skaparen gett dem. Alla andra dimensionens andar förväntas gå till olika fysiska världar för att studera de livsformer som de kommer att möta på den planeten som de har tilldelats. Bob, som vi har lärt oss, kände sig dragen till att studera landbaserade djur, så han begav sig till en plats som han kallar "4H-gården". Jag är säker på att han valde namnet för att vi människor känner till det som en grupp som ägnar sig åt att lära barn hur man tar hand om djur, men jag är också säker på att när Bob och Ia sinsemellan pratar så kallar de det inte så. Om en själ är avsedd att bli en healer och hjälpare i växtriket, går de för att studera på vad Bob kallar "Växthusplaneten", och lär sig hur man blir "trädgårdsmästare". De som föredrar fiskar och annat vattenlevande liv kommer att sändas till "Vattenvärlden" för att bli "vatteningenjörer". Den sista specialiteten är att studera och arbeta med energimönster, såsom DNA, som är den väg som Ia har följt. Planeterna dit de beger sig för att studera är fysiska platser i vårt universum, men som Bob förklarade är dessa en del av den andra dimensionen och skulle därför ha en något högre frekvens än Jorden. Huruvida dessa planeter skulle vara synliga även genom ett teleskop är något han aldrig har klarlagt.

Efter träningsprogrammet förväntas varje liten småstjärna bege sig till Jorden i en liten grupp och sammansmälta med de olika livsformerna, vilket har ett dubbelt syfte. De tränar på att underhålla sin egen ljuskapsel, men förväntas också känna av och tolka energimönstren i trädet, djuret, stenen eller fisken som de tillfälligt har sammansmält med. När de blir äldre kommer de att resa runt på Jorden och leta upp obalanser i de levande varelsernas mönster, som de sedan kanske kan reparera. Under de här kommande sessionerna beskriver Bob ofta aktiviteterna relaterade till några av hans elever. När han väl blev "vuxen" i den andliga världen blev han mentor för en grupp på tio elever. Med tiden, när de blev mer självständiga, valde några att gå med i andra grupper som var mer direkt involverade i aktiviteter som matchade deras egna intressen. Bob har fortfarande sex stycken som han har hand om, men de har alla blivit mycket mindre beroende av honom och kräver mindre av hans uppmärksamhet. Eftersom Ia är som en dagisfröken på den Andra, tittar Bob då och då in som gästföreläsare i Ias klassrum, där han underhåller och berättar historier om sina äventyr; åtminstone i den mån han tillåts avslöja vad han är med om. Det fanns en ung liten småstjärna som Bob kände stort släktskap med, som kallades Tom. När Tom blev äldre tilldelade Ia Bob ytterligare en grupp på tio elever som han skulle vara mentor för, däribland Tom. Vi har haft turen att få höra en hel del underhållande historier om Toms uppväxt från en mycket liten småstjärna till en ung vuxen, vilket verkligen ger en fascinerande bild av hur andar lärs upp och hur de utbildas.

Bob som Gästföreläsare (2 april 2017)

D. Har Ia någonsin låtit dig komma in som gästföreläsare? ("Aah") Uppskattar du det?

B. Aah. Hon säger, "Håll det enkelt, Bob. Håll det enkelt." Men jag brukar bli så entusiastisk över allt jag har lärt mig, och hon vet att jag gärna spelar upp en liten charad. Huhuh! Hon låter mig göra det, men ibland lägger hon sin hand på min arm och säger, "Enkelt, Bob." Och då backar jag lite och försöker göra det enkelt. Jag berättar för dom om alla mina besök. Och hur det är möjligt för dom också, ifall dom skulle vilja bli små resenärer och små vetenskapsmän, eftersom det här är andra dimensionella varelser under utveckling. Så, NÅGRA kommer att vara som Ia, och NÅGRA kanske vill vara som jag. Så jag vill tala om att det finns alternativ, och jag vill berätta vilka dom alternativen är; så det gör jag. Och jag försöker hålla det enkelt, men ibland, eftersom ingen - dom har ju inte sett ett solsystem, så det jag kan inte prata om - men jag KAN berätta för dom om dig. Jag kan berätta för dom att det finns OLIKA livsformer som ser väldigt annorlunda ut mot oss, på andra ställen. Så det kan jag säga, och då blir dom verkligt intresserade. Jag försöker beskriva Ophelia och dig, och hur ni kommunicerar VÄLDIGT olika. Och jag berättar för dom om stjärnorna. Dom har sett stjärnfall, så stjärnor har dom sett, MEN dom vet inte hur dom ska komma dit. Så, jag vill inte röra till det för nån, men jag vill berätta att det finns en viss intelligens bakom allt som dom ser uppe på himlen. Det gör jag! Och jag säger, den här stjärnan är gjord av ljusvarelser i den sjunde dimensionen. Men dom vet ingenting om dimensioner, så jag måste liksom göra en skiss för dom och säga - det här är vi - här är vi och här är Jorden, och sen ritar jag. Ia, hon gör så här ibland *(skakar på huvudet sida till sida),* men hon skrattar och hon låter mig hållas. För hon vet att det finns en eller två här, som kommer att bli små vetenskapsmän, så hon uppmuntrar personlig utveckling.

D. Det låter som att hon lugnar ner dig lite också.

B. Aah. Hon har varit med mig länge.

D. Ni låter nästan som ett litet par.

B. Jag ser det också så. Vi gick tillsammans, du vet, som när vi smälte samman med träd, för länge, länge, länge sen. Där var vi tillsammans.

D. Du står henne väldigt nära då. Hur fick hon jobb i valvet, hur gick det till?

B. Det finns en annan grupp som hon arbetar med, en änglagrupp.

D. Vilken dimension?

B. Den är lite högre upp. Men jag känner bara till min stege, hon har en annan, för hennes stege går i en annan riktning, så jag vet inte om det är som nummer 1–2–3–4–5, eftersom hennes stege är - om min går hitåt *(nickar upp åt höger),* och jag kan se, här är du i ditt labb, och här är Ophelia, det kan jag se. Ias stege går i en annan riktning, men hon kommunicerar med en änglavärld, samma som den som Ophelia verkar inom.

D. Går hon också och tränar någonstans?

B. Aah.

D. Så hon är också en resenär, på sitt vis?

B. På sätt och vis. Men hon beger sig inte till olika nivåer. Hon jobbar med helande energier skulle jag säga, och det handlar också om ljuskapseln. Hon lär sig om hur underhållet av kapseln utvecklas och hon utvärderar mycket av kapslarna för den andra dimensionens väsen, varelser. Så, det är en annan slags utbildning, och det är inte nåt som jag har studerat, men hon berättar en del för mig – det handlar mest om att underhålla kapslarna för dom andradimensionella varelserna, men också hur man underhåller kapslar som finns på den tredje dimensionen, kapslarna runt föremål som träd och en del andra saker, eftersom allt har en kapsel. Du skulle förmodligen kalla det en aura. Men det kommer både från oss själva, som individ, men det är också nåt som placeras på den tredje dimensionen, och hon arbetar med skötseln av dom kapslarna, som är ljus - det är bara ljus. Hon arbetar inte med ljud, hon arbetar bara med ljus. Syre och ljus. För det är lite som en atmosfär; vi pratade om atmosfären innan. Kapseln på den tredje dimensionen finns faktiskt runt olika föremål, den är som sin egen atmosfär. Så hon jobbar med att upprätthålla balansen inom dom, det är liksom ett fält.

D. Har allt sitt eget fält, alla levande varelser, eller är det som ett allmänt fält?

B. Ja, du vet, det finns ett allmänt fält, men det finns också ett individuellt fält, och det är det som hon jobbar med, för det måste finnas en balans; om fältet runt varje enskilt objekt, inbegripet en person, ett fordon *(kropp),* om det inte mår bra, så kommer det också att påverka det allmänna fältet. Så det jobbar hon med. På nåt vis tror jag att hon samarbetar med dom på Åttonde, för Åtta och Sju, dom har hand om atmosfär och det är också ljus. Ophelia är ljus *(den Sjunde)*, och Åtta är elementen och atmosfären, du vet. Men återigen, hon är inte på samma stege som jag. Så om hon börjar röra sig uppåt, om jag ska försöka ge en bild, så kommer hon inte bara att ... hoppsan ... dyka upp i ditt labb. För hon har inte den behörigheten. Och jag har inte rätt att gå till dom ställena dit hon går, eftersom dom lär sig om olika helande drycker för att kapseln ska vara frisk och välfungerande. Du vet, när en kapsel – jag ska berätta hur det är – när en kapsel väl har stängts av, som en lampa, så finns inte det objektet längre.

D. På den tredje dimensionen?

B. Exakt. Så det kan bero på yttre påverkan för dess existens och försvinnande, men det kan också vara så att kapseln inte har fungerat som den ska. Så Ia och en grupp som hon jobbar med, dom har förmågan att, om den inte kan läkas eller bytas ut till ett fungerande fält, så kan dom faktiskt stänga ner den. *(Han säger att det kan finnas yttre påverkan som gör att ljuskapseln försvinner, men den inre kan också ha problem. Ia och hennes grupp arbetar med att korrigera problem med den inre balansen.)*

D. Och det får individen att ...?

B. Det får individen att somna in.

D. Så, själsenergin lämnar, molnenergin?

B. Japp, innan du stänger ner nåt ser du till att insidan har lämnat. Du vet hur vi pratade om att min varelse togs bort, den med mjuka pälsen? Innan den togs bort, innan den fysiskt togs bort och fältet omkring den stängdes ner, så hade insidan redan lämnat. Så den upplevde aldrig som, oh, jag stängs ner.

D. Nåja, förhoppningsvis kommer den att ha en plats, någonstans i framtiden.

B. Jaa, allt läggs in i valvet, i museet, eftersom det en gång har existerat. Allt som har existerat kommer att ha en plats, på nåt vis, i ett valv eller i ett museum. Allt finns inte i ett museum dit alla kan gå och titta, men det finns sparat i ett eget valv. Men när en växt eller nåt annat plötsligt över tid inte längre existerar, då har den faktiskt stängts ner eftersom— ett: den inte fungerar korrekt i sin egen miljö— två: fältet inte har kunnat repareras. Så därför får du den att somna in.

D. Jag är glad att du får umgås med Ia. Det låter som att ni delar det ni lärt er med varandra?

B. Aah. Jag tycker om henne, och hon tycker om mig! Så hon bjuder in mig att prata med hennes elever, du vet, hon har många elever och alla tycker jättemycket om henne.

D. Ja, du träffar henne i valvet hela tiden. (*Valvet i Biblioteket på den Femte, där information från bl.a Elahims lagras.*)

B. Jag ser henne och frågar, "Vad bär du på där?" Och hon svarar, "Du vet att du inte ska fråga." Och jag säger - jag försöker bara säga nåt så att hon ska lägga märke till mig, för vi känner ju varandra - och då säger jag, "Jag tänker inte heller berätta vad jag har i mitt valv!" Och då sa hon, "Jag vet det, för du får inte heller göra det. Men du måste ha nåt som du verkligen är stolt över." Och jag säger, "Ja, det har jag! Jag är jättestolt över mina lådor!" Men hon frågar aldrig, för hon är väldigt artig.

D. Det måste finnas någonting som du kan berätta för henne om ditt arbete?

B. Jag berättar för henne om solsystem, för det känner hon till. Och jag berättar för henne om hur jag lär mig alltmer om en mer utförlig version av kärnan i planeter och annat. Och hon säger att det är väldigt intressant, eftersom det på nåt vis kommer att påverka hennes arbete med kapslarna. Hon vill gärna lära sig mer om Solen.

D. Det är väldigt fascinerande.

B. Så, vi träffas här och där, för jag har också saker att berätta om – hon jobbar med kapseln och jag jobbar mer med kärnan, och vi försöker hålla varandra uppdaterade om vissa saker. Vi har typ små möten ibland.

D. Ja, du har fortfarande möten med Gergen, eller hur?

B. Teambuilding!

D. Gå på små expeditioner in i den tredje dimensionen.

B. I djungeln. Det gjorde vi förut, du vet. Hur som helst, jag antar att det var allt för idag.

D. Tack för att du tittade förbi, jag lärde mig mycket idag. Förhoppningsvis kommer vi att prata här lika ofta.

B. Så, okej, hejdå. Nu kilar jag!

Att gå samman med Träd och Stenar (28 maj 2017)

Efter att ha studerat och blivit bekant med alla typer av livsformer på Jorden, instrueras alla andar i den andra dimensionen om vad de kan förvänta sig när de först smälter samman med träd, stenar, växter eller djur. Det är en spännande tid för de små och markerar början på deras utveckling mot att vara direkt involverade i att identifiera och läka problem som de upptäcker när de reser till Jorden. Om du är frestad att tycka att detta är lite konstigt, kom bara ihåg att du är en ande som också bor i en värdkropp, så processen är universell över hela det andliga spektrumet.

D. Hur har Ia det? Har du sett henne på sistone?

B. Jag stannade till i en av hennes klasser och jag spelade upp som en liten show för hennes elever. Jag pratade om det stora, mystiska landet som finns ovanför, det dom kommer att möta när dom smälter samman med träd på Jorden, och hur dom skulle kunna se stjärnorna. Så jag uppmuntrade dom att bli som små stjärnskådare, och jag sa, "Vet du vad som finns långt där uppe?" Och det gör dom naturligtvis inte. Så jag berättar historier om det ena och det andra. Jajamän, det gör jag!

D. Så när du är inne i ett föremål, som ett träd eller en sten, kan du fortfarande se ut?

B. Alltså, inte i början, för det skulle bara vara förvirrande. Dom första gångerna när du går in ett föremål, jobbar du bara på att anpassa dig till att vara lite instängd, eftersom du också måste förstå att du är en gäst och en besökare i trädet till exempel, och du måste också lära dig förstå trädet. Så om du lägger ditt fokus utanför trädet och tittar ut för att kolla på stjärnorna, då har du missat den allra första lektionen, och det är att förstå hur man ska vara i samklang med och inte störa objektet som du är sammansmält med – för att du är gäst där. Inkarnation är lite annorlunda, för du är inte nödvändigtvis en gäst, det är inte som att nån annan kommer in när du lämnar. Så det är lite annorlunda, men du måste fortfarande hedra fordonet du befinner dig i. När den där lilla partikeln, dom små från den andra dimensionen, när dom börjar sammansmälta lär dom sig att respektera och vårda sin värd. Det är en av de viktigaste sakerna dom måste förstå. Dom kommer att lära sig att gå samman, först och främst med träden, sen kommer dom att gå in i en växt, som har en kortare livslängd, och då måste dom på nåt vis skynda på den kunskapen dom har med sig från trädet. Dom har mindre tid, även om tid inte existerar, men det är kortare cykler där dom kan lära sig om, eller förstå, hur man fullt ut kan smälta samman med och vårda växten, men också lära sig AV den. Så du kan se att när du väl börjar röra på dig och uppgradera dig själv till olika livsformer, så innebär det en mängd olika sätt att göra det på. Enklast kan träden anses vara, eftersom du reser i en grupp och du har din handledare med dig. Det är som att åka på läger, på samma sätt som när små människor åker på läger, det är samma sak. Sen blir dom lite mer djärva, och reser ensamma för att slå läger eller gå samman med en växt. Men dom behöver inte göra det så grundligt som dom gjorde med ett träd, eftersom då måste det gå lite snabbare. Och sen skulle nästa nivå vara att gradvis gå igenom dom olika objekten som finns på dom ställen där dom ska vara, och så rapporterar dom tillbaka vad dom har lärt sig. På samma sätt som en själ som kommer hem får en återblick av sitt liv också rapporterar.

D. Så när dina småttingar var ute, kom de tillbaka och ni pratade om vad de hade upplevt?

B. Javisst. Och dom berättar för mig, eller i det här fallet, vanligtvis Ia. Ia pushar dom verkligen, hon säger, "När du först smälte samman med ett träd, vad var det första du upplevde?" Och normalt får dom en känsla av en slags puls, vilket betyder att dom känner att det är levande. Och dom måste rapportera tillbaka hur dom verkade i trädet för att inte störa. Det är också för att dom måste lära sig att det är väldigt viktigt att inte utöva nån påverkan på det. Det är en kosmisk lag som finns inom allt, att du inte får påverka en annan livsform. Så det är samma sak, dom måste lära sig dom kosmiska reglerna som finns, oavsett var. Så dom rapporterar tillbaka och sen, när dom utvecklas vidare, får Ia dom att gå in i ett träd som bär på en viss – det här är lite som en skattjakt, för dom måste gå in i ett träd som låt säga bär på en viss upplevelse, och dom små måste finna den. Det är inte alla som gör det första gången. Så det är lite som en skattjakt. Det första trädet som du smälter samman med kan betraktas som en vänlig, lättsam värd, men sen blir det lite mer knepigt, och det beror på att dom senare, när dom själva ska finna ett träd att smälta samman med, när dom inte bara skickas iväg, ska veta vart dom ska gå och VAD man ska leta efter för att vara till hjälp.

D. Wow, det är helt fascinerande!

B. Ja, och dom små blir riktigt exalterade när dom är på sin första skattjakt för att hitta problemet. Och det finns vissa träd som vi känner till som vi kan skicka dom till, eftersom dom bär på olika upplevelser som dom små ska försöka hitta. När dom rapporterar tillbaka, och låt säga att det finns ett som har problem med sina rötter, och dom små kommer tillbaka och säger, "Det här trädet var i full harmoni, det var fyllt med syre och var som en tonåring." Fast det egentligen var mer som en pensionär, och rötterna gjorde lika ont som om du skulle behöva en ny höftkula. Och då säger Ia, "Du löste inte riktigt uppdraget, du hittade inte skatten, för du missade en av ledtrådarna när du gick in." Så det är så dom lär sig, för det är ROLIGT att lära sig när man gör det som en skattjakt. För du får det här uppdraget, och du blir uppspelt och glad! Jag tycker också att det är roligt; Jag gillar att vara upprymd!

D. Du är väl aldrig i fara när du är ute och går omkring på Jorden?

B. Nää. Bara förskräckt. Även när dom små är inuti träden, även om nån skulle hugga ner det trädet, är dom aldrig i fara. Dom tas omedelbart bort och dras tillbaka, så att säga. Nä, inte i fara, jag blir bara ledsen när jag ser vissa saker. Sorgligt helt enkelt. Jag blir ledsen när dom sprejar. Även om jag själv är oskadd, från min synvinkel sett, så ser jag alla naturens skapelser och jag vet att allt som finns där har gjorts av nån i mitt labb. Så jag blir ledsen. Ibland blir jag till och med arg. Maskarna ... jag blev jätteledsen och arg! Och jag gillar inte, jag oroar mig särskilt mycket för marken och jorden.

D. På det viset som man odlar grödor nu, kommer marken och jorden dö.

B. Men det är också det där jag pratade om tidigare, dom där ljudbarriärerna som har påverkats lite grann. Det skapar faktiskt, när dom där ljudvibrationerna eller barriärerna som omsluter allting, som berg och träd och så vidare, och när dom störs i sitt eget vibrationsfält, då lägger dom av lite grann. Det var det som vi pratade om tidigare, om bilar och flygplan och så vidare. Jag skulle önska att man kunde skapa ett annat sätt att åka omkring på, för faktum är att ni varken behöver avge buller eller föroreningar. Det är ett faktum att kunskapen redan finns hur man kan göra det mindre störande för naturen och för planeten.

Bob har beskrivit hur höga ljud faktiskt kan döda känsliga levande organismer, som djurplankton, eftersom det finns ett skyddande vakuumlager runt varelserna som bryts ner av högenergiljudvågor. Jag hade aldrig hört det förut, så jag gjorde lite research och upptäckte att Bob återigen hade helt rätt. Forskare i Australien har utvärderat effekten som seismiska undersökningar för oljeprospektering hade på djurplanktonet och blev chockade när de upptäckte att ljudvågorna från undersökningsfartyget skapade en död zon på en diameter av 2 km, där upp till 90 procent av planktonet utplånades. Dessa fartyg går fram och tillbaka och skickar vågor in i klipporna under havsbotten, där signalerna som reflekteras kan analyseras för att bestämma geologiska strukturer djupt under havsbotten. Ta vilket år som helst, så har tiotusentals kvadratkilometer hav bombarderas med ljudvågor, som gör valar, delfiner och fiskar döva, samtidigt som fiskrom och mycket av djurplanktonet förintas. Örlogsfartyg använder också ljudöverföringar för kommunikation, och det har kopplats till att mängder av däggdjur och fiskar försvagats, skadats och dödats. Det är uppenbart att de från den andra dimensionen är extremt bekymrade över den nonchalans som vi människor visar deras skapelser. Bob gör sedan en lite kryptisk observation om att människorna redan har teknologin för att omvandla vårt samhälle till ett som inte kräver fossila bränslen, vilket tyder på att det statliga undertryckandet av mänskligheten är både illvilligt och avsiktligt.

D. Så, vad mer har hänt?

B. OOOHHH, jag har varit lite på besök hos Gergen och hos Ia. Jag har pratat med dom, och jag har visat dom mina memoarer och mina journaler och sånt jag har upptäckt under mina resor. Så jag har berättat om det, och dom var väldigt intresserade. För Ia sa att det finns några i hennes klass som är lite intresserade av att resa.

D. Jag undrar hur det kan komma sig?

B. HEE HEE HEE. Hon sa, "Du sätter alla möjliga griller i deras huvuden!" Jag sa att jag bara vill att dom ska bli fyllda av entusiasm, jag vill att dom ska veta att det finns andra alternativ också, inte bara att jobba med växter, och inte bara sitta still och läsa på om saker, du vet. Alla behöver inte vara i labbet hela tiden; det finns andra sätt att nå framsteg på, för man känner sig lyckligare om man vet att det finns vissa saker som kommer så småningom. Som till exempel mitt solsystem; nu känner jag mig mer taggad att avsluta det och göra olika justeringar, eftersom jag vet var jag ska placera det. Så om dom små vet att det kan finnas sätt att resa och få reda på vad som finns bortom det vi känner till, så att säga, då kommer dom att bli mer upprymda och ivriga att vara en del av inlärningsprocessen.

D. Ett gäng små Bobs!

B. Jaa, det kanske dom är! Det kan dom absolut vara! Och jag kommer att berätta för dom, om jag får lov, att dom kan resa på en regnbåge, och att man kan åka till alla möjliga olika platser. Och jag ska, om jag får lov, berätta om vissa saker som jag har hittat. Men, hehe, Ia är som, "Du sätter griller i deras små huvuden, du trasslar till det lite." Hon hade en gång bestämt att dom skulle sitta och arbeta med ljus, för att liksom lära sig att själva generera ljus, och vara sitt eget batteri. Och hon sa att bara för att jag hade varit där innan och pratat om alla dessa resor, så kunde hon inte få dom att sitta still och jobba på att bli ett batteri. För dom bara, du vet, öppnade ögonen, så att säga, och tittade sig omkring och viskade. Så hon sa, "Du gjorde mitt arbete lite svårare, för dom satt inte stilla och dom blev inte som batterier." Du kan se det som en meditationsklass, typ, och dom tränade på att fylla upp sin egen ljuskapsel, eftersom dom måste vara lite i den där energibollen av ljus, när dom går in i och smälter samman med saker. Så det här var en övning inför det, men eftersom dom var så uppfyllda av mina diskussioner där jag berättade om mina resor, så satt dom inte stilla. Ia skrattade och sa, "Jag kanske inte bjuder in dig mer!" Men hon skrattade, och du vet, jag är säker på att jag fortfarande är välkommen, men kanske först efteråt. Hon sa att vi måste kolla upp schemat när jag kan komma in! HUH HUH HUH. Gergen, han skrattar. Han skakar liksom på huvudet. Han vet om det här, för han har sett hur vi har utvecklats, jag och Ia, hela tiden, så han vet att det hela tiden har varit lite så här.

D. Hon lugnar ner dig och du eldar upp henne.

B. Precis. Så skulle jag nog säga det. Oh, ibland påminner hon mig om att jag också behöver jobba på min egen ljuskapsel, för när jag reser och delar upp mig, som du säger, och projicerar min energi, blir det viktigare för mig att återvända och dra tillbaka min energi och komma in i min ljuskapsel. Så hon påminner mig om det.

D. Det är bra, hon ser efter dig.

B. Hon vet att det gör mig glad. Hon sa, "Du var alltid lite annorlunda." När vi gick i skolan, när vi var små, ställde jag alltid en massa frågor, jag låg alltid långt före lärarens läroplan. Så hon sa att jag alltid undrade över saker, och lärarna sa, "Tyst. Schhsss, Bob, vi kommer till det senare." Hon skrattar åt det, för hon var tystare och mer uppmärksam på vad lärarna sa. Jag hörde också vad dom sa, men när jag gjorde det så dök det alltid frågor och jag räckte upp handen och ville veta mer. Så jag tror att jag är bättre lämpad att vara ensam, som med dig, istället för att vara i en grupp, eftersom jag kan tydligt se att jag kan, du vet, störa och distrahera. Så jag tror att det är bättre att jag är ensam med en lärare. Jag tror att det är mycket bättre för alla, inklusive mig! HUHUHUH, Heehee, jag kan bestämma min egen takt, så att säga.

D. Nåja, du gör vad du är avsedd att göra nu.

B. Det stämmer verkligen!

Från Teori till Praktik (9 oktober 2017)

För flera år sedan, efter att Bob började beskriva sin verklighet, frågade jag var Växthusplaneten var belägen, och han sa att den inte är så långt borta i detta kosmiska akvarium. Han började sedan berätta om de verkliga problemen med genetiskt modifierade organismer *(GMO)*, som människan i stort sett inte förstår sig på. I *Helig Design Första Vågen* uttryckte andarna sin oro över GMO, mikrovågsstrålning och elektromagnetisk strålning, gifter inom jordbruket, atmosfäriska föroreningar, ljudföroreningar och andra okunniga handlingar från oss människor, som alla riskerar att orsaka allvarliga återverkningar på de noggrant beräknade balanserna i naturen. Medan vi förstör olika skapelser, kämpar den andra dimensionen med att reparera skadorna. Vad som människan inte riktigt förstår är att det finns ett Mästerligt Medvetande i alla levande varelser och växter på denna planet, så Skaparen upplever den smärta, lidande, sorg och rädsla som vi förorsakar i andra livsformer. Det finns en benägenhet att ställa sig frågan: "Om det finns en gud, varför händer då detta mig?" Men likväl, hur är det med all den smärta och lidande vi människor vårdslöst tillfogar växter, träd, djur, fiskar, insekter, fåglar och andra varelser som bär Skaparens medvetande? Jag skulle säga att vi är betydligt mer likgiltiga mot Skaparen, än tvärtom. Vi saknar vördnad för livet, och detta är ingenstans tydligare än hur vi behandlar djuren, växterna, jorden och luften, som vi är helt beroende av, bara för att tillfredsställa våra omåttliga behov. I den här nästa sessionen förklarar Bob att GMO-frön inte fungerar på samma sätt som naturliga frön, att en av växternas primära egenskaper, att skapa en förbindelse med varandra i en väv genom jordlagren, bryts av människornas manipulation.

D. När du var på Växthusplaneten, var det i ett annat kosmiskt akvarium?

B. Nej det var det inte, jag var helt klart i samma tårtbit, det var nånstans "i närheten", sa Ophelia.

D. Var det innan du började arbeta med Ophelia?

B. Aah.

D. Så du jobbade med Växthusplaneten först?

B. Uhmm.

D. Var det här efter att du var en liten småstjärna?

B. Många av oss går faktiskt dit först, för trädgårdsarbete och bara för att lära oss lite om hur man odlar saker. För det är också där som man kan se hur nånting utvecklas och blir till, innan det placeras nånstans. Så många av oss åker dit för att studera. Det är som ett studieområde men det finns på riktigt; det är inte som en påhittad verklighet eller planet, den finns på riktigt. Men vi går normalt dit liksom precis efter vår första examen från småskolan. Så vi går dit och lär oss om sånt. Det är en befintlig plats, men i sin atmosfär är den lite annorlunda, eftersom tiden och evolutionen går snabbare där, för det är det som är vår uppgift där. Vi är där för att se hur saker och ting utvecklas. Låt oss säga att jag ville skapa en växt och jag ville att den skulle vara i en fuktig miljö där det kommer att regna mycket, då skulle jag gå till ett område på den här Växthusplaneten, där just det kan upplevas. Och det här stoftet som finns i varje atmosfär, det är det som skapar olika perspektiv av tid, eller vad som anses vara tid, men det handlar om cykler. Så det här stoftet placeras i atmosfären och det skapar inte bara händelser, utan också en känsla av rörelse. Så på den här specifika Växthusplaneten finns det mycket stoft, för vi måste se resultatet fortare. Jag vill ju se om min växt kommer att fungera bra i den fuktiga miljön innan jag planterar den i, låt säga Amazonas till exempel. Jag antar att det är här som Evolutionsgruppen kommer in i bilden. Det är dom som är stoftfolket, dom gör såna saker. *(Bob har nämnt att Evolutionsgruppen använder detta stoft för att ändra evolutionens hastighet, även inom befintliga solsystem.)*

D. Medan du var där accelererade väl inte din evolution, eller hur?

B. Nää! Nej nej!

D. Stoftet påverkade inte dig?

B. Nej, det påverkade inte alls mig. Det skulle ha varit lite otäckt. Men jag projicerade mig själv dit, jag gick dit och jag gjorde det jag skulle. Men jag var inkapslad i min ljuskapsel på nåt vis, så jag var inte nödvändigtvis exponerad för atmosfären på samma sätt som min växt. Växten var mer i fast form, medan jag var i en slags energikapsel, alltså när jag projicerade mitt medvetande dit för att förstå den här verkligheten.

D. Så din projektion kunde arbeta med jorden och växterna, du kunde röra saker där?

B. Aah, jag kan röra, jag kan röra och jag kan flytta runt saker.

D. Kommer du att, någon gång, prata mer om hur liv växer, hur det går till när växter växer. Du vet, hur saker utvecklas till något från ett frö?

B. Om Rådet tillåter det, för det är – jag tror att det är viktigt att folk förstår. Fröet är som en liten familj. Inom fröet – och det är vad som händer när människor försöker tillverka ett frö, då blir det ingen familj. När en riktig blomma fröar av sig, har det fröet i sin bubbla en familjeenhet som hör till just den specifika växten, och som bara väntar på att bli till. Och en familjeenhet, det kan vara typ vilken sorts medvetenhet den ska ha och hur länge den ska leva. Så bubblan bär olika skeenden av den kunskapen, den som ska bli ett frö. MEN när du har ett konstgjort frö, då lägger du bara in en medvetenhet om att det ska växa, för att bli en pumpa eller för att bli en morot. Resten saknas. Som människa, till exempel, har du flera nivåer inom dig; du har en hjärna som du ska tänka med, du har ett hjärta, du har alla känslor, du har en själ, och det är samma sak med ett frö. Det är därför som när ett frö kommer från en blomma, när det faller av och flyger iväg, bär det på mer än att bara ett ämne för att bli en ny blomma. Förstår du?

D. Jag tror det.

B. Så i det här fröet som ska planteras … det sprider också ett ljus omkring sig i jorden. När ett konstgjort planteras, så har det bara en enda instruktion och det att bli till exempel en morot, och ingenting annat. Men dom andra, riktiga, dom är tänkta att skapa ett nätverk i jorden till andra livsformer som också växer. Om fler och fler konstgjorda frön planteras och inte skapar den här ljusväven till andra livsformer, då kommer alla att förlora sin kraft, sin livskapsel. För det blir mindre och mindre av nätverket därunder som förbinder träd ...ja, till och med i sjöarna, på sjöbotten, dom som liksom skapar ... *(kämpar för att hitta ett ord)*, i sjöarna, dom som...

D. Alger?

B. Ja precis. Allt hänger ihop, men när man sår fler och fler av dom konstgjorda fröna, så tappar dom kontakten. Och det är vad som sker när det inte finns frön som bär på, och kan sprida ut allt medvetande, likt en stjärna. En liten del av fröet kommer att bli en morot, men dom andra *(riktiga)* är programmerade att också skapa ett nätverk till andra växter i grannskapet, så att säga. Och det är vad som sker nu. Nätverket undertill håller på att försvinna.

D. Beror det på de genetiskt modifierade fröna?

B. Ja precis, för dom är bara programmerade att bli en pumpa, och dom vet inte att dom ska skicka ut som en liten tråd till andra i närheten, så att det skapas det där nätverket som ska finnas under träden, för till exempel rötterna. Så rötterna kopplas samman med andra rötter, men det gör dom inte om dom bara är programmerade att bli en morot. Så det är vad jag kan säga om det. Ett riktigt frö är programmerat att kopplas samman med andra rötter och frön, inte nödvändigtvis några som är samma som det fröet, det kan vara en annan buske eller träd eller nåt annat. Det är också då som livsformer som till exempel maskarna och andra blir helt förvirrade, eftersom dom inte kan känna näringen i den regionen längre, för det är faktiskt det som ett frö ska göra.

D. Det är helt fascinerande och en mycket bra förklaring.

B. Aah. Så som jag ser det ... jag kan se nätverket i marken som är tänkt att vara sammankopplat, men det blir lite ... låt säga att det ska vara hundra trådar, nu är det typ sjuttio, och det blir bara färre, så till slut kommer det bara att finnas den där enda morotsväxten som bara är en morot och inget mer. Och det kommer inte att fungera, eftersom den inte är kopplad till hela vegetationssystemet. Livsformer som den kommer inte att ha rötter på samma sätt om dom inte är kopplade till andra rötter. Så det är vad jag kan säga om det. Och individer som lever i jorden, som maskarna och till och med små insekter, dom upptäcker det, eftersom dom också äter av rötterna. Så om det inte finns några rötter, så småningom, om det här får fortsätta i den här enorma hastigheten av konstgjorda frön och mat, då har dom små i jorden inga rötter att äta av och allt kommer att stängas ner och det kommer att bli som en öken. Det är vad som har hänt på andra ställen tidigare.

D. Och då kommer människorna också att försvinna. Men kommer jorden att kunna återställas i så fall?

B. Det blir lite knepigt, för se bara som här *(i Colorado),* du la själv märke till marken uppe i bergen, du sa, "Oh, det har ju regnat så mycket, så varför är jorden så torr? " Så det blir samma sak. Det spelar ingen roll om det regnar, för jorden kan inte ta upp det, för det finns ingen näring kvar, det finns inget nätverk kvar, och då blir det som en öken. Så det spelar ingen roll, det måste nästan bli som dom där skyfallen som var tidigare, som förr i tiden efter dinosaurierna. Det måste ibland bli så. Jag säger bara hela kedjan av händelser måste till. Du vill inte ha din egen odling bredvid ett jordbruk där dom inte är medvetna om att använda rätt sorts frön, för finns du nära deras nätverk kommer det att speglas av på dina växter och på ditt nätverk.

D. Det är väldigt tråkigt hur okunniga vissa av våra vetenskapsmän är.

B. Så man skulle önska att dom höll sig borta från det.

D. Det är de människorna jag skulle vilja sparka på.

B. Aah! Ophelia säger att jag inte ska göra det. Men jag är säker på att hon har nåt annat i rockärmen. Om jag inte får det, så är jag ganska säker på att hon har nåt som liknar en reservplan. Du vet, det vore smart att ha en reservplan om det är nåt som inte riktigt fungerar. Jag vet inte hur länge det här avvaktandet har pågått, eller hur länge till vi ska vänta på att nåt ska lösas innan, låt säga plan B sätts i verket. Jag har försökt fråga om det, men hon säger inget. Hon ler lite grann, så jag känner mig inte nödvändigtvis direkt nervös, men hon är lite bekymrad över nätet ovanför, och jag är bekymrad över, och Ia är bekymrad över nätverket under. Och det är tydligt att systemen samspelar. Men jag litar på att Ophelia och Jeshua har möten om det här och diskuterar lösningar som det potentiellt kan bli tal om. Även om hon inte säger nånting till mig är jag ganska säker på att det finns nån slags plan B förberedd nånstans framöver, även om dom inte pratar om det. Fast just nu verkar det inte som att det finns nån.

D. Jag hoppas verkligen att det finns.

B. Aah. Nåväl, vi får se hur det blir med det. Men som Ia, hon jobbar mycket med ljuset i nätverken och försöker underhålla och sända ner ljus till det befintliga systemet och rötterna, dom som fungerar som dom ska. Så att dom blir starkare än grannen, den som så att säga inte nödvändigtvis fungerar som den borde. Hon och hennes vänner jobbar mycket med det och sänder in mer – det ser nästan ut som ljuskapslar igen, men det handlar inte om olika småstjärnor, det är inga själar som man skickar ner. Men det är som att placera, det ser nästan ut som en liten kristall, om jag får ge dig en bild, som dom lägger dit och den expanderar på nåt vis där den placeras. Det finns olika sätt att försöka hjälpa till, men om du hela tiden måste påminna och göra saker om och om igen, så blir det lite förvirrande. Jag förstår inte hur det kan fortsätta, för ni har fått en större hjärna, en större förståelse, och dessutom, som Ophelia sa, ni har verkat med ett filter för att komma ihåg vem ni är i själen och vem ni är på nivån av högre förståelse. Så man skulle kunna TRO att det vore en lätt uppgift att få förändring att ske i den här verkligheten, om fler och fler skulle använda hjärnan och minnet av deras sanna hem och insikten om hur saker och ting ska fungera. Så vilken frånkoppling nån än har lagt in i den här verkligheten som ett valfritt filter, så kan jag se att det finns motstridiga händelser för människan att ta ställning till.

D. Ja, det är svårt för människor att veta vad de ska göra, eftersom det finns så mycket desinformation som ges av de stora företagen, media och många forskare.

B. Aah, aah. Det är inte alls till nån hjälp ifall nån gör anspråk på sanningen, liksom på dina andliga rättigheter, det är samma sak. Om nån påstår sig vara ... "Det är jag som ger dig nyheterna, det är jag som lär dig, det är jag som säger till dig vad du ska göra." Det är hela det faktumet att nån påstår sig stå över en annan, oavsett om det handlar om kopplingen till vem du är som själ, eller vad du har att göra på den här nivån. MEN, den *(andliga sanningen)* sprider sig på grund av fler och fler saker som dom här människorna inte kan kontrollera, och det beror på att mycket av tekniken *(internet)* som du använder nu gör att dom inte kan stoppa det. Det måste vara frustrerande! Men det gläder mig. För det betyder att det kommer fram saker som det inte längre går att ignorera.

D. Det var lättare förr, när de bara kunde bränna folk på bål för att tysta dem.

B. Exakt, verkligen. Då fanns det inget sätt att ta reda på nåt, eftersom du på nåt vis var innestängd i din box, det fanns inget sätt att få tillgång till information. Den enda anledningen nu för att inte ta reda på den, är att du helt enkelt är för lat och inte har ett öppet sinne, som en stjärna, utan bara sitter där i TV-soffan och nickar med och är som, "Det är det här som förväntas av mig." Så du följer inte stjärnsträngen vart den leder. MEN, om du börjar undersöka, om du börjar ifrågasätta, om du börjar bli den där stjärnan, då kan du hitta allting som du behöver för att börja skapa dina egna förändringar. OCH, du behöver inte nödvändigtvis prata om det med alla dina vänner. Men om du börjar göra förändringarna själv, som fler och fler gör nu, så kommer plötsligt dom som menar att dom är nån slags överhöghet att bara falla platt som en pannkaka, för det finns ingen där som lyssnar längre. Vad vi vill, vad jag vill, är att människor ska bli den där stjärnan, att ni ska undersöka och fråga er själva, "Ööh, vad är det där för nånting?" Kanske bara nosa runt lite och se, "Okej, kan det kanske ligga nåt däri?" Men det kommer alltid att finnas dom som är rädda för förändringar och som kommer att försöka stå i vägen och tysta ner andra, och vissa människor kommer bara att säga, "Okej, jag kanske hade fel", och så backar dom. Men om fler och fler blir en stjärna, så kommer dom som försöker stå i vägen och tysta ner andra, också att falla platt.

D. När du säger "vara en stjärna", kan du förklara vad du menar med det?

B. Du vet, det är lite som med vetenskapsmännen och forskarna, dom har svårt att tänka utanför den egna banan. Dom borde vara en stjärna, det är vad vanligt folk och samhället förväntar sig av vetenskapsmän och forskare, att dom ska vara som en stjärna, att dom går ut och letar och undersöker; MEN, dom sitter normalt fastklistrade som ett frimärke på ett brev. När man blir en stjärna börjar man undersöka, man nosar runt och är uppmärksam. Det är som att inte ha ögonbindel, så du kollar åt alla håll och säger, "Oh, vad kan det där vara?" Och du följer ett spår eller en ledtråd och går i den riktningen. När den riktningen sen börjar ljusna kommer du plötsligt se att nånting annat lyser upp som resonerar med den första idén du hade. Så ju mer du börjar undersöka nåt, desto mer blir du en stjärna. En stjärna strålar åt alla håll och när ljuset sprider ut sig finns det inga gränser för vad du kan utforska och vad du kan hitta.

D. Okej, det var en bra förklaring. Så vad mer har hänt?

B. Oh, jag har faktiskt varit med småstjärnorna lite, för dom längtar efter min uppmärksamhet. Huhuh.

D. Det gör vi alla!

B. Så jag har varit med på Ias musikklasser.

D. Och sjungit?

B. Ja det är faktiskt sånglektioner. Småstjärnorna älskar att sjunga ... oh dom verkligen ÄLSKAR att sjunga. Dom sjunger annorlunda än här, det är mer som nynna, fast högt, eftersom dom är små så klarar dom inte hela skalan än. Så Ia har sångsammankomster för dom, och det är en aktivitet fylld av glädje. Det är också för att nu är dom på väg att bli en del av dom mindre klustergrupperna, så det här är lite som en skolavslutning för dom. Det är som inför sommarlovet för er här, det är en tid att vara lycklig och glad och göra saker tillsammans med andra. Så hon försöker sända iväg dom på det mest positiva sätt hon kan, och jag får vara med, och svara på frågor. Ia sa att hon kommer att bjuda in mig, så dom kan ställa frågor, så det är vad jag ska göra.

D. Så du ska hålla en frågestund?

B. Ja precis.

D. Vilken typ av frågor ställer dom mest?

B. En del frågor handlar bara om, du vet, att dom är lite oroliga för det där med att gå in och ut ur träd, eftersom dom vet att det är nåt som kommer. Dom pratar lite om det, och jag säger, "Nå, se på mig, jag är helt okej, jag är här, och allt är bra, så du behöver inte vara rädd." Sen berättar jag också om hur det var när jag gick in i trädet, för det hjälper inte om jag försöker spela viktig, så jag berättar min historia för dom. Jag berättar för dom hur jag upplevde det, första gången det var dags för mig att förena mig med min klustergrupp.

D. Var du lite nervös då?

B. Ja det var jag faktiskt. Så jag berättar för dom om det, men nervositet är faktiskt nånting inom oss, som om det kanaliseras korrekt, om man inte undviker det, så skapar det en passage till en högre nivå av lärande på vår stege. Så jag sa, "När man är nervös, så är det lite detsamma som att vi kan känna den här kittlingen av att det finns nånting större bortom det vi känner till," och jag sa, "Du kommer hela tiden att känna dig lite nervös och hela tiden känna att det finns lite 'OHH', men om du blir vägledd av dina lärare eller dina vänner, då är det som ett kittlande som får dig att klättra upp på din stege." Så jag säger till dom att det hela tiden kommer nya överraskningar, men att följa känslan av att känna sig lite nervös eller tveksam – som jag också fortfarande kan bli, och så berättar jag för dom om det – och den där lille nyfikne i första raden sa, "Vad gör dig nervös nu?" Och jag tittade på Ia och hon sa: "Ta det nu lite nätt".

D. Skräm inte de små.

B. Aah, så jag sa, "I det här fallet," - eftersom jag ABSOLUT INTE vill prata om det där med att upplösas, det tänker jag inte göra mot nån, för jag är fortfarande inte helt okej med det, även om Ophelia sa att det är den största gåvan av alla under min gran, men vad jag sa var-, "Just nu handlar det om att resa, att röra sig utanför dom gränser som vi är bekanta med. Att resa bortom vissa verkligheter som är annorlunda i sin struktur, och att varelserna som lever i den verkligheten, som ibland kan upplevas som både lite konstiga och läskiga, men att det läskiga bara finns i våra egna sinnen, så att säga. Det lite konstiga kan faktiskt vara bra." Jag tänker på dom där med trattöron, Trattfolket, och hur jag då var lite typ, "WOW, vad är det?" Men det gör vår stjärna inom oss lite större, om vi ser mer av sånt. Vi känner oss lite tveksamma till sånt som är nytt. Det är fortfarande det faktum att man kan känna sig lite obekväm med att möta sånt som verkar lite läskigt eller konstigt. Men jag sa bara att jag beger mig till världar som har annorlunda typer av strukturer och skepnader, och han den lille sa, "Som ett annat träd?" Och jag sa, "Njääh, inte bara träd, det är dom som bor och vandrar omkring där bland träden", och sen sa jag, "Det är bara liksom ett annat slags djurliv", det var vad jag sa till honom. Och Ia, hon nickade och sa att det var bra att jag sa att det bara var en annan flora och fauna. Så jag sa bara, "Ett annorlunda djurliv", och det var han var nöjd med, för det är ju på nåt vis vad det är.

Bestämdhetsceremonin (29 oktober 2017)

Bob är samtidigt aktiv på flera olika platser, som vi kommer att kalla förankringspunkter, där han har lämnat lite av sin själsenergi. Detta inkluderar: den andra dimensionen; valvet i

Biblioteket på den Femte; Oles Råd; Ophelias föreläsningssal; och han är också min ständiga guide och följeslagare här på Jorden. Alla andar, när de utvecklas, kan flytta runt sin "resande" energi från en förankringspunkt till en annan, men bibehåller en konstant medvetenhet om alla förankringspunkter. Av den anledningen diskuterar ofta Bob ena stunden ett ämne och byter sedan till ett helt annat ämne på en annan plats. För honom är det ett obrutet skarvlöst sammanhang. Vi har försökt organisera hans berättelser i kronologisk ordning, så som vi skulle se det. Det är därför det ser ut som att han rör sig från en miljö där han lär sig i vårt labb, till en annan plats med ett distinkt händelseförlopp, som han gör här, när han återvänder till Ias klassrum för att dela lite av sin samlade visdom med de unga småstjärnorna.

D. Så vad har du sysslat med annars?

B. Jag har varit med Ia.

D. Oh, hur är det med Ia?

B. Bra. Jo, jag håller föreläsningar.

D. En gästföreläsare!

B. Jag är en gästföreläsare! Det jag har pratat om är hur skapelsen kan upplevas när det gäller andra existerande livsformer, andra än växter och djur. Det jag har pratat om är att om man är intresserad av att gå bortom skapelsens gränser, dom som vi är lite bekanta med när det gäller Jorden, låt säga, så finns det inga gränser för vilka skapelser man kan möta. Så jag har pratat om mina resor till labben, Ophelias och ditt labb, och hon har också kommit in och pratat.

D. Oh, har Ophelia kommit till din klass?

B. Ophelia kommer ibland och pratar. Och jag kommer att bjuda in dig också att komma och prata, när dom är lite mer redo. Så just nu förbereder jag dom; och det jag gör är att förbereda dom att förstå att dom *(varelserna från den sjätte dimensionen)* är väldigt annorlunda än dom på den Sjunde, så det pratar jag om.

D. Som jag ser ut, skulle det skrämma dem?

B. Aah, ohohoho, så jag berättar historien om när jag reste första gången, och jag sa också att det är skillnad mellan ljus och mörker, och att mörker inte är nåt skrämmande, så dom ska vara medvetna om att ingen sida är dålig. Så vi pratade om olika saker, och jag pratade om hur man kan skapa vissa saker. Jag försöker få dom att bli entusiastiska över olika typer av skapelser. Och jag var också en del av, på mitt eget lilla sätt, att skapa den här ljuskapselceremonin.

D. En ceremoni?

B. Det är en ceremoni, en ritual, om du så vill. Ia, hon är lite mjukare i det sätt hon vill att dom ska gå in i sin ljuskapsel, så jag ville göra det lite annorlunda, så jag hade, du vet, som trummor, och jag fick dom att gå som, bom bom bom bom bom bom bom bom BOM bom bom bom bom bom bom bom BOM bom ..... *(upprepas åtta gånger),* AAAAAHHHHHH bom *(igen, åtta gånger)* BOM, så jag fick dom att STUDSA in i ljuskapseln. För, sa jag, "Om du gör det mjukt, så glider du långsamt in i din ljuskapsel, MEN ibland kommer det som ett SOS, och du måste gå snabbare, så att säga, in i din ljuskapsel, så det här är en annan teknik att göra det på. Man studsar liksom in i den." *(Sedan upprepade han sitt bom bom bom .... igen)*

D. Var har du lärt dig det? Har du själv kommit på det?

B. Det är min idé! För ibland när jag går in i min kapsel som Ia och Ophelia gör, som med harpan, då somnar jag. Så för mig är det ibland bättre om jag bara kastas in i den. Så jag tänkte, "Vad kan vara till hjälp för mig, om jag snabbt måste gå in i min ljuskapsel och bara dra mig tillbaka?" Och då tänkte jag, "Kanske med typ buller och bång," så det har jag skapat, jag använder andra frekvenser - Ia är mjukare och mina är mer bestämda! Hahaha. Jag gillar bestämdhet i mina sånger, så min bestämdhetsceremoni, som jag kallar den, är att vara resolut och fokuserad på målet, så vi lär dom olika saker. Först var några av dom lite som "Ohh! ohh! Läskigt!" och Ia sa, "Vi ska prova det här nu, så om ni alla sluter ögonen, så ska vi prova det här, och det här kommer att vara en annan teknik för er." Och sen, "Välkommen, Bob," också klappade hon händerna, och så började jag. Det blev ett jättebra resultat!

D. Gillade de det?

B. Oh, det gjorde dom verkligen. Och det gjorde jag också, för jag ville inte sluta trumma. Och jag kunde se – som jag ser det, jag tittar liksom över dom och kan se energin i färgerna, och jag kan avgöra, om dom är i rätt sinnesstämning, baserat på vilken färg dom har. Så det letar jag efter, och flera av dom skiftade till en rödaktig färg, men du kanske tror att när du går in i din ljuskapsel, så måste den vara vit, men så är det inte alls. Ljuskapseln kan ha olika färger, beroende på vad det är som du behöver. Om du behöver gå in i din ljuskapsel för att du har ett behov av läkning, så skulle din kapsel bli liksom ljusblå, och andra saker skapar en annan färg på din ljuskapsel, baserat på vad det är du behöver. Så jag letar efter det, och jag tittade för att se om alla hade en färg, för det är ett tecken på att jag vet att dom har gått in i sin ljuskapsel. Flera av dom blev faktiskt lite som en rödaktig färg.

D. Vad betyder det?

B. Det betyder att dom känner sig stabila och trygga, att dom har kontakt, som att dom känner sig säkra. För ibland vill jag att dom ska känna så, jag vill att dom ska dröja kvar och vara rofyllda i upplevelsen, och rött gör det, eftersom den är lite tyngre i sin täthet än dom andra färgerna. Dom andra färgerna är ljusare och mer flytande, och jag ville att dom skulle känna sig solida, vara mer kompakta och rofyllda när dom är i sin ljuskapsel. Så jag skapade min egen ceremoni, och Ia var snäll nog och lät mig öva på hennes elever, även om dom var lite som, "Oh, vad är det här - vad är det här?" Dom gillar mig, men eftersom det här var nytt var dom lite som "Ooohhhh!" Och du vet, vi gillar inte alltid nytt, förrän vi vet vad nytt är. Huhuh.

D. Vad tyckte Ia om det?

B. Oh, Ia är väldigt uppmuntrande med allt jag gör. Hon frågade, "Har du skapat det här själv, Bob?" Och jag sa, "Ja det har jag." Och hon sa, "Ja, jag är säker på att det kommer att bli jättefint." Och sen sa hon, "Hur skapade du det här? Och vad är meningen bakom?" Och jag sa, "Det här är för att göra dom mer stabila, så dom inte ska flyta – så dom inte ska flyta iväg, utan få dom att bli kvar och känna sig tyngre i sin ljuskapsel; lite grann som att dom sover, men stadiga i sitt energiväsen." Och hon log och sa, "Sätt igång, Bob, det låter jättefint." Och det gjorde jag.

D. Och vad sa hon när du var klar?

B. Oh hon skrattade lite och viskade, typ, "Du kunde ha fått samma slutresultat utan allt trummande, för det finns olika sätt." Och jag sa, "Jo men, jag ville göra som en liten show av det också, jag ville att dom skulle bli eld och lågor." För när jag kommer, så är det också lite grann som en show och det gillar jag.

D. Jag är säker på att de verkligen är glada när du kommer.

B. Ah, ah. Gergen var också med! Haha. Och han var lite, du vet, han skrattade, han uppmuntrar oss alltid att ta oss fram på det viset som motsvarar dom vi är, och att göra det individuellt anpassat till våra personligheter. Så han sa, "Det här är precis den du är, Bob, du gjorde det bra, riktigt bra." Jag sa, "Ja du vet..." *(ser nöjd ut samtidigt som han poppar med läpparna).* Ia sa också att jag gjorde det bra, och det betyder mycket för mig.

D. Hur många elever har hon?

B. Oh, hon har massor. Det här var typ en sextio—åttio stycken. Det finns en längst fram som är väldigt ivrig, alltid väldigt uppmärksam. Jag tror att det är en som kommer att följa mig, kanske senare. Han är som en liten - han påminner lite om mig, och jag gillar honom.

D. En nyfiken liten småstjärna.

B. Nyfiken liten småstjärna, helt klart. Och jag sa till honom: "Om du har några frågor, kom bara till mitt arbetsrum, så kan vi prata om saker och ting." Men allt ligger i Ias händer, så klart, eftersom Ia bestämmer när dom kan gå vidare, så dom inte bara planlöst irrar omkring överallt, för hon är ansvarig för deras utveckling. Men jag sa till henne, "När han känner sig redo, hjälper jag gärna till."

D. Tillbringar de mest tid – studerar de i små grupper tillsammans, eller är de fortfarande individuella?

B. Oh, dom är mer i grupp, dom här jobbar inte enskilt än. Dom här är i grupper, stora grupper, och så småningom kommer dom att bli en del av mindre grupper – och det är ett stort steg för dom. Dom är i den här stora, välbekanta gruppen under lång tid, men så småningom kommer dom att bli en del av mindre kluster av studiegrupper, baserat på deras expertis och även inlärningsnivå; så dom kommer att matchas ihop med likasinnade, så att säga.

D. Det är samma på alla dimensioner, eller hur? Även människors själar går igenom samma process?

B. Aah, börja stort, där du känner dig familjär och känner värmen från dina vänner, att du inte är ensam.

D. Och sedan gradvis hamna mol allena i sitt arbetsrum och vänta på att någon ska komma. (*Jag retade honom för hans fina, stora kontor, som han hade designat efter Zacharias kontor med bokhyllor och skåp där han förvarar saker som han hade samlat på sig på sina resor.*)

B. Huh huh huh huh huh, och där sitter jag! Men jag har många som kommer och besöker, det gör dom.

D. Jag är säker på att de gör det. Har jag någon gång kommit och besökt dig i ditt arbetsrum?

B. Nja, du projicerar dig själv lite grann, så på det viset kan du komma, men det är annorlunda än Ophelia. Just nu kan hon projicera mer av sig själv. Men jag känner på mig att du kommer att kunna projicera dig mer in i min verklighet, men det kommer att bli på ett annat sätt, eftersom du och Ophelia är olika. Men du kan absolut ta dig en titt och du kan projicera ditt medvetande, för det får du lov till. Allt handlar om att man måste tillåta nån att komma på besök, det är första steget innan ... för även om nån är redo att resa, om man inte har tillåtelse och är välkommen, då kommer man inte in. Så är det!

D. Har Ia någon grupp som hon fostrar från småstjärnor och som sedan får en annan grupp?

B. Aah, hon är väldigt tillgiven dom små. När hon tog examen, så att säga, började hon sköta om småttingarna i barnkammaren, så hon uppfostrade dom små. Men sen började hon följa några av dom individuellt, och det var så som hon senare blev en lärare för dom som är, typ fem eller sex år gamla, så dom är inga bebisar, men dom utvecklas fortfarande till att bli tonåring. Det tycker hon om, hon uppskattar dom som inte ... jag antar att hon gillar att forma dom med sin egen kunskap. Jag gillar mer...

D. När de kan tänka själva?

B. Aah, det gillar jag mer, men hon tycker om att få dom att tänka, och jag vill prata med nån som redan tänker! Huhuh. Men ibland tycker jag att det är roligt att komma till dagiset, det gör jag, det är bara en läggningsfråga. Jag säger inte att jag inte alls tycker om dom små, men hon kan verkligen engagera sig på heltid med dom, och jag blir lite distraherad och säger, "Oh, nu måste jag iväg." Så om jag skulle vara ansvarig för dagisklassen och säga, "Okej, jag måste kila nu", då kan dom små bli ledsna. Mina elever är inte så små. Dom är väldigt duktiga, dom går mer och mer in i individuella studier. Dom är jätteduktiga, jag är väldigt stolt över dom.

D. Tror du att någon av dem kommer att resa, som du?

B. Aah, det finns en, en av dom är verkligen intresserad av det här, men ändå lite tveksam till att gå utanför dom gränser som vi är bekanta med. Han ställer en massa frågor om att förvandla sitt energiväsen och hur det känns, och vad man kan förvänta sig och hur man kommer tillbaka, och så vidare. Vi pratar om det.

D. Tror du att du är den första som någonsin lämnat den Andra?

B. Gergen – Jag vet inte om Gergen har. Han kanske har gjort det, eftersom han kände Ophelia, så han måste ha gått nånstans.

D. Har han aldrig pratat med dig om det?

B. Han sa att han och Ophelia känner varandra sen länge, så han måste ha rest till platser, antar jag.

D. Jag är säker på att Ophelia vet.

B. *(Han tittar åt vänster)* Oh, hon ler, hon säger, "Vi känner varandra sen länge," så Gergen måste ha varit hos henne.

D. Gergen måste också ha gått och studerat på den Sjunde?

B. Aah, för ljus är också en del av DNA:t, så han var såklart också där. Vetenskapen om ljus går ut på att öka kunskapen om DNA, och mängden av ljus avgör också om DNA:t behöver ligga i träda eller inte. Finns det mycket ljus betyder det bara att nåt är programmerat att bli, att bli vad det är tänkt som. Brist på ljus betyder inte en konstant brist, men att det håller på och mognar. Så det studerade han med Isak också. Gergen har rest omkring i sina dagar! Hu he he he.

D. Så du har följt i hans fotspår, typ, även om han egentligen inte berättade så mycket om det för dig, så du blev tvungen att ta reda på det på egen hand.

B. Aah, haha. Han kanske såg samma sak i mig som jag såg i den där lilla personen som satt längst fram i gruppen *(Tom)*, jag kanske var sån.

D. Gergen sa, "Oh, här har vi en!"

B. Här är en! Haha, så var det nog. Okej, jag tror att jag ska gå nu, för det verkar som Ophelia tycker det är dags.

D. Okej, tack för att ni kom, och även Ophelia och Isak. Det är alltid så fint att höra din röst.

Andlig Lemonad (11 november 2017)

Bob gör en intressant jämförelse av den fjärde dimensionen som en utspädd lemonad. Den har en andlig medvetenhet, men den är väldigt svag i jämförelse med de högre dimensionerna.

D. Så om du jämför vibrationen på den Andra med den Fjärde verklighetens vibration, är den snabbare eller långsammare?

B. Den är snabbare.

D. Så den är närmare den Femte?

B. Aah, på nåt vis är den Fjärde mer som en gegga, så det är inte en andlig vibration. Den Fjärde är ... tänk dig en lemonad, och här betyder det den andliga energin, men en outspädd lemonad kan du inte dricka, så du häller vatten i den. Så är den Fjärde. Det finns andligt medvetande där, men det är för mycket vatten, så den är liksom utspädd.

D. Det är en fantastisk förklaring.

B. Medan dom andra, som två, fem och uppåt, är koncentrerade utan vatten, ren andlig energi, du behöver inte hälla i vatten, det är inte meningen att du ska göra det. Så därför känns den *(den Andra)* som att den likadan som den Femte i vibration, om du så vill. Återigen, vi pratar om toner, så det är en annan ton, men det är som en melodi. Det är därför det känns så outhärdligt för mig, när det går högre upp på skalan och jag hör som dom där skrikiga ljuden, för det är så främmande för mig.

D. Så när du arbetar med trädgårdarna på den Femte, är det ganska nära ditt hem?

B. Ah, ah, det är väldigt hemtamt för mig, det är därför jag gillar att vara på Femte. Och första gångerna när vi började träffas, sågs vi faktiskt i Biblioteket och trädgårdarna, så det är väldigt likt. Alla kan känna sig hemma där, eftersom den Femte har lite från varje dimension. Om du kommer från Sjätte så finns det delar där som resonerar med dig, och som känns bekanta. Det finns separata mötesplatser för alla andliga världar. Trädgården och Biblioteket är naturligtvis till för alla, men valven är det bara några få som får se. Så för Zachariah och den Nionde, låt säga, finns det områden med stora salar, och höga pelare och jättestora klassrum, och för dig finns det också ett observatorium för stjärnforskning. För alla som kommer hit finns det delar som är skapade för att alla ska känna sig hemma. Så alla gillar Femte.

D. Gick du dit innan vi träffades, hade du varit mycket på den Femte?

B. Aah, först gick jag dit med Gergen och såg mig om, typ på en studieresa. Och sen visade han mig en del saker, men främst var jag i trädgården. Vi tog en kort tur genom Biblioteket och han sa att där skulle jag vara mer.

D. När kommer småstjärnorna, vid vilken tidpunkt i sin utveckling går dom till den Femte?

B. Oh, det är oftast efter att dom fyllt sjutton.

D. Så Ia tar dem inte dit?

B. Oh, nej, nej. Det är först, om du lär dig snabbt som jag, runt tolv, elva–tolv års ålder, då kan du faktiskt gå till trädgården, eftersom den är väldigt lik vår trädgård. Det är inte så vanligt, och jag vill inte skryta här, men jag gick faktiskt, i mänskliga termer, när jag var runt en tolv år gammal, elva–tolv. Jag utvecklades tidigt, kan man säga.

D. Ett litet underbarn.

B. Aah, så jag fick gå till trädgårdarna, för jag ställde så många frågor om, "Vad finns bortom det vi känner till?" För det var nåt som sas på en lektion och det fångade min uppmärksamhet, och jag frågade, "Vad är bortom? Vad är bortom? Vad är bortom?" Och då sa Gergen, efter ett tag, "Varför gör vi inte, bara du och jag, en liten studieresa?" Det var bara han och jag. Ia var inte intresserad vid den tidpunkten, så han sa, "Vi ska gå och ta oss en titt på vad som är bortom." Och så gjorde vi det, och jag sa, "Men det här är ju bara samma trädgård," men han sa, "Nej, det är det inte. Titta på färgerna, titta på strukturen, titta på växterna, det finns en skillnad här," och jag sa, "Ja, det är en skillnad i färg, färgmönstrena är olika." Och han sa, "Ja, vi är i en annan verklighet." Det fångade mitt intresse. Så vi gick dit ett par gånger, du vet, han och jag, och jag såg mig omkring – jag håller ju på med odling, så jag kunde se att det fanns vissa skillnader.

D. Berättade du för Ia om det, när du kom hem?

B. Det gjorde jag.

D. Vad sa hon? Ville hon också gå då?

B. Nää. Nej, hon sa, "Allt sker när det ska," och jag sa, "Ja, det gjorde just det!" Huhuhuh, och hon sa, "Jag har inte bråttom. När vi alla ska gå, när det är utbildning eller studier där så kommer jag." Jag gick inte nödvändigtvis dit för att studera, utan bara för att jag tyckte det var roligt och för att stilla min nyfikenhet. Hehehe. Men hon sa, "Allt i sinom tid."

D. Väldigt tålmodigt.

B. Hon är väldigt tålmodig, vi är olika på det viset. Men hon lyssnade på vad jag sa.

D. Du är den djärve i gruppen.

B. Aah, Gergen är bra med det, han tittar på alla våra olika, enskilda, individuella egenskaper, och sen försöker han tillgodose dom. Jag är säker på att han var trött på frågorna, så han sa, "Varför tar vi inte en snabb titt", och så gjorde vi det.

D. Hur många elever har han totalt, sådana som han arbetar nära med?

B. Han arbetar inte så mycket med elever. Han kommer in ibland och håller stora föreläsningar, så han gör det egentligen inte ... jag menar, han är som en mentor för mig och Ia, men han har inte elever på det viset. Du kan såklart gå och ställa frågor till honom vid vissa tidpunkter, men han håller mest stora föreläsningar, och han är också mer med Rådet. Hans elever är lite mer självgående, som jag och Ia. Han följer vår utveckling, fast annorlunda.

D. Ole måste ha haft uppsikt över Gergen då?

B. Jag skulle tro det. Det ser nästan ut som att han skulle vara mentor till Gergen. Ole, Ole.

D. Han är förmodligen väldigt stolt över dig.

B. Aah, jag gillar honom, han är snäll och vänlig, han är lite som en farfar, som kommer och ger dig saft och bullar.

D. Du kanske kan besöka honom på den Nionde eller Tionde, eller var han nu håller till?

B. Jag vet inte riktigt var han håller till. Han ler och vickar lite på fingret *(Ole stod tydligen i närheten och lyssnade på vårt samtal, och Bob kunde se honom).*

D. Vad menar han?

B. Han menar att jag är för nyfiken igen. Gergen säger att vi ska gå nu.

Bobs Elever lär sig Distansundervisning (18 november 2017)

Bob har ett fantastiskt fint arbetsrum som han har designat på den Andra. En vägg är täckt med anteckningar om ämnen och idéer som han vill dela med oss under det här projektet. Han tar också med många av sina anteckningar till mitt arbetsrum på den Sjätte, där vi träffas före varje kanaliseringssession för att diskutera vad han ska tala om. Den här sessionen täcker flera olika ämnen, men handlar främst om hans elever och hur inlärning och undervisning blir svårare när de börjar gå samman med träd och stenar på Jorden.

B. Så nu är jag i den fasen där jag vill lära mig mer. Jag vill lära mig mer om det där med resor. Det var därför jag bjöd in Ole. *(Han bjöd in Ole till sitt kontor.)*

D. Vad sa Gergen när ni satt där?

B. Oh, Gergen, han satt och log och jag fick ställa frågor, men han svarade också på vissa saker som är en del av mina egna fönster av utveckling. Men han avbröt inte när Ole berättade för mig om dom olika skapelsesätten, och hur knepigt det kan vara att sätta ihop allt korrekt, så personen du skapar fungerar som den ska.

D. Var Ole, var han Gergens mentor? Farfar, pappa och ...

B. Ah, ah, och sen jag. Så det är som en liten familjeenhet här.

D. Tyckte han att ditt Bibliotek var fint?

B. Aah, han gillade mitt arbetsrum. Han sa att jag hade gjort det riktigt mysigt, och han kunde se att det fanns mycket kunskap och lärdomar i det, sa han, från all världens olika hörn, Huhu.

D. Från dina resor där du samlat på dig saker och tagit med hem.

B. Ah.

D. Känner Ia sig utanför när vi träffas så här (*våra sessioner*)?

B. Oh, Ia är upptagen, hon är fullt upptagen med sina småstjärnor. Dom har faktiskt nått det första lilla pinnhålet på sin kunskapsstege. Så nu är det många saker att ta hänsyn till, när det kommer till att gradvis klättra uppåt till nya inlärningsnivåer. Låt säga att det här är treåringar och nu ska dom bli fyraåringar, bara för att ge dig en bild.

D. Går de in i mindre grupper nu?

B. Hon pratar om det, att nu är det dags för er att börja gå in i mindre grupper, och det kan vara lite knivigt. Ia har flera medhjälpare, såna som hon, som kommer in, för dom ska inte bara ha henne. Varje liten klustergrupp kommer att ha sin egen Ia, men då blir dom förskräckta och tror att hon ska lämna dom. Men hon säger, "Jag kommer alltid att ha uppsikt över er, och jag kommer alltid att vara närvarande, men nu kommer du att få en fadder, likt en tonåring, som ska ta hand om dig ett litet tag." Så, du vet, det handlar också om den processen att när du väl har blivit tonåring, då ska du också ta hand om dom yngre. Det gjorde jag med! Jag har gjort allt det där. Jag hade också småbarn att ta hand om när jag var tonåring. Fadderbarn.

D. Hade du en liten grupp?

B. Jag hade en liten grupp, det var en grupp på tio, och från den gruppen som jag blev tilldelad - och Gergen var en del av att övervaka det, så när jag blev tonåring fick jag en grupp på ungefär tio – men från dom tio, från den ursprungliga gruppen har det nu minskat till den gruppen som jag har nu *(ungefär sex)*. Jag fick också en från en annan grupp som var riktigt, riktigt smart, men som var typ felplacerad, så han kom över till min grupp sen. Dom ser det, för även om avsikten är att, "Ni ska vara i den här gruppen", men dom utvecklas också olika, det gör vi alla. Låt säga att du placeras i en grupp som fokuserar på växter, men sen så ser dom, "Oh, här har vi nån som verkligen är intresserad av att resa, låt se om vi kan klämma in honom i resegruppen." Ungefär så fungerar det.

D. Är det en sådan grupp du har, en resegrupp?

B. Nu är det det, men det började inte som en resegrupp, det började som en vanlig växtgrupp. Men vi gjorde lite olika saker eftersom jag inte var riktigt intresserad av växter, så jag sa, "Vi kommer att jobba mer med rörliga livsformer än dom som bara står still." Jag sa, "I den här gruppen kommer vi att jobba med att skapa som små gnagare och sånt," och det gjorde vi.

D. Som jordekorrar?

B. Aah, som jordekorrar, och vi skapade också ett sorts marsvin, ett som fanns före det nuvarande marsvinet – det var lite större, men det hade inte så många olika färger som det som finns nu. Det var mer som stort brunt och lurvigt. Så vi jobbade mycket med det marsvinet, det finns inte längre, men vi jobbade mycket med det. Men ibland kom Gergen, och andra, in och sa, "Hur går det med dina växtprojekt?" och jag sa, "Oh, vi jobbar med marsvinen och dom rörliga," och då sa han, "Glöm inte att du också måste prata om växterna och träden." Så det gjorde jag, jag pratade om träden och vi lärde oss mer om hur man smälter samman. Jag var riktigt duktig på det, eftersom det är en del av hur man reser. Jag sa: "Titta på mig när jag går in i ett träd, det här ska du också göra," och jag liksom ... går in - och går ut, går in – och ut, lite som "TITTUT!" Jag ville göra det lite roligt, så dom inte skulle känna som att dom bara slängdes in i det, in i trädet. För det är en stor del av den här första träningen, och det vet småstjärnorna, och det är därför som dom är lite tveksamma till att gå från den stora gruppen till dom mindre, för nu vet dom att det ställs mer krav på dom.

D. Jag är säker på att du är en riktigt bra lärare.

B. Aah, aah. Så när jag var tonåring gjorde jag sånt.

D. Vad gjorde du efter det, efter att du var tonåring?

B. Då får du ta en paus från att vara lärare ett tag, om du vill, så det gjorde jag, jag tog en paus, och fortsatte just då inte med att vara lärare. För jag gick in på en ny kunskapsnivå och utbildning, jag jobbade på egen hand, men tillsammans med vänner på samma nivå.

D. Som i ditt labb?

B. Jaa, i ett labb. Då undervisade jag inte på ett tag, för det gick som i cykler, och det fick vi lov till, för dom vill inte att vi ska ta ut oss helt och hållet. Så ibland kommer du in och undervisar, och det gör du ett tag, men sen kan du få vara elev. Så man måste varva så där, och jag tycker om att vara elev, jag gillar det verkligen, för det finns inga gränser för vad jag kan utforska och utveckla och lära mig och fråga. Men om jag bara undervisar, då måste jag hålla mig till en viss agenda, som, "Så idag ska vi tala om att gå in och ut ur ett träd", när jag egentligen vill prata om nåt helt annat.

D. Jag är säker på att du smög in några kommentarer, här och där.

B. Jaa, jaa, det gjorde jag, helt klart. Jag gjorde det som en saga, en liten berättelse, hur man rör sig in och ut ur träd. Huhuh, så det inte skulle bli en slags stor, gåtfull strapats i den meningen. Men jag gillar det faktum att det är så, och jag är säker på att det är likadant överallt, som att man rör sig genom cykler när man är elev och sen att lär andra. Och ibland när du undervisar andra, som en människa, till exempel, betyder det att du övar på att vara en andlig guide till den människan. Så en själ åker hemifrån in i ett fysiskt fordon och den som är kvar, det kan vara typ en tonåring, nån som är lite äldre än du, då kan den andliga huvudguiden låta tonåringen komma in för att försöka kommunicera med själen som är inkapslad i den mänskliga formen. Det är också en del av utbildningen, du undervisar, men du håller på med distansundervisning, så att säga. Det är lite knepigt det här, det är som att ha en liten walkie-talkie, och du tror att walkie-talkien är på, på andra sidan *(själen i människan),* men det är det inte! HAHAHA, och du pratar bara med dig själv, du trycker på den där lilla knappen och säger "Phuut—phuut—phuut—phuut, kom in, kom in, klart slut, klart slut," men det kommer inget svar! Det är lite lurigt! Det är undervisningsvetenskap av den högre skolan, skulle jag säga. Det är svårare än att undervisa och vara lärare när alla är hemma och alla lyssnar. Det är ett stort steg när det gäller aspekten undervisning och växande, när du är i ditt själshem, vill säga. Det betraktas som ett av dom där fönstren. När du bemästrar dom, då kan du gå framåt i din utveckling och du kan lägga till andra lärdomar, när du åter går in i cykeln av att vara elev. Om du gjorde riktigt bra ifrån dig i cykeln när du var lärare, så öppnas ett nytt fönster när du går över till att vara elev igen och man blir lite som, "Nämen oh, vad är det här?" Så det är som att få en fin belöning.

D. På det viset kör aldrig någon fast.

B. Ingen kör nånsin fast.

D. Du hjälper andra, och så får du själv hjälp.

B. Aah, du hjälper en, och sen får du hjälp av nån annan, det är så det fungerar. Det är därför det är så förbryllande att det inte fungerar så här. Att du hjälper nån, och kanske den inte direkt behöver hjälpa dig, men den kan hjälpa nån annan, så det blir som en kedjeeffekt. Men det systemet verkar inte finnas här. Det PM:et verkar ha missat Jorden!

D. Här är var och en sig själv närmast.

B. Det är lite konstigt, för det är inte alls så som du blir upplärd i ditt andliga hem, oavsett var nånstans ditt ägg har landat, eller var du hör hemma, det är en av dom kosmiska lagarna eller en av dom kosmiska insikterna; att du ska dela med dig av din kunskap.

D. Så säg mig, fick du berätta för Ia om vad du gör? *(Hans studier med mig och Ophelia)*

B. Jaa, det får jag, men inte överallt annars. När vi sitter på Gergens kontor – det ser ut som ett Bibliotek, jag skulle beskriva det som ett Bibliotek. Det är ett litet rum som är lite ovalt, med riktigt höga bokhyllor i typ ek eller mahogny, mörkt trä och det är här Gergen sitter. Här sitter han och det är här vi träffas. Så, i det här rummet som är heligt för oss tre, kan jag fritt diskutera vissa saker – och det gör jag!

D. Kommer du att behöva göra en presentation inför Rådet?

B. Aah. Det är lite nervösande *(hans ord för att göra honom nervös, antar jag)*, för det handlar inte bara om vad jag upplevt, utan jag måste också undersöka vissa punkter som dom ville bocka av. Och jag måste rapportera, inte nödvändigtvis en lösning, men jag måste visa att jag har varit noggrann, så jag inte bara är utskickad som nån slags pajas. Jag gjorde noggrann research, så det är lite som att jag måste visa upp att jag har gjort mitt allra bästa.

D. Sa du "utskickad som en pajas"? *(skrattar.)*

B. Aah, det är inte meningen att jag bara ska åka iväg som på en charterresa. Jag vill liksom visa att jag verkligen tagit det på allvar och att jag har samlat in data för allas nytta. Inte bara om hur vi kommunicerar här *(våra sessioner)*, utan också vad jag har lärt mig genom att vara uppmärksam i diskussionerna med Zachariah och Ophelia också. Så det blir som en helhet... det är som att leverera en hel packe med information, och det kan inte bara vara att jag vickade på öronen, eller försökte härma en groda, huhuhu. Jag måste på nåt vis rapportera hela omfattningen av mina upptäckter, så att säga, och det kommer jag såklart att göra, det är jag hundra på, så det är inga problem med det.

D. Jag är säker på att du kommer att göra det bra. Du är en bra talare och organiserar dina tankar väl.

B. Jaa, det gör jag verkligen, och Gergen kommer också att vara där. Dom andra träffar jag ibland, men jag står inte dom särskilt nära. Några av dom var faktiskt lite misstänksamma mot det här uppdraget, så därför är jag också lite orolig att dom ska tycka att jag inte tog det på tillräckligt stort allvar.

D. Varför skulle de tro det?

B. Alltså, det beror nog på att dom inte var riktigt säkra på om dom ville att vi skulle berätta vissa saker, skulle jag gissa. Och dom kanske inte var alltför angelägna, dom var nog lite mer konservativa och kanske inte så säkra på om dom ville dela allt med kreti och pleti, så att säga.

D. Så berättade du allt de ville att du skulle tala om?

B. Jaa, det som finns tillgängligt just nu. Ja, det gjorde jag. Och det kommer mera. Men det var ändå ... för det finns två eller tre i den här gruppen av Gergens vänner, i Rådet, som var lite mer konservativa och lite mer tveksamma, skulle jag säga, huruvida mänskligheten verkligen var redo att förstå vissa av lärdomarna som vi kan ge från den andra dimensionen. Så därför måste jag ta den här redovisningen på stort allvar, och jag kommer att ta upp mycket av det här *(våra samtal)* med dom, för att få dom att förstå att det är av stort värde att vissa lärdomar kommer igenom.

D. Ja, jag tycker verkligen att det du säger är värdefullt.

B. Det tycker jag också.

D. Jag uppskattar verkligen allt du har delat med oss. Det har varit väldigt informativt och jag är väldigt glad över det.

B. Nåja, förmodligen är det det det det det allt för idag *(sagt på ett melodiskt sätt)*. Så, det här är vad jag jobbar med. Jag ska gå dit *(nickar till höger)* och rapportera till Rådet.

Undervisning av Tom (17 december 2017)

Andarna vi kommunicerar med är mycket noggranna och strategiska med sina berättelser som de ger oss genom Christine. Även när Bob eller Ia beskriver hur de umgås med småstjärnorna eller eleverna, ska vi alltid vara medvetna om att det finns viktiga budskap inbäddade i berättelserna som de vill att vi ska tolka på ett personligt plan. Lärdomarna eller upptäckterna som Bob, eller någon annan av andarna talar om, är desamma på alla dimensioner och ska inte betraktas, som att de inte har någon betydelse för vår egen andliga utveckling. Vi har alla en unik roll i skapelsen, men när Bob, Ophelia, Jeshua, Isak, Gergen, Ia eller någon av Rådsmedlemmarna uttrycker sin oro för ett problem på Jorden, bör vi se det som en varning till mänskligheten, och förstå att det är något som också bör bekymra oss. När du läser Bobs ofta mycket underhållande berättelser, ska du vara uppmärksam på att idéer med ett djupare syfte finurligt har flätats in i berättelserna.

Tom presenterades för oss, när han var en liten småstjärna i Ias stora klassrum, dit Bob ibland går för att roa och undervisa de små. Under alla de månader som han har berättat om sitt liv, har Bob gett oss en mycket detaljerad beskrivning av hur småstjärnorna undervisas och det mycket personliga sätt som de vägleds och får hjälp att nå sin potential. Jag är rätt säker på att detta är första gången som den här typen av information har avslöjats för människor. Andar känner sig ängsliga och tveksamma inför det okända, men besitter också en enorm mängd kärlek och glädje i sin hemmiljö. De arbetar med stor glädje tillsammans för att hjälpa varandra att nå bästa resultat, men har egna unika personligheter och känner stor tillfredsställelse när de uppnår ett mål eller når en ny kunskapsnivå. Det sätt som Bob lär Tom är en process som pågår i alla dimensioner; varje ande uppmuntras och får hjälp på vägen, och förväntas hjälpa andra på samma sätt.

D. Så vad har du haft för dig? Hur går det med dina studier?

B. Jag har läst mycket, jag har pluggat flitigt, jag skapar faktiskt också mina egna böcker. Jag läser inte bara andras, jag går faktiskt igenom och läser mina memoarer, dagböcker; Jag uppskattar verkligen mina egna ord, måste jag säga, när jag beskriver mina äventyr på flera olika platser. Vi har faktiskt haft en stor avslutningsceremoni tillsammans med dig. Det var ungefär en vecka sen ur ditt perspektiv *(han tog med mitt andliga jag till en stor uppvisningsshow som han hade i småstjärnornas klass hos Ia).* Jag kan säga att den blev en stor succé! Och den lille spolingen längst fram, han ville krypa upp på scenen där du satt; han ville röra vid dig för att se om du levde! HUHUH, så han kom fram och det lät jag honom, för hade det varit jag, så hade jag också velat komma upp.

D. Och tillfredsställa din nyfikenhet.

B. Tillfredsställa nyfikenheten, precis. Så jag lät honom komma upp, och under hela den här ceremonin som vi hade, fick han faktiskt sitta bredvid mig på scenen, och det gjorde honom väldigt lycklig. Han tyckte om att känna sig lite priviligierad, så han kände sig lite speciell, och det är nåt som du vet jag är helt för. För jag tycker att det är viktigt att nån får känna sig speciell. Så jag kände att jag gjorde dan minnesvärd för honom så att säga.

D. Ni kanske är präglade i samma form. Du kanske får undervisa honom under lång tid.

B. Aah. Jag tror att han vill det, för han ställer många frågor, som han vill att jag ska ställa till dig. Han var nyfiken på dig, och dom andra var också nyfikna, men dom var mer tysta och iakttog och liksom väntade på att bli tillfrågade. Så jag frågade om det var nån som hade några frågor, och det var det, men dom var mer försiktiga i sitt sätt, medan den här lille han bara, du vet...

D. Vad kallar du honom, vad heter han?

B. Jag kallar honom Tom.

D. Bob och Tom.

B. Han ser så mycket fram emot att få resa. Tom säger att han vill färdas på och i vattnen. Han gillar vatten för han tycker om att känna sig obegränsad. Så han pratar mycket om att han är intresserad av vattnen. Jag sa, "Först och främst måste du behärska vissa läxor innan du kan resa."

D. Är alla småstjärnor som Ia undervisar, är de alla relaterade till Jorden, eller finns de andra världar som de kommer att gå till?

B. Dom kommer att gå till olika världar. Som jag sa, Tom är väldigt intresserad av vattnen, så han kommer att få i uppdrag att antingen arbeta med vattenvärlden här på Jorden eller på en vattenplanet. Så det är inte nödvändigtvis så att dom alla kommer att komma till Jorden, även om majoriteten gör det, eftersom dom har fått lära sig det fundamentala om den. För det finns en sån mångfald här, och det finns det nödvändigtvis inte på alla andra platser. Som till exempel att vattenplaneterna inte har så stora landområden, så där är det annorlunda lärdomar. MEN, det är på samma sätt som att jag reste till växthuset, till exempel, och det är likadant med vattenplaneten. Det är liksom en plats där du studerar och lär dig om grunderna inom det specifika elementet, som du har valt att jobba med. Dom kommer så småningom att placeras på antingen Växthusplaneten eller en vattenplanet, om dom föredrar det - som Tom. Men senare, vad jag förstod här av Ia, ska dom utföra arbete på Jorden, för det är här som hjälpen behövs.

D. Så skulle Vattenplaneten finnas i vårt kosmiska akvarium?

B. Aah, mmm.

D. Det var det jag undrade häromdagen, om alla skulle arbeta på Jorden?

B. Ja, så småningom verkar det som att dom ska göra det. Alla grupper är olika, så en grupp kommer till exempel att gå till Växthusplaneten, medan några kommer att stanna kvar och fortsätta att läsa på och få mer fakta. Så dom beger sig till olika platser, och det beror på deras läggning. Som Tom, till exempel, han är väldigt praktisk, så vid det här laget vill han nödvändigtvis inte fortsätta att läsa, han vill göra nånting där han kan röra vid saker och se vad som händer.

D. *(Skrattar)* Det låter bekant *(Bob är likadan).*

B. Aah, Huhuh! Så småningom kommer vi att behöva lära honom om egenstudier, eftersom han inte kan gå igenom livet med bara praktisk tillämpning på allt. Så småningom måste vi lära honom om egenstudier.

D. Hur är det med småstjärnor som vill studera djur, rörliga former?

B. Om du tänker dig en 4H-gård, det är lite en sån dom beger sig till, och dom får ansvara för ett slags litet husdjur. Det största är som en get. Främst är det olika typer av gnagare, och några tar faktiskt hand om fjärilar och trollsländor och insekter. Vart du går för att lära dig beror också på vilken klustergrupp som du tillhör. Men sen växlar man alltid, för det är inte så att du bara går till ett ställe. Så småningom kan dom i 4H-gruppen se att, okej, nån här är faktiskt väldigt bra på att förstå vad som kan tillföras för att djurlivet ska må bättre *(studerar växter som gynnar djur)*; så den individen kan ses som en utmärkt elev att till exempel bege sig till Växthusplaneten för att studera mer om det. Så du cirkulerar lite grann. Bara för att nån inte vill hålla på med egenstudier betyder det inte att det aldrig kommer att hända! Huhuh. Det hände mig; så du kan inte hoppa över ett ämne som du inte vill studera. För du måste vara väldigt bred i din utbildning, men du börjar bara på olika sätt.

D. Vem delar upp eleverna? Är det någon över Ia?

B. Det är Ia som gör det, hon har gjort riktigt noggranna anteckningar om var och en av dom. Så Ia, tillsammans med Gergen och andra vänner, dom möter småstjärnorna individuellt. För det är inte så att du bara får ett kuvert där det står, "Här ska du vara," dom vill diskutera det. Så dom anstränger sig väldigt mycket med att samtala, innan dom ger besked om vart man ska gå, och VARFÖR dom har föreslagit det för den lilla småstjärnan. Så det inte nödvändigtvis ses som en dom eller ett straff, utan man uttrycker det som en möjlighet för den här specifika lilla småstjärnan, och det är nåt annat än att bara skicka iväg nån och säga, "Okej, här passar du bra." Här talar dom om framstegen som dom har sett, och att dom är glada över att just den här lilla småstjärnan ska gå med i programmet på, låt oss säga, Växthusplaneten. Så jag, till exempel, jag sändes först till 4H-gården, eftersom jag var väldigt intresserad av sånt som rör sig, och jag jobbade mycket med typ hamstrar och marsvin. Jag studerade vad dom gjorde och hur dom betedde sig, och varför vissa gillar att vara i grupper och varför ... plus hur dom rör sig och deras olika platser. Så det studerade jag. Men sen, för jag trivdes jättebra på min 4H-gård, eftersom där fanns flera husdjur, som jag kunde undersöka, men då kom Gergen en dag och sa, "Du måste lära dig om växterna också." och jag sa, "Den gruppen kanske är full, det kanske inte finns plats för mig där." Och han sa, "Då kommer vi att skapa en plats åt dig," och han sa det på ett sätt så att jag kände att det var som en stor ära för mig att få åka dit. Men det var faktiskt ett sätt för honom att säga att jag skulle lämna 4H-gården och bege mig till Växthusplaneten. Men han la fram det som att en MÖJLIGHET hade skapats just för mig.

D. Ah, som att du hade blivit utvald.

B. Att jag hade blivit specifikt utvald, och att det fanns en möjlighet – så det här var en stor ära för mig att få lära mig mer om detta andra. Så då gick jag.

D. Trivdes du på Växthusplaneten?

B. Det gjorde jag, men det var lite mer ensligt, skulle jag säga, för jag satt bara och observerade en växt, och...

D. Det var inte lika underhållande?

B. Nää, det var det inte, men efter ett tag kunde jag se att den reagerade som djuren. Bara för att den inte rörde sig, som marsvinet, var det faktiskt samma slags livsform i växten, och det var DET som Gergen ville att jag skulle se. Han ville att jag skulle iaktta dom små livstecknen i allting omkring mig, som jag kunde uppfatta, så att jag inte skulle missa medvetandet hos växter och träd. Så när jag satt där, och jag var ensam med min anteckningsbok, och han sa, "Sitt här och bara iaktta," och efter ett tag noterade jag faktiskt som att den kommunicerade med mig. Så när jag sa nåt kunde jag se att den reagerade på olika sätt, beroende på hur jag interagerade med den, och det blev jag förvånad över. Så om jag satt och kände mig lite nere, då kunde jag känna att det kom som en tröst från växten, och det var då jag förstod att det här är en unik livsform det med. Bara för att den inte hoppar upp i knät på mig, som ett marsvin, är den fortfarande likadan. Så jag blev fascinerad av det, och det var hela syftet - det förstår jag nu, så här i efterhand. Hela syftet var att jag skulle se att det finns ett livsmedvetande och en livskvalitet inom var och en. Även stenar bär en liten gnista av det här medvetandet. Du kan faktiskt kommunicera med en sten, även om ingen av oss är där inne, men ALLT har ett medvetande. Du kan få en känsla av lugn och välbefinnande, även från en sten. Så, det är vad jag lärde mig.

D. Det är en underbar undervisning. Så vart tog du vägen efter Växthusplaneten?

B. Det var då jag kom hit.

D. Så du behövde inte åka till Vattenvärlden?

B. Nää, jag åkte aldrig till Vattenvärlden, men jag jobbade med vatten när jag kom hit. Du vet, jag skulle liksom smälta samman med vissa saker.

D. Jag minns att du sa att du inte tyckte att det passade dig.

B. Aah, jag förenade mig med en fisk, och du vet, njaa...

D. Det var inte riktigt din grej?

B. Nää, det var egentligen inte riktigt min grej. Den var i storlek som en lax. Nää, jag sa, "Det finns en möjlig chans för nån annan här!" Huhuh. Men jag kom hit och jobbade mycket med växter. Jag tog prover på saker, och jobbade med växter och med naturen, och sen, du vet, fortsatte jag med djuren också.

D. Var det det du gjorde när jag hittade dig?

B. Vem säger att du hittade mig? Jag hittade dig!

D. Oh, javisst, du hittade mig, jag bara stod där, som ett träd.

B. Uhuhuh. Du såg inte ut som ett träd, du såg bara ut som nånting som var felplacerat, hehehe. Men jag höll på och samlade prover med min vän när du kom.

D. Med din lilla individ?

B. Min individ. Den finns inte längre, men den var en vän. Han bar faktiskt många av mina prover.

D. Han var satt i arbete.

B. Jaa, liksom att du har små väskor på åsnor, där du lägger i saker, det var på samma sätt. Han bar åt mig.

D. Han hade inget emot det?

B. Inte alls, för han fick vandra omkring i djungeln med mig. Vid den här tiden fanns det mycket växtlighet, så det var nästan som en djungel, väldigt grönt och väldigt frodigt.

D. Hela planeten?

B. Alltså, det här låg typ i Sydamerika. Det var dit du kom första gången.

D. Jag minns att du sa att du hade några projekt där.

B. Aah. Joo, jag hade projekt där, och jag hade också projekt i Indien, det man nu kallar Indien. Jag är lite svag för djungelområdena i den norra delen, den centrala och norra delen av Sydamerika, eftersom jag har tillbringat mycket tid där. Jag gömmer saker där.

D. Små godbitar.

B. Små godbitar. Nåt som kan bli små blommor, när gruppen är redo för det. Så jag gömmer det där, jag implanterar som ett mönster, så det finns där. Det finns faktiskt en växt som kommer att bota många sjukdomar, till och med virussjukdomar.

D. Det låter fantastiskt.

B. Men jag vill inte att den ska hamna i fel händer, eller blandas *(kombineras)* med saker, för det är inte meningen att den ska det. Jag kan se att gruppmedvetandet idag är...för att göra det lite enkelt ... du har ett blåbär och så du gör sylt av det. Så allt som du hittar, istället för att låta det vara, gör du om det till nåt annat, som inte var avsikten med det, nödvändigtvis. Och om du gör det med den här specifika växten, så försvinner hela mystiken med den. Så jag väntar med att avslöja den. Jag kommer förmodligen en dag att leda nån, hjälpa nån att hitta den.

D. Människor är för giriga, de vill tjäna pengar på allt.

B. Aah. Jag vill att det här ska ske när medvetandet är i den rätta cykeln, när alla arbetar med avsikten att hjälpa varandra, istället för att bara, "Vad kan jag tjäna på den här. Oh, det här är mitt, det här är mitt." Så jag vill att det ska finnas en känsla av att man delar med sig, "Det här är nånting bra, det här kommer att vara till nytta," och att det ska vara gratis. Det är ingen som ska tjäna pengar på den.

D. Det är inte mentaliteten nu.

B. Det kommer att bli det.

D. Du får göra en omstart.

B. Det är inte meningen att jag ska, jag får inte göra det. Även om jag hade den knappen, så tror jag inte att jag skulle kunna trycka på den. Hehe. Ophelia skrattar åt det, hon skrattar åt att vi vill starta om allting. Hon sa att förändringar kommer att ske, men härifrån. Eftersom vi är fångade i en känsla av tid, så känns det som att det går väldigt, väldigt långsamt, men det gör det faktiskt inte. Hon sa att det pågår stora förändringar, även om det från vår erfarenhetsnivå, särskilt er, ser ut som att det går väldigt långsamt. Men även min, eftersom jag inte är fullt inblandad, så jag kan jag inte se hela bilden av allt, jag ser inte slutresultatet. Om jag gjorde det, skulle jag kanske berätta, sa hon! Och hon vill ... oh. Ah, vi får se! Men när du kom, eftersom jag inte riktigt kände igen ditt mönster, undrade jag om du hade gått vilse, och det hade du förmodligen, men du verkade väldigt vänlig och du stod alldeles stilla vid trädet, och det var nåt jag uppskattade.

D. Jag kom inte springande mot dig?

B. Nää, du sprang inte mot mig, eller dansade mot mig som du gjorde på 1600-talet, när du var Charles Senap, du dansade inte som då. För då hade jag typ känt som, "Oh hjälp, vad är det här, vad är det här?" Dom som fanns här på den tiden, dom dansade inte direkt, jag menar, dom rörde sig lite runt en eld. Men om du hade varit väldigt social och utåtriktad på det viset, hade jag kanske tänkt, "OH, OH, vad är det här?" Men det var du inte, och jag kände att du behövde min hjälp, för du hade kanske gått vilse; ingen gillar att vara vilse.

D. Tack för att du hjälpte mig.

B. Ja och det blev startskottet på en väldigt givande vänskap måste jag säga.

D. Så jag kommer förmodligen inte att komma tillbaka till Jorden?

B. Du planerade inte riktigt att komma den här gången heller, men du gjorde det, för att den här ville komma med nån från familjen och sa: "Om jag ska göra det här, vill jag göra det med en i familjen", så du vet, ”Räck upp handen!” Jeshua kom inte, och Isak sa, "Vi ska jobba från den här sidan," så det föll på dig. Och du tänkte nog, "Okej, vad ska jag göra, vad vill du att jag ska göra?" Och sen började vi planera det.

D. Det som är bra är att vi kommer att fortsätta arbeta på andra sidan.

B. Alltså, det är inte så att du inte alls tänker komma tillbaka, men du kanske tar en liten paus, för du sa att du ville ta en paus från det nuvarande tillståndet i det mänskliga medvetandet. Så du ville lämna som en liten gåva till mänskligheten som dom kan ta tag i och börja fundera över. Men du kommer förmodligen tillbaka, men jag vet inte vad du har för planer där.

D. När du har byggt ett nytt fordon, kanske.

B. Nytt fordon. Vi får se. Så, hur som helst, vi hade den där stora avslutningsceremonin med dig, och du var verkligen lugn och vänlig. Jag trodde att dom kanske ville komma upp och dansa runt dig, som en julgran, hehehe, men det var bara Tom som ville komma och sitta nära dig, du vet, bredvid oss uppe på den där lilla scenen där vi satt. Det var många frågor, eftersom du nämnde Siah, och dom ville veta lite om olika livsformer som du hade mött på dina resor. Så jag översatte och du pratade om

Siah. (*Siah är mitt husdjur som lever på planeten Etena i det fjärde kosmiska akvariet. Detta diskuteras i detalj senare i boken.*)

D. Det var bra att du hade sett Siah.

B. Aah, ja, så jag beskrev Siah och jag hjälpte faktiskt, på mitt eget sätt, till med att rita en bild av Siah på en stor duk, och sen berättade du om hans personlighet. Och du berättade lite om planeten, för på nåt vis är den väldigt lik Jorden, men du pratade om, genom mig, om skillnaden i medvetandet inom det ledande däggdjuret på den planeten, gentemot det ledande däggdjuret här. Så du pratade om skillnaderna, för det var flera stycken här, inklusive Tom, som ville åka till Siahs planet, men då kom Ia in och sa, "Nu hamnar vi helt ur kurs, vi ska inte prata om det, eftersom dom måste gå till Växthusplaneten och 4H-gården. Dom kan för tillfället inte åka till Siah." Så vi pratade om det, och vi pratade om dom olika samhällena, som dom kommer att stöta på senare på Jorden, och som kan uppfattas som lite annorlunda. Men våra förhoppningar är att civilisationen här kommer att fungera utifrån en känsla av att ge och dela med sig, som dom gör på planeten där Siah är.

D. Är de på något vis medvetna om den nuvarande civilisationen här, har de blivit visade eller undervisade om det?

B. Vem?

D. Småstjärnorna.

B. Om vi har visat småstjärnorna?

D. Ja.

B. Dom har fått se lite grann, men vi håller lite tyst om det, för annars kanske dom inte vill gå. Dom får se det som är bra, Vi har visat dokumentärer, fast inte från nutid, utan faktiskt från lite tidigare, för vi tar det lite pö om pö – du lägger inte allt i knät på dom på en gång. Så dom får se det som är bra på den här planeten, för det är så vi vill att det ska vara – för det finns mycket bra här också. Det mesta är faktiskt bra. Men för människorna här, även om det dåliga är mindre ... eftersom så mycket av det som folk hör talas om handlar om det dåliga, så utlöser det en känsla av rädsla, som överskuggar det som är bra, som ett stort moln framför Solen. Men faktum är – sanningen är – att det är mer solsken än moln, men på grund av rädslan, så dämpas Solen ibland. Rädsla placeras i ert *(mentala))* system, så ni tänker, "Kanske är Solen inte lika ljus, kanske är den inte så vacker. Jag kanske inte har en själ, kanske inte..." och så vidare. Folk börjar ifrågasätta det som är bra. Det är en förlängning av rädsla; det skapar tvivel, och sen när människor börjar tvivla inom sitt eget väsen, då dämpas deras egen sol, fast den faktiskt inte alls är nedtonad, den är faktiskt extremt ljus. Men molnen som rör sig in över medvetandet skapar den synen.

D. Det är en underbar förklaring. Du borde skriva den boken.

B. Jag borde skriva en bok! Huhuh. Det har jag gjort!

D. Hur många har du skrivit hittills?

B. Jag har typ tre.

D. Finns de i ditt Bibliotek, ditt personliga arbetsrum?

B. I mitt Bibliotek, ja, i mitt personliga arbetsrum. Jag har som mindre pocketböcker som handlar om mitt nuvarande uppdrag här, om du så vill, sånt som jag har upptäckt när jag jobbade med växter och sånt. Men från det här specifika uppdraget har jag faktiskt tre delar av mina memoarer.

D. Började du med, typ, du behöver inte vicka på öronen eller blåsa upp halsen? *(Han försökte utan framgång med båda bedrifterna strax efter att han började tala genom Christine.)*

B. Jag började med förberedelserna. Oh, okej, Ophelia säger att det är dags att gå nu, så jag ska nog kila.

D. Nåväl, jag är så glad att du kom idag, och Ophelia, jag är också tacksam över att höra från henne.

B. Oh, jag hör från henne hela tiden. Jag är i hennes sällskap så mycket jag bara kan, för hon gör mig lugn också, och det gillar jag. Och jag ställer frågor till henne om, du vet, mina belöningar, mina klappar under granen.

D. Jag är säker på att din glädje får henne att le.

Solsken och Moln för Småstjärnorna (21 december 2017)

Den här historien handlar om hur unga andar tränas inför mötet med sina utmaningar. De är anpassade till att se de positiva aspekterna av livet, istället för att uppehålla sig vid de negativa eller deprimerande omständigheterna. Vid mer än ett tillfälle har andarna uppmanat oss att förändra vårt sätt ta till oss information. Mainstream media som styrs av större företag är en mycket viktig del av hur cellen manipulerar samhället. De riktar in sig på känslomässiga reaktioner genom att ingående fixera sig vid negativa och splittrande ämnen. Sanning, ärlighet och subjektiv neutralitet undviks noggrant. De styr genom bedrägeri och överför sina ateistiska tankegångar för att skapa rädsla och hopplöshet. När du väl inser det och undviker deras ondskefulla propaganda, blir världen en mycket trevligare plats. Som Bob påpekar är solskenshistorier ett sätt att framhålla det goda som alltid finns närvarande. Gergen höll ett magnifikt tal om tacksamhet, som vi har tagit med längre fram i den här boken. Att ha en känsla av tacksamhet är ett kraftfullt sätt att träna oss själva i att hitta det gudomliga och se skönheten i varje dag av våra liv.

B. *(Bob kom in och sjöng en glad trudelutt)* Här händer en massa saker idag, ska du veta! Ia är här, och Gergen är här, och Ole är här, alla mina vänner är här och pratar. Jag ska se om kanske Ia vill säga nånting, för hon är här.

D. Det vore en ära.

B. Hon säger att hon inte vill stjäla mitt solsken, men jag säger - vi kan dela på det. Vi delar hela tiden. Jag har inget emot att dela, så länge som jag får tillbaka det! Hahaha.

D. Så Gergen och vem mer?

B. Ole. Ole.

D. Ole, verkligen? Har han någonsin pratat genom en människa?

B. *(Bob stannar upp för att lyssna på Ole)* Nää. Men han har rest, det har han verkligen, fast han är lite hemlighetsfull här. Han säger, "Du har överraskningar som väntar, Bob. Ta inte ut nåt i förskott." Så, hur som helst, oj, oj, det är som en stor sammankomst från den andra dimensionen, må jag säga, och vi är här både för att prata lite om dom olika aspekterna av vår närvaro i naturen, och behovet av att ge positiva budskap och meddelanden till mänskligheten. För det kommer så många sorgliga nyheter hela tiden, och det är hela tiden saker som gör att människor känner sig nertryckta, små eller mer olyckliga än nödvändigt. SÅ, det skulle vara mycket uppskattat om det kunde finnas en viss balans i det sätt som kommunikationen sker inom er art, och i viss mån tala om det positiva i livet också. Du vet, små saker, det kan vara som att du till exempel räddade ett litet djur som fallit i en pöl; nån räddade det och tog sig an det - solskenshistorier liksom. Det finns så få solskenshistorier här och det är sånt som vi ger våra småstjärnor. För om vi bara skulle visa dom alla trista händelser, kan du ju säkert föreställa dig att ingen skulle vilja gå nånstans och det skulle inte ske nån utveckling överhuvudtaget! Och det här är nyckeln ... att förstå att så länge som det inte finns några solskenshistorier, eller åtminstone några som balanserar upp dom andra, så känner folk att dom liksom sitter fast, att det inte finns nånstans att ta vägen, där Solen skiner, så att säga. Så med småstjärnorna, och för att ge dig en bild, så ger vi dom ungefär 60 till 70 procent solskenshistorier för att dom ska känna sig förväntansfulla och glada över sitt uppdrag. För om du bara matas med sorgliga historier hela tiden, så finns det ingen glädje nånstans eller ens en önskan att börja göra nåt annorlunda. För det känns som om ett moln precis har dragit in över en, och det vill vi INTE ALLS att småstjärnorna ska uppleva *(han tar ett djupt andetag)*. Så i början är det förmodligen nittio procent solsken, och sen kommer ett litet, litet moln in som dom knappt lägger märke till. Sen lägger vi efter hand in fler moln, men inte fler än att dom ändå kan se Solen. Att vi tar in fler moln betyder fler utmaningar och fler hinder, om du så vill, men saken är den att småstjärnorna är så vana vid solsken att dom inte lamslås av mängden moln, som vi ökar på deras väg. Så vi ger dom fler moln, fler hinder, fler utmaningar att växa av. Men grejen är den att dom är så inställda på att det ska vara solsken, så dom avleds inte av, eller bryr sig så mycket om, molnen som vi har blåst in.

D. Som när deras varelse tas bort blir de inte lika ledsna. Skulle det betraktas som ett moln?

B. Aah, det skulle betraktas som ett moln. Som när min individ togs bort, det var ett enormt moln, och jag saknade Solen ett långt tag. Jag kunde inte föreställa mig solsken, MEN, efter ett tag när jag förstod att jag inte ville att min individ skulle finnas och behöva utstå vissa handlingar från det ledande däggdjuret som fanns då, då kom solskenet tillbaka. Det handlar om sättet att tänka, och vi lägger stor möda på att lära ut det till småstjärnorna, att huvudsakligen ha solsken i sinnet. Så när det kommer in hinder och moln så överskuggas dom inte av det hindret, eftersom dom fortfarande kan se, även om det är lite mindre solsken. Ju fler framsteg du gör, desto fler moln läggs in för att du ska kunna navigera och lära dig att övervinna vissa hinder. Så, i början, första gången som du blåser in ett moln och ser vad som händer i gruppen, är det som, "Ohh! Ohh! Ohh!" och sen håller vi koll på det, och några, som Tom, gjorde så här *(gör en svepande rörelse bort från kroppen)*, men det är inte heller så man ska göra. För det är meningen att du ska identifiera molnet och se vad det är, om det betyder att nån slags förändring bör äga rum eller om det finns en läxa som lurar nånstans bakom molnet. Så det är inte meningen att du ska väja undan, inte svepa bort det heller. Så vi blåser in moln och ser hur dom reagerar, och gradvis när dom utvecklas i sin lilla förskola, så kommer fler moln att läggas in i deras medvetande. Det beror på att när dom senare är själva, och dom har smält samman, då kan dom bli föremål för moln som inte vi har skickat, utan som har annat ursprung, som från människorna, till exempel. Då måste dom vara lite centrerade och förstå, så att dom inte blir skrämda eller väjer undan. Vi vill inte att dom ska väja undan, vi vill att dom ska ha sol i sinnet.

D. Det är riktigt bra. Är alla dimensioner så?

B. Jag hoppas det. Ophelias är det förmodligen, eftersom hon är som ett stort solsken, så där uppe finns ett överflöd av solsken. Där du jobbar finns det också solsken, men lite annorlunda, det är inte direkt sol, utan mer som ett sken. Det var därför jag hade min lampa i början. Jag tror att tillvägagångssätten och principerna för inlärning och undervisning är dom samma. Från den minsta lilla småstjärnan till jättarna som Jeshua. Du kan tänka tillbaka och försöka komma ihåg när du var en babystjärna hur du fick lära dig, för att se om det var på samma sätt – även om du antagligen inte valde att gå till en 4H-gård utan nog ville vara med i den där studiegruppen för ensam reflektion. Och det är inget jag dömer, för det finns studiegrupper i vår värld också, som är riktigt bra på att till exempel lägga pussel. Jag har aldrig varit särskilt bra på pussel.

D. Vart gick Ia?

B. Ia, Ia var faktiskt i den gruppen. Oh, hon är en fantastik pusselperson! Hon är bara, det finns liksom ingenting som kan skymma hennes solsken. Även om det är ett pussel med en miljon bitar så flippar hon aldrig ut eller blir stressad eller otålig eller nåt. Hon, hon *(han tittar åt vänster och lyssnar),* oh, hon sa att det gjorde hon visst. Jag vara bara inte där då, sa hon, Jag såg inte allt. "Placera mig inte på en piedestal", sa hon leende, "För jag blir också otålig ibland med alla pusselbitarna." *(Bob kallar Ias arbete med energibasen i DNA för pusselbitar.)* Huhuh. Jag var på 4H-gården, så jag såg det inte! Huhuh. Men hon sa att det är viktigt att fastställa var småstjärnorna befinner sig i sin utveckling och inte lägga in fler moln i deras medvetande än dom är redo för. Även om dom tillhör en stor grupp så finns det skillnader, och det finns olika sätt att hantera dessa moln eller hinder, baserat på vilken typ av individ det är. Så hon sa att vi hade samma mängd moln, hon och jag, men det fördes in i våra skorstenar på olika sätt. Jag var mer som Tom, jag ville få det att försvinna, medan hon tog det i sin lilla hand, så att säga, och undersökte det. Det gjorde aldrig jag. Jag ser att det var ett STORT misstag, att jag inte noggrant undersökte molnen. Jag lärde mig visserligen, men jag ser nu att det finns ett värde i att riktigt titta på dom, eftersom dom kommer nånstans ifrån. Det kan vara Gergen som lägger in dom, men en del kommer också från en högre källa. Kanske Ole.

D. Vad säger han om det? Skickade han in moln över dig?

B. Hehehehe. Eftersom jag var så nöjd på min 4H-gård, såg dom till att mina moln kom in snabbare, för dom var som såpbubblor, som dök upp, *(gör ett "phffoo, phffoo" ljud).* Blåstes in så att jag kände som att jag blev bombarderad, och det var ett sätt att få mig att förstå att jag behövde göra en förändring i mitt eget sinne och med mitt eget sätt att ta till mig saker. Så, om det är nån som jag, på det viset, då blåser dom bara in fler moln över dom, som såpbubblor. Huhuuhuh...jag ser vad som hände!

D. Tvingade dig att analysera dem.

Marsvin på 4H-Gården (23 december 2017)

D. Vilka noteringar har du tagit med dig idag?

B. Jag har faktiskt varit med Tom. Ia sa att han var ... hur ska jag säga ... lite bekymrad och ledsen, eftersom han efter vår stora avslutningsceremoni hade förstått att han hade en lång väg framför sig innan han skulle få resa. Medan dom andra firade och kände sig riktigt upplyfta, så hamnade Toms fokus bara på den långa färden han såg framför sig.

D. Så han vill också resa?

B. Han vill resa. Och Ia såg, att han var lite ledsen och frågade honom vad som var problemet. Och han sa att han verkligen ville resa tillsammans med mig. Dom hade ett litet privat möte, och Ia kom till mig och berättade, så jag kände att jag ville bjuda in Tom. Så han kom till mitt arbetsrum och vi tittade på lite bilder i min bok, för mina böcker är inte bara ord, för det är lite tråkigt med bara ord. Jag la ner stor möda på att skapa bilder som också skulle spegla berättelserna.

D. Så du visade honom en liten dokumentär?

B. Det kan man säga. Han fick ställa frågor, och vi pratade mycket om olika saker. Han ville veta, du vet, historien om när du kom, för han var fascinerad av att det fanns andra varelser, och han ville veta mer om Siah. Och jag sa, "Jag har inte varit där, jag har bara sett honom ett par gånger," och då sa han, "Nästa gång du ska dit, kanske jag kan få följa med?" Och jag sa, "Vi får se. Du ska till Vattenvärlden först." Och han sa, "Jag vill också till 4H-gården, som du." Så vi pratade om det, för du vet, jag gillar ju inte vatten och ville inte låta det färgas av på honom. Så jag berättade historierna som jag hade hört av mina vänner, dom som hade varit i Vattenvärlden, och även vad jag upplevde på 4H-gården. Det finns överraskningar och belöningar i dom världarna också. Jag ville att han skulle fokusera på det, men han sa, "Men nu har jag ju sett den här varelsen med dig," och jag sa, "Det var en slags överraskning, en av klapparna under julgranen, så nu vet du att det finns nånting okänt, bortom det som vi känner till på vår nivå." Och så berättade jag lite för honom om dig och mig, lite slumpmässigt utvalda, mer privata historier, inte nödvändigtvis sånt som, "Oh, jag har gjort ett solsystem, och jag ska resa i en bubbla, och jag ska ut i universum men du lille vän, du vet inte vad ett universum är, ledsen grabben." Haha, det sa jag inte, för det är inte nödvändigt. Jag pratade om dom mer personliga aspekterna av att ha en vän som ser helt annorlunda ut, och han sa, "Jag vill också ha nya och annorlunda vänner," och jag sa, "Ja, det är fantastiskt att ha nya vänner." Så vi pratade mycket om sånt, men främst om våra möten på Jorden. Jag sa att nu smälter du in i ett mänskligt fordon *(inkarnerar)* och att jag hjälper till med det, och han sa, "Om du behöver hjälp kanske jag också kan komma," och jag sa, "Du har inte lärt dig fjärrundervisning än, men jag kan absolut göra en anteckning om det här." Så jag noterade att jag skulle fråga honom senare.

D. Du kanske kommer att vara med honom länge. Det låter som att han kommer att bli din skyddsling.

B. Aah. Precis. Han gillar det, han sa att han föredrar att inte vara i stora grupper, och jag sa, "Oh, jag känner igen den känslan." Men jag sa att vi kommer att prata med både hans huvudlärare och Ia, och vi ska se hur vi kan schemalägga vissa kurser som passar honom.

D. Kan du gå och besöka honom när han är i Vattenvärlden, bara titta förbi?

B. Om jag vill.

D. Vill du?

B. Egentligen inte. Det finns alla möjliga tillfällen att träffas i mitt arbetsrum. Jag kanske svänger förbi 4H-gården, för det är skoj och det finns många små husdjur där. Jag gillar dom, jag fick fin kontakt med dom. Det är nästan som att vara barn igen.

D. Är de i samma form som de är på Jorden, eller mer energilika?

B. Du menar djuren?

D. Ja.

B. Oh, dom är lika, men ... öh, egentligen inte riktigt. Nej, inte helt och hållet, fast dom är inte fifty-fifty heller. Ingenting är typ hälften av var (*energi/fast form*) där jag har varit. Så det är ett marsvin, men det dör inte; så i det avseendet är dom inte som era djur, eftersom era har en livslängd.

D. När du sa att du hade fått fin kontakt med dem lät det som att det var ett tag sedan du var där.

B. Aah, det var länge sen. Dom är fortfarande där, för dom dör inte, så i det avseendet är det en andlig verklighet, om du så vill, men dom är på nåt vis manifesterade. Jag kan inte riktigt placera dom i det där hjulet *(Skapelsens Hjul, beskrivet i Andra Vågen)* för dig, jag kan bara säga att dom manifesteras, men dom har inte nån livslängd som att dom föds och dör. För det skulle skapa sorg, om dom dog. När småstjärnorna börjar resa till Jorden för att jobba, då är dom väl informerade om att individerna dom kommer att stöta på har en livslängd. Just för att dom inte ska behöva uppleva sorg.

D. De på 4H-gården, har de lite av det Mästerliga Medvetandet i sig?

B. Mycket av det. Det är därför du kan kommunicera med dom, nästan som med en vanlig vän, så det är lite annorlunda. Du tar alla dom där modellerna, fast nån annan har redan skapat dom, så du tar inte din egen modell och placerar den på 4H-gården utan arbetar med nån annans modell, som redan finns där, och du lär dig hur dessa modeller är uppbyggd. Senare lär du dig hur du själv skapar modellerna och också lägger till upplevelsen av livslängd. Men på 4H-gården är det först mest lek och du lär dig av dom som redan finns, men sen skapar du själv en korrekt fungerande. Det sista du gör innan du åker därifrån är att du lär dig hur du lägger till det lilla, typ, chippet. Det som kan betraktas som livslängden, du vet, att det föds och att det dör. Det är lite ledsamt, för här *(på 4H-gården)* dör dom inte, och lärarna måste få småstjärnorna att förstå att på vissa ställen, dom flesta ställen, har allt en livslängd, även om den kan skilja sig åt. Livslängden här *(på Jorden)* är ganska kort om man jämför med andra platser.

D. För allt?

B. Jaa, för allt.

Tom ger sig av till Vattenvärlden (31 december 2017)

Bob har arbetat nära sina elever, och nu har han kommit till den punkten i sin berättelse där de ska lära sig att resa bort från den Andra till något av deras specialistområden. Bob följde med några av eleverna till Växthusplaneten och hjälpte dem att vänja sig vid de nya omgivningarna. Han stannade inte där, men tycker om att hälsa på och umgås med de små.

B. *(Bob kom in efter Ari och började göra grimaser)* Fick vänta länge idag! Men jag lyssnade lite, det gjorde jag faktiskt. Och det kändes lite som en familjeåterförening. – Oj oj, den här verkar somna lite. Få se här *(sen började han göra ljud och smacka med läpparna)*, Oh, så där ja. Han *(vilket betyder Christine, som i andevärlden har en manlig energi)* gillade det inte riktigt. Hehehe. Det är lite som en annan energi ibland när jag kommer in, speciellt från dom högre, dom av annat ursprung, där jag inte hör hemma. När dom lämnar så lämnar dom kvar lite grann för mig att plaska runt i, och jag säger, "Ta bort det! Ta bort det – rensa upp!" Det är lite som när man flyttar, så ska man städa lägenheten, huhuhuh, så att nästa liksom kan flytta in sina möbler. Det är samma sak här, det är lite av en överlappning, får jag säga, där det känns lite som, "Är jag någon slags städare eller?" Huhuhuh. Det kanske jag är. Hur som helst, okej, okej, energin är höjd igen, nån är vaken, så nu kör vi! SÅ, jag har ägnat mig åt trädgårdsskötsel.

D. Oh, har du det? Jag trodde inte att du gillade trädgårdsarbete.

B. Jo, det gör jag visst. Speciellt när jag blir tillsagd.

D. Vem sa åt dig att göra det?

B. Gergen. Eftersom jag är ansvarig för en grupp som är på väg till Växthusplaneten. Jag kan se att det här är lite grann av...för du vet, man måste ge och ta när det gäller utbildning, och jag har FÅTT mycket får jag säga, och nu är det dags för mig att ge tillbaka också. Så det jag gör är att jag hjälper till med det här trädgårdsarbetet tillsammans med några elever från småstjärne-gruppen. Men det är inte hela gruppen, det är dom som ska till Växthusplaneten. Så vi sysslar mycket med trädgårdsskötsel och jag svarar på frågor om det.

D. Tycker du att det är roligt?

B. Ja det gör jag, men främst för att jag ser att dom tycker om det, och det är också nåt som undervisning handlar om. Ibland när du är lärare så känns det inte som det allra mest spännande du kan göra, MEN om du fokuserar och ser på hur dom som du undervisar, eleverna, deras respons och hur dom svarar an på din undervisning, då kan det vara den största glädjen av alla. Så jag känner mig nöjd och glad, för jag kan se att dom är det, även fast jag själv inte lär mig nånting, nödvändigtvis, men jag ser att dom gör det. Och allt är nytt för dom och det känns jättebra – eftersom jag är en del av det, och dom kommer alltid att minnas mig som den där roliga farbrorn som lärde dom nåt helt nytt. Och det är så jag känner att en bra lärare ska vara. Det är att ibland inte bara fokusera på mina egna framsteg och min egen utveckling, utan att lämna det bakom mig och känna glädjen i att lära andra och se deras utveckling. Dom är som små blommor, om du så vill, och jag är den som sköter trädgården! Haha. Det är vad jag gör!

D. Det är nog så Ia känner också?

B. Oh, Ia, hon sköter trädgårdar överallt.

D. Hon planterar frön.

B. Hon planterar frön överallt, och dom bara blommar och blommar. Hon sa faktiskt till mig att det här är ett väldigt stimulerande sätt att jobba på. Så hon uppmuntrade mig att göra det, och hon sa - fast det är inte som att hon sa TILL mig, nödvändigtvis, fast jag vet att Gergen på sätt och vis gör det - men Ia antydde bara att det finns en stor källa till glädje och tillfredsställelse i att lära andra och se hur dom växer. Hur lite det än är, det spelar egentligen ingen roll, eftersom du är en del av den utvecklingen. Så visst, jag kan klart se det, och jag känner det. Hon sa, "Förut förstod du lite grann, men du kände det inte, för att du inte riktigt engagerade dig," och det är sant, eftersom min egentliga lilla elevgrupp har kommit mycket längre på sin inlärningskurva, dom har kommit mycket högre upp på sin stege. Så hon sa, "Dina är redan den där blomman, vill du inte se hur nån blir blomman?" Och jag svarade, "Jag kan förstå det", MEN jag har aldrig riktigt KÄNT det, den där känslan, uppskattningen av att se den första blomman slå ut, och inte bara se en färdig bukett.

D. Vem kan vara bättre att undervisa än du? Du är en duktig lärare.

B. Uhuhuh. Så, det är vad jag gör. Jag skaffade mig en liten grupp, dom är typ tio, och dom är verkligen ivriga att lära. Det syns, det är nästan som att dom ÄR dom där blommorna, för jag kan se att dom ändrar ljus och färg. Det ser jag. Och när jag ser alla dessa färger som börjar förvandlas och förändras och bli till, då känns det jättebra. Och ibland känner jag faktiskt att det är lite som en vilopaus från mitt eget lärande. Så jag förstår det, det gör jag.

D. Det låter fint. Är det här på Jorden eller på någon annanstans?

B. Oh, det är hemma, vi jobbar i trädgårdarna hemma, men det är tänkt att dom ska till Växthusplaneten, och vi är faktiskt på väg.

D. Som att bara ge dem en liten introduktion?

B. Introduktion, exakt, men vi är på väg nu, och dom frågar mig om jag också ska komma med, och det tror jag att jag ska. Tom kommer också, men Tom ska till Vattenvärlden, och jag sa att dit ska inte jag, och att han kommer att få en annan lärare där. Men jag sa att jag kommer att vara här när han kommer tillbaka, och vi ska grunna på saker och ting igen, och vi ska göra andra saker som inte är relaterade till varken Växthusplaneten eller Vattenvärlden. Så jag kommer att vara här och vi ska fortsätta vår utvecklingsväg tillsammans. Det är inte så att jag överger honom, inte alls, det är bara det, du vet, jag är ingen expert på det där med vatten. Och då sa han, "Du kanske vill lära dig, om du inte är expert på det så kanske du vill ta om den här klassen?" och jag sa, "Nä, det är okej, men du kan ju berätta för mig när vi träffas igen." Hahahah.

D. Vem vet. Kanske det är meningen att du ska simma omkring i Vattenvärlden?

B. Nää. Jag tror att jag väntar med det. Jag är fullt upptagen här med mina blommor, så jag tror att jag väntar med det. MEN, vi är faktiskt alla på väg att åka, och det är på samma sätt som när du åker på semester, det är alltid en massa att förbereda, och det har vi gjort och nu är det dags att åka. Så vi ska åka tillsammans, och du vet, jag känner ju väl till Växthusplaneten. Där finns det avdelningar som hör till olika världar, så vi ska till avdelningen för Jorden där på Växthusplaneten. För annars skulle det bli för rörigt. Tänk dig själv; dom lär sig nånting och sen när det dags att på riktigt smälta samman med saker och göra lite nytta, så hittar dom inte nåt som dom känner igen. Huhuh rörigt! *(Eftersom den andra dimensionen fungerar överallt där det finns livsformer, har de många olika prototypmiljöer där småstjärnorna lär sig om livet på deras tilldelade planet).*

D. Det är fint att Ia kommer hit för att titta på vad du gör här, och du kan gå till henne och se på hennes arbete, så att ni båda upplever vad den andra jobbar med.

B. Aah, precis. Så det har jag gjort, och sen Tom, Tom är på väg till Vattenvärlden nu, eftersom alla har gjort sin för-meditation, så att säga, innan avresan. Återigen, det handlar om att när du byter energi och du byter plats, då måste du gå in i en fas av meditation. Vi kan kalla det så, och det är bara för att förbereda dig, för du blir lite grann den nya energin, den nya verkligheten, men du är— samma sak med dom nya småstjärnorna, dom vet det bara inte än, så dom måste få hjälp av andra som känner till förutsättningarna för just den verkligheten. SÅ varje gång du rör dig till en annan plats, då måste du få hjälp av nån som är lite äldre. Och det kan vara, som i det här fallet med mina sex-sjuåringar här *(hans elever som är på väg till Växthuseplaneten),* dom blir assisterade av dom lite mer utvecklade grupperna, dom som är ungefär tretton-fjorton, typ. Så du får alltid hjälp av dom som betraktas lite som en senior, beroende på vart du ska, och du förbereder dig lite för den resan. Så Tom är redo att ge sig av, och han är jättelycklig nu, och det är jag glad över. Han har ändrat fokus och inriktning, och han är extremt laddad att bege sig till Vattenvärlden. Du vet, han fick lite extra ”medicinering”, han blev avprogrammerad för att inte fokusera på sånt som inte var gynnsamt för honom just nu. Huh hehe. Han fick en liten extra dos av, du vet, ett glädjefyllt fokus på Vattenvärlden, så han glömde allt om dom andra sakerna för tillfället. Just nu har han glömt allt om att han ville bli en personlig assistent *(hjälpa Bob som assistent till mig när jag inkarnerar).* Det är inte borta, bara som att det slumrar, så det är inte borta, men det är lite på snooze. Det är som när du tappar minnet, när du glömmer bort nåt. Så det är inte borta, det kommer att återupplivas. Men dom Äldre fick det där minnet, eller den där känslan och driften, att stängas av för ett tag, eftersom det inte alls tjänar honom nu när han ska till Vattenvärlden. För han behöver lägga all sin möda och energi och sin kapacitet på den platsen, så han får inte bli splittrad.

D. Ungefär som när en människa inkarnerar, allt glöms bort.

B. Aah, så i det här fallet med Tom, eftersom han var så ivrig att besöka andra platser än Vattenvärlden, så fick dom det minnet att slumra in. Men det är inte som typ lobotomi eller så, som att det är helt borttaget, försvunnet; det finns kvar, bara lite på snooze. Jag såg faktiskt på och jag såg hur det stängdes av.

D. Vem gjorde det?

B. Oh, Gergen kom faktiskt in och hjälpte till. Gergen är som en farfar för dom.

D. Känner de honom ganska väl?

B. Jaa, alla dyker upp och vandrar omkring och säger, "Hej, hej", och dom kommer och går. Det är inte som nåt särskilt stort mysterium, alla ser varandra, det är inte nån uppdelning där, "Okej, vi kan inte gå och prata med Vd:n för vi är arbetare, vi är bara som bebisar." Alla är lite bekanta med varandra.

D. Vandrar Ole någonsin omkring?

B. Ole, nää, jag såg inte Ole, han satt förmodligen tryggt i sitt arbetsrum och kollade på det här. Men några vandrar omkring lite, Gergen småpratar lite med dom små. Men som sagt, Tom och alla dom andra är redo att ge sig av, dom måste förberedas på olika sätt baserat både på vart dom ska. Men också, som i det här fallet med Tom, eftersom hans uppmärksamhet flugit iväg åt annat håll, och det var inte i bra för honom, att några minnen sattes på paus.

Veckan därpå spann Bob vidare på sin tidigare diskussion om sin utflykt till Växthusplaneten med sina elever.

D. Så den där lilla gruppen som du ska ta till Växthusplaneten, när ska ni ge er av?

B. Oh, vi har redan åkt.

D. Ah, så du jobbar med dem där borta nu?

B. Ja det gör jag, jag hjälper till där, men jag är inte permanent där. Jag är fri att komma och gå som jag vill, men det är inte dom. Jag kommer och undervisar och jag lyssnar också mycket. För det första du gör när dom kommer till ett nytt ställe

- det är inte samma som här *(människor)*, där du bara överöser dom med en massa ord och information - vi låter dom faktiskt ta till sig allt och ställa frågor först och se sig omkring. Det är viktigt för oss, som redan har varit där, att se vad deras första intryck är av platsen, eftersom vi också lär oss hur vi kan förändra och anpassa. Om nån säger, "Oh, vilken hemsk och läskig liten varelse!" då är det som, "Okej, den här upplevs som nånting skrämmande." Det var inte det som hände, men vi vill höra deras första intryck, och sen pratar vi om det. Det är ett annat sätt att undervisa. Vi pratar inte bara TILL dom, vi ber dom prata mest och vi ger tillbaka en liten överraskning av kunskap, och det är så som dialogen går fram och tillbaka.

D. Det är ett bra sätt att undervisa. Så när du utvecklas är det inte längre bara lek och skoj, eller hur? Gör du fortfarande roliga saker?

B. Nja. Det är mer på fritiden. Det är inte i skolan, eftersom där är du för att lära dig eller för att undervisa. Så leker gör vi efteråt, för dom måste först lära sig att sitta still och ta in kunskap. För till en början är dom väldigt livliga och när du är väldigt aktiv kan du inte ta in en massa lärdom och ord, strukturer och så vidare. Det handlar om att anpassa undervisningen till dom som ska lära sig.

D. Studerar de sedan växternas energiform, eller lär de sig bara hur de fungerar?

B. Mmm hum, först är vi väldigt intresserade av att höra hur dom ser på allt, så vi frågar dom bara, "Berätta för mig vad du ser," och dom svarar, "Oh, jag ser en växt." Och då säger jag, "Ser det ut som en stor eller en liten växt?" "Oh, den känns rätt stor." "Vad är din känsla när du ser på den här växten?" – så frågar vi. Vi vill att dom ska ge sitt första intryck, för det är också nåt som dom kan ha användning av när dom senare skickas ut nånstans. Om dom känner sig väldigt bekväma och kärleksfulla i en speciell miljö, låt säga i en djungel, då vet vi att just den specifika individen, eller den gruppen, kommer att vara extremt hjälpsam där. Eftersom dom kan upptäcka energimönstren i en djungel. Det är ju ingen bra idé att skicka den individen typ till en öken nånstans då.

D. Så de reagerar mer positivt på saker som de är programmerade att arbeta med?

B. Exakt. Men vi vill inte bara ge dom svaret, vi vill att dom ska komma på det själva, så vi håller koll på det.

D. Det är ju lysande

B. Aah. Annars du vet, bara programmerar man dom, och det vill vi inte. Vi vill inte programmera nån, vi vill att dom ska bli det som dom är skapta att vara, för det vet ju inte vi. Det är som en kedja, den ena utvecklingen leder till den andra, medan vi försöker ta reda på vad Skaparen har tänkt med den där specifika lilla småstjärnan. Så vi är verkligen intresserade av att höra hur dom ser på sin omgivning.

D. Så de ger sig av när de är ungefär sex, ur ett mänskligt perspektiv. Så hur länge studerar de där borta?

B. Oh, typ till nio, tio, det är också då som man smälter samman med och går in i olika väsen i omgivningen. Så du går lite fram och tillbaka, dom sista två åren eller så.

D. Så de introduceras till Jorden och börjar få se hur det är här? Och så småningom stannar de permanent kvar på Jorden, eller i ett labb, efter att de är klara med sin grundutbildning?

B. Mmm. Ja, då kommer dom att åka, i det här fallet, till Jorden, och dom kommer att hjälpa till med olika saker. Så det är ett program som vi följer. Det är fascinerande också, eftersom vi försöker upptäcka...du vet, det är som att dissekera en kaka. Hur många russin finns det i den, och vilken sorts russin är det? Det handlar om vad den specifika kakan är gjord av, om det finns russin i den och vad betyder russinen? Eftersom det är ett russin av kunskap, och vi vill att dom ska komma på det och visa oss det russinet, så vill vi inte pracka nånting på dom. Det handlar också om integritet, så vi vill inte tvinga oss på dom, vi vill att dom ska blomma ut och det gör dom unika i sin egen takt. Så det är vad jag har gjort.

D. Det var en riktigt bra beskrivning *(han tittade åt vänster, mot Ophelia).* Vad säger Ophelia?

B. Hon skrattar. Hon ler och skrattar alltid. Hon säger att det är roligt när vi gör det här, hon säger att alla expanderar och är i rörelse, alla lär sig och växer.

D. Gör du det också?

B. Det gör jag absolut!

D. Även när du inte får lyssna på de andra? Hörde du ingenting som Jeshua sa?

B. Nää. Fick inte.

D. Jag ska berätta om det när vi kommer till vårt arbetsrum.

B. Ophelia sa att det får vi se.

D. Har Ophelia några idéer som hon skulle vilja dela med sig av, eller har du? Skickar hon en bubbla till dig?

B. Nä, hon skickade den första bubblan till mig, det som vi pratade om. Nu sa hon att tiden är ute. Oh, okej, hon sa att det är dags att vi drar oss lite tillbaka, spara energi.

D. När det är dags att komma hit, kommer ni tillsammans?

B. Aah, Ophelia och jag går alltid tillsammans. Jag åker aldrig själv nånstans; Jag har alltid sällskap av Ophelia. Ibland med Isak också. Men dom andra kommer från en annan plats verkar det som. Det är inte som att vi alla går tillsammans.

D. Så när du är ute och jobbar någonstans, får du liksom ett samtal då och sedan ge du dig av till Ophelia?

B. Det är liksom ett surr inombords. Aah, så hur som helst, Ophelia säger, "Spara energi, spara energi," så vi ska lämna nu, men okej, du kan berätta mer när vi träffas i arbetsrummet.

D. Vi ska ut på en promenad idag, så jag hoppas att du kan följa med oss.

B. Oh, jag kommer att vara där, kolla bakom klipporna.

D. Okej tack min vän, och tack Ophelia.

B. Okej, hejdå.

Småstjärnorna åker på Läger (13 januari 2018)

D. Så vad har hänt med dina elever på den Andra, när du inte är upptagen i vårt labb?

B. Jag har träffat Gergen, och Ia, och mina vänner, och vi har pratat om ... du vet, för vi har precis sänt iväg den där gruppen som just tog sin examen, och vi är lite ... vi tar ett steg tillbaka för att dom ska bli oberoende. Vi tar ett steg tillbaka på så sätt att vi lämnar över dom till nya handledare, och dom lärarna är faktiskt tonåringarna. Tonåringarna är helt enkelt där för att se hur dom små upplever sin nya plats *(tonåringarna iakttar och hjälper småstjärnorna när de ska anpassa sig till nya omgivningar)*, för dom känner sig lite vilsna, eftersom dom vet att vi inte längre kommer att vara med dom. MEN, det är en del av deras inlärningskurva, att förlita sig på sin egen förmåga och att bygga upp sin självkänsla, och självkänsla byggs inte om vi står där sida-vid-sida hela tiden; Vi måste ta det steget tillbaka och låta dom själva pröva sina vingar, och det är vad vi gör. Men vi lämnar dom inte, vi ger dom bara en tonåring som ska hålla ett öga på dom och finnas till hands. Det är som att skicka iväg små människor på läger här. Första gången du åker på läger gråter du för att du saknar dina föräldrar. Det är samma sak här, dom blir ledsna, så dom behöver mycket tröst och omsorg och att nån lyssnar på dom. Så det är som stora sammankomster med ett par tonåringar och dom här små klustergrupperna där dom gör—det är liksom en workshop med en massa aktiviteter för att hålla dom sysselsatta så dom inte ska tänka så mycket på att dom är långt hemifrån. Så det är många workshops om du så vill. Det blir mycket lyssnande från tonåringarnas sida och att få dom små att arbeta kreativt, för det är också ett sätt att avleda dom från den där känslan av vilsenhet.

D. Få dem att sjunga kumbaya.

B. Mmm, om dom vill kan dom sjunga. Men dom saknar oss, och vi håller koll på det hela—det är som när du lämnade rummet den där gången; du fanns där och du iakttog vad jag gjorde med mina egenstudier, men du var långt borta och det tvingade mig att uppgradera min inlärningsnivå, och det här är samma sak. Vi skapar ett avstånd, men vi är ändå närvarande och vi ger dom en tonåring så dom inte ska vara så ensamma. Jag fick ingen en tonåring; du gav mig en bok! *(Jag lämnade Bob ensam i mitt labb, på Gergens begäran, så att han skulle börja studera och reflektera "i sin ensamhet", som han sa.)*

D. Ophelia pratade om självförtroende, jag tror att det skulle vara en riktigt bra idé att utveckla för människor.

B. Det är det vi gör med småstjärnorna.

D. Alla har förmågan att få kontakt med sitt Högre Jag, men utan självförtroende tvivlar de.

B. Självförtroende kommer bara från din mittpunkt, stillheten inom dig. Det är här ditt energiväsen, din själ, kommer och går, och självkänslan finns bara där. Så det är vad vi lär ut, men dom förstår inte riktigt idén, så dom måste själva finna det. Vi gör olika övningar för att dom ska nå den där medvetenheten av självkänsla och självförtroende inom sin mittpunkt. Och du vet, vissa vill fortfarande hålla handen och det är okej, men så småningom måste du bli oberoende. Vi kan se att en del fortfarande behöver den trösten, och andra, som Tom, är redan beredda att ge sig av. Han vill vara sin egen satellit, han vill ge sig iväg och när workshopparna är slut för dagen vill han bara gå och hänga med tonåringarna, när det egentligen är dags att gå och lägga sig! Huuhuh. Det fick jag höra från den som övervakar Vattenvärlden. Han sa att Tom vill umgås med dom större barnen, han vill inte gå och lägga sig när det är dags att sova. *(Andar, särskilt de yngre, går in i stillhet för att ladda sin ljuskapsel, vilket Bob kallar för att sova.)*

D. Var du också så på 4H-gården?

B. Aah, aah. Jag ville lära mig mer om dom som vi var tillsammans med, dom som rörde sig omkring mer och jag ville höra personliga berättelser från dom som varit där ett tag. Men jag kan se att Gergen höll koll på mig lite på avstånd, ungefär som jag iakttar nu. Som liten pratar man med tonåringarna och eftersom dom är våra vänner, så kanske dom känner som, "Okej, såklart du kan vara med mig ", men sen ingriper nån som Gergen. Ifall dom ser det. Som jag gör nu. Jag har fått höra om Tom, och det pågår för närvarande en insats, från den som övervakar Vattenvärlden till tonåringarna, så att dom också ska få Tom till att sova med dom andra.

D. Så i andevärlden finns det en sömncykel som andar går igenom?

B. Det är en vilocykel.

D. Sånt ger på något vis en uppdelning av tiden?

B. Ja, för det är ett aktivitetsskifte, en medvetenhetsförändring. Skifte i aktivitet innebär, från att vara aktiv till att vara stilla. Förändring i medvetande är att liksom stilla sitt inre; så det kan ge en känsla av tid, om du så vill. Men det handlar om att gå in i din ljuskapsel, och ljuskapseln kan skapas omkring dig, men det viktiga är att din inre ljuskapsel är intakt, och att du fokuserar på det. Det är det första knepet du lär dig, det är att bemästra din expansion och resten av din inre kapsel, sen kommer den yttre automatiskt att följa, efter ett tag, allt eftersom du behärskar dina inre. Så nu här, behöver du inte gå in i din ljuskapsel, för om den inre inte redan sover lite, så ger det inte den kompletta upplevelsen för den yttre. Om du ser det på det viset, så kan du finna stillheten inom dig, även om det är mycket ljud runt omkring dig.

Växthusplaneten och 4H-gården (28 januari 2018)

De primära träningslägren för de unga småstjärnorna är Vattenvärlden, 4H-Gården och Växthusplaneten, och labben där de studerar spagettistängarna i DNA. Eleverna måste delta i alla fyra, men är programmerade att ha en fallenhet för ett av områdena. Det kommer att bli deras huvudsakliga kompetensområde. Bob, till exempel, tyckte bäst om 4H-Gården. Hans elev, Tom, är förutbestämd för Vattenvärlden, eftersom några av hans uppdrag omfattar haven på Jorden. När Bob berättar om hur eleverna fostras är det omöjligt att förbise den ömhet och omsorg som genomsyrar andevärlden.

D. Så vad har du för funderingar idag som du vill prata om?

B. Idag har jag samlat in uppgifter. Jag har fått information från min grupp på Växthusplaneten och dom är jätteglada, det är som att vara på sitt första läger och dom tycker det är jätteroligt där uppe. Men dom måste fortfarande skicka in rapporter. För tillfället har dom bara lekt. Det har varit mycket lek och skoj med dom äldre eleverna som är där för att få dom att trivas, för det är ju så att man kan känna sig lite ledsen, när man är på sin första resa. Första gången hemifrån. Så dom har lekt mycket och har rapporterat om alla möjliga roliga aktiviteter, som att leka med djuren, dansa och springa omkring och kolla på allt. Det har varit lekar av olika slag, helt enkelt för att få dom att trivas i sin nya miljö. Och jag vet att dom tror att det här är allt det är och att dom snart ska åka hem igen. Men här kommer den första nivån av läxor in, att dom måste stanna kvar och nu blir det inte bara lek och skoj. Så nu sätts dom i typ ett litet klassrum, och dom måste arbeta och modifiera jord. Dom lär sig strukturen och grunderna och vilka beståndsdelar som finns i jorden, det är vad dom håller på med nu. Och det här är jord från Jorden, så det lär dom sig om, och dom har typ små burkar som dom dissekerar och analyserar, och i den här lilla burken ska dom plantera ett frö. Men för att dom ska lyckas, eftersom dom faktiskt har fått en jord utan näring i, så måste dom analysera en som inte har nån näring alls, som är helt utan liv, och en burk med jord som är redo att kunna ta emot ett frö. Och dom får lära sig att se skillnaden, så dom vet när dom kommer till en plats eller en region där jorden inte har nån näring, och det kan vara brist på syre, i första hand, och ljus. För då har den en annan färg, så dom lär sig se skillnaden i hur dom olika färgerna ska se ut för att jorden ska vara frisk och hälsobringande. Så dom har två burkar och dom måste på nåt vis dra lärdom av var och en för att förstå att dom kan stöta på båda typerna. För det finns ju ingen anledning att lägga ner nån stor möda på att plantera frön i en jord med en specifik färg som betyder att den inte har nåt syre och ljus i sig. Det finns sätt att öka syrenivån, och ett sätt är faktiskt med daggmaskarna. MEN daggmaskarna gillar inte nödvändigtvis att gå till jordlager som inte har nån näring för dom att verka i. SÅ, den första nivån för att läka en jord som har varit lite slumrande, det är att först skapa näring i den så att daggmaskarna överhudtaget VILL komma dit.

D. De vill ha vatten och löv.

B. Dom vill ha olika saker för att kunna känna sig hemma. När det väl har etablerats i den här jorden, den som inte mått så bra— det är en sjuk jord, kan man säga, den har influensa— så ger du den lite medicin och lite näring. Det är som att ge C-vitamin till nån som är förkyld, det är viktigt. Och efter ett tag när jorden mår lite bättre, då kan vi sätta in daggmaskarna, och dom kan genom sina insatser och tunnlar, och sättet dom rör sig...alltså inte bara ta bort och äta det mumsiga, utan när dom bajsar, kommer det ut ett nytt ämne som faktiskt är som näring för jorden. Det är en cykel, om du så vill. Och ju mer dom rör sig, och ju mer dom äter och bajsar, desto mer levande blir jorden så att den sen ändrar färg. När det väl är gjort kan du plantera ett frö och det kommer att utvecklas till nåt.

D. Fantastiskt. Färgerna du pratar om, är det energifält?

B. Aah. Så färgen i en jord som ser ut att ha influensa, den är typ gråaktig, grå-brunaktig, medan den andra är riktigt mörkbrun, den kan till och med gränsa till att ha lite rött i sig, och den jorden är frisk och hälsobringande och det är en jord som kan användas för att odla olika växter och grönsaker.

D. Ur ett mänskligt perspektiv är en svart, mullrik jord den bästa, men det är att se på det genom våra ögon.

B. Aah. Den ska vara riktigt mörk och ganska fuktig, det är också olika. Den andra är torr och nästan som sand, men den här är mer som, om du tar den i handen, fräsch och frisk, du vet, lite som dom där chokladbollarna du gillar, liksom klibbigt och man kan forma den. Eller som snuset som vissa har under läppen, det är så den ska vara i sin konsistens, men du kan inte odla i snus förstås. Men det här är vad dom lär sig, dom lär sig om hur jord kan vara olika och hur man först och främst kan identifiera problemet och sen vad lösningen är. Så det finns flera burkar här där du gradvis kan se förändringen, och den friska är här borta till höger *(nickar åt höger, när han visualiserar hur det är uppställt)* som nåt av ett mål dit dom ska försöka ta sig. Dom jobbar i grupper, för dom tycker fortfarande om att arbeta i grupp. Så det finns liksom grupper om fem, och dom har en burk till vänster och det är burken där jorden har en riktigt svår influensa och sen finns det en frisk till höger. Och det finns flera burkar längs vägen som dom ska jobba med och utveckla för att få så nära den friska burken som möjligt.

D. När de så småningom kommer till planeten Jorden, för att göra den fuktig, måste de ju ha regn, så det innefattar atmosfären också. Så det är många saker de skulle behöva jobba med.

B. Aah. Atmosfären, helt klart. Men vi försöker att inte röra ihop saker och ting för dom, för dom håller fortfarande på med jordburkarna. Så småningom kommer dom att förstå, för här finns redan vatten i burkarna, det finns ingen anledning att få det att regna och låta dom identifiera moln redan vid det här laget. Så just nu förser vi dom med alla ämnen som behövs, och alla daggmaskar; vi är som en stor livsmedelsbutik, så dom behöver inte tänka så mycket på det. Jag trasslar inte till det för dom heller med att berätta varifrån vattnet och daggmaskarna kommer, jag ger dom bara allt.

D. Så är du typ ansvarig för vad de gör? Rapporterar de till dig?

B. Aah, min lilla grupp på fem, ja precis. *(Den ursprungliga gruppen på tio har delats upp och begett sig till olika platser.)* Men det finns fler grupper här, och vi skapar en känsla av lite konkurrens, eftersom det fortfarande är på lek, så vi introducerar gradvis konceptet av att det handlar om undervisning. Först var allt på lek, nu är det en blandning av lite lek, kontra, du vet, en uppgift som ska lösas. Så småningom tar vi bort leken, och jag minns att det inte var så kul. När jag var på 4H-gården var det samma sätt att lära ut. Först kunde vi leka med dom små djuren så mycket vi ville, men så småningom blev vi tvungna att lära oss om deras organ och hur dom fungerade, vad dom äter och så vidare. Men först, när vi fick vårt eget husdjur, eller våra egna små marsvin, då kunde vi ha som ett tävlingsrace med dom, och det tyckte jag var kul, men till slut sa dom, "Nu är det sluttävlat, det kommer inte att vara en tävling hela tiden. Nu ska vi lära oss om dom olika organen i djuren." Så dom sa åt marsvinen att inte springa runt, och den förändringen gjorde mig lite förvirrad för jag trodde att dom var ledsna, eftersom dom inte rörde sig. Men dom hade blivit tillsagda av lärarna att vara lugna och stilla, så att vi skulle kunna känna på dom och analysera dom. Analysera dom med en liten ... det är som typ röntgen, men det gör inte nån skada. Om jag skulle ge dig en bild; du får marsvinet att lägga sig på rygg, om det är magen du vill undersöka, och det är som en liten duk som du lägger på magen. Det är som röntgen, kan man säga; så, jag lägger den här lilla duken, den här lilla filten på magen. Den är liksom lite genomskinlig, och när jag tittar på den - och det här är en energiduk - då kan jag se inuti marsvinet. Så det är som en röntgenbild, men det är bara en liten filt.

D. En magisk filt! Kan du använda den på Jorden också?

B. *(Fnyser)* Haha, den finns inte här! Dummer! Om den gjorde det skulle det vara jättebra! *(Ser åt vänster)* Ophelia skrattar. Hon säger att det här skulle betraktas som super magi.

D. Jag undrade bara, om det är något sånt som du bär omkring i din lilla ryggsäck, skulle du kanske kunna använda det här.

B. Det tänker jag inte berätta. Men jag har det i min ägo, så jag kan undersöka. På sätt och vis, dom som undersöker vilda djur, dom har den i sin lilla ryggsäck.

D. Okej, det var det jag undrade om du kunde använda den på Jorden.

B. Men inte ge till människor.

D. Nej, det är nog ingen bra idé.

B. Nää. Men det är ett sätt att urskilja, speciellt om det finns ett inre problem. I det här fallet var det inga problem med marsvinen på 4H-gården, eftersom dom alla var friska. Så dom första som vi fick möta, dom dog aldrig, dom hade aldrig några cykler, så vi lärde oss bara om vad som fanns var, hur det såg ut och hur det var kopplat till andra saker inuti. Så småningom fick vi lära oss, på olika sätt förstås, när det var nåt problem.

D. Det var verkligen intressant. Det är ett bra sätt undervisa. Men jag vill veta, hur gick det med din dans med Ia? Hon här *(Christine)* såg och sa att det inte var särskilt snabbt.

B. Jomen, det var snabbt utifrån *ett* sätt att se det. För, Gergen föreslog att vi först skulle svänga, mer än snurra och rotera fort. Så det gjorde vi och jag tänkte att det här kan vara nåt. För jag tycker om att uppträda, men jag vill inte pusha, så det var en långsam svängom.

D. Det var ändå rätt trevligt, eller hur?

B. Det var det verkligen. Fast det blev inte så många varv.

D. Gillar Ia det?

B. Hon gjorde sig lite lustig över mig, känns det som, för att hon sa, "Okej. Finns det ett syfte med det här, Bob?" Och jag sa,

"Det här ses som glädje, det här är liksom ett uttryck för känslomässig lycka från en mänsklig synvinkel," och då log hon och svängde runt med mig och det verkar som att hon tyckte om det. Men jag är inte säker på att hon kommer att ta med det i nån av sina klasser nödvändigtvis. Men, man vet aldrig... *(smackade med läpparna medans han funderade).*

D. Har någon på den andra dimensionen någonsin blivit ett par, som vi människor?

B. Som pingviner. *(Vissa pingviner har samma partner hela livet, så han gjorde en sann observation om deras beteende.)*

D. Är Ia—

B. *(Avbryter)* Hon är ingen pingvin! Huhuhhuh! Och inte jag heller!

D. Men söt som en pingvin.

B. På många sätt påminner vi kanske om pingviner, men nää.

D. Med en liten blå mantel. Är du och Ia som ett par på något sätt?

B. Det är som, på samma sätt som tvillingar. Du föds med nån. Ni *(i andra dimensioner)* föds mer olika, som en i taget, och ni har flera nära själsvänner. Men vi föds liksom som ett par, på nåt vis. Vi håller alltid kontakten, även om vi kanske går åt olika håll och har olika kompetensområden när vi utvecklas, men vi är alltid en del av varandra, som tvillingar.

D. Så du gav Ia en långsam svängom för att visa henne hur man dansar?

B. Ja, du vet det här med dansen det var ... jag visade faktiskt hur man snurrar, det gjorde jag faktiskt, för Gergen tyckte jag skulle.

D. Vad tyckte hon om det?

B. Hon fnissade, så jag tror att hon tyckte det var okej, men jag tror inte att det är nåt man gör i grupp. Så jag tror inte att hon själv kommer att snurra, men hon förstod vad det handlar om och hon förstod att det är nåt som kan skapa en känsla av lycka i fordonet. Så det kunde hon förstå, för du vet, hon ser alla små elever, och dom liksom studsar ju omkring, även om dom kanske inte snurrar, men dom är fortfarande väldigt aktiva. Så hon känner mycket väl till att aktivitet är ett uttryck för glädje.

D. Du kanske kan gå till hennes klass och demonstrera?

B. Ja precis, det kanske jag gör.

D. Få dem alla att snurra.

B. *(Ia, som lyssnade, måste ha korrigerat hans antagande)* Oh, nej, hon sa det ska du inte! Nej–nej–nej, nej–nej–nej, eftersom dom inte är redo att snurra, och dom kan bara bli förvirrade. Hon vill inte att dom ska snurra. Dom kan visst röra sig, sa hon, men att snurra, som på nåt vis kan anses vara en fysisk aktivitet, det har en tendens att skapa oreda för mentala aktiviteter och inlärning. Så hon vill inte att jag ska visa det. Dom har inte kommit så långt än, dom måste på nåt vis bemästra sin fysiska aktivitet först. Eftersom deras fokus just nu inte ligger på att röra sig omkring, utan faktiskt på att skapa och vara stilla och fokusera sin uppmärksamhet på att lära sig och utveckla sina mentala förmågor. Så, om jag då kommer in och snurrar, då stör det lite vad hela lektionen handlar om.

D. Det låter logiskt.

B. Så, det måste man liksom respektera. Alla är inte på den nivån att dom kan kombinera mental och känslomässig aktivitet, plus samtidigt det fysiska. För det krävs mycket fokus för att kunna snurra.

D. När småstjärnorna är i klassrummet, är 100 procent av deras energi där?

B. Dom små är inte uppdelade, om man vill kalla det så. Dom är där dom är, för det finns inget sätt.... som jag sa, om dom delar upp sin energi, då skulle det vara samma sak som att göra en uppdelning mellan den mentala aktiviteten och den fysiska. Så i det här fallet uppmuntras dom att hålla sig lite stilla inombords. Så om jag då skulle komma in och visa hur det går till när man snurrar, då kanske det bara skulle ... du vet, det skulle faktiskt bara störa dom små där dom nu är sin utveckling.

Från en Liten Stjärna till en Stor

Bob har gett oss mycket detaljerade redogörelser över sina framsteg och sin utveckling från den tiden han var en liten småstjärna, och en stor vändpunkt i hans utveckling kom, när Ophelia frågade honom om han var intresserad av att lära sig mer om hur form skapas. Det var Skaparens plan att han skulle göra detta, men andra andar som Gergen och Ophelia var där för att hjälpa honom att förverkliga sin potential. Unga andar i alla dimensioner undervisas först i en stor grupp med cirka hundra elever. Successivt delas de sedan upp i flera mindre grupper som delar ett gemensamt intresse eller prototyp. Gergen såg att Bob var avsedd att följa en annan väg än de flesta andar på den Andra, eftersom han var mycket angelägen om att bege sig till platser som de flesta av hans klasskamrater inte hade något intresse av att utforska. Ophelia verkar vara den som koordinerar hans träning med Gergen, men jag verkar vara hans primära följeslagare utanför hans hemdimension, eftersom vi arbetar tillsammans i vårt labb, såväl som på Jorden när jag inkarnerar. Bob fortsatte sina studier på den Andra, men började resa till Biblioteket på den Femte för att arbeta med mig i ett av valven *(se Första Vågen)*, där han studerade innehållet i vissa lådor och kunde se den slutliga designen av olika solsystem och energiformer. Han sa att jag tillbringade mycket tid med att förklara olika koncept för honom, vilket förberedde honom för ytterligare träning på den Sjätte, Sjunde och Åttonde. Senare började han delta i klasser i Ophelias labb på den Sjunde, följt av resor till mitt labb på den sjätte dimensionen. En del av hans lärande, som vi kommer att diskutera senare, handlar om att göra sitt alldeles egna solsystem. De sinnen som är indoktrinerade i nu gällande vetenskapliga tolkningar av verkligheten, kan ha logiska invändningar mot att solsystem eller galaxer designas av ett högre medvetande, men våra andevänner är mycket överens om att Skaparen och alla andliga hjälpare är ansvariga för allt som existerar. Djupfältsbilder från Hubble-teleskopet tyder på att det kan finnas 2 triljoner galaxer med vardera 100 miljarder stjärnor, så om vår lille vän skulle skapa och sjösätta ett litet solsystem, tror jag inte att det skulle innebära att tänja på fantasin orimligt mycket.

Bob läser ur min Dagbok (11 december 2016)

Den här sessionen var bara två månader efter att Bob först började kommunicera med oss. Jeshua hade precis slutat tala när Bob kom in. Han berättar en intressant historia som han läste upp från min dagbok. Det är inte första gången som information från Elahims och andra grupper har skett likt vårt nuvarande projekt. Baserat på hans beskrivning av ett pelartempel, skriftrullar, ett skepp och destinationen Konstantinopel, bör en liknande insats ha skett någon gång kring 300 e.Kr. Annars skulle Bob ha angett Bysans som destination. Zachariah kom till Jorden som en "walk-in" *(det vill säga en själ som ersätter en annan under en inkanation)*. Han höll en öppen länk hem och förmedlade en hel skattkammare av andlig kunskap till en grupp av nio präster. Vi arbetade alla tillsammans för att sammanställa och organisera den informationen. När allt var klart seglade jag till Konstantinopel, där det var tänkt att det skulle förvaras till eftervärlden. Vid ankomsten blev dock detta livsverk vettlöst förstört av en brand. Den huvudsakliga religionen i Mellanöstern *(Iran),* före 600 e.Kr., var zoroastrianism. Det var den första sanna monoteistiska religionen och praktiserades i det persiska imperiet i tusen år innan judendomen började skapas på 700-talet f.Kr. Zoroastrianismen lärde människor att tänka goda tankar, tala goda ord och göra goda gärningar. Deras idéer om en enda gud, himmel, helvete och en domens dag, packades om inom judendomen, kristendomen och islam. De nya trossystemen kopierade några av de zoroastriska trosuppfattningarna, men uteslöt de viktigaste delarna – tankefrihet och en tolerans mot alla människors religiösa övertygelser och kulturella traditioner. När de islamiska arabiska trupperna invaderade Iran *(perserna)* på 700-talet e.Kr., var deras första mål att förstöra den samlade kunskapen om vetenskap, filosofi, musik, konst, kultur, historia och religion. Det stora zoroastriska biblioteket i Ktesifon brändes ner och den persiska religionen minskade avsevärt. Månkulten Al–Ilāt har genom århundradena medvetet förstört varje bibliotek den stött på. Andevärlden förutsåg det kulturella och intellektuella förfall som var förknippat med de abrahamitiska religionerna och ville omdirigera folks tro i en mer positiv riktning. Det var syftet med uppdraget som Zachariah åtog sig förra gången vi gjorde detta. Tyvärr segrade okunnighetens krafter, vilket de senaste två årtusendena vittnar om. Så, än en gång, försöker andevärlden att upplysa mänskligheten.

D. Hej, Bob.

B. Oh, han den store steg precis tillbaka. Jag ville inte trampa nån på tårna eller så. Man ska ha respekt för dom större, du klampar inte in på nån annans tid och ämne. Speciellt när det är informationsmöte på gång, då ska man vänta på sin egen tur. Så, låt se ... oh, ja han gick. Sååå....

D. Ja, vi var glada att du kunde vara med oss idag. Hörde du vad Jeshua sa?

B. Oh, det kom många bilder från honom. Jag kan se honom men det är som lite mer på avstånd. Jag deltar egentligen inte; Jag tror inte att allt är menat för mina öron. Ophelia har satt en liten grej på mitt huvud som täcker öron. Jag vill absolut inte störa på nåt vis, men jag är medveten om deras närvaro. Dom svävar omkring här lite grann ibland, så jag vet att dom finns där. Dom är en del av en framtida våg, sa han *(det här var när Första Vågen precis hade kommit ut, innan andarna från Nio och Tio hade kommit in).* Vid det här laget kommunicerar dom inte, men dom hör till framtida vågor. Dom vågorna är lite större än den första. Låt se ... OH, OH, dom går långt tillbaka i tid. Den vågen är större och ser bredare ut. Jag tror att den kommer att sträcka sig över en längre tid för dig, min vän. Det är en mer intensiv våg som täcker en längre tid. Jag vill inte bortse från dom andra vågorna förstås, för alla har nånting att säga.

D. Ja, tills dess får vi njuta av ditt sällskap.

B. Ja, och idag ska vi gå vi och se på nånting i valvet. Så om du ursäktar mig, jag måste bara se vad jag ska göra. Ophelia säger att vi ska öppna...det ska finnas en låda och en bok. Det finns en bok där som jag kan läsa i, och den här boken står på ett litet stativ, som hon har placerat den på. Så jag kan ta en titt i boken och det finns ett litet stearinljus där också så jag kan se, antar jag. Oh, det är lite högt upp, så jag får använda min lilla pall. Låt se, det är en stor bok och där finns en liten låda också. Det känns nästan som inför julen! Det är en liten låda och det kanske finns en till, men en kan jag se. Så vi börjar med att titta i boken. Så låt se ... det här är din bok, det är här vad du har rapporterat om efter olika besök som du har gjort. Är det nåt du vill fråga, min vän, nånting från den här dagboken som är din?

D. Är detta min bok?

B. Det här är din personliga bok. Ja, verkligen personlig. Oh, det är som att titta i nåns dagbok! Oh, jag är inte säker på om jag ska göra det här. Nåja, jag är rätt säker på att dom bara visar mig vad jag kan se, förstås. Som jag förstår det kan jag inte bläddra i den. Det är nästan som att den är öppnad precis där jag ska läsa.

D. Nåväl, låt oss höra vad Ophelia pekade på, vad vill hon att du ska läsa?

B. Oh, det handlar om nåt från urgammal tid, när du var här på Jorden och ni var alla på ett skepp, och du bar på en massa saker i lådor. Det är som skriftrullar i lådor på ett jättestort träskepp. Du transporterar dom från norra delen av Afrika och seglar norrut. Du ska ... oh, så här är det ... det är meningen att du ska ta med dig dom här sakerna till den där staden, Konstantinopel. Okej, det här är ett jättestort skepp, ett stort träskepp, det är i antiken. Du har ställt vakter runt lådan med dom här skrifterna, som du ansvarar för att leverera. Så, båten anländer, utan bekymmer. Du vill inte släppa lådan till nån, du vill följa med den och se till att den tryggt kommer fram till sin destination. Det uppstår nån slags konflikt med folk i hamnen. Dom vill kolla lådorna, dom vill kolla vad som kommer in. Det finns andra saker på fartyget också, som inte är ditt ansvar, som lite kryddor och några sorts guldbägare och lite annat krimskrams. Men det bryr du dig inte om, så den lådan kastar du till dom, men dom är egentligen bara intresserade av en låda, din låda med rullarna. Du vill inte att dom ska lägga sig i och titta i den här lådan, så det blir nån form av dispyt och det kommer några soldater och försöker ta din låda. Det blir lite av ett upplopp och det börjar brinna och du är jätteorolig för den här lådan. Oohhh, oohhh, det brinner och dom tänder eld på ..., oohhh, lådan, lådan, din låda - din låda med kunskap har gått förlorad! Oh NEJ! Det här är ett sorgligt ögonblick. Du måste börja om på nytt. Oooh, allt detta arbete!

D. Var det mitt arbete?

B. Ja, du och några andra från ett tempel på norra sidan av den afrikanska kontinenten *(Christine såg ett område runt Alexandria. Detta var samma liv när Zachariah kom ner för att fysiskt hjälpa till att överföra Elahims kunskap till människorna).* Okej, nu förstår jag det här. För det här är lite samma som det du gör nu. Ophelia säger också, att på grund av den här händelsen i det förflutna, har du som blandade känslor, att du gör nåt som du redan har gjort. Ett jättejobb i det förflutna, som gick förlorat, och sen måste du göra om allt igen. Det finns en kombination av glädje och sorg i det här arbetet *(vårt nuvarande projekt)*, för det ligger också som ett ok över dig, att du måste få det rätt och du måste också skydda det. Så jag förstår. Det är lite dilemmat i det här, eftersom du också känner att du måste skydda det arbete som kommer. Du vill inte göra om det igen, det är så onödigt. Jag fattar. Det är också ett tecken, att du ska vara väldigt försiktig, när du ger det till nån annan. Det är ett cellminne, och det handlar om att du ska förstå att det är ett enormt arbete, som har gjorts tidigare. Om du känner en press av att du ska sammanställa alla dessa olika delar som du vill ta med i boken, kom ihåg att det fanns fler skriftrullar i lådan, och då var ni en grupp individer som jobbade med dom skrifterna. Du behöver inte känna att det måste vara lika omfattande i det här livet. Ni är bara TVÅ som jobbar den här gången. Förra gången var ni en grupp, en del av ett Råd. Så det var flera som gjorde samma typ av arbete som ni gör nu, det fanns mer information i lådan. Så vet att du inte behöver förmedla samma mängd information, det är vad du ska lära av det här. Ni är bara två! Ni är inte som ett Råd med tio personer längre. Så du gör det du ska, och du gör det bra. För du behöver inte ta med hela lådan, som du gjorde förra gången. Men det är tråkigt när man måste göra om saker igen. Så det var nog allt för idag, det här är nåt att ta med i boken. Låt se om det finns nåt annat.

D. Det var helt fascinerande!

B. Men han *(Zachariah)* jobbade med dig när du gjorde det här i templet, du vet, med skrifterna som hamnade i elden. Dom *(Elahim)* var involverade, i väldigt stor utsträckning, på grund av den kunskap dom ville förmedla.

D. Och det här var i Alexandria?

B. I den norra delen av Afrika, i templet. Ni var en grupp där. Han är involverad när det handlar om utbildningscykler.

D. Var han inkarnerad vid den tiden?

B. Han var en del av det, han var här, var en del av den där gruppen. Han valde att komma ner. Han var helt ren i sitt väsen, han bar med sig all kunskap, inom sig, som i en behållare.

D. Han behövde inte glömma?

B. Behövde inte glömma. Han passerade bara igenom, som typ en röntgenstråle. Hans själ gick bara in och valde en kropp. Och han var bara en budbärare.

D. Kom han ner som vuxen?

B. Ja.

D. Det är det bäst sättet att resa!

B. Nu gör han det på annat sätt, genom dig.

D. På sätt och vis kan det vara svårare för honom.

B. Nää, för du kommer ihåg, för du var också där, och du jobbade med honom på den där platsen med pelare. Så du kommer att minnas. Det är därför du är så förbunden med honom. Han kommunicerar TILL dig, INOM dig, istället för att stå utanför och tala. Så det var det hela. Det här ska finnas med i boken. Låt se om det finns nåt annat.

D. Okej.

B. Oh, här beskriver du den fysiska kroppen – kroppen är nåt som du inte riktigt gillar *(han läser en annan del av min dagbok, som Ophelia måste ha visat honom).* Den känns tung och oren på nåt vis. Du gillar inte riktigt att fullt ut förena din energi med människokroppen, eftersom den inte känns riktigt ren. Och därför är du orolig att din energi ska påverkas. Att inte vara ren på det här planet menas att det är kopplat till intag av föda; du vet inte vad födan innehåller. På andra ställen där du vistas, äter du inte nödvändigtvis. Så om du manifesterar en fysisk form nån annanstans, så bara *är* du där egentligen, och kroppen är skapad i en helt ren process, och den påverkas inte av föroreningar som orsakas av intagsdelen *(intag av föda.)* Det där med mat är nåt som du inte riktigt gillar här, att du måste äta. Eftersom det påverkar det fysiska och du känner att det är nåt som ligger utanför din kontroll... Okej *(han hade ett tyst sidosamtal med Ophelia)*, det är inte nåt du föredrar, du gillar inte att bli påverkad, eftersom du inser att det på nåt vis inverkar på uppdraget som du har på det här planet, genom föroreningarna som kan manifestera sig och stanna kvar i det fysiska fordonet. Det gör det lite plågsamt när du är här. Okej, du accepterar, men återigen, du känner inte att du vill vara här.

D. Okej, det var intressant. Tack.

B. Så, låt se vad vi kan lära av det, för det är nånting här som inte uttalas, så jag ska fråga om det finns en annan sida som jag kanske kan ta en titt på, när det kommer till det här. För det är viktigt, eftersom din fysiska kropp inte fungerar helt som den ska, och det är nästan som att du på insidan, du vet, ratar den. SÅ du borde nog kanske försöka acceptera den lite bättre, för om du kämpar emot den, kämpar du emot allt, och det manifesterar sig i motorn. Och den fungerar inte riktigt till din fördel, när du väl är här; för du ÄR här. Så du ska veta att, när själen kämpar emot det fysiska – och du valde att ha ett riktigt starkt fysiskt skal när du jobbar på det här planet – skapar det lite grann ett krig inom dig. Så vad kan vi lära av det här? Det vi kan säga är ... Okej, det är bra för dig att i perioder rengöra kroppen genom att bara dricka, du vet, att du detoxar. Detoxa i perioder. Det ska vara med två till tre månader emellan, och det ska vara under två till tre dagar, högst en vecka, inte längre, för det gör dig trött i huvudet. Och du blir ledsen i huvudet också, vilket gör det lite motstridigt. Men förslagsvis, 3 till 4 gånger om året, i perioder; gör en detox, så kommer det att hjälpa. För det skickar också en signal till själen att dess fordon tas omhand på bästa sätt. Så från och med nu vill vi att du gör en detox på två till tre dagar, TRE DAGAR säger hon, TRE DAGAR, med ungefär tre månader emellan. Du kommer att bli ledsen i huvudet, men det kommer att vara bra för dig. Okej, det är vad vi ville säga om det här, men vet bara att det är bra för dig att göra en detox. Det kommer att hjälpa din motor (*magen*) att gå bättre.

D. Okej, tack. Jag uppskattar den informationen.

Vårt ursprungliga Solsystem (11 december 2016)

Efter att Bob hade läst ur dagboken gav Ophelia honom en låda att titta i och beskriva för mig. Lådan innehöll en energimodell av vårt solsystem, som är lite annorlunda än det som existerar idag. Det hade ursprungligen funnits tre planeter i rad som färdades i den omloppsbana vi kallar asteroidbältet. Åtminstone en av planeterna hade varit bebodd av andra varelser. Den nuvarande månen sattes också på plats efter att de tre planeterna delvis förångats och förstörts. Bob sa att det tidigare hade funnits en annan måne, kanske längre bort i omloppsbana än den vi känner. Bob verkar prata högt medan han undersöker lådan, och när han funderar på en fråga får han den antingen sänt till sig eller kommer på den själv.

B. Så, låt se, här finns ett paket också. Oh. Det är som små miniatyrgrejer här. Det är som en babyversion av ett—jag ska inte röra det, jag ska bara titta, okej, så jag ska inte röra det *(Ophelia måste ha varnat honom för att peta på det)*. Så, låt se, det är nånting som rör sig inuti det här, det är liksom en babyversion av hur ett litet solsystem kan placeras, hur det skulle kunna göras. Så jag ska se hur det ser ut. Det har en–två–tre–fyra–fem–sex...ooohh, det är vårat solsystem! Men det är också nånting med asteroidbältet. Oh, det var inte riktigt helt optimalt - som det gjordes. Asteroidbältet är en slags stabilisator mellan olika vibrationer. Det är *en* vibration från mittpunkten till asteroidbältet och en annan därifrån och utåt. Så vad kan det betyda? Innanför asteroidbältet, oh, det är snabbare där inne. Oh, jag måste se vad det här kan betyda. Jag behöver kanske en liten karta för att förstå det. Ibland så finns det som ett litet kuvert på lådan så man kan läsa. Huh, så man kan förstå vad som finns inuti den! Hmm... det finns det inte här, så jag får gissa. Innanför asteroidbältet är det en snabbare frekvens, ju närmare Solen, mitten, man kommer. Så det vibrerar snabbare och allt är mer i sin ursprungliga form och plats som det var avsett. Utanför är det tystare, och det är kallare, såklart, och det rör sig mer ... okej, så utsidan av asteroidbältet kommunicerar och är i resonans med ett annat solsystem, i närheten. Klurigt. Alltså mittemellan, Solen är i mitten, plus att dom utanför resonerar med ett annat *(solsystem)*. SÅ, det här är en modell av solsystemet. Men det är nåt med dom yttre planeterna som är...

D. Är detta asteroidbälte en plats där det saknas en planet i solsystemet, eller är det något annat?

B. Oh, det var just det, det fanns inte bara *en*. OH! Så här var det. För det är ett känt faktum att forskarna tror att en planet exploderade och skapade asteroidbältet. Det är på sätt och vis sant. Men det fanns faktiskt tre planeter i rad i den specifika omloppsbanan. Så det är därför som asteroidbältet är så massivt, och vetenskapen kan inte förstå hur så mycket bråte kan komma från bara en. *(Baserat på vad andarna har sagt, förångades några av planeterna, och när planeterna exploderade skickades damm och bråte i alla riktningar bort från omloppsbanan.)* Det var faktiskt tre i rad. Dom placerades där för att ha nån form av samverkan med planeten Jorden, liksom planeten Mars. Men det här är inte särskilt vanligt. Det är inte alls vanligt att man har tre planeter i rad, i samma bana, som en svans.

D. Vad hände med dem?

B. Det var nåt som liksom gick – boom! Det kom utifrån, stor krasch. Det var som en komet som kom in, det är så det ser ut, som en kometstråle som får dom tre att bara ... pooff!

D. Hur länge sedan var det?

B. Oh, ingen som vet.

D. Lång tid?

B. Oh ja, helt klart. Men det är långt efter att planeten Jorden kom till. Så, egentligen är det inte så länge sen, det är faktiskt inte som flera miljarder år, men det är fortfarande länge sen. Bara vet att det inte var en, det var faktiskt tre, tre planeter i rad. Det är det som den här modellen handlar om. För av nån anledning var det nån utanför solsystemet som ville ha asteroidbältet, eftersom det var nåt slags skydd för insidan. Så, dom här gjordes ... framför allt placerades dom här tre nästan som i ett slags observationsläge. Men sen fungerade inte det så bra, så det bestämdes, antar jag, att göra dom ... oh, låt se här, det här tror jag handlar mer om.... för det skapade en förändring av klimatet på Jorden. Det var en tid då fler moln var...

D. Är detta innan du kom in?

B. Oh, nej, nej, nej. Du vet, jag såg dom där tre.

D. Du har varit här länge då. *(Baserat på hans uttalanden har månen placerats här under de senaste 60 miljoner åren. Men han sa också att det fanns en tidigare måne som flyttades bort.)*

B. Oh ja. Men, det skapade faktiskt... när det här skedde, skapade det tjocka moln, och det blev tungt ... som hosta. Många levande varelser fick hosta efter det här, eftersom det välIde ut åt alla håll från det här. Host! Host! Host! Så det var inte riktigt bra. Från mitt sätt att se, kunde dom kanske ha gjort det annorlunda, du vet, vem vill vara omgiven av damm och hosta. Oh, jag är inte riktigt säker på tidsramen när det gäller det här. Det ligger förmodligen längre tillbaka i tiden. Människoår förvirrar mig; Jag ser det normalt som planetens cykler. Du vet, jag har liksom olika markörer. Jag vet att dinosaurierna kom in, jag vet att dom försvann, jag vet att det var moln och häftiga regn, så jag har andra tidsramar än du.

D. Du kom in med molnen, eller hur?

B. Jag kom in med molnen, det gjorde jag. Så det har varit en utvecklingsprocess här. Jag har ibland svårt med att lägga in det i siffror, eftersom det inte finns några siffror, så för det mesta gissar jag. Jag vet att det låter konstigt, men det är...

D. Är du nöjd med ditt arbete på det här planet?

B. Jaa, det är jag. Jag vet att jag gör det jag ska. Jag rapporterar också till Centralen, som vi alla gör, till det Mästerliga Medvetandet och till mästarna. Jag rapporterar på olika sätt; Jag har mina lådor på samma sätt som du har dina. SÅ, det här är en modell av solsystemet, men det var faktiskt, en gång, tre planeter i rad.

D. Jag antar att de följde efter varandra med samma hastighet?

B. Precis. Dom var riktigt nära varandra och man kunde nästan se dom, på samma sätt som månen. Men månen kom senare.

D. Hur kom månen hit?

B. Oh, den blev placerad. Den blev satt där. Den fanns inte med i originalmodellen, för i den här modell finns det ingen måne. Så, det finns bara ... här finns Solen, det finns planeter, det finns dom där tre i rad, som sen blev pooff, och det finns ett par...en, två, tre, det är faktiskt fyra från asteroidbältet och ut. Det här är den ursprungliga modellen av solsystemet, låt se ... så vi har Solen, sen är det en–två–tre–fyra, sen är det dom tre i rad, sen är det en–två–tre–fyra.

D. Var de tre i rad nästa hop planeter efter Mars?

B. Femte. Ja precis. Det skulle vara det hela.

D. Vem satte dit Månen?

B. Oh, det var några i din grupp, för det är ni som placerar grejer överallt. Och då, du vet, måste vi andra bara anpassa oss till det. Och vi är lite som ... hoppsan, här är nånting nytt. Så vi frågar, är det meningen att man ska resa dit, är det här nåt som andra ska besöka? Och då får vi ja eller nej. Månen är mer ditsatt. Den kom efter att dom tre hade kraschat. Så istället för dom, placerades nåt annat närmare planeten. Den hade samma syfte. Fast på dom där tre i rad bodde tre olika varelser. Varelser, eller ja mer som tre olika medvetanden, vilka var nära sitt projekt, alltså Jorden. Av nån anledning var det inte helt optimalt, och det blev ett pooff. Och istället la dom som en liten grej på insidan, närmare planeten. Som iakttog.

D. Det är helt fascinerande, tack för informationen.

B. Det här är din låda, du vet mer om det här än jag. Jag ser bara modellen av hur det var, grundmodellen för hur det var tänkt att vara. Men det var väldigt annorlunda, det var helt unikt, det där att man hade tre planeter i rad.

D. Var jag med och byggde den modellen?

B. Mmmm.

D. Vad sägs om den här, var hon inblandad?

B. Mmmm. *(Skrattar plötsligt väldigt högt)* HUHUH! Den här VILLE HA MÅNGA FLERA!! HUHUHUH. Ville ha som en hel radda av planeter i det fältet *(omloppsbanan)*. För syftet med dom var att iaktta Jorden, och han var som, "Varför inte bara lägga in en hel bunt? Det är ju bara som ABC i ingenjörsskolan." Den här ville ha fler planeter. Ni är väldigt olika i hur ni gör era vetenskapsprojekt. Du är mer försiktig. Oh, det finns modeller här, som den här har varit med och gjort. Det är färre planeter där, men mer fart. Vet du vad det beror på?

D. Nej, det gör jag inte.

B. Det är mitten av modellerna, Solen i mitten, kärnan, som skapar förutsättningen för hur snabbt saker kan röra sig runt den. Alla stjärnor är olika. Ingen kärna är en annan lik. Den här gillar att jobba med dom som är större. Alla typer finns. Det finns långsammare, som här till exempel, det här solsystemet anses ha en långsammare sol. Det finns andra solsystem och galaxer där solarna är mer kraftfulla och har en annan konstruktion. Så planeterna som kretsar runt DEN stjärnan är faktiskt mer lämpade för andra saker än växter. Det är ingen plats som jag besöker, det går för fort och det finns inga växter. Solen är större...det finns ett ställe där Solen är nästan 50 gånger större än den här!

D. Det är helt enormt!

B. Det är det. Men ibland är storleken inte allt. Ni jobbar båda med det här. Ni båda skapar grunden för att andra grupper ska kunna arbeta och skapar evolution på olika sätt. Dessutom har inte alla modeller solida planeter, som den här. Fast det är ingenting jag ska veta nåt om just nu. Men jag vet att det finns, för jag har sett dom lådorna. Kärnan är ungefär likadan, men lite mindre, den är inte lika kompakt, och det som kretsar kring den är nåt som inte är helt en fast form. Dom världarna är annorlunda och behöver inte nödvändigtvis samma kärna för att fungera. Så det är mer täthet ju större kärnan är, ju större stjärnan är. Allt är större och mer kompakt. Dom små har mer energivärldar.

D. Är energin från Solen bara en omvandling av andlig energi?

B. Aah, så kan man säga. Men det är också motorn i det hela. Så ju större mittpunkt, desto fler möjligheter finns det för fysisk manifestation. Dom mindre ser nästan ut som en liten sten. Dom världarna är mer som en energiform. Dom är annorlunda, inte riktigt lika lätta att upptäcka där dom flyter omkring.

D. Skulle människor kunna upptäcka dem? Finns de i en fysisk verklighet eller något annat?

B. Nåt annat. Men dom rör sig mellan dom fysiska, så på nåt sätt samverkar dom, men det är som ett litet solsystem, det ser likadant ut, det är bara inte lika solitt. Men det har samma struktur; ett centrum och små världar som kretsar runt det.

D. Är det mindre synligt än gas?

B. Det är som en gasform, fast med olika färger – jag kan se ett här. Ett är mer—det har olika färger och en del kommer faktiskt med toner. Dom är mer ... du vet, det här *(vårt)* solsystemet rör sig inte lika mycket som andra, dom andra är inte lika låsta i sin position som ert här. Allt rör sig såklart, men inte lika fritt som dom världarna med inte fullt ut fast form. Dom har en helt annan rörlighet. Jag vet inte vad dom gör, men dom smyger liksom omkring emellan, och dom påverkas inte ifall dom kraschar in i dom som är solida. Du vill inte ha två solida solsystem som möts, nödvändigtvis. Men dom här *(energisystemen)* mer smyger omkring. Det finns olika världar, byggda i samma struktur, samma modell, bara olika...

D. Det är otroligt intressant, jag uppskattar verkligen all denna information.

B. Nåja, det här är vad du sysslar med, för jag har sett det i lådorna, som du har visat mig. Jag förstår inte riktigt hur dom–dom–dom ... vad är meningen med allt? Du vet, det är nåt man vill veta. Nån som jag – jag vill veta, jag vill förstå och veta vad syftet är? Men jag vet inte, jag kan bara se att det är så. Du sa att det är viktigt och att det skapar olika möjligheter, och du tycker att det är viktigt att universumen expanderar. Så du expanderar olika världar inom varje sektion, så att säga, bara för att se hur allt samverkar. Om man kan upptäcka dom och om det skapar händelser på dom som är solida. Det var det du sa.

D. Fantastiskt, om jag bara kunde minnas.

B. Ja, eller hur! Men vissa är skapade för att liksom sväva runt inom redan solida världar. Och det skapar en slags närvaro. Jag är säker på att dom här bär på en andlig medvetenhet, som kan röra sig in i mer solida världar. Det är nästan som att det är ett levande väsen i sig själv. Du vet dom där varelserna i havet, dom som ser ut som maneter? Det är så det ser ut. Och dom har färger. Jag vet inte vilka dom är, men dom kommer med olika färger och toner. En del har båda, andra är tysta, men dom rör sig som dom där maneterna, runt fasta föremål. Jag vet inte varför, men det är så det är. Och det här är det du visade mig förut. Vi hade diskussioner här i valvet, och du visade mig olika saker. Du satte lådorna högt upp så jag inte skulle nå, och så du gav mig en pall, men den här lilla pallen har bara två steg *(suckar)*. Du sa att du skulle ge mig en högre pall med tiden. Nu har jag en med två—två steg, men hyllorna är väldigt höga. Men allt eftersom jag utvecklas så gör min pall det också. Just nu är det två, två steg, så jag kan nå upp till första och andra hyllan. Jag försökte nå den tredje, men jag kan bara se dom lådorna. Jag vill inte putta på dom, för om jag puttar på dom och dom ramlar ner skulle jag aldrig kunna få upp dom igen. Du har ett ansvar när du får lov att göra nånting, så du vet, jag väntar tålmodigt på att du ska ge mig en pall med tre steg. Du når alla hyllorna, det finns typ 6 stycken i den här bokhyllan med lådor, och jag når två. Dom på botten är mer relaterade till Jorden, det är inte särskilt mycket ... vi har redan gått igenom dom.

D. Tack för all fin information. Jag vet att vi har hållit på ett tag. Finns det något mer du eller Ophelia skulle vilja tillägga innan vi slutar?

B. Ophelia bara ler och nickar. Hon bara ler.

D. Tycker du om Ophelia?

B. Det gör jag. Hon är väldigt omtänksam och bryr sig alltid om djuren. Och när det är nåt jag vill fråga som handlar om djurriket, hur jag kan förbättra nånting, är hon alltid väldigt hjälpsam. Hon är väldigt nära naturen, hon reser mellan alla verkligheter, verkar egentligen passa in lite överallt. Men, det som ligger henne närmast om hjärtat är verkligen att ta hand om planeten och djuren, marken och myllan. Det är viktig för henne. Så hon har liksom en bred utbildning! Hehehe. Det är henne jag alltid frågar, och hon är den som berättar för mig vad jag kan titta på. Hon är väldigt hjälpsam.

D. Ja, det är fint. Jag är glad att hon jobbar med oss. Bob, tack för att du var med oss idag. Jag antar att vi hörs senare i veckan?

B. Mmmm. Var vill du att jag ska lägga lådan? Vill du att den ska vara öppen? Oh, jag kanske ska lägga tillbaka den. Jag tror jag ska lägga tillbaka den, för den hörde hemma på andra hyllan. Boken är din, så den lämnar jag till dig, jag vet inte var du vill ha den. Oh, Ophelia säger att hon tar hand om den. Okej, så ja, vi kan gå nu, för jag kan lägga tillbaka lådan, men hon sa att hon kommer att ta hand om boken.

D. Tack båda två. Okej, min vän, vi talas vid snart. Hejdå.

B. Hej hej.. hej då.

Bob börjar resa (25 december 2016)

I nästa diskussion beskriver Bob de olika typer av kunskap som vi arbetar med och hur vi delar den informationen med varandra. Christine och jag arbetar med den sjätte och nionde dimensionen, som är aktivt involverade i design, installation och underhåll av form och strukturer inom de tolv olika kosmiska akvarierna, även om det är en gemensam prestation av alla dimensioner mellan den sjätte och tionde. Den Sjätte och Nionde arbetar med stjärnors och planeters kärnor såväl som månar och andra himlakroppar, inklusive vad forskare kallar svarta hål, som faktiskt är en annan typ av himlakropp som inte sänder ut ljus. Den Sjunde är dimensionen som skapar stjärnor, med hjälp av de kärnor som tillhandahålls av den Sjätte och Nionde. Den Åttonde hjälper alla, eftersom de tillhandahåller mallarna för elementen och elektromagnetisk energi. Den andra dimensionen är ansvarig för design, installation och underhåll av de livsformer som innehåller DNA på alla planeter där det finns liv i vart och ett av de tolv kosmiska akvarierna. Närhelst Bob talar om valvet syftar han på den platsen i huvudbiblioteket i den femte dimensionen, där dokumentation från alla olika universum och andliga verkligheter lagras. Ophelia och jag gav honom i uppdrag att föra register i valvet, där energimodeller av till exempel solsystem och galaxer lagras. Baserat på vad han har rapporterat spenderade han och jag mycket tid på att betrakta och diskutera saker innan han så småningom började gå kurser tillsammans med Ophelia.

B. Jag vill säga nåt om vad vi hjälper varandra med; vi hjälper varandra att förstå det kombinerade arbetet vi gör på ALLA plan. På det andra planet *(den Femte)*, i valvet, lär jag mig om hur du skapar formen, hur du får saker att röra på sig, vilket du vet, visserligen rör sig även fast det är väldigt annorlunda mot hur jag föreställer mig att nånting ska röra sig *(planeternas, solsystemens och galaxernas rörelse, jämfört med hans kunskap om djur).* Du vill lära dig om saker på ytan, för det är inte det som du håller på med. Så jag berättar om hur saker ser ut på ytan, vilka olika saker du kan placera på ytan. Och du säger till mig, "Det här är nåt som jag har skapat", vilket kan vara nån slags planet. Och då säger jag, "På den där kan det inte växa några träd för det finns inte nån atmosfär." Så i den meningen lär vi av varandra. Du är rätt intresserad av träd, fascinerad av träd, eftersom du har sett olika väsen, så klart, på andra platser som du har skapat, men just den här sortens vegetation är nåt som du intresserar dig för.

D. Du är expert på det.

B. Ja det är jag. För, du vet, det är också nånting som jag lär mina fadderbarn, mina små vänner som fortfarande är småstjärnor. Ah, det är så här också; själar är lite småskraja, lite nervösa inför att gå in i kroppen, eftersom det känns som en fälla. Dom som lever i min värld är lite rädda för att smälta samman med fasta föremål, som en sten eller ett träd. Så dom behöver lite uppmuntran. En del av mina små elever säger, "Tänk om jag inte kan komma ut, tänk om jag fastnar där och inte kan ta mig hem igen?" Så vi behöver peppa dom ordentligt för att dom ska förstå att vi kommer in på ett visst sätt, men vi kan också lämna på ett visst sätt. Det är på samma sätt med själar, du kommer in i en fysisk kropp, men när kroppen löses upp och faller ner på marken för att den inte fungerar längre, så kan du fortfarande lämna. Så det är samma sak. Jag har en klass med små, oh, dom här är lite mindre, få se om jag kan berätta. Det finns en grupp - dom ser ut som små bollar ur ditt perspektiv, och jag lär dom hur man går in i ett fast föremål. Dom verkar inte särskilt rädda för ingången, det är mer utgången som dom oroar sig för. Vissa tror att dom kommer att bli inlåsta där.

D. Så, det finns miljontals träd och stenar, hur många av dem har små ljusvarelser från din dimension i sig.

B. Oh, mer än du tror!

D. Och vad är syftet med att de är i dessa träd och klippor?

B. Samma syfte som du växer till en själ och inkarnerar i en kropp - det är upplevelsen.

D. De lär sig om formen som de kommer att skapa någon gång?

B. Aah, och att observera omgivningarna. Vi representerar lite av det, du vet, det du ser när du är ute i naturen och tror att ingen är där. Om du tittar på ett träd och du ser nåt som känns som att det stirrar lite på dig, kan det faktiskt vara några av mina vänner. Det gör mig ledsen att många människor bara går förbi och inte nödvändigtvis uppmärksammar vad som finns i naturen; och vi har alla möjliga knep för att folk ska upptäcka oss. Till och med, du vet— BUUHH! ibland. Men det är jobbigt när dom aldrig hör en. Att kommunicera så här är förstås helt klart bäst - när man har nån att prata igenom. Det är lite annorlunda med ett träd. Haha, du försöker och försöker, men det säger ingenting, för du är i ett träd! Det är egentligen samma sak med en sten. Men om du börjar se dig omkring lite, om du är uppmärksam, kommer du att se att det faktiskt finns små individer, små stjärnskott, normalt— när jag säger stjärnskott, menar jag dom små som håller på att skapas till nåt som är samma sak som en själ. Själen föds och själen utvecklas, och sen väljer den att gå in i en inkarnation. Det är samma sak i den andra dimensionen, där jag hör hemma - där har vi som små stjärnskott. Först går dom på lektioner och lär sig, eftersom dom inte inkarnerar på samma sätt - vi smälter samman. Vi går in och ut ur föremål, så det är inte en inkarnation, på samma sätt som en person som liksom *(gör ett sugande ljud)* åker in, på det viset. Så det är lite annorlunda, vi går in och ut. Mina småttingar, mina små elever, för jag smälter inte samman längre, men dom är lite rädda för att fastna. Så du måste uppmuntra dom lite, ungefär som dina guider gjorde när du första gången kom till det här planet. Så vi säger till dom, "Du kan gå in i det här föremålet, men du kan när som helst komma ut igen. Du måste lära dig att smälta samman och lämna, in och ut." En del föremål i naturen har faktiskt mer än ett litet stjärnskott i sig. Träd är faktiskt en favoritplats för grupperna från min lilla familj att färdas till. Dom smälter gärna samman i träd, du kanske har sett dom. Många människor ser inte - det gör mig ledsen, du vet, när ingen ser oss. Det är samma sak som med stenar. Vissa människor ser bara ramen, nästan bara som nånting hårt och dött, istället för att faktiskt se det som en levande livsform. *(Poppar med läpparna)* Det gör mig ledsen att dom inte är uppmärksamma. Vi bjuder er också på en hel massa olika godsaker, som ni kan hitta och äta. Vi gillar inte all den där konstgjorda maten som finns i affärerna, som plastmat. Det gillar vi inte alls, alls, ALLS.

D. Så, vilka är lärarna som du rapporterar till, vad gör de?

B. Oh, det är som ett Råd, du vet, alla får lite vägledning från sina äldre. Jag har en som jag verkligen gillar. Han är gammal nu, han har vitt skägg och han är ofta med här; du skulle nog tycka att han ser ut som jultomten nästan, men han är väldigt, väldigt klok. Han har varit som en far för mig, och han har varit med mig som lärare på mina resor. Han kollar mina rapporter och lägger dom i valvet *(den andra dimensionen har sitt eget valv av kunskap relaterat till Jorden).* Han är alltid väldigt uppmuntrande och du vet, det smittar av sig. Så det är till honom jag ger mina slutrapporter. Just nu undersöker jag hur jag kan kommunicera genom energivågor, som vi gör här *(information som han kan dela med oss*). Så det är mitt huvudfokus och det jag vill utforska mer. För det är så mycket med den fasta formen där jag är, så nu vill jag lära mig mer om vibrationen av frekvenser och energier. Ophelia känner min lärare; dom har känt varandra jättelänge, det är jag säker på. Du är mer ny, men innan du och jag träffades sa Ophelia, "Jag har en vän som jag skulle vilja presentera dig för", men jag visste inte vad jag skulle förvänta mig.

D. Ophelias vän, eller din vän?

B. Nej, det var du! Jag valdes ut för att lära mig, på grund av mina framsteg i gruppen som studerade form, så valdes jag ut av Ophelia. Hon frågade om jag ville besöka ”Mästarna på form” – och jag visste inte vad det var, men jag sa ja, för jag är nyfiken. Och eftersom min lärare sa okej, han nickade och sa att det skulle vara okej, och då sa jag också, "Okej." Och sen väntade jag och jag visste inte riktigt vad som skulle hända, för jag trodde att jag skulle åka nånstans, men det gjorde jag inte. Så jag väntade och så hittade du mig i skogen. Och sen dess har vi varit som ett kompispar. Första tiden gick det inte så bra att prata med varandra, eftersom jag hade svårt att förstå dig, så det blev mycket peka och så. I början gick jag aldrig nånstans, det var mer du som kom till mig. Kanske var det för att jag skulle känna mig trygg, dom kanske trodde att jag skulle trivas bättre i min egen miljö. När jag utvecklades med tiden och vår vänskap växte, och jag blev bekväm med hur du såg ut, så fick jag resa till ditt labb. Jag är ju lite av en vetenskapsman, så jag föredrar labb. Jag föredrar att göra saker praktiskt mer än att bara läsa om det, eftersom du bara läser samma sak om och om igen och jag vill se att det blir nånting. Det är också därför jag skriver i symboler, eftersom det liksom innehåller lite mer än bara ord.

D. När vi talar med varandra, är det en form av telepati? Skickar vi bilder fram och tillbaka?

B. Oh, jag visade dig bilder och sen gurglade du. Men jag har lärt mig att förstå dig, för jag kan höra ditt svar i huvudet. Men du kan inte prata verbalt som jag gör, så det blir mer som khhkhuh, kkhhk, liksom gurglande. Men jag förstår, för jag får bilderna i huvudet. I början skickade du bilder till mig och jag ritade ner och lämnade tillbaka det; och du sa om det var rätt eller fel. Så det var så vår kommunikation började. Och sedan ville jag veta om hur form skapas, eftersom ni är mer av den första nivån av form *(planeterna i olika solsystem)*, och jag är mer av, typ päls eller ingen päls *(växterna och djuren)*, så jag skapar inte den ursprungliga formen, utan jag skapar det som kommer senare. Det är som att få ett påskägg, och till en början är det helt vitt och vanligt, och sen kan du färglägga det *(den Andra placerar livsformer på tomma planeter, om de är designade för det)*. Växter – du gör inga växter, så det är därför som du är intresserad av det. Eftersom nånting som du jobbar med har med atmosfären att göra, det är ditt projekt, sa du. Det är därför du är intresserad av träden. Jag försökte visa dig stenar också, men du sa, "Det där vet jag redan," så du ville inte riktigt lyssna. Men ibland visar jag dig en sten och säger, "Det är nån här inne." Och så tittar du på den och vänder och vrider på den, men jag vet inte om du förstår vad jag menar. Du är mer intresserad av träden, eftersom du studerar atmosfär, förändringar i atmosfären runt himlakroppar. Du är intresserad av att förstå hur träden samspelar med atmosfären; där det inte finns några träd är allting mycket mera utsatt. Det här är vad du lär dig om, eftersom det är nånting som du, i din utveckling, på din resa, som du är intresserad av att förstå – vad som omger planeterna, eftersom det är mer det som dom på den åttonde och nionde dimensionen jobbar med; elementen. Så det handlar inte bara om att skapa en boll *(planet)*.

D. Så, Ophelia är den som valde ut dig från början?

B. Jag satt med min lärare och vi diskuterade mina framsteg. Ofta sitter vi bara och pratar, för vi har känt varandra jättelänge.

Och så kom hon in, och hon såg vänlig ut, men jag visste inte vem hon var. Hon var stor och snäll, och du vet, det nästan strålade om henne, och jag kände att "Ohhh, det här är nån som är riktigt trevlig!" Så, hon kom in och min mentor, som är mer av en ... han heter Gur–gurgur, Gergen! Det är svårt att säga *(detta var något han berättade inte långt efter att han hade börjat tala genom Christine, så hans förmåga att uttrycka sig var fortfarande under utveckling).* Men Ophelia kom in och log som hon alltid gör och sa hej och, ”Jag har följt din utveckling tillsammans med din mentor, är du intresserad av att gå upp en nivå och lära dig mer om form? ” Och jag sa ja, fast jag visste inte vad det betydde, och så trodde jag att jag skulle följa med henne, men det gjorde jag inte. Hon sa att en lärare skulle komma till mig. Så jag väntade och visste inte vad det skulle handla om. Hon sa, "Han kommer till dig och han kommer att lära dig om en annan nivå av form." Och det var jag väldigt intresserad av. *(Hur Bob och jag träffades presenterades i Andra Vågen, så vi kommer inte att upprepa det här.)*

D. Du har berättat om Ophelias labb. Har vi också ett labb som du tränar i? Hur är det? Tycker du om vårt labb eller är Ophelias bättre?

B. Uhm, dom är väldigt olika, väldigt olika. Oh, det är inte så många elever i ditt labb, så jag har inte riktigt träffat nån än. Jag är bara som en observatör där, men jag är FASCINERAD av att vara en del av det. Fast jag förstår inte varför vi alltid släcker ljuset. Jag stod där och *(skrattar högt),* ohohohohoh. Du trodde att jag skulle vara lite rädd för att det inte var nåt ljus, så du gav mig en liten fackla och sa, "Du kan hålla den här, men vifta inte runt med den för mycket, men du kan ha den så mörkret inte känns så skrämmande, så här första gången." Nu är jag inte rädd längre *(sagt med ett visst självförtroende).* Men första gången förstod jag inte varför vi stod i mörker där inne. Men det var mörkt och det var liksom färger i taket, klot som rörde sig, roterade, om du så vill, och sen kom dina vänner in. Det är väldigt tyst här inne. Det är det som är skillnaden, för i Ophelias labb, och i mitt, är det en massa ljud. Här ska man vara tyst. Det är lite svårt, eftersom jag såklart inte kan ställa så mycket frågor, för jag känner att jag ska vara tyst här. Och det är jag, det är jag! Efteråt säger du, "Nu går vi ut, så du kan ställa dina frågor." Men jag ställer inte riktigt frågor när du jobbar med dina vänner.

När Christine är i trans ser hon ofta bilder relaterade till det som diskuteras, så hon beskrev vad Bob visade henne. På den sjätte dimensionen finns det ett laboratorieområde där en handfull andar samlas för att experimentera med eller utvärdera energifälten i de olika kosmiska akvarierna. Tydligen jobbar vi i mörker för att bättre se färgmönstren. I mitten av rummet finns något som ser ut att vara ett stort, runt bord, vilket är som en glasbottnad båt som kan fokusera på olika delar av de kosmiska akvarierna och projicera en holografisk bild in i rummet. Så vissa grupper av andar på den Sjätte kan på distans se och modifiera hela galaxer, i stor skala, ända ner till enskilda planeter eller stjärnor, i mindre skala. Utöver detta rum har jag även ett labb eller kontor som är ordentligt upplyst, där Bob och jag tillbringar större delen av vår tid, tillsammans eller med andra andar i olika projekt. Eftersom Christine och jag är bröder *(hemma i andevärlden)* och goda vänner, spenderar han *(Christines Högre Jag)* också mycket tid med Bob.

D. Det låter inte lika roligt som Ophelias klass.

B. Det är annorlunda, mer strukturerat. Nej, det är mer, jag föredrar...det är bara väldigt annorlunda här. Du bjuder inte in nån hit, men jag kan se att dom, som ser ut som du, har sina egna små varelser med sig. Det är som att ni har vars en, inte som att det kommer in en hel hoper små. Så jag är där för att iaktta.

D. Hur är det med det området där vi arbetar i grupp?

B. Det är som energivågor, men som blixtar, blå och vita blixtar i första hand; och lila, lila också. Blå, vita, lila och gröna. I Ophelias labb är det främst gult och vitt. Du har också ett litet rum med ett stort klot av energi, elektriska grejer i det. Oh, det är inte meningen att jag ska röra det, men jag kan titta på det.

D. Är det här nära vårt labb?

B. Det är i ett rum. Om Ophelias är en stor sal, så är det här som flera rum. Det finns ett stort rum i mitten, men sen är det två mindre på sidorna. Och det finns ett där du har ett stort klot, och inuti är det som elektricitet av färger. Oh, du sa bara, "Du kan ta dig en titt här," för du vet att jag är nyfiken, och du är snäll och visar mig runt här. *(Vi har lärt känna detta som "klotrummet", eftersom han nämner det ibland.)* Jag tränar inte så mycket här, i det stora rummet, men jag är med och jag är uppmärksam. Jag ställer inte så mycket frågor eftersom det är väldigt tyst. Du skulle kanske tro att det är bullrigt här på grund av all elektricitet och blixtar och sånt, men det är det inte.

D. Är det tyst?

B. Det är helt tyst. Och eftersom jag inte kan förstå, är det här också nånting som, du vet ... förmodligen på grund av vilken nivå av förståelse jag befinner mig på, men jag kan känna att ni kommunicerar med varandra, men jag kan inte läsa av det, eftersom dom andra inte gör som du, ger mig en bild av vad du håller på med. Det är lite som att jag står där lite i blindo. Jag gör anteckningar och frågar efteråt, men jag får en känsla av att du inte berättar allting för mig. Ni är alla större och jag kan inte förstå när ni pratar, så jag är lite begränsad i min uppfattning här. Så just nu är det främst visuellt, av det jag kan uppfatta.

D. Nåja, det är ett långsiktigt projekt.

B. Det är det. Och jag är tacksam över att få vara här, för det här är ... av nån anledning har det här nåt att göra med formen, men det handlar också om stjärnors och planeters kärna, kärnan i det som får planeter att bli till och att röra sig, och jag kan se att det finns en tanke här. Helt klart!

D. Har du verkligen sett Ophelia skapa en stjärna? *(beskrivningen av Bob som gör en liten stjärna i en glasliknande skål finns i Första Vågen).*

B. Ja. Eftersom dom *(lärarna på den Sjunde)* vet att vi är riktigt nyfikna, skojar dom ibland genom att briljera lite inför oss. Så en gång gjorde dom en enorm, en riktigt STOR sådan föreställning; den där glasskålen mitt i rummet hade flera rör och det var alla möjliga ljusvarelser där, och vi fick stå långt åt sidan utmed väggarna - så vi inte skulle vara i vägen, antar jag. Det fanns som tjugo ljusvarelser, inklusive henne, och dom skapade en JÄTTESTOR sol. Om den jag gjorde i min skål var som en apelsin så skulle den här kunna ses som...mmm, nej, för det finns ingenting ... okej, om jag skapade en ärta i min skål, alltså min sol var lika stor som en ärta, då var den här som en sån där boll du har i poolen.

D. En badboll.

B. Stor badboll. Så du kan se min, som jag tyckte var rätt stor, men i jämförelse var den i min skål som en ärta och deras var som en badboll. Oh, där briljerade dom verkligen. Fick min lilla, min ärta nästan att...

D. Oh, men det är samma sak.

B. *(Skrattade högt).* Precis det sa hon med! HA HA HA. Hon la sin arm om mig och sa, "Det är samma sak, allt är relativt till var du placerar det. Så det är samma sak", och det gjorde mig glad. Lärarna är väldigt skickliga, men jag tycker ändå att ditt labb är mera spännande. Men då jag inte kan förstå kommunikationen där, är jag lite begränsad till vad jag kan se, och eftersom du ofta släcker lyset också. Det var därför du gav mig den där lilla facklan, den lilla ficklampan.

D. Allt kommer i sinom tid.

B. Alltså, det är väl hela grejen antar jag, med allt, vad det nu betyder. Men det är vad vi gör. Mitt labb är mer som Ophelias labb, där är all möjlig slags aktivitet. Du skulle nog tycka att det är oorganiserat, men det är det inte. Det är mycket liv och rörelse, du kan se alla möjliga individer som rör sig omkring där, och alla möjliga frågor ställs högt.

D. Med din träning på Sjätte och Sjunde, kommer du så småningom att ändra vilken typ av arbete du utför?

B. Det är grejen – det är det som är grejen. Det jag har FÅTT HÖRA är att jag utbildas för nånting som ska komma i framtiden. Men för att det ska BLI den där nya bilen från min fabrik, måste jag förstå tekniken bakom det. Och jag vet fortfarande inte vad det är.

D. Du borde vara väldigt stolt över att du blev uttagen.

B. Ah. Ophelia vet varför, du vet säkert också men du berättar inte. Det är för att jag fortfarande håller på att lära mig, men du ler mycket. Jag vet att du tycker om mig.

D. Vem skulle inte det? Du är lätt att tycka om.

B. Det sa du också. Ophelia skrattar, men hon lär mig mycket med, för det är nåt nytt som är på väg in. Oh, jag tror att jag vet vad det här är! Det är uppgraderingen av människokroppen, så det är därför jag lär mig mer om form och ljus, och motorn! *(Förklarat i Första Vågen.)*

D. Där ser du, du fick höra det. Kommer det att ske ganska snart?

B. Nää. Vad menar du med snart? Allt kommer i sinom tid. Jag skulle anta att det här är i en ny cykel. Det är inget som sker från en dag till en annan. Det är inte som att nånting nytt kommer att födas inom ett par år, du vet ... oh, det här är komplicerat. Det är bara i början av processen. Det är vad vi håller på med, det är vad som ska ske, antar jag. Och när det sker, när det är klart, så kommer jag att få den manualen i molnet och den kommer jag att använda för det sista steget. För allt måste fungera bra i miljön, så det går inte att göra en massa olika förändringar - och det är också lite där som jag kommer in, eftersom jag har lite mer kunskap om vad som fungerar på ytan, än låt säga, du har.

D. Det är jag säker på att du har, du är väldigt klok.

B. Tack. Jag har studerat element, årstider och olika förhållanden ett tag, så jag vet ungefär vad som går och vad som inte går.

D. När du tittar runt i ditt labb på andra dimensionens andar, skulle du säga att det finns många lika nyfikna som du är, eller är det sällsynt?

B. Jag tycker verkligen om mina elever, för att dom är som jag. Jag har alltid varit nyfiken; Jag har alltid byggt vidare på min kunskap. Du ska aldrig växa ifrån att vara nyfiken, för det är så du utvecklas. Men det finns några som är som jag. Vi kan såklart ha olika personligheter, men dom flesta är väldigt vänliga och måna om miljön men dom gillar inte nödvändigtvis att blanda sig med andra dimensioner lika mycket. Men dom kommunicerar gärna med Ophelias folk –dom kommer hit ibland. Du kommer egentligen inte hit, så när jag berättar för dom om dig, så vet jag inte om alla tror mig. Men jag berättar om dig, och beskriver alla dessa magiska platser som jag har varit på, och en del –men inte alla gissar jag –tror mig. Det är lite synd. Men VISSA, särskilt mina elever, är väldigt intresserade. Dom är som svampar, dom bara absorberar allt du säger till dom, så man måste vara lite försiktig med vad man säger.

D. Det är förmodligen därför de fick komma till dig, eftersom ni matchar varandra.

B. Du har nog rätt. Eftersom du får den sortens elev som stämmer överens med dig i personlighet. Men, du vet, i allmänhet är det en väldigt uppslupen omgivning, fylld av glädje och skratt - du kan till exempel höra dom som sjunger. Det finns ett gäng som verkligen gillar att sjunga, det finns alla möjliga glada uttryck kan jag säga. Men skillnaden kan vara att jag känner mycket för att ge mig av, bege mig till andra ställen och komma tillbaka och berätta, för jag känner att det ibland kan vara till hjälp. Men jag vet inte om alla tror på mig.

D. Nåja, jag är säker på att de kommer att göra det så småningom.

B. Det kommer dom. Jag berättar historier om dig och vad jag har sett.

D. Så dina elever handplockades av Gergen och andra för att lära sig som du gör?

B. Handplockade, exakt. Så jag är i första hand ensam när jag reser. Jag spenderar mycket tid i labben, och pluggar, för du ger mig uppgifter som jag ska undersöka och sen... för du skickar bilder till mig i huvudet, och sen försöker jag rita med mina symboler och jag försöker förklara vad jag tror händer, och sen diskuterar vi det. Och så säger du att du vill veta mer om hur träden fungerar, så det pratar vi också mycket om, eftersom du är bekymrad över atmosfären. För det är väldigt viktigt att den fungerar som den ska.

D. Så, när du gör dina anteckningar, i vilket valv förvarar du dem?

B. Eftersom dom anteckningar som jag gör med dig, dom ska inte nånstans, så dom ligger kvar i lådan, min låda. När vi går till valvet för Jorden till exempel, har du dina idéer i en låda. Så du flyttar inte omkring dom, från en plats till en annan, för du vill inte förvirra nån annan.

D. Förvarar Ophelia sina anteckningar i vårt valv?

B. Det tror jag inte! Och om hon gör det så finns dom på översta hyllan, det är jag rätt säker på, för jag har inte sett dom. Och ibland ler hon bara; men det är olika. Hon ler jämt och det verkar nästan som att hon kommer att berätta för dig, men det gör hon inte alltid. Så jag väntar och hon ler och lägger armen om mig och då tror jag att jag kommer att få ett svar; ibland får jag det, men ibland inte.

D. Svarar jag på dina frågor?

B. *(Skrattar)* För att jag petar dig! För vi jobbar mer på ett sätt som att jag lär dig och du lär mig, och sen när du säger att du inte tänker berätta för mig eller nåt och skrattar lite, då säger jag att jag inte tänker berätta om träden! Och så skrattar du på ditt eget lilla gurglande sätt. Du är typ fascinerad av barrträden, för du tror att dom är viktigare för atmosfären – och då säger jag, "Om du inte berättar saker för mig, kommer jag bara prata om palmerna!" Så vi skojar och retas lite med varandra. Sen säger du, "Okej, jag ska ge dig en liten del", och då säger jag, "Då ger jag DIG en liten del!" Det är ungefär så vi triggar och lär oss av varandra. Men jag kan inte läsa dina tankar nödvändigtvis, för du kommunicerar på ett annorlunda sätt - jag försöker ibland, men det är liksom en dimma. Så det är svårare att se vad du tänker än med henne *(Ophelia)*, eftersom hon alltid ler. Du ser alltid lite neutral ut, så det är lite svårt att veta om du döljer nånting för mig. Oh, jag vet vad du också gör ibland, för jag är kortare än dig; ibland när du ställer dig upp och jag inte kan se ditt ansikte eller hela dig, då vet du att det är ännu svårare för mig att se om du döljer nåt för mig. Och ibland frågar jag, "Varför? Varför då? Varför gömmer du dig?" Och då säger du, eftersom du vill uppmuntra min nyfikenhet också, då säger du, "Du KOMMER att få veta, bara inte just nu."

D. I sinom tid.

B. I sinom tid—i sinom tid. Många gånger känner jag att ni båda, när jag ställer frågor som jag inte borde ställa, så avleder ni min uppmärksamhet genom att ge mig en ny låda. "Oh, kolla här Bob, titta!" Och så tittar jag. Men jag minns, jag vet - jag förstår vad ni håller på med.

D. Ja, du fattar ganska snabbt våra knep.

B. Det gör jag! Men jag har också mina knep, vet du! Bara för att jag är mindre, ska du inte tro att jag inte har några knep! För även om du kan se toppen av mitt huvud så vet du inte vad som finns inuti huvudet hela tiden, även om du har nån sorts laserstråle som du kan använda för att läsa saker. Orättvist tycker jag. Ni båda läser mina tankar bättre än jag kan läsa era; av nån anledning är det så det fungerar.

D. Så när du jämför din storlek med Gergen, är han mycket större än du?

B. Oh, nää, ungefär lika stor.

D. Hur är det med småstjärnorna?

B. Oh, dom är små. Dom är som blåbär.

D. Hur högt räcker de upp på dig?

B. Till knäna ungefär.

D. De är små.

B. Det är dom, men det var du kanske också när du var bebis. Jag vet inte hur du såg ut då. Kanske är du född så där. Men det tvivlar jag på; Jag tror att du också var mindre en gång. Men mina små elever är intresserade av att lära sig om, några vill redan veta mer om gravitation. Och då säger jag "Nej, i sinom tid!" Hahahaha. Så jag gör samma sak verkar det som!

D. Det är en bra läxa.

B. Det är verkligen en bra läxa.

D. Jag antar att om du tillbringar större delen av din tid ensam, måste du uppskatta våra små samtal?

B. Det gör jag, det gör jag.

D. Det gör vi också.

B. Plus att jag har frågor som jag ibland inte får svar på och då försöker jag på det här sättet *(våra transsessioner)* för att se om jag kan luska ut nånting. Så, som sagt, jag kan också vara lite finurlig! *(Lasaray är mitt andliga namn, som Bob använder hela tiden i våra samtal. Av misstag trodde han att min inkarnation skulle ha en del av Lasarays kunskap tillgänglig, vilket varit ganska roande.)* Men det är det faktum att det verkar vara nån slags större, eller nyare teknologi som håller på att utvecklas, så eftersom jag kan anses vara en mästerdesigner på min nivå, är jag säker på att det var därför som jag blev utvald, plus att jag är nyfiken.

D. Vi uppskattar verkligen din kunskap.

B. Jag känner mig utvald.

D. Ja, det är du. Du är en av de utvalda.

B. Jag är det utvalda barnet. Inte för att skryta, men så känner jag faktiskt – väldigt privilegierad, väldigt privilegierad.

D. Jag tror att alla är glada över att arbeta med dig. Det är ett rent nöje att vara i din närhet.

B. Men jag vet inte hur det är med dina vänner, för ni är alla tysta. Jag vet inte vad dom tycker eller vad dom tror. Så jag försöker bara stå still bredvid dig och inte gå omkring för mycket. Jag håller mig där jag ska. Det är meningen att man ska det, så jag står still.

D. Finns det andra också där med dig, eller är du där själv med oss?

B. Jag är själv, men ibland kan jag se att dom andra i din grupp har nån sorts liten elev med sig. Men jag vet inte vilka dom är. *(De flesta Elahims är mentor för en yngre Elahim-elev.)*

D. Jag är säker på att alla är vänliga, de är bara tysta.

B. Tysta, helt klart. Tysta och skimrande. Mycket blått ljus här, och lila och grönt. Så, det skulle vara allt för idag.

D. Stort tack för att du kom, och vi ser fram emot att tala med dig snart. Med Zachariah också, vi uppskattar hans information.

B. Zachariah tycker om ord. Han är väldigt smart. Han skriver faktiskt flera jättelika böcker.

D. Som typ manualer?

B. Manualer, precis! Han skriver ner det i manualer och böcker, typ. Han arbetar också med skrifterna i Biblioteket, så han är involverad i den allmänna utbildningen på flera nivåer. Väldigt intelligent. Det är bra med utbildning.

D. Vet du om det är han som hon här såg som professorn? *(Christine hade sett en andlig guide som såg ut som en lärd person, ungefär ett år innan hon och jag träffades.)*

B. Precis. Ni delar på hans utbildning. Han jobbar överallt, det finns egentligen inga gränser, han kan jobba med flera samtidigt. Det är typ som ett paraply för all utbildning – jättestort. Han är väldigt intelligent. Han är lite involverad i vilken typ av utveckling som bör ske (*på Jorden och andra planeter)*, när det kommer till teknik och såna saker. Han placerar tankebubblor i rätt individer som kan förstå dom och få ut nånting av dom. Han placerar inte bara tankebubblor i dig, på vad du ska skriva, utan hans grupp skickar också tankebubblor till dom som jobbar med naturvetenskap, Oh, han har en egen grupp.

D. Vilken dimension arbetar han utifrån?

B. Han jobbar från – jag skulle säga att han är som du på nåt vis, Sjätte och Nionde. Han rör sig emellan. Eftersom han är lite involverad i utbildning som helhet, rör han sig han mellan flera dimensioner och till och med till Ophelias labb, men det är inte som att han håller några lektioner där.

D. Passerar bara förbi.

B. Passerar förbi. Han är som, oh, vad kan man kalla det - en kunskapsambassadör! Det är vad han tycker om att kallas, en Kunskapens Ambassadör.

D. Det är ett bra namn, förmodligen passande också.

B. Han gillade inte det där med bibeln. Jag ska bara säga det och sen är jag klar, eftersom han sysslar med utbildning.

D. Det är anti-utbildning.

B. Anti-utbildning. Det är missvisande. Det kom inte som en tankebubbla. Präster predikade att det var tankebubblor från högre ort, när det faktiskt inte var det.

D. Jag misstänker att de flesta religioner bygger på en liknande grund.

Bob har då och då nämnt svårigheten han har med att förstå språken inom de olika andliga sfärerna. Jag trodde att telepatisk kommunikation är enhetlig och det vanliga överallt i andevärlden, men det verkar som att det finns en skillnad mellan den Andra och de övriga dimensionerna. De har aldrig nämnt något om ifall till exempel den Sjätte och Åttonde lätt kan tolka varandra, men det verkar som att varje dimension har en snabbare eller långsammare puls. För att höra och förstå en ande från en specifik dimension eller värld behöver den främmande själen få nycklarna till melodin som finns i just den verkligheten.

D. Så, vad har du för språk? Har jag lärt mig ditt språk ganska bra?

B. Nja, jag är lite mer tydlig eftersom det är lättare för dom övre nivåerna att förstå oss. Vi är lite mer transparenta, skulle jag säga. Okej, jag kan säga så här. Låt oss säga att vi kommunicerar med punkter, ALLA av oss. Men, mina punkter dom låter som, dut.......dut.......dut.......dut. Och sen går du upp, och du kommer till låt oss säga, den Femte; då är det som, dut...dut...dut...dut, det går lite snabbare. Så när du rör dig vidare uppåt kommer punkterna i en allt snabbare takt. Så det är lättare för dom som finns i det där ösregnet av snabbare punkter att förstå duggregnet som kommer från oss. Men du måste fortfarande sakta ner eftersom du är programmerad att kommunicera på en snabbare punktfrekvens, men det är lättare för dig att gå ner och förstå vad jag säger.

Andarna på den andra dimensionen uppträder i en mängd olika storlekar och funktioner, eftersom de arbetar direkt med sina många skapelser. Vissa är stora, som trädgårdsmästarna som sköter om växterna, träden och jorden. Men andra är ytterst små och rör sig i stora grupper under och genom jorden eller i atmosfären. Eftersom alla andar är skapade med ett visst färgmönster, reflekteras vars och ens aktivitet i deras primära färg, som Bob kommer att förklara senare. Själar har förmågan att dela upp sig, och Ia förklarade hur en själ ibland kommer in på den Andra med förmågan att dela upp sig i en miljon mindre bitar, men ändå agera på ett samordnat sätt för att uppnå vissa mål. Hon sa att den här typen av andar skulle kunna ge ljus till ett stort landområde, eftersom det rör sig längs det och reparerar skador på marken och dess invånare. Bob, Ophelia och Ia beskriver de små ljusbärarna från den andra dimensionen som att de ligger precis på gränsen av vår förmåga att uppfatta dem. Dessa små hjälpare interagerar direkt med växter och andra livsformer, eller så kan de arbeta på ett koordinerat sätt med många av de små fysiska varelserna, såsom insekter och daggmaskar, när de rör sig omkring och reparerar och lägger till ljusenergi där det behövs.

Som vi har sagt många gånger, är varje ande skapad för en specifik roll, så typen av andar och deras aktiviteter är utomordentligt varierande. Det händer också att de flesta av de andar som arbetar på Jorden under långa perioder är mycket känsliga för miljön där de vistas. De höga ljud vi människor genererar är väldigt störande, så dessa naturandar har en tendens att lämna områden som är för stressiga eller ogästvänliga. Som ett resultat därav kommer naturen att bli svag och sjuk på platser där många människor samlas. Bob och jag pratade om en av mina medeltida liv, när han berättade om vad han och hans vänner tycker om vårt moderna sätt att leva.

B. Du var i Italien, södra delen, och du flyttade mycket mellan olika städer i -oh, låt se - du var i Italien och du flyttade över till Turkiet, och där kände dom inte direkt till att det fanns naturandar. Om du hade varit nån annanstans, som i dom nordliga länderna, skulle din syn på mig och andra varelser ha välkomnats lättare. Så på många sätt, i dom nordliga länderna som Island och Grönland, om du hade varit där och berättat att du såg nån som mig, eller en liten småstjärna eller nåt, skulle dom bara nickat och förstått. För dom är inte nödvändigtvis så vilseledda av yttre påverkan som sker i den här tidsåldern av teknik och alla möjliga ljud. Allt detta oväsen får oss att inte vilja komma, för vi gillar inte höga ljud, även om vi själva är lite högljudda. Vi pratar mycket och vi skrattar, men det är annorlunda, det är inte lika högt, och det väsnas inte på samma sätt och stör våra energifrekvenser. Som bilar och tåg till exempel, dom är lite läskiga. Jag gillar dom som är lite tystare, men dom är fortfarande lite skrämmande, för man vet aldrig vad det handlar om. Många av mina vänner som bodde nära där tågen går nu, dom flyttade. För när tåget kommer så skapar det vibration ner i deras tunnlar och i träden bredvid, och det blev outhärdligt att vara kvar där. Och du vet, det är inte som att man blir varnad på nåt vis, att du har tid att tänka, "Oh, här kommer det," – det bara kommer!

D. Så, några av dina vänner som inte arbetar i laboratorier, bor de bara på Jorden?

B. Dom kan faktiskt det om dom vill. Du kan vara en vetenskapsman, och det är då du är i labbet, eller så kan du vara på uppdraget att smälta samman och lära dig. Som jag gjorde när jag försökte vara en fisk, och som jag inte gillade nåt vidare, eftersom jag inte kunde navigera så bra i vatten. Det var då jag förstod att vatten inte skulle vara mitt primära element att jobba i.

D. Jag hade en fråga om den andra dimensionen. Hon här och jag undrade om du måste göra något för att få någon energi utifrån?

B. Bara på samma sätt som en människa, som att vi säger till dig att du ska meditera - och det är att fylla upp dina energier. Vi gör samma sak. I andevärlden, och även olika energiväsen, så laddar du bara genom att tillföra energi, om du så vill. Så det är inte som att stoppa nånting i munnen.

D. Det låter vettigt, hur ofta måste du ladda din ljuskapsel?

B. Oh, inte så ofta längre. För du tappar inte så mycket energi allteftersom du utvecklas. Dom små, det är likadant som när man har en liten valp, då måste man mata den hela tiden, det är samma sak med dom små. För dom tappar så mycket energi när dom lär sig, när dom rör sig och är mer aktiva; så dom behöver ladda om oftare. Gergen, han behöver inte så mycket alls, han är mer stilla. Jag rör mig mer, så jag behöver förvisso ladda om, eftersom jag reser mer. När jag reser brukar jag tappa lite. Nästan som att sätta i kontakten till en elstolpe, typ! Det är inte alls så det går till, men det lät roligt! Huhuhu! Men jag kan säga att det är som att bara vara stilla och låta sig själv bli fylld.

D. Mår du bättre när du är klar?

B. Ja det gör jag, men det är inte som här *(på Jorden)*, såklart. Det är inte på samma sätt som att äta, men det ger samma resultat, att man känner sig mätt. Du kan också dela energi, om du vill. Vi kan, om vi ser nån som saknar lite, du ser det på färgen som dom utstrålar, då kan du faktiskt, från ditt eget lilla lager, din egen källa, hjälpa nån som du träffar och bara ge dom lite energi. Det kan du göra, om du ser nån som verkar ha glömt att gå och fylla på, och om du ser det, kan du vara snäll och bara ge lite av din egen. För ibland när vi jobbar med saker tappar vi energi; det är som när man glömmer att äta, likadant skulle jag säga. Det finns faktiskt också dom som bara arbetar som energigivare, som rör sig tyst omkring och upptäcker den här typen av obalanser.

D. På din dimension?

B. På min dimension. Jag är säker på att det finns överallt, dom är Givare.

D. Fungerar de i den tredje dimensionen också?

B. Ja, proceduren är densamma, dom kan komma in och ge energi. Normalt är dom, som vi pratade om tidigare, som flugor och insekter och landar på saker, dom kan agera på det viset. Dom sänder genom nåt fysiskt som redan existerar, men det är samma process och ger samma resultat som tänkt. Givare!

D. Fascinerande!

B. Alltså, det är så det är, det är inte så konstigt, det är bara så som det är. Om du ser nån som saknar energi så bör du ge dom lite, det är så vi gör. Men det finns dom som befinner sig lite i skiktet mellan den Andra och den Tredje, och dom arbetar med att förse vissa områden med mer energi. I vattnet, till exempel - och här använder vi inte insekter, såklart, utan här används andra saker, och det är Vattengruppens uppgift. Jag jobbar inte riktigt med dom, men dom jobbar faktiskt med att ge mer syre till vattnet.

D. Har de i Vattengruppen samma fysiska utseende som du?

B. Olika färger, vi ser saker i färger. Vattenfolket är mer som blågröna, jag är mer brunröd. Inte nödvändigtvis att det är vår hudfärg, bli inte förvirrad här, det är egentligen ett sätt att se inom vilket område nåns yrke och skicklighet ligger. Du kan se ... oh, där är nån som jobbar med vatten, eller så ser du ett litet batteri, en Givare. Gergen är gul.

D. Vad betyder det?

B. Det visar att han arbetar mycket med ljuspartiklar.

D. Så, kommer du alltid att ha samma grundfärg?

B. Om jag inte helt och hållet förvandlas till ett helt annat expertområde, så kommer jag förmodligen att ha samma färg. Jag arbetar med organ och det inre, och det är naturligtvis därför som du och jag har kommit tillsammans, eftersom du också jobbar på insidan *(planeters och stjärnors kärnor)*. Vid det här laget är mitt expertområde, där jag arbetar, i mitt fall med motorn *(hans ord för matsmältningssystemet)*. Jag tycker också om att jobba med levern. Motorn och levern.

D. Hur är det med fötterna? *(Jag frågade eftersom han alltid talar om att vara uppmärksam på signalerna som tas emot genom fötterna.)*

B. Jo, men det är yttre, det är inte inuti. Jag pratar om insidan. Vi har grupper som jobbar med cirkulationen, med blod till exempel. Dom är inte bruna, dom är mer som orange-röda. Dom jobbar med cirkulationen. Det är också nåt som vi diskuterar. För vi jobbar riktigt nära varandra, jag med min motor och levern, och dom som jobbar med cirkulationen, för om dom förändrar nånting så påverkar det OMEDELBART mina organ. Om jag ändrar nåt så måste dom anpassa sig efter det. Så vi jobbar väldigt nära varandra.

D. Det låter bra. Tycker du om det arbetet?

B. Ja, för jag vill verkligen förbättra. Jag tror liksom inte på en färdig produkt. Jag tror att det alltid finns utrymme för justeringar och förbättringar och det är det jag jobbar med. Så i det avseendet har jag ett nära samarbete med Cirkulationsgruppen, eftersom vi anpassar oss efter varandra. Om jag ska uppgradera min motor måste dom liksom justera rörelsen och rytmen och cirkulationen för att den ska fungera korrekt. Så det är vad vi gör.

D. Nåväl, du kommer säkert att vara ännu bättre informerad efter att du har studerat på den Sjätte, Sjunde och kanske Åttonde.

B. Det kommer jag absolut! För jag kommer att förstå hur viktig kärnan är för en ny utsida.

D. När vi arbetar tillsammans är jag väl aldrig dum mot dig, eller hur? Eller för krävande?

B. Nej, nej. Du retar mig ibland men då retar jag dig direkt tillbaka. Jag vet när du retar mig. Ibland gömmer jag mig. Du lämnade mig för egenstudier och när du kom tillbaka så gömde jag mig! Så jag är lite finurlig! Och du sa, "Du höll inte på med dina egenstudier, Bob!"

D. Kan du sammansmälta med föremål i labbet också?

B. Det är svårare, men jag kan det lite grann, fast det är inte samma sak, det är inte en manifesterad verklighet som här på Jorden, så jag måste gömma mig mer, och det gör jag. Och då säger du, "Du ägnar dig inte åt dina egenstudier, Bob!" Jag sa: "Du hittade mig inte! Du hittade mig inte!" Och du sa, "Du är fortfarande i rummet!" Du vet, jag vill inte gå ut, jag vill inte lämna rummet, för om jag går vilse finns det ingen jag kan fråga, och jag vill inte gå vilse, så jag stannar kvar. Men jag kan lura dig, och reta dig! Så hur som helst, det var allt för idag.

D. Tack för att du kom, alltid ett nöje.

Resa genom de Kosmiska Akvarierna (8 januari 2017)

En av lärdomarna i Bobs nästa samtal handlar om hur andar ges tillträde till olika platser, nivåer eller verkligheter. Han använder olika slags musik som en metafor för vibrationerna i kosmiska akvarier, även om konceptet även gäller de andliga verkligheterna. Vibrationen i ett akvarium kan vara frånstötande för vissa själar, men tilltalande för andra. Varje själ besitter, inom sitt mönster, nycklarna till att resa till olika universum av gestaltad form. Om en själ är avsedd att resa till akvarium fem, kommer de tonerna att kännas välkomna. Annars kommer själen att stötas bort. Det påminner om hur andar avancerar i de andliga dimensionerna. Tidigt i sin utveckling kanske en ande inte kan klara av vibrationerna på till exempel Rådens nivå. Men senare, efter att ha samlat på sig tillräckligt mycket kunskap, kommer den att känna sig hemma också på de högre nivåerna.

När Bob var djupt inne i sin jämförelse gjorde han en liten avvikelse och berättade om en lite skojig upplevelse som han hade i Skottland, när han vräktes omkull av ljudet från en trupp säckpipsblåsare.

D. Folk talar alltid om att utomjordingar kommer hit.

B. Ja, dom har en annan ton i deras hem, därifrån dom kommer.

D. Så det finns verkligen andra livsformer som kommer och besöker Jorden, som vi kan se?

B. Javisst. Eftersom dom kommer från ett annorlunda vibrerande solsystem, som gör att dom kan förflytta sig. Det är hela grejen; OM du får lov att förflytta dig.

D. Så om människor skulle komma på hur dom kunde resa, skulle dom ändå inte få lov?

B. Alltså, dom försöker på ett lite klumpigt sätt att åka i en raket till olika ställen, men det är inte så lyckat, det går inte så bra heller. Det finns en anledning till att dom inte kommer så långt! *(Skrattar)* Hahahaha! Det är som, "Oh, varför är det så här, varför kommer vi inte så långt? Men om vi kunde klura ut ett bättre bränslesystem, så kanske ...?" Men det är inte det! Vi avleder faktiskt vetenskapen lite, för du vet, det är bättre att dom tror att det är nåt fel med bränslet, än med dom själva! Huhuh, hahahaha, hehehe, oh, Ophelia ger mig grönt ljus, men hon är fortfarande lite—hon skrattar, hon vill inte att jag ska låta så kritisk, du vet, men ibland får man säga saker med lite humor. Men det finns en anledning till att dom inte kommer så långt. Det är lite klumpigt. Dom kan skicka ut små satelliter med en liten kamera och titta, men dom är fortfarande begränsade till vad dom kan se. För i det här är kosmiska akvariet råder vissa förhållanden, vilket gör det omöjligt att röra sig lika fritt som i andra akvarier.

D. När du säger kosmiskt akvarium, menar du specifikt Jorden, eller är det Jorden och solsystemet, eller hela det synliga universumet? *(Det här var tidigt i våra samtal och jag var fortfarande lite osäker på några av terminologierna)*

B. Alltså, det är vissa förutsättningar som råder i det synliga universumet som finns i det här kosmiska akvariet. Jag ska tala om nåt för dig, som du kan ladda ner i den lilla datorn *(hjärnan)* du har här. Om du ser det här kosmiska akvariet *(vårt universum)* som typ på klockan fem, så kommer dom som oftast besöker *(besökare på vår planet, som vi kallar utomjordingar)* från akvariet på klockan fyra. Dom är rätt lika er, men dom från klockan sex, sju, åtta, nio och så vidare, dom vibrerar mer i icke-fysisk form. Så, nu vet du.

D. Dom andra kosmiska akvarierna, finns de alla i det vi uppfattar som rymden, är de i samma rymd som vi, bara i en annan vibration?

B. Jaa. Ja, olika vibrationer. Men dimensionernas strukturer är dom samma. Allting är likadant. Se det som musikstycken, om det är lättare för dig. Du vet, det här akvariet kan vara som rock-and-roll, riktigt snabbt, med trummor och allt möjligt oväsen. Ett annat kan vara som dom där låtarna från 50-talet, på sitt sätt lite mer jämt och enhetligt. Men om du förflyttar dig in i dom andra kosmiska akvarierna som åttonde och nionde, är det mer som ljudet av harpor eller klassiska toner som zen musik, lite mer plingeling. Dom är verkligen stilla och dämpade. Du kan flyta omkring där, lite på det viset skulle du uppleva det. Dom har olika musikstilar och sätt inom melodierna, vissa innehåller mer rörelse och andra mer stillhet. Och när jag säger mer stillhet, kanske du tror att allt är tyst och stilla, men det är faktiskt också grunden till rörelse i ett flytande scenario. Det är det här du visade mig! Du sa, "Bob, titta på lådorna och var uppmärksam på tonerna, för det är det primära för att förstå vad som finns i den verkligheten." Så jag lyssnade på dom, tillsammans med Ophelia, för hon är väldigt musikalisk, hon passar bra ihop med harpmusik och spelar fint. Jag gillar trummor, samma som ursprungsfolkens trummor, dom gillar jag. Men det måste såklart vara nån slags ordning i det; Jag gillar inte rock and roll-trummor, för det är stökigt. Men om det är en fin trumma, kommer det faktiskt att aktivera min grupp *(de på den Andra),* för om det är en trumma som resonerar på samma sätt som ett hjärtslag, då aktiveras vi faktiskt.

D. Så, arbetar du någonsin i de där andra kosmiska akvarierna?

B. Jag studerar dom, jag lär mig om dom olika tonerna. Ännu så länge har jag inte tittat på ljuset i dom, jag är vid en punkt där jag försöker fastställa vilken sorts verklighet som finns, baserat på vad jag kan uppfatta som ljud. Den nionde dimensionen är mycket involverad i det här; Jeshua är inblandad, och Ophelias högre Råd. Det är nästan som en orkester, en symfoni. Antingen gillar du det - eller inte! En del av det gillar jag inte, för det liksom ... vissa har en massa höga, lite skrikiga ljud, och som jag uppfattar det, med min avancerade och känsliga hörsel, skapar det faktiskt en disharmoni i mitt fysiska väsen. Jag vet inte varför nån skulle vilja vara i det akvariet. Ophelia säger att det är mer en flytande upplevelse, det är inte tänkt att vara solitt ... mer berättar hon inte för mig. Kanske var det därifrån, som det där manetfolket kom (*en grupp ljusväsen, som Bob sett städa upp havsbotten*)? Dom kanske gillar den typen av musik, vem vet. Jag gör det inte. Jag gillar mer som sång och trummor. Jag gillar trummor men inte gitarrer, för det är som skrikigt i mina öron. Elgitarrer gillar jag inte alls! Ibland gillar jag trumpeter...OH? *(ser åt vänster)* Ophelia säger, "Men jag gillade inte dom där piporna i Skottland." Hon sa att jag blev helt förskräckt, när dom dök upp en gång, då jag var i den regionen. Hon skrattar och påminner mig om den upplevelsen. Jag SLUNGADES faktiskt till marken av det! Jag förstod inte varför, för det såg ut som en trumpet, men lät inte som en. Jag gömde mig faktiskt bakom en sten, för jag förstod inte vad det var. Det var en grupp av dom där trumpetmänniskorna *(säckpipsblåsare)* som kom— det var nån sorts glädjefylld upplevelse, verkade det som, men jag får det egentligen inte att gå ihop med det där oljudet. Men Ophelia påminde mig när jag sa, att jag gillar trumpeter. Hon sa, "Nej, det gör du inte alltid!" *(skrattar)* hehehehehe. Jag måste ha glömt bort den där skrämmande upplevelsen. Speciellt för dom kom i grupp, det vore kanske bättre om det bara hade varit en. För, du vet, jag var verkligen nära och pysslade med mitt, och när dom kom var jag inte alls förberedd. Det är lite obehagligt, när du blir överraskad så där, om du aldrig har hört det förut.

Arbete på Egen Hand (25 januari 2017)

Bob berättar hur hans resor tjänar ett större syfte. Han är en upptäcktsresande liksom även ett sändebud från den Andra. När han lär sig saker på sina resor funderar han alltid på hur den kunskapen ska kunna användas därhemma. Det är faktiskt ett av hans främsta mål, när han är ute och reser, vilket kan förklara varför han gör så många anteckningar.

D. Vad har du jobbat med på sistone?

B. Jag skriver mina memoarer, min dagbok; allting handlar inte bara om dig, hahaha! Jag har jobbat mycket med mina egna projekt, och det är att koppla ihop det jag lär mig, när jag reser genom den Sjätte och Sjunde, plus hur det kan implementeras på den Andra, där jag för det mesta befinner mig. Så det jag gör är att jag samlar in data från alla olika verkligheter, men det måste kunna förverkligas i den andra dimensionen. Så det är vad jag håller på med på egen hand. Jag jobbar mycket med min mentor, Gergen, eftersom han har gjort nåt liknande tidigare. Han är en stor inspirationskälla och jag lär mig mycket om hur man kan kombinera högre nivåer av vibrationer, ljud och toner, till en manifestation i den Andra. Ibland frågar jag Ophelia, för hon kan mycket om ett väldigt stort spektrum av nivåerna. Så många gånger frågar jag henne. Och sen frågar jag er mycket, främst er från den sjätte dimensionen, hur jag kan kombinera det och forma det till att passa i den andra dimensions verklighet. Jag jobbar också lite med mina elever. Dom arbetar just nu med energier runt insekter och speciellt dom med vingar, eftersom dom rör sig och färdas och samspelar med ett fält utgjort av gravitation och vibration, och dom utstrålar ljus. Så på många sätt avger insekter faktiskt ljus. Det är därför du inte bara ska döda insekter. För dom rör sig inte bara över gravitation och vibrationer, utan dom utstrålar också ljus, som på nåt vis absorberas i atmosfäriska förändringar. Så, en plats där det finns väldigt få insekter, där är atmosfären inte lika hälsosam, det ska du veta. För det mest tänker folk, oh, här finns en massa växtlighet, som en djungel, här finns nog en massa syre. Men dom glömmer dom små varelserna som flyttar runt allt och som sprider ljuset och syret som strålar ut från växterna.

D. Det finns inte särskilt många insekter här där vi bor.

B. Nej, det gör det inte.

D. Är det ohälsosamt här *(Colorado)?*

B. Det är lite tystare i atmosfären. Det är så jag skulle beskriva det för dig. När det finns färre insekter, även om du fysiskt kan höra dom, skapas det faktiskt ett slags vakuum, en stillhet i atmosfären. Inte nödvändigtvis på ett dåligt sätt, men om det inte finns vegetation som balanserar upp det, så blir det lite av ett problem. Men det handlar om en helhet som måste fungera i harmoni. Platser som Sydamerika med djungler och så vidare, det anses vara hälsosamma atmosfäriska omgivningar i den regionen. Så gå inte och hugg ner träden, för det finns inte längre så mycket av den djungeln kvar. I norra delen av Indien finns också ett hälsosamt område med vegetation som balanseras med varelser som flyger. Det är som ett stort växthus, så stör det inte, rör det inte. Det bästa är om ni inte gör nånting alls egentligen. Ifall ni inte vet vad ni gör, så gör det inte! Det är vad jag skulle säga rent generellt. Gör bara vad du kan för att vara i harmoni med din omgivning. Oavsett om det är nåt stillastående och gediget som en sten eller ett träd, eller om det är en levande varelse som rör sig - om du inte vet hur du ska interagera – så gör det inte. Det är vad jag har att säga om det.

D. Så när du reser runt på Jorden antar jag att du kan se människor i deras fysiska form? *("Det stämmer", svarade han)* Men du måste vara osynlig för människorna?

B. Inte alltid. Ni kan se oss, om vi vill det, speciellt på morgonen strax innan Solen går upp, då kan ni lättast se oss. Det är faktiskt då som vi oftast är synliga, strax före soluppgången, eftersom då är vi ute, sen gömmer vi oss, eller du vet, smälter samman. Jag smälter ju inte längre samman med fasta föremål här, så leta inte där efter mig. Nu lär jag mig om rörelse och form, och hur man potentiellt kan flytta ett objekt från en vibrerande kod av toner och ljus till en annan. Att förstå att förhållandena på det området, varifrån nåt ska flyttas, är av betydelse, vare sig det är flyttbart eller inte. "Nånting inombords kan omvandlas", sa du, "men det måste nästan vara som en kameleont, det förändrar vibrationerna, men är fortfarande synligt i nån av världarna." När du kom och gick från Jorden, sa du, "Jag löstes inte upp." Jag sa, "Joo, det gjorde du." Men du sa, "Nej, det gjorde jag inte. Från mitt perspektiv var jag densamma." Och jag tänkte, "Varför kunde jag inte se dig, varför kunde jag inte se dig komma och gå? Du bara var där, och sen inte." Och du sa nåt om förutsättningarna för att omvandla din vibration till en annan verklighet. Och det är också nånting med dom där revorna *(portaler eller öppningar i energifält)* – det är lite av ett mysterium. Jag vill att du berättar mer om det för mig, för det verkar vara nån slags förutsättning eller villkor för att nån form av resor ska kunna ske. Kanske fanns det fler revor tidigare än vad det är nu. Det verkar som att det är så. Men du kan hitta dom, sa du, du kan hitta revorna. Men jag vet inte hur, så kanske du kan berätta för mig. Så jag kommer nog bara att försöka hänga på när du letar upp en, och sen bara står jag där och ser på vad som händer, ser om jag löses upp. Jag hoppas inte, för jag vet inte vad som skulle hända med mig på andra sidan. Det verkar lite som en solotripp, inte som en gruppaktivitet. Alltså, jag vet inte riktigt....

D. Ja, du kan slinka rakt igenom.

B. Det är nästan som att gå igenom dom där portarna i säkerhetskontrollen, dom där pip-pip-pip-dörrarna, det är på nåt vis samma sak. Om du inte får gå igenom så piper det, och om du får så lyser det grönt. På nåt vis är det samma sak. Du packar ihop kroppen och åker igenom på det där bandet och plockar upp den på andra sidan. Det är så jag ser det, jag har ingen aning om hur det här fungerar, och du berättar inte för mig! Men det är så jag ser det, när du förklarar att du på nåt vis tog med dig ditt fysiska jag, men att du flyttade din själsvibration så att du inte kände nån förändring. Så jag ser det som en flygplats, som att du stoppar ner din kropp i lådan på bandet och pyser igenom, och din själsenergi går genom pip-dörren, och om du får resa, så är det grönt ljus, och sen på andra sidan plockar du upp ditt fysiska jag och så bara fortsätter du. Det är så jag ser det. Den här kursen ska jag ta. Jag ska definitivt gå den här utbildningen! Du skrattar åt mitt sätt att se på saker, och du sa, "Ja, det är lite likadant." Du gav mig faktiskt den här bilden i huvudet, så att jag skulle kunna relatera till vad det är du gör. Men jag har fortfarande frågor om hur det här kan ske för, du vet, vem är det som flyttade det fysiska? Hur är det ens möjligt? Men du säger att det har nåt att göra med den där revan. Så det är inte riktigt samma som en flygplats, men du gav mig det som ett sätt att förstå, och jag tycker det var bra på nåt vis - men jag förstår bara inte (*suckar.*)

D. Det tycker jag också, tack för att du påminde mig *(jag skojade)* och berättade för mig.

B. Aah, så om jag gick in genom den där porten skulle det förmodligen lysa rött och en massa folk skulle komma springande och stoppa mig, men vad skulle då hända med min fysiska kropp?

D. Borta.

B. Den har åkt in i det där röret och in i tältet, där nån sitter och man har ingen aning om vad dom gör med ens saker.

D. Dom kanske stjäl ditt bälte!

B. Stjäl mitt bälte och mina grejer och min anteckningsbok, mina memoarer! Det känns lite oroande, på nåt vis, när du inte kan se dina saker som åker in i tältet *(röntgenmaskinen för bagage).*

Bobs Individ tas bort (19 mars 2017)

Inför introduktionen av hominiden var andevärlden tvungen att göra vissa justeringar för att minimera den förväntade skadan. En av dessa var att ta bort Bobs individ från Jorden. Modellen sövdes ner, vilket vi skulle se som att den blev utrotat. Prototyperna för alla varelser fortsätter dock att existera i databanker på vissa planeter.

D. När du följer oss omkring antar jag att du kan färdas direkt, eller glider du liksom med oss?

B. Aah. Jag kan resa på olika sätt. Men ibland är jag lite lat och låter dig bara dra mig med, som på motorcykeln haha.

D. (*Skrattar*) Och när det gäller framtiden, kan du se vad som ska komma?

B. Nää, det kan jag inte. Men jag är säker på att andra kan det, men jag kan inte se. Om nånting inte redan finns där i energiform, eller är placerat där, vid den tidpunkten när jag står på en specifik plats, kan jag inte se om Gergen, låt säga, har tänkt plantera en ny palm där. Om nåt inte är på plats kan jag inte läsa av det och jag kan inte se det. Men, det skulle till exempel vara helt FANTASTISKT om jag kunde se typ kontinenternas förändringar. Låt säga, om det här specifika området *(USA)* kanske skulle vara på väg närmre andra sidan...du vet, dom ryska och japanska. Men det kan jag inte, eftersom det ännu inte finns i Jordens minnesbank. Så även om dom som jobbar med dom större förändringarna, typ att flytta kontinenter, kanske redan har tänkt ut det, så kan jag inte se det. För det är inte ens i närheten av dit min energi kan nå. Så om så är fallet, om det är dit kontinenten är på väg, så kan jag inte se det.

D. Men du kan se var den har varit?

B. Jag kan se var den har varit.

D. När du kom in under de stora regnen, var kontinenterna i stort sett där de är nu?

B. Nää. Nää, för, du vet, dom hängde ihop mera, den här kontinenten och den i öster hängde ihop mer. Mer sammanhängande.

D. Det var ett tag sedan i jordiska år?

B. Det vet jag inte, jag räknar inte. Jag ser förändringar i cykler och speciellt i miljön, som dom olika elementen och regn och så vidare, Det kan jag se. Men det fanns andra djur också på den tiden. Några av mina vänner *(han kallar djuren han skapade, sina "vänner")* som jag skapade tillsammans med andra, och Gergen - jag blev riktigt ledsen när några av dom togs bort! Det var den där lilla varelsen som såg ut som - som om man tänker sig en bälta, fast med päls. Dom var jättesnälla. Dom skadade ingen, och jag tyckte sååå mycket om dom och dom störde ingen eller åt upp nån; så jag förstod inte varför DOM skulle måsta försvinna. Gergen sa att det var en del av en större plan. Och jag sa, "Men dom skadar inte nån, varför kan inte dom få stanna kvar?" Det här var jättelänge sen, och Gergen, han tröstade mig lite eftersom jag hade varit med och skapat dom. Och jag tänkte att vi kanske bara kunde sätta dom nån annanstans. Men Gergen sa nej, dom kan inte vara kvar där längre. Det var nånting med deras hjärna. Det skulle inte vara bra för dom, eftersom hjärnan var lite för intelligent och dom var snälla och fredliga. Så dom togs bort, dom togs bort. Jag vet inte varför. Gergen sa att dom skulle bli illa behandlade. Dom behövde inte vara kvar där längre.

D. Deras modell, existerar den fortfarande?

B. Jaa, det gör den, i mitt valv. Allt finns kvar.

D. Kanske kan de placeras på den där andra Jorden du hittade.

B. Jag tänker inte placera dom nånstans om dom ska dö ut igen. För hur ska kunna jag förklara det för dom? Om jag först skapar dom och sen säger, "Du kommer att vara här ett tag. Njut mens du kan för, du vet *(gör ett klickande ljud)* ... borta!" Jag tänker inte göra det igen. För dom var snälla, dom förtjänade inte att tas bort. Men å andra sidan, vill jag inte att dom ska bli offer för nåt. Jag förstod inte vad som skulle komma. Gergen sa att dom inte skulle ......

D. Behandlas väl?

B. Dom skulle inte bli förstådda och lämnade ifred. Det var nånting med pälsen, nån skulle ta deras päls, och det förstod jag inte. Varför skulle nån ta pälsen från dom? Varför det? Dom var ju snälla, varför skulle man vilja ta nåns hud? Det förstod jag inte. Men han sa att en ny cykel är på väg där nånting med päls kommer att vara väldigt eftertraktat för nån. Eftersom dom här (*hans vänner*) på ett vis var väldigt andliga, hade dom mycket medvetande från det Mästerliga Medvetandet, så dom skulle ha förstått vad som hände med dom. Gergen sa, "Vi vill inte göra så mot dom, eller hur, Bob? Och jag sa, "Nej, det vill jag inte!" Så när jag förstod vad som skulle komma, att nån skulle ta nåns hud, då ville jag inte det längre.

D. När jag träffade dig första gången i skogen, var det en av varelserna som var med dig?

B. Aah. Du försökte klappa den.

D. Så, det var alltså före människorna.

B. Ja, precis. Gergen sa, det kommer att komma varelser som är mer fysiskt utvecklade, men inte har en sån stor hjärna. Så, dom kommer inte att förstå att min individ, som jag redan har placerat där, att den hade en högre mental vibration och andligt medvetande än dom större som kom. Dom skulle bara se pälsen. Den var mjuk, väldigt mjuk. Men du tar inte nåns hud! Det bara gör du inte!

D. Det är inte rätt att människor behandlar djur så illa.

B. Med val kommer ansvar. Det är vad jag vill säga om det. Och Gergen sa att eftersom den här nya individen kom in, var det därför vi tog bort mina varelser, som nästan var som mina vänner. Dom skadade ingen och dom skulle ha förstått vad som hände, för dom var faktiskt lite mer än en människa är idag, på insidan. Så dom förstod mer än den där nya varelsen som kom in med mer fysiska egenskaper. Så det var detta om detta. Det här är helt klart nånting som jag tänker på, när jag skapar mitt solsystem, att jag INTE kommer att placera nåt där, om det sen ska komma nån som beter sig så. Jag kommer att skapa en varelse som inte har lika mycket Mästerligt Medvetande inuti. *(Han menar att om en varelse har för mycket medvetande från det Mästerliga Medvetandet, så lider den mer av övergrepp från andra varelser, såsom människor.)*

Egenstudier är en Dygd (26 mars 2017)

När Bob först började gå till Biblioteket och valven på den femte dimensionen var han omedveten om att Gergen hade instruerat Zachariah och Lasaray att agera som handledare. Bob skulle lämnas ensam och få fria händer att rota runt i vissa förutvalda lådor i valvet, i vetskap om att det skulle väcka hans nyfikenhet. Han skulle då ha frågor, men eftersom Lasaray var borta fanns det ingen att fråga. Så han gick upp till Zachariahs kontor på huvudnivån *(på Femte)* för att fråga honom. Zachariah fick dock Bob att memorera mycket information innan han svarade. Så den här processen blev det första steget i Gergens lektion att lära Bob om egenstudier. Egenstudier - eller självstudier, är termen de använder för planering, datainsamling och ”tänk-om”-analys.

D. *(Bob kom in när Zachariah lämnade.)* Hej, Bob.

B. Jag bara väntar och väntar och väntar och väntar. Du vet, det finns ju inte liksom ett schema, som säger, "Okej, jag ska prata i femton minuter och sen är det din tur." Ibland hänger jag bara omkring och väntar på den där öppningen, att det är min tur. Jag vill inte vara så långt borta att jag inte ser fönstret, när det är dags för mig. Men ibland känns det som att jag bara hänger omkring och inte ser fönstret. Fast jag gillar att lyssna på Zachariah, för han berättar en massa saker, som jag kan skriva om i min bok och i mina memoarer. Du vet, jag lär mig också.

D. Ja, han är väldigt klok. Träffar du honom någon gång utanför vår grupp?

B. Det är han verkligen. Jag träffar honom när jag behöver hjälp med att föra min dagbok. När jag jobbar med vissa skrifter ger han mig böcker som jag får tolka. Han hjälper mig med tolkningarna av vissa skrifter. Så det är som, du vet, du har den där ”Google Översätt” *(han skrattar högt)*, han är samma som den! Han hjälper mig med saker som ska översättas, så att säga. Jag tänkte ta med din bok med bilderna, men det tyckte han inte var nån bra idé. Han sa, "Det där är en bok du behöver prata med Lasaray om." Men böckerna som finns i Biblioteket, om det är nåt jag inte förstår, och jag får lov att studera dom, då kallar jag faktiskt på honom om det är nåt som behöver översättas. Han tillbringar mycket tid i Biblioteket. Han har alla dessa, typ skriftrullar, på sitt kontor, en liten plats i Biblioteket. Eftersom jag är där nere, går jag många gånger upp och—jag får inte TA MED mig saker från valvet, MEN jag kan memorera det—och jag kan gå upp och träffa honom och be honom, "Snälla, kan du hjälpa mig att översätta, vad betyder det här?" Och av nån anledning verkar han alltid veta EXAKT vad det är jag har memorerat. Det är nästan som att han är energimässigt kopplad till mig. Han måste läsa av mig på nåt vis. För jag memorerar nåt i valvet, eftersom jag inte får ta upp lådorna. SÅ, jag memorerar det riktigt, riktigt väl, och sen går jag upp och frågar honom. Men av nån anledning är det som att han alltid vet EXAKT vilken låda jag har varit i. Så jag undrar, "Varför kommer du inte bara ner istället för att låta mig göra alla dessa turer? Varför kommer du inte bara ner då?"

D. Vad säger han då?

B. Han sa att det är för att jag lär mig mer när jag programmerar det som finns i lådorna, så jag kommer ihåg mer om jag programmerar det i min inre dator och tar med det upp till honom. Han säger också, "Var inte lat, Bob - du ska inte vara lat. Ingenting kommer enkelt, lättja ger inga resultat." Det gör det verkligen inte!

D. Jag är säker på att han sa det på ett trevligt sätt.

B. Oh ja, det gjorde han. Han är väldigt generös med sina lärdomar. Även om jag kommer, när han håller på med alla dessa rullar, och jag bara kommer med min enda lilla lapp, så tar han sig tid. Det uppskattar jag. Jag stör inte när han har möten, det är bara när han är själv. Annars går jag bara ner igen och kommer tillbaka lite senare.

D. Så han tillbringar mycket tid i Biblioteket?

B. Aah, inte i valvet. Uppe i Biblioteket.

D. Är han en av de främsta kunskapsväktarna?

B. Aah. Det är han. Han är som en ambassadör och väktare, som en riktig professor, en lärare av den högre skolan. Att ha all denna kunskap inom räckhåll måste vara EXTREMT tillfredsställande. Han kan förstå alla möjliga språk. Han är inte begränsad alls! Han behöver inga översättningar. Han kan läsa alla sorters rapporter som kommer in. Du vet, han skickar vidare rapporter. Nästan som ett postkontor, kan jag tänka mig *(han skrattar)*. Kommer nånting in, så förstår han direkt!

D. Så hjälper han till att arkivera saker och bestämma vart de ska gå?

B. Precis.

D. När information kommer in i vårt valv, hur kommer den dit?

B. Oh, jag vet inte. Den bara är där. Jag ser dig aldrig komma ner med lådor, om det var din fråga. Du bär sällan omkring på saker, överhuvudtaget. Jag ser dig aldrig bära saker, inga burkar, inga lådor. Det är nåt lite mystiskt med hur du går omkring. Men, dom finns där. Några av lådorna som jag kan se i valvet, dom har små etiketter. Jag kan se gula lappar och jag kan se röda lappar. Och jag frågade om det en gång, och du sa, dom röda lapparna betyder att den inte är helt färdig, det är nån slags utveckling, process, som saknas i den lådan. Dom gula är lite i slutprocessen av att kunna arkiveras. Så det är inte som att bara färdiga lådor kommer hit. En del lådor är fortfarande i behov av mer information, för att till slut ha INGA etiketter.

D. Så, vad exakt gör du i valvet?

B. Jag får titta i lådorna som inte har några etiketter. Du säger att jag skulle bli förvirrad av att titta i dom andra, för dom är inte klara än. SÅ, jag kan titta i dom lådorna utan etiketter, eftersom dom redan är organiserade i en viss tidslinje, och även vad som skedde. Det handlar också om upplevelser. Erfarenhet och utveckling, skulle jag säga, inom vissa olika områden, och några pågår fortfarande. Jag antar att en viss utvärdering måste ske innan dom helt kan arkiveras *(vara utan etiketter).* Så jag får inte röra dom med etiketter. Det gjorde du klart för mig. Jag kan inte nå dom ändå, så det fanns ingen anledning att säga det, för jag kan inte nå dom ändå. Dom röda är högst upp, och sen kommer dom gula och sen, du vet, det finns några nivåer där under, med såna som inte heller har några etiketter. Jag kan inte nå alla, även om dom saknar etiketter. Jag sa, "Om det inte finns några etiketter, varför kan jag inte nå allihopa?" Och du sa, "Det skulle fortfarande vara lite förvirrande, så du behöver inte ... du vill inte bli förvirrad." Jag tror att det är mer att du inte vill att jag ska ställa frågor, snarare än att det skulle bli rörigt för mig. Varför skulle jag bli förvirrad?

D. Jomen, det är som dina små elever. Du berättar inte allt för dem, eller hur?

B. Nää.

D. Och varför är det så?

B. För, du vet, om dom inte förstår det dom ser, kommer diskussionen inte att vara särskilt produktiv och dessutom kan det störa processen där dom befinner sig nu. Jag vill inte störa deras egen tankeprocess för hur dom lär sig. Så om jag lägger fram för mycket – så är det som Ophelia sa en gång om att leverera saker i koppar och inte stora tunnor. Så jag kan se det, det ser jag. MEN, jag är nyfiken och jag vill veta vad du gör, och jag kanske kan få komma med när du arkiverar lådorna. Jag ser ju aldrig hur dom är organiserade inuti. När jag jobbar med min låda får jag mycket tid till egenstudier, och du säger "Bob, nu får du gå och ägna dig åt egenstudier." Och då gör jag det. Jag sitter med mina anteckningar och mina böcker med bilder. Så när det sker, när jag studerar på egen hand, vet jag att du går nånstans. Du är inte långt borta, du lämnar mig inte egentligen, men du jobbar på nånting privat. Och ibland känner jag att det är nån form av brådska med det privata. Så jag ägnar mig åt mycket egenstudier men jag vet inte varför. Du vet, jag föredrar att syssla med egenstudier och ha dig bredvid mig, så jag kan fråga om nånting dyker upp. Men du sa att jag måste reflektera och inte bara rusa iväg och fråga. Jag behöver reflektera över vad jag ser, läser och hur det kommer sig. Du sa, "Egenstudier är en dygd, Bob." (*Christine och jag skrattar fortfarande åt att Bob ville ägna sig åt egenstudier med mig vid sidan av honom, för då skulle det inte längre vara egenstudier.*)

D. Låter nästan som att du inte håller med?

B. Det är annorlunda. Vi lär oss inte på det sättet, nödvändigtvis. Jag menar, på sätt och vis gör jag det, jag kan sitta och vara själv, som Gergen, men hos oss jobbar vi lite mer som i grupp. Så det här är annorlunda – att reflektera i min ensamhet. Och så undrar jag, "Vart tog du vägen?" och då distraheras jag och glider iväg från den där självreflektionen och egenstudien, för jag undrar var du är. Jag gillar att göra saker och flytta runt på saker och diskutera. Att sitta stilla och reflektera, det är annorlunda.

D. Kanske är det en aspekt som du ska jobba på. Sitter Gergen reflekterar?

B. Oh, han reflekterar.

D. Kanske är det en egenskap som du ska träna på?

B. Oh–oh–oh–oh. Oh, det kanske det är, när du säger det på det viset. "Det är ett annat sätt att lära sig", säger du. "Låt orden tala till dig, istället för att du säger dom högt. Hur känns den kunskapen inom dig? Känns det rätt, Bob?" Och jag säger, "Hur ska det kännas om det känns rätt?" Och då säger du, "Det är en känsla som du får, när du har förstått ett visst budskap." Och jag kan relatera till det, men jag föredrar ändå att diskutera saker och ting. Så det här håller jag på med, jag håller på med egenstudier ibland, eftersom du verkar ha nån slags brådska. Det är nästan som att du rusar iväg till nåt. Och jag frågar, "Får jag följa med?" Men du säger, "Nää, Bob, du ska ägna dig åt egenstudier." Fast då tänker jag som, "Hur lång tid ska det här ta?" Och du säger, "Så länge som det behövs, för det finns inget slut på lärandet." Jag skulle vilja ha en tidslinje, en deadline när egenstudierna är över. Det verkar vara nåt konstant här.

D. Om du har en fråga, kan du skicka en fråga till mig och jag kommer tillbaka och svarar?

B. Jo, jag försökte det, du vet, jag skickade nästan ut som ett SOS, en liten tankebubbla. Och du kom tillbaka, du kom tillbaka. Men du ville bara prata om egenstudier, och jag ville prata om var du hade varit och vad du har gjort. Du skrattade och sa, "Låt oss prata om dina egenstudier, Bob, vad har du reflekterat över?" Och jag försökte lura dig, "Vad har *du* reflekterat över?" *(skrattar högt)* Och du sa, "Du är lite klurig du!" Och jag sa, "Du är också klurig!" Så jag försöker luska ut mer, för du tar inte med mig överallt.

D. Jag har väl tagit med dig och visat en massa saker, eller hur?

B. Ja det har du. Det finns nåt slags museum här, du har tagit mig dit. Det är lite grann som i valvet. Det är som olika energistrukturer, utvecklingen av dom där olika kärnorna. Jag ser inga planeter, konstigt nog. Jag ser bara olika kärnor.

D. Som den som hänger i rummet? *(Han hade beskrivit en enorm flerfärgad boll, som svävar i ett av rummen med ljus som tyst blixtrar inuti dess struktur.)*

B. Oh, den är jättestor, men det är inte nåt man får ta på! Det är nog mer som på display. Du har inte skapat den själv, det är jag säker på. Det behövdes nog en gruppaktivitet för det. Men dom andra är utställda. Du pratar om olika kärnor, och var dom placerades. Det här är modeller av planeter som inte längre existerar. Så dom har tagits tillbaka och analyserats, hur dom fungerade inom sin värd. Det finns små lappar, en liten anteckning på var och en, i ditt punktspråk, som beskriver hur dom fungerade i sin värd. Värden är borta, men kärnan är kvar här. Och du analyserar dom, och man kan lära sig skapa mer optimala kärnor, för att bättre passa in hos värden. Allt ser likadant ut ur mitt perspektiv, men du säger, "Titta på skillnaderna, du kan se färgerna, eller hur?" Jag sa, "Ja det kan jag, men jag vet inte vad dom betyder." Men du säger, "Inte nödvändigtvis nu, men..."

D. Efter en period av egenstudier?

B. *(Skrattar)* Egenstudier! Men det här är bara ett museum över hur olika kärnor har använts och hur dom fungerade. Det är ett minne som du kan lära av, genom att skapa bättre kärnor, mer funktionella kärnor. Och några, sa du, har faktiskt funnits i himlakroppar som inte existerar längre. Så du vet, det är som ett museum. Det är inte särskilt stort.

D. Hur många olika kärnor finns det?

B. Där jag står kan jag se som hundra olika behållare, som små glaslådor. Jag vet inte om dom alla har funnits här, eller hör till andra platser, för det berättar du inte för mig. Du säger bara, "Det här är en utställning så att elever ska lära sig att visuellt få en uppfattning om hur en kärna passar in, fungerar och hur den ... ". Det finns andra elever här också! Dom ser lite konstiga ut!

D. Ser de ut som den här *(Christine)* och jag?

B. Dom är mindre.

D. Hur ser de ut?

B. Dom är smala och har typ långa ansikten, lite mänskliga drag, men munnen rör sig inte, den är orörlig, som din, den rör sig inte, och näsan är som två prickar, två hål.

D. Det låter inte särskilt attraktivt.

B. Jomen, vem är jag att säga vad som är attraktivt? Dom är här med sina lärare, och baserat på vad deras projekt handlar om, i deras låda, så kommer dom hit och tittar på tidigare kärnor och hur utvecklingen av kärnor har fortlöpt. Så det är som att lära sig om vad som inte nödvändigtvis fungerade, men hur det såg ut tidigare i en specifik himlakropp.

D. Ja, du är en elev. Du kommer att lära dig om det här.

B. Det ska jag absolut!

D. Är du den som är avvikande här?

B. Det är lite som att jag ... jag kan inte läsa det som står skrivet på lapparna. Alla andra verkar förstå, för jag kan definitivt se att det pågår en diskussion dom emellan, och dom verkar glada.

Jag kan se minspelet, även om jag inte kan förstå vad dom säger. Det verkar som att dom förstår. För mig är det bara som blixtar med lågor och kulor, mycket mörkgrönt, mörkt lila och svart. Men jag är inte utbildad som dom.

D. Ska du lära dig punktspråket?

B. Jag vet inte om jag kommer att lära mig punktspråket. Som Zachariah, jag är helt säker på att han förstår det, han behöver inte nån som översätter, han verkar förstå alla möjliga språk. Jag är säker på att han har ägnat sig åt MASSA egenstudier! Hahahaha! Iallafall, det är vad som finns här. Man kan gå och ta sig en titt här, men om du inte förstår vad det egentligen är ... då är det bara som gamla modeller. Som typ... okej, det här är en gammal bil, och det här är en ny bil, och här är förbättringarna, och det är därför som vi har förbättrat bilen. Det är ett STUDIERUM, säger du. Studierum. Men om jag inte förstår vad där står, så är det mer som en utställningslokal! Men jag har verkligen frågor om vart du tar vägen.

D. Vi kanske tar med dig någon dag.

B. Det får vi se, säger du. Vi får se. Först ska man reflektera, sen får vi se hur det blir. Så, tillbaka till byrålådan, du vet.

D. Alla andra elever har ju också lådor, eller hur?

B. Ja, det har dom, men dom är inte i mitt rum. Det här är som ditt privata rum, tror jag. Du har också prylar här.

D. Det är alltså vårt eget ställe.

B. Det är som ett kontor. Ja, dom andra är utanför, jag träffar dom aldrig. Det här hände precis, att vi alla var i samma utställningslokal, eller "Rum för studier".

D. Du genomgår specialutbildning för något.

B. Det handlar om att förstå insidan och hur man gör det optimalt för värden. Så, du vet, utsidan, själva himlakroppen, det är inte lika knepigt som insidan. För säg, "Okej, jag vill ha träd." Och dom som skapar träd kommer då in, och sen kommer atmosfärfolket in och säger, "Vi vill ha moln." – MEN om det inte fungerar från insidan, kommer molnen bara att driva omkring huller om buller och det blir inga träd som kan växa eller blomma. Så insidan, kärnan, är viktig. Det handlar mer om insidan. Oh, Ophelia säger att tiden är ute, så det var allt för idag.

D. Okej, min vän. Jag hoppas att du hjälper mig att skriva.

B. Jag kommer att vara här, och jag kommer att hjälpa dig och jag kommer att stå bredvid dig, ivrig att vara till hjälp. Zachariah säger också att han kommer att hjälpa dig med boken, när det gäller strukturen och hur den ska organiseras. Så, om du vill det, då sänder du ut ditt färgspektrum och ber om vägledning, så han kan komma in. Och försök också se vilka färger du ser inom dig själv, för det är en nyckel som du kan använda i vidare kommunikationer. Han hjälper dig med hur du använder orden, säger han. Ordflödet. Rensar upp i det. Det är vad han säger. Delar upp och paketerar det i olika lådor, ordentligt. Det är vad han säger - ORDENTLIGT. Och jag säger att vi alltid kommer att vara här, och jag kommer snart och pratar med dig igen. På nåt vis.

D. Okej min vän, tack.

B. Och så vill jag att du svarar mig på varför det stannade! *(Han återvände till sina frågor om evolution av solsystem och galaxer, och varför saker och ting händer.)* Vad händer om det stannar!? Vad händer med alla mina grejer som jag placerar runt den *(stjärnan)?* Man skapar nåt, man lägger ner all denna möda på att skapa och sen tar det bara stopp! Och VEM fick det att stoppa!? VEM? Såna saker vill du veta innan du skapar nåt. Du vill inte att det ska vara som, "Ooops, alla mina dinosauriekompisar är borta för det var nåt som svepte in eller nån gjorde nånting." Du vet, du vill vara förberedd om du gör nånting i den skalan. Så, VEM bestämmer och VARFÖR? Det är nåt jag skulle vilja veta.

D. Det är riktigt bra frågor.

B. VEM, och VARFÖR? Vad händer om systemt stannar, och vilken typ av cykler pratar vi om? Du sa att det har en ödesbestämd livslängd att uppleva. Men uppleva vad då?

D. Jag tror att allt har samma öde, eller hur?

B. Aah, allt har en sorts avsedd livslängd och cykel för nåt slags syfte. Men VARFÖR, VAD är syftet med det? Vad handlar den här upplevelsen om, när det är ett solsystem, en himlakroppsfamilj - vad är syftet med det? Eller varför? Du vet såna saker, det är det jag vill veta. Det finns inte i min bok. Du kanske bara kan svara - det skulle verkligen uppskattas! Då ska jag berätta för dig om blåbäret! Huhuhuhuhuh! Lika för lika! Du ger—jag ger. Jag berättar mer om blåbäret och du kan berätta mer om det här! Hihi!

D. Det är bara rättvist.

B. Ja, det var allt för idag, och jag är tacksam för att du är min vän och för att du hjälper mig och är med mig. Så nu säger jag hejdå, men jag kommer snart tillbaka.

D. Jag är också tacksam för din vänskap, och för Zacharias och Ophelias och Jeshuas. Okej, min vän, hej då.

B. Hej-hej, hej-hej, hej-hej.

Individen och Evolution (7 maj 2017)

Jag måste erkänna att innan vi började samtala med andevärlden var mina idéer om skapelsen lite mer konventionella, eftersom de var en blandning av evolutionär anpassning blandat med min egen tolkning av en intelligent design, den styrande kraften bakom allt. Efter hundratals timmar av samtal med dem som är intimt involverade i skapelsen, och efter att aldrig ha hittat ett enda fel i deras logik eller uttalanden, finner jag att andeversionen av skapelsen har en skönhet, harmoni och integritet som tilltalar både hjärtat, intellektet och själen. I jämförelse verkar de moderna teorierna som komponerats av ateister, sekulära forskare eller religiösa anhängare, ihåliga och tomma, själlösa eller meningslösa, beroende på om teorin har sitt ursprung vid universiteten eller från predikstolen. De flesta av andarna på den andra dimensionen, efter att ha genomfört sin utbildning i sin valda specialitet, får möjlighet att designa och skapa sin alldeles egna växt, djur eller organism. De följer de allmänna mönstren som etablerats av deras föregångare och Skaparen, men de ges utrymme att göra vad vi skulle betrakta som en ny art. Bob arbetade med många olika livsformer och hade utvecklat en som såg ut som en liten röd pandabjörn med väldigt mjuk päls, men den hade fingrar och kunde hålla i saker. Den hade faktiskt mer andligt medvetande *(från det Mästerliga Medvetandet)* än den moderna människan, och var väldigt mild och lekfull. Han kallade denna milda och lekfulla varelse sin "individ". Den skapades i labbet och placerades sedan här som en ny art, men togs senare bort innan de tidiga människorna först dök upp. Bob var väldigt ledsen över att få sin individ borttagen, men han ville inte att den hänsynslöst skulle dödas av människorna. Baserat på geologiska källor skulle den ha introducerats inom de senaste 30 miljoner åren och tagits bort för flera miljoner år sedan. En annan iakttagelse som Bob gör, som motsäger evolutionära teorier om mänskligt ursprung, är att den vita rasen introducerades på Jorden för 35 000 år sedan av

Evolutionsgruppen. Det kan ha funnits flera varianter, eftersom de jättar som levde i Europa och Nordamerika hade ljus hy och rött hår. Bob beskriver de mindre och ljushyade personerna som att de hade rött eller blont hår och troligen hade blå eller gröna ögon. De parade sig med andra hominider, och deras genetiska avtryck finns fortfarande bland oss. Som Bob påpekar, följde de inte de andra hominidernas allmänna evolutionära väg. De flesta av de äldre versionerna av hominider var också unika skapelser av antingen andevärlden eller utomjordiska besökare. Hypotesen om människans ursprung i Afrika är en fabel som evolutionsbiologerna har hållit fast vid, trots överväldigande bevis på motsatsen, särskilt inom arkeogenetikens område. Alla livsformer på Jorden designades eller placerades här för att uppfylla ett specifikt syfte i livets väv, och är inte ett resultat av slumpmässiga mutationer. Medan de olika människoarterna hade sina unika ursprung, kan själar komma in i alla typer av fordon. Så, på en andlig nivå, är kroppar verktyg för själars växande, men kännetecknar inte själen. Som Zachariah påpekade så briljant, är kroppar som glasflaskor i olika färger. Om du häller vatten i en blå flaska ser vattnet blått ut, men det är bara en illusion. När ren själsenergi smälter samman med en flaska *(fordon)*, verkar det bara som att den antar flaskans egenskaper men flaskan påverkar bara själen under livet. När själen återvänder hem bär den inga spår av fordonet, annat än redogörelsen för dess val och handlingar.

D. När du först arbetade med skapelser, som här på Jorden med dina djur, var du förmodligen tvungen att lära dig genom att göra misstag, eller hur?

B. Det gjorde jag verkligen. Vissa smälte inte in så bra, det lärde jag mig

D. Om du bara ger dem tre ben, fungerar de inte så bra.

B. Precis, dom måste kunna röra sig omkring ordentligt. Här måste man tänka på svansen också. Jag hade en som hade en jättelång svans, och den snubblade och fastnade överallt. Så, senare modeller hade inte så lång svans. Vi skapade den först med en riktigt lång svans, nästan som en orm - med päls. Men det var inte så lyckat, för den fastnade när den gick omkring. Så jag lärde mig att man måste korta av den, så den ska kunna röra sig smidigt. Speciellt om man planerar in mycket växtlighet, måste man se till att individerna i dom regionerna inte är för klumpiga och för stora. Så du placerar inte dinosaurier i en djungel. Det är svårare för dom att röra sig där, för dom skulle bryta ner träden, och träd vill du ju ha. Det är en kedjeeffekt och en bieffekt av skapelser när du upptäcker sånt. Det är därför jag vill se till att jag lanserar min individ på en plats där den har bäst potential att fungera optimalt.

D. Jag är säker på att han till slut kommer att bli nöjd.

B. Jag tror det. Det tror jag, helt klart.

D. Var du huvudansvarig för att utveckla honom?

B. Aah, jag fick i uppdrag att skapa nåt helt själv. Så det gjorde jag – på samma sätt som med mitt solsystem (*detta berättas om längre fram*) gjorde jag rätt mycket själv. Jag hade en vän som jobbade med blodomloppet som kom in. Han hjälpte mig lite grann med slut-touchen av cirkulationen kring organen. Men individen skapade jag själv. För jag ville att det skulle finnas ett avtryck av nånting som jag har gjort, helt själv. Du vet, precis som folk gör med graffiti - "jag var här!" *(skrattar åt hans analogi)*

D. Lade du mycket mästerligt medvetande i den?

B. Javisst!

D. Så den var riktigt smart och hade mjuk päls?

B. Aah. Mjuk päls. Och den var väldigt intelligent eftersom jag tänkte att den skulle samla information om där jag placerade den. Jag satte den i den sydamerikanska regionen, och jag satte den också i det som nu är Indien. Så jag ville att den skulle samla in data om miljön som fanns på dom specifika platserna. Den liksom vandrade omkring och samlade in data, och eftersom det Mästerliga Medvetandet, av nån anledning, var särskilt intresserad av Indien på den tiden, så tittades det på genom den här individen. Det skedde en förändring efter det, när det gällde växtligheten, och insekterna också, eftersom det fanns insekter som inte fungerade så bra i miljön. Så min individ samlade in data om det. Vi förändrade floran eller insekterna utifrån uppdraget och uppfattning av regionerna. Det var mer arbete i Indien, norra Indien. Det var lite enklare i den sydamerikanska regionen, så dom som placerades där, dom var lite som på semester. Och den andra fick jobba mer. Men det finns faktiskt nånting kvar på dom där ställena, som man fortfarande kan upptäcka, vissa saker som bara existerar på dom två kontinenterna, i norra Indien och Amazonas, som fortfarande finns där, bara på dom två platserna.

D. Vad är det?

B. Det är en blomma, som är till för att bota cellsjukdomar.

D. Vet vi vilken blomma det är?

B. Den ser ut som – den är lite gömd, den finns främst i den sydamerikanska regionen, men den finns faktiskt också i den delen av Indien där det är djungel. Den måste lämnas ifred. Den botar cellsjukdomar. Den gör att cellerna blir vita igen. Smutsiga celler som har blivit röda och giftiga, den här specifika växten har förmågan att göra celler vita igen.

D. Är det något som människor ska känna till?

B. Inte den gruppen som finns här nu. Andra grupper som kommer. Jag berättar inget om det här om man inte kan förstå. Kommande grupper ska ta hand om det här.

D. Jag hade en fråga om människors olika raser. Utvecklades de alla från olika typer av däggdjur som fanns här?

B. Okej, som vi pratade om tidigare, vissa följde det du känner till som den mänskliga tidslinjen, men det finns återigen dom som placerades här, som inte hade samma utveckling, som du fått lära dig.

D. Så, de bara placerades här?

B. Ja, precis. Det är därför dom är lite olika, för om du studerar deras förflutna så har dom inget. Forskare är som ... oh, det här måste vara nån sorts avkomma till ... du vet, dom kommer på alla möjliga olika idéer egentligen, men det är meningslöst att försöka få ut nåt vettigt av det, för dom förstår inte att evolution också kan innebära att nåt bara har placerats *(från en dag till en annan).* Som att Evolutionsgruppen kommer in och bara placerar ut sina igångsättare, och att det kick-startar den specifika gruppen. Det fanns faktiskt en grupp som placerades i den ryska regionen, och dom var extremt ljusa i hyn. Dom lanserades där, och man kan än idag se deras avkomma, dom är lite bleka. Dom kom senare, dom följer inte människans generella utvecklingstidslinje.

D. Vilken hårfärg hade dom?

B. Dom har, dom kan ha lite rödaktigt hår, men dom kan också nästan se ut som albinos. SÅ, dom är riktigt bleka, men håret kan vara lite olika, fast dom är aldrig mörkhåriga. Typ rödaktig eller vithårig. Normalt är dom väldigt smala, dom går inte upp i vikt lika lätt som dom andra.

D. Var det runt Kaukasusbergen?

B. Nånstans mitt i Ryssland. Dom blev ditplacerade. Jag är säker på att forskare tror att dom är några slags utomjordingar, för det är vad dom brukar säga, om dom inte kan se nån evolutionslinje som dom kan följa.

D. Hur länge sedan var det här?

B. Dom släpptes, få se här, för ungefär 30 000 år sen, skulle jag säga. Dom kom in för 30 till 50 000 år sen, så dom är lite nya, men dom verkade lite i skymundan. Dom fick helt enkelt chansen att utvecklas i lugn och ro, som i växthuset *(han gör en jämförelse med växterna på Växthusplaneten).* Dom påverkades inte utifrån, och det var därför dom placerades just där. Om dom hade blivit placerade nån annanstans, som till exempel i den afrikanska regionen, så skulle dom ha blivit upptäckta. Men dom kom ner först runt 35 000 år tillbaka, omkring den tiden. Det finns fortfarande avkommor från den här gruppen, och dom är annorlunda än dom andra, dom följer inte samma ... – oh, det var allt om det här. Ophelia säger att nu är lektionen slut, om tiden och människan. Okej *(sa han till henne).* Så får det bli.

D. Okej, tack.

Bob övar på att smälta samman med Christine (4 juni 2017)

Eftersom Bob inte har någon erfarenhet av att fungera i ett fysiskt fordon, var han lite orolig för hur bra han skulle lyckas, när det var dags för kanalisering. Han visste att han skulle observeras av sina mentorer och hundratals rådsmedlemmar från flera dimensioner, så han kände pressen att inte göra någon besviken. Han planerade mycket redan innan vi inkarnerade för att starta projektet, och han förbereder sig noggrant inför varje session. Hans engagemang är tydligt i varje underbar berättelse han kommer med.

D. Hej, Bob! Vad har du sysslat med?

B. Jag skriver dagbok, faktiskt. Jag skriver en manual över hur man gör det här, för jag tror att det kommer andra, och när dom väl gör det vill jag vara hjälpsam *(han talar om dem från den Andra, som i framtiden kan komma att smälta samman och kommunicera genom en människa).* Så jag har skrivit en manual, steg-för-steg, hur det här går till. Eftersom det är samma sak som att förena sig med typ ett träd, fast att det fungerar lite annorlunda. Själva sammangåendet kan anses vara den enkla aspekten av det hela, eftersom det är ungefär detsamma. MEN, om jag skulle smälta samman helt och hållet, som jag gjorde med ett träd, då skulle jag inte att kunna kommunicera på samma sätt. Så det är en annan slags förening, även om det kan verka lite lika. Om jag skulle smälta samman helt och hållet, som jag gjorde med träd, skulle hennes fysiska inte riktigt gilla det, för det är inte vad du ska göra, egentligen, det ska bara finnas EN själ där inne. Så du går samman lite annorlunda med energifältet. Ofta förenar jag mig faktiskt med—jag blir inte det fysiska—jag förenar mig med det mentala, till att börja med, och lite med det emotionella, men främst med den mentala förmågan och röstlådan.

D. Ja, du gör det riktigt bra, du är riktigt duktig.

B. Oh, man kan säga att det har varit ett arbete under utveckling, för jag hade inte så mycket att träna på. Det är en sak att träna när alla är i labbet eller i valvet, för vi tränade innan vi kom. Men det är väldigt annorlunda när ni två är i ett fysiskt fordon. Jag förstod inte—jag förstod inte hur det skulle gå till, för jag tänkte, "Oh, det här kommer väl att bli som att smälta samman med ett träd," men Ophelia sa, "Det kommer inte att bli riktigt så, eftersom du inte kan göra det fullt ut, som med ett träd, eftersom hennes fysiska då skulle avvisa dig, och ingenting skulle fungera och du skulle inte kunna prata alls, eftersom hon skulle avvisa dig. Så det kommer inte att vara samma fysiska förening, som med ett träd." Det fanns inte så mycket att träna på, egentligen, tills det var dags för skarpt läge! Huhuhuh! Jag föreslog, "Vi kanske kan träna på att göra det här, träna i valvet eller i labbet?" Och ni stod liksom på var sida, och jag tänkte, "Okej, hur gör jag nu det här?" Men vi var alla i vår egen energiform, så det blev inte riktigt samma sak. Så, det är inte möjligt i verkligheten hemma, det måste vara manifesterat i en fysisk form för att det ska fungera – jag kunde inte smälta samman med din energi i labbet. Så det fanns inte så många ställen där jag kunde öva. Jag försökte öva med en groda, och det var det du såg mig göra när jag försökte blåsa upp mig som en padda. *(Han sa att han övade på att smälta samman med en padda, för att se om han kunde få den att "tala", vilket inte fungerade så bra. Sedan, efter att han började tala genom Christine, försökte han blåsa upp hennes hals som han gjorde med paddan, och det fungerade inte heller.)*

D. Försökte du få grodan att prata?

B. För jag hade ju inte nåt att träna på! Huhuh, jag sa, "Vi två kanske kan träna?" men du sa, "Men vi är inte fysiska än, så du kan inte komma in och prata genom mig." Och jag försökte skaffa mig kunskap, men det fanns inte nåt sätt som jag kunde öva.

D. Ja, du är en sann pionjär. Du är den första som gör det här.

B. Det är jag verkligen! Jag ses som en Kunskapsresenär från den andra dimensionen. Ia och Gergen betraktar mig som en resenär, och dom säger att jag är en sån för jag seglar på en vibration av kunskap som ska spridas ut. Och dom är också glada över det. Ibland kommer dom och ber mig berätta om vissa saker, och det gör jag.

Ophelias jättestora Harpa (4 juli 2017)

Bobs tidiga resor bort från den andra dimensionen gick till Biblioteket och senare till Ophelias föreläsningssal och labb. Han talar sedan om att vara i en stor klass på den Sjunde, för att lära sig om ljus och ljud. Ophelia och de andra lärarna hade tidigare visat eleverna hur man gör stjärnor, och nu visade de källan till den energi som skapar stjärnor, planeter och andra former. Kosmiskt ljus och kosmiskt ljud kombineras för att skapa melodier och färger och mönstren skapar på något mystiskt sätt gravitation, vakuum och strukturer som vi ser som element och elektromagnetiska fält. Eleverna i klassen kommer från olika dimensioner, men Bob är den ende från den Andra. Han kom in och började sjunga vad vi kallar hamnsången. Det är en högljudd irländsk publåt som han mindes från ett av mina liv på 1700-talet. Han gillar den låten och använder den ibland för att höja Christines energi.

B. *(Bob kom in och sjöng sin hamnsång, riktigt högt en bra stund.)* JAG ÄR JÄTTELYCKLIG!

D. *(Skrattar med honom.)* Jag har aldrig sett dig annat än glad!

B. *(Fortsätter sjunga ett tag.)* Jag skulle vilja...vi kanske kan ha en orkester! Oh, få se, Zachariah verkar inte tycka det!

D. Sjöng inte Zachariah med?

B. Han sjunger inte så mycket. Ophelia sjunger. Hon har instrument där hon är, ett som är som en stor harpa. Du skulle kanske tro att det är för att bilda en orkester, men det är det egentligen inte, utan det är faktiskt för att spegla ljusvågorna. Dom använder liksom den här stora harpan – en jätte, jättestor harpa, som hon... ja, inte nödvändigtvis bara hon, utan också som hennes vänner använder för att spegla ljusets vågor. Hur dom färdas på nåt vis. Intressant.

D. Ljus eller ljud?

B. Ljus, verkar det som, åtminstone med harpan. Hon är lite hemlighetsfull om den där harpan. Jag är nyfiken på den.

D. Har hon den i sitt labb?

B. Nää, oh, jo ibland, och det här kan vara lite knepigt för dig, men den är så stor, så det är flera som spelar på den, på båda sidor av harpan. Det är ungefär en–två–tre på varje sida, och dom plinkar alla på den. Dom gjorde det faktiskt en gång i den där stora hörsalen *(Ophelias föreläsningssal på den Sjunde).* Dom tog ut den och det var knäpptyst för ingen visste vad som skulle ske, om nånting skulle komma in eller om det bara skulle bli en slags show. Så den här stora harpan kom in på scenen i mitten, och dom var typ tre på varje sida. Ophelia höll bara uppsikt över det, och om du vet hur stor Ophelia är, så är den här harpan förmodligen tre gånger så stor *(Christine ser Ophelia som cirka två-tre meter lång).* Så den är gigantisk! Den har många strängar och hennes medhjälpare är på var sida när dom skapar ljudet, och när dom gjorde det var det nästan som att vi alla föll i trans. Det kändes som nån slags magi.

D. Avgav den något liknande ljus, eller gjorde den ljud?

B. Nja, det kom som vågor ut i den här stora salen, och alla föll i trans - nästan som att vi alla somnade. Det var som att luften blev riktigt tät av dom där vågorna som kom; och normalt kan du använda det här för att skapa mönster av ljusvågor, hur dom resonerar med ljud. För även om jag säger "ljusvågor", så skapas faktiskt en melodi, när det rör sig från sin källa och utåt. Och det är vad dom försökte spegla med den här stora harpan. Men jag tror att dom ville skapa nån slags effekt också, för den här är helt klart riktigt stor. Vissa somnade faktiskt. Jag vet inte hur det är med trattfolket, för dom har så stora öron, men det kändes faktiskt först som en vibration i kroppen, och sen som sagt, luften i hela omgivningen blev som tät, så att säga. Kanske var dom trötta på alla frågor och ville bara att vi skulle somna?

D. När det var över, vad sa de om det?

B. Dom sa att det speglade hur ljud och ljus färdas, och hur det skapar en melodi, och när du kombinerar dom kan du förstå vilka olika verkligheter som finns inom allt. För det handlar om kunskapen att ljus faktiskt kommer med en ton, och när du väl förstår det, inser du att det inte nödvändigtvis är nån skillnad mellan ljus och ljud, egentligen. Dom smälter faktiskt samman till *ett* väsen, och när du förstår det... och det är vad dom försökte spegla med den här harpan, antar jag, så lägger det grunden för gravitationen att komma in och integreras med omgivningen. Så på nåt vis är det grunden för... *(suckar medans han letar ord).* Ophelia visade mig det här, och det ser rätt konstigt ut, det är som att dom där vågorna av ljud och ljus, dom smälter samman till en stråle, och när den färdas, baserat på olika komponenter, strukturer och hastigheter ... här tror man att ljus bara har en konstant hastighet, MEN eftersom det kombineras med ljud får det faktiskt också en annan hastighet. (*Ljuset är konstant, men när det interagerar med ljudvågor som utgår från Källan, förändras ljusets hastighet och tyngdkraftens densitet inom olika regioner i universum. Påverkan av ljus- och ljudenergi är en integrerad del av skapelseprocessen, och är därför kontrollerad och under ledning av de andliga världarna.)*

D. Jag har alltid misstänkt det.

B. Så är det, det är inte konstant. Ingenting är konstant, egentligen *(vänder sig mot Ophelia).* Kan jag säga det här? Ja, det kan jag *(när han vänder sig tillbaka).* Ingenting är konstant. På den här nivån blir saker konstant på grund av polaritetstänkandet. Så du förstår, ljus är en sak, ljud är en annan. Och sen har du liksom man - kvinna, svart - vit och så vidare, men ingenting är konstant när du går utanför den här verkligheten. Men ljus, för att det ska förändras, läggs ljudet till, och det var det som dom försökte visa med den här harpan, antar jag. Jag ska gå på fler av dom här lektionerna, jag har inte riktigt förstått hela processen, men jag är intresserad. Det du kan ta med dig är att ingenting är konstant, inte ens ljusets hastighet.

Bob, Professorn i hans Arbetsrum (14 oktober 2017)

D. Vad jobbar du med nu, och hur går det med dina resor?

B. Ah, oh, jag har bubbeltränat och förberett mig, jag var tvungen att förbereda mitt eget väsen, fordon. På samma sätt som småstjärnorna när dom lär sig att upprätthålla sin energi, så föreslogs det att jag också skulle gå in i en slags träning med mitt energiväsen

D. Måste du jobba på din ljuskapsel då?

B. På sätt och vis, fast inte nödvändigtvis på samma sätt, men jag jobbar med mina energinivåer och ökar dom. Så istället för att stänga av dom i min ljuskapsel, försöker jag expandera. Jag vet inte varför, men av nån anledning sa Jeshua att det skulle vara bra om jag expanderar mitt energiväsen, för det är meningen att jag ska vara ... jag blir inte större, så klart, men det är ett sätt att rida på vågorna, på nåt vis.

D. Flyta som en kork!

B. Haha, jag flyter som en kork! HUH HUH HUH. Jag trodde att bubblan bara skulle ta hand om allting, och jag är säker på att den också gör det på nåt sätt, MEN, för du vet, det är inte så att jag sover där inne, jag kommer fortfarande att uppfatta förändringar och uppleva saker och det är också det att jag är lite ensam i bubblan. Jag frågade om vi ALLA kunde vara i bubblan, för det skulle kännas bättre, men Jeshua sa att ni inte reser i en bubbla, men att ni kommer alla att finnas där. Så jag har gjort olika saker för att förbereda mig.

D. Ja, vi kommer inte att lämna dig och låta dig flyta omkring alldeles ensam.

B. Nej, det förväntar jag mig verkligen! Jag tror inte att Ophelia...

D. Hon skulle inte godkänna det.

B. Hon skulle inte alls godkänna det! Nää.

D. Är Ophelia den som har uppsikt över din utbildning med allt det här?

B. Aah, hon sporrade mig till att förändra min vibration, för hon vet att jag inte gillar det, att jag blir stressad när vibrationerna förändras i mig, eller i mitt fysiska energifordon, om du så vill. Så hon uppmuntrar mig att göra dom här justeringarna, för hon vet hur gärna jag vill resa. Och hon sa, "Det är ungefär som när du började gå till mitt labb och valvet och till Lasarays labb." Det fick jag också träna inför, att förändra mig, eftersom det var nåt som var främmande. Jag är inte särskilt bra på nya upplevelser, nödvändigtvis, om jag inte känner mig trygg. Det är hela grejen med det här. Så Ophelia, hon känner till mina framsteg och hon vet vad som är jobbigt för mig. Hon vet också var jag är lite som, "Oh - känns lite läskigt!" Hon peppar mig att göra vissa saker, för vi har alla knutar. Några av mina knutar är känslan av förändring, du vet, som när omgivningen förändras. Så hon uppmuntrar mig att jobba på det, och om jag klarar av det, så väntar en belöning!

D. Ja, nu åker du fram och tillbaka till olika labb och sådana ställen utan några som helst problem.

B. Aah, aah. Jag bara projicerar mig själv, det är egentligen inte nån så stor grej. Men innan jag visste, var det en stor grej, för det är samma sak – allt som är nytt är en stor grej. Så jag måste också bli påmind om belöningarna.

D. När du arbetar med att dra tillbaka din energi till den Andra, var någonstans spenderar du din tid, och vad gör du?

B. Jag pratar mycket med Gergen, på grund av vårt arbete. Vi håller på att, typ, sammanfatta det hela. Han frågar mycket om hur informationen, som vi har gett från den andra dimensionen, har tagits emot. Och jag tycker om att sitta, och det här är lite nytt, men ibland gillar jag faktiskt att bara sitta i tysthet. Så jag sitter i ett slags Bibliotek, ett sånt som Gergens rum med böcker. Jag gillar att sitta och reflektera över mina anteckningar och memoarer.

D. Wow, vilken förändring!

B. Eller hur? Det är verkligen en förändring! Ibland tycker jag till och med att dom andra är lite högljudda, haha!

D. Så de där egenstudierna lönade sig verkligen, va?

B. Aah. Jag gillar att sitta och reflektera och inte bli störd. Så ibland sitter jag där.

D. Sitter du någonsin med Ia och funderar på saker?

B. Jaa, absolut, för hon har en lugnande inverkan på mig. Jag söker ofta upp henne för jag tycker om att vara med henne, och hon berättar för mig vad hon gör. Det är skoj att vara med småttingarna också, för dom är liksom oskyldiga och bara i början av sin resa och det gillar jag. Det är nästan så att jag känner mig gammal. Det känns nästan som att vara farfar till dom, HE HUH HUH HUH, att sitta där och se tillbaka och säga, "Oj oj, jag kommer ihåg när ..." Haha, jag gillar ungdomarna.

D. Tillbringar du mer tid med dem, försöker du lära dem?

B. Det gör jag, och jag lyssnar på dom också, jag tycker om att svara på frågor. Det tyckte jag om när jag var liten. Jag hade så många frågor, så nu försöker jag tillmötesgå dom och deras frågor, för jag vet hur viktigt det är.

D. Fanns det andra själar, som Gergen, som pratade med dig då? Fanns det andra personer som du arbetade med?

B. Jaa, jag hade andra lärare, det hade jag. Jag hade en när det gällde geometri och så vidare. Det var olika lärare. Men det var inte alltid som jag fick svar på mina frågor, så nu försöker jag vara den typ av lärare som jag alltid ville ha.

D. Jag är säker på att du är bra med dem.

B. Ah, och sen sitter jag i mitt arbetsrum och reflekterar, huhuhuh, över mina tankar.

D. Har du inrett ditt eget arbetsrum? Har du skapat ditt eget utrymme?

B. Ah, ja.

D. Hur ser det ut?

B. Alltså, det är som bokhyllor med massor av material som jag kan läsa på om, du vet tilläggsinformation för mina egna studier. Det är likadant som Zachariahs, samma som att vara hans kunskapscentrum, *(Biblioteket på Femte)* jag skapade ett likadant.

D. Du typ avbildade Zachariahs arbetsrum?

B. (*Skrattar högt*) DET GJORDE JAG FAKTISKT! HA HA HA.

D. Men det är en skön känsla, eller hur.

B. Hehehe. Det är en del av att bli vuxen.

D. Söker du fortfarande upp Zachariah i Biblioteket?

B. Absolut, för jag gillar att diskutera idéer. Som vissa saker som vi har lagt fram i den här gruppen *(våra kanaliserade sessioner)*, till exempel. Då vill jag gärna utveckla det, så jag får det korrekt i mina memoarer och annan dokumentation, så det gör jag. Jag söker upp honom, och på nåt sätt har jag nog imiterat honom, huhuhuh.

D. Han är en bra person att imitera. En verkligt lärd person.

B. Verkligen, han är som den största professorn av alla, som en ambassadör för allting, så han är ingen dålig förebild. Jag försöker härma honom, så när småstjärnorna kommer så tror dom att jag är som Zachariah! HAHAHA.

D. Kommer de och hälsar på dig i ditt arbetsrum?

B. Jag ger dom lov, nästan som hålla audiens. Oh, nu skojar jag lite. Men jag uppskattar att sitta och reflektera, och jag har kommit därhän att jag faktiskt njuter av mitt eget sällskap, så att säga. Haha.

D. Vilka slags saker funderar du över?

B. Jag funderar på, du vet, var vi började nånstans och vad vi har åstadkommit under dom här sessionerna. Om vi kanske har missat nåt, som jag skulle vilja gå vidare med vid ett senare tillfälle, och i så fall på vilket sätt. Så jag läser på om alla sessioner som vi har haft, där jag har varit med, och försöker se om vi har täckt allt, från min synvinkel sett. Andra idéer kommer jag att skicka vidare till Ophelia och Isak, såna vi kan diskutera i våra möten mellan sessionerna. Så på nåt vis har jag stigit i graderna till lite mer av en professor, en professor som Zachariah. Hehehe.

D. Du kan gå och hälsa på Ole, ställa frågor till honom.

B. Ole, han kan åka omkring till alla möjliga ställen, honom kan jag fråga. Men så fort som jag ställer en fråga är jag rädd att Gergen kommer och stör. För Gergen vet att vad jag än frågar, om jag inte får ett klart svar, så hamnar han i det läget att det är han som måste svara.

D. Ja, han är din mentor. Det är precis som med Tom, antar jag, du har en känsla av ansvar för vad han hör, eller hur?

B. Aah, allt är inte till för hans öron, du vet, eftersom det kan ge upphov till alla möjliga nya idéer som inte alls passar in. Och nu väntar jag på att kunna prata mer om resor. Han frågar, på samma sätt som jag frågade om bortom, så frågar han om att resa.

D. Du vet vad det betyder; Tom kommer att bli en liten resenär, som du.

B. Han vill veta mer om vad jag gör, men jag är lite försiktig med att dela med mig. Så jag kan se att det finns en likhet med Ole, förmodligen. Han är också försiktig med att berätta för mycket för mig, på samma sätt som jag är försiktig med att berätta för mycket för Tom.

D. Så, om Tom skulle fråga Gergen om något, kanske du vill veta vad han frågade?

B. Absolut! För han kanske skulle gå förbi hela listan av vad jag har tänkt undervisa om, så jag skulle sätta in en fot i dörren och säga, "Oh, hej, Tom! Vad händer här? Vill du ha en kaka? Vill du åka nånstans? Vad händer här?" Oh, nu förstår jag vad du menar. Men jag kanske frågar Ophelia istället. Men hon kan ju spela på harpan och få mig att somna, och när jag vaknar är allt för länge sen glömt.

D. Det är ett bra trick.

B. Hon har alltid nåt trick i rockärmen. Ophelia säger att kommande diskussioner här, framför allt nästa år, sa hon, ska handla om att få tillgång till information om olika center. Siahs plats är ett centrum som vi kommer att besöka och titta närmare på. Och när hon säger VI är jag ganska säker på att jag kommer att vara med. För nu har jag hört det, så jag kanske kan, om jag inte får resa, kanske jag kan se det som en dokumentär och delta på det viset.

D. Det låter härlig.

B. Så nu ska vi gå, säger Ophelia. Så, okej, hejdå.

Bob funderar över sin Utbildning (22 oktober 2017)

B. Jag jobbar ihop med Isak nu, med växter, och försöker skapa nya versioner av mönster. Han är en toppenlärare måste jag säga. Han ler och uppmuntrar mig, men han ger mig inga riktiga svar, han bara nickar och ler, så det känns som att man gör framsteg, även om man kanske inte gör det. Huh, jaha ja! Men jag känner mig alltid väldigt uppmuntrad av honom, och han tar sig tid, det gör han verkligen. Han förstår hur jag fungerar, som du.

D. Var jag en bra lärare, har jag varit en bra lärare?

B. Ja, men du var mer bestämd i ditt sätt att undervisa. Det är annorlunda med dig och mig, eftersom vi möts på så många olika plan, lite här och där. Vi är liksom vänner också, och du vill att jag ska vara så bra som jag bara kan vara. Jag är säker på att dom andra också vill det, men dom står mig inte lika nära på det viset. Det är som att ha en förälder och sen åker du till mormor och morfar - det är mycket roligare, eftersom dom kan skicka hem dig senare på dan! Ha ha va! Zachariah är också väldigt bestämd. Han är stram, du och Zachariah är mer lika. Den här (*Christine*) är lite mer, du vet, lekfull, och Ophelia är som en mamma, omtänksam. Hon tar sig alltid tid för mig, och Isak är också sån.

D. Ophelia måste följa din utveckling väldigt nära?

B. Ja det gör hon. Och det gör du också, ni undervisar på två väldigt olika sätt bara, och Zachariah är lite som du. Båda sätten får mig att utvecklas, för om jag blir för bortskämd kanske jag bara skulle vilja stanna kvar där och ha kul. Men eftersom du pushade mig på ett annat sätt, och utmanade mig, så kombinerade jag dom två sätten att undervisas till ett koncept som fick mig att utvecklas.

D. Ophelia kramar dig, och jag slår dig på fingrarna.

B. Uhhuhuh. Det gör du inte, men du är mer som att du studsar tillbaka frågorna, på nåt vis. Hon ler och nickar, men du är lite som ... det är ibland som att prata med en spegel. Jag ställer en fråga och så studsar den tillbaka. Den förändras lite grann, men det är fortfarande samma fråga, och det får mig att tänka. Och Zachariah gör likadant, studsar tillbaka den, så det är jag som ger svaret. Ophelia uppmuntrar mig på ett annat sätt, som Isak, dom är mer som morföräldrar, så att säga.

D. Det är förmodligen roligt att komma ut från vårt labb och besöka dom?

B. Jag tycker om att vara överallt, att vara på olika ställen där jag kan lära mig. Jag tycker lika mycket om allt. När jag tittar i backspegeln, kan jag se att alla sätt att undervisa har hjälpt mig att bli den bästa designern, den allra bästa formskaparen och skaparen av nya idéer, som jag bara kan vara.

D. Jag är säker på att du är väldigt respekterad därhemma. Vi pratade i morse om att du hade ett väldigt fint kontor bredvid Gergens.

B. Ah, ah, en liten bit bort, men jag gillar när elever kommer och pratar med mig. Jag ställer frågor, svarar på frågor och dom kan sitta och prata med mig, och det är nåt jag gillar.

D. På vilket sätt undervisar du? Är du som Ophelia och Isak, eller som jag och Zachariah?

B. Ahhhh, jag försöker vara både och, och försöker anpassa mig till den jag pratar med. Men jag använder faktiskt båda teknikerna, för det är helt klart nåt som har fungerat. Så ibland är jag lite stram och bestämd, och ibland är jag mer som, du vet, som den jag är. Jag skojar gärna om saker, för jag tycker att det är ett bra sätt att lära sig. Hmmhmm.

D. Jag slår vad om att du är en riktigt bra lärare.

B. Jag försöker vara annorlunda, beroende på vem jag pratar med.

D. Jag är nyfiken, kommer Ia någonsin och frågar dig till råds om saker?

B. Aah, det gör vi båda.

D. Så du frågar henne om saker, och hon frågar dig?

B. Ja, precis, eftersom vi jobbar med olika saker. Hon jobbar mera med DNA och ljus och så vidare, och hon samarbetar också med Åttonde nu. Så vi har en gemensam knutpunkt, även om hon jobbar med dom pyttesmå detaljerna, och jag försöker göra en stor, enorm planet. Men det är fortfarande knutet till samma källa, den Åttonde, med DNA och så vidare.

D. Ja, Isak är en mästare på det.

B. Det är han verkligen.

D. Träffar hon Isak eller någon annan?

B. Jag vet inte riktigt Jag har bara träffat Isak, när det bara är han och jag, men jag ska fråga om Ia kan komma, för hon skulle gilla Isak, han är snäll och vänlig. Men jag vill också vara med, för jag vill inte bli utestängd igen.

D. Som när Ia och Gergen jobbar tillsammans?

B. Aah, det vill jag inte, men jag delar gärna med mig, fast jag vill också vara med.

D. Jag förstår. Frågar Gergen någonsin dig om råd?

B. Ööhh, på sätt och vis ber han om råd, väl inte råd kanske, men han kan fråga, "Vad skulle du Bob vilja ge mer information om, vad skulle du personligen vilja lyfta fram till den här världen, om du kunde?" Och då pratar vi om det. Och ibland undrar han också över hur människorna reagerar på oss. Sånt frågar han också om. Då säger jag, när vi var där och där, var reaktionen så och så. Han kan se det, men frågar ändå lite om det. Och då pratar vi om det. *(De håller ständigt ett öga på dialogen när vi har offentliga event eller transsessioner och fastställer hur deras budskap tas emot.)*

D. Hur tycker du att responsen har varit?

B. Många människor som redan vet att naturandar finns, dom är mer redo, så att säga, att kommunicera med oss, och andra är alldeles i början, där dom inte riktigt vet vad dom ska tro. Det finns fortfarande vissa saker som en del kanske undrar; är ALLT det här sant, kan det verkligen stämma? Men det enda du kan göra är att gå in i din själspartikel och känna efter om du får liksom ett pirr, att det kittlar till lite, om det känns rätt. Men det är också så att varje själ befinner sig på sin egen inlärningsnivå, och om det är nån som kommer med flera knutar, och vi försöker ge en belöning, så kanske dom inte är redo för den belöningen riktigt ännu. Men det är inget som oroar mig, för jag är bara här för att prata lite och försöka ge ett budskap, och dom flesta kommer att uppskatta det och förstå att det är nån som ger dom mer insikt om deras sanna natur. Men det finns dom som kommer att ifrågasätta om budskapet är äkta, och dom är fortfarande på nåt vis låsta i sin egen puppa – dom är inte nån stjärna, eller så har dom för många knutar.

D. Ja, det är ett problem. Jag har samma farhåga att människor ska ha förutfattade meningar som de inte vill släppa.

B. Ja, det är liksom, "Lös upp den där knuten!" Det beror på att dom inte är där än, på sin inlärningskurva. Och somliga kommer, utifrån det här –antingen genom böckerna som ni publicerar, eller arbetet ni gör – att ta ett steg uppåt på sin stege, och det är allt vi kan önska. Men jag är verkligen glad över responsen, för jag känner att det gör folk glada, och glädje är nyckeln till framsteg. Om du är arg eller trångsynt, då befinner du dig i den där puppan, och det här är bara ett sätt att få dom att bli en stjärna.

D. Ja, du gör verkligen människor glada. Du gör oss glada.

Bob står inför Rådet (11 november 2017)

Bob berättade hur han stod inför Rådet *(som han sedan dess har gått med i)* för att beskriva vad han lärt sig och hur informationen från den andra dimensionen togs emot under transssessionerna fram till slutet av *Första Vågen*.

D. Så, vad nytt har hänt, min vän?

B. Jag har varit lite i mitt arbetsrum, och jag har pratat med mina elever och förklarat .... o-oh .... det känns som att hon här håller på att somna, jag tror jag ska sjunga lite, *(andarna som kommer in från den nionde och tionde dimensionen har en långsammare vibration än Bob, så han får kämpa med att anpassa Christines inre energi till sin nivå, när han kommer in efter dem. Efter att ha sjungit en stund lyckades han få upp hennes energi igen.)* Så där ja, Opp och hoppa! Jag har varit i mitt arbetsrum och jag har också rapporterat till mitt Råd.

D. Oh, gjorde du det?

B. Jaa, det gjorde jag.

D. Hur gick det?

B. Det gick bra. Gergen var där som moraliskt stöd, kan man säga. Så jag kom dit klädd för det speciella tillfället, lite som att man här kommer till en intervju i kostym och slips, så jag var väl förberedd.

D. Vilken färg hade du på dig?

B. För dagen bar jag faktiskt blått, ljusblått, för jag ville spegla ett lugn, huhuhuh. Men först ville jag ha rött –jag gillar rött –men Gergen sa att det visar för mycket av min personlighet. Så han sa, "Varför tar du inte ljusblått, för det kommer att återspegla ett lugn och få dom att uppmärksamma det du säger, mer än bara din personlighet," så det var det fiffiga med det. Dom var alla klädda i vitt, dom har vitt, alltid vitt.

D. Hur många var de?

B. Oh, dom var många, dom satt som på rad på en liten scen. Dom var *(pausade och mumlade medan han räknade dem i minnet)*—tolv.

D. Wow, det var ett stort Råd.

B. Aah. Och den till höger, längst till höger, tänkte jag först att han var liksom en lärling, för han sa ingenting. Alla dom andra ställde frågor till mig, men inte han, så jag trodde att han var en slags lärling, men han var faktiskt högst i rang av dom alla. Men trevlig var han – jag ville prata mer med honom och jag var lite besviken över att han inte ställde några frågor. Gergen stod bredvid mig, och dom andra satt där uppe, och var och en ställde olika frågor, och han bara satt där och log och gjorde anteckningar. Jag ville prata mer med honom, men det visade sig att han var liksom en äldste.

D. Vilken typ av frågor ställde de till dig?

B. Oh, dom frågade om hur informationen fortskred. Mycket hade att göra med... ja, förutom jorden och fröna och sånt, men dom var också intresserade av att veta hur budskapet om deras existens i naturen har tagits emot. För det är nåt som några av dom var lite tveksamma till att dela med sig av, eftersom dom var osäkra på om dom verkligen ville bli upptäckta. Och jag sa, redan innan det här uppdraget, "Jag vill bli sedd, jag vill att man ska upptäckta mig och det kanske finns fler som vill bli sedda!" Då sa Gergen, "Sshh, säg det inte på det viset, Bob. Säg bara att du uppmuntrar oss att visa för dom *(människorna)* att vi finns, för hur ska dom annars förstå vilka förändringar som behöver göras i naturen? Säg det så, Bob." Så det gjorde jag. Och det är också därför som, tillsammans med högre Råd, som Ophelias och så vidare, det här uppdraget kom till, det som vi deltar i. Alla måste delta; så om vi inte gjorde det, skulle det inte ge en komplett bild, eller hur? Huhuhuh

D. Det är sant.

B. Så, vi pratade om det. Hur det kom fram, och det om hur vi verkar i naturen och hur vi kan bli sedda, och även hur vi ser på och känner av människorna och deras mentala aktivitet. Det var många frågor på det.

D. Det var bra, jag uppskattade verkligen den kunskapen.

B. Aah, aah. Dom ville veta om det framgick, att vi ser allt i energi och att vi kan se vad som manifesteras för människan, både det som syns och det som bara är som ett energiminne. Så jag sa att det hade jag sagt. Det var en av sakerna; punkter som dom ville att jag skulle delge mänskligheten, sånt som var viktiga för dom, så det berättade jag. Jag gav liksom en redovisning och dom bockade av på listan, så att säga, över allt jag hade berättat för dig, och även vad som kommer att släppas i den första boken, men också i kommande böcker. Det var dom glada för. Efter mötet började dom faktiskt le, hela panelen av medlemmar, inte bara han till höger; han stödde allt det här, jag är säker på att det var han som startade upp det hela från vår nivå. Kanske är han den som pratar med Ophelia, till exempel, som deltar i dom högre Råden på den Nionde? För på den Nionde är alla från alla dimensioner välkomna. Jag är säker på, om jag skulle gissa här, så är jag rätt säker på att han deltog där. Ole ... Ole ... Han heter Ole. Han är nästan som en pappa åt Gergen (*detta utspelade sig första gången Bob mötte Ole.*)

D. Hur ser han ut? Är han större?

B. Nej, han är lite mindre än dom andra, som att han har krympt.

D. Som ett russin.

B. Som ett litet russin, men ett väldigt intelligent sånt! Huhuh. Jag gillar honom, jag gillar verkligen honom. *(Bob återger saker i kronologisk ordning och har, som nämnt, sedan han först började tala, presenterat sina minnen som om de är händelser i realtid.)* Oh, han sa att han var som jag en gång, jag är nästan som hans barnbarn. Han sa att han tycker det är roligt att följa mig när jag reser. Han sa att det gör honom glad, eftersom han inte längre reser, han håller mer på med, typ ...kontorsarbete! Ha ha ha. Han sa: "Jag reser inte på samma sätt längre, nu är det mer som pappersarbete!" HUH HUH HUH. Men han gillar att kolla mig, han säger, "Jag följer dig, Bob."

D. Ja, förmodligen valde han ut dig. Han och Gergen.

B. Aah, men jag träffade inte honom, jag pratar bara med Gergen.

D. Ungefär som med dig och Jeshua, han visste allt om dig.

B. Aah, han visste allt om mig, och jag hade ingen aning. Men han sa att han har följt allt mitt jobb och slit, alla mina äventyr på olika platser följde han. Huhuh. Det är som ett tv-program. Jag är som en tv-stjärna! Huhuh, han har följt alla mina utflykter, sa han. Han tyckte det var speciellt roligt när jag gick till Ophelias stora klassrum. Han sa att han tyckte det var roligt att se dom gångerna när jag inte fick sitta längst fram. *(Bob rusade alltid till föreläsningssalen, så han kunde vara nära vem som än föreläste. Men i andevärlden, eftersom tankar färdas annorlunda än ljudvågor, skulle det egentligen inte spela någon roll var han satt i forumet.)* Han skrattade sa han, för han kunde se att jag var rätt frustrerad. Han följde och observerade hur jag interagerade med dom andra deltagarna på den lilla scenen.

D. Och vad tyckte han om det?

B. Ah ... nu kan jag se det! *(Han tittade mot Ole, som måste ha visat honom ett svar på min fråga).* Han säger att jag påstod att jag bara sneglade på dom, men att jag faktiskt stod upp och stirrade, och det skrattade han åt. Han sa, "Som du minns det, sneglade du bara lite åt höger mot dom, men i verkligheten stod du upp och stirrade." *(Detta beskrevs i Första Vågen, när han dök upp sent och fick sitta längst bak och kunde se alla de andra eleverna. Det var då som Bob lade märke till den lilla gruppen elever som han tyckte såg väldigt konstiga ut, med vad han beskrev som trattformade öron och som han var väldigt nyfiken på.)*

D. För att kunna se bättre.

B. För att se bättre. Så det kollade han på, och han tittade också på hur min låda utvecklas *(hans projekt i labbet den Sjätte),* det var han intresserad av att se. Han sa att jag var beskyddande, du vet, att jag vaktade min låda som om det vore en skatt. Och det tar han inte ifrån mig, för den betydde så mycket för mig - som en skatt. Men han sa att jag var väldigt misstänksam mot dom andra i ditt labb. Han sa att det nog är en egenskap som jag har ärvt - att jag är misstänksam. Huh huh.

D. Du kände dem inte.

B. Nej, jag kände dom inte, och dom sa ju inte nånting, dom bara, liksom - stirrade.

D. Det är bra att vara försiktig när du är ute och reser.

B. Aah, man ska inte rusa iväg, men det gör jag ibland. Fast om jag gör det, är det bara för att jag känner mig hemma med dom jag är tillsammans med och med omgivningen där jag är.

Annars brukar jag vara mer försiktig – och det påpekade han här. Men det är också lite så dom vill att jag ska vara, för om jag bara hade varit den typen som rusar iväg, då skulle dom aldrig ha låtit mig resa. Så dom ville att jag skulle vara lite försiktig också. Dom ville inte att jag bara skulle svälja allt som kom i min väg, så att säga utan också se på saker från olika vinklar, från vår nivå också, för att se om det stämmer överens med hur vi fungerar.

D. Så, från hans perspektiv sett, vad var det i labbet som du upplevde hjälpte dig vidare?

B. Egenstudierna, du vet, detaljerna. Han sa att det delvis var det som blev bättre med tiden, eftersom jag var mest med dig.

D. Var det avsiktligt från deras sida?

B. Jaa, det var avsiktligt eftersom han sa åt dig att göra det! Tydligen...det här visste jag inte. *(Han fick bilder så att han skulle veta att jag blev instruerad att lämna honom ensam för egenstudier.)* Du har också vandrat runt, du har smugit omkring här verkar det som. Så Gergen måste ha gett dig anvisningar, du vet, tips, checklistor och sånt som du skulle följa. Kanske var det därför du lämnade mig? Du lämnade mig för egenstudier, och jag förstod inte riktigt varför. Jag trodde att vi bara skulle vara vänner som umgås och gör saker tillsammans, så jag blev lite förbryllad och tänkte, "Oh, vart ska du ta vägen?" Och då sa du, "Jag är bara precis runt hörnet." Och IBLAND, VERKAR DET SOM, var det inte alls nåt brådskande. Du bara gick!

D. Jag stod bara utanför och tittade på?

B. Du bara gick, du var trött på mina frågor - oh, här får jag reda på alla möjliga hemligheter För du var trött på alla frågor, och sa ibland att du hade brådskande angelägenheter att ta hand om, men det stämmer inte – du gick bara och ställde dig utanför dörren. För det här var på den tiden då jag inte lämnade rummet! Huh he he he he ha. Du gick bara ut och ställde dig utanför dörren. Om jag hade tittat ut skulle jag ha sett dig! Oh, nu förstår jag, dom visar mig bilden nu, Ole visar mig bilden. Oh, du stod precis utanför dörren ibland. Ohhohoh...

D. Det är inte särskilt snällt.

B. Nää.

D. Men du vet att du är en av mina bästa vänner. Jag skulle inte göra någonting –

B. Nää, och du mådde dåligt av det, för du sa att du inte riktigt gillade det. Så efter det gjorde vi en massa saker – du tog mig till klotrummet, du visade mig ställen där jag kunde samla in olika slags material och du tog mig till museet. Du tog med mig till olika ställen, för du mådde lite dåligt av att det. Men du var tillsagd att lämna mig och det visade sig bli bra, men just då var du inte riktigt säker på det, så du sa: "Jag ska gå och ta hand om ett brådskande ärende." Och ibland var det brådskande, men inte alltid.

D. Du hade förmodligen aldrig haft tillfälle att vara helt själv förut?

B. Nää. Först är vi i riktigt stora grupper, sen går vi ner till kluster, mindre kluster på typ tio, sen går vi ner till fyra eller fem, och nästa nivå är att vara mer själv och göra individuella uppdrag; och mitt uppdrag var att följa med dig och göra det här. För att kunna göra det var jag tvungen att jobba utifrån min egen förmåga, eftersom det här inte är en gruppaktivitet. Jag var tvungen att vara själv, men jag tyckte det var lite läskigt. Man måste lära sig olika sätt att bemästra det, så jag var omgiven av vänner, men jag fick också gradvis lära mig att vara och reflektera och studera ensam.

D. Du är riktigt bra på det nu.

B. Aah, och jag träffade dig i valvet också. Och när jag var där nere, så lämnade du mig ibland ensam med lådor som jag fick lov att titta i – och det var samma sak, jag kan se det nu, att det fanns liksom en strategi från din sida att värma upp mig, för att jag skulle göra det här självständigt. För det är inte en gruppaktivitet för mig... utom att Gergen håller koll förstås, och såklart Ole...tydligen. Dom andra *(Rådsmedlemmarna på den Andra)* kollar förmodligen också, men dom är inte så – dom ler inte, så du vet inte vad dom tänker; dom är vänliga, men dom vill bara inte att humor och andra glädjeyttringar ska överskugga syftet och uppgiften *(han har hoppat tillbaka och beskriver sitt möte med Rådet).* Dom sa, "Det hade varit lättare för dig om vi satt här med stora leenden, men hela syftet med din uppgift skulle då lite överskuggas av skratt. Så gemensamt visar vi oss med det här personlighetsdraget, så att du bara fokuserar på uppgiften. Men sen efteråt, när vi är klara, då kan vi fira." Som en examensfest!

D. För att bli den lilla stjärna som du är, fick du lära dig att lita mer på dig själv.

B. Helt själv; helt själv eftersom jag skulle kommunicera med er helt själv (*i våra transsessioner.*) Vi alla lär oss på nåt vis så småningom att vara själva, men det här var annorlunda.

D. Studerar du fortfarande mycket på Sjätte och Sjunde?

B. Aah. Jag går på lektioner.

D. Har Ophelia i stort fortfarande översikt över din utveckling?

B. Aah, hon är aldrig långt borta.

D. Hur är det med Isak?

B. Isak kommer också förbi. Han liksom klappar mig på axeln, du vet. Jag gillar honom, han kan bara svänga förbi var jag än är. Han dyker bara upp och kan säga, "Hur går allt? Hur går det med din låda? Och med din bubbelträning?" Han kommer alltid ihåg allting – och han verkar dyka upp överallt, så jag tror inte det finns några passkontroller för honom! Han kan resa precis vart han vill. Huhuhuh.

D. Han tänker, "Var är min lilla kompis nu?"

B. Det är som att ha ett sånt där passerkort, och du kan liksom bara åka omkring. Jag har också ett slags passerkort.

D. Han har ett huvudpasserkort.

B. Ett huvudpasserkort. Kanske kan man gå och testa om det, klick-klick, fungerar här och där? Man kan gå upp till det Mästerliga Medvetandet, eller kanske gå och lyssna när Jeshua och dom på den Nionde har ett litet möte, kanske bara kila förbi och lyssna. Då skulle jag känna hur en stjärna inom mig tändes. Ibland är min stjärna lite mer – du kan se stjärnan som en lampa, så ibland är den lite mer dimmad, och det är då jag fokuserar på nåt som jag redan kan och jag bara försöker få det att fungera; MEN när jag håller på med nånting som jag vill lära mig mer om, då är min stjärna inte lika nedtonad. Då lyser den starkt!

D. Blir den större med tiden, din stjärna?

B. Aah. Den får fler strålar kan man säga. Det började som med en pytteliten stjärna och sen blev det, typ, som fyra strålar åt varje håll. Sen blev det mer och mer, och så småningom ser den ut som en sol, huhuhuh.

D. Bländande för ögonen. Nåväl, grattis till att du fick ett så bra betyg av Rådet!

B. Grattis till mig!

D. Ett väl utfört arbete.

B. Bra gjort. Jag har en liten grej på mig här *(tittar ner på bröstet)*, det är som en medalj, en guldstjärna med en liten sten i.

D. Har du den runt halsen?

B. Nej, man fäster den på sin dräkt, den sitter över hjärtat, så att säga. Den är guldaktig, med en stor röd sten i mitten, och med mindre stenar runt kanten av stjärnan.

D. Har du den alltid på dig?

B. Jag ska ha den på mig, när jag sitter i mitt arbetsrum, så att folk kan se den när dom kommer, huhuhuh. Och när dom frågar, "Vad är det där?" så ska jag svara, "Det här är en belöning för väl utfört arbete." Alla gillar en belöning och jag är väldigt glad över den. Jag är stolt över den.

D. Kommer du att få något efter varje våg? Kommer du behöva rapportera varje gång?

B. Dom är nyfikna på att få veta vad jag har sett.

D. Kan dom inte se det också?

B. Det kanske dom kunde, men det talar dom inte om. Dom här är inte så pratsamma heller, ska du veta, berättar inte särskilt mycket. Det är mer att jag berättar, och dom lyssnar på vad jag har att säga. Men dom är glada, så när det var klart ... han som var rätt strikt, han kom ner och gav mig den här stjärnan, och sen applåderade alla och log. Så jag kände att dom var strikta mest bara för att jag skulle vara på alerten och fokusera på min presentation. Men efteråt var alla vänliga, så kanske blir det en fest!

D. Det var toppen. Grattis min vän.

B. Aah, aah. Hur som helst.

Innan vi lämnar det här kapitlet kan det vara bra att påminna om hur Bob beskrev hur han uppfattar objekt på Jorden, eftersom det var en viktig punkt för hans Råd. Vi talar hela tiden om frekvenser och vibrationer, men som människor är vi väldigt avskilda från själva energifältet. Våra fysiska ögon kan bara uppfatta vissa band av ljusvågor, som omvandlas till elektriska signaler, som i sin tur tolkas av hjärnan. Om vi till exempel tar ett träd, för oss är det fast och kompakt. För dem på den Andra är det ett energiknippe, organiserat och sammanhållet av ett mönster som avger vissa ljud och färger. När Bob, eller någon annan ande (inklusive din själ, när den är utanför kroppen) observerar en plats på Jorden, kan de se de nu aktiva träden och växterna, liksom även den kvarvarande energin från tidigare levande flora. Ju längre tillbaka i tiden (tid finns på Jordplanet), desto blekare ter sig energin. En ande ser inte genom ögonen, utan läser av energifältet direkt med sitt väsen, åt alla håll samtidigt. Andarna på den andra dimensionen är ansvariga för att upprätthålla dessa mönster, så när de rör sig omkring på Jorden, utvärderar de färgerna och ljuden som kommer från de levande växterna och djuren, och försöker hjälpa till om de skulle finna obalanser. Allt bär det Mästerliga Medvetandets medvetenheten, så de kan kommunicera med träd, växter, fiskar, djur, insekter, maskar och fåglar, eftersom de arbetar direkt med den inre intelligensen. Om vi inte lär oss något annat av den enorma mängd kunskap som de har tillhandahållit, bör vi åtminstone acceptera att vi är omgivna av ett nät av medvetande, som kan upptäcka vår närvaro och våra avsikter. Ett träd, till exempel, är mer medvetet om dig än du är om det. Den andra dimensionens andar uppmanar oss att se världen på ett mer gudomligt sätt, eftersom det är deras arbete och bemödanden som vi fördärvar.

Bygga ett Solsystem

Labbet på Sjätte är där de flesta diskussionerna om solsystemen och de kosmiska akvarierna äger rum, eftersom det är dit Bob kommer för att studera. Våra tidigare böcker, *Helig Design Första och Andra Vågen*, beskrev ganska detaljerat funktionen och syftet med de olika dimensionerna, så vi kommer inte att gå närmare in på det här. Men vi vill påminna läsaren om att Bob är en mästerdesigner av olika livsformer som finns på Jorden, och han började resa till olika dimensioner för att fördjupa sin kunskap om hur form skapas. Han kommer också att vara en del av teamet som arbetar på nästa modell av människan, vilken planeras att introduceras under de närmaste hundratal åren. De sjätte och nionde dimensionerna är de världar som designar och planterar fysiska objekt som solar, planeter, månar och andra fasta former i vårt Universum. Jag säger "planterar" eftersom solsystemen och större objekt är designade som energimönster av ljud och färg inom de andliga dimensionerna, ungefär som DNA. Efter att energimodellen är komplett färdigställd, placeras den på en förutbestämd plats i ett kosmiskt akvarium, precis som ett frö. Sedan tillkommer andra element (också energimönster) och systemet börjar växa till den avsedda formen. När systemet har expanderat och materialet av ljus och ljud har smält samman till fast form, försätts det i viloläge. Det vi ser som materia är bara stelnade mönster av ljus- och ljudenergi, så när nya solsystem läggs till i Universum, uppstår nytt material – kondenserat från de högre andliga vibrationerna ner till de vibrationer som hör till den första dimensionen och är synliga som fast materia på den tredje dimensionen. Jag vet att detta helt motsäger de moderna vetenskapliga teorierna, som hävdar att all existerande energi och påföljande material i Universum omedelbart uppstod från en matematisk singularitet som är mindre än en myggas tandborste (dvs. "Big Bang"-teorin), men du får fråga dig själv: vilken teori är mer ologisk? Forskare har en stor förkärlek för vissa fysiska principer, såsom termodynamikens första lag som handlar om hur energi bevaras, och som de menar är oföränderlig. Lyckligtvis är

Universum inte ett slutet system, vilket betyder att de flesta av dessa "lagar" endast har begränsad giltighet bortom Jorden. Dessutom berättar andarna för oss att det finns galaxer och solsystem som inte är fullt materialiserade, som flyter omkring i vårt kosmiska akvarium men som inte interagerar med de vibrationsfält som vi kan upptäcka med våra sinnen eller apparaturer. Det är viktigt att lägga åt sidan alla teorier du kan ha fått lära dig i skolan, och tänka på att andarna beskriver hur processen faktiskt går till, avskalad all teoretisk stelbenthet. Alla dimensioner är involverade i skapelsen, och många själar på Jorden som har ett hem i den sjätte eller sjunde dimensionen är mycket insatta i det Bob studerar. Det här kapitlet handlar främst om hur han studerade och genomförde de olika stegen för att skapa ett solsystem i vårt labb. Senare ger han en mängd information om hur han fick lära sig om ljud och melodier relaterade till stjärnor och planeter.

En Byrålåda i Labbet (15 januari 2017)

I *Första och Andra Vågen* presenterade vi några av Bobs upplevelser i Ophelias labb på den Sjunde och i vårt labb på den Sjätte. Under åren som gått har vi fått lyssna på många lustiga historier, när han berättar sådant som han har lärt sig och diskussioner han har haft på sina resor. Han och jag tillbringade mycket tid i vårt labb med att prata, innan hans utbildning om hur man bygger ett eget solsystem startade. Vi hade en byrålåda där vi förvarade hans modell, och när vi gick igenom olika nivåer i undervisningen, kunde han lägga till den kunskapen i sitt projekt. Vi började med en liten sol, eftersom han redan hade gjort en med Ophelia, och sedan gick vi vidare till planeterna, en omloppsbana i taget, och vi la ner avsevärd möda på planeten med liv. Du ska tänka på Solen och planeterna som energiobjekt som innehåller vissa element och färgmönster. Han var ofta frustrerad och förvirrad, men när han lärt sig bemästra de grundläggande begreppen, belönades han med många nya kunskapsgåvor. Och nu, någonstans ute i vårt Universum, svävar hans solsystem omkring med hans egna lilla individ - men vi ska låta honom själv berätta historien. Även om han nu är känd som en stor resenär, krävdes det mycket mod från hans sida att börja ge sig av till okända platser, som vårt labb på den Sjätte. För att känna sig mindre orolig bar han med sig ett litet äpple, när han först kom på besök, för det gav honom en hemmakänsla. Det här samtalet utspelade sig mycket tidigt i våra diskussioner, så hans språkkunskaper var ännu inte så utvecklade. När han först började tala, sprang tankarna ofta iväg mycket snabbare än orden, så många idéer blev aldrig riktigt uttalade i den helhet som han avsåg, eller som de förtjänade. I andevärlden kan hela idéer och konversationer överföras i en enda tankebubbla, så han var tvungen att lära sig att tolka orden ett i taget, för att konkretisera ett ämne med vårt primitiva sätt att kommunicera.

D. Har du det (*äpplet*) i en liten ryggsäck, eller hur bär du det?

B. Det är mer som en liten påse på en pinne.

D. Har du en anteckningsbok?

B. På ryggen, i min ryggsäck. Lite annorlunda. En del anteckningsböcker säger du, "Du måste lämna dom här *(i labbet)* Bob, men dom kommer att finnas här när du återvänder." Så, några av mina anteckningar, som handlar om projekten i byrålådan, dom bär jag inte runt på. Men äpplet har jag i en påse på en pinne, en liten brun tygpåse som jag har virat runt en pinne, typ. Det inte så stort. Men det är bara så jag ska känna mig hemmastadd, egentligen. Jag behöver det egentligen inte, du säger, "Du behöver inte det där."

D. Okej, det känns hemtamt.

B. Det känns lite som hemma för mig.

D. Jag har alltid planterat flera äppelträd, jag tycker om dem.

B. Det gör jag också. Dom är fina, det är en glädje att se äpplen växa, för det är en symbol för hälsa och mognad och cykler, du vet - vår och en period av värme och sen höst. Årstider, det gillar jag.

D. Så vad pratar du och jag om i labbet?

B. Du skapar mer dom fasta föremålen i rymden, dom som svävar på tyngdkraften, och hur mycket av ett visst grundämne som behöver finnas runt en himlakropp för att allt ska fungera på bästa sätt. Det måste både stämma överens med stjärnan i mitten, och att den är innesluten för att den ska kunna utvecklas. Eftersom även solsystem och galaxer har sin egen evolution; det är en form av liv – det är det! Du vet, det är nåt som intresserar mig, eftersom det är en annan slags evolution. Men den går långsammare. Du kan inte riktigt se det på samma sätt. Du tror att om du är uppmärksam, så kommer du att se hur nånting förändras, men det gör det inte riktigt. Och efter att vi har stått där och väntat ett tag så frågar jag: "Varför står vi och tittar på det här, för det verkar ju inte ske nån uppenbar förändring?" och du säger, "Det är molekylära förändringar som äger rum mellan himlakropparna för att dom ska fungera som bäst." Jag ställer en massa frågor om varför vi skapar dom här sakerna, för jag förstår egentligen inte syftet med det.

D. Det är en bra fråga, varför finns det så många stjärnor och planeter och galaxer där ute?

B. Det vet jag, men det är såklart bara från min kunskapsnivå, och jag är säker på att det här kommer att besvaras av dom som förstår sakernas centrala design. Men jag vet faktiskt, och det är, för Ophelia berättade för mig, att när vi skapade våra små solar och stjärnor i vår glasskål, så stängs dom inte bara av när vi går, dom är faktiskt placerade nånstans så att vi kan följa dom. Några av dom som jag kan se är faktiskt våra små träningsprojekt som bara svävar omkring där ute, men dom orsakar inte nån skada. Det känns väldigt bra att veta att du skapat nåt och att du kan se det, att det finns där ute. Men dom är placerade där dom inte nödvändigtvis kan störa andra system.

D. Så, dina små skapelser i labbet, de är tagna och placerade någonstans ute i Universum?

B. Placerade nånstans där du kan se dom. Jag har gjort ett par men dom fungerar inte riktigt. Du vet som när barn gör nånting på dagis, så slänger man inte bort det, man sätter upp det på väggen så dom blir glada. Det är samma sak. Så vi får placera våra stjärnor, *(skrattar)* hehehe, jag får visa upp mina projekt. Men det är ingenting runt dom just nu, kanske nån gång i framtiden.

D. Kanske ditt nästa projekt blir att göra små planeter runt din lilla stjärna?

B. Jag antar att det är där ni kommer in i bilden, för jag följer er båda *(Christines och mitt Högre Jag)*. Jag frågade dig, "När ska jag få göra en planet? Jag har gjort en stjärna, när kan jag få göra en planet?" Och så började jag få komma och göra saker med dig. Oh, låt se. Vi började med små, det är egentligen som små stenar. Du säger, "Innan du kan göra en stor, måste du förstå modellen." Så du och jag – vi har ett bord, och sen lär du mig och jag visar dig hur jag skulle vilja göra ett solsystem, men det är inte på riktigt, det är på ett bord med små stenar eller runda bollar. Det finns en boll som ser ut som en hematit, svart och gnistrande – den är viktig här, eftersom den innehåller flera nycklar för gravitationen i sig, ämnena i den liknar faktiskt det som finns i många solsystem. Fast den är tvådelad, och det här är den fasta formen som du ser här, men jag kan få den i flytande form också. Hematit i flytande form är nåt av en nyckel för att skapa ett solsystem. Det här borde jag lära mig mer om, antar jag.

D. Jo, järn är väldigt vanligt.

B. Det här är mer än järn, det här utövar nån slags dragningskraft. Dra till sig och sen släppa på nåt vis. Hmm, intressant. Så det här håller jag på och lär mig nu. Först gör jag en modell. Jag tror att jag har kommit lite längre i Ophelias klass, för jag gjorde faktiskt nånting där som placerades ut. Och här i ditt labb är jag fortfarande kvar på ritbordet så att säga.

D. Du gör framsteg.

B. Jaa, det gör jag verkligen. Men här sparas det, du lägger det i en stor byrålåda och sen tar du ut det, så vi kan fortsätta. Så det är ett långsiktigt projekt jag håller på att lära mig.

D. Så, hur kommer du till vårt labb? Projicerar du dig dit i tanken?

B. Alltså, när vi möts i valvet så möts vi som vi är manifesterade i vår egen verklighet. När jag går till ditt labb är det mer som att jag strålas dit på nåt vis. Jag kan inte riktigt se det; Jag strålas dit.

D. Hur vet du när du ska gå till Ophelias lektioner?

B. Jag blir kallad och jag har också ett schema.

D. Hör du hur hon kallar på dig och rusar direkt dit?

B. Hon hjälper mig här. Det är samma sak med dig, du hjälper mig liksom, så du följer med mig på nåt vis. Det är mer som att färdas på en stråle till olika platser. Det är det bästa sättet jag kan beskriva det på.

D. Och du behåller normalt den form du har?

B. Jag kan inte på nåt annat sätt! Jag löser inte upp mig som du gör. När du reser kan du lösas upp och sen manifestera. Det är inte riktigt så jag gör. Jag kan smälta samman med en annan sak, men det finns inte nåt som jag kan smälta samman med hos dig. Det är lite annorlunda.

D. Så vad gör vi med den där lilla solsystemsmodellen i labbet?

B. Jag är riktigt glad för modellerna i mina lådor som du har låtit mig att göra. Det finns en kurs om hematitens flytande form som jag vill gå på, och lära mig mer om mineralerna i rymden. Helt annorlunda än dom mineraler som jag är van vid här. Det finns alla möjliga olika mineraler, beroende på var dom är placerade. Jag ska lära mig om mineraler och komponenter.

D. På vilket sätt är de i en annan form än här på Jorden? Är det en energiform?

B. Det verkar som att mycket i början är i flytande form. Sen formpressas dom nästan till fast form. Det här är FASCINERANDE! Den här kursen vill jag definitivt gå!

D. Finns det många olika kurser som du kan välja?

B. Jag anmäler mig till mycket. Men jag behöver också tid att tänka efter och smälta allting däremellan. Många gånger ser jag en kommande kurs på anslagstavlan och ... "Ohhh, den där vill jag gå på!" Men då säger du, "Du har inte gått på den första än!" Så du liksom avleder min uppmärksamhet, för jag förstår också att det är viktigt att lära sig saker i en viss ordning. Men just nu ska jag lära mig att förstå hur en flytande komponent är grunden och hur du formar den till att bli fast. Varför är den flytande? Det är som vattentankar och flaskor, glasflaskor och det skvalpar där inne. Allt är i flytande form. Jag förstår det inte, det här är nästa lektion, antar jag. Du skrattar, för du ser hur ivrig jag är. Och du briljerar också ibland, för du sträckte dig efter nåt på översta hyllan och sa, "Titta här vad du kan göra så småningom." Jag vet inte när det är, men du tar nåt flytande och liksom rullar det mellan fingrarna och slänger upp det, och det svävar. Det svävar i nåt slags vakuum uppe i taket, så jag kan inte nå och röra vid det, men där svävar det. Det är nåt med vakuumet....

D. Använder vi elektricitet för någon av dessa processer?

B. Ljud. Du gillar ljud. Ophelia gillar ljus. Du jobbar mycket med ljud. Ljud är nån form av förutsättning för vakuum. Ljudenergier. Det är som ett moln i rummet som du har placerat uppe i taket, och så skjuter du bara upp den där lilla grejen, den där flytande bollen, och när jag tittar upp så bara svävar den omkring där uppe, helt utom räckhåll. Och du säger, "Det är en kombination av ljudvibrationer, där ljud och tyngdkraft skapar det här vakuumet, som får saker att sväva och bli kvar på sin plats." *(Då blev han riktigt exalterad)* OHHOHHHH!! Det är så det är!! Det är SÅ som det blir kvar på sin plats!!

D. Vad är det?

B. Ljudet och gravitationen kombineras och skapar vakuumet, det är så saker hålls kvar på sin plats!! Du skjuter upp dom och säger, "Titta, dom försvinner ingenstans." Och jag tittar upp och det gör dom inte, det gör dom inte. Jag ser det här energimolnet där uppe, och du skjuter upp dom där små silverkulorna, men jag förstår inte hur dom kan hållas kvar där, men dom hänger där upp och rör sig inte. Du säger, "Ljud och gravitation och vakuum är grunden för att bibehålla en form." Och sen säger du, *(blir upphetsad igen)* OHOHOHOHOH, du säger, "Det kan bli en reva, och när revan är i molnet, det är då som du kan röra dig emellan."

D. Röra sig emellan?

B. Från den ena sidan till den andra ... du skapar en reva inuti. *(Han talar om portaler mellan olika platser i ett universum.)*

D. Det var väldigt intressant. Jag förstår varför du tycker om att komma till labbet.

B. Oh, det är alla möjliga maffiga effekter, som, hmhmhmmm *(skrattar)* du vet hur roligt folk tycker det är med fyrverkerier och sånt, det här är hundra gånger häftigare! Riktigt fascinerande!

D. Så jobbar vi bara en-och-en tillsammans?

B. Jag tycker bäst om det, och det vet du. Jag vill helst ha en egen lärare; Jag förstår inte dom andra heller. Dom kommunicerar med sin person *(varje äldre Elahim har en elev),* det verkar som att man är mer individuell här och bara pratar med en. Men jag skulle jättegärna vilja gå och kolla när du jobbar med dina vänner. Jag har inte fått lov än. Jag skulle vilja se dig skapa nåt riktigt STORT som Ophelias vänner gjorde. Jag skulle inte säga nåt, jag skulle vara alldeles tyst.

D. Det är säker på att du skulle.

B. Men du säger, det är nånting med att skydda mig. Det är som att jag måste ha nån form av energisköld, för att jag inte hör hemma här (*på Sjätte*). Så jag måste ha nån slags energiskyddsbubbla omkring mig. Men jag skulle vilja sitta där och kolla. Jag lovar att vara knäpptyst och bara sitta där.

Stjärnors och Planeters Kärnor (15 januari 2017)

NASA definierar gravitationskraften som ett fält av yttre påverkan. Vissa forskare tror att den består av partiklar som de kallar gravitoner, som färdas med ljusets hastighet. Men NASA erkänner helt ärligt att vi inte i något fundamental avseende vet vad gravitation är. De konventionella Newtonska principerna relaterar gravitation till vad som kallas massa. Men som Henri Poincaré noterade och som 1914 postumt publicerades i hans bok "Science and Methods": "Det vi kallar massa verkar inte vara något annat än en illusion och allt motstånd vara av elektromagnetiskt ursprung." Bob berättar att på den sjätte dimensionen är tyngdkraften ett element som läggs till planeters kärnor, men är också ett separat fält som existerar utanför planeterna. I framtiden kommer forskare att revidera sina teorier om gravitations- och standardmodeller och införliva en elektromagnetisk plasmakosmologi. Tyngdkraften kommer att avslöjas som en kraft som sänder ut nästan ögonblickliga signaler. Forskare kommer att upptäcka takyoniska fält, som bevisar att ljusets hastighet inte är en begränsande faktor. Albert Einsteins postulat om krökt rumtid och massan av ett föremål som ökar när dess hastighet ökar, kommer att avslöjas för vad de är - fantasier. Detta har misslett matematiska metafysiker att gissa sig fram till teorier om mörk energi, mörk materia, svarta hål, händelsehorisonter, en Big Bang, singularitet och mycket annat nonsens. Dessa gissningar kommer en dag också att omklassificeras som ologisk medeltida vetenskap. Universum är fyllt av ett energifält av kosmiskt ljus och ljud, känt som den första dimensionen. Mönster som introduceras i detta fält gör att vakuum, materia och elektromagnetism manifesteras i den tredje dimensionens vibration. Mönstren är en del av den andliga designen och styrs i slutändan av Skaparen. Som Bob sedan förklarar är stjärnors och planeters kärnor viktiga för att upprätthålla ordningen i kosmos.

B. Det finns en slags ordning här, för ju närmare stjärnan himlakroppen är, så är kärnan mer som en ärta. Ju längre bort den är, så är kärnan mer större, den är mer kompakt. Men jag vet inte varför det är så, jag berättar bara vad du visade mig. Så du visade mig att ju närmare stjärnan - desto mindre kärna. Och det är nåt med hur den fungerar ihop med hetta. Så hettan från stjärnan aktiverar och kommunicerar med kärnan i varje himlakropp som kretsar runt den. Och baserat på den lilla mottagaren i planeten, så kommunicerar den med stjärnan i mitten, och den avgör hur den rör sig och hur snabbt och på vilket avstånd den ska vara *(hur långt från Solen).*

D. Det är fascinerande.

B. Ju närmare Solen, desto mindre kärna, det är vad du sa. Okej, men hur ska jag placera dom där? Och hur rör dom sig? Jag kan till viss del förstå att Solen, i mitten, är ansvarig eftersom den är som en motor och skapar värme. Det är kanske som att sätta en låga bakom den, så att planeten liksom rör sig. Du vet, vem skulle inte få fart om nån satte eld i baken på dig!? *(Skrattar)* Du skulle verkligen röra på dig!

D. Insidan av Solen roterar väl, eller hur?

B. Den roterar, alltihopa roterar faktiskt.

D. Skapar inte det ett fält som alstrar en drivkraft?

B. Joo, det gör det. PRECIS! Men ibland rör dom sig snabbare och ibland långsammare. Alltså, jag vet inte. För när stjärnan väl är placerad där, VAD ÄR DET SOM FÅR DEN ATT ROTERA? VAD ÄR DET SOM GÖR ATT DEN FORTFARANDE RÖR SIG? Vad är det för teknik som gör att den fortfarande RÖR SIG? Och hur länge rör den sig? Vad händer om den stannar? Och om den stannar, vad händer då med, du vet, dom andra? Kommer dom bara att fortsätta sväva? Kommer dom att ramla ner? Vad händer om stjärnan stannar? Och om den aldrig stannar, vilket slags bränsle finns inuti som gör att den aldrig stannar? Äh, du vet. SÅ, det är sånt jag frågar om. Vad händer om den stannar?

D. *(Skrattar, eftersom han verkade förvänta sig ett svar.)* Det är mycket berättigade frågor.

B. Det är det verkligen! Det är verkligen, för du vet, vi kan se att nåt rör sig, men vi vet också att föremål kan välja att stanna. Och om det gör det, vad händer då? Ingen förklarar för mig! Och jag förstår det inte. Det står inte i mina böcker - du gav mig böcker att läsa, främst med bilder såklart. Men ibland känner jag att du inte berättar allt för mig, för jag har VERKLIGEN frågat om DET. Men du sa, "Dess grundförutsättningar avgör, från den dagen den föds, hur länge den kommer att leva. På samma sätt som en kropp här, den har en viss livslängd." Och då frågar jag: "Vilka är dom?" Och du säger, "Det finns inget sätt att förstå terminologin för cykler, för det finns ingen tid." Så du pekar på det faktum att cyklerna löper vidare inom solsystemet. Så, när dom väl ... *(andas ut högt)* –mmmm. Så du säger, "Det är på samma sätt som: en gång fanns det dinosaurier och sen fanns dom inte mer. Och när dom inte finns mer, är den cykeln över. Så det är på samma sätt, allt har en bestämd utvecklingscykel inom sig för hur det ska röra sig. Det har en ödesbestämd livsstig, så att säga." Och jag undrade: "Vem bestämmer det? Och vart är det på väg? Vart är stjärnan och systemet på väg?"

D. Och vad svarade jag på det?

B. DU BLÅSTE RÖK PÅ MIG! DU BLÅSTE EN DIMMA PÅ MIG! DU SKICKADE IN DET DÄR MOLNET PÅ MIG! Och jag sa, "Jag ser ingenting! Jag kan inte se nåt!" Och du sa, "Det kanske inte finns nåt ATT se." Och jag sa, "Det känns inte så!" Och så skrattade vi tillsammans. Du gav mig mitt äpple, och det var det. Sen sa du, "Nu Bob, är det dags för en paus!" Och du vet, jag kände att det egentligen var ett sätt att säga att nu är frågestunden över.

D. När vi pratar om astronomi har jag en fråga om den första dimensionen, eftersom du är närmare den. Det vi kallar gravitation, är det direkt relaterat till massan, eller är det ett energifält som styrs av den Åttonde?

B. Det är mer som energi än fast form. Du kan se det, för det finns faktiskt i en av behållarna i ditt labb. Det är alltså en energiform, allt som blir en massa eller en fast form har faktiskt sitt ursprung i en flytande form. Det är beståndsdelarna i den flytande formen som bestämmer vilken typ av massa det blir. Tyngdkraften är inte en fast form, den är inte som en sten. Den är ett levande väsen, den är i rörelse, det rör sig eftersom det är en flytande form, så den är inte nödvändigtvis eh - låst till sin plats.

D. Det är inte en fast struktur.

B. Nä, den är inte fast, den har förmågan att röra sig, och transformera och förändra det som den rör vid. Så i Jordens inre, den första dimensionen, finns det en källa till gravitation och den är låst, om du så vill, till den fasta formen av planeten Jorden och skapar förutsättningen på ytan för att saker och ting inte ska flyta iväg. När den är inuti en himlakropp, innesluten, är den såklart lite låst. Men gravitation existerar i rymden och runt himlakroppar också, och då har den förmågan att färdas. Den fungerar annorlunda om den är obunden, säger du, än om den är låst i en fysisk himlakropp.

D. Så, kan gravitationen runt Jorden röra sig fritt?

B. Precis.

D. Men det finns också gravitation inuti Jorden som är låst?

B. Precis. Allting inuti är låst i den meningen att det inte lämnar kärnan. Men den är rörlig i sin inneslutning. Så, det är faktiskt nånting ... Oh, får jag säga det här? *(talar till Ophelia),* jo ...strängarna från kärnan, gravitationen inuti, är faktiskt olika på olika platser på planeten, eftersom den rör sig lite grann. Oh, jag vet inte om jag ska prata om det här...

D. Det är väldigt intressant. Tyngdkraften är starkare på vissa ställen på ytan, antar jag?

B. Det är inte som att du flyger iväg i vissa länder och att du har fastnat i andra. Vissa områden som har mindre gravitation är täckta av bergsområden eller sjöar. Hav mer, skulle jag säga, hav. Gravitationen har en mindre täthet i dom zonerna; landmassa har en viss grad av gravitation, så det skiljer inte nåt på ytan. Du kan ju föreställa dig hur det skulle se ut, om några studsade och flög omkring och andra var liksom parkerade och inte ens kunde röra sig. Det skulle nog orsaka masshysteri, antar jag. Det är inte så märkbart, men det skiftar lite grann inuti Jorden. I rymden och runt himlakroppar är det faktiskt lite rörelse i vakuumet. Det är en rörelse, men på ett organiserat sätt på grund av vakuumet. Så gravitation är en våg som kan röra sig. Det är nåt som också kopplas till frekvenser, ljud, höga toner. Höga toner får saker att röra sig, låga toner, lägre toner gör att saker står mer stilla. Du kan förstås inte höra det, men i rymden finns det olika toner. Där frekvenserna är snabbare, *(han gör ett väldigt högt lite skrikigt tonläge)* ding, ding, ding, ding, ding, ding, är det faktiskt mer rörelse, och sen där det är galaxer och andra miljöer av himlakroppar, där det går som *(gör riktigt djupt basljud)* hhuummmm, hhuuummm, är det mer stilla.

D. Är det en frekvens som människor kan höra, eller är det en andlig frekvens?

B. Du kan höra hhhuuummm, hhhuuuummmm, det är därför som ursprungsbefolkningen använde trumritualer, för dom förenade sig med det. Det handlar om jordning, stillhet, plats. Det andra har det där höga *(gör samma lite skrikiga ljud)* ding, ding, ding, ding, ding, ding, det är ungefär som dom där experimenten med hjärnvågor som vissa forskningsinstitut experimenterar med.

D. Så jag antar att det måste vara så som tunga stenar flyttas?

B. Det är faktiskt både och. Det är en kombination av det höga och det lägre. Den höga tonhöjden gör det...ooh–ooh–huhuh *(Ophelia måste ha kommit nära, för han tittade lite nervöst åt vänster).*

D. Där kom fingret, va?

B. Jag vet inte riktigt, men hon är väldigt nära! Låt se, vad hon har att säga. Hon säger att jag kan bara säga så här - det höga tonläget *(gör högt ljud)* ding, ding, ding, ding, ding, ding, får saker att röra sig. För att sätta det på plats använder du den andra vibrationen, den som är lägre. Så det är en kombination av båda. En flyttar och en placerar. Ohoh..

D. Stort tack.

B. Hon nickar. Hon säger att det är en liten nyårspresent. *(Skrattar riktigt gott)* Hehehe. Högt *(gör högt ljud)* ding, ding, ding, ding, ding, ding, får det att lyfta. Det lägre sätter det på plats. Dom använde båda två. Det var som här, o-oh ... *(Ophelia måste ha sagt att det var tillräckligt med information)*. Okej, vet bara att tekniken var att jobba med dom båda samtidigt, högt tonläge och lägre. Och det här kan du också finna kring himmelska världar som håller på att utvecklas, antar jag. Jag är inte nån mästerdesigner när det kommer till galaxer och solsystem ännu, men jag går på mina lektioner och jag studerar och jag lär mig – du ger mig böcker som jag kan titta i. Dina böcker har inte så många ord, utan det är mest bilder. Sättet du skriver på är mer som punkter, det är nästan som blindskrift. Det finns bilder och så finns det dom där punkterna. Jag vet inte vad jag ska göra med den här boken, men jag är säker på att jag kommer att få reda på det. Men du tycker om att läsa högt för mig, och det gillar jag också, så när jag säger, "Jag förstår inte det här", då säger du, "Då ska jag läsa för dig." När jag säger läsa är det som att du överför punkterna till bilder och skickar till mitt huvud.

D. Jag undrar om jag gurglade boken till dig?

B. Nää, du gurglar när du skrattar. Men annars är du väldigt skicklig på att sänka din vibration och överföra bilderna till mig, eftersom sättet jag tar emot bilder på är annorlunda än hur dina vänner gör det. Så på många sätt tror jag att du skickar bilder av punkter, som kan innehålla en bild, om man förstår punkterna. Men jag kan inte förstå punkterna, för det är bara precis som snöflingor som kommer i min väg, eller små regndroppar. Så när du pratar med mig så skapar du - du samlar liksom ihop punkterna och placerar dom i en ny bubbla och det är så du skickar det till mig. Du är väldigt skicklig för du inser att jag inte förstår punktspråket; Jag kallar det punktspråk, eftersom det ser ut som den där blindskriften.

D. Ja, det är ett trevligt sätt att tillbringa tid tillsammans.

B. Jaa, och jag skickar mina bilder till dig på djur och så vidare, och vad som fanns tidigare, du är väldigt intresserad av vad som fanns tidigare - det pratar vi om.

D. Jag har en fråga om henne här. Ser du honom *(Christine är en manlig energi hemma)* i labbet? Håller han också till där?

B. Oh ja, det gör han. Han gillar att jobba med värme, energier som värmer, nåt med värme och blixtar. Manövrera, foga ihop, formpressa saker med värme.

D. Arbetar vi i samma labb?

B. Ibland.

D. Pratar du någonsin med honom?

B. Mmmmm. Det gör jag.

D. Kommunicerar han med dig?

B. Jaa. Hon – han retas lite mer, du vet, gillar att puffa på mig. Skillnaden är att du kan verka väldigt seriös, men du har också den här sidan - Ofta väljer han att utstråla en väldigt mänsklig sida mot mig, eftersom han har varit här i väldigt bekymmerslösa personligheter, så han förvandlar liksom sin personlighet lite, till mer som en sprallig person, så han förvandlas liksom.

D. Oh, det var väl trevligt.

B. Jag vet att ni båda tillbringar tid i valvet, och jag har inte sett hans bok *(personliga dagbok),* men jag följer inte honom så nära. Men han kommer förbi och kollar mina framsteg, och vi är faktiskt ofta tillsammans och diskuterar. Du vet, ibland vänder jag mig till honom, för att han är mer pigg på att göra saker på en gång, och det gillar jag. Men han står mig inte lika nära som du och jag.

D. Arbetar jag med någon annan än dig?

B. Inte därifrån jag kommer, nää. Men jag kanske delar dig med – du har säkert elever där du kommer ifrån. Men jag är själv här med dig. Det är inte så många från min värld här, ska du veta.

D. Det beror på att du är en mästerdesigner.

B. Aah, *(skrattar)* Huhuhuh.

Orsak och Verkan (23 april 2017)

Bob ger en mästerlig förklaring av hur man visualiserar densiteten eller vibrationsnivåerna mellan de olika dimensionerna. Något som alltid förvånar mig är det omedelbara sättet som han och de andra

andarna kan sammanfatta och koncentrera mycket svåra begrepp till detaljerade bilder som är begripliga för oss.
Eftersom Bob talar om val som själar gör, kan det vara bra att påminna läsaren om förhållandet mellan den Karmiska Kappan och reinkarnation. Andarna talar om att den Karmiska Kappan är som en tredje kropp. För varje inkarnation finns det tre delar; själen, den Karmiska Kappan och den fysiska formen. Själen som kommer in måste ta på sig sin Kappa, när den smälter samman med barnets kropp. Varje själ har sin egen Kappa, och i den finns hela historien om den själens aktivitet på detta plan; de läxor man har lärt sig och som man ska lära sig, tillsammans med tankemönster och beteenden från ALLA tidigare liv. Inför varje nytt liv syr en grupp från den nionde dimensionen, som Bob kallade "skräddarna", in de målsättningar och riktlinjer som planerats för den kommande inkarnationen, i den specifika själens Kappa. Detta är ett förenklat sätt att beskriva hur energimönster aktiveras i Kappan, vilket kommer att manifestera sig som olika upplevelser på detta plan *(vi kommer att diskutera detta vidare i Helig Design, Tredje Vågen)*. När den fysiska kroppen dör måste själen lösgöra sig från den Karmiska Kappan innan den är fri att resa hem, eftersom den Karmiska Kappan blir kvar inom Jordens mentala värld. Processen att lösgöra sig från Kappan kan ur ett mänskligt perspektiv ses som att släppa bindningar till fysiska begär *(alkohol, droger, mat, sex, etc)*, känslomässiga band till materiella saker *(rikedom, föremål, egendom, etc.)* eller människor som fortfarande finns på Jorden. Den fjärde dimensionen, även kallad den mentala sfären, är ett vibrationsfält som omger Jorden, men som ligger någonstans mellan de fysiska och de andliga frekvenserna. Det är inom detta fält som all kommunikation själ-till-själ sker - i huvudsak ett fält som är källan för alla mediala förmågor. Det innehåller alla former av tankar och historien om alla minnen som har skapats på det fysiska planet, inklusive växter, djur och Jorden själv.

D. Jag tänkte fråga dig något om din energiform. När en människa dör och deras själ går in i den fjärde dimensionen, det vibrationsfältet har mindre täthet än din kropp, eller hur?

B. Det är en transformation. Skillnaden är att den andra dimensionen inte inkarnerar på samma sätt som en själ, som kommer från dom övre dimensionerna. Transformationen som sker i den Fjärde är inte nödvändigtvis jämförbar med hur vi framstår. Men om det gör det lättare för dig, kan du på sätt och vis säga att den fjärde dimensionen, transformationen från den Tredje upp till den Femte och uppåt, liknar lite grann den densiteten som finns på den Andra, även om det inte är riktigt detsamma.

D. Det var det jag undrade över; din densitet.

B. Den är på sätt och vis lite lika. Så om det gör det lättare för dig kan du säga att den är det, men snälla, placera mig inte i den Fjärde. Men min densitet är ungefär likadan som där.

D. Men du har en annan struktur än säg, på den Femte?

B. Precis. För att igen göra det lättare för dig; om du ser det som att själen lämnar den Tredje och den är lite utspridd, och du ser alla dom där små ljusprickarna i själen ... låt oss säga, för att skapa en bild, att hundratals prickar i själens andliga form lämnar, MEN det finns ett avstånd mellan prickarna i en själ, så det skapar lite av ett löst sammansatt nät, om du så vill. Samma nät finns i mig, men det är mindre avstånd mellan ljusprickarna. Om du ser det fysiska, och det liksom faller bort och själen kommer fram. Den är fortfarande lite fäst vid det fysiska, när den går in i den fjärde dimensionen ... *(den är fortfarande fäst vid den Karmiska Kappan).* Så låt oss säga att hundra prickar, inneslutna i den här kapseln, lämnar, och det är lite avstånd mellan prickarna. När processen fortsätter *(själen lämnar kroppen),* kanske bara femtio prickar går vidare, dom liksom blir mer separerade när den rör sig uppåt. Men jag har alla mina ljusprickar, samma mängd och samma avstånd, hela tiden. Så jag ser mer solid ut, men jag manifesteras inte som ett fordon på Jorden. Ooohh ... *(Suckar djupt, som om han verkligen får kämpa för att beskriva det.)*

D. Kan du förändra din storlek, kan du bli större och mindre?

B. Jaa, om jag vill.

D. Så du kan pressa ihop dina prickar eller sprida ut dem?

B. Ja, det kan jag. Jag kan på nåt vis, ... du vet, det är egentligen som att utvidga ditt medvetande. På sitt vis är vi vad vi är, här. Vi förvandlas inte på samma sätt som en själ, utan vi förändrar medvetandet inom oss. Ohh...

D. Men den är samma?

B. Jag kan utvidga den. Så innan jag liksom projicerade mig själv till olika verkligheter, övade jag på att utvidga mitt medvetande. Allteftersom jag bemästrade det inom mitt system, kunde jag projicera en del av det där utvidgade medvetandet från den

Andra. Det är lite annorlunda, och jag är inte säker på om det fungerar likadant i andra vekligheter. Men när jag kommer tillbaka till den Andra, så dras på nåt vis allt, oavsett hur mycket som är kvar, *(gör ett sugande ljud)* tillbaka in i min kapsel. Det är därför som jag aldrig ser ut som att jag är annorlunda. Men på nåt vis...

D. Du ser inte riktigt lika solid ut?

B. På sätt och vis är det nog så, ja.

D. Om vi säger att du har 100 prickar, skickar du typ 50? Är det som att ta en del av dessa prickar och projicera dem till ett annat ställe?

B. Det är som, låt säga att jag har mina 100 prickar, och dom är mer hopträngda än dom i en själ med längre mellan prickarna, eftersom en själ i en människa är lite annorlunda. Så låt säga att vi alla har 100 prickar i vårt system, då börjar jag med att expandera, ser likadan ut som en i den Fjärde, jag expanderar vidare, vilket gör att avståndet mellan mina prickar växer. Det är det första du lär dig. In och ut, expandera och dra ihop.

D. Som en groda.

B. Som en groda. Så det är vad jag gör, du vet, in och ut, och det tar ett tag eftersom du måste lära dig att bemästra det. Och sen projicerar man en del av det. Så i början projicerade jag bara, låt säga, två prickar, från det här utökade medvetandet av mig själv, in i Biblioteket eller till nån annan plats. Vid den tiden var jag mest i trädgården och växthuset som vi pratade om, så jag behövde inte ta så mycket, egentligen. Så den första nivån är att bara ta, typ två prickar, och liksom skjuta iväg det till växthuset. Men jag såg fortfarande likadan ut och var fortfarande densamma i den Andra. När jag lärde mig det här tricket och utvecklade och förfinade det lite grann, lärde jag mig att ta fler prickar och projicera dom till Biblioteket också.

D. Vem hjälpte dig med det, var det Gergen eller någon annan?

B. Det finns en grupp som jobbar med det här, eftersom det är en del av undervisningen för alla hos oss. Så, Gergen var inte nödvändigtvis ansvarig när det gällde att förstå det här.

D. Var detta efter att du smält samman med träden och annat?

B. Jaa, det var det. För att göra det enkelt för dig, så skulle det här förmodligen ske runt 30 års åldern.

D. Hur gammal är du nu?

B. Alltså, om du vill jämföra det med människoår... du vet, du lever ju inte så länge, så jag skulle säga att jag kanske är typ 47. Och Gergen är kanske nånstans mellan 66 och 67. 67, sa han. Eftersom du verkar tycka att det är viktigt så kanske det ger dig som en liten bild. *(Jag skrattade åt det.)*

D. Du är inte gråhårig, som jag.

B. Nää, det är jag inte! Mitt hår är lite brunaktig, men det handlar egentligen mest om vad man gillar. Gergens är vitt. Så du vet, du utvidgar och blåser ut, och du går tillbaka in.

D. Det är verkligen intressant. Tack för beskrivningen. Vad mer har du jobbat med på sistone?

B. Jag har jobbat med att förstå tid. För det är ju så, att när det kommer till en manifesterad värld, som den här, så befinner den sig under tidens förtrollning. Så jag lär mig om dom olika nivåerna och vilken typ av medvetande som ska komma in på vissa nivåer av växande. Så, tid i kombination med manifestation är det jag tittar lite på, för det är det här som jag ska lära mina elever. Det blir som en liten repetition för mig också. Det är lite grann som att du ... det är inte så att när du en gång har läst nåt, så håller sig allting fräscht, som en fruktsallad. Ibland behöver man se tillbaka och repetera. Det är därför vi går till Biblioteken och valven. Det skulle verkligen vara välkommet om allt som du läst en gång bara fanns kvar. Men ibland måste du gå tillbaka. Speciellt om du ska lära ut det till nån annan, vill du vara lite förberedd så du inte rör till det. Så, mina elever jobbar med vissa växter, och en har till och med kommit lite längre och jobbar faktiskt med en individ. Så nu pratar vi om att det är dags att lägga till tidslinjen. Så att dom vet att när dom skapar det där ... den här gruppen som jobbar med blommorna, dom måste förstå att, när dom skapar en blomma så kommer den att ha en viss utveckling, och att det är viktigt att det sker på ett visst sätt. Ett träd, till exempel, har många av dom funktioner som resonerar med syre här och skyddar atmosfären. Det är därför vi inte vill att dom bara ska huggas ner. Det finns en hel vetenskap när det gäller träden och det är därför vi inte vill att du ska gå in och störa, för det har sin egen tidslinje, om du så vill. Och det är viktigt att förstå, eftersom det finns ett syfte och ett slutresultat för det specifika trädet, varför det placerades där i första hand. Så, på det här planet, under förtrollningen av tid, måste man tänka på det när man skapar. Det gäller också organen i människokroppen. Allt har ett "bäst före datum”. Hehehe.

D. Så det gäller varje enskilt träd, eller talar du mer om arter eller grupper?

B. Det beror på. Varje träd i ett specifikt område har normalt samma program att följa. Men det är inte samma program överallt. Så låt oss säga att det finns ett område, där grupperna som har hand om atmosfären menar att det behövs mer syre. Då måste det göras ändringar i ekosystemet nedanför, det måste stämma överens så att lagren i atmosfären är i harmoni. Om det är brist på vegetation på en plats, skapar det en lite tunnare atmosfär över den regionen.

D. Okej. Det verkar logiskt.

B. Det var den korta versionen för dig. Så ja, jag har jobbat med det. Jag har jobbat med mina elever.

D. Var studerar du allt det här? Går du till Biblioteket och talar med någon där?

B. Jag pratar inte nödvändigtvis med nån, för jag kan redan det här, jag går bara tillbaka till mina anteckningar.

D. Ja just, dina anteckningar. Var förvarar du dem?

B. Du vet, vi har också valv. Både personliga och kollektiva. Jag tog en kurs också för att lära mig att förstå elementen, eftersom elementen på nåt vis hänger samman med vissa tidslinjer. Låt inte det här förvirra dig, du behöver egentligen inte veta HUR, men - det hänger ihop. Det är därför man talar om begreppet ”allt är ett”, att allt hänger samman; det är, på nåt vis, kanske inte just så som en människa skulle se att det är kopplat till varandra. Men, knutar lite här och där agerar som referenspunkter från alla nivåer, så att säga, och sen finns vissa ensamma knutar också, förstås. Jag har också läst på, för jag vill behärska en del av lärdomarna som finns på den sjunde och sjätte dimensionen också. Så för ögonblicket lär jag mig lite mer om hur ljus är fundamentet i vissa objekt, och hur det kan implementeras i kärnor. Så som du gör med planeter.... eller också i andra nya ting, även nya organ. Ja du vet, lite sånt... *(medan han poppar med läpparna.)*

D. Studerar du i Ophelias labb?

B. Jag har gått lite fram och tillbaka, för av nån anledning ... mitt solsystem i lådan ... det är några av lärdomarna från den Sjunde som måste implementeras för att det ska vara i harmoni. Och jag tror att det beror på Solen. På nåt vis kan faktiskt Solen förändras över tid, medan kärnorna *(i planeter)* ska vara där dom är, deras mönster är fixerade. Men Solen kan förändras. Så jag lär mig lite om det, eftersom jag inte vill skapa oreda på min levande planet *(Bobs uttryck för en planet där det finns växtlighet och levande varelser)* Jag vill förstå om det kommer att ske nån förändring över tid i Solen och hur det skulle påverka min individ på min planet.

D. Det skulle vara bra att veta.

B. Så det är lite sånt jag håller på att lära mig om. Det är bara så jag kan implementera det där i mitt eget solsystem, eftersom det ska skapas en evolution där, är det tänkt. Så jag vill försäkra mig om att jag förstår stjärnans principer och hur det kommer att påverka dom som kretsar kring den.

D. Tror du att det kommer att vara en del av den information som vi får förklarad för oss, den typen av processer?

B. Jag är säker på att jag kommer att kunna avslöja en del av det, för som jag kan se, så är det nåt jag kan prata om; och om jag kan prata om det, så kan du höra det. Så jag är ganska säker på att det är grönt ljus för det här.

D. Ophelia har inte trätt en påse över ditt huvud?

B. Nää, huhuhuh, nää. *(Skrattar)* Men, du vet, det är nåt du ska förstå, att det sker förändringar i Solen där i mitten och hur det då kan påverka dom andra. Och det är inte som att du som individ på det här planet kan göra så mycket åt det, men du kan lära dig förstå vad som sker, och du kan anpassa dig efter bästa förmåga. Och det är också ... för dom små, mina elever, dom måste också veta det här. För när jag kommer tillbaka till den andra dimensionen, då ska vi prata om vilken typ av motorer *(matsmältningssystemet),* individer och växtlighet som kan finnas här. Så vi måste förstå hur förändringarna inifrån systemet *(från Solen)* kommer att påverka den här levande planeten. Jag studerar det för att på nåt vis förstå och skapa mitt eget system i byrålådan, men i det långa loppet är det också för att förstå vilka effekter som uppstår, som du kan se och uppleva på det här planet, Jorden. För vi vill inte jobba i onödan och göra nåt som sen tas bort; det är därför elementen är inblandade, när det gäller hur tiden utvecklas här. Det handlar om gravitationsfältet mellan planeterna och Solen, du förstår det är en hel vetenskap som jag tittar på.

D. Du vet oerhört mycket om så många saker.

B. Oh, jag lär mig om mer än bara äpplen. Jag nosar omkring lite överallt, det gör jag.

D. Jag är lite nyfiken på, när de placerade in människorna här, måste de ha kunnat förutse vad som skulle ske? Mycket av det människor gör är destruktivt och i motsättning till vad alla andra försöker göra.

B. *(Suckar)* Det finns en anledning bakom det hela. För hur ska du förstå hur du kan göra nånting bättre, om det inte först har skett nåt dåligt? Hur ska du kunna göra förbättringar om allt är perfekt från början? På det här planet hade det fysiska kunnat vara perfekt hela tiden, men händelser måste läggas in, så att ni ska lära er vissa läxor. Annars vet dom inte hur dom ska förbättra, till exempel, datorn *(hjärnan)*. Om det inte sker nåt, påverkas ju inte utvecklingen hos den specifika individen. Här måste individen snubbla på vissa saker och få erfarenheter, så att dom förstår att det handlar om val. Och om till exempel en grupp bara fortsätter att upprepa bra val hela tiden, då vet dom att det ska vara en del i uppgraderingen av datorn, till exempel, i människan. Sen kan det finnas vissa saker som alla ... låt säga, av 100 individer så gör 99 samma fel. Det verkar ofta vara relaterat till känslomässiga och mentala handlingar – där dom väljer fel. Det är också en del av att förstå hur man kan göra uppgraderingen i datorn mer lämpad för kommande fordon. Om dom skapar nåt som redan är perfekt, men sen genom förändringar som sker där du placerar den här individen, så kan du se om det verkligen var perfekt.

D. Wow, det var intressant. Det betyder alltså ingenting; i en miljö som förändras kan ingenting någonsin vara perfekt, eftersom förändringarna skapar obalanser.

B. Precis. Men för att du ska veta om nånting är lämpligt, till exempel i det här fallet, på Jorden, måste det uppleva nåt. Och det behöver inte bara handla om en människa. Låt oss säga att det är nåt eller nån som måste förstå och uppleva torka, och du kan se, att den helt klart inte fungerar på en plats där vi kommer att ha dom elementen som ger torka. Du kan försöka fixa och dona och testa med viss växtlighet för att det inte ska bli torka, men det måste inträffa vissa händelser. Och det är samma sak när det gäller Jorden som helhet, som för dig som människa. Det mänskliga fordonet kommer i viss mån både att samla på sig upplevelsen som grupp och i sin egen Karmiska Kappa.

D. Det var väldigt klokt. Det var en riktigt bra förklaring, Bob.

B. Ja, du vet, man gör så gott man kan. Jag är inte nödvändigtvis en del av att skapa hela det nya fordonet. Jag försöker bara förklara varför vissa saker inträffar. Det är för att dom vill se vad den här individen, det vill säga ni människor, vilka val ni gör. Ta till exempel det du äter, vi pratade om det. Om du ser ett äpple som länge ser blankt och fint ut och sen ser du ett som är skrumpet. Jag menar inte nödvändigtvis att du ska köpa det som är skrumpet, det är inte det jag säger. Men du måste stanna upp och fråga dig själv, "Varför är det här skrumpet, och varför är det andra fortfarande så fint efter tre veckor?" Dom vill se vilka val du gör om du blir tvungen. *(Han jämförde genetiskt modifierade äpplen som inte skrumpnar eller blir bruna, med ett äkta äpple som dom från andra dimensionen har skapat, som kommer att skrumpna när det åldras.)*

D. Det låter väldigt vettigt.

B. Och det handlar naturligtvis också om dom större händelserna, när det gäller sånt vi ser ske runt om i världen med olika krig. Det handlar om hur ni väljer när det kommer till att vara delaktig, eller inte. Och hur man kan lämna vissa individer bakom sig, för att deras egen utveckling ska vara där den är. Ibland är valet också att ta ett steg tillbaka. Det vi ser nu är att det inte finns någon tanke bakom att ta ett steg tillbaka eller framåt, man bara gör det. Återigen talar vi här om det fria valet. Så mycket av det du ser hända runt omkring dig handlar om att göra människor medvetna och ta ställning. Och beroende på vilken ställning dom tar, och vad dom står för, kommer det också att vara en del av den samlade rapporten, som kommer att ligga till grund för dom kommande datorerna, eftersom händelserna kan förändras.

D. Det verkar som att det är många riktigt unga själar som är här nere nu. Hur skulle du se det?

B. Jag ser inte det. Jag ser inte nödvändigtvis vad som finns i fordonet. Det enda jag kan se är att det finns en grupp själar som har kommit in som inte riktigt vet hur dom ska bete sig i fordonet, och handlar bara på instinkt. Och det är också en del av valet. Kommer instinkten från källan, din själspartikel? – Då är det förstås rätt instinkt. Men om det handlar om, speciellt en fysisk instinkt, urdrift, som också är en del av den här verkligheten och som också har en medvetenhet. Om du bara handlar utifrån dom fysiska och mentala verkligheterna, så är det inte nödvändigtvis för ditt allra bästa. Många som kommer in, smälter inte samman så bra med just dom nivåerna där dom inkarnerar. Många befinner sig också bara på dom emotionella nivåerna, och det handlar egentligen bara om att vara och att utstråla nån form av välbefinnande och trivselkänsla, på grund av andra som driver omkring okontrollerat.

D. Jag hade en annan fråga om strålningen, eller energivågorna som kommer från Solen - påverkar de människor?

B. Ja, det gör dom.

D. Styrs den energin av andevärlden?

B. Dom kan faktiskt dämpa och öka. När dom ökar ... oh, ja, få se ... nej, säger Ophelia, "Oavsett om du dämpar det, eller om du ökar aktiviteten i stjärnan, kommer båda två faktiskt att framstå som dessa solstormar och liknande aktiviteter, som strålar ut från Solen."

D. Påverkar det människorna känslomässigt eller mentalt?

B. Mentalt. Det blir överhettat i huvudet, skorstenen. Eftersom det är tänkt att datorn ska vara i en lite svalare miljö ... oh, det här är en högre kunskapsnivå, men det finns faktiskt en slags kylanordning eller ett skikt; vi pratade om olika fält, vakuumfälten runt alla organ; runt hjärnan ... den är innesluten i en slags svalare bubbla, eftersom den *(hjärnan)* är känsligare för värme. Vi pratade om det här förut; om solaktiviteten ökar påverkas det mentala, datorn. Så som ni är designade har ni faktiskt redan runt organet en slags kylanordning som omsluter det.

D. Jag visste inte att det fanns andra energier, förutom värme, som kunde påverka människor?

B. Jo, strålning, som magnetfält, ohållbart utnyttjande av magnetfälten - det påverkar datorn och orsakar ibland alla möjliga olika konstiga reaktioner. Du vill inte överhetta den. Det är ett av dom organ som inte bör överhettas. Dom andra är mer anpassningsbara till värme, men datorn, hjärnan, får inte bli överhettad. Det hjälper inte om du tar på dig en hatt, för det kommer inte alltid från Solen. Det är en vink till dig, på samma sätt som när du blir yr eller känner dig matt, när du är i Solen: det är en signal till dig. Det ska inte vara överhettat där uppe. Orsakar alla möjliga olika rubbningar.

D. Vi uppskattar verkligen ditt sällskap, Bob, du är ett sant nöje. Jag är säker på att du är också glad att du äntligen kan kommunicera så här, eller hur?

B. Jag gillar ditt sällskap också! Det har varit en lång tid av förberedelser. Återigen, tiden existerar inte riktigt, som Ophelia säger, hon påminner mig om det. MEN, jag kan känna att det har varit mycket förberedelser. Så det är därför jag säger att det har gått lång tid innan vi kom till skott att göra det här fullt ut. Hon säger, "Det finns ingen tid, Bob, rör inte till det." Men jag känner att det har varit en cykel av förberedelser som har pågått - länge.

D. Du måste vara den första från den andra dimensionen som har gjort detta, eller hur? Fråga Ophelia.

B. Oh, hon säger att det inte är så vanligt, på grund av er benägenhet att titta uppåt, mot himlen du vet. En del människor kramar träden och dom kommunicerar direkt med oss. Men att kommunicera via ett fordon, som det här, det är liksom ett nytt märke...—varumärke? Vad säger du? *(han pratar med Ophelia)* GREN. En ny gren.

D. Nåja, det finns nog inte så många andar på andra sidan med din personlighet och dina intressen?

B. Vissa är blyga, men du kan kommunicera direkt med dom. Men jag vet inte hur många som skulle vilja göra det här. Dom kanske skulle gilla det, men vissa är blyga och vet inte vad dom ska säga. Du måste liksom uppmuntra dom.

D. Vem vet, du kanske kan träna dina sex elever att göra det här?

B. Dom är nyfikna, för jag berättar lite då och då för dom om vad jag gör.

D. Jag tror att det svåra är att hitta någon människa som har förmågan att göra det den här gör.

B. Alltså, du måste kunna smälta samman helt och typ trigga vissa personlighetsaspekter inom fordonet, den som är på det här planet. Så det är en bra matchning. Vi passar verkligen bra ihop. För den här antar en helt annan form *(än hemma)*. Jag är tacksam för det, eftersom den speglar lite av min. Han sa, i mötet innan han kom till Jorden, att jag skulle få lite av fritt spelrum att röra mig på, och få spela ut olika aspekter av min personlighet. Ge mig mycket fritt utrymme, hette det, så att jag skulle känna mig sedd!

D. Vara dig själv.

B. Vara mig själv! Huhuhuh! Så det godkändes. Jag minns att den här sa nåt i stil med, "Jag kommer att ha alla möjliga olika aspekter som du kan leka med, personlighetsmässigt." Och jag sa, "Vad skulle det vara?" Och den här skrattade, "Lite får du ta reda på själv. Jag säger bara att det finns små markörer och punkter som du kan trycka på, som knappar, och du kommer att se ut som den du är, precis som du verkligen är." Så det blev jag glad över, för jag vet inte om jag vill, typ som en inkarnation, bli nån helt annan. Det visste jag inte om jag verkligen ville. Jag ville vara lite mig själv, och det sa den här att jag skulle få. "Det kommer att finnas knappar som du kan trycka på i mitt fysiska fordon, som är relaterade till uttryck som kommer att kännas välbekanta för dig. Du behöver bara hitta knapparna! Du får ingen karta över det, du kommer att tycka att det är roligare om du hittar knapparna själv."

D. Det tog inte särskilt lång tid för dig att komma på hur du galant skulle framställa dig själv. Det har varit väldigt roligt för oss.

B. Ja, ja, hur som helst. Nu ska jag gå tillbaka och fortsätta med mina studier och fortsätta utbildningen av mina små elever. Jag har varit borta mycket och dom har hållit på med egenstudier. Hehehe. Eller egentligen inte riktigt. Dom studerar fortfarande i grupp, nåt som vi föredrar. Men jag lämnade dom ensamma. Fast jag gav dom en uppgift, eller flera uppgifter, och sen sa jag, "Jag kommer tillbaka och då vill jag se hur ni löste det." Dom är på nivån - lösa saker i grupp.

D. Är de rätt smarta?

B. Dom är smarta! Dom är nyfikna. Och det gillar jag.

D. Det är en väldigt bra egenskap. Jag uppskattar det.

B. *(Poppar med läpparna)* Hur som helst. Nu går jag.

D. Tack för att du kom.

B. Okej. Hejdå!

Månar är annorlunda (5 mars 2017)

Iakttagelserna om att månarna är strukturellt annorlunda än planeter är mycket intressanta, eftersom det är något som kan verifieras i framtiden. NASA uppskattar att om månen har en kärna, är den bara cirka 20 procent av dess diameter, medan Jorden har en kärna som är cirka 50 procent av diametern. Astrogeologer tenderar att se alla himlakroppar genom en lins för hur Jorden uppfattas. Antagandena om massa, densitet, inre gravitation och sammansättning är alla baserade på egenskaper och teoretiska ekvationer som har ett Jordiskt ursprung. Gravitationen har av våra andliga vänner beskrivits som något som läggs till kosmiskt ljus och kosmiskt ljud. Det verkar *(för mig)* som att gravitation och dess motsvarighet vakuum är det som faktiskt skapar kvarkar och de därpå följande hadronerna. Tyngdkraften föregår massa, vilket betyder att massan är relaterad till tyngdkraften, och inte tvärtom. Beräkningarna av massan och densiteten för till exempel Saturnus kan vara helt felaktiga. Baserat på dess omloppsbana antas dess massa vara 95 gånger Jordens. Dess sfäriska volym är 765 gånger Jordens volym, så den totala densiteten är förmodligen en åttondel av Jordens. Men vad händer om gravitationskraften är en kombination av krafter, och vi inkluderar några som är okända? En sådan omtolkning skulle helt och hållet förändra kosmologin och de relaterade ämnesområdena. Bob hade tidigare diskuterat betydelsen av hematit i designen av solsystem. Alla himlakroppar antas ha kärnor av järn. När järn binds till syre, bildas hematit (Fe_2O_3). En annan oxid av järn kallas magnetit (Fe_3O_4). Mars, den röda planeten, månen och många andra närliggande planeter har betydande koncentration av hematit och magnetit. Bob klargjorde också att gravitationen justeras av mängden syre som blandas med vissa element.

D. Så, vad skulle du vilja prata om idag?

B. Jag vill verkligen berätta om allt jag lär mig i ditt labb. När jag började med min låda, med modellen med stenarna, sa du, "Vi börjar med tre planeter", även om jag vet att det kommer att bli fler. Den tredje verkar vara där jag kommer in *(den andra dimensionen)*, på grund av avståndet till stjärnan. Så du sa, vi behöver inte gå längre än till den tredje. Men jag är rätt fascinerad av månar, för jag förstår planeterna och deras speciella utveckling, och vissa har förhållanden där det kan finnas vatten, och några har faktiskt vulkaner och sånt. Men månarna, dom är annorlunda, dom är inte likadana. Det är inte samma material som dom andra.

D. Har de samma kärna?

B. Nää, det är det som är grejen! Dom har inte samma kärna. Dom är annorlunda! Allt är annorlunda med dom. Det är faktiskt mer som att dom kan flyta mer än dom andra. Dom andra *(planeterna)* är DITSATTA och dom rör sig därefter. Men månarna som du sätter ut runt vissa himlakroppar, dom verkar mer ihåliga, och dom ser ut som ... Jag vet inte varför dom är där och vad syftet är med dom, och du BERÄTTAR inte, för vi har INTE KOMMIT DIT än. Men jag kan se dom och det är därför jag frågar, eftersom dom är annorlunda, dom är inte skapta likadant som en planet.

D. De skapar vågrörelser på planeten de kretsar kring, antar jag?

B. Ja, men inuti är det mer flytande, det är samma material, men det är inte koncentrerat till en boll. Så inuti månen är det en vätska som liksom fyller det hela *(baserat på andra samtal har vi fått veta, att vätskan han talar om är energimönstret av materialet i kärnan, som finns i vårt labb. När månen väl är i det kosmiska akvariet, skapar dessa vätskemönster grundämnen från ljus- och ljudenergi, som organiserar sig och stelnar. Månar är inte utformade på samma sätt som planeter.)* Det är därför den verkar ihålig! SÅ, den har gravitation, den har nån form av magnetisk koppling med värden den kretsar kring. MEN, det finns ingen kärna, det är därför den ser annorlunda ut. Men den skapar olika förutsättningar på värden; den jobbar ihop med vatten och fungerar även som en kalender. SÅ, det är vad den gör. Men jag kan SE att dom är typ ihåliga. När vi röntgar modellen kan jag se att det inte finns nån boll, nån prick inuti den, så den ser ihålig ut. Men du säger att den inte är det, det som fyller det hela är i flytande form. Så, en måne är annorlunda än en planet eftersom den är placerad för att fungera som en ... oh, vad sa du? Den är som en timer för värden. Värden är planeten den cirkulerar runt, förstås. Det är som att ha en assistent, antar jag.

D. Är det Ophelias Sjunde som gör dem?

B. Dom är inte involverade i månarna.

D. Jaså? Så den har inte som ett levande väsen inom sig?

B. Nää. Den är som fylld med den där vätskan som jag såg i ditt labb, i dom där glastankarna. Den är flytande, kärnan är inte hoptryckt som en prick.

D. Så Jorden är ett levande väsen, och månen har egentligen inget väsen i sig?

B. Nää! Men den fungerar fortfarande som nån slags följeslagare till sin värd, vad det nu betyder. Oh, det här är nog långt över min kunskapsnivå.

D. Hur går det med din modellåda? Jag vet att vi började med tre, men hur många planeter har du nu?

B. Jag har kommit upp till fem.

D. Exakt vad pratar vi om?

B. Du pratar om avståndet och förhållandet emellan dom. Det finns en speciell ordning här. Den första *(Merkurius, i vårt system)* är bara till för att vara en slags värmekanal från stjärnan i mitten. Den är som en andra värmekälla, som leder värmen från Solen till resten av dom andra, utanför, som kommer efter. Den är ingen sol, såklart, men den reglerar liksom det hela. Så den är INTE ALLS oviktig. Även om det är som typ, ohhh, där inne snurrar den omkring, kanske brinner den upp, kanske inte. Men den skapar faktiskt förutsättningarna för dom andra kärnorna. Och baserat på var den är, om den ligger i linje med dom andra planeterna som ligger i banorna efter, skapar den cykler när vissa planeter behöver vila, nästan gå i viloläge. Så den blockerar ibland vissa vågor inifrån och ut.

Jag avbryter här för att göra en kommentar om Merkurius, regulatorn. Den mest förenklade tolkningen av vad Bob säger innefattar gravitationspåverkan som Merkurius har på Solen. Som det har visat sig finns det ett cykliskt och mätbart samband mellan Merkurius 88-dagars omloppsbana och solfläckar och solflödet på Solens yta. Kvicksilver har en tidvattenliknande inverkan på det instabila magnetiska flödet strax under Solens yta, vilket gör att flödesfickor periodvis flyter upp genom konvektionszonen och dyker upp som solfläckar i fotosfären. Urladdningar, som skjuter ut stora mängder energi i solsystemet, finns ofta i närheten av solfläckar. Så i det avseendet är det lätt att se Merkurius som en ledare av energi. Det är dock troligt att det finns andra, omätbara processer som Bob talar om; processer som är andliga och utanför den konventionella vetenskapens sfär.

D. Oj, det var väldigt intressant.

B. Du kan se det när du studerar deras rörelse, sa du. När dom är i en rät linje med varandra är det för att skapa nån form av viloläge, som att pausa lite. Det är som att hela systemet laddas upp, när dom alla ligger i rät linje, inifrån och ut. Det händer inte så ofta. Men när det gör det, är det som att hela cykeln stannar upp, det är som att starta om din dator.

D. Det här är otroligt intressant för mig!

B. Jag skulle tro det! Jag frågar, "Varför startar det om? Vad lämnar det efter sig, och vad kommer det att göra härnäst?"

Men det är nåt som vi inte har pratat om, men jag kan se att dom ligger där i rät linje. Du visar mig, du placerar dom – planeterna i den där modellen som är din och säger, "Titta här, Bob, om dom ligger i rät linje, då är det som att systemet måste startas om". Jag ville veta hur ofta det händer, och du sa att det är utformat så att det ska ske inom vissa tidsramar, vilket förmodligen är stora cykler.

D. En massa revolutioner.

B. I min låda har jag kärnan, som föreställer Solen, och så har jag en liten orange, som är den som liksom reglerar det hela. Många astronomer tror inte att den är så viktig, men det är den. Den skapar grunden för värme som påverkar resten av systemet. Dom tänker bara på Solen, men det handlar inte bara om den. Du säger att den lilla har en väldigt stor betydelse. Bara för att den inte har nån form av vatten eller sånt, så är den liksom lite bortglömd, den där längst in. *(Tydligen är de flesta solsystem designade för att ha en planet med en liten kärna i en bana mycket nära stjärnan, vilket hjälper till att transportera energi ut genom systemet.)* Men sen fortsätter det utåt, och mitt system har nu kommit upp till fem planeter. Nu kommer vi till den som har den där flytande formen av kvicksilver, som gör den riktigt tung, och den balanserar liksom hela gruppen. När du kommer lite längre ut har dom mer magnesium, sa du, men också kvicksilver, som är tungt så det balanserar det hela. Jag kan se att det liksom studsar, så här *(Bob rörde Christines händer upp och ner)*. Det finns en slags ordning här, en struktur.

D. Är detta inom vårt solsystem?

B. Uranus är en av dom som balanserar *(stabilisator)*.

D. Så, du arbetar med vårt solsystem?

B. Jag använder vårt för att jämföra, och du sa att Uranus är en av dom. Den är väldigt tung. Det är också nåt rätt intressant, som folk inte tänker så mycket på. Du sa faktiskt till mig att alla planeter i det här solsystemet har nån form av liv. Men inte alla manifesteras som en individ med ben. Men dom har olika komponenter så att hela gruppen ska vara i harmoni och må bra. Även om nummer tre *(Jorden)* kan upplevas som den stora stjärnan i den här gruppen, hjälper dom andra faktiskt nummer tre att bli så välmående som möjligt. Den är liksom inbäddad mellan olika energier. Solen på insidan med värme, men en mer strukturerad och fast energi kommer utifrån och liksom balanserar allt. Så, den är liksom inbäddad, skulle jag säga. Dom har alla olika egenskaper för att hela solfamiljen ska fungera, även om bara en kan tyckas vara huvudrollsinnehavaren, som Jorden. Dom andra hjälper till att få den att blomstra.

D. Det här är verkligen fascinerande.

B. Alltså, jag upprepar bara vad du säger till mig, så jag antar att du är fascinerande! *(Skrattar högt)* Huhuhuh! Så, det här är vad jag lär mig i labbet med dig. Det är såklart inte mitt labb, men det är min låda. Den är bara min, den är personlig – det står mitt namn på den.

D. Har någon av de andra planeterna någon typ av livsformer på sig?

B. Pluto hade det. HADE.

D. Den är långt ut!

B. Det var på baksidan. Dom var inte nödvändigtvis känsliga för mörker och kyla. Dom var på baksidan, bakom planeten. Om den roterar kan du kanske se rester av dom, men om den inte gör det ... dom fanns på baksidan. Vi pratar inte så mycket om det. Det var inte ditt mest lysande projekt, så det är inte nåt som vi pratar så mycket om. Men dom existerade en gång för länge sen, dom var observatörer. Dom finns inte längre, sa du. Såg ut som en stor myra. Dom hade egentligen inget syfte, jag antar att det var som ett måndagsexemplar från fabriken. Oh, det där var inte särskilt snällt av mig. Jag menade inte det så. Men du sa att det inte var ett av dina bästa projekt, men dom finns inte längre. *(Jag tar för vana att undersöka allt som kan verifieras, och det verkar som om tjugofem procent av Pluto är i konstant mörker. Måndag är också den dag då de flesta tillverkningsfel uppstår, på grund av mänskliga misstag.)*

D. Arbetar vi på den sjätte dimensionen med olika livsformer, hjälper vi till att utveckla deras civilisationer eller övervaka deras aktiviteter?

B. Du är medveten om dom. Det är som att dom var nån slags hjälpare. Det fanns en tid då Pluto var väldigt viktig. Det här var för jättelänge sen.

D. Före dinosaurierna?

B. Eh, det var på den tiden då Jorden var ett växthus och bara behövde börja blomstra. Så det var jättelänge sen, alldeles i början, typ. Det verkade faktiskt finnas livsformer på Jorden samtidigt, men dom lämnades mer ifred. När du väl har skapat ett växthus så sår du alla dina saker som du vill ska blomstra där, men det tar lite tid innan det kan börja växa. Och det här var Jordens ansikte *(ytan)* på den tiden.

D. Efter att den kom ur viloläget? Du var väl inte här då?

B. Nää Jag vet inte vad dom höll på med då. På den tiden fanns det också en till direkt efter, som rörde sig emellan, mellan den som nu är Pluto och en annan efter den *(han säger att det fanns eller finns en annan planet bortom Pluto där någon slags varelser existerade)*. Gick fram och tillbaka. Varelserna kunde inte riktigt anpassa sig energimässigt för att ta sig längre in. Det är därför jag ser dom som, typ, fastklistrade på baksidan. På den tiden var energierna i solsystemet, ut till Pluto, antar jag, mer hoptryckta. Om du tänker på det som ett vakuum, kan vakuumet ha olika vibrationer. På den tiden, för att Jorden skulle bli vad den är idag, hade vakuumet en högre densitet, så det fanns inget sätt för utomstående att röra sig inåt. Den *(Jorden)* befann sig liksom i sin egen skapelse, sa du, så dom kunde inte röra sig längre in. Det är FASCINERANDE när man säger det så, att man kan justera energin i solsystemet lite grann. Det är nästan som att du kan dimma det - på samma sätt som Solen, den kan också dimmas på nåt vis. Ophelia säger att du dämpar den, justerar den som en lampa. Men det handlar också om energin eller vakuumet, som du sa berodde på gravitationen, och den var faktiskt mer tät vid den tiden. På den tiden fanns det INGEN MÖJLIGHET för mina individer att kunna fungera på Jorden, för den var inte redo. På grund av att det var för mycket gravitation, var det tyngre omkring den, och atmosfären var inte alls på plats, så dom *(hans individer)* hade verkligen inte kunnat fungera här. Så när du skapar ett solsystem trycks energin i det mer ihop och det är tyngre, eftersom det är på väg att bli ett solsystem. Efter att vissa saker skett kan du göra förändringar, du kan göra om hela frekvensen inom det. Det är så jag ser vågorna. Så när det ägde rum *(när varelserna på Plutos baksida fanns)* rörde sig planeterna inte så snabbt runt Solen, dom var mer stilla. Men när du började minska *(vakuumets täthet)* bara gick dom igång! När du skapar ett solsystem är det intakt, och vid den tidpunkten står planeterna lite mer stilla. Allt eftersom det fortskrider, sa du, ändrar och minskar man och man kan dimma, så att man hela tiden håller det på topp, så att säga.

D. Ungefär som att baka energibröd.

B. Ja, och du gör förändringar och saker börjar röra sig, som en karusell. Man lägger in en liten peng och plötsligt så ... *(han började sjunga en tivolisång)* toot da toot da doo da doo, börjar allt röra sig. Jag antar att det är lite så. Men vid den här tiden kunde ingenting från utsidan komma in. Det var inte meningen, eftersom det var på väg att bli ett solsystem, sa du. Och det var för att skapa den bästa möjliga förutsättningen för projektet Jorden att börja blomstra innan den började rotera. Vid den här tidpunkten snurrade Solen liksom lite långsamt längst in. Så skulle jag ha sett det, sa du. Planeterna roterar inte när dom är i sin vagga, då är dom mer stilla. Sen börjar nånting röra sig. Men det är inte så att alla börjar röra sig samtidigt, det sker inifrån och ut, när allt drar igång. När sen några, och vem vet vilka dom är, bestämde sig, "Okej, allt är bakat och klart, allt är redo att köras igång", då gjorde du en förändring och sen var det den längst in som först startade och bara undan för undan började allt röra sig. Först var det bara tre som sattes igång, fram till Jorden, och dom andra var fortfarande i den där hoptryckta delen, men efter ett tag så började alla röra sig. Oh, det var verkligen ett stort projekt. Jag är riktigt på alerten här när jag tittar ner i den stora lådan, och jag kan se vad du menar. Jag vet bara inte varför....

D. Är stjärnorna och planeterna liksom skapade på plats. Materialiseras de bara?

B. Det är just DET som du inte berättar för mig. Du säger inte HUR dom kommer dit. Jag kan bara se dom när du säger, "Titta Bob, här är dom. Det här är den hoptryckta eran, när saker och ting är på väg att bli nånting." För det är som att plantera ett frö. Det tar ett tag innan det blir en blomma, i det här fallet en planet. Du måste låta det vara. Och så börjar det utvecklas och då är det som att nån ändrar förutsättningarna, så den första börjar röra sig. Det är nästan som en karusell, några börjar röra sig runt runt. Men några andra är som, "Oh, vi står stilla, för vi är inte redo än." Och under LÅNG tid var det bara tre som rörde sig, sa du. Sen kom den fjärde igång, och så fortsatte det bara utåt.

D. Wow, det här är verkligen intressant. Tack för att du berättar.

B. Jo men, det här är du. Det är DU som säger det här, det här står i dina memoarer, din dagbok, antar jag. Jag är säker på att det här är väldigt logiskt för dig. Jag kan förstå vad du säger, och jag fattar det. Månarna fascinerar mig, för dom kom efteråt, sa du. Planeterna började röra sig, och månarna är nästan som små justeringar, som små hjälpare till sin värd. Från mitt perspektiv verkar det vara som en slags assistent, en biroll till huvudrollsinnehavaren. Det har nåt att göra med förhållandena på värden. Nåt med skuggan, månen skapar en skugga. Det är en helt annan grupp, som arbetar med månar, sa du. Det är som en specialgrupp inom din grupp, antar jag. *(Flera månader senare började han kalla dem "Månfolket".)*

D. På den sjätte dimensionen?

B. Aah. Dom sätter ut dom *(månarna)* på alla möjliga ställen, ser jag. Du säger, vi kan gå och prata med dom nån gång. Jag vet inte vilka dom är, dom jobbar lite dolt i ett annat labb.

D. Du sa att vår måne, Jordens måne, sattes in efter att de tre planeterna i rad sönderföll? (*Formade asteroidbältet och kastade asteroider och material i alla riktningar genom solsystemet.*)

B. Jaa, efteråt. Den kom långt efter. Den var för att hjälpa värden, på nåt sätt. Nåt med cykler och kalender, men också nåt med skugga. Lägga en skugga på värden. Jag har inte pratat med den speciella gruppen. Du verkar inte särskilt pigg på att presentera mig där heller, så det måste vara nåt i framtiden. Jag vet inte vilka dom är. Du säger också att dom inte kommunicerar särskilt mycket, inte ens med dig.

D. Det verkar hemlighetsfullt.

B. Dom verkar väldigt mystiska. Men det enda dom gör är att skapa månar för olika värdar.

D. Det skulle vara deras specialitet, antar jag.

B. Ja, det är det, det är väldigt annorlunda. Dom sätter ut dom på vissa specifika platser, och vi har inte pratat om varför. Jag ser att dom är annorlunda och sätts in efteråt. Lite som att fullända en tavla, antar jag.

D. Som att sätta en snygg ram på den.

B. Hah hah. Jag sätter också ramar på saker. I alla fall, jag antar att det är allt för idag, men jag kommer tillbaks och pratar om fler saker.

D. Andra saker i valvet?

B. I valvet, ja, vi har inte varit i valvet på ett tag. Kanske tycker Ophelia att det är dags för oss att återvända dit. Vi kanske borde damma av några av dina gamla dagböcker, för du vet, dom finns där. Oh, Ophelia skrattar, "Det skulle du gilla, va?"

Och jag säger, "Det är inte för mig, så klart, det är för Lasaray." Då ler Ophelia och säger, "Du är alltid med på tåget när vi samtalar och jag vet att du kommer ihåg, och att du ser saker."

D. Okej, tack alla för att ni kom, det är verkligen trevligt att ha er tillbaka. Okej min vän, tills vi ses igen.

B. Oh, vi är inte särskilt långt borta. Hmm, okej, hejdå

Isak, Gravitationskungen (12 mars 2017)

Det dyker alltid upp oväntade bitar av information under våra sessioner. Här nämner Bob återigen en planet av Jordens storlek bortom Pluto. Astronomer har ännu inte upptäckt den planeten, men om vårt andliga team säger att den finns där, antar jag att de har rätt. Planeter reflekterar bara ljus, och på ett avstånd mer än 40 gånger längre från Solen än Jorden är de svåra att upptäcka. Bob talar först om hur gravitationen, eller mönstren för gravitation, kommer att läggas till modellen av hans solsystem. Om den är designad på rätt sätt kommer den att flyta. Annars kommer den att kollapsa eller sjunka.

B. *(Bob kom in efter Isak och gjorde poppande ljud)* Är det min tur nu?

D. Trampade du på nåns tår?

B. Nää. Men han är trevlig. Hehehe. Han är inte lika läskig som några av dom andra som bara stirrar på mig. Han ser mig och skrattar och petar mig i magen. Han är som en vän, som Ophelia. Han ler. Han är lång, lika stor som du, men han kommunicerar som Ophelia. Oh, NU VET JAG VEM HAN ÄR! HAN KANSKE ÄR DEN SOM SKA SE OM MITT SOLSYSTEM FLYTER! Förstod inte det! Men om det är han som ska göra det, så helt okej med mig! Huhuhuhuh! För han gillar mig.

D. Är du rädd att nån skulle komma och inte godkänna det?

B. Jag vet inte, jag vill inte att det ska vara nån som jag inte kan förstå. Det vill jag inte alls. Isak är som på gränsen mellan Åttonde och Nionde. Han är en slags gravitationskung!

D. Så är det han som ska se om ditt solsystem flyter?

B. Jag hoppas det, jag vet inte. Jag hoppas att han inte skickar en assistent. Jag hoppas att det är han som ska lägga in tyngdkraften i mitt akvarium, hälla i det. Om det är Isak, ska jag definitivt gå kurser där uppe! Han har inte bjudit in mig, men jag ska fråga. För nu har jag varit på Sjätte och Sjunde, och i Biblioteket och valvet också, men du vet - jag är öppen för allt! Jag kan åka på turné, kanske. Det ska jag fråga om, jag ska skicka in en förfrågan om det! Kanske jag måste ta gravitationskurser innan vi lägger mitt system i akvariet, för hur ska jag annars förstå vad som händer? Det kan jag säga. Jag är lite finurlig jag med, vet du! Hahhaha. Jag tror att jag skulle vilja följa med honom en dag.

D. Är han trevlig?

B. Ja, det är han. Han är som Ophelia, vänlig och ler. Den andra log inte så mycket, han bara tittar på mig *(med hänvisning till Jeshua, som han inte kände vid det här laget i sin berättelse)*. Men jag är säker på att han är snäll och vänlig på insidan, men jag kan inte se det när jag inte kan läsa hans personlighetsvågor. Jag vet att Ophelia har förmågan att bara förvandla sin visdom och sitt väsen till en emotionell frekvens. Det är som när du samlar dom där punkterna och skapar bilder åt mig. Ophelia gör samma sak, men hon sänder ut en känsla, och jag förstår och resonerar väldigt bra med det. Isak har samma förmåga, han står Ophelia väldigt nära. Dom är nästan som ett par. –Jag önskar att dom var det, dom kunde adoptera mig! Huhuhuh! *(poppar med läpparna medan han tänker)*. Jag skulle vilja följa med honom en dag, men jag vet inte om han kommer att ta med mig. Men han är glad, vänlig.

D. Jag är säker på att det kommer att ske. Eftersom han kommer till våra möten med jämna mellanrum kan du fråga.

B. Jag hoppas att han kommer att vara den som bestämmer om mitt solsystem är godkänt. Jag tror att han kommer att godkänna det. Jag hoppas att det är han, för jag tror att jag skulle ligga lite bättre till då. Han är trevlig och VÄLDIGT skicklig! Hans labb är annorlunda, det är jag säker på! Nåt nästan konturlöst....

D. Jag är säker på att du snart kommer att kunna gå på besök dit.

B. Så! Har du en fråga?

D. Nåväl, låt oss se...

B. Tick—tack—tick—tack—tick—tack.

D. *(Skrattar)* Okej, hur går det med ditt projekt i vårt labb?

B. Alltså, jag är ganska nöjd med dom innersta. Dom är lite enklare, för det finns inte så många varianter. När du rör dig utåt handlar det mer om att välja vilka som fungerar ihop och hur dom interagerar med varandra, och det är det som är det fiffiga med studier. Först skapar du nånting som bara har två komponenter, sen kanske du har fyra, fem, och så vidare. Ju längre ut du kommer desto knepigare blir det, eftersom du måste koordinera materien du använder, men du måste också lägga till färgkartan som ska ge resonans inifrån. Det har nämnts om kärnan och hur den är grunden för allt. Så även om jag skapar en planet, en boll, som fungerar alldeles utmärkt som den värd den är tänkt vara. MEN om insidan, kärnan, inte matchar det jag planerar att göra på ytan,... om jag tänker skapa nåt som har livsformer och min kärna är för stor och inte bär all den kunskap och resonans med individerna som jag tänker placera där, DÅ är projektet helt värdelöst! Och det är därför som det finns flera valmöjligheter när det kommer till kärnan. *(Suckar)* Ibland önskar jag att jag bara kunde göra en måne, för den är bara flytande inuti. Men du sa, "Det är inte det vi ska göra. Det var inte vad du ville lära dig." Men det verkar enklare. Du har en form och den har en viss stor eller liten storlek och du fyller bara upp den som en ballong. Pphhhhhhfftttt! Och så iväg. Men om jag ska skapa en planet, då måste jag ta från dom olika burkarna som finns för kärnor, och dom är annorlunda än dom som finns för individerna på himlen *(planeterna)*. Så jag har olika burkar beroende på vad jag försöker göra. OCH, kan jag säga dig, det första du gör är att skapa själva kroppen, själva planeten. När den väl är etablerad DÅ lägger du in en kärna. Åtminstone i den här modellen. Jag är inte säker på om det är samma sak när du faktiskt sjösätter ett system, om du ska göra ett på riktigt. Men jag skapar först formen, och AVSIKTEN den ska ha. Du sa *(säger med stoisk röst)*, "Vad har du för avsikt med den där, Bob?" Och jag sa, "Det vet jag inte, kanske bara reglera värmen." Och då sa du, "Nej, för du har redan en sån." Då sa jag "Okej, okej." Och du frågade igen, "Vad är avsikten, Bob, bakom den här?" Och jag sa, "Ja, jag skulle vilja att min planet här hade vatten och nån sorts livsform - kanske fisk." Och du sa, "Okej, då försöker vi göra nåt som har fisk och hav." Och så gör vi det. Sen sa du, "Baserat på vad du har lärt dig, vilka burkar ska du då använda?" Alltså, bara för modellen här, naturligtvis. Och jag sa, "Okej, jag vill använda dom här burkarna," – och det gör jag. Då sa du, "Okej, när du är färdig med det, vilken sorts kärna resonerar med ytan, om du ska ha hav och fiskar?" Och jag sa, "Inga träd?" Och du sa, "Du har inte skapat några träd". Så du vet, just det här specifika exemplaret hade inga träd, så kärnan måste BARA anpassas för hav och fisk. Du SER hur många olika alternativ det finns? *(Christine och jag skrattade åt detta på grund av det oskyldiga sättet han frågade varför det inte fanns några träd, även om han inte hade inkluderat några i sin design. En del av anledningen till att Gergen skickade honom till vårt labb för att studera, var just att han skulle reflektera och analysera olika scenarier innan han bestämde sig för en avsikt.)*

D. Det måste verkligen vara förvirrande.

B. Det är det! Men det som är bra är att bara EN kommer att vara en slags levande skapelse, som Jorden. Bara en i mitt solsystem, men den tar tid!

D. Du måste lägga till mönster för allt du vill ha?

B. Precis! Det finns gott om burkar, och du sa, "Vad är syftet? Vad har du för avsikt med den?" Och jag sa, "Oh, du vet..." Sen försöker jag se vad du tänker, men det kan jag inte, så jag säger, "Kanske den här bara ska vara ett utställningsexemplar." Men då säger du, "Ingenting är bara ett utställningsexemplar, Bob, allt har ett syfte." – Det är mycket att ta till sig.

D. Vilka andra syften finns det på olika planeter inom vårt solsystem?

B. Oh, vi pratar inte om alla än. Men, låt se vad du sa...Merkurius är nästan som en sorts liten dirigent för resten. Den resonerar med värme. Pluto, å andra sidan, har en motsvarande betydelse, men resonerar med dom yttre frekvenserna, som håller det *(solsystemet)* i position. Så, dom yttre frekvenserna, hela vägen in till stjärnan, Solen, håller det hela på plats. Liksom Merkurius är ledaren för Solen, fungerar Pluto, långt där ute, på nåt vis på samma sätt för ... ah, vad kan det vara? Det är som ett nät, ett helt fält. Så det är som Solen i mitten, kontra nåt annat utanför. Jag vet inte vad det är. Pluto fungerar på samma sätt som en ledare, fast för dom yttre frekvenserna. Det finns faktiskt en annan planet utanför Pluto, som typ cirkulerar där.

D. Hur stor är den?

B. Lite som Jorden. Nånting utanför som liksom cirkulerar, står inte stilla. Men det här är komplicerat, jag kan inte se utsidan, men det håller det hela på plats inom familjen.

D. Är du glad att du började studera det här?

B. Det är jag, även om jag inte är riktigt säker på hur jag ska använda det i mitt labb på andra dimensionen. Men jag är säker på att det kommer att lösa sig självt, för det handlar om att skapa form, och jag lär mig om olika sätt att skapa form. Och det kan också anpassas till andra verkligheter, som den nya människan. Det är vad jag tror. Om jag ska skapa en ny form, eller om den kommer i molnet, manualen för en ny människa, så måste insidan resonera på samma sätt som planetens kärna. Vilken AVSIKT ska det vara med den här nya människan? Och sen när det är etablerat, då ändrar vi insidan, organen och motorn och allt annat inuti. *(Den andra dimensionen får instruktionsmanualer om hur man skapar eller modifierar livsformer från "molnet". Manualerna placeras där av de högre dimensionerna som arbetar med Jordens verklighet. Se Första Vågen för mer information).*

D. Du är en expert på motorn.

B. Jag håller på att bli det! *(Han trodde att jag menade Solen, men insåg sedan att jag menade motorn i en människa)* Oh, det! Ja det är jag! Ja, precis, på den motor är jag absolut det. Men du kan se att det är lite grann av en utmaning. För när du tittade på mig och frågade, "Vad är syftet med den, Bob?" Och jag sa, "Du har inte berättat för mig om cyklerna och vad som är tänkt att den ska uppleva, så hur ska jag kunna veta vad jag har för avsikt med den?" Och så skrattar vi lite. Men du pushar mig och det gillar jag. För du pushar mig på ett vänligt, glatt sätt, och jag kan knuffa tillbaka, jag kan kittla dig. Men du är lite bestämd i ditt sätt att undervisa också, så det är inte bara lek. Jag antar att det knepiga är att förstå vilken avsikt jag tydligen måste ha med saker och ting. Jag förstår det, det gör jag. Så, jag ska tänka på det - vilka avsikter jag ska ha. Du sa, "Om du inte har en avsikt, och du skapar och placerar den, men insidan är typ ihålig eller inte i resonans med avsikten på ytan, eller var den är placerad bland dom andra, då kommer systemet inte att flyta, Bob." Jag vet inte om jag behöver syften med dom alla, men du sa att det gör jag. Men det är knepigare när det ska finnas varelser på den. Och det vill jag naturligtvis ha, jag vill inte bara ha som döda föremål. Så det vill jag ha, det är bara lite knepigare än med dom andra. Ibland önskar jag att jag bara kunde göra en måne.

D. Det skulle nästan vara avkopplande.

B. Ibland känns det som att det skulle vara som semester.

D. Vi kanske kan göra det, bara jobba med en måne.

B. Jobba med en måne, med Månfolket. Okej, jag ska återvända till mina projekt och burkar nu, och jag ska helt klart hitta nån sorts avsikt. Det är det jag tänker fokusera på.

D. Tack, min vän, för att du kom till oss idag. Jag ser fram emot att prata med dig snart.

B. Okej, hejdå, hej hej.

Sidoeffekter i Lådan (30 mars 2017)

När Bob återberättar sina minnen av hur vi arbetar tillsammans i labbet, kan han berätta ögonblick för ögonblick hur vi löste olika problem som han stötte på. Det finns mycket att lära om skapelseprocessen, bara genom att lyssna på hans ständiga ström av frågor och kommentarer. Lärandet i andevärlden upphör aldrig, så när viss kunskap förvärvas öppnas andra dörrar som leder själen mot nya mål längre fram. I det här fallet, under testfasen, märkte han att yttemperaturen på hans planet med liv var för hög. Så han började slänga fram olika alternativ för att fixa det, innan han insåg vad som orsakade problemet.

B. Ahmmm. Popp, *(började göra sina säregna poppande ljud med läpparna)*. Oohhhh! Jag tillkännager min närvaro, här är jag! Ibland gillar jag att göra en storslagen entré. Kanske inte hela tiden, men idag känner jag att jag vill prata mer om min låda. För jag har stött på några slags sidoeffekter med mitt projekt, och jag vill komma fram till en lösning. Och det är för att, du vet, *(ivrigt)* den–den–den där som reglerar värmen, den fungerar inte riktigt som den ska. För mina andra *(planeterna i hans solsystemmodell)* verkar inte få rätt tillgång till energiflödet som ska komma från värmaren på insidan. Det är nån slags bieffekt från den som jag skapade som nummer ett efter Solen *(värmaren är Solen och den första planeten är regulatorn, vilken nämnts, fungerar som värmeledare till resten av solsystemet.)* Jag ville börja om från början, eller kanske lägga till en till, för jag såg att du hade tre i rad, en gång. Så jag ville skapa en till för att reglera värmen, eftersom det verkar som att mina individer på den med liv ... det är lite för varmt. Så jag tänkte att jag kanske skulle flytta min levande planet lite längre ut. Men du sa, "Den är där den ska vara; du har mätt helt rätt, baserat på var dom är placerade från stjärnan i mitten, Bob." MEN jag ville byta regulatorn, för jag är ganska säker på att jag inte kan ändra på stjärnan. Du sa, "Allt är helt korrekt." Men jag ser att nånting helt klart är fel, för det är FÖR VARMT, för varmt på min levande planet! Och jag skapade varelser med päls, och nu tänker jag att dom kanske inte borde haft päls. Men du säger att allt är korrekt, det är nåt annat...OOHHH, jag har inte gjort nån atmosfär än!! Oohh, nu förstår jag!

D. Den kommer att kyla ner din planet.

B. Den kommer att kyla ner den, definitivt! Oh, jag har ju inte gjort atmosfären än. Oh okej, så det kommer att bli nästa steg. Du skrattar åt det här, du visste om det hela tiden - att mina varelser skulle svettas! Men du sa ingenting; det var inte riktigt schysst! Jag satte dom där och dom smälte nästan! Du sa ingenting, men nu vet jag att jag måste skapa en atmosfär.

D. De behövde skugga.

B. Dom behövde skugga från molnen! Oh, det är en helt annan burk, atmosfärsburken. Det är mer flytande i den, det stelnar aldrig. Hm...

D. Var tar du lektioner i det?

B. Allt är med dig, jag går inte till en stor föreläsningssal här. Jag har blivit presenterad för några handledare. Fast dom talar inte direkt till mig, så ibland sitter jag bara och väntar och jag hör bara typ, klick-klick-tick-tick. Och jag bara väntar på att du på nåt vis ska samla ihop det till nånting som jag förstår. Allt eftersom vi har gått framåt i byrålådan har det varit olika handledare som har gett sig till känna. Atmosfären är nu näst.

D. Gillar du dem, är de trevliga?

B. Uhhh, varken eller, skulle jag säga, eftersom dom inte pratar direkt med mig, men dom är väldigt skickliga. En gav mig en bok. Den boken var också lite jobbig, för när jag öppnade den var den inte i papper, det var en energibok, som att den var tredimensionell. Han sa, till dig – till mig, "Det här är atmosfär och den har olika lager, liksom olika vibrationstillstånd. Det är inte bara en vibration, det blandas. Atmosfären har ett djup i sin ursprungliga struktur." Så den här boken handlar om att förstå djupet i vissa saker som skapas. Atmosfären är en av dom sakerna, eftersom den är rörlig. Till skillnad mot en planet som är vad den är, den blir ju inte plötsligt en fyrkant! (*Skrattar högt.*) Det skulle se dumt ut! Så, planeten är vad den är; om den är rund är den rund; om den är stenig så är den stenig. Men atmosfären, till exempel, den förändras, och det är klurigt! Det här är väldigt avancerat! Du vet, det är nästan lika avancerat som kärnan.

D. Hur går allt, hur många planeter har du?

B. Det är fortfarande bara fem. Och mina varelser, dom smälte! Och jag ville byta regulatorer. Men du sa, ”Nej, allt är som det ska, Bob, vi har mätt avstånden mellan dom alla, och det är som det ska. Vad är det som saknas?" Och jag tänkte, "Kanske om jag lägger till en annan regulator på insidan?" Och du sa, "Nej, det är inte det", då sa jag, "Jag kanske ska flytta min planet längre ut?" Och då sa du, "Nej, den är precis där den ska vara, baserat på avståndet till Solen. – Vad kan vara fel här?” Och då blev jag lite, "Oohh..." (*sjönk ihop.*) Men då skickade du mig en bild och plötsligt förstod jag att jag inte hade nån atmosfär. Jag behöver regn och jag behöver moln. Eftersom moln skapar skugga, och när det blir skugga, skapas faktiskt ... den platsen kan gå in i ett naturligt viloläge, som en liten tupplur. Och det var det jag inte hade. Det är därför som det inte finns så mycket liv i öknen, till exempel. För i öknen finns det inte så mycket moln som ger skugga, så det finns inget sätt för livsformer att skydda sig mot att bli överhettade. Så, moln skapar den där viloperioden, tuppluren om du så vill. Det är viktigt att ha moln om du vill ha levande varelser i det specifika området. Och sen säger du, "Var vill du placera dom?" *(hans individ och växter)* och jag säger, "Ja, du vet, jag vill sätta dom - inte vid polerna, för det blir jobbigt - jag vill ha dom nånstans i mitten." Och du säger, "Okej, då måste vi justera saker. För det pågår rörelser, som beror på vindar, strömmar och vissa andra saker, som skapar passager där molnen rör sig igenom.” Så INGET är bara gjort av en slump här. Så det här var vad som saknades, jag kan tydligt se det nu, eftersom alla mina varelser överhettades, och jag sa, "Dom kanske inte borde ha nån päls." Men du sa, "Det spelar ingen roll om dom har päls eller inte, det är nåt annat som saknas." Och det var det här. Så, det här var baksidan av myntet, så att säga, på mitt solsystem. Allt var helt klart rätt uträknat, allt var där det skulle vara, men mina individer smälte, och det var inte alls bra. Så, nu måste jag ta lektioner om atmosfären.

D. Var du tvungen att ha med mönster för atmosfär när du gjorde kärnan?

B. Nää, för att.... eller jo, jo, det är så sant. Dom måste kommunicera och vara samstämmiga. Kärnan är i alla fall inte på plats än i min planet. Så i det här projektet sätts kärnan in sist, när allt på ytan är klart, och atmosfären är också kopplar till ytan. Kärnan och atmosfären, i det här fallet, kommunicerar, så det är helt korrekt. MEN vid den här specifika tidpunkten hade min levande planet...ingetdera! Det är där vi befinner oss just nu.

D. Men du gör framsteg.

B. Jaa, det gör jag. Det var bara det att dom smälte, vilket jag inte kunde förstå. Jag förstår molnen, jag vet att varelser behöver skugga för att dom ska gå in i en omstartsfas, viloläge kan också kallas samma sak. Men summa summarum är att du kan starta om dig själv och få ny energi. När du befinner dig i ett varmare klimat utan moln som ger skugga, avger du bara energi från ditt fordon *(kroppen)*, och det är därför det inte finns så många varelser i den regionen. Jag ville inte alls ha det så, för jag vet att det är besvärligt. Ingenting kan överleva, så det skapade jag inte, jag gick runt det problemet ganska lätt. Du frågade mig vad jag ville ha på min planet, och jag sa att jag INTE vill ha öknar.

D. Kommer ditt solsystem att placeras någonstans, som den lilla stjärnan du skapade förut?

B. Det är högst osannolikt. Man gör nog inte solsystem på egen hand och bara sätter igång dom. Du arbetar i en grupp och där släpper du det. Så du vet, jag lär mig. Mycket av det här har att göra med hur föremål resonerar, inte bara med Solen utan också med, i första hand, grannarna på var sida. Men det jag lär mig här är det ömsesidiga sambandet mellan energikällor. Om mitt solsystem skulle lanseras skulle jag bli positivt överraskad, men det är fortfarande långt dit. Jag har också idéer om hur du kan förbättra ditt arbete med olika saker. Kanske kan du skapa en planet utan emotionell stress, kanske där det inte saknas empati? Så jag gör dig faktiskt medveten om att du kan skapa grunderna för individer som är, eller kan vara, mindre aggressiva. Varför inte skapa värdar där förutsättningarna är annorlunda? Så, jag frågar om det; om värden på nåt vis utlöser vissa reaktioner på sin yta, eller om det är nåt annat? Det är jag nyfiken på. Vi har inte pratat om det egentligen, men jag känner att det finns så mycket mer i det här och att det inte bara handlar om ett dött, runt föremål med en kärna i mitten – så jag undrar om det kanske kan förbättras. Om, låt oss säga Jorden, innehåller vissa grundämnen som skapar händelser på ytan? Och att oavsett vem vi än placerar där, så snubblar dom över vissa händelser och läxor, då kanske vi skulle kunna förändra kärnan eller själva planeten? Om den är förorenad kanske dom som vandrar på den också blir förorenade, oavsett hur rena dom än är. Så jag frågar om det, om det kanske kan förbättras. För vi förbättrar ju organ, utifrån vissa växlingar och förändringar som är på gång. Jag är ganska säker på det, för du pratade om en planet i en annan verklighet med mycket metall i sin struktur, inte järn, det var magnesium eller nåt. Hur som helst, det skapade ilskna individer och frustration i det mentala hos dom. DET var helt klart inte bra, så den världen blev satt på paus. "Det var nånting med elementen som faktiskt skapade dysfunktionella sinnen," sa du, och det var inte bra. Alltså, vi pratar inte om det i min låda, men eftersom jag vet det här, så undrar jag över Jorden och jag undrar om det kan finnas sätt att förbättra den. Jag frågar, "Om du har kraften och förmågan att skapa fredliga världar, då vill jag framföra den begäran." Så, det gör jag nu, det har jag lagt fram. För i så fall skulle mina pälsklädda varelser aldrig få sin päls borttagen, och ingen skulle få maskarna att se ledsna ut. Så jag säger helt enkelt, eftersom vi skapar varelserna på ytan, ifall du gör ditt jobb, kanske bara lite annorlunda, så skulle det vara lättare för oss andra att följa efter på ett mer harmoniskt sätt. Du svarar inte riktigt, fast du sa att jag inte behöver oroa mig för det i min skapelse.

D. Jag gillar i alla fall hur du tänker. Om vi skapade en sådan planet, skulle du vilja lämna Jorden och arbeta på den?

B. Kanske. Jag känner till planeter som är mer som ett stort växthus. Du kan besöka och placera dina projekt där *(växter eller djur)*, bara släppa dom där och dom kommer bara att blomstra. Och du kan gå och titta - se hur dom utvecklas över tid, eftersom dom inte kommer att störas av andra aktiviteter. Så vad du än placerar där, och vilket öde eller syfte du än hade för den växtens eller den specifika varelsens liv, kommer det att uppfyllas. Eftersom det inte finns några yttre faktorer som stör varelsen där. Hur som helst, jag kom bara förbi för att säga ett snabbt hej, och typ fråga om sidoeffekterna i min låda. Jag kommer att fortsätta titta på atmosfären, för jag behöver molnen, och jag vill att min individ ska ha päls.

D. Tack för att du kom till oss idag. Alltid ett nöje.

B. Oh oh, OOOHHHHHOOOOOHHH, då kilar jag. Okej. Hej då.

Atmosfären fungerar korrekt (7 maj 2017)

D. Så hur går det med din låda? Hur ser det ut?

B. Oh, jag har atmosfären på plats. Och cyklerna – Jag ville ha cykler, för att skapa dag och natt, eftersom det faktiskt är en del av atmosfären. Så nu är allt på plats. Så jag har atmosfären, och jag får planeten att rotera, för det är så du skapar cyklerna dag och natt, liksom månader; du vet, cykler rent generellt. Så, jag har lagt till rörelse och satt in kärnan, så nu rör den sig och atmosfären fungerar som den ska, och cykler har jag också. Jag har kommit till den punkten där jag tänker sätta tillbaka min individ, eftersom jag faktiskt tog bort den. Jag sa, "Jag tänker inte sätta den där som ett experiment. Det gör jag inte!" *(Han tog tillfälligt bort energimönsstret av sin individ.)*

D. Bra gjort, min vän!

B. Jag kan tydligt se att atmosfären fungerar som den ska, och även rotationen är i harmoni med atmosfären, så det skapar dag- och nattcykler, så det är dags att sätta in min individ igen. Det är alltså inte som att sätta in själva individen, men man implementerar mönstret som individen har. Så här skapar jag solsystemet; Jag lägger till olika mönster, som en liten karta, som har färger och toner för att saker ska uppstå. Det är som att plantera ett frö, men istället för att plantera ett frö planterar jag mönstret, som min individ har, in i medvetandet hos mitt projekt, för att han ska uppstå.

D. Så du behöver inte ge den gräs och saker att äta?

B. Det finns redan där. Allt är på plats nu, förutom min individ.

D. Kommer han att vara rörlig och gå omkring?

B. Ja, precis. Han är inte så bra på att simma, så jag har honom långt borta från vattnet och jag ger honom stort utrymme. Kontinenten som jag har, jag har faktiskt bara en stor kontinent för tillfället, eftersom jag inte har fått kontinenterna att röra sig eller flytta på sig än. Och det är också en del av ... för att kontinenterna ska börja röra på sig, implementerar man ytterligare ett mönster i atmosfären. Så, det är den Åttonde som får kontinenterna att flytta på sig. Men innan jag gör det, vill jag försäkra mig om att min individ anpassar sig väl på den kontinent jag har. Den är stor, så han har mycket plats att röra sig omkring på, och han har också växtlighet att äta. Så jag kan kolla, för jag kan spola fram tiden lite grann, och det är vad vi gör. Om vi skulle befinna oss i en vanlig tidslinje och vänta på att nåt skulle hända, då skulle det ta en evighet. SÅ vi kan på nåt vis tillverka tid här, och det här är lite klurigt för dig, men det finns en grupp inom den här gruppen, som kommer in ... och det finns ett extra ... mmm, jag skulle inte säga element, för det är ingenting du kan ta på, men dom lägger till nåt som ser ut som en gnista, och det skapar på nåt vis tid. Så jag kan se hur saker kommer att utvecklas på det här specifika projektet som är mitt. Nåt läggs till och jag kan se, du vet, hur en blir två, två blir fyra, och så vidare. Så jag kan se alla mina individer. Och sen när allt fungerar bra kan jag lägga till fler saker. Om du vill se ett projekt innan du drar igång det *(då skrattar han ganska högt)* exempelvis ett solsystem, då skapar man den tillverkade tidsevolutionen. Evolutionsgruppen, dom är en tyst grupp, rör sig tyst omkring. Jag kallar dom för Evolutionsgruppen, eftersom dom på nåt vis kan lura tiden, eftersom tid inte existerar. Även om tid inte existerar, så finns det fortfarande cykler. OCH HUR KOMMER DET SIG, tänker du kanske? För att Evolutionsgruppen har varit där och gjort nånting med den där gnistan. Det är så jag ser det, jag ser gnistor. Det är som att skapa nåt, det för saker framåt. Magiskt nästan....

D. Magiskt tidsdamm!

B. Magiskt tidsdamm! Huhuhuh *(skrattar högt)*. Evolutionsgruppen, dom hör hemma nånstans uppe i ... var är dom nånstans? Dom arbetar med atmosfär och den Åttonde, eftersom jag ser det som ett element, fast ändå inte. Men dom kommer på nåt vis från den Tionde. Jag känner dom inte alls. Jag känner inte nödvändigtvis att jag vill gå dit, för dom är verkligen tysta, och jag – jag tror inte att dom kommer att snabba på MIN evolution, men jag skulle inte alls smälta in där – så jag tänker inte gå dit. Kanske om du bjuder in dom, kanske det skulle kunna fungera bättre, om du bjuder in dom hit? Men jag känner inte att jag vill gå dit.

D. De kanske ser ut som den du såg förra veckan, det stora klotet.

B. Kanske det. Tyst. Jag, jag känner mig inte så bekväm med dom, för dom...Det är som att placera dig i Japan, du vet, du förstår inte alls vad tecknen där betyder. Det är samma sak, jag vill inte alls gå dit. Jag är nyfiken, men jag nöjer mig med att du berättar för mig, eller att Isak berättar. Kanske dom hör till det Mästerliga Medvetandet? Om dom gör det, då kanske jag vill gå!

D. Du kunde följa dem på säkert avstånd.

B. Min känsla är att dom skulle kunna upptäcka mig, och det vill jag inte, för om dom upptäcker mig, tänk om dom lägger nåt slags evolutionsdamm på mig och jag hamnar nån annanstans? För dom dyker bara upp från ingenstans, och sen försvinner dom. Kommer och går, kommer och går, och JAG KÄNNER DOM INTE, och jag vill inte bli upptäckt som nån slags spion. *(Han skrattade sen väldigt svagt och nervöst.)*

D. Om de stänker damm på dig, kanske du kommer att hamna någon annanstans.

B. Jag vet inte vad som händer då, om dom stänker damm på mig. Vad skulle hända med min evolution?

D. Du skulle plötsligt bli riktigt gammal!

B. Oh ohohoho, som Gergen! Och på en sekund!

D. Du skulle kringgå och gå miste om alla möjliga saker.

B. Nää. Nej, nej, det vill jag inte. Hur som helst, dom kommer in och dom kan göra det här, men jag är inte säker på att dom kommer att göra det med mitt solsystem. Men i allmänhet gör dom det när dom jobbar med dig, med stora system, som galaxer. Jag VET att du gör det. Och jag vet att det finns Rådsmedlemmar från Åttonde, Nionde och Tionde, som iakttar när du jobbar med galaxer. Så jag kan tänka mig att följa med DIG för att kolla på det här, för om du är där är jag säker på att det kommer att gå bra. Kanske har dom nån slags scen eller en liten bänk, där jag kan sitta och titta på dig när du jobbar?

D. Som Ophelias klassrum?

B. Som Ophelias klassrum. Det skulle jag vilja. Om det är dina planer, med min utvecklingsstege, då tror jag att jag är redo att klättra!

D. Det låter skoj.

B. Kan vara. Men jag är inte säker på om jag får ta med min anteckningsbok. Det kan vara så att jag måste se och komma ihåg i min dator. Det kan finnas sekretess här.

D. Kanske att egenstudier är en bra övning.

B. Aahh, men ändå, det här är som en riktigt fascinerande show, eftersom det är så många inblandade. Evolutionsgruppen, Elementgruppen, atmosfär ... varför är inte Ophelia där? Hon är inte med. Jag vet inte, men du kanske kan berätta för mig, för jag är helt fascinerad av vad jag kan se här, för det är inte ett solsystem, det är som en stor galax. Meningen är att systemet ska vara balanserande där det kommer att placeras.

Det är som att det har uppstått ett hål nånstans och när ett hål uppstår, säger du, tror forskare här att systemet bredvid liksom kommer att sugas in där *(gör ett sugande ljud).* Men vissa rör sig faktiskt bort från det, så det skapar det där tomrummet i mitten och det måste lappas ihop. SÅ, när det uppstår vissa, som forskare kallar svarta hål, är det på sätt och vis ett hål, men det är ett tomrum. Och det måste lagas, säger du. Nånting inträffade i nåt nät, inte här i närheten, det är längre bort, men det måste fortfarande åtgärdas.

Jag avbryter här för att göra en kommentar om "svarta hål", som inte alls är vad forskare menar att de är. Vårt andliga team har sagt att dessa inte är solar eller planeter, utan en annan typ av stjärnkroppar med en mycket hög gravitation, som används för att stabilisera galaxer och hålla dem i vissa mönster. En intressant notering till Bobs observation är att nyligen genomförd forskning från NASA bekräftar att "svarta hål" faktiskt trycker bort över åttio procent av materien, istället för att sluka det, som de matematiska modellerna förutspår. Återigen, visar det att andarna vet betydligt mer än alla doktorandgrupper tror sig veta om vårt Universum.

D. De där områdena släpper ut mycket energi, eller hur?

B. Ja, verkligen. Dom kan suga in saker, det är jag säker på, men mycket av det rör sig faktiskt bort från dom. När saker och ting rör sig bort från det, blir det där tomrummet, som ser ut som ett svart hål, större. Du sa att du lappar ihop det med en större *(galax).* Så du skapar en till och lägger den där, så att dom blir som en balanserande helhet i nätet och på så vis förblir det specifika kosmiska akvariet intakt. Om det inte tas om hand, kommer saker och ting att wobbla, säger du. Om det finns för många zoner som verkar vara tomma, likt ett vakuum, och om dom inte tas om hand, så wobblar det. Saker och ting ska inte kränga, för det handlar om förändringar här, ungefär som sommar och vår, som cykler, men om det finns hål, så sker inte dom cyklerna. Antingen går det för fort eller så stannar det. Du vill att rörelsen ska vara synkroniserad och i harmoni. Allt rör sig motsols, säger du, och det är vad vi ser här. Det här är helt klart högteknologiskt. Men du lappar ihop ett stort hål här, och det är därför Evolutionsgruppen är där, eftersom dom har sett att avsikten med det kosmiska akvariet, eller det här området, inte har fungerat enligt sin förutbestämda tidslinje. Evolutionsgruppen är där för att bidra med sin expertis, antar jag, för att du ska förstå hur du ska skapa galaxen när du fixat hålet. Så att allt liksom är på banan igen. Det är så jag ser det.

D. Rätt imponerande arbete, ur ett mänskligt perspektiv.

B. Ja, det är det verkligen! Så jag KAN tänka mig att gå, för ... men problemet är att om du inte pratar så jag förstår, är det bara som att jag sitter där, och det är lite mörkt i det här labbet. Och det är inte så att jag bara kan knalla ner och ställa mig bredvid dig. Nä ... oj, det kanske ändå är bättre att du bara berättar det för mig efteråt. Men jag ÄR fascinerad, det är jag verkligen, och det är det här som brådskan handlade om.

D. Okej, det är bra att veta.

B. Alltför många såna här ställen skapar funktionsstörning i den utveckling som är avsedd för den regionen och då påverkar det hela nätet, sa du. Men det är inte som att du är nån slags reparationspolis; som att du får ett larm, ett SOS och du måste ingripa direkt. Det här har pågått ett tag, och det är för stort och det är därför som Evolutionsgruppen är där. Det här är ett stort hål, och det skapar disharmoni i nätet. Och det är det som är brådskande. Och jag vill inte stå i vägen för brådska, så klart, så jag studerar på egen hand. Jag läser på om min individ, var jag ska sätta honom. Jag har ju skapat atmosfären, så jag går över och justerar olika detaljer i mitt projekt, för att det ska vara så optimalt som möjligt, när jag sätter tillbaka min individ.

D. Nåväl, du behöver åtminstone inte längre fundera över vart jag tog vägen.

B. Nää, för du sa, "Jag är precis runt hörnet, Bob." Men jag vet inte vilket hörn det är, för jag lämnar inte rummet nödvändigtvis, så vilket hörn är det? Du ska till ett stort labb, ett annat ställe än där jag har varit. *(Poppar med läpparna medan han funderar.)*

D. Jag antar att om allt fungerar, kommer vi att starta upp ditt system?

B. Jaa, om det flyter, för det inte får kollapsa – som att ditt inte sattes i drift eftersom det skulle ha skapat ett hål, antar jag, ett svart tomrum. Men du sa att mitt lilla solsystem skulle kunna passa nånstans. Just nu har min planet en kärna, och den har en atmosfär och cyklerna är på plats. Den har dag, natt och årstider och så vidare, så individen är på väg att etableras i dess minne, som ett färgmönster som jag har lagt in.

Bob får se mitt Första Projekt (7 maj 2017)

När Bob blev missmodig över hur hans solsystem utvecklades, fick han se Lasarays första solprojekt. Bob såg att modellen hade kollapsat och han identifierade snabbt problemet. Han insåg att alla går igenom samma stadier av inlärning, och att han faktiskt hade klarat sig bättre än Lasaray. Så med den enkla demonstrationen återställdes Bobs självförtroende.

D. Du har blivit väldigt duktig på att framföra dina budskap. *(Han lyssnar och poppar med läpparna.)*

B. Jaa, det har jag verkligen. För till en början visste jag inte riktigt hur det här skulle fungera. Jag fokuserar mycket av min energi på rösten i den här. Jag lärde mig att om jag fokuserar all min uppmärksamhet på den regionen, istället för att sprida ut mig, fungerar det bäst.

D. Det stod i manualen, eller hur?

B. Ja det gjorde det, det stod i manualen *(nickar instämmande).* Det var så jag skulle göra, enligt Ophelia. Hon sa, "Fokusera bara på området kring halsen, du behöver inte sprida ut dig." Men jag visste inte, så jag ville testa att sprida ut mig och se hur en del olika saker fungerade. Hon lät mig göra det, men sen förstod jag att det inte alls fungerade så bra. Med det Mästerliga Medvetandet, alltså när vi smälter samman med typ träd och sånt, då flyttar vi omkring och breder ut oss, kan man säga. Men Ophelia sa, "Det finns ingen anledning för mig att fokusera på fötterna här." Så jag projicerar aldrig mitt medvetande i den härs fötter. Ophelia sa, "Det enda du är här för att göra är att projicera din energi in i området kring halsen och lite in i datorn också. För det handlar om att skicka upp signaler till datorn, för att kunna ge bilder också." Så det är vad jag gör, jag skickar upp bilder till datorn i den här, det är därför hon kan se saker.

D. Och du delar också med dig av din charmerande personlighet.

B. (*Ler stort*) Ughhh, heeee, du vet, för på många sätt känner jag också att folk tar saker alldeles för allvarligt, så jag vill blanda in en lite annan vinkel till den här verkligheten, för att det ska bli lite mer solsken i huvudet. För ingen blir glad av att bara bli tillsagd vad man ska göra, med piska. Så om du säger nåt på ett lite roligare och gladare sätt, som jag försöker göra, så tänker jag att dom kanske lyssnar mer. Det är så jag lär mig bäst! Jag lär mig inte alls om nån inte är glad och lycklig. Det var därför det kändes lite jobbigt första gången i ditt labb, för jag förstod inte, dom uttryckte ingen glädje, så det var svårt för mig att förstå. Det är också därför jag först inte gillade egenstudier, för jag hittade ingen glädje i frekvenserna. Jag lär mig bäst när det finns rörelse och även vibrationer av ljud, toner och glädje. Då lär jag mig bäst, och det förstod du ganska snabbt. För först gav du mig alla dom där böckerna med bilder och punkter, och det gillade jag inte alls, och jag började rätt snabbt tappa intresset. Du insåg att jag ville vara mer involverad och då anpassade du dig lite till det.

D. Så, går vi ut och tittar på saker nu?

B. Ja, det gör vi. Det var därför du tog mig till klotrummet och utställningen, för jag vill gå omkring, så du visar mig saker och vi åker till platser. Det vi har gjort är att vi faktiskt har gått och tittat på dina tidigare projekt, dina lådor. Jag ser vad du har gjort; när du var en liten småstjärna hade du också lådor. Du uppmuntrade mig genom att du fick mig att förstå att det här är faktiskt mitt första projekt, min första låda. Och så visade du mig din första låda - och det gladde mig, för det flöt INTE ALLS! HUHUHUHUH! Och det motiverar mig att fortsätta, för jag ser var du är nu. Men när jag ser ditt babyprojekt, ditt första system som inte flöt, eftersom kärnorna var för nära varandra, då får det mig att känna mig bättre till mods när det gäller mina framsteg. Dom krockade inte med varandra, nödvändigtvis, men dom fungerade disharmoniskt, så dom utvecklade aldrig sin fulla potential, det var vad du sa. Det är därför jag måste förstå avståndet mellan kärnorna, där mina planeter färdas. Konsten är att ha exakt rätt avstånd till dom två på var sida, eftersom varje himlakropp i systemet har en annan grundläggande struktur. Om dom är för nära, smittar dom lite av sig på varandra så att ingen fungerar som den ska – sa du, och om det är för långt mellan dom, så kommunicerar dom inte med sin granne. Elementen som sätts in i solsystemet är annorlunda längre ut och det är inte av en slump. Du kan inte placera, låt oss säga, den *(planeten)* som innehåller mycket magnesium längre in, för då skulle hela systemet wobbla lite. Men om det är för långt emellan, är det som att dom inte hör varandra – så kan du se det. Dom tar inte in signalerna från varandra korrekt, för att hela systemet ska fungera, och det är då som solsystemet inte flyter.

D. Okej, jag förstår det. Det låter vettigt.

B. Så du vill se till att allt är exakt korrekt. Alla tror, du vet, att det bara beror på Solen (*enbart varje planet och Solen),* men det är det inte. Dom på var sida är lika viktiga. Om det wobblar, typ upp och ner, då är planeterna för långt ifrån varandra. Men om dom inte rör sig framåt i sin bana, så är dom för nära.

D. Okej, det är logiskt.

B. Det är så det ser ut när du placerar det *(börjar skratta).* Hahaha, ditt solsystem flöt inte! Så du peppar mig, när jag blir lite typ, "Uhhhhh" *(låter frustrerad),* och påminner mig om att vi alla är nybörjare vid nåt tillfälle. Och du visar mig den här lilla modellen som jag kan titta på, som inte flöt. I just ditt fall var nummer tre, fyra och fem för nära, dom blev lite som en klump. Det här var ditt första babyprojekt - när du var en liten småstjärna antar jag.

D. Kan du se vad som var fel med det, bara genom att titta på det?

B. Jaa, eftersom Solen är korrekt gjord, och nummer ett, utanför Solen är korrekt, två är också okej, men så är det nåt med tre, fyra och fem. Och som jag kan se det i den här modellådan, gick dom in i varandra. Så kärnorna är inte i linje, dom klumpade ihop sig och rörde sig inte framåt, dom satt fast. Och det var därför som resten av solsystemet på nåt vis kollapsade. Så du påminner mig om det, och du säger att man bara kan lära dig genom att göra misstag. Om du inte gör misstag lär du dig aldrig. Du lärde dig genom att läsa böcker, men du kunde aldrig ha blivit en superdesigner om du inte hade upplevt vissa fel och misstag i ditt system. Det är därför man måste lämnas ensam, eftersom misstag uppstår och det är här som egenstudier kommer in i bilden. För du fick böcker och du skapade det här, helt klart, alldeles själv med bara dina böcker. Sen visade du mig också hur saker och ting utvecklades. För nu vet jag att du gör stora galaxarbeten med dina vänner, och du skulle aldrig ha blivit en mästerdesigner av galaxer, om det här inte hade ägt rum i början. Det är vad du säger.

D. Ja. Det är en bra lärdom.

B. Du tvingades, i din utbildning, att reflektera och bara använda manualer. Så du hade inte nån som talade om vad som var rätt och fel. Men du driver lite med mig, för jag lär mig på annat vis. Det är nog ändå inte tänkt att jag ska göra en galax, det är jag rätt säker på. Så förutsättningarna är lite annorlunda. Men jag med MIN utbildning kunde ändå se att det där inte fungerade *(mitt första projekt).*

D. Se, du är bättre än jag var i början.

B. *(Skrattar högt),* OH, huhuh. Nja, du vet, skillnaden är att du hjälper mig och vi pratar medan vi går framåt, och du gjorde ditt alldeles själv bara med en instruktionsbok. Jag antar att det var därför som du typ försökte införa det här med att reflektion i mig, men sen insåg du att det inte riktigt fungerade så bra *(poppar med läppar).*

Solsystem som Kosmiska Chakran (11 maj 2017)

Tanken att solsystemet är designat som chakran gör det lättare att se hela enheten som ett enda levande väsen, vilket det också är. Precis som de olika lagren i en människa har varje planet en roll inom gruppen. Planeterna kommunicerar med och understödjer varandra på deras resa. De yttre planeterna skyddar och stabiliserar de inre, vilket gör livet möjligt på Jorden. Venus och Mars har en betydande roll i vår planets rotation, såväl som atmosfär.

B. *(Bob började göra ljud, sög på läpparna och frustade.)* Det var ett roligt ljud! *(Skrattar)*

D. Hej, Bob.

B. Hej hej. Jag har ritat nya kartor. Jag har gjort nya kartor och gett till Ophelia. Isak och Zachariah såg dom också, för dom ska arkiveras. Jag har gjort nya kartor med färgmönster.

D. Vad är de kartor över?

B. En är bara för vanliga bär, du vet, men sen har jag också lärt mig mer om färgmönstret när det kommer till mitt solsystem. Jag rör mig utåt nu, och jag ska göra den som kommer efter planeten med min individ. Jag gör den gul, för att ... vill du veta varför jag gör den gul?

D. Absolut!

B. Eftersom det ska stämma ihop med ... ett knep som du lärde mig, när jag skapade mitt solsystem, är att dom kan symbolisera chakrasystemet. När jag gör min första modell ska jag jobba med den som ett chakrasystem, sa du. Det betyder att Solen skulle representera huvudet, kronchakrat, så att säga. Jag går faktiskt från det hållet, vilket var lite av en överraskning, men det är så det ska vara. Jag känner till, inte nödvändigtvis chakran, men centra, kraftcentra och vilka toner dom har. Du sa till mig, att om jag läste på om dom centra som jag känner till, som finns ÖVERALLT i naturen, så skulle jag kunna spegla det i mitt solsystem. Så i det här specifika fallet så speglar jag det. Så på nästa planet använder jag mycket av vibrationen för gult. Och gult resonerar, skulle man antagligen kunna tro, med Solen, men det gör det inte här. I det här fallet skulle Solen resonera med vibrationen för vitt. Så det är lite annorlunda. Men nästa planet kommer att ha den gula vibrationen, men jag har också lagt in en ton i den, för du sa att det går att göra två saker. Man kan antingen ha den med enbart ett färgmönster, eller så kan man lägga till färgmönster OCH ett ljudmönster. Och jag valde att göra båda.

D. Jag hänger på sätt och vis med i vad du säger.

B. Oh, jag läste på om alla dessa centra, och du sa att dom måste komma i nån slags ordning, eftersom dom har olika höga vibrationer. Och i det här fallet är dom högsta vibrationerna längst in, där Solen är, och längre ut är dom långsammare. Låt säga att värmeregulatorn, närmast Solen, bara har den funktionen. Så alla har en slags prio-ett- funktion inom systemet. Och planeternas rörelse ... bara för att du lägger en atmosfär runt ditt objekt, betyder det inte att det automatiskt kommer att fungera. Så du måste lägga till flera andra effekter för att skapa exakt dom rörelser du vill att det ska ha. Det är inte "bara av en slump" som vindarna här *(på Jorden)* går i en viss riktning, till exempel. Den direkt innanför *(Venus, i vårt system)* påverkar rotationen inuti, så planeten rör sig kring sin axel som den ska, medan den efter *(Mars)* är mer involverad i atmosfärens rörelse som omger den *(suckar djupt)*.

D. Så hur är det med Mars?

B. Ah. Där finns det faktiskt mysterier att lösa, med Mars. *(Poppar med läpparna.)* Det är knepigt. Det hände nånting på den planeten. Och det var inte så länge sen.

D. Fanns det en gång liv där?

B. Precis. Precis.

D. Något som du arbetat med?

B. Jag jobbade inte med den, men jag kände dom. Jag såg vilka dom var. Det var inte så länge sen.

D. Hade den växter och sånt, varelser?

B. Oh, vissa var som dom där hälften-av-var, eftersom atmosfären var annorlunda där. Men när atmosfären hade lösts upp, baserat på sånt som hände, kom Evolutionsgruppen in och gjorde nåt. Den hade faktiskt atmosfär vid ett tillfälle, och det var då dom där hälften-av-var -typerna fanns där. Men när atmosfären försvann, och jag kan inte säga att jag såg det, men jag vet att den vid ett tillfälle hade atmosfär. Det var flera cykler tillbaka, men atmosfären togs bort och allt löstes upp på nåt vis. Det finns fortfarande kvar som ett minne, så OM atmosfären skulle komma tillbaka, då skulle allt dyka upp igen. För mönstren finns kvar, i minnet. Det är som det du pratade om förut här, om att karma är en Karmisk Kappa som är placerad i minnet här. Allt är placerat och ihågkommet. Ligger lite som i viloläge, men det väckas till liv igen. Det är därför det är viktigt att du gör det rätt från början innan du startar upp det, för mönstren kommer alltid att finnas där. Latent.

Även om Bob inte sa det, baserat på chakranas inbördes ordning, skulle Jorden vara placerad på det gröna, eller hjärtchakrat, och Uranus skulle vara där Bobs favoritchakra, fötterna, finns, vilket motsvarar det stabiliserande chakrat. Han hänvisar senare i detta kapitel till Uranus som en stabilisator i vårt solsystem.

D. Så du har gjort framsteg med mönstren för växterna på din planet där det ska finnas liv?

B. Jag sätter alla mina bästa bär där, på min levande planet. För jag vet att min individ tycker om bär, så jag placerar dom saker jag vet att den gillar. Och det spelar ingen roll om den äter upp alla, för det kommer in nya, för jag sa att jag ville ha en atmosfär som skulle ge mycket regn.

D. Har du varit tillbaka på den Andra på sistone?

B. Oh, det var ett tag sen. Men jag pratar med Gergen, för när jag fortsatte med mina färgkartor fanns det ett par prover som behövde justeras med en förbättrad DNA-matchning. Eftersom han är lite av en expert på det området, tog jag hans råd om hur man skapar matchningen, eftersom DNA:t behövde vara kompatibelt för att tonerna skulle komma fram som planerat, på min planet, den gula. Så det var det. Jag tar hand om mina elever också, för man kan inte försumma dom små. Ett par av dom är intresserade av blodcirkulationen, så dom går kurser tillsammans med Cirkulationsgruppen. Det finns ett par som är intresserade av att mer gå in på det vetenskapliga området, vilket innebär att lära sig mer om form och gestalt. Det finns en mängd olika färdigheter i min grupp.

D. Tillbringar dom tio procenten, som du lämnar där nere, tid med dem?

B. Huvudsakligen. Men dom är fortfarande lite kvar i gruppsamverkan och att lära sig tillsammans, vilket är som en form av egenstudier i grupp. Så därför är jag inte närvarande på det viset, som att jag sitter där med mina tio procent, som du sa, men jag är alltid kopplad till dom, och jag kan höra frågor som kommer. Så jag kan alltid, på samma sätt som jag kan projicera mig, när vi träffas här; när jag hör dom kalla på mig, kan jag också svara. Så du kan gå fram och tillbaka ifall du vill, men du tappar lite av din kraft, när du flyttar mer procent, som du säger, till andra verkligheter. Jag kommer in och vi diskuterar deras projekt. Dom börjar redan visa olika färdigheter i den här gruppen, men alla kommer inte vara trädgårdsmästare eller i samma specialitet. Dom kommer alla att arbeta med ett eget specifikt uppdrag senare, men från sina egna unika vinklar. Dom i den här gruppen är designade att jobba med specifika frågor som från den andra dimensionens verklighet kommer att inträffa i framtida cykler, inte nödvändigtvis på Jorden. Dom är specialdesignade för ett projekt som kommer. Dom ska jobba med det från sina egna unika vinklar, men projektet i sig är ett och detsamma.

D. Det är verkar vettigt.

B. Så ja, jag tar hand om det.

D. Hur har Ia det? Svänger du förbi för att träffa henne?

B. *(Skrattar lite blygt.)* Mmmm, aah. Hon läser mycket. Hon, hon är inte så ... hon går inte ens omkring särskilt mycket här nere heller. Hon läser mycket. Hon läser på om nånting nu. Hon ska ha en tenta om ljus, nånting med...det är lite som healing, det sänder ljus. På samma sätt som Ophelia skickar ljus från den sjunde dimensionen ut i atmosfären och ner i växter, kommer Ia att göra detsamma, men från insidan och upp. Så hon lär sig om en likadan överföring av ljus till föremål för att läkningsprocesser ska kunna äga rum, och även för att skapa nya kapslar.

D. Det låter som riktigt fint arbete.

B. Hon är som Ophelia, så hon ska ta en examen i det.

D. Ni måste båda göra prov, eller hur?

B. Aah. Ia jobbar mycket själv. Hon har inget emot egenstudier. Hon har alltid varit lite annorlunda med det. Hon gillar att sitta och läsa.

D. Ja, hon är lite tystare än du.

B. Hon är lite tystare. Hon samlar sina tankar mer än jag gör och gör det mer organiserat, när hon hämtar in information. Jag är mer utspridd, hämtar från flera olika ställen.

D. Jag förstår det, jag är lite sådan också.

B. Men JAG ÄR organiserad i ditt labb, jag fladdrar inte omkring, och inte du heller. Vi jobbar bara med olika saker. Jag gör MIN tenta i ditt labb, och hon gör sin med överföring av ljus för att, inte föryngra, utan för att återuppliva, när kapseln är borta och allting på nåt vis har dött. Ophelia kan göra nånting ovanifrån, och Ia lär sig detsamma, inifrån. Det är som att väcka saker till liv. Det finns mycket vit ljusenergi som dom jobbar med och skickar in till det här planet, eftersom jorden har blivit förorenad. Jag tycker inte om det. Så, Ophelia och Ia jobbar med det där, där Ophelia sänder ljuset in i atmosfären, så att det ger regn och Ia jobbar från insidan av växter och träd. Det är ett gemensamt uppdrag.

D. Jag antar att det är därför Ophelia blir så upprörd när det gäller atmosfären?

B. Aah, för all möda som hon och hennes vänner lägger ner, och sen bara förstörs det. Och det är samma sak med det som Ia gör, när hon försöker hjälpa jorden att komma till liv igen, när nån har satt ner frön som inte ska vara där, du vet, som konstgjorda frön *(genetiskt modifierade frön)*, då blir jorden smutsig. Sen när hon försöker föra in ljus i den för att få den att komma till liv igen, då sätter nån annan bara tillbaka SAMMA DÅLIGA FRÖ, så Ia måste göra om allting igen, precis som Ophelia. JAG TYCKER INTE OM när nån gör sånt som TAR BORT LJUS. Jag blir RIKTIGT, RIKTIGT upprörd!

D. Ja, det blir jag också!

B. JAG TYCKER INTE OM DET! Eftersom jag VET hur mycket ARBETE dom lägger ner på det. Jag ser hur mycket Ia och Ophelia gör, och jag BLIR RIKTIGT ARG. Jag gillar det INTE ALLS, för det HINDRAR arbetet som dom gör, och dom måste göra om det igen. Jag bara ... jag skulle nästan vilja skapa EN STORM, så att dom inte kan gå ut och RÖRA jorden.

D. Behöver bara bli av med vissa människor, bråkmakarna.

B. Jag skulle vilja byta dator. Byta ut den. Det är därför jag också vill se till att det inte kommer att hända på min planet. Jag har inte lagt det här på min planet, så det finns inte i minnet där, så det kan inte ske. Det är vad du säger, för jag frågade, "Vad händer med evolutionen? Kan evolutionen bara hamna utom kontroll, eller ligger det på mig att också skapa evolution?” Jag har inte pratat med Evolutionsgruppen än, eftersom jag inte känner dom, men jag skulle vilja att dom kommer och förklarar för mig hur det här verkligen fungerar. Så det inte kommer ändras efter att jag startar upp mitt system.

D. Att någon kommer in efter dig.

B. Kommer in efter. Skulle nån kunna det? Är det bara jag, och kanske du, som kan skapa förutsättningarna på min levande planet? Eller när jag väl har sjösatt den, har jag då tappat kontrollen över den, så att nån annan kan komma och sätta in sina mönster på min planet? Så det vill jag veta, för jag kan se vad som hänt här, och jag vet inte vem som tillät det, för det finns en hel massa som gör dumt med den här planeten. Jag vet inte, om det var andra som kom in och påverkade när den väl var placerad där. *(Han talar om besökarna som kom och lade sig i Jordens utveckling.)* Jag tror att jag behöver veta mer om den här utvecklingsgrejen innan jag startar upp mitt system. Isak är lite kompis med dom, för det handlar om det där med elementen. Jag vill bara inte att nån tar bort min atmosfär och säger, "Oh, vi behöver den nån annanstans." Och då har min individ ingen atmosfär längre. Sen kanske jag får höra, "Oh, det här är bara en del av den allmänna utvecklingen." Så jag behöver veta mer om det här med evolution. Vi har inte diskuterat det, men jag har frågor, helt klart, innan jag drar igång allt.

D. Du vill inte att någon kommer in för att ta pälsen.

B. Nää! Jag känner mig lugn med att kärnorna kommer att vara där dom är, om inte ett annat system kraschar in i det, men jag vill också se till att mitt system är omslutet, skyddat, så att det inte kommer nån dum påverkan utifrån. Jag känner att vi måste diskutera det här – jag vill veta mer om det här med evolution.

D. Att folket med trattöron dyker upp och börja äta dina bär.

B. Om dom gör det, förstör det hela planen med att placera dit dom där favoritbären för min individ, eftersom jag vet att den tycker riktigt, riktigt mycket om dom, så det vore inte bra. Jag vill ha ett riktigt solsystem. MEN, det kommer med villkor, och jag vet inte om evolution är en del av dom villkoren ... att man kan ha villkor för den. Jag vet inte. För tillfället har vi inte diskuterat det, så jag skapar bara toner och färger som ska passa ihop. Så det är vad jag gör.

Varför var det Tre i Rad? (19 juni 2017)

Bob har diskuterat de tre planeterna som en gång existerade i asteroidbältet mellan Mars och Jupiter. Det jag finner anmärkningsvärt är att ett av huvudargumenten som Astrogeologer använder för att avfärda idén om att en planet har funnits i omloppsbanan, är att stoftet innehåller tre separata kemiska kännetecken. Ett annat argument är att det inte finns tillräckligt med rester för att rekonstruera ens en planet. Andarna säger dock att något kom in och förångade delar av planeterna och att de exploderade. Explosionen skulle ha skickat rester i alla riktningar, även vertikalt. Jupiter och Saturnus skulle ha fungerat som en gravitationsdammsugare och fångat upp eller drivit bort en stor del av materialet ut ur solsystemet. Man behöver bara titta på månens yta, som har mycket liten gravitation, för att få en uppfattning om hur mycket kosmiskt material som har flugit genom rymden. Bob är fascinerad av idén att själv bygga en liknande modell.

B. Vänta, ohh, ohh, här flyger det verkligen omkring hemligheter! Oh, det är därför jag inte får prata ensam. Hahaha. Jag vet på ett ungefär vad jag kan säga, men ibland glider jag iväg och jag blir upphetsad, för du frågar mig saker och sen säger jag, "Oh, jag vet," och då vill jag berätta för dig, för vi pratar om det här i valvet och i labbet. Jag är också lite finurlig, för om jag svarar på dina frågor, då kommer du kanske att svara på mina!

D. Så du har några frågor som du vill ha svar på? Vad är det du inte har fått svar på?

B. Det är det där med syftet igen, syftet med solsystemet. Jag kan förstå att det ska finnas en avsikt när det finns levande varelser på min planet. MEN, vad är syftet med alla galaxer, dom stora, och varför gör man dom *(gör galaxer)*, och vart är dom på väg? Det vill jag veta. Och jag är nyfiken på olika sakers cykler. Jag skulle vilja veta ... låt oss säga, du skapar din galax, men då undrar jag, "Hur länge kommer den att vara kvar?" Och du säger, "Det vet vi inte, för förändringar kommer att ske genom evolutionen, och det kommer att vara olika saker som kommer in och påverkar. Du kan se här att förändringar från den ursprungliga planen har ägt rum i den här galaxen, och vi fixade till det. Så man kan aldrig riktigt veta." Och då frågar jag, "Vad var det ursprungliga syftet? Hur länge var det tänkt att den skulle finnas kvar, och vilken kunskap har den samlat på sig från en liten babygalax till gammal? Och vad händer sen? Rapporterar den tillbaka nånstans, som alla andra gör?"

D. Så vad lärde du dig av alla dessa frågor?

B. Ingenting! Så det är därför som jag känner att om jag svarar på dina frågor kanske du kommer ihåg det och känner dig tacksam, och sen när jag är i ditt labb, då kan jag säga, "Vad är meningen, hur länge är det tänkt att den *(galaxen)* ska leva? Har dom som en förutbestämd livscykel eller är det olika, baserat på mittpunkten? Är alla galaxer och solsystem utformade för att ha samma livslängd?" Då kanske du svarar mig. *(Han suckar sen djupt av frustration.)*

D. Så, precis som med vårt solsystem, där det ursprungligen fanns de tre planeterna i rad. Det måste ha funnits en mening med det?

B. Exakt! Det är också nåt som vi behöver diskutera mer, för det har vi inte. Och jag sa, "Om jag ska ha åtta planeter, kan jag ha tre i rad?" Och du sa, "Nä, det blir för krångligt." Och jag sa, "Varför är det krångligt, att man bara ska följa efter varandra, hur svårt kan det vara?" Det är som en liten mask, som ett litet tåg. Och sen tänkte jag, på nåt sätt kommer det att påverka min stabilisator. Om jag har tre i rad kommer det att bli tyngre i den regionen, och då måste stabilisatorn längre ut vara tätare, och den måste fyllas på lite annorlunda sätt än min ursprungliga stabilisator, som jag planerade att göra. Men jag vill inte att den ska påverkas av nåt, så jag kommer inte ha tre i rad. MEN jag är intresserad av att förstå VARFÖR, eftersom det inte är särskilt vanligt, och varför dom placerades här?

D. Hur långt ifrån varandra var dessa planeter ursprungligen?

B. Alltså, dom var ganska nära. Du skulle kunna tänka ... för jag frågade, "Varför satte du dom inte med större avstånd mellan varandra, som vid middagstid, klockan fyra och så vidare?" Men dom var faktiskt, om vi ser det som medsols, då var en vid 12-tiden, den största, och sen var en vid 13-tiden, och den sista vid 14.30.

D. Var den tredje den minsta?

B. Den var rätt liten, faktiskt. Och sen ville jag veta om var och en ... eftersom allt har ett syfte, så vad var meningen med dom alla tre, och varför låg dom på rad? Den minsta verkade bara hänga med på nåt vis. MEN, jag vet ju att allt har en avsikt och ett syfte, så den lilla som bara såg ut att haka på, gjorde förmodligen inte det. Nummer ett och två, dom var ungefär lika stora, men den lilla såg nästan ut som en måne.

D. Vad var det kom in och fick dem att explodera?

B. Det såg ut som regn. Inte uppifrån, det såg ut som att det kom in som en dusch och sen sa det bara poofff.

D. Från utanför solsystemet?

B. Utifrån. Det såg ut som regn, blixtrande regn som kom in när dom alla var kring klockan 15.00 *(Bob får ovanifrån se var i omloppsbanan de befann sig).* Sen var det nåt som kom in.

D. Då flög allt avfall från dem ut genom hela solsystemet?

B. Precis.

D. Var det ungefär när du kom in?

B. Eh, jag var faktiskt på plats, när molnen ... jag var på plats när allt det här hände. Vid just den här tidpunkten var Merkurius på andra sidan Solen, så den klarade sig ganska bra, när den första effekten av regnet kom in. Jorden hade inte samma tur. Men så fortsatte ju planeterna att cirkulera, så alla var tvungna att hamna i det här, och det spred sig.

D. Är det något vi ska prata om?

B. Kanske inte jag, eftersom det är jag som frågar dig! Förhoppningsvis kommer vi att diskutera det vidare, men det kommer att vara andra som kommer in, dom större med dom stora mantlarna. Jag känner dom inte alls *(med hänvisning till Ari och Eli, som han inte hade träffat vid denna tidpunkt i sin berättelse).*

Arbetsfördelning (19 juni 2017)

Bob tar upp många ämnen i den här sessionen. Som vi har lärt oss är skapandet av solsystem och livsformer en gemensam prestation som innefattar alla dimensioner. Och alla andar arbetar samordnat med den ursprungliga avsikten. Eller, som Bob säger, "Det är inte så att du kan ge dig iväg helt ensam och bara skapa något. Hela avsikten kommer från en källa som vet mycket mer än resten av oss."

D. När du kommer till labbet, stannar du där i stort sett hela tiden? Är vi tillsammans någorlunda kontinuerligt?

B. Aah.

D. Och så återvänder du ibland för att hälsa på folk?

B. Precis. För jag skriver min dagbok hemma också, och i valvet. Så ibland kan jag vara i labbet och sen går jag till valvet, för där finns sånt som är lagrat som jag behöver för att kunna fortsätta med min låda.

D. När du går till valvet, slår du ihop 60 och 30, så att du har ungefär 90 procent av dig själv där?

B. Oh, jag vet att du gillar att se det i dom termerna, men jag kan ... låt säga att vi har 90 procent till vårt förfogande här, och jag vill gå till valvet. Jag har fortfarande typ 10 hemma. Jag vill också lämna lite i labbet, så jag kan fortfarande ha ungefär 10 procent i labbet och förflytta mig med resten. Jag kan dela lite hur jag vill. Men det gör jag normalt bara om jag behöver gå och samla information som finns i valvet, till exempel. När jag är här *(under våra samtal)* har jag fortfarande lite kvar i mitt labb och i valvet, för det är så vi har tillgång till information från båda ställena.

D. Så vad jobbar vi med i mitt labb?

B. Ohhhh, *(gör ett klunkande ljud)* Låt se vad jag kan berätta för dig. Oh, vi diskuterade lite grann mina stenar *(planeterna i hans solsystem)*, för jag ville veta om jag flyttade dom, ändrade lite på positionerna, om du så vill, hur det skulle påverka saker och ting. Och du sa, "Gör inte det." Så jag sa, för vi pratade om lådan, och jag sa, "Jag förstår liksom att den inre, den orangea närmast Solen, måste lämnas ifred eftersom den är regulatorn, som liksom kontrollerar hela systemet på nåt vis, även om den är väldigt liten." Jag undrar också över storleken, om det har nån form av korrelation till var den ligger. Vi har inte kommit till det än, men du sa, "Det är helt klart beroende av var den är. Den har en bestämd kärna och du kan inte bara flytta runt dom för att du känner att, "Oh, jag vill ha en större boll närmare Solen." Det kan du inte göra, för den passar inte nån annanstans." Så det verkar faktiskt som att det finns olika miljöer inifrån och ut *(från Solen och ut genom systemet)*, och det kan du förstå genom värmeskillnaden. Men det är också baserat på relationerna mellan kärnorna, OCH det här är nåt vi pratade om, eftersom vi kom in på ämnet magnetism. Vissa av dom är som magneter i början. Det är nästan som hematit, som en magnet. Uranus var en av dom. Det är nåt med Uranus. Vi pratar om det HELA tiden, även om vi inte har avslöjat hemligheterna med den än. Men den är tung och den är som en magnet. Det stabiliserar, säger du, och håller också det hela på plats inom den större solfamiljen. Du vet, det här är som en babyfamilj, men den ger också resonans inom en större familj. Det är som ett helt släktträd. Det är som att ha ett solsystem som är beläget i Europa, och så finns det en annan del av släktträdet i USA. Så du vet, det är lite på samma sätt i galaxerna.

D. Finns det andra i närheten med liv som på Jorden?

B. Inte riktigt i närheten skulle jag säga. Det finns som ett band, som ett band av moln emellan. Ohh! *(Ophelia visar honom en bild)* Och på andra sidan finns det en likadan, som den här, fast den är bakom det där dimbandet. Och den är designad långt efter vår, Jorden. Men det är exakt samma modell. Det var lite överraskande. Varför är det så här, kan man undra? Är det som en backup ifall den här skulle paja?

D. Som ett reservdäck.

B. Precis, som ett reservdäck! HUHUHUH *(han skrattade högt åt den kommentaren).*

D. Har du arbetat med den?

B. Nää. Jag fick precis reda på det! Att det ligger nåt bakom det där dimbandet. Det är som en dimma, lite rödaktig och grå, men den ändrar färg, som ett slags väsen. Men det är som en vägg. *(Det måste finnas något visuellt hinder i vår galax som ser ut som en dimma, bakom vilket döljer sig en likadan Jordliknande planet.)* Men det är nåt likadant som Jorden bakom det här bandet. Jag vet inte var den befinner sig i förhållande till er galax men den kom till senare, så jag vet inte om den kanske fortfarande är i viloläge.

D. Kanske dinosaurierna finns där.

B. Huhhuh, dom kanske flyttades dit! Det skulle vara intressant. Det är som ett reservdäck, som du sa. Vem vet vad du har sysslat med här? Det är inget du berättar för mig, du visar mig bara dom här sakerna. Du säger, "Titta här," och jag tittar, men sen fortsätter det inte riktigt, för...oh...jag tittar verkligen, men sen kommer inget mer, så jag vet inte. Men det vi pratade om var att jag undrade ifall du kan flytta runt planeterna. Låt säga, om Jorden inte mår bra, kan den tas bort och flyttas utåt och du tar en annan från utsidan och flyttar in och bara börjar om? Men du sa, "Nej, för det fungerar inte så. Du måste skapa det hela från grunden igen. Det är inte så att du bara kan byta positioner. När kärnan väl är etablerad är den där den ska vara." Så dom byter inte bara plats för att nån... "Okej, jag börjar tröttna på den här upplevelsen, jag behöver gå i viloläge", och en annan säger, "Oh, jag skulle vilja uppleva att ha dinosaurier, så jag hoppar in där." Det är inte alls så. "Det är vad det är", sa du. "Det är vad det är. När avsikten väl är fastställd, så följer den en viss livslängd, och det är bara så det är." Och om det inte fungerar antar jag att du börjar om på nytt. MEN, sa du, innan du slänger det och börjar om, är det som att du gör den där omstarten. Så, det finns nog små knep för att dra igång systemet om nåt är trasigt, gissar jag. Men jag vet inte hur det går till, jag kan inte se det, men jag antar att det nog är nåt av Råden som bestämmer. Jag gissar bara här, för du berättar det inte för mig, och när du inte gör det, börjar jag tänka på alla möjliga olika saker. Då undrar jag och jag frågar. Och ibland står du bara där och svarar inte alls, och det får mig att prata ännu mer. Kanske går DU i viloläge när jag pratar! Huh huh huh! Så, vi diskuterar sakerna i min byrålåda, och du säger, "Det är viktigt att du förstår hur dom alla resonerar inom sin egen kärna, men också med varandra. Och även, VARFÖR dom placeras just där dom är, för ingenting görs av en slump här. "Det är noggrant designat", sa du, "för att bäst fungera för sitt avsedda ändamål." Det är ett gemensamt projekt, men den åttonde dimensionen, dom skapar grunden för att det ska kunna fungera. Det är Atmosfärgruppen, dom är väldigt involverade, du vet, Sex, Sju, Åtta. Jag är säker på att ni har möten om det här. Jag är inte med där. Vi pratar inte om det, men DET HÄR vet jag, att det finns olika individer, olika grupper som verkar för att skapa nånting grandiost så att det ska bli en slags skapelse. Så jag är SÄKER på att ni har möten. Det har vi, Gergen och jag och dom andra, vi har möten där vi diskuterar saker.

D. Så efter att ditt solsystem är klart, kommer du och jag att fortsätta arbeta tillsammans?

B. Javisst, visst. För du sa att vi kommer att lägga till en annan undervisningsnivå. Jag vet inte vad det betyder, jag kanske ska få göra galaxarbete! Huhuhuh! Även om du skrattade åt det, sa du inte nej, det gjorde du inte, men du skrattade lite. Och jag har träffat dina vänner, men jag tror inte att dom förstår mig. Dom tittar på mig som du gjorde första gången. Men du säger att dom är snälla och vänliga och att dom ler på insidan. "Även om du inte kan se det, Bob, så ler dom på insidan." Och jag säger, "Oh, är det så ni ser ut, när ni är glada och lyckliga?"

Och jag försöker se om det kanske finns ett annat sätt att uttrycka glädje som inte är skratt. Jag tror att du liksom gurglar, när du skrattar, bara för att göra mig glad. Jag tror egentligen inte att det är så du gör, men du gör det för att du vet att jag förstår det. Det är ett sätt för mig att förstå att du verkligen är glad. Men dom andra, dom har inte fått det PM:et än! Haha! Dom bara står där som stolpar och stirrar, och jag är som, oohhhh *(skrattar nervöst)*. Men du säger att dom ler på insidan, dom gurglar på insidan, och jag sa, "Oh, oh, okej." Jag försökte prata med några av dom, och jag känner inte som att jag är uteställd, men jag är inte heller inkluderad, så att säga. Jag kan känna som ... det är som när du är på dagis och besöker den stora skolan där du så småningom ska gå, och dom äldre eleverna är lite, "Oh, vem är det här?" Men jag vill bli en del av er grupp, och jag tycker det är roligt att träffa dina vänner, men jag kan inte kommunicera så bra med dom. En är mer, eh...

D. Och den här?

B. Den här, han transformeras och kommunicerar mer som en människa med mig. Som jag sa, han tar på sig personligheter och egenskaper som han hade på Jorden. Så, på så sätt, kommunicerar han som med mänskliga vågor. Du ska veta att era munnar inte riktigt rör sig, utan det kommer ut som vågor, så att säga. Den här, använder vågor som är mer bekanta för mig, eftersom han vet att jag följer honom. Ni använder båda vågor, fast olika. Den här leker med frekvenser och vågor som hör ihop med andra livstider. Men jag har sett stjärnkartorna. Jag gick dit och han rullade ut alla kartor åt mig, och han visade mig var hans system finns, för jag ville veta om det kanske var några av hans system som kommer att bli grannar med mitt? Men han sa att han arbetar med andra dimensioner, för det mesta, hans system är placerade utanför, i ett annat kosmiskt akvarium.

D. Jag har en fråga. Du har för avsikt att skapa saker, hur vet du att det är samma som Skaparens?

B. För att vi har fått manualen från det Mästerliga Medvetandet, och det är knutet till Skaparen. Det är inte som att jag skapar nya manualer, för det skulle inte vara tillåtet. Jag får en manual och skapar utifrån den, men man måste också få det godkänt först. Det är inte så att man kan gå in som enskild person och bara skapa nåt. Hela avsikten kommer från en källa som vet mycket mer än vi andra. Jag kan inte skapa manualer, men jag skulle vilja göra den där omstarten. Så det är helt klart att jag inte är Skaparen, för mina manualer skulle se väldigt annorlunda ut. Jag har inte hela bilden, jag har inte bilden av inkarnationer kontra atmosfär kontra, du vet, nätet runt planeten. Jag har inte hela bilden som dom, vem dom än är, där uppe i det Mästerliga Medvetandet har. Dom är dom enda som kan skapa manualer.

D. Vad sägs om ditt solsystem, överensstämde det med vissa manualer?

B. Jaa, för att du gav mig vissa saker som jag fick jobba utifrån. Så du har också manualer, förmodligen dom ursprungliga som du får från du är en liten småstjärna, och dom gav du till mig. Och sen, eftersom jag hade sett saker i valvet, så frågade jag om det, som att ha tre i rad, och du sa, "Nej. Nej, det ska vi inte göra nu, kanske senare." Och jag sa, "Hur ska jag kunna placera dom där senare, om allt redan är klart och igång? Hur kan jag skapa en ny kärna senare?" Och du sa nåt, men svarade inte riktigt. Kanske är det ett annat system.

D. Ja, kanske ännu ett system. Du vet ju hur man gör nu. Jag har också undrat över skillnaden mellan vad Ophelias grupp gör och vad vår grupp gör, när det till exempel kommer till planeter?

B. Du är ansvarig för kärnan inuti, för *(här härmar han mig genom att prata långsamt och medvetet)* "Allt har en kärna, även stjärnan." Så jag är rätt säker på att du är ansvarig för kärnan i himlakroppar, oavsett om det är en planet, en stjärna eller en komet, eller annat sorts väsen i rymden.

D. Förutom månen?

B. Alltså, dom på Sjätte och Nionde är ansvariga för den med. Men eftersom den inte har en prick *(kärna)* som flyter inuti, utan den är fylld, så ser den ut att ha samma täthet som en prick, den är bara mer utspridd. Men du har kunskapen om kärnan inuti, eftersom den resonerar med ljud, medan Ophelias kompetens handlar om ljus. Solen är ett föremål som är väldigt lätt att identifiera såklart, så - "Oh där är dom, dom från sjunde dimensionen". Men det finns solfrekvenser i atmosfären runt himlakroppar också, så på så vis är dom delvis ansvariga även för planeterna. Eftersom dom skapar ljusvågor, frekvenser – ungefär som impulser.

D. Jag minns att du sa att hon placerade något som sken runt planeter.

B. Precis. Det skiner, inte runt alla planeter förstås, men några. Vissa placerar dom den där skinande atmosfären kring. Jag kallar det atmosfär för det är så det ser ut, en aura. Det är då som Sjunde är involverade. Det handlar om ett slags skydd, för platser som liknar Jorden, där det ska vara nån form av evolution. Det finns ingen anledning att slösa all denna magi på stenar som inte ska ha nån evolution. Det är som saffran, det är förmodligen väldigt värdefullt, du vill inte bara slösa bort det. Mmmmm – huuhuh! Där fick jag till ett litet skämt, eller hur? *(Han skrattade åt att han jämförde Ophelias atmosfär med saffran, den dyraste kryddan på Jorden.)* Så, exakt. Den åttonde dimensionen jobbar med atmosfäriska miljöer, inte bara runt himlakroppar, utan också inom allt som är som ett vakuum, och tätheten i det, det kommer från det där gravitationsfolket – dom är också lite mystiska, du vet.

D. Vilken dimension arbetar de på?

B. Åtta. Tyngdkraften hör hemma i elementvärlden, sa du. Man jobbar så nära varandra att det ibland är svårt att veta vem som ansvarar för vad. Jag kan se, jag kan se vad du gör. Det är bara det att den åttonde dimensionen handlar mer om elementen. "Gravitation betraktas som ett element", sa du, "eftersom det skapar grunden för livsformer" ... oh, vad sa du? Oh, ”det bildar förutsättningarna för allt som skapas. Men det är inte konstant, det förändras."

D. Även inom en planet?

B. Nää, det är samma, inuti. Men vi pratade om solsystemet när det är i sin vagga *(i viloläge)*, och att det är då som utsidan av planeterna har olika, eller en hel hoper olika förändringar, när det kommer till gravitationen och magnetfälten som finns runt dom. Men inuti är det konstant. Det är inte så att du bara kan *(gör ett sugande ljud)* suga ut det och lägga in nåt nytt. Det är samma, sa du.

D. Ja, jag tror att du har nämnt det förut.

B. Kärnan, kärnan. Du är ansvarig för kärnan, som är ganska tung, och den resonerar med ljud. Även tyngdkraften resonerar med ljud. Du kan höra det, säger du. Jag lyssnar, men jag hör inget eftersom det inte finns i min låda *(gravitation läggs till mot slutet av projektet, innan det sjösätts i ett kosmiskt akvarium).* Så jag vet inte var jag ska lyssna nånstans, om jag ska stå still och lyssna utåt rymden, eller om jag ska lyssna nere i min låda. För jag sa, ska vi lägga till den *(gravitationen)* i lådan, och du sa "Nä, för det här är en modell." När vi väl lämnar lådan och placerar det i nån form av akvarium, antar jag, då kommer vi att lägga till flera element. Jag ska få träffa nån sorts specialist, sa du, från den Åttonde. MEN FÖRST MÅSTE DET GÖRAS KORREKT i lådan, innan jag flyttar ut det i akvariet för att lägga till elementen och förutsättningarna..., för att se om det flyter.

D. Så, vi göra en modell av ett solsystem och sätter sedan det i ett kosmiskt akvarium?

B. Jag är inte säker på om det kommer att sättas nånstans, det säger jag inte. Det här är ett långsiktigt projekt skulle jag säga. Först skapar du allt - och allting göras i en viss ordning. Jag har gått kursen om Solen, och nu lär jag mig om planeterna och hur man placerar dom i en viss ordning. Du flyttar inte upp mig, bara för att jag vill. Jag måste fixa saker, det finns saker jag måste kunna hantera. Men du sa att när mitt solsystem är intakt och du har godkänt det, så kommer det att placeras i nåt sorts litet akvarium och en specialist på gravitation och magnetfält ska komma och hjälpa till. Det verkar som att han kommer in och gör nåt. Och sen skulle jag bara vänta och se vad som händer - om det verkligen flyter. Tänk om den inte flyter? Sen, du vet, går vi tillbaka till byrålådan. Det är nästan som att bygga en båt. När du bygger en båt, måste du lägga den i vattnet och förhoppningsvis flyter den. Det är samma sak här, det är som ett test. Alla har sina egna projekt, du vet. Jag låter ingen röra mitt. Det här är mitt *(Bob är väldigt beskyddande av sitt projekt).*

D. Se om det sjunker eller flyter.

B. Först måste det flyta, säger du. Det är som en båt, det måste flyta, och det är baserat på hur jag placerar planeterna, och avståndet emellan, och även hur tunga jag gör mina planeter *(kärnans täthet är relaterad till avståndet från Solen.)* Tätheten i kombination med kärnan måste delas upp och mätas ordentligt i sin bana, så att den fungerar korrekt.

D. Har du gjort något annat i Ophelias labb?

B. Det var ett tag sen. Jag är mer fokuserad på modellen i min låda just nu, så det var ett tag sen jag var i Ophelias labb. Men vi har pratat, hon och jag. Jag tycker om att sitta ensam och prata med dig och med Ophelia. Vi diskuterar saker. Hon är väldigt uppmuntrande om det arbete vi gör både här och där *(på Jorden och i andevärlden).* Och hon säger åt mig att peta på dig, så att du ska börja undersöka ditt förflutna och dina minnen; det finns nånting i ditt förflutna, och hon vill att jag ska peta på dig lite.

D. I det här livet, eller ett tidigare liv?

B. Nej, ett tidigare liv. *(Han gav sedan en detaljerad redogörelse för ett av mina tidigare liv som konstnär i Italien under slutet av 1400-talet, innan han återvände till projektet med sitt solsystem.)*

D. Tack för att du dök upp idag. Finns det något mer du skulle vilja tillägga innan vi slutar, några funderingar?

B. Nää. Jag känner mig bara väldigt ödmjuk att jag ska få träffa den här gravitationsingenjören senare och se om mitt solsystem flyter. Det ska bli spännande.

D. Jag skulle inte låta dig testa det om det inte fungerade, eller hur?

B. Nää, för du måste liksom signera det, så det är ditt namn som står på kvittensraden om det inte flyter! Huhuhuh! Ingen kan klandra mig, för jag har ingen behörighet! Huhu. Men jag vill göra det bra, för jag är lite stolt över det jag lär mig.

D. Ja, det ska bli roligt.

B. Det tycker jag också, se om det flyter.

D. Oh, det kommer att flyta. Jag har stort förtroende för dina förmågor.

B. Hmmmm, hmmmm. Det skulle vara allt för idag då. Och vi får se om det flyter vid ett senare tillfälle, för vi har fortfarande bara fem planeter och jag måste också flytta om dom lite, för dom är inte riktigt - densiteten, sa du, är inte rätt avmätt när det gäller avståndet till dom inre. Så jag måste läsa på vidare om det. Vissa saker studerar jag själv för jag är säker på att du har annat att göra än att bara hänga med mig.

Uranus i Resonans med Solen (3 december 2017)

Uranus designades som en stabilisator i vårt solsystem. Det energifält som håller ihop systemet är vad Bob kallar gravitation. Forskare antar att massa skapar "gravitation". Men det är inte så det beskrivs. Så det finns helt klart en skillnad mellan vad vi tror att det är och vad det i verkligheten är.

D. Vi pratade aldrig riktigt om Uranus, stabilisatorn. Du berättade aldrig riktigt vad du har lärt dig om det.

B. Den håller allt i en stabil rörelse. Det är stabilisatorns roll på nåt vis, jag trodde det var för att det inte skulle wobbla, MEN, det är för att reglera rörelsen i solsystemet. Så, tillsammans med Solen, skapar den en resonans med dom andra, främst emellan planeterna så att dom ska fungera som tänkt, vilket betyder hur dom rör sig. Det är också därför det kan se ut som att planeterna stannar upp vid vissa tidpunkter, så det har att göra med rörelsen i solsystemet. *(De verkar stanna upp från Jordens perspektiv.)*

D. Okej, för den i vårt solsystem är väl inte den mest täta planeten? Är det en fysisk massa eller en energi?

B. Det är insidan. Även om den potentiellt kan vara den minsta, men det är baserat på hur den är fylld, hur mycket av ... och här är faktiskt lite gravitation också inblandat. Så insidan av stabilisatorn har fler, inte bara ett kriterium för gravitationen, det finns flera. Andra kan ha en eller två komponenter av gravitation för att skapa kärnan, för att utgöra grunden till den himlakropp som du skapar. Men stabilisatorerna har flera delar från den, eftersom det inte bara finns en enda typ av gravitation, utan det är ett element som kan förändras och flyttas, och kommer i olika form och gestalt. Det spelar ingen roll om den är tätast eller störst, stabilisatorn har, i procent räknat, den största mängden gravitation inom hela systemet. Det handlar också om vakuum, gravitationen resonerar med det. Men en stabilisator är viktig för rörelsen rent allmänt. Hur den fylls upp är lite klurigt, eftersom den inte är som ett levande väsen. På det viset är den nästan lite som en spökplanet.

D. Det finns gravitation som vi som människor kan mäta, jag antar att det finns andra typer av gravitation som vi inte kan påvisa?

B. Aah, aah, det är mer som, ... oh, det är så primitivt med ord här! Det är mer att den inte behöver göra...jag skulle säga att stabilisatorn är som ett spöke, eller nästan ett dött föremål, eftersom den bara är till för att se till att hastighet och rörelse bibehålls på ett önskvärt sätt. Utan den skulle solsystemet vara lite mer utsatt för Solen. Jag är inte nån expert på det, så du kanske ska fråga dig själv om det här? Jag vet inte varför du frågar mig! Huhuhuh.

D. Om jag bara kunde minnas.

B. Ställ dig framför en spegel och fråga och se vad som händer! Huhuh, umm.

D. En tom blick, förmodligen.

B. Jag funderar ständigt över Uranus, för den är tung, alldeles för tung. Och jag har en i mitt system också, säger du, en stabilisator. Och alla system, oavsett hur små dom är, behöver en stabilisator. Den fungerar lite grann i resonans med Solen. Om det inte fanns en stabilisator en bit där ute, då skulle systemet kollapsa, och det vill jag inte att mitt system ska. Men vi har inte kommit dit än. Du vill att jag ska fokusera på detaljerna med min levande planet, och dom på vardera sidan av den. För här gäller det att vara detaljorienterad, men jag kan se, och jag vet, att det kommer. Jag kan se det i ögonvrån, så att säga, och jag undrar när det ska ske, men du får mig att fokusera på mitt aktuella projekt, innan vi kommer dit. Den har en riktigt hög densitet av järn, som en hematit, på nåt vis. Kärnan är större, inte som en måne, som att den är fylld, men kärnan är större. Jag kan se det på modeller som du har visat för mig, att stabilisatorerna har en större kärna än dom med levande varelser på.

D. Är gravitationen och järn, eller hematit, relaterat?

B. Jaa, med hematiten. Hematit är ett magiskt element, sa Isak en gång. Han vet allt om det här, men han berättar inte, för jag har inte kommit dit än.

D. Fungerar tyngdkraften självständigt? Är det som ett separat element som tillsätts saker?

B. Uuhhh, den är lite som en kameleont. Den blir lite det samma som sin omgivning, på nåt sätt. Det är därför den inte är konstant. Men den har sin egen individuella karta, som alla element, så i det avseendet, ja faktiskt, är den lite unik. Men den kan, sa Isak en gång, den kan bli sin omgivning, och det är därför den är lite föränderlig. En kameleont.

D. Smälter in med annat?

B. På nåt sätt gör den det, och det handlar om hur mycket av dess ursprungliga struktur, eller dess komponenter, som ska manifesteras i den regionen. Så gravitationen har en mängd olika uttryck. Suck! (*Han lät som om han var helt utmattad av sina försök beskriva denna idé, så det måste vara väldigt svårt att hitta ord som förmedlar betydelsen. Det är viktigt att notera att andarna har sagt, att det finns flera olika typer av gravitation, och att stabilisatorn måste fyllas med en typ som vi inte kan mäta eller identifiera, men som ändå är viktig för att bibehålla solsystemets form. Vissa uttryck av gravitation verkar på något sätt samverka eller skapa egenskaper inom vakuumfältet.)*

D. Så, har du pratat med Isak på sistone?

B. Jag har hållit gluggarna öppna! Som i korridoren *(i vårt labb),* när jag hör dom stora prata, då är jag uppmärksam! Det enda han har berättat för mig, när det gäller mitt solsystem och baserat på vad jag har skapat, är att gravitationen som han kommer lägga in i mitt akvarium kommer att resonera med dom element, komponenter, färgkartor och ljus som jag har velat ha i mitt solsystem. Så det förändras på nåt vis, det blir sin omgivning, och det är annorlunda än ett vanligt element, som bara är vad det är. För mig verkar det nästan som dom där ödlorna som ändrar färg beroende på var dom är. Men jag vet inte, för jag har inte varit med på några av Isaks lektioner, och han säger att jag inte behöver bry mig särskilt mycket om det här. Det är samma sak med Uranus, du vet, jag blir distraherad om jag försöker förstå vakuumet emellan, så jag måste lägga mitt fokus på mitt aktuella projekt. Det finns ingen anledning att jag ska bry mig alltför mycket om att förstå gravitationsfältet, sa han. Det enda han sa är att det inte är konstant, att det förändras och att det kan uppfattas olika i olika kosmiska akvarier, liksom i olika världar. Och han sätter liksom ”punkt” efter det. Jag antar att jag får nöja mig med det. Han sa också att det inte är till nån hjälp för människorna här att helt och fullt förstå, eftersom det missbrukades av tidigare civilisationer. Men det känns ändå bra att veta, att gravitationen har potential att transformera och skapa nya möjligheter, baserat på vad du ska använda den till. Så den är anpassningsbar, och på samma sätt som den där ödlan förändras den efter förhållandena. Skulle ni känna till hemligheterna med den, då skulle gränserna för vad ni kan göra med den bli lite överväldigande för er. Men han sa att det faktiskt finns en gren inom vetenskapen, som vid den här tidpunkten skulle kunna få tillåtelse att utforska gravitation och det skulle vara dom som jobbar med rymdfarkoster. Men som jag sa, om gravitationen har potential för, låt oss säga, tusen olika variationer, då säger han att bara EN av dom, eventuellt, möjligen, skulle lanseras igen här. Så, du kan se, det här är inte bara som ett vanligt grundämne, typ kvicksilver, gravitationen är föränderlig.

D. Oj, detta är otroligt fascinerande.

B. Verkligen! Men där satte han liksom punkt. Jag försökte fråga dig, för jag är ganska säker på att du vet, men du tittar lite över huvudet på mig här. Jag vet att du hör mig, men ibland tittar du bara som långt i fjärran, och det är då jag vet...

D. Att jag inte tänker svara?

B. Nää. Eller så byter du ämne, det är också nåt som sker, när man undviker frågor. Hur som helst, den är inte konstant, och den förändras, så det är inte som att han bara kommer att lägga till en gravitation vilken som helst, i mitt akvarium. Den är baserad på det som jag först har skapat. Tyngdkraften kommer att - ett, läggas till i mitt solsystem för att se om det flyter. Två, OM det flyter, kommer det att försättas i viloläge. Tre, det kommer att lanseras. Så det finns steg, helt klart. Men jag vet inte var vi ska placera det. Du sa att vi ska nog hitta en plats för det.

D. Vi kanske placerar det där alla på den Andra kan se det!

B. Oh! Huhuhuh, Ia skulle säga, "Nu briljerar du." Det skulle hon säga, och du vet, det är det inte meningen att jag ska. Hon säger så till mig ibland, att jag har en tendens att stajla lite. Men det är bara för att jag är exalterad och vill dela med mig. Jag har inte så många att dela det här med.

D. Oh, vad tråkigt. Dina vänner då?

B. Gergen lyssnar, men han är upptagen. Han har inte tid att bara sitta och lyssna på mig prata på om solsystem.

D. Jamen, jag lyssnar på dig, eller hur?

B. Ja, det gör du.

D. Och Ophelia?

B. Ophelia lyssnar på mig. Isak lyssnar också. Men eftersom jag inte har kommit till hans kunskapsnivå i min låda ännu, säger han att han vill vara artig, så att han inte förvirrar mig. Det verkar vara det allmänna temat i den här gruppen, att inte förvirra mig.

D. Ja, du känner till det, eftersom du gör samma sak med dina elever. Och se hur bra de utvecklas.

B. Öhh. Det beror på att jag låter dom vara inom sin kunskapsnivå, så jag inte förvi ... *(rösten dör bort),* förvirrar dom. Oh, nu förstår jag, jag förstår. Jag la inte till mer än dom var mogna för. Det är förmodligen det som Isak menar. Han lägger inte till mer än jag är mogen för, för det skulle avleda min uppmärksamhet från det aktuella projektet.

D. Jag undrar lite, som med Gergen, får han nya elever, när de han har tar examen?

B. Nää, du kan komma till honom med specifika frågor, som jag gör med Zachariah. Gergen sitter i nåt slags Råd med andra som är på samma kunskapsnivå som han. Han kommer ibland och pratar om vissa ämnen på lektionerna, liksom lite större föreläsningar. Men han har inga elever, förutom Ia, eftersom Ia och Gergen är väldigt nära varandra, dom jobbar lite med samma saker. Jag är också nära honom! Men jag, jag, jag har glidit iväg lite grann, bort från ämnet.

D. Jobbar du inte med spaghettin? (*DNA-strängarna, vilka han kallar för "spaghetti", och till skillnad från Ia har han inget intresse av att bli expert på dessa små detaljer.)*

B. Nää, jag jobbar inte med smådetaljer. Fast ibland känner jag att jag kanske skulle vilja ta mig an det, bara för att vara en del av gruppen, få höra till. Men jag ÄR välkommen, jag vet att jag är det. Men återigen, det är inte riktigt det som gör mig taggad. Så nä, han tar sig inte nödvändigtvis an nya elever, men han håller föreläsningar.

D. Tror du att du kommer att få nya elever?

B. Om jag vill det. Ia, hon trivs verkligen med sina elever. Hon har en hel massa och hon är en väldigt bra lärare. Hon är diplomatisk och ser alla, och dom tycker verkligen om henne. Men eftersom jag vill ge mig av också, är det inte nödvändigtvis så schysst att engagera sig med elever, när du inte helt och hållet lägger din uppmärksamhet på deras projekt. Så jag har mina små grupper och det räcker gott för tillfället. Men mina äldre jobbar väldigt mycket själva i grupp. Inte individuellt, utan solo inom gruppen, så jag har inget dåligt samvete att jag lämnar dom. Men Ia är väldigt stolt över att se varje liten småstjärnas framsteg, och hon kan fokusera på flera. Själv tenderar jag att glida iväg.

D. Hon reser inte omkring?

B. Nää. Hon läser mycket. Hon studerar ljuskapseln och ljusets DNA-varianter, och hur man kan förbättra den där inre kartan, som vi pratade om. Om en del, kanske upp till femtio procent av den inre kartan har stängts ner i en människa, om och i så fall hur, samt på vilket sätt, det är möjligt att få tillbaka den kapaciteten. Så hon arbetar med att underhålla och uppgradera ljuset i specifika DNA som finns i celler, om det är möjligt att återuppliva dom. Så hon är också en vetenskapsman, fast en lite annorlunda sån. Men om människorna agerar på ett visst sätt här, så har växterna och djuren en tendens att stänga ner sina kapslar. Det existerar flera olika komponenter här *(på Jorden)*, det är därför som den betraktas som ett projekt.

D. När du säger att kapseln är stängd, handlar det om en individ eller en art?

B. Det kan faktiskt vara en hel art. Som när dinosaurierna försvann, till exempel. Men den där allmänna kapseln, mönstret som fanns här, glömdes inte bort, så i teorin skulle dom kunna komma tillbaka, eftersom det fortfarande finns kvar i minnet här på Jorden. Bara för att en kapsel har försvunnit betyder det inte att den försvinner i det generella minnet. Fast det är inte särskilt troligt att dom skulle komma tillbaka, det finns ingen plats för dom. Eventuellt i haven.

D. Så kommer Ophelia att diskutera detta mer senare?

B. Jag tror att det kommer att vara andra som diskuterar det här, men det kommer att bli fler diskussioner när det gäller varför det är svårare att vara här *(på Jorden)* och vad alla dessa motsägelsefulla, utmanande verkligheter och element är, och orsaken till dom, så att ni kan vara mer förberedda. När du är förberedd kan du göra bättre val. Så det kommer att diskuteras mer, och det har mycket att göra med atmosfären, så jag är ganska säker på att Isak också kommer att fortsätta prata om det här. Ophelia säger att det här ska inte alls finnas med i den här boken, och att det är saker och ting som du inte har släppt taget om i din dator, så det här kommer inte att implementeras i din dator än. Jag tror att hon vill att jag ska runda av här lite nu. Men budskapet från henne till dig är, eftersom vi kom in på sånt du inte skulle höra, att du måste släppa taget om vissa saker, för att kunna ge din fulla uppmärksamhet till ny information som kommer in. Oh, nu skrattar hon.

D. Nyfikna sinnen, båda två!

B. Huhuhuhuhuh! Oh, det skrattar hon åt! Så hur som helst, jag ska nog ge mig av och pyssla med mitt. Hon säger, "Vet bara att det finns två huvudkomponenter som måste fungera, en som mottagare och en som sändare, så att säga. Och i solsystemet så är det mellan stabilisatorn och mittpunkten, det vill säga Solen. Så du kan se hur dom två *(Uranus och Solen i vårt system)* är extremt viktiga. Och samma sak, säger hon, "Dom andliga dimensionerna och världarna fungerar på samma sätt." Du har den första dimensionen som resonerar med den tionde. Det är samma struktur i allt." Oh, hon skrattar åt det här, hon säger, "Det här borde göra det lätt för dig att lösa!" Hehehehe! Hon vet att det inte är det. Haha, hon är lite finurlig hon med!

D. Det hjälper mig inte alls, men det är bra att veta. Jag får ta mig en funderare, haha.

B. Du kanske bara behöver lite egenstudier.

Bob får välja en Plats (25 juni 2017)

Bob närmade sig färdigställandet av sitt solsystem och fick veta att han skulle få resa till olika platser för att hjälpa till att välja var det skulle placeras. Han blev väldigt exalterad och glad, och det väckte hans entusiasm att avsluta projektet och påbörja bubbelträningen (*hans sätt att resa*). Jeshua och Lasaray valde ut tre platser åt honom att känna av och han var mycket motiverad att ge sig av och titta.

B. *(Bob kom in och tittade nervöst åt höger, där Jeshua stod, efter att han stigit åt sidan från Christine.)* Få se om han tänker komma in igen...

D. Han tittar på dig, va? Gör det dig nervös?

B. Oh, jag vet inte om han tänker hoppa tillbaka, och vad händer med mig då? Men nu ler han, så, hehe..

D. Där ser du, han är snäll.

B. Han verkar snäll! Oh, få se vad han vill säga. Han säger att jag petar på dig, jag kittlar dig, och han uppmanar mig att fortsätta med det, för det behöver du, för ibland sover du. Han säger, "Kittla honom, kittla honom!" HA HA HA – Jag ska kittla dig, det ska jag absolut! Han säger, "Ibland behöver du bli kittlad, för du föredrar att sova och slumra lite, ibland när du inte borde." Han ser det, han ser allt! Huhuhuh. Så han gillar att jag kittlar dig, han säger att jag har hans fulla stöd att kittla dig precis när jag vill! Oh, jag tror att jag ska fråga honom när jag kan komma upp och kanske vara med honom och se vad han gör? Eftersom jag inte har varit på hans kontor, vet jag inte vad han sysslar med, se vad som finns på hans bord, så att säga.

D. Ja, eftersom han är min andlige far, är du en del av den utvidgade familjen.

B. Som en andlig farfar, precis!

D. Så han finns i ditt släktträd.

B. AAH. Jag kanske går dit och kanske får se vad som finns på hans bord och vad som står i hans dagbok. *(Jeshua började skicka tankebubblor till honom.)* Oh, "Nej", sa han "Nä, jag får inte titta i hans dagbok." Men han ska komma lite senare, sa han, och berätta för mig vad han gör. Oohh, jag ska få följa med honom och Isak! Du ska också komma! För, eh-oh, dom vet att jag inte är riktigt pigg på att gå till ställen om jag inte är välbekant med var jag sätter mina fötter. Så sa han. Det är bättre att jag går med dom som jag känner, så det ska jag göra. Vi tre ska åka nånstans... jag är inbjuden på nån sorts skattjakt med er tre. Det kommer att vara som att åka på semester för mig – jag ska få åka nånstans!

D. Se, dom är verkligen nöjda med ditt arbete.

B. Aah. Dom sa att jag skulle få resa nånstans. Han sa att jag kan färdas på en regnbåge. Jag vet inte hur det ska gå till. – Oh, det behöver jag inte oroa mig för, sa han. Men jag ska åka på semester, typ.

D. Det ska bli skoj!

B. Nånstans lite annorlunda. Han sa att jag har varit alldeles för mycket i labbet och inne, och att han ska låta mig resa nånstans, ni ska alla låta mig resa nånstans. OOOHHH, jag VET!! Vi ska åka och se var jag ska placera mitt system!! OOOHHH, HEHEHEHE! *(Jag har nog aldrig hört honom så här upphetsad tidigare.)* Oh, jag ska följa med er alla och se var vi ska sätta mitt system!! Oh, jag har tre val, sa han, tre ställen har valts ut åt mig, där jag kan sätta mitt system. Det är i MINA händer! JAG kommer att få bestämma. Oh, det var en överraskning! Vilken gåva! Det är bättre än ett nytt steg i valvet, mycket bättre! Oh, oh, jag tror jag vill gå på en gång, nu direkt. Tre platser har valts ut, jag får välja mellan tre platser. Vi ska åka, alla vi tre, det kommer att bli som en utflykt.

D. Placeras i en snäll och trevlig galax.

B. Jag skulle anta att dom alla är trevliga, för det la jag in i min begäran. Så jag antar att dom alla är vänliga. Men det kanske är nåt annat, som förhållandena på dom här tre platserna - men det har valts ut med STOR OMSORG, sa han. Du och han har omsorgsfullt valt ut några platser här. Du sa att det skulle vara bättre om det fanns olika, så jag kan välja. Det är jag jätteglad och tacksam för. Det här är mycket bättre än att få ta ett till steg på stegen i valvet, klart mycket bättre. Det är som en medalj, det är som att få första pris! Om jag vet var det kommer att vara, då är det mycket lättare för mig att styra och skapa livsformerna på min planet också, eftersom jag kommer att få se grannarna. Jag vill träffa grannarna! Dom vill jag se, och det pratade vi om, eftersom jag helt klart var fundersam och orolig över grannarna. För jag kan se att det finns olika solsystem som alla cirkulerar med alla möjliga olika avsikter. Om jag visste att dom alla var dina solsystem ... för jag känner till dina avsikter, åtminstone vad du har berättat för mig om dom avsikter du normalt har. Så om jag visste att grannarna var dina solsystem, dom som du har skapat, skulle jag vara glad. Men det vet jag inte, och om dom bara är solsystem, vilka som helst, så vill jag veta mer om grannarna. Vem vet, det kanske händer nåt på vägen, och grannar är bra att ha. Du vet, om mjölken tar slut, kan du gå till grannen. Det är samma sak, så grannar är bra att ha. Så det finns tre platser som jag ska besöka, och vi ska resa på en regnbåge, det är så jag kommer att se det. Från mitt perspektiv, skulle jag anta, för jag tror egentligen inte att det finns några regnbågar där, men jag kommer att se det som en regnbåge. Och han sa, Jeshua sa, "Det kommer att bli lite på samma sätt och jag behöver inte vara rädd, för inget ont kan färdas på färger." Så jag ska åka på en väg av färger, så att säga. *(Han började sedan fundera på alla de olika bekymmer som kan dyka upp, när han väl får resa, så det här är ett exempel på vad vi pratar om i labbet skulle jag anta.)* Jag kommer att kunna fråga om grannarna, och när jag väl har bestämt var jag ska placera det – och det kan vara i mitten av en galax, eller i ett hörn nånstans, så det finns alla möjliga olika detaljer att tänka på här. Jag skulle vilja att det inte var för mörkt. Jag skulle vilja att det var nånstans bra, men det måste också spegla min atmosfär. Om jag väljer nåt som är närmare en annan sol, ett annat centrum, så kan min atmosfär behöva justeras. Men jag vill inte ha det nånstans för mörkt, för tänk om min sol inte skiner lika bra, då kan min individ bli ledsen. Den passar inte så bra i mörker; den sover på natten men om det är för mörkt blir den vilsen, så det måste finnas mycket naturligt ljus. Så jag vill försäkra mig om att det är en lämplig plats. Och det är viktigt, det där med grannarna, för vem vet vad grannarna är kapabla till. Dom kanske ligger långt, långt, långt fram i sin utveckling och dom kanske kan resa, låt säga, och kanske reser till min planet. Jag är helt klart positiv till besökare och gäster, men dom måste vara trevliga och vänliga. SÅ, det här är vad som ska ske, jag ska ut och resa! *(Eftersom han alltid verkar väldigt bekymrad över grannarna är han uppenbarligen medveten om besökare som kommit till Jorden och vad de kan göra. Vi vill dock poängtera att de flesta besökare nämns i positiva ordalag av våra andliga vänner.)*

D. Det låter underbart. Grattis!

B. Grattis och hurra för mig!

D. Det är en stor ära.

B. Verkligen. Du, jag, Isak och Jeshua, vi kommer alla att åka.

D. En liten familjeutflykt.

B. Aah, kanske det. Det var verkligen en fantastisk överraskning. Det var i alla fall dagens höjdpunkt för mig! Jag gillar honom. Han är full av överraskningar, och han kan fixa saker och få saker att hända. Det gillar jag.

D. Du var lite rädd för honom när han först dök upp.

B. Alltså, det berodde på att han inte visade så mycket intresse för mig, han bara kom och gick och bara gick förbi mig. Men nu kan jag se att han HAR uppmärksammat mig, och han har lyssnat. Förmodligen mer på dig än på mig, men han har tagit hänsyn till mina önskemål. Och det är jag verkligen glad och jättetacksam för, till alla er som har lyssnat på mina klagomål och min oro.

D. Det är bara för att du bryr dig så mycket om ditt lilla djur, din individ. Det är något som också uppskattas.

B. Jaa, precis. Det får inte att vara så långt borta, för jag sa att jag vill sköta om mitt system. Så jag vill inte att det ska vara i ett kosmiskt akvarium dit jag inte har tillträde. Det var det enda jag sa. Om det ska placeras trånstans, då vill jag ha tillträde, annars är jag nöjd med att ha det i min låda och i min tank här i ditt labb. Ifall jag inte kan följa upp, om det placeras nånstans där jag inte kan se det, då vill jag inte att det ska lanseras.

D. Det vore trevligt, då skulle det hela vara bara ditt, du skulle ha skapat varelsen och planeterna...

B. *(Avbryter)* Och Solen! Den gjorde jag också.

D. Ditt eget personliga solsystem.

B. Mitt eget, bara mitt. Men det måste vara i ett kosmiskt akvarium dit jag har tillträde, annars vill jag inte att det ska lanseras. För kan jag inte se det, vad händer då om det skulle behöva mig? Så jag vill kunna ha koll på utvecklingen och cyklerna, att allt fungerar som det ska. Du säger att du alltid kommer att sköta om det och se till att allt fungerar som det ska, men jag vill också kunna se det. Det här var förmodligen det om detta *(poppar med läpparna)*, men det är verkligen nåt att se fram emot, eller hur?

D. Oh, ja, det kommer att bli väldigt roligt. Det är en morot för dig att slutföra ditt system.

B. Kommer ge mig all möjlig energi för att få det gjort! För då vet jag precis var jag ska lägga det, och jag vet mer om grannarna efter att jag har gjort ett litet besök. Det är verkligen till stor hjälp att resa och kolla först.

Bubbelträningen börjar (16 juli 2017)

När andar reser ut i formens universum, omger de sig ofta med ett skyddande energilager, som de skapar runt sig själva. Eftersom Bob aldrig hade rest på det sättet, introducerade Jeshua metoden genom att skapa en separat bubbla åt honom. Det tjänade samma syfte och gav Bob även en känsla av välbefinnande och trygghet. Med lite övning lär sig anden som reser att bemästra konsten, och bubblan behövs inte längre. Bob är inte i stånd att resa ut i det kosmiska akvariet utan ett skyddande lager, så han har ingen annan möjligheter att besöka platsen där hans system har placerats.

D. Har du fått någon ny information om ditt solsystem?

B. Jag är under träning. Jag håller på att träna inför avfärd.

D. Vad innebär det?

B. Alltså, för tillfället har jag varit i en slags rymdkammare, det är så jag kan beskriva det för dig. Jag ska lära mig att flyta. Jag tror att det kommer att bli som att resa genom olika vibrationstillstånd, och mitt fysiska väsen blir lätt lite stressad över förändringar i vibrationerna. *(Även om Bob är en ande, har han, likt alla andar, en fysisk kropp av energi.)* Antingen är det som med harpan, att jag somnar, eller så kan det kännas oroligt i mitt väsen. Jag är säker på att det är därför som jag får den här utbildningen, så att jag ska känna mig bekant med vibrationsvågor. Det känns som boom—boom—boom—boom—boom, så känns det i mig. Och jag samlar också ihop mina anteckningar, så jag inte behöver tänka på alla dessa frågor när jag är på plats. Det finns redan saker som jag skulle vilja veta, saker som är viktiga för att systemet som helhet ska vara i harmoni – det jag anser vara i harmoni alltså. Men det finns också en del saker som du sa, "Bara för att nåt enligt din mening är i harmoni, betyder det inte att det kommer vara i harmoni där det är placerat." Så jag måste lära mig om det, och eftersom jag inte vet det så har jag inte dom frågorna på mitt papper.

D. Jag är säker på att vi kommer att prata om det.

B. Ja, eftersom du känner till mina avsikter här, antar jag, så jag hoppas att du lägger till frågor och information. Till exempel, "Den här platsen har mycket naturligt ljus," och om jag inte har den frågan noterad, så hjälper du mig att få veta det. Och jag kanske säger, "Varför behövs det?" Och då kommer du till exempel, hypotetiskt, att säga, "Du ville att dina individer skulle ha naturligt ljus, och just den här platsen har det." Om jag inte förstår att jag ska fråga det, då vill jag att du talar om det för mig, så att jag inte tappar orienteringen. Det finns vissa saker som jag inte vet hur jag ska formulera som en fråga. Men jag har, om och om igen på flera olika sätt, berättat om mina avsikter. Eftersom du har mer kunskap om platserna och deras förutsättningar, då kommer du att kunna beskriva det för mig... även om jag inte frågar. Så om du säger, "På den här platsen kommer dom atmosfäriska omgivningarna inte att kunna förändras i nån nära framtid eller cykel. Så dom livsformer du har på din planet kommer att vara konstanta." Då kan jag ta hänsyn till det. Vill jag att det ska vara konstant, eller vill jag ha förändringar? Vill jag ha förändringar i mina årstider, till exempel? Och sen kanske du säger, "Om du väljer den här platsen, hypotetiskt...", och så beskriver du. Så jag inte blir förvirrad...för jag antar att när man en gång har placerat det nånstans kommer det att finnas kvar där. Jag vet inte hur jag skulle kunna ta bort det, så jag vill veta mer i förväg.

D. Det är många saker att planera för i förväg!

B. Aah, och du känner till mina villkor, för jag har gjort det fullständigt klart och tydligt att det ska vara vänligt och trevligt, även när det gäller grannarna. Det vet du, men du känner också till dom små detaljerna, som jag kanske bara har sagt i förbigående. Och du uppmärksammade det, förhoppningsvis, och då skulle du kanske säga, "Här kommer det att möta en evolution." Och då kan jag fråga, "Vad är innefattar det?" Och du svarar då kanske, "Det vi har planerat för just den här specifika destination, låt säga, är lite mer resor." Då kan jag ta hänsyn till det. Okej, den allmänna utvecklingen i den här galaxen handlar om att ge tillstånd för varelser att resa. Är jag okej med det? Och om jag är det, då kommer jag att säga, "Okej." Alltså småsaker du kan berätta när vi väl är på väg. Men det jag håller på med just nu är att jag förbereder mig. Jeshua är inte en del av det, han kanske först kommer när det är dags för avgång. Isak kommer ibland, han tittar förbi.

D. Så hur förbereder du dig för att resa?

B. Eftersom det helt klart kommer att vara väldigt många intryck runt min bubbla, sa Jeshua att jag måste stilla mitt sinne. Annars kommer jag inte att kunna tolka och göra rätt val, för jag skulle bara vara helt upptagen av alla dessa nya intryck. Så bubbelträningen är också till för att skydda mig från det på nåt sätt. När jag tränade i bubblan första gången var den rätt tom. MEN sen, när jag ska resa, kommer den att fyllas med ett ämne, som är som tung luft, vilket får mig att flyta inuti, sa han. Det är för att själva bubblan kommer att snurra, men inte jag inuti.

D. Är det för att skydda din energikropp?

B. Det är vad du säger. Men det har också den bieffekten att det får min hjärna att somna lite grann. Så jag kommer inte att studsa runt inne i bubblan, jag kommer att vara låst i min position, men jag kommer att vara skyddad och sova lite grann. Det är som att hela mitt system kommer att gå in i viloläge, sa han, förutom mina upptagningscentra, min så kallade "mittpunkt", hjärtat och datorn; dom kommer att vara aktiverade, men dom kommer att röra sig långsammare. Ungefär som att ditt hjärtslag går från hundra slag i minuten ner till trettio. Så när jag är i den här bubblan och jag har åkt iväg, kommer mina centra att gå på minimumkapacitet så att jag kan uppfatta signalerna på rätt sätt. Jag vet inte hur det är med hjärnan, men så här har jag tränat, jag har flutit runt i en stor tank och Isak var där. Tanken var fylld med det där ämnet och jag flöt omkring i det. Eftersom det var lite mörkt sa du, ”Vi kan lägga in lite färger åt dig, så det känns bättre. Vilka färger vill du ha?" Rött och blått, sa jag. Och då la du in det, så det inte skulle kännas så läskigt. Du stod ovanför den och jag var nedanför, i tanken. Jag kunde titta upp och se dig.

D. Log jag och vinkade?

B. Du sa, "Allt kommer att bli bra, Bob. Vi ska bara lägga till lite färger, så det känns lite roligare för dig. Fokusera på färgerna, vilken gillar du mest?" Och när jag flöt runt där sa jag, "Jag gillar rött mest." Och du sa, "Titta på det röda”, så du vägledde mig att fokusera på den röda färgen, så att jag glömde att jag var i tanken.

D. Så när du svävar runt i Universum, vilken typ av information ska du samla in?

B. Jag är inte bara intresserad av grannarna, för Isak sa att vi inte alltid kan bestämma vilka grannar vi ska ha – och vi känner inte till deras utveckling, sa han. Så även om du kanske tänker, "Oh, det här är en trevlig granne", så känner du inte till huvudplanen bakom hans utveckling, den kan förändras. Så han sa till mig att inte bara fokusera på grannarna, utan fokusera på områdets allmänna syfte. Till exempel, om det ska utvecklas; det är mer intressant. Han sa, "Låt säga att du vill ha en tyst upplevelse för ditt solsystem, då vill du ha det i ett område där det saknas utveckling, så då ska du fokusera mer på det." Och jag sa, "Jag vill inte att det ska försvinna, som i tystnad." Jag vill att det ska finnas aktivitet, för jag blir själv förvirrad, om det saknas aktivitet. Jag vill att mitt system ska vara nånstans där det är liv och rörelse på nåt vis. Men jag var så fokuserad på att det skulle vara ett trevligt ståhej att jag glömde huvudplanen för mitt solsystem. Och min huvudplan är att det inte ska vara avskilt eller för sig själv, och eftersom utveckling och framsteg ibland går hand i hand med dina grannar, så kan du, om du ser en granne som inte mår så bra, då kan du själv, som kanske har mer kunskap, hjälpa den grannen. Mitt system ska vara en prototyp för godhet, och jag vill att det ska placeras där det har potential att vara en förebild om det skulle behövas.

D. Det kan tillämpas på många saker, det är riktigt bra.

B. Aah. Så Isak sa att jag skulle fokusera på det lite grann, så det har jag.

D. Hur långt fram planerar du? När du väl har satt ut din varelse på den planeten, hur länge tror du att den kommer att vara där?

B. Jag–jag–jag har planerat att den ska vara där ett bra tag, länge. Du sa att det normalt sett är bra att tänka sig cykler, ur en mänsklig synvinkel, på cirka hundra tusen år. Du sa att det är en bra cykel för varelser när det gäller evolutionära tidsspann. Sen sa du, "Efter det är det en bra idé om du uppgraderar eller ändrar, eller tar bort dom, allt efter vad du tycker är bäst." Så jag vet att det är den allmänna idén. En cykel på hundra tusen år är lite av ett tema som man går efter i fysiska världar. Och det betyder inte att dom måste tas bort, men alla vill bli bättre, så då är förslaget att du gör nån form av uppgradering. Det kan vara antingen mentalt, emotionellt eller fysiskt. Den här specifika prototypen *(av hans individ som togs bort från Jorden)*, den första är planerad att vara där i hundra tusen år, sen kommer vi att göra uppgraderingar. Och det kommer att få mig att ständigt befinna mig där skapelsen sker.

D. Jamen, det låter bra. Du har förmodligen redan planer på saker du skulle vilja göra?

B. Det har jag absolut. För den lever helt ensam, eller i par. Så nästa uppgradering kan vara att den ska leva som i flock. Det gör den inte just nu, och så blev det aldrig på Jorden eftersom den togs bort. Det blev aldrig så, men det var min avsikt, att den skulle leva i en flock och agera med en flockintelligens. Jag ville att det skulle vara en del av nästa fas. Nu, utan inblandning av gäster, eller andra saker, att ta hänsyn till, kan det vara så att jag kan ta nästa steg för det.

D. Har den händer eller hovar?

B. Om du tänker dig en björn, fast med fingrar.

D. Så den kan gripa saker?

B. Ja, den har en tumme. Om du är så intelligent och du inte kan gripa tag om saker vore det väldigt frustrerande. Det skulle vara som att ha en tvångströja, du vet, sitter fast. Man måste mixtra och ha sig. Eftersom den har stor intelligens och förståelse inom sig; om den inte kunde gripa tag om föremål och undersöka, leka och göra saker med dom, då skulle den bli väldigt frustrerad. Dom bygger faktiskt bo lite annorlunda än andra djur eftersom dom kan använda tummarna. Dom har typ fyra fingrar, inklusive tummen.

D. Kan de stå upp på två ben?

B. Ja det kan dom, om dom vill. Det gör dom när dom tittar, när dom håller utkik.

D. Som en präriehund.

B. Ungefär som en präriehund. Bakfötterna är större än händerna, så dom är inte lika stora, alla fyra. Så det är min plan, en flock.

D. Det låter som ett trevligt projekt.

B. Det är ett trevligt projekt, så det tänker jag göra. Hur som helst, nu ska jag fortsätta med mitt. Ibland tvingar du mig att tänka, för jag undrade, "Har jag missat några frågor?" Och du svarade, "Jag vet inte. Vad skulle det vara? Vad är dina föresatser, Bob?"

Och jag sa, "Alltså, jag har ett femtiotal frågor. Räcker det?" Då sa du, "Vad har du täckt, Bob?" Och då försöker jag få dig att säga, "Oh men titta, det här har du missat. Det frågade du om en gång." Men det gör du inte. Så jag är åter i fasen av egenstudier, där jag måste reflektera tillbaka på alla frågor som jag har, eller har haft fram till nu.

D. Ja, du har haft några stycken.

B. Jag har faktiskt haft ett antal frågor. Ibland är du hjälpsam, men ibland tvingar du mig att se tillbaka och reflektera, från början av mitt solsystem, över det jag var orolig för. Det är vad du säger, "Fokusera på det du brydde dig om, och sen kommer du därifrån att komma ihåg frågorna som du hade då, och om en fråga inte har besvarats vid det här laget, kan du skriva ner det på ditt papper. " Så på nåt sätt tvingar du mig att inte vara för lat, för det här är mitt projekt, och det vill du inte ta ifrån mig. Du säger, "Det här kommer att bli bara ditt. Du kommer känna stor tillfredsställelse, eftersom du gjorde alla förutsättningar, du gjorde allting själv." *(När Bob säger "papper", ska du förstå att han antyder hur han gör anteckningar. Han förklarade att han registrerar informationen som symboler i en energibok, vilken ändå lite liknar en fysisk bok. Det är mindre förvirrande för honom att kalla det papper.)*

D. Slutresultatet är att du kommer att kunna designa allt själv, och du kommer att förstå varför.

B. Aah. precis. Och jag inser det, för när det här är klart kommer jag att vara fullständigt nöjd, eftersom allt är mitt. Jag behöver inte säga, "Planeten gjorde jag, men sen gjorde du och Jeshua och ni andra allt annat." Då skulle alla typ... *(gäspar stort),* du vet, det skulle bli som en stor gäspning. Så ... jag vill att det ska vara helt mitt!

D. Jag är säker på att när det gäller, så hjälper vi dig att komma ihåg saker om du skulle ha förbisett något.

B. Aah. Ja precis, precis. Jeshua tvingar mig inte, som du gör, men vi är ju kompisar, så du retar mig på ett sätt som får mig att tänka, och Jeshua är mer som att han bara försöker ta hand om mig, antar jag. Du är mer typ, "Låt oss få honom att tänka." Du är ju mer involverad i min undervisning.

D. Snäll polis, dum polis.

B. Huhuhuh. Jag tror att är allt för idag, och jag ska fortsätta med mina reflektioner och försöka komma ihåg vilka bekymmer jag hade i början. Jag var orolig för evolutionen, men det har vi på nåt vis täckt. Jag vill ändå få reda på den allmänna idén för den specifika regionen. Men du sa, "Du kan inte läsa dig till allt om platsen, du måste uppleva det," och jag är nån som helt klart vill uppleva saker.

D. Jag är säker på att det kommer att bli en trevlig semester borta från labbet.

B. Aah. Jag måste vara RIKTIGT på hugget så att jag inte missar nåt på mina resor. Jag är säker på att det kommer att bli fascinerande! Det är bara lite det där med dom olika vibrationerna, att när vi rör oss genom dom olika världarna, och även in i en del områden, då kommer det att påverka mitt väsen. Du förvandlas lite som den där ödlan, kameleonten, och du liksom bara blir den nya energivågen. Jag har inte den utbildningen, så det kommer att bli annorlunda för mig, skulle jag gissa. Jeshua sa att jag kommer att vara i en bubbla! "Vi lägger dig i en bubbla", sa han.

D. När du har lärt dig hur du gör detta, kommer du att kunna resa när du vill?

B. Det tror jag inte. Jeshua sa att jag kommer att placeras som i en såpbubbla. Det verkar intressant. Du reser inte i en såpbubbla antar jag. Jag vet inte, men så sa han i alla fall, "Det kommer att vara som ett klot."

Snurra som i en Torktumlare? (24 september 2017)

Bob fick flera olika övningar för att förbereda honom för förnimmelserna i samband med vibrationsfälten som han skulle komma att passera genom. Sedan sänktes han ner i en tank för att simulera den flytande känslan från det täta luftliknande materialet som kommer att fylla insidan av bubblan när vi faktiskt reser. Därefter var det dags för honom att försöka gå in och ut ur den tomma bubblan, som i grunden är ett skal av energi. Det var ett klot, ungefär dubbelt så stort som han själv, placerat i ett utrymme, som han kallar klotrummet. Han var ganska ovillig att gå in i bubblan, eftersom han inte var säker på om vi kunde höra honom eller om han skulle kunna ta sig ut igen. Christine beskrev vad hon såg, medan han berättade sin historia, och sa att Bob gick runt bubblan och försökte samla mod att gå in, och såg väldigt nervös ut.

B. *(Han började göra grimaser när han anpassade sin energi till Christines.)*

D. Hej, min vän.

B. Tittut!

D. Long time no talk. Länge sen sist.

B. På det här planet åtminstone, men jag pratar hela tiden *(med mig därhemma)*. För det dyker hela tiden upp nya frågor när jag fortsätter i mitt träningsprogram, så vi pratar hela tiden! Kanske är du lite trött på frågorna, för jag känner att mitt solsystemsprojekt snart är färdigt, och att vi är på väg att placera ut det. SÅ, Jeshua sa att min bubbelträning har gått bra. Jag måste säga att det var lite läskigt att gå in i bubblan, eftersom den på nåt vis svävande där. Jeshua sa att det var meningen att den skulle göra det, men jag behövde samla på mig lite mod först, för det fanns liksom inga dörrar i bubblan. Jag kunde se att det inte fanns några nödutgångar, och det ville jag veta mer om, men både Jeshua och Ophelia uppmuntrade och lugnade mig. Hon kallades faktiskt in, för jag ville inte gå in i bubblan. Så alla var där när jag första gången faktiskt gick in i bubblan. Ni stod alla runt omkring den och sa, "Den kommer inte att åka iväg nånstans, Bob. Den kommer bara att vara här i klotrummet." Och du sa, för jag undrade om det fanns nån öppning i taket och om den kanske bara skulle skjutas iväg, men du sa att det skulle den inte. Så första gången jag gick in, och jag kan titta ut, men det finns liksom inga utgångar, så när jag går in verkar det som att jag inte kan ta mig ut igen. Men Jeshua sa att jag kan komma ut, och du sa det också, men jag ville ändå inte gå in. Så Ophelia kom och Isak kom, så vi stod alla runt bubblan - och sen gick jag in, in i bubblan.

D. Du var som de små babystjärnorna som gick in i ett träd för första gången.

B. Ahahaha. HUH HUH, AH, jag kan se det, och jag minns att det var ungefär samma känsla som när jag först gick in i ett träd. Det ser jag nu. Så jag kan se att gå in i nåt och inte vara säker på hur man tar sig ut igen, det är lite grann samma sak, absolut. Det var faktiskt som att spola tillbaka bandet och återuppleva nånting lite ovant.

D. Så hur kom du ur bubblan?

B. Där finns ingen dörr, varken in eller ut, jag bara ... *(han kämpar för att hitta de rätta orden att beskriva det)*, jag bara ... det är som att den absorberar mig. Jeshua sa att jag inte behövde leta efter några utgångar, eller fönster eller nåt, för det kommer bara att kännas som att dyka genom vattenytan, som vi pratade om tidigare *(relaterat till själar som rör sig genom den fjärde dimensionen efter döden).* Han sa att det inte var meningen att jag bara skulle kliva ut nånstans, var som helst. Jag skulle stanna kvar i bubblan ... Och det var där jag blev lite förvirrad och bekymrad. Han sa då att jag bara ska gå in och ut när vi är i klotrummet. *(Jeshua rådde honom att han skulle stanna kvar i den skyddande bubblan medan han är ute och reser, men Bob tolkade det som att han skulle vara fången där inne hela tiden.)* Och jag ville också veta om ni kan höra mig där inne *(han lät lite nervös).* Han sa att det gör ni. Första gången jag–jag–jag gick in i bubblan var det som att dyka genom vattenytan, och när jag var inne i bubblan stod ni alla runt omkring den, och den svävade ungefär en meter över marken. Jag kunde se dig och jag kunde höra dig, och Jeshua sa, "Nu ska vi få den att snurra lite grann." *(Han började skratta lite.)* Och jag sa, "Som en torktumlare?" Oh, då skrattade du och sa, "Det kommer aldrig att bli som en torktumlare", sa du, "Så är det inte." Huhuh. Så Jeshua sa, "Vi ska få den att rotera lite. Bubblan kommer att snurra, men du inuti kommer inte att snurra." Så jag skulle inte känna mig åksjuk eller så. Men han sa att han skulle få den att snurra lite - så det gjorde ni. Det var som att rotera åt ett håll, medsols, men den gick aldrig åt det andra hållet. Det var för att göra mig bekant med det här sättet att resa, sa han. Så det var första gången, men jag har faktiskt blivit mycket bättre. *(Säger det stolt.)* Nu går jag in och ut, och du behöver inte stå där och titta på mig hela tiden, när jag går in i bubblan. För nu vet jag att så länge jag är i det här träningsrummet, så kan jag gå in och ut som jag vill. Men det är ungefär som du sa, det är samma sak som att småstjärnorna behöver förstå; att även om det inte finns nån grön skylt där det står "Utgång", eller "Nödutgång", eller som en liten knapp som du kan trycka på, så är du egentligen aldrig inlåst. Men Jeshua sa att jag inte ska gå ut under färd, så det är annorlunda. Jag skulle fortfarande se er och kunna kommunicera med er, även om ni kommer att se annorlunda ut. När vi alla ger oss av kommer ni att se ut mer som stjärnor, sa han, men jag skulle fortfarande känna igen er. Ur mitt perspektiv skulle ni se ut som stjärnor, MEN i olika färger så jag vet vem som är vem. För det är såklart viktigt för mig, att jag känner igen er. Men eftersom ni andra inte reser i en bubbla, gav han mig hela den här översikten över hur det skulle bli. Så jag inte tror att jag flyter iväg nånstans helt själv.

D. Det är bra. Vi skulle aldrig lämna dig ensam.

B. Nää, han sa att du kommer att vara framför bubblan, och han skulle vara till vänster, och Isak skulle vara till höger. Jag vet inte om det kommer nån bakom, men det är vad jag kommer att se. Jag kommer hela tiden att titta rakt fram och se dig. Det är så vi ska färdas, sa han.

D. Det kommer att bli väldigt roligt att åka på upptäcktsfärd.

B. *(Poppar med läpparna medan han pratar.)* Jeshua är lite hemlighetsfull. Han har ess i rockärmen, så att säga. Jag vet att han vet saker om mittpålen *(Skaparen),* det vet jag att han gör. Jag försökte ställa frågor om hjulet rent generellt. Mystiskt är det allt.

D. Men han svarade inte riktigt?

B. Han bara log.

D. Som Ophelia.

B. Som Ophelia, precis som Ophelia. Isak gör likadant, alltid med armarna i kors och ler. Men du avleder mer min uppmärksamhet och säger, "Titta där borta, kolla där," och jag är som, "Vaa?" Och så tittar jag. Du är annorlunda, för du vet att jag blir förvirrad när du blir tyst, och du vet också att jag fortsätter att peta på dig. Jag petar inte på Jeshua, det gör jag inte. Men du vet att det inte fungerar så bra med att tystna, för jag är mer mig själv med dig – jag fortsätter att fråga, så därför avleder du mig ibland så där.

D. Det beror på att vi är så goda vänner.

B. Aah, aah. Jag har lagt till lite vegetation, blommor och träd och så vidare på min lilla planet också. Jag hade först som en djungel, men jag ändrade det lite, för det behövde anpassas till atmosfären, så nu är det mer som skogar, bara en liten del är djungel.

D. Ja, individen kanske gillar det bättre. Mer utrymme att ströva omkring på.

B. Aah, jag har skapat sjöar också. Jag ville det för jag tänkte att jag kanske ska ha fisk. Jag tänkte på olika saker och nu finns det sparat i planetens minne. Så om jag vill ha fiskar lite senare så har jag ett akvarium, jag har en sjö. Huhuhuh. För om jag hade sagt, ”Nu vill jag ha fisk." Då skulle du sagt, "Men du skapade ju ingen sjö, var ska du lägga dom?" Sånt har jag tänkt på, så egenstudierna har varit givande måste jag säga. Vi närmar oss avfärd, och nu vet jag vart vi ska ta vägen i Universum. Stora grejer det här. Jag skulle vilja se den där pålen i mitten, för jag kan känna att det finns nån sorts medvetande i den. Men jag vet bara inte - vad, och jag vet inte om du vet heller, eller om ens Jeshua vet.

D. Hur uppfattar du det?

B. Det är som en puls. Den enda bild jag kan ge dig är att det är som en förenad moder-fader-energi, och det är som en stor puls i den. Jag tror inte man kan gå in där, men det är som...

D. Om du gjorde det skulle du kanske förlora din identitet, du skulle inte längre vara du.

B. Jag vet inte vad det är. Först kändes det som en moderenergi, men sen såg jag det mer som både och.

D. Skapelsens centrum.

B. Aah, precis. Jag tänker inte gå in där. Min bubbla kommer absolut INTE att gå in där. Den kanske bara försvinner eller förgås, och vad händer då med mig?

D. Du skulle absorberas som regn i havet.

B. Oh oh oh oh. Och om ni inte går dit, och ingen annan heller, då går det inte att skicka in ett räddningsteam. Nä, jag tänker inte åka dit.

D. Så många saker du har lärt dig.

B. Aah, aah, ja verkligen. Och eftersom du hela tiden lägger till mer information, så skapar det också fler frågor, så jag är hela tiden i ett läge där, du vet, jag undrar över saker. För ju mer jag ser, desto mer undrar jag. Men jag är inte rädd för att vara i bubblan längre.

In i Ugnen (3 december 2017)

Bob slutförde äntligen designen av sitt solsystem, som innefattade alla energimönster för de växter, djur och atmosfäriska förhållanden han ville ha på sin planet med livsformer. Modellen, som han hade förvarat i sin låda i mitt labb, togs till en tank där gravitationsexperterna, i det här fallet Isak, kom och lade till ett gravitations- och vakuumfält för att se om det skulle flyta *(fungera)* som förväntat. Testet lyckades och sedan togs det till en annan del av labbet och sattes in i något som Bob beskrev som en ugn. Exakt vad som händer i ugnen förblir ett mysterium, men min gissning är att ljusenergi läggs till mönstret, så att när "fröet" planteras i det kosmiska akvariet, i detta fall vårt Universum, kommer energimönstret att utvecklas och fortsätta växa av sin egen inre energikälla, och så småningom manifestera ett fysiskt solsystem. Vi kanske aldrig kommer få veta eller kunna förstå hur solsystem och galaxer kommer till, men det sätt som Bob, Jeshua, Eli och Ari beskriver processen ur ett andligt perspektiv är mycket annorlunda än människors hypoteser om hur det går till. Kosmologer och astronomer kanske kan skriva komplicerade ekvationer, men verkligheten kan aldrig härledas från en teoretisk modell. Ari, den mest avancerade ande vi kommunicerar med, har sagt att vårt kosmiska akvarium har varit i denna position på hjulet i biljoner *(Jordiska)* år. De försäkrar oss också att gravitationsfälten inte är desamma från galax till galax och kan förändras över tid, beroende på deras utvecklingsstadium; och det finns flera typer av gravitation som fungerar i kombination med vakuumfält för att bibehålla form och rörelse. Dessutom är ljusets hastighet inte konstant, och svarta hål existerar inte. Om något av dessa påståenden är sant, och jag antar att de alla är det, så är de gällande modellerna av Universum helt ogiltiga, inklusive relativitetsteorin. Det är värt att nämna att den nuvarande metoden som används av astrofysiker för att undvika att deras matematiska modeller självförstörs, kräver tillägg av okända variabler som klumpas ihop i begrepp som de kallar "mörk materia" och "mörk energi", som de varken kan identifiera eller finna. Enligt vårt andliga team samverkar ljud och gravitation för att skapa ett vakuumfält som håller föremål på plats och kan skapa en skenbar antingen högre eller lägre gravitation än förväntat. Dessa komponenter: *gravitation (som har många olika former),* ljud och vakuum kan påträffas från den allra minsta delen av DNA till massiva sjok av galaxer. Aktuella vetenskapliga teorier känner bara till dragningskrafter och har inget sätt att mäta effekterna av vakuumfältet, som manifesterar sig som en bortstötande kraft. Om rörelsen av objekt runt en stjärna, till exempel, innefattar okända variabla krafter, blir det omöjligt att beräkna planeternas massa eller densitet, liksom avståndet till stjärnorna.

B. Ophelia berömde mig för mitt solsystem, hon sa att det blev ett riktigt bra resultat av all min möda. Huhuh.

D. Arbetar du fortfarande med de små detaljerna?

B. Det är nåt på gång med mitt solsystem, med Isak. Jag har lämnat det hos Isak, och jag ser det inte längre; det har lämnat min låda, och är inte längre i mina händer. Det är ungefär som att du bakar en pizza, och nu är pizzan i ugnen, men ugnen är inte öppen, så jag kan inte se min pizza. Jag har lämnat min pizza hos Isak, och han har satt in den i ugnen, och stängt luckan, så jag ser den inte. Men jag är säker på att den gräddas, på nåt sätt!

D. I för-vila.

B. Det kanske är vilougnen! Huhuh. Ophelia skickade mig en bild på en pizza och sa, "Det här är lite samma sak." Så nu gräddas systemet! Vi diskuterar mycket, du och jag, vi går igenom processen av mina erfarenheter av solsystemet, men du sa också att jag längre fram kommer att ha lektioner om tid, cyklerna i mitt solsystem. Pizzan har inga cykler när jag lämnar den, MEN när den sätts in i den där ugnen, den där magiska ugnen, gräddas den och den får en atmosfär. Allt händer i den där magiska ugnen, där min pizza befinner sig just nu.

D. Har Ophelia någon roll i det här pizzabakandet?

B. Ah, det säger hon inte, för hon är smart nog att inte tala om allt. Men i den här magiska ugnen uppstår allt, det vill säga träden och allt annat på min levande planet. För att ge dig en bild av vad som händer här; Du vet, jag skapade alla dom här mönstren, alla ingredienser i mitt system, pizzan, men den måste gräddas, och när det sker, är min atmosfär det sista som läggs till - innan du tar ut pizzan. Så sa hon.

I en senare session följde jag upp hans framsteg, och han sa att hans solsystem hade blivit "gräddat" och förbereddes för att sändas till sin destination, som han hade valt ut. Bob fick som nämnts välja platsen där hans solsystem skulle finnas, men för att göra det var han tvungen att genomgå omfattande träning för att resa i en energibubbla ut i det kosmiska akvariet. Det ämnet tas upp i det senare avsnittet om utbildningen inför hans resa.

D. Hur står det till med din pizza?

B. Oh, den håller fortfarande på att bli, MEN, den är ute ur ugnen och håller på att svalna. Jag kan se den, den ligger som i en glaslåda, som en babymodell, men sen kommer det att projiceras ut. Jag har ingen aning om hur det ska gå till. För tillfället svalnar det i nån sorts glasbehållare.

D. Ser det fint ut? Är du stolt över ditt arbete?

B. Oh, ja. Det ser lite bubbligt ut, det glöder där inne.

D. Vi ska finna en fin plats för det.

B. Det kommer att bli ... det kommer på nåt sätt att placeras och liksom starta upp med en smäll, ingen stor smäll, utan lite som när du gör upp en eld, sshhhhooo. Det är så det kommer att bli, intressant! Det här händer överallt, sa Isak. Du vet när man tänder en tändsticka och den tar fyr? Det är vad jag ser här i min glasbehållare, nu här i början, men sen kommer det att expandera och fylla ut det där tomrummet *(i Universum)* där det är tänkt att vara.

D. Jag ser fram emot att höra mer om hur det går till, om skapelseprocessen ur ett mänskligt perspektiv.

B. Ja, du kanske vill skriva en bok om det!

D. Jag försöker.

B. Vi vet det. Huhuh.

Bob reser för att se sitt Solsystem (15 april 2018)

Han var äntligen redo att resa och se platsen för sitt solsystem. Även om det hade presenterats för honom som tre val, verkar det som att Jeshua och Lasaray måste ha bestämt var de skulle placera det, eftersom det redan fanns där när han kom. Det var dock precis där han ville ha det, så han var riktigt nöjd.

B. Du och jag har diskuterat en hel del, på grund av mitt solsystem. Det är faktiskt på plats nu, vi åkte.

D. Gjorde vi? I din bubbla?

B. Ja, precis, det gjorde vi.

D. Berätta om det.

B. Först var jag lite besviken, för du fick mig att somna i bubblan. Ingen hade sagt det till mig. Du sa att det var för att bubblan färdades genom flera olika vibrationer, och en del av vibrationerna var bubblan inte rustad för, men det köpte jag inte eftersom den faktiskt gick igenom. Så jag tror att det kanske var JAG som inte var helt rustad. Bubblan färdades genom sju olika lager, sa du, men jag minns bara att jag reste genom typ tre eller fyra, tre. Så dom andra...alltså det skedde inte i en speciell ordning, vilket man kanske skulle trott, som att jag skulle sova under dom första fyra och sen vara vaken, men så var det inte. Det är klart att jag var vaken på slutet, under sista, men jag har ingen aning om dom andra. Jag frågade, "Hur länge har vi varit på väg?" och du sa, "Vi har rest genom sju vibrationsfält för att komma till den plats som du valde." Men jag sov under några av dom och jag vet inte varför. Du sa att jag bara skulle fokusera på slutmålet.

D. Jag minns att du sa, att vad det nu än var, som fanns i bubblan, så stillade det dig.

B. Det gjorde det, och jag snurrade inte runt inuti den. Men själva bubblan roterade, och den snurrade åt olika håll, det var inte alltid medsols. Från mitt perspektiv kunde jag se hur den roterade, men jag rörde mig inte. Men som sagt, jag sov under en del av resan, "För mitt välbefinnande."

D. Såg du dom tre platserna som vi hade valt ut för dig?

B. Oh, jag såg mycket! Jag såg Vintergatan, jag såg en annan galax, och jag reste omkring bland stjärnorna i en cirkel. En stor cirkel, och det var bara som ljus, men det fanns inga planeter, så jag kunde inte se var jag var nånstans. En av platserna var bara fylld av ljus och stjärnor, och jag minns att jag bara - "Aaahhh", och jag var helt tyst i den här upplevelsen.

D. Var det storslaget?

B. Aah, det var som en egen värld och det var alldeles tyst. Bubblan liksom bara gled igenom den, och du var också med, och det var som att vara i ett vakuum. Det är inte där mitt solsystem är, men det här var en plats som jag fick se och det var den mest MAGISKA upplevelsen. Jag frågade faktiskt efteråt, om vi kan åka dit och kanske inte placera ett solsystem, men jag skulle verkligen vilja åka tillbaka. Du sa, "Alla världar som vi reser till har livsformer, på nåt sätt. Den här specifika världen är enbart energi, den är inte en manifesterad fysisk värld." Den var helt FANTASTISK!

D. Var det i vårt kosmiska akvarium eller ett annat?

B. Alltså, du sa att vi var kvar i samma akvarium, så jag lämnade aldrig det.

D. Så det finns världar som bara består av energi i vårt Universum?

B. Det stämmer. Jag var vaken, men nästan som i trans och jag var helt fascinerad! Och sen, jag vet inte om det här var i rätt ordning, för som jag sa, jag kanske somnade. Men den andra jag kom till, där var det mer som ljud, alla dessa olika nivåer hade olika ljud, och nästa hade som en trumvibration. Den var inte alls tyst, det var som en trummande upplevelse i den. Du sa, "Den här världen har stor densitet och det är inte där vi ska placera individen, eftersom den behöver mer ljus." Den här galaxen hade en mittstjärna – en enormt stor mittpunkt. Du sa att den här världen är tätare, men du ville visa mig det här – så jag skulle få uppleva det. Den här specifika stjärnan är nästan mer som en gravitationsstabilisator i sig själv. Du ville visa mig en stabilisatorgalax som fungerar som en stabilisator för andra galaxer, så det var därför vi såg den. Och du sa att alla stabilisatorer på nåt sätt har det där boom—boom—boom ljudet, trumma. Du sa att det är som ett hjärta i en människokropp, det vill säga hjärtat är en stabilisator i människokroppen, och varje levande livsform har en stabilisator, oavsett om det är en växt, ett djur eller en människa. Du har hjärtslag och det är samma som en stabilisator, det fungerar på samma sätt.

D. Är det här alla platser i vårt Universum, bara olika energivärldar?

B. Olika energivärldar. Jag var fortfarande kvar i samma kosmiska akvarium, men där finns olika energinivåer som du kan åka igenom.

D. Så, hur var det med den tredje platsen, vad hittade du där?

B. Oh, det var då jag kom till min plats, där mitt solsystem placerades, och det är en plats fylld av glädje! Det är många färger, och alla i den här specifika galaxen kan utvecklas och alla har förmågan till djupa sinnesstämningar. För, som Isak sa, jag ville verkligen ha en emotionell utveckling på min plats. Jag var orolig för den mentala utvecklingen, måste jag säga. Den fysiska var jag helt okej med, eftersom det ligger långt utanför den liga som jag spelar i. Det är helt i Skaparens hand. Det kommer att ske genom ägget och Ia, så jag får nog en förhandstitt, kan jag tänka, när det gäller vilka slags fysiska förändringar som kommer att ske. MEN, jag gillar inte alltid den mentala utvecklingen, eftersom jag med egna ögon har sett hur det bara kan bli SK—T av det *(han sa inte "i"),* så det vill jag inte ha. MEN, det visste Isak, han visste precis vad jag letade efter, så när jag gick på hans lektioner, då när mitt solsystem var i ugnen, så pratade vi om det. Och han sa, "Baserat på vad jag vet om dig, Bob, tror jag att du skulle gilla en emotionell galax, samma som där Siah är." Så vi valde ut, eller han och du valde ut, jag valde inte, men jag fick den här världen, och det är där jag är. Den liksom sjöng, och tonerna där var nästan som att vara hemma hos Ophelia. Det var som harpmusik och jag kunde ana, när vi reste i bubblan, att vi passerade solsystem, som kanske Ophelias elever hade skapat. Det var en väldigt,

väldigt sorgfri gemenskap, i den här galaxen, och det var EXAKT vad jag önskade för min individ – att få tillhöra en emotionell och vänlig galax.

D. Det låter helt fantastiskt!

B. Så jag har riktigt trevliga grannar, det har jag verkligen. Mitt solsystem är ... du vet, jag har min egen sol, men alla solsystem kretsar kring en central punkt, en central sol. Så min individ kommer att vara lycklig i den här fristaden. Du gjorde det möjligt för mig att kunna se det, eftersom du visste att det var viktigt för mig, men du sa också att jag inte kan komma hit i min bubbla hela tiden. Det är inte så att jag bara kan ta min bubbla och ge mig av. Jag vet inte vägen, och jag måste åka igenom nivåer som jag inte är hemmastadd i eller bekväm med, för att komma dit. Det är lite långt borta, sa du, för jag frågade, "Var är vi nånstans? Har vi bytt kosmiskt akvarium?" Och du sa, "Nej, vi är fortfarande i samma område, men du kan vara lite ovanför eller lite under, och fortfarande tillhöra samma vibrationsfrekvens." Du sa att vi lägger mitt system lite högre upp, men jag är fortfarande i samma verklighet.

D. Så ditt system är på ett lite högre plan?

B. Precis, precis. Lite högre. Jorden är på den där mittlinjen och mer mot klockan nio. Min är en liten bit ovanför och en liten bit längre in mot mittpålen. Det är där jag är. *(Klockan "mer mot nio" är en hänvisning till solsystemets vibrationstäthet, och relaterar till Skapelsens Hjul, se bilaga sist i boken. Jorden och vår galax har en ganska hög täthet, även om det finns andra platser som är tätare. Andromedagalaxen är faktiskt lite mindre tät än vår.)*

D. Var du med om att placera ditt system där?

B. Det bara fanns där! Jag vet inte hur, det är som att det tog sin egen bubbla! Huhuh, jag vet inte, men där var det bara. Men jag kände igen det direkt, för jag skapade färger på min levande planet, och jag sa, "Titta, där är det! Där är det!" Min bubbla cirklade runt och jag kunde se allt som jag hade skapat.

D. Var din individ redan där? Hade den redan placerats?

B. Nej, nej. Den håller fortfarande på att bli skapad, på väg att uppstå.

D. Så den är i viloläge?

B. Precis. Min planet hade fortfarande bara växtlighet. Det ska fortfarande ske en viss utveckling för att väcka allt till liv. Jag har insekter också.

D. Jag antar att vi kommer att gå tillbaka någon gång och placera din individ?

B. Individen är där redan, det är bara det att mönstret inte har väckts än.

D. Aha, okej. Sa jag att vi kunde gå tillbaka någon gång?

B. Du sa att vi kunde observera det från labbet lite grann, vi behöver inte åka dit hela tiden. Men du sa, att OM det skulle behövas, kan vi bara göra om samma resa igen. Så du höll en dörr öppen för det, men du sa att det inte är nödvändigt att alltid åka dit, vi kan ha distansundervisning och göra fjärrjusteringar. Jag vet inte hur det där med fjärrjusteringar fungerar, men det kanske ligger i det stora okända, som jag inte ska ta del av. Men jag tyckte det var jätteroligt att jag, efter att vi kom dit, att jag kunde ta min bubbla och se mig omkring; och jag fick hålla på ett tag. Så jag kretsade runt alla planeterna, reste i alla omloppsbanorna. Jag ville se till att allt var på plats som det skulle. Jag kretsade ut och tittade på stabilisatorn och jag kollade min sol – den riktigt strålade, du vet, inte alls dimmad. Den var som en helt ny, glänsande stjärna, min stjärna! Det är ett väldigt friskt system och allt var perfekt designat.

D. Stort grattis!

B. Grattis till mig! Huhuh, men jag hade också fantastiska lärare! Och sen, under den längsta tiden, svävade jag runt min levande planet, och jag kollade om jag kunde se min individ, och jag såg –jag menar, den finns inte där än–, men jag kunde se all växtlighet. Och du sa, "Det är här vi ska väcka din individ, det är här dina blommor kommer att förändras över tid för att bli just den blomman du vill ha längre fram. Här kan du se dammen, där det ska finnas vattenlevande livsformer. Det kommer också att ske atmosfäriska skiften, så det kommer komma en tid med mycket regn." Efter regnet, det är då min individ kommer att vakna. Just nu är det väldigt soligt. För tillfället finns inga moln, men dom ska du, eller Isak, lägga in, så det kommer att regna länge. Och efter regnet, det är då individen och alla mina insekter kommer att vakna. Så mitt system är i viloläge inför att det ska uppstå. Själva systemet var i rörelse, fast allt som jag hade skapat kunde man ännu inte se.

D. Wow. Det är bara helt underbart!

B. Och du sa att du kommer att observera allt från ditt labb, och att det du bekymrar dig om, eller det som är ditt jobb, är att se till att stabilisatorn är intakt. Så det är vad du ska hålla koll på, och jag kan iaktta min levande planet. Jag antar att nån från Ophelias ställe kommer att hålla koll på Solen.

D. Så nu när du är klar, fick du någon liten utmärkelse eller var det någon ceremoni, en examen?

B. Du gjorde en för mig! Huhuh, du bjöd in alla dom där tysta grupperna *(Elahims och andra på den Sjätte, Åttonde och Nionde)*, och dom applåderade faktiskt lite grann. Du bjöd in dom till ditt arbetsrum, så alla var där, och du berättade för dom, på ditt sätt, vad som hade hänt; och du visade mitt system på skärmarna och var det låg nånstans. Jag kunde visserligen inte förstå allt, men några av dom förstår jag, och jag kände att dom gratulerade mig. Så jag kände mig bekräftad av den här gruppen kosmiska vetenskapsmän som håller på med konstruktioner av galaxer. Isak var där, Zachariah kom, Ophelia och alla mina vänner, mina familjevänner, kom och dom kunde jag förstå. Och Ophelia sa att jag hade gjort det riktigt bra, och hon gav mig en speciell växt i present, som jag ska installera där. Den är för tillfället som i en glaslåda, men den kommer att tas i bruk där uppe. En alldeles speciell blomma, som kommer att vara till stor hjälp för miljön. Så den fick jag. Och Zachariah, han gav mig ännu mer information om evolutionen och så vidare, tillsammans med Isak, så dom gav mig mer information om platsen där mitt system finns.

D. Kom Gergen och Ole och Ia?

B. Nää. Jag ska berätta för dom senare. Gergen sa att det här var min plats i solen, där jag skulle få skina. Huhuh. Men Ophelia sa att just den här växten har satts in i systemet och jag känner igen den för den är en av dom verkligt tåliga, och den skapar harmoni i marken med sina rötter. Så det här är en väldigt speciell växt. Jag har sett den, men jag har inte mönstret för den, så jag kunde inte göra den själv. Det var en väldigt speciell gåva.

D. Satte hon den på din planet med liv?

B. Precis. Så, det här är vad jag har hållit på med.

D. Det var en hel del!

B. Aah, det är det. Men det finns skärmar där jag lite grann kan iaktta det här.

D. Det finns ingen anledning att resa, om du bara kan titta på en skärm.

B. Ja, du säger det, och du visste säkert att jag skulle fråga, så det är nog du som har satt upp dom här skärmarna. Huhuh.

D. Lade vi tillbaka din bubbla i klotrummet?

B. Bubblan är tillbaka, parkerad. Jag tror att det är bara min bubbla, jag tror inte att det är en vanlig bubbla som alla kan gå in i. Den har min nummerplåt! Men Jeshua sa att jag inte bara kan gå in där och ge mig iväg, och jag är inte säker på att jag vill det heller. Och *du* reser inte i en bubbla, så det är inte som att du och jag kan dra iväg, nåt som du vet att jag helst skulle vilja. Hur som helst, jag är verkligen glad eftersom jag har alla dessa mönster på min planet.

D. Jag är glad att du har placerat det någonstans som du är nöjd med.

B. Aah. Och det finns riktigt trevliga grannar, och det mår emotionellt bra. Okej, jag ska gå nu, men vi ska fortsätta att hålla koll.

Ophelias Speciella Växt (29 april 2018)

Ari hade talat först, och sedan kom Ophelia in för att anpassa energierna för Bob. Ibland hindras Bob från att höra samtalet, som i det här fallet. Ophelia upptog hans uppmärksamhet genom att visa honom energimönstret av växten som hon hade gett honom i gåva.

B. Okej, Ophelia städar riktigt bra. Jag lyssnade inte. Jag hörde ingenting. Ophelia sa, "Vi ska vara här, Bob. Kom och titta här." Och jag sa, "Vad är det som händer här, borde vi inte vara där borta?" Och hon sa, "Vi ska strax gå dit, men se här." Så vi har färglagt igen. Jag har sett på och jag har fått förklarat för mig hur min nya växts mönster ser ut.

D. Aha, det låter trevligt. Är det den som Ophelia gav dig? Lär hon dig hur du ska göra?

B. Umm humm. Precis. Jag fick veta hemligheten om hur man skapar den här växten.

D. Det verkar vara lite komplicerat.

B. Ja det är det, för det är inte bara nån vanlig växt. Du ska veta att när du gör dom här ... (han *tittade över mot Ophelia och sa ingenting på ett tag)*, när du skapar dom här färgkartorna, som också finns i en fysisk människa, då kan du lägga till lite extra detaljer, beroende på om den specifika skapelsen, eller varelsen, ska innehålla en del av det Mästerliga Medvetandet. Mina växter, växterna som jag skapade, hade inte en så stor dos av det Mästerliga Medvetandet. Den här växten som Ophelia gav mig, har en högre del, procentandel, av det Mästerliga Medvetandet. Det är därför som det är en intelligent växt.

D. Hur mycket om du jämför med till exempel ett träd?

B. Oh, jag vill inte säga att nån är dum, men ett träd skulle betraktas som...dom flesta träd här kan betraktas som att ha en fem- till sjuårings medvetande. Men DEN HÄR växten som jag fick har faktiskt som en vuxens medvetande. Och jag har inte nått den nivån i min utveckling att jag kan skapa växter, som har ett vuxet medvetande från det Mästerliga Medvetandet.

D. Så vad är det den gör i naturen?

B. Genom sina rötter kan den skapa förbindelser med andra växter och på nåt sätt fungera som ett batteri för dom. Så även om deras medvetande är som en sjuåring, men genom den extra energi som dom får genom den här rot-till-rot-kommunikationen – det är som ett nät i jorden under ytan – det kanske inte ökar medvetandet *(hos den sjuåriga växten)*, men den kommer att bli mer tålig och den kommer faktiskt att existera längre. Livscykeln kan faktiskt bli längre.

D. Tar Ophelias växta energi från atmosfären, nätet ovan?

B. Den är som ett batteri. Det är som när vi lärde småstjärnorna hur man blir sin egen ljuskapsel, den här blomman gör det bara på egen hand. Den rör sig bara in och ut ur sin egen ljuskapsel och det verkar som att den alstrar energi; den fungerar som ett batteri för området där den är placerad. En blomma kanske kan hjälpa ett område stort som, låt säga, kanske en halv fotbollsplan, och allt inom det området kommer att dra nytta av den. Men hon sätter inte bara en blomma, sa hon, hon sätter ut dom strategiskt så att det inte blir nån lucka emellan.

D. Växer dessa blommor på Jorden?

B. Nää, jag tror inte det. Hon svarade inte på det *(ser åt vänster mot Ophelia.)* Men hon sa att det faktiskt finns liknande växter som fungerar på samma sätt här, för att skapa det där nätverket av energi och agera som en generator av energi och syre till ett område. Så det är egentligen inget nytt, men jag vet inte om just den här växten finns här. Den är röd, när blomman slår ut blir den röd.

D. Så den finns på din planet nu?

B. Den är på väg, den är faktiskt i blom, den har börjat blomma, så den är en del av ekosystemet som jag har, och hon sa att den kommer att vara väldigt gynnsam för mitt ekosystem. Och det finns såna här också, det finns vissa växter som agerar som dom här generatorerna för att framför allt förbättra jorden. Så när det sker kontakt *(påverkan från människor)* i jorden, då förstörs nätet, vilket är skapat som en hjälp för att optimera tillväxtnivån i den regionen. Det är därför vi inte vill att människor sätter ner olämpliga frön, för NI VET INTE! Ni är inte Ophelia, ni ska inte sätta ner frön som ni inte har en aning om vad dom kommer att ställa till med! Dom kommer inte att skapa ett bra nät! SÄTT INTE NER SAKER i jorden som du inte har nån aning om ifall dom kommer att skapa ett nät! Dom kanske bara täpper till systemet.

D. Om de inte vill göra en omstart på människorna, kanske Ophelia kan göra en omstart på växterna.

B. Aah, eller bara göra så att dom där fröna inte fungerar.

D. Det skulle vara mitt mål, om jag hade något att säga till om när det gäller omstarter.

B. Människor förr i världen kände till det här nätet, och naturfolken känner fortfarande till det, och dom verkar i harmoni med nätet i jorden. Man kan se det som kanaler, nästan, vissa är kanaler med vatten, och vissa är fyllda med andra godsaker för att göra själva regionen rik. Om nån inte förstår hur man avläser energin, ska dom inte blanda sig i! Här betraktas det inte som vetenskap, när det faktiskt är den främsta vetenskapen av alla—att förstå nätet och att förstå att om man stör naturen så kan bieffekterna bli att nånting händer i atmosfären. Dom ser inte sambandet mellan vad dom sätter ner i jorden och vad som sker ovanifrån, som orkaner och så vidare. För träden sjunger inte! Träden är inte glada! Och om träden inte utstrålar och avger syre och ljus i atmosfären, om dom inte är i resonans, då ser man vissa väderfenomen som faktiskt uppstår. Ingen tänker, "Oh, det är nog för att jag satte ner dom där olämpliga fröna!" Alla är det så klart inte, men vissa saker är. För om du gör så att träden inte sjunger, och växterna är ledsna, då kommunicerar dom inte med nivån däruppe, och då blir det obalans och harmonin försvinner.

D. Problemet är att forskare inte kan mäta det, eller hur?

B. Jaa. Och på grund av det där filtret inom dig, att du antingen verkar från det mentala, från hjärnan eller från hjärtat och att dom två inte kommunicerar som dom gjorde tidigare. När ett svar inte finns i den mentala lådan, flyttade tidigare civilisationer över det i känslolådan, eller själslådan, för att få svaret. Men här accepteras det inte, det är inte okej för en forskare att säga, "Jag känner" - sättet dom fungerar på är, "Jag tänker" och "Jag vet". En annan person arbetar bara utifrån hur det känns, och det är så som dom vet. Men när dom här båda zoner av medvetande inte kommunicerar...

D. Då händer dåliga saker?

B. Eller ingenting alls! Det blir bara – på stället marsch, stillastående. Hur som helst, min planet kommer inte att bli påverkad utifrån som Jorden.

D. Ja, du kommer att ha en riktigt lycklig planet.

B. Jag har en lycklig planet, jag har ett lyckligt system och en lycklig galax.

D. Det är vad du alltid velat.

B. Alltid velat det.

Solen är en Jukebox (13 maj 2018)

De följande avsnitten handlar om Bobs studier vad gäller grunderna för all form, vilka är melodierna och tonerna, som i sin tur är ett resultat av mönstren för växelverkan mellan ljus och ljud. Melodierna definierar struktur, syfte och relationer mellan olika former. En molekyl ger ifrån sig en mycket förenklad ton, och en planet har en komplicerad symfoni. Tyngdkraften, som har många varianter, avger också vissa toner, och är en del av mönstret som är implementerat i all skapad form. Tyngdkraften är också det som skapar och håller samman vakuumfältet, som finns runt alltifrån små saker som DNA-strängar och organ i kroppen till stora strukturer som solsystem och galaxer. Återigen vill vi påpeka att detta inte är något som människor kan påvisa, men Bob försöker förklara idéerna på ett sätt som åtminstone ska kunna göra det någorlunda begripligt för oss.

D. Vilka idéer kommer du med idag?

B. Oh, jag vill prata mer om mina egna studier, du vet, där uppe med Gravitationsgruppen. Jag har kommit in på det området nu.

D. Spännande, det skulle jag vilja höra om.

B. Ja, och jag har faktiskt blivit tilldelad en av dom där ytterst skickliga lärarna, så här sitter vi nu, han och jag och du. Jag gillar verkligen honom, han förklara saker på ett väldigt visuellt sätt. Han räknar och han ritar och visar mig liksom kartor över hur man skapar olika melodier och mönster, och han låter mig lyssna på olika melodier. Det är vad jag har gjort, jag har lyssnat på olika världar och dom gravitationsfält som finns där, och utifrån det måste jag lära mig att avgöra vilken slags skapelseform det är, sa han. Det är punkt ett. Så jag har gått igenom dom och lyssnat. Det är nästan som att sitta med hörlurar; jag sitter där och lyssnar. Sen ritar jag, jag ritar vilka skapelser jag tror finns där.

D. Hur många olika variabler finns det?

B. Jag har lyssnat på fem olika hittills, och sen har jag ritat vad jag tror det är för material, skapelser och förutsättningar som det finns där.

D. Skulle alla dessa finnas i vårt kosmiska akvarium, eller andra akvarier?

B. Det har han inte sagt än, han har bara gett mig fem olika melodier. Han vill också att jag ska tala om hur stor den världen är, för det är också en del av det hela. Han sa, "Tonerna och melodin avgör också hur stor eller liten den specifika regionen är, inte bara vad som finns i den." Så när du väl börjar förändra det, plockar du bara ut ... det är som att dissekera en groda, du plockar bara ut—oj, det var ingen bra bild *(ser plötsligt mot Ophelia)*. Du plockar ut russinet från kakan, det låter bättre, säger Ophelia.

D. Hon gillar inte tanken på att skära i en groda.

B. Nää, det gör inte jag heller, egentligen. Så, du sitter där med din kaka och tar ut en ton, och sen tar du ett nytt russin och lägger det i din kaka, och hela kakan kommer att få en helt ANNAN melodi. Det är som att du kan radera och lägga till. Om du har tre verser i en låt och du lägger in en fjärde, så förändras allt. Alla förhållanden och förutsättningar inom den verkligheten kommer att börja wobbla lite skulle jag anta, men det är faktiskt grundpelaren för all evolution. Så när nåt börjar utvecklas, då är det faktiskt efter att justeringar och förändringar skett i gravitationens melodi.

D. Alltså, då har jag en fråga: Är gravitationens melodi inprogrammerad i Solen och stjärnorna?

B. Aah, i stjärnan! Det är därför det är så mycket sång hos Ophelia, för det är från stjärnan. Stjärnan är som.... du vet när du har en orkester, och du har den här killen längst fram?

D. Dirigenten.

B. Dirigenten! Precis. Solen är dirigenten och den är som en jukebox, så när du ändrar melodin i systemet, ändrar du mittpunkten. När du ändrar melodin inom en människa, ändrar du också mittpunkten. Alla förändringar du gör i en melodi, förändrar mittpunkten! Huhuh. Så om du vill förändra ett helt kosmiskt akvarium måste du *(gör ett sniffande ljud)* nosa rätt på mittpunkten, och sen ta bort en vers eller ändra den. Det är så du ändrar hela systemet. Så mittpunkten, i det här fallet Solen, är helt klart dirigenten!

D. Det var en bra förklaring!

B. Eller hur!

D. Det är ett gravitationsfält som kommer in från utifrån, eller hur? Skaparen sätter ett fält på plats?

B. Oh, det vet jag inget om. Men nu undrar jag, nu vill jag veta om det är så?

D. Du har sagt att det finns två olika typer av gravitationsfält, och det kan finnas fler än så. Men det ena är ett inre, inuti planeten eller Solen, och så finns det ett annat som är ett yttre, och det är det som kan vara varierande?

B. Jaa. MEN det finns inga begränsningar för vilka förändringar som kan ske. Men det är fortfarande långt över min kompetens, jag har inte sjungit den låten så länge, så jag kan den inte riktigt än. Jag håller fortfarande på och lär mig.

D. Kommer du att ändra Solens melodi i ditt solsystem?

B. Inte nu, MEN så småningom, när jag vill ändra på utvecklingen – för det är där cyklerna kommer in, och då börjar alla förändringar på Solen. Du ändrar först melodin i din sol, och sen ändrar du också mittpunkten inom den levande planeten. Och, som den här planeten *(Jorden)*, den har också en melodi och den melodin kan du höra och känna, främst känna, inte höra med dina öron, utan i ditt inre.

D. Vad heter din lärare, den du arbetar med i gravitationsområdet.

B. Han heter T.. R.. I.. S.. T.. A.. N. Han visar mig bokstäverna.

D. Jag får en känsla av att han kommer att finnas kvar ett tag. Tycker du mycket om honom?

B. Ja, det gör jag.

D. Är han en vän till Isak?

B. Aah, han är vän med Isak, och med dig. Jag gillar honom verkligen. Det är bara jag här tillsammans med er två, så jag är den enda eleven, och det är så jag helst vill ha det.

D. Det vet jag att du vill, speciellt med goda vänner.

B. Och till och med Jeshua kom förbi och sa, "Oh, vad gör du här borta, Bob?" och jag sa, "Jag lär mig om gravitationsfält och deras melodier," och han sa, "Ja, allt har en melodi, Bob." Aah, så jag lär mig om det. Ia vet mer om det här än jag, eftersom hon registrerar och identifierar melodier hela tiden, och vibrationsfrekvenserna som följer med tonerna. Hon vet allt om toner och deras alla möjliga olika färger. Och sen när du lägger ihop dom alla, typ som i en gryta, då ser du vilken slags melodi du har skapat, och du har en karta.

D. Jag antog att hon skulle göra det, eftersom hon arbetar med energiägget och DNA och sånt.

B. Aah. Jag gick också i den klassen, men inte lika länge som hon.

D. Du arbetar mer med universum och solsystem och större former. Kan hon något om det?

B. Nä. Vi pratar om det och jag berättar för henne.

D. Så hon vet mer om färgmönstren inom levande varelser, och du arbetar mer med planeter?

B. Precis. Och Solen, och vilka förutsättningar som måste finnas för att det ens ska vara möjligt att skapa nånting. Så jag kommer att rapportera om det. Jag kan ana en fantastisk karriär här!

D. Kommer du att dela det med de andra i Rådet?

B. Aah, jag kan känna att det här kommer att vara mitt expertområde. Jag kanske blir som molnet, du vet, skapar manualer. Oh, Ophelia skrattar åt det där, åt mitt behov av att få glänsa! *(tittar mot henne och skrattar)* Hehehe.

D. Det är fint att bli erkänd.

B. Nåt att sträva efter! Oh, okej, vi ska avrunda det här nu, säger Ophelia, det har skickats ut mycket information idag.

D. Stort tack till dig och Ophelia.

Bob får en Väska med Grundämnen (19 maj 2018)

B. *(Han kom in och började göra grimaser.)*

D. Släppte de in dig igen?

B. Verkar så. Jag, jag vet inte varför jag inte kunde få komma först, om nu Jättarna ändå inte var här. Varför måste jag alltid vänta? *(Tittar åt vänster)* Ophelia säger att jag får mycket utrymme ändå, så jag borde inte klaga. Och det gör jag inte heller, jag klagar inte. Alltså ... ja, joo, det gör jag faktiskt, lite grann...det gör jag nog.

D. Du vet, du får faktiskt prata mer än någon annan, så det är sant, du pratar varje gång, och alla andra måste hålla till godo med det som blir över.

B. Jag har saker att säga!

D. Och de uppskattar vi.

B. Kanske dom också har saker att säga? Men jag är väldigt angelägen om att få göra min stämma hörd och bli uppmärksammad.

D. Vi älskar att höra vad du har att säga, så det är vi glada över.

B. Jag—jag har tränat, jag har studerat. Jag har jobbat mer med elementen, grundämnena, tillsammans med Isak. Jag har fått en väska med ämnen, som jag har identifierat, så nu har jag en väska istället för en låda. Huhuhuh

D. Tar du den med dig?

B. Jaa. Jag tar den med mig – den är min!

D. Lägger du den under ditt skrivbord?

B. Haha, jag tar inte med den till den Andra, den är inte på mitt kontor, nä, nä. Mina lektioner med gravitationsfolket är inte hos dig, på ditt arbetsrum, så jag har ingen byrålåda, jag har en väska, typ. Och jag sa, "Kommer jag att få en större, en större väska nån gång?" För den är bara som en stor matlåda.

D. Så vart tar du den?

B. Jag tar den till mina lektioner. Isak har fyllt den med saker som jag behöver, sa han, när jag ska till gravitationsgruppen. Så han gav mig den här, och den ser ut som en stor matlåda.

D. Innehåller den materia som du ska studera?

B. Nää. Det är som små rör därinne, såna som du har i ett labb.

D. Vad ska du göra med det här?

B. Det vet jag inte. Jag har fått den här väskan, eftersom Isak sa att jag kommer att behöva den för att kunna skapa färgkartor för gravitationsfältet. Nu ska jag inte skapa färgkartor för individer, eller varelser eller växter. Det här gravitationsfältet kanske inte manifesterar sig på ett sätt som jag kan se; det kan färdas som en vind ... Det han visade mig såg ut som en stor våg. Gravitationsfältet rör sig som en stor våg, som ett hav, och det är som att du först ser det, och sen är det borta. Alla dessa olika element och substanser är beständiga och åstadkommer inte bara rörelsen, sa han, utan själva rörelsen, rytmen i detta hav som jag ser, den spelar också in i den här verkligheten. *(Andra verkligheter påverkar Jorden, genom vågen.)* Oh, nu förstår jag vad dom vill säga. Gravitationsfältet runt det här planet har gått snabbare än tänkt, så det wobblar lite. Oh, jag ska vara tyst nu, jag ska se ... *(Jag började ställa en fråga, men han avbröt mig direkt, eftersom han tydligen studerade något för sin inre syn.)*

D. Vad ...

B. SSSHHH! *(Efter en stunds tystnad fortsatte han.)* Oh, du skrattar nu, du visste att det här skulle komma! Jag sitter här och tittar på en slags skärm, han visade mig olika världar, men vi ska bara fokusera på gravitationsfältet och om havet rör sig snabbt eller långsamt. Det påverkar hela regionen och varelserna inom den regionen, och atmosfären kring himlakropparna också, säger han. Han har visat mig hur havet först var runt Vintergatan och solsystemet här, hur det ursprungligen var lugnt, med större och längre vågor. Nu säger han, är vågorna snabbare och havet har blåst upp som en, inte direkt storm, än så länge inte alls som en storm, säger han. MEN, det är inte ett lika lugnt hav längre, och det är på grund av det som sker inom systemet, som på Jorden, till exempel. Det är vad det betyder, att allt hänger ihop. För allt som skapas och vad som än görs på olika platser, som världar och planeter, det påverkar det här havet, det här gravitationsfältet som han visar mig. På grund av det är systemet som helhet inte i harmoni och ur balans, som till exempel Vintergatan. Om Vintergatan, låt oss säga, var tänkt som ett stilla, vänligt hav. Om då vågorna börjar bli mer som 3 meter höga, och en storm är ungefär 30–50 meter, säger han... men även om det börjar bli vågor som bara är 3 till 5 meter, så skapar det problem. Och andra världar kan höra det i melodin, eftersom melodin, systemet, är ostämt, säger han.

D. Så aktiviteterna på Jorden orsakar diverse rubbningar?

B. Precis! Det är så allting hänger ihop, det är det man menar när man pratar om nätet, sa han. Men nätet är det här gravitationshavet som är designat för att fungera på ett specifikt sätt, i en specifik melodi. Andevärlden ser det som en melodi, och hör det som en melodi, men han visar mig det så här, så att jag kan förstå och upptäcka rubbningar när jag ser mig omkring. Du sa att vi kommer att titta på andra ställen *(i de kosmiska akvarierna),* så att jag kan identifiera vilken typ av verksamhet som försiggår där. Och sen förväntas jag fixa problemet med ämnena i min väska! Och dom är, när jag tittar ner i väskan, dom är som vätska, så där finns ingenting som är som en sten eller nåt. Allt är nersmält till flytande form, sa Isak, för det är faktiskt då som dom är som starkast. Du kanske tror att det är starkast när det är som en sten, men det är det inte! För då har det inte förmågan att flyta ut och smälta samman med omgivningen på samma sätt, om du bara lägger dit en sten. Så alla grundämnen som har möjlighet att bli flytande är starkare. Det är därför, sa han, som tidigare, när guld användes i flytande form på Jorden, så var det faktiskt den ädlaste formen av bränsle. Här alltså, men kanske inte i andra världar.

Vi bryter in här ett ögonblick för att klargöra vad Bob säger om guld. I början av 2017 gav Jeshua oss lite information om den andra civilisationens tekniska landvinningar (~60 000 till 20 000 f.Kr). En av deras primära bränslekällor producerades genom att kombinera flytande guld med vissa andra ämnen *(som vi inte kommer att nämna)* för att producera ett tredje ämne. Detta tredje ämne, som inte finns i vårt periodiska system, kan förångas och användas som bränsle. Som ofta är fallet med människor, användes denna teknik för icke-andliga ändamål och explosiva olyckor inträffade. Guld kunde man på den tiden finna i flytande form vid normala temperaturer *(på samma sätt som flytande kvicksilver),* men på grund av att det missbrukades ändrade andliga Råd hur guld manifesterar sig i denna verklighet för att förhindra en återupprepning av den typen av explosiv kraft. Vi har medvetet utelämnat det från *Första och Andra Vågen.* Men med tanke på att guldets elementära struktur är låst, verkar det inte så riskabelt att sätta det på print. En annan intressant poäng är att Bob helt apropå hänvisar till något som sades mer än ett år tidigare, vilket visar på hur medvetna och anmärkningsvärt exakta andarna är med vad de uttrycker.

D. Till och med mer än som ånga, en gas?

B. Alltså, gas är till viss del en rest av vätska, så den är egentligen inte lika intensiv och stark, som i flytande form, sa han. MEN, du kan fortfarande använda den fasta formen av ämnena på jord som inte mår så bra. Du kan använda vissa kristaller, och till och med guld och silver; silver ska man vara lite försiktig med, för det är inte alltid lämpligt att lägga i jorden. Men guld och andra mineraler, som vissa kristaller, blir mer som en liten boost. Fast en flytande form är ännu bättre. Om vi tar guldet igen och om vi skulle lägga i det i flytande form, samma som det som jag har i ett litet provrör här i min väska, om du vill ha en verkligt stor effekt, så har det förmågan att läka och förvandla mer än om jag lägger i ett guldmynt.

D. Det får mig att tänka på när du sa till *(nämner en vän i Sverige)* att lägga kristaller i jorden till sin lille vän.

B. Truls *(namnet på den lilla trädgårdsmästaren från andra dimensionen, som följer vännen i Sverige)*. Men hon har ingen smält version.

D. Finns det någon specifik typ av stenar eller kristaller som är bäst för jorden?

B. Det varierar. Det beror på exakt vad du vill göra med jorden, eller vad du vill läka. Sjunger den inte? Är det brist på syre eller annan näring? Det är inte som en McDonalds *(snabbmat)* typ av fix, där du bara lägger ner en sak och alla problem är lösta! Huh huh. Oh, det var Ophelia som sa det och Isak skrattade också! Det finns inget som heter en storlek för alla!

D. Jag insåg det efter att jag hade ställt frågan.

B. Aah! Det är därför jag har min väska, och han sa att jag inte bara kan pytsa ner nånting hur som helst, hela röret på en gång, jag kanske bara ska ta en droppe av dom olika ämnena från min väska. Oh, jag vet inte hur det här kommer gå, men jag är väldigt försiktig, för jag vill inte spilla. Jag vill absolut inte spilla! Jag vet inte om det finns ett oändligt förråd av det, och ifall jag spiller är jag inte säker på om jag kan få mer. Jag vet inte var han fick dom här ifrån, men han gav mig dom och sa, "Du är en stor grabb nu. Nu ska du lära dig hur man justerar element och materia inom gravitationsfälten, och du ska lära dig hur stor dos du behöver, för att havet *(gravitationsfältet)* ska bli som det är tänkt att vara."

D. Det låter väldigt imponerande! Så, arbetar du fortfarande tillsammans med Tristan *(med studier av element, på den Åttonde)*, och tar du med din väska till hans klassrum?

B. Precis. Jag har min väska och den ska jag ha när jag går och besöker honom.

D. Så han har gett dig några melodier, och nu ska du arbeta med hur man identifierar problem och fixar dem?

B. Aah. Jag har tittat på dom här melodierna och sen sa han, "Vilken tycker du verkar ostämd?" Och jag sa till mig själv: "Det här är ett stort ansvar!" Du vill inte göra nåt misstag! Så jag analyserar och dissekerar, och vi gör det tillsammans. Det är inte så att det egentligen ligger i mina händer, utan vi tittar på det här tillsammans och jag identifierar melodin.

Ensam med Väskan (19 maj 2018)

D. Så du hade en idé om hur man fixar människan med dina element och grundämnen? *(Han funderade på hur han skulle kunna fixa människan med sina ämnen, utan att kalla det en omstart.)*

B. Jag frågade Isak, eftersom jag trodde att det kanske var det som var problemet. Kanske finns det för mycket eller för lite av nåt, och jag tänkte att han kanske skulle kunna fixa det. Men han är lite som Ophelia, han skrattar bara och skakar lite på huvudet och frågar, "Så vad gillar du din väska?" Och jag sa, "Oh, min väska, jag är jätterädd att jag ska tappa den och alla ämnena." Men det sa han bara för att avleda min uppmärksamhet. Så vi pratade om det och då frågade han om jag behövde fler element och ämnen i väskan.

D. Hur går det med dina studier med Gravitationsfolket på Åttonde?

B. Jag är lämnad ensam!

D. Nämen oh. Mer egenstudier. Varför blev du lämnad ensam?

B. För att jag ska vara tyst. Det är meningen att jag ska lyssna på melodierna, och om jag pratar för mycket och om det kommer in för mycket i min skorsten och i mitt väsen, så hör jag inte. "Jag ska lämna dig en stund", sa Isak och då tänkte jag, "Okej, men du kanske stannar kvar", men du gick också; så nu sitter jag här med min väska och lyssnar på alla dessa olika system.

D. Så du lyssnar på de fem melodierna? *(För sitt första projekt fick han en låda med fem energikroppar; en mittpunkt, som skulle vara som en sol, och fyra små planeter, som var och en hade en annan melodi.)*

B. Dom fem, ja det stämmer. Men det är inte som att bara lyssna en gång på en melodi och sen är du klar. Jag ska försöka identifiera vissa höga och lite skrikiga toner. En sån ton anses faktiskt vara väldigt obalanserad, sa han, den har en stor andel obalans, den går lite för fort. Och han sa, "Försök först och främst att identifiera om det finns en lite skrikig ton som du inte tycker hör hemma i melodin." Så jag försöker upptäcka det.

D. Det är förmodligen mycket subtila toner du måste upptäcka.

B. Jag lyssnar riktigt, riktigt noga för att hitta, för att se om det finns en skrikig ton nånstans. Det finns en som är lite som en motsats, ett långsamt rörligt, väldigt baslikt ljud. MEN, han sa faktiskt, "Universum är inte konstant, saker kan ändra sig, så du kan inte bara identifiera en plats och säga, "Här är en bra, och där borta finns en skrikig", eftersom allt är i rörelse." Och det var då jag blev lite orolig, för vad händer med mitt system om allt kan ändras? Och vad händer om min galax plötsligt driver iväg nån annanstans? Men du sa att det inte var nåt jag behövde oroa mig för, det kommer inte att hända, sa du. Det är så evolution uppstår, eftersom saker och ting flyter iväg, påverkar och blir en del av andra saker och andra melodier.

D. Det som är bra är att nu vet du hur man gör ett system, så du alltid kan börja om på nytt.

B. Aah, men jag har alla mina växter, och jag har min individ. Det skulle vara bättre om jag kunde ta min levande planet och placera den nån annanstans. Om allt är i rörelse, så borde det helt klart kunna gå. Om mitt, av nån anledning, skulle flyta iväg till en annan melodi som jag inte känner igen, vill jag lägga min levande planet nån annanstans. Ohh *(hans största bekymmer har alltid varit inblandning utifrån).*

D. Jag slår vad om att vi inte behöver oroa oss för det. Jag tror att vi såg till att det var på en säker plats.

B. Grejen är den, att när han sa det där om att allt var i rörelse, att allt förändras... då undrar jag. Men han kommer nu att flytta runt systemen *(hans olika försöksprojekt)* och jag ska försöka identifiera dom efter deras melodi. Han sa faktiskt att en av dom är den här världen *(vår),* men han säger inte vilken, men den är en av dom, och jag måste identifiera den.

D. Det skriker förmodligen som en stucken gris.

B. Så uppenbart är det inte, för du måste lyssna väldigt noga på en melodi. Det kan vara en helt okej melodi, men nånstans finns en ton som går upp en oktav, och det betyder där är den ostämd, inom den regionen. Så det är inte som "Oh, det är ostämt", flopp, flopp, flopp *(vilket betyder en enkel fix)*, "fixat och klart!" Utan, VAD är det som är ostämt? Vad är det som behöver fixas? Är det atmosfären eller är det nåt annat? Så jag sitter här i tystnad och jag försöker ta reda på det.

D. Fick du några instruktioner om vad du skulle lyssna efter?

B. Jag har faktiskt en liten manual. Men jag hade föredragit om du hjälpte till, för jag är ganska säker på att du har gått den här kursen. Men du stack också, du sa att du var 'precis runt hörnet'. Men jag är typ ny här, så jag vet inte vart jag ska ta vägen.

D. Det här är som egenstudier igen.

B. Aah, och jag lämnar inte det här rummet, för jag är lite osäker, och jag vill inte gå vilse. Så jag stannar här, det är lite samma som du säger till barn - om du går vilse i skogen, ska du stå stilla, du ska krama ett träd och stanna kvar. Och det är vad jag gör.

D. Du kramar din lilla väska.

B. Jag kramar min väska och stannar kvar. Jag är säker på att ni så småningom kommer tillbaka, för ni vill nog alla veta vad jag hittade eller inte hittade, så jag är positiv.

D. Du är åtminstone inte i mörker, eller hur?

B. Nej, det är ljust, det finns inget mörker här. Det är färgglatt, faktiskt, det är väldigt trevligt här.

D. Finare än vårt labb?

B. Det här är ett runt rum, cirkelformat. Det finns som ett hål i taket där det kommer in ljus, och det är nästan som att sitta i en boll. Det är riktigt högt upp *(han tittade uppåt, som om han betraktade hålet)*, kanske det ska ha nån funktion lite senare? Men det är ett väldigt trevligt ställe och jag är ganska säker på att nån snart kommer förbi. Hoppas bara det är nån jag känner *(poppar med läpparna)*.

D. Ja, du vet, det här är precis som egenstudierna när jag lämnade dig.

B. Egenstudier. Och då tänkte jag, "Du kanske är precis utanför dörren?"

D. Gick du och tittade?

B. Det gjorde jag faktiskt, men du var inte där. Jag tänkte, "Jag går inte på det där igen! Han står nog precis utanför dörren." Jag var helt övertygad och belåten, för jag tänkte, "Han försöker lura mig, men jag är ingen dumbom!" Så jag kikade ut, men där var bara tomt, och då tänkte jag, "Oh, det kanske var brådska nånstans." Så jag sitter här och försöker identifiera vibrationsförändringarna i den här melodin. Först och främst för att identifiera VAR obalansen är, och sen ska vi också försöka identifiera VAD det är, så att jag ska kunna öppna min väska och vara till hjälp.

D. Så när du designade ditt system arbetade du med färger, men upplevde du dem också som ljud?

B. Alltså, det var Isak som gjorde allt det här i mitt solsystem. Han la det i tanken där det flöt, han bara gjorde det åt mig. Jag visste inte vad som hände, utan han kom bara in och sa, "Tummen upp, Bob, systemet flyter", och jag sa, "Oh, okej." Sen sa han, "Jag har lagt till en melodi i ditt system när det flöt. Det kommer sen att läggas i gravitationstanken där en annan melodi kommer att läggas till." Men jag fick inte höra den eller välja melodi.

D. Du ville ju bli som Isak och komma in på slutet för att fixa saker, så nu får du träning för att göra det.

B. Aah. Så, allt det här kanske är så att jag senare kan gå och lyssna på hjärnan som dom har skapat för den nya människan? Och jag kommer direkt att kunna upptäcka om det finns en obalans, eller nåt som inte stämmer, eller nåt som jag skulle kunna förändra med min väska. Kanske kommer det att vara slutresultatet av allt det här.

D. Det verkar logiskt, eftersom ditt huvudsakliga arbete är på den Andra.

B. Precis. Ophelia sa det, att jag kommer in senare när alla tester är gjorda.

D. Du gör den slutliga utvärderingen.

B. Så jag gör på samma sätt som Isak och ser om den där nya hjärnan flyter. Och sen kommer jag att ge den en melodi och jag kommer att ge dom vakuumfältet som omger hjärnan, och det kommer att vara samma som gravitationsfältet. Det är vad jag tror kommer att ske här. *(Bob talar om att utvärdera den nya människomodellen som planeras för Jorden.)*

D. Wow, det är ett verkligt viktigt arbete!

B. Det är det absolut! Jag tror att jag kommer att få en medalj till för det här.

D. Det är jag säker på. Om du var tvungen att säga vem som var din primära mentor, är det Ophelia, är det hon som vägleder dig nu? Jag vet att Gergen fortfarande är inblandad.

B. Aah, Gergen och Ophelia, dom har möten, jag vet att dom har det, och dom pratar både om det här projektet (*våra samtal*) och annat. Men jag är ganska säker på att dom pratar om mina framsteg också, vad dom ska göra med mig och vart dom ska skicka mig. Ophelia är faktiskt den som jag pratar mest med, om det inte har nåt att göra med därhemma *(den Andra)*. Så i det avseendet, ja absolut, hon skulle anses vara min främsta vägledare. För hon vet saker om alla ställen, så när jag frågar om jag kan gå till platser då talar hon om ifall jag kan det. Och ibland har det faktiskt varit så att när jag ber om att få gå till olika kosmiska akvarier, så säger hon att jag inte skulle trivas där. Och jag sa, "Varför då?" Hon sa att melodin i det akvariet inte är i resonans med mitt väsen, så det skulle kännas fysiskt obehagligt för mig, och det finns ingen anledning att gå till dom platserna. Men jag bad om att kanske få följa med henne, när hon går till ett Råd eller så. Jag skulle vara alldeles tyst, sa jag, bara vara som en fluga på väggen.

D. Vad sa hon då?

B. Hon sa, "Det är inte så att du alltid skulle få ut nåt av det, även om du satt där som en fluga på väggen. För om du inte förstår melodin, så skulle du bara se oss sitta där." Men jag är inte säker på att det stämmer, om det är sant, eller om det bara är ett sätt att liksom sätta punkt för konversationen. Men hon tar mig faktiskt med ibland, och jag besöker många av hennes elever, eller dom yngre som hon utbildar, som Julia - henne gillar jag. Hon är alltid glad, hon är väldigt lik Ia, alltid glad och delar med sig. Hon sjunger ibland, och det tycker jag om och det får mig att känna mig väl till mods. När Julia läser på om saker brukar hon sjunga det. Så jag sitter där och jag kan lite, bara baserat på hennes tonfall och hennes röst och hur hon kommunicerar, kan jag förstå en del av informationen i den kakan, av det som hon läser. Så, Ophelia sa att när Julia lär sig nåt så sjunger hon det faktiskt, för det är så kunskap faller på plats i hennes väsen. Så jag tänkte, varför sjunger inte jag? Jag kanske skulle lära mig ännu mer då?

D. Kanske du skulle sjunga andra slags sånger.

B. Min sång är lite annorlunda. Jag gillar lite mer som trumma, du vet, som OHHHH *(sen sjöng han riktigt högt ett tag och imiterade trummor)* medan hon sjunger lite mer som en vaggvisa. Jag gillar henne!

Att leka det Mästerliga Medvetandet (28 maj 2018)

Bob kom in efter att Elahim-Rådet hade talat, och som ofta är fallet blockerades han från att se eller höra vad de talade om. Allt han såg var en röd dimma, så jag berättade för honom vem som hade talat.

D. Det var våra vänner från Elahim-Rådet.

B. Är det dit vi är på väg härnäst?

D. Vi kanske åker dit någon gång.

B. Är det nära där mitt system är? För om det är det, då kanske vi bara kan svänga förbi. Om dom är nära, så kanske vad dom än gör för här *(Jorden),* kanske dom kan göra samma för mitt system också? Om dom är nära, närmare än jag, menar jag. *(Elahims reser till vårt kosmiska akvarium och manifesterar sig i form av Anunnaki, dock ej till Jorden längre. De upprätthåller en närvaro i detta Universum, såväl som i andra kosmiska akvarier. Som nämnts i Andra Vågen, fungerar Elahims som portvakter för Jorden, vilket förhindrar vissa besökare från att blanda sig i. Råden på den Femte är för närvarande ansvariga för denna verklighet, eftersom de flesta själar på Jorden kommer från den femte dimensionen.)*

D. De skyddar främst Jorden. Ditt solsystem behöver inget skydd, det är på en trevlig plats.

B. Aah. Det bad jag om. Säger du att mitt system inte behöver nåt skydd?

D. Inte på samma sätt som Jorden. *(I sitt svar, som följer, nämner han "potatis". Han syftar på folket som bor i ytterkanten av vårt kosmiska akvarium, i den tätaste delen av Skapelsens Hjul. Inom hjulet ökar den andliga vibrationen ju närmaren den centrala pelaren den världen rör sig, och det har inget samband med platser i universum. Till exempel har Andromeda-galaxen en högre vibration än vår galax. Vi vet att Jorden är en mycket tät värld, men det finns några ställen som är mer ogästvänliga. Bob fick se en planet som hade en extremt hög gravitation, och den var bebodd av "människor" som hade kroppar men nästan ingen hals och mycket korta ben, så han kallade dem "potatisfolket". Han sa att de hade väldigt lite själsenergi inombords. Det är vad han menar med "om potatisen kommer".)*

B. Men jag kanske kan ha en av dom *(en Anunnaki)* då, och inte en hel grupp, för det skulle kännas bra att ha ett slags antivirusprogram. Jag sa faktiskt till Ophelia, att jag tyckte att vi skulle installera som en brandvägg i systemet, så att vissa saker inte kan komma igenom. Och vad jag menade med det var främst, för hon trodde att jag menade som vissa varelser, men jag sa, "Nej, jag syftar bara på deras medvetande och deras sätt att tänka och bete sig. Så jag har inga problem om, låt säga, potatisen kommer till min planet, eller till och med dom med trattöronen. Inga problem, så länge dom är okej i skallen." Ophelia, hon skrattade och sa, "Det är som att leka det Mästerliga Medvetandet, Bob." Och jag sa "Inte riktigt" men hon sa, "Joo, joo, det är precis vad du försöker göra. Du vill bara bjuda in dom som är snälla och vänliga och har ett högre medvetande, men det är inte så utveckling och evolution går framåt, om alla bara är lyckliga och glada." Men jag sa, "I andevärlden är alla lyckliga, och vi utvecklas," och hon sa, "Ja, men du har inte samma utmaningar. Utmaningarna för själar som inkarnerar i olika världar kommer när dom lämnar sitt andliga hem." Och jag sa, ”Jag förstår det, men om vi bara kunde släppa in dom med det högsta medvetandet i sin ryggsäck eller sin mentala värld.” För vi ökar ljuset inombords och det är medkänsla och kärlek och empati. Men människan har en så stark koppling till sin mentala sfär, som är idéer, övertygelser, sociala aktiviteter, behov och önskemål, och så vidare – vilka ibland är HELT i konflikt med kärlek, medkänsla och empati. Så jag sa, "Om vi bara sätter in ett virusskydd när det kommer till det som finns inom den mentala sfären, för jag känner som att hjärtat och ljuset, du vet, själen, dom är rena. Det blir bara färgat på grund av alla olika signaler, som är kopplade till hjärnan." Så jag sa, "Vad hände med att uppgradera hjärnan?" Och hon sa, "Det tänker jag inte berätta för dig, för det jobbar du inte med."

D. Gör du inte det?

B. Det gör jag inte.

D. Det trodde jag att du gjorde.

B. Nää. Jag lärde mig grunderna om den mänskliga hjärnan och fordonet, MEN, jag har sadlat om till andra projekt, så för tillfället arbetar jag INTE med uppgraderingen av hjärnan. Men om jag skulle släppa alla andra projekt, och det vill jag inte, då är jag säker på att jag skulle vara välkommen tillbaka. Det här är nåt som görs av en specialistgrupp, men hon sa att jag sa upp mig från den gruppen för att jag ville resa. Och det gjorde jag. Men jag kanske ändå kunde få tjuvtitta på hur långt dom har kommit? Men hon sa, "Om alla skulle gå och tjuvkika överallt, skulle dom inte bli specialister, eller hur?"

D. Du tycker om att vara specialist på att resa, eller hur?

B. Ja, precis. Och jag sa att jag inte riktigt gillar om nån som inte är utbildad i mitt yrke, skulle komma och nosa runt, nån som egentligen inte hör hemma här. För närvarande, för jag är också med i Rådet, och jag tar lektioner om gravitationsfältet, men hon sa faktiskt att mycket av det jag lär mig, när det gäller gravitationsfältet, faktiskt skulle vara tillämpligt under uppgraderingen av hjärnan. Hon sa, "Du kommer att gilla det här, eftersom du kommer in i slutet av det här projektet." Så dom kanske gör som en verkstad, kollar alla ledningar, kontakter och sånt, och sen kommer jag in för att göra nåt med gravitationsfältet, som skulle vara lite som ett vakuum, en sköld runt hjärnan. Så min expertis, sa hon, kommer in vid ett senare tillfälle. Men jag följer inte människans hjärnprojekt. Det är därför jag kände att vi kanske bara kunde fixa till det, du vet, det kanske bara behövs en frånkoppling eller en omkoppling.

D. Haha, dålig säkring.

B. Dålig säkring.

D. Jobbar Gergen på det?

B. Det gör han, ja absolut. För DNA och ljus är inblandade.

D. Hjälper Ia någon?

B. Jag tror att Ia är där också.

D. Och sen tar du med din egen specialkunskap till projektet.

B. Aah. Så, hur som helst, jag frågade Ophelia om det skulle finnas olika filter i människan, eftersom hon kanske känner dom som sätter in alla dessa filter, som en brandvägg. Jag vet inte vilka dom är, men jag frågade, och hon säger att det är lite som att trixa med evolutionen. Om du sätter in dessa filter eller brandväggar för vissa saker, som handlingar och beteenden, så är det som en omstart. Hon sa att det visste jag, att jag bara omformulerade det, för att lägga fram min sak på nytt. Hon sa att jag är så filurig, för jag byter bara ord. Men det är bara för att jag kan se att det inte riktigt går som man hoppats här, och att vi kanske kunde hjälpa till.

Melodin i Lådorna (3 juni 2018)

När Bob fortsätter att arbeta med Isak utmanas han hela tiden med allt svårare uppdrag. Efter att han tyst hade suttit och lärt sig att läsa av melodierna från modellerna av solfamiljer i den första lådan fick han fler lådor att utvärdera. Syftet var att visa skillnaderna mellan de olika verkligheterna. I den här lektionen introduceras cykler för honom. Alla skapelser rör sig genom cykler, även galaxer och kosmiska akvarier. Han kände att han hade blivit lurad eftersom han först fick en låda med ett solsystem som var i viloläge.

B. *(Kommer in och gör en grimas)* Du berättade inte allt för mig!

D. Vad var det som jag inte sa?

B. Det var nåt fuffens med mitt projekt.

D. Projektet med din väska?

B. Precis! Och hur jag skulle lyssna.

D. Var det när vi lämnade dig ensam?

B. Precis! Ni lurade mig, för när jag hade identifierat problemet och jag var klar med det första uppdraget, så skickade jag ut som en signal till dig, att du skulle komma. Jag trodde att jag var klar, och att vi skulle fortsätta ihop. Men istället för att tala om, ifall mina svar var rätt eller fel, gav du mig en ny grupp att lyssna på, som jag skulle jämföra med den första gruppen. För du sa den första gruppen hörde hemma i *ett* kosmiskt akvarium och dom hade individuella mönster, MEN, sen fick jag fem nya, som kom från ett annat kosmiskt akvarium. Och du sa, "Nu vill jag att du ska fundera över skillnaden mellan dom här båda kosmiska akvarierna, inte dom enskilda skillnaderna." Jaha, och sen gick du igen - och jag tänkte, "Ska vi inte prata om mitt första uppdrag? Och du sa, "Nej, vi kommer att göra allt samtidigt, för det hänger ihop." Och när du var lite på väg ut, frågade jag, "Det här andra, är det där mitt system är?" och du log, typ, så jag tror att det kan vara det, men du sa inget. Du sa bara, "Det är ett nytt akvarium, Bob. Fokusera på skillnaden mellan akvarierna, om det är en annan melodi. Se om du kan upptäcka om det finns en fysisk manifestation i det eller inte, i dom här fem nya." Och då undrade jag, " Fanns det det i dom första?" och du sa, "Det är det du ska ta reda på," och jag sa, "Det är faktiskt en av mina frågor." Men du sa, "Vi ska prata om det här, men du måste sitta här och identifiera, dissekera och begrunda." Och jag sa, "Hur länge kommer det att ta?" och du sa, "Hur lång tid tog ditt första uppdrag?" och jag sa, "Oh, du vet, det tog en stund," då sa du, "Då kommer det förmodligen att ta en stund igen."

D. Det är bättre att lära sig så här, då förstår du det helt och hållet.

B. Du sa att du inte ville störa min tankeprocess, men jag sa, "Snälla gör det, det är helt okej, det stör mig inte alls." Du sa, "Jo, det kommer det att göra, för då är det inte nåt som du kommer fram till på egen hand." Jag sa, "Men tänk om jag kommer fram till nåt som är fel?" Och du sa, "Då justerar vi det efteråt."

D. Om detta kosmiska akvarium är det mest täta, kan du upptäcka vilken grupp av dom fem som resonerar med en lite mer tät vibration?

B. Det nya är som en vaggvisa. Min känsla är att det här har mindre fast materia. Om jag skulle gissa, är det kanske i det här vaggvise-akvariet som Siah är, men jag försöker identifiera det.

D. Jag trodde att Siah var i vårt kosmiska akvarium, bara på en högre vibration?

B. Nää, men dom kan gå in i och överlappa varandra. *(Siahs planet, Etena, är i det fjärde kosmiska akvariet, som man kan se på hjulet.)*

D. Så de olika kosmiska akvarierna kan gå in i varandra?

B. Överlappa, säger du. Ja ibland. Ingenting är klappat och klart, säger du, man kan inte säga att allting förblir exakt detsamma som från början, eftersom det Mästerliga Medvetandet kan flytta om och göra förändringar. Men mellan, och inom alla kosmiska akvarier finns det olika nivåer som kan betraktas som små egna akvarier, och det finns barriärer emellan. Såsom att Siahs ställe är på en annan frekvens i utkanten av det här akvariet, på barriären i mellan.

D. På samma sätt som ditt solsystem.

B. Precis. Men sen är det också helt andra kosmiska akvarier och i dom finns också nivåer. MEN det är en zon där emellan som liksom överlappar, och DET är ett intressant område att utforska.

D. Det är en helt fantastisk information du kommer med här.

B. Mycket av det, säger Ophelia, är nåt som du ska börja minnas. Så vi låter mig prata om vissa saker som vi gör, du och jag, för att få dig att komma ihåg. Och för att ge dig information om den Andra, förstås, men också för att ge dig en skjuts ner i din solar plexuspunkt så du ska minnas mer, säger Ophelia. Ju mer vi pratar, desto mer fokuserar du på din mittpunkt och ser sammanhangen, säger hon.

D. Det verkar som att det ska bli en berättelse som jag helt ska förstå.

B. Det är det som är poängen, sa hon, med allt det här, oavsett vem som pratar. Allt är designat för att komma koppvis, pö-om-pö.

D. Tillbaka till kopparna. Ibland skedvis.

B. Jaa. Tillbaka till kopparna, ibland som en sked. Den här vill ha en tunna. Det är som Tom, du vet, men du kan inte ta in en tunna, du kan inte kasta iväg en boll, om inte mottagaren är redo för den tunnan eller bollen. Den här verkligheten *(Jorden)* är inte redo för en tunna, den är bara redo för koppar, det är vad Ophelia säger. Det är på samma sätt som jag lär Tom, ingen skillnad.

D. Det fungerar bra, det är en bra plan.

B. Ge det i koppar, sa hon, så vi ger dig information koppvis.

D. Tack för det.

B. Okej, nu ska jag gå.

D. Okej, min vän. Jag uppskattar att du och Ophelia hörde av er idag.

B. Aah, okej, hejdå.

En hälsosam Sömn, eller Död? (21 juni 2018)

Även om du kan vara frestad att avfärda Bobs berättelse som en liten lustig historia om hans studier, beskriver han faktiskt hur solsystem skapas. När en solmodell har byggts, testats och kompletterats med olika melodier som kan kopplas till elementen som ljus och gravitation, placeras den som ett frö på sin avsedda plats i det kosmiska akvariet. Detta markerar "födelsen" av ett nytt system. Efter att det har vuxit en tid, delar sig planeternas energimönster, separeras från Solen och flyttas till sina tilldelade platser. Vid denna tidpunkt går det in i viloläge och vakuumfältets densitet ökas. Solens kärna håller uppe mönstret för systemet och de andra planeterna "växer" från mittpunkten för att färdigbildas till sina avsedda syften. Eftersom Bob arbetar med en låda, beskriver han det så som han ser det, men principen är universell för alla system i alla kosmiska akvarier. När ett system väl är på plats kan det gå igenom olika perioder av återfödelse innan det slutligen upphör att existera.

B. Oh! Jag bara väntar och väntar och väntar!

D. Det är historien om ditt liv, att sitta i labbet och vänta eller vänta här.

B. Jaa, för jag har frågor.

D. Jaha, vad är din fråga?

B. Det handlar om mitt projekt i min andra låda. Min uppgift ... det kollapsade.

D. Varför gjorde det det?

B. För att jag, jag - började på samma sätt som den andra, som nånting som jag skulle undersöka och utforska. Men jag hade en manual och den sa att jag kunde göra justeringar med min väska. Och det gjorde jag. Och det kollapsade!

D. Så du hällde några droppar i lådan och något hände?

B. Det spred sig, det var som att hälla olja i vatten, det delade sig. Så nu har allting delat sig i min låda.

D. Det var väl meningen att det skulle göra det, eller hur?

B. Jag vet inte, jag tror inte det. Jag hoppas att du kommer tillbaka före han den andra, för jag vill inte visa honom det här.

D. Okej, följde du manualen korrekt?

B. Jag tror att jag gjorde det.

D. Du sa att det skulle dela sig.

B. Det gjorde det, det har delat sig. Det andra var redan delat *(förra projektet han arbetade med),* men det här, när jag hällde i en liten, liten droppe av – det var kvicksilver, lite kväve, och så ett tredje, nånting med "b...".

D. Kan du fortfarande höra melodierna från var och en av dem individuellt?

B. Det blev tyst efter att det delades! Det finns ingen melodi, det blev tyst och jag vet inte om jag har dödat det. Men det delades och sen blev det alldeles tyst. MEN, Isak kom förbi och jag försökte gömma min låda, och han sa: "Behöver du fler ämnen till din väska?" Och jag sa, "Ah, ohh," och jag tror att han förstod att nåt var på gång för han sa, "Kan jag få se lådan?" Och jag sa, "Jag tror att den sover," och han sa, "Den ska sova, den ska vara i viloläge. När du skapar galaxer kommer dom in som en enda stor kaka av energi, och när du häller i olika sorters toner, eller ämnen, kommer det att se ut som en vätska *(för dem som observerar från de andliga dimensionerna)*. Men galaxen kommer att ta emot det som en melodi, som en ton, och det kommer att separeras och läggas i viloläge. Konsten är att tillsätta rätt mängd vätskor från ämnena för att skapa den här stora sömnen, innan nåt blir till." Och då sa jag, "Det har varit tyst väldig länge i min låda."

D. Tittade han?

B. Jag, jag gömde den bakom ryggen, och han sa, "Får jag se?" och jag sa, "Oohh" *(han tittade ner, såg olycklig ut och ryckte på axlarna)*, och Isak sa, "Det är inget problem. Du har inte gjort nåt skadligt," och jag sa, "Okej." Isak sa, "Låt mig ta en titt så vi kan fastställa om det är en hälsosam sömn eller om den är död." Och jag sa, "OOHH! Jag hoppas jag inte har dödat den!" Huhuh, så jag tog fram den bakom ryggen, och han tittade på den och han var tyst en lååång stund, kändes det för mig. Sen sa han, "Nej, Bob, lyssna, den sover bara," och jag böjde mig fram och du vet, liksom klämde in ett öra, och jag sa, "Jag hör ingenting!" Då sa han, "Lyssna inte på det viset, du måste lyssna med bröstet, med din mittpunkt. Flytta dig lite närmare lådan. Den är inte död, den sover bara." Ah, så jag satt där och han lärde mig att knyta an till den, och det var helt annorlunda och nåt helt nytt. Så jag satt där och jag lyssnade på det här annorlunda viset. Det var nästan som att gå in i ett— det kan nästan jämföras med att vara i trans, det var så jag lyssnade. Men han sa att låda nummer 2 faktiskt var förberedd, det var därför den lät som en vaggvisa, för den förberedde sig faktiskt för att falla i sömn. Men det visste ju inte jag! Han sa, "Vi lurade dig lite grann där", och jag sa, "Ni lurade mig jättemycket, för jag trodde att jag hade dödat den!" Jag vill inte döda nånting.

D. Isak är en fantastisk lärare.

B. Den andra *(hans första projekt)*, den hade vaknat ur sömnen, så den första jag fick hade gått igenom vaggvisastadiet. Allt var vaket och på benen, så att säga, allt var i rotation och alla cykler igång och allt var i rörelse. Han sa, "Vi lurade dig lite. Så först fick du en som var i slutet av sin utveckling, men sen tog vi in den som egentligen skulle ha kommit först, om det hade varit i kronologisk ordning. Den var redan på väg att falla i sömn, det var därför den lät som en vaggvisa."

D. Vad sa han om ämnena som du hade lagt in, var det okej?

B. Det var helt klart okej.

D. Vad bra, du läste på om det och kom på det själv.

B. Det gjorde jag, jag gjorde allting själv! Men i min låda, när jag droppade i ämnena, blev en kvar i mitten, men dom andra fyra sköt iväg ut i varsitt hörn i min låda. Sen blev det alldeles tyst. Och jag kände, "OOOHHHH," och först väntade jag ett tag, och sen tänkte jag att, om jag kanske skakar den lite, men det fanns inga tecken på liv. Jag trodde att jag hade dödat den, men tydligen la jag den i viloläge. Och han sa, "Du kan inte skaka lådan, för den kommer inte att vakna på det viset. Den kommer att vakna precis när den ska." Som en björn, du vet, som gått i ide; den vaknar när den ska.

D. Det verkar finnas en allmän ordning i hela Universum som följer ett liknande mönster, samma design.

B. Aah. Allt börjar på samma sätt. Han sa att det är lite som en ”Big Bang.” För att göra det lite lättare för dig - det börjar som en kärna av en centraliserad energi eller en pöl av energi, och sen blandar sig interaktioner av olika andra element eller toner med det och sen så separeras det. Men det är samma sak med allt, först skapas en mittpunkt och sen slängs dom andra ut. *(När ett energifrö till ett solsystem har placerats i en galax lägger andar från den Åttonde till olika element för att aktivera det. Sedan rör sig mönstren för planeterna ut till sina respektive positioner bort från Solen, systemets kärna, och allt gå in i ett tillstånd av dvala.)*

D. Jag är glad att Isak kom på besök, eftersom ingen annan kom tillbaka.

B. Jaa. Jag är glad att han kom. Jag var orolig att han den andra skulle komma och vara liksom "OOHHH!" som att jag hade förstört nånting. Och eftersom jag inte riktigt kan prata med honom, kanske han inte skulle förstå vad jag hade gjort. Så jag är glad att Isak kom.

D. Ja, du fick inte en massa instruktioner, eller hur?

B. Du gav mig en manual, den var översatt så jag skulle förstå. Men efter att den somnade tänkte jag, "Oh, dom kommer att ta ifrån mig alla mina medaljer."

D. Avslöjad! Tillbaka till skolbänken som en småstjärna.

B. Eller kanske ännu värre, du vet, "Åter till avsändaren."

D. Som en brödrost. *(Zachariah jämförde en gång humoristiskt skapandet av själar med en fabrik som tillverkar brödrostar. Själar som inte fungerar som de ska, skickas ibland tillbaka för reparation, så jag retade Bob med den möjligheten.)*

B. Som en brödrost! Då kommer jag inte att bli nån stor vetenskapsman, jag kanske bara returneras och får göra nåt annat.

D. Din väg är helt klart utstakad mot stora saker, det säger alla.

B. Jag är glad att Isak kom, men han retade mig lite, det gjorde han faktiskt. Jag inser det och jag borde veta det vid det här laget eftersom ni alla gör det; men det är bara för att locka fram gnistan i mig, som jag gör med Tom. Jag borde veta det, men jag går ändå alltid på det.

D. Du är rädd att du gör fel, men det gör du inte, du gör det riktigt bra.

B. Aah, jag var bara orolig att jag hade dödat den, och det hade varit en katastrof, kosmiskt sett. Jag vill inte döda nånting, dom skulle aldrig låta mig vara ansvarig för det här systemet, om jag gjorde det. Jag frågade om vi kanske kunde låta det här systemet gå i ide, så det vaknar upp och är friskt och vänligt. Men Isak sa att det redan har gjorts, det här systemet och den här planeten har gått igenom flera faser av viloläge. Nu är det *ni människor* som ska förstå och förväntas utvecklas inifrån, ni som inkarnerar här.

D. Menar du den här planeten, Jorden?

B. Precis. För jag tänkte att om vi kunde sätta det här systemet i en hälsosam dvala och det kan vakna upp och bara komma ihåg dom bra sakerna, hur man är snäll och vänlig och minnas vilken avsikt vi hade med planeten. Men det kommer inte att ske. Så vi får se hur det blir med det, men det känns lite bekymmersamt. Men nu har jag en låda som ligger i viloläge och sover, och en som är högaktiv och i den händer det hela tiden saker.

D. Som en låda full med valpar.

B. Jag ser verkligen en storartad utveckling, men dom befinner sig i olika stadier.

D. Är det meningen att du ska du göra något med det?

B. Jag skulle vilja, men jag är inte säker på om jag ska blanda mig i. Jag borde nog fråga innan jag gör det. Det här är som att vara det Mästerliga Medvetandet! Jag gillar tanken på att vara här som Skaparen och det Mästerliga Medvetandet med mina två lådor. Det känns riktigt bra! Jag vill att dom ska komma överens, men om jag gör för många förändringar kanske dom inte gör det. En låda har väldigt många emotionella energivärldar och du kan inte bara blanda dom med fysiska världar, eftersom det kan skapa all möjlig slags förvirring. Det hände faktiskt här *(på Jorden)* också. Vid ett tillfälle var det stor förvirring när energivarelser blandade sig med dom som var helt och hållet manifesterade, av kött och blod. Det ledde till en slags konflikt, där en part försökte få övertaget över den andra och sa, "Det är vi som hör hemma här, inte dom andra." Så det bådar inte gott om nån skulle försöka sig på det. *(Detta är en tydlig referens till utomjordingar eller manifesterade varelser som blandades med människorna, i en tidigare civilisation.)* Hur som helst, jag ska sammanställa mina observationer av lådan.

D. Så tror du att dessa faktiskt kan vara galaxer eller solsystem som du har i din låda?

B. Dom är modeller, sa han. Dom är prototyper av olika världar, men jag vet inte vilket kosmiskt akvarium dom hör hemma i. Jag försökte fråga det, men han sa, "Allt i sinom tid, Bob. Nu tittar vi på tonerna och lyssnar på vilomelodin."

D. Jag är fortfarande nyfiken på hur modellerna tar sig från labbet till ett kosmiskt akvarium.

B. Det är inget vi får veta. Det har jag inte fått se. Jag har inte fått se hur den kom ut från min låda. Den gick från lådan in i ugnen, och plötsligt var vi på iväg i min bubbla. Hur kom den ut ur ugnen och hur blev den placerad i området jag hade valt i akvariet ...? Det finns ett stort gap i min utbildning här.

D. Kanske kommer det i en senare våg, Sjunde Vågen.

B. Huhuh. Sjunde Vågen! Alltså, jag går ingenstans, jag stannar kvar till Sjunde Vågen, för jag kan tydligt se att det finns saker att lära här. Det är som ett vakuumhål som helt saknas i undervisningen.

D. Kommer den här *(Christine)* någonsin för att hjälpa till när vi jobbar?

B. Aah, när jag kände mig lite uppgiven, då jag trodde att min låda hade dött, så kom den här. Han kom först, svängde förbi, men Isak kom snabbt därefter och såg till att DET inte fortlöpte. Men den här, du vet...

D. Vad sa han?

B. "Vad har hänt, Bob? Är du ledsen?" För jag är säker på att jag såg lika ledsen ut som Tom gjorde. Men istället för att komma in och sporra mig, som Isak gjorde senare, sa han, "Vill du åka nånstans, göra nånting?" På samma sätt som du säger till ett barn, som har ramlat av sin cykel, "Vill du ha en glass?", så att dom inte ska var ledsna längre. Den här, och jag uppskattar verkligen vad han försökte göra, för han såg att jag var ledsen, men han kände inte till varför jag var ledsen, som du och Isak gjorde. Han ville bara pigga upp mig.

D. Och så kom Isak.

B. Jaa. Isak kom snabbt därefter och sa, "Okej, jag tar över här." Jag är ganska säker på att du har fyllt i detaljerna och förklarat för den här. Som att man typ sätter en skylt utanför en dörr, "Stör ej. Undervisning pågår".

Månfolket (30 oktober 2018)

Inom de andliga dimensionerna är arbetet uppdelat i olika specialiteter, så det finns olika grupper som är experter på varje aspekt av skapelsen. Alla andar som arbetar med form, gör växter, kärnor av stjärnor, månar och andra himmelsföremål, finns alla på den sjätte eller nionde dimensionen. Bob, som alltid är observant, beskriver de individer som är ansvariga för att skapa månar som lite mystiska och, för honom, lite skrämmande. Det måste vara något speciellt med månar, för han diskuterar dem rätt ofta. Kanske inte alla månar är speciellt utformade som vår, men många verkar avsiktligt placeras i omloppsbana runt en värdplanet av en anledning, och är ofta förknippade med vatten.

D. *(Bob försökte smyga sig in utan att bli upptäckt.)* Vad är det som händer, min vän?

B. Du hittade mig! Ha ha ha!

D. Du är inte svår att hitta!

B. Jag försökte smyga in bakom Ophelia, så hon blev lite som en sköld! Oh, vi gör det igen! *(Han försökte sedan sitta orörlig och inte göra några av sina gester eller grimaser, men misslyckades.)*

D. Nej, det gick inte.

B. HUH HUH HUH! Oh, du vet, dee dee dee da dee *(han började sjunga mycket glatt).* Jag har fått en paus i mitt sekreteraruppdrag! *(Gergen och Ole hade gett honom i uppdrag att göra anteckningar om allt som diskuterades på deras på möten i Rådet, förmodligen för att få honom att vara uppmärksam på vad de andra Rådsmedlemmarna hade att säga.)*

D. Blev du utvisad eller uppsagd?

B. Nää, nää ... eller blev jag? *(Han tittade åt vänster, kanske mot Gergen eller Ole, vilka alltid deltar i alla våra sessioner.)* Oh, jag tänkte inte på det på det viset! Alltså, det kom upp och dom frågade om "jag kanske ville ta en paus?" Jag kan ha suckat lite, och det blev lite av – jag skulle inte säga en tryckt stämning i gruppen ... eller ja kanske ändå, och jag kan ha bidragit till det – så jag fick ta en paus.

D. Tror du att målet uppnåddes? Är du mer uppmärksam på vad de säger nu?

B. Jag blev tvungen.

D. Kanske var det hela poängen.

B. Kanske. MEN, jag undrade när det är min tur att få lägga fram mina insikter, och om den här sekreterarsysslan, om den på nåt vis skulle rotera? Och jag tror att det var då som Gergen - för det var som ett hemligt möte mellan Gergen och Ole, och det var efter det som jag fick ta en paus. Dom sa, "Nu får du tillfälle att återvända till dina studier på den Sjätte." Dom sa att dom inte behövde mig längre; dom skulle hålla på och utarbeta och granska vissa idéer, så jag behövde inte göra anteckningar just då. MEN jag undrade, lite tyst alltså, jag trodde i alla fall att det var tyst, "När är det min tur att dela med mig? För vi har pratat om kontinenterna, vi har pratat om regn, vi har pratat om att flytta ryggrader, vi har pratat om vatten." Och det är FASCINERANDE ämnen, men det ligger faktiskt inte i min expertlåda. *(Dessa är alla ämnen som Rådet diskuterar om de nuvarande situationerna på Jorden. Ryggraden han nämner är Anderna, som den andra dimensionen planerar att flytta något för att hjälpa korallreven i Karibien, som Bob kallar "fossiler".)*

D. Vad hade du tänkt säga till de andra Rådsmedlemmarna?

B. Jag ville berätta för dom om mitt solprojekt. Jag ville berätta om min individ, eftersom dom känner till individen, dom såg honom här. Så jag ville berätta om hur man kan få minnet att väckas till liv. Jag ville berätta för dom att jag hade väckt upp ett minne nån annanstans... och då tänkte jag, finurlig som jag är, att jag säger nåt som jag vet kommer skapa en följdfråga. Så när jag säger att jag har väckte ett minne av min individ nån annanstans. Så ... Pip! *(Han använder pip för att antyda att det han sa utlöste en förväntad fråga.)* Då kommer det en fråga, "Var är nån annanstans?" Igen ... Pip! ... vi håller på att introducera olika verkligheter och mitt projekt. Så det var min tanke, att bara utgå från lite allmänt prat om min individ och sen gå vidare över till annat. Men sen blev jag – inte utvisad – men jag fick tillfälle att studera nån annanstans. Ahuhuh. Jag antar att jag kommer tillbaka hit *(till vårt labb)*.

D. Det är bra, du kan jobba mer med mig. Vad jobbar vi med?

B. Jag tittar lite på, det finns en modell här med nånting som snurrar. Det är som en modell av en annan planetarisk konstellation eller konstruktion, i en annan ... det är som atomer som cirkulerar runt. Du sa att jag måste förstå det här om jag vill ha en måne. Det här är insidan av månen, sa du, den har en annan kärna. Så jag kan se här att det är som en–två–tre, och dom snurrar. En är mer stilla och dom andra rör sig runt så här *(visar med händerna)*. Men du säger att det här är kärnan i månar. Dom är annorlunda.

D. Du har nämnt det förut.

B. Annan kärna, säger du *(gör sina poppande läppljud)*.

D. Ari sa att Månfolket är lite konstiga. Alltså, han sa inte konstiga. Kanske lite tysta.

B. Dom är lite mysko. Dom verkar inte vilja umgås med andra. Dom verkar inte vilja dela med sig, och jag är helt för att man ska dela med sig, så det gör mig förvirrad när dom inte gör det. Jag kan se dom, för dom hör hemma här på Sjätte. Jag ser dom i korridoren, dom går alltid i grupp, aldrig själva utan går lite som ett luciatåg, det är så dom rör sig. Jag skulle anta att den första är lucian, och sen vidare med tärnor, pepparkaksgubbar och till sist den lilla tomten, men du vet, jag kommer inte alls att hoppa på det där tåget!

D. De kanske går genom en hemlig dörr.

B. Och kommer aldrig tillbaka! Nää. Det finns flera dörrar här ska du veta, och jag har ingen aning om vart alla leder. Tänk om jag plötsligt skulle känna för att gå med i det där lilla tåget, och sen försvinner in i ett rymdrum. Och tänk om du och Ari och alla andra inte kan höra mig? Det är bara det att dom går omkring lite annorlunda än alla andra.

D. Ser de likadana ut?

B. Jaa. Dom har mantlar i lite ljusare färger. Nästan som blå-vitaktiga, metalliska, typ gråaktiga färger.

D. Vilken färg är min mantel?

B. Du har den där mörklila. Eli, han gillar rött. Den här *(Christines andliga jag)* han gillar också rött, men har en blå. Den här sa, "Jag gillar rött. Jag tror jag ska ta Elis röda." Men du kan inte bara ta nån annans färg, eftersom den resonerar med din utvecklingsnivå, så du kan inte bara växla och flytta runt. Det är inte som att du har en garderob där du bara kan gå och ta vad du vill. Men jag undrar lite över det där tåget, vart dom ska? Och andra som dom möter pratar dom inte heller med. Nån gör lite så här *(han gör en långsam, formell nick)*, nickar.

D. Lite artigt.

B. Jaa, lite artigt. Men dom har sett mig, för jag har varit i korridoren tillsammans med dig.

D. Kanske kommer dom att börja småprata med dig.

B. Men dom här är inte som Evolutionsgruppen, dom ser lite mer ut som du, fast tysta. Dom kanske inte har så mycket att säga?

D. Det finns inget liv på Månen, eller hur?

B. *(Han svarade inte, men tittade åt vänster)*, Ophelia skrattar nu. Alltså, jo, det finns det på sätt och vis.

D. Finns det liv på vår måne?

B. Ja, men dom är vänliga. Det är inte som att dom håller möten här i korridoren, men jag antar att det här är Månfolkets Råd. Dom har inte direkt en namnskylt, så jag kan bestämma själv, och det gör jag – Månfolket! I alla fall, här är jag nu, i labbet, och studerar den här nya kärnan.

D. Kommer den här att kretsa kring din planet? Är det därför vi arbetar på en måne?

B. Precis. Precis. Men först måste jag förstå kärnan, säger du, och det gör jag inte än. Men jag kan se den. Du hjälper liksom inte till här, du är inte särskilt hjälpsam. Du lägger den liksom bara på bordet. Och jag sa, "Vad är det här?" och du sa, "Det är månens kärna. Undersök den." Och jag sa, "Hur då?" Du sa, "Ratta in den. Vilken sorts melodi hör du? Vad tror du att det är?" Så det gjorde jag, och den har en melodi. Den låter som ett bi. Den är inte lika tyst som andra.

D. Hur låter din planet?

B. Det är ett glatt ljud! Eftersom det jag skapade för ytan speglar insidan. Jag skulle anta att om du har en sorglig låt inuti, skulle det vara sorgligt på ytan också. Och jag ville inte att min individid skulle vara ledsen. Han har varit ledsen en gång *(på Jorden)*, så det ska inte upprepas.

D. Är dom glada, dina individer?

B. Oh ja, dom är glada! Dom har blivit fler nu. Det har kommit bebisar och dom har börjat bilda familjer. Vissa gruppaktivitetsbeteenden har också utvecklats, både på gott och ont, och vi var tvungna att se över det lite grann. FÖR, bara för att man är en grupp betyder det inte att man är snäll och vänlig. Det vet ni nog allt om, hur det är på Jorden. Och med min individ, såg jag det, men vi tog hand om det.

D. Sa du åt dem att ta sig i kragen och sköta sig?

B. Dom blev tillsagda att se till att uppföra sig.

D. Konkurrerade de om något?

B. Territorium. Nån ville ha det bästa boet, vilket är fullständigt oprofessionellt, det är inte så du beter dig – och det sa jag till dom.

D. Hur är det med bären?

B. Oh, det var samma sak, för det var mycket mer bär runt ett bo. Så alla ville ha den platsen, så du kan se att det blev bråk. Så vi gjorde vissa justeringar. Jag åkte inte dit med min bubbla, men vi gjorde fjärrjusteringar.

D. Det var bra. Jag är glad att vi kan göra det.

B. Aah, jag vet inte riktigt hur det fungerar, men jag kunde se resultatet. Det var nästan som att dom skakade hand, jag menar, dom skakar inte hand på riktigt. Dom kunde om dom ville, men det gjorde dom inte. Men det slutade i all sämja och samförstånd, det här med boet och bären, och det var precis vad jag ville. Jag vill inte ha sånt här bråk, det kan ICKE accepteras! Det var inte sa jag designade dom, det vill jag inte veta av! Det är bättre att säga till, en gång för alla i början, och se till att du bestämmer takten, så att säga, så det gjorde jag. Jag sa, "Det här är inte ett acceptabelt beteende." Och du sa, "Vad vill du göra?" Och jag sa, "Jag vill att dom ska komma överens, jag vill att dom ska vara snälla mot varandra. Det finns bär och bon för alla, så ingen behöver roffa åt sig."

D. Så vad behövde göras?

B. Du justerade färgmönstret. Isak kom också. Det enda jag kunde se, från mitt perspektiv, var att det kom in som en vind och sen var alla överens. Det var som ett moln. Skaparen kom in som ett moln, precis som en fotbollsdomare.

D. Isak borde skicka in ett sånt moln över Jorden också.

B. Det är precis vad vi behöver här! Det skedde nåt magiskt, när det där molnet kom in. Alla kom överens på en gång. Ingen behövdes tas bort eller startas om – det behövdes bara att en medvetenhet kom in i ett moln. Så det var det som hände där.

Mera Egenstudier i Labbet (16 december 2018)

Vid den här tidpunkten i Bobs berättelse reflekterar han tillbaka på sina erfarenheter av att bygga ett solsystem och vad han kan ha lärt sig om sig själv under den processen. Bob berättar hur han undersöker det förflutna från en position med större kunskap. Alla själar, när de kommer hem från Jorden, engagerar sig i en omfattande genomgång av sitt tidigare liv. De spelar upp scener och diskuterar hur människan kunde ha hanterat det annorlunda, på ett sätt mer i linje med sin själ. När människor ältar det förflutna, görs det ofta på ett osunt sätt. Men det finns sunda sätt att på nytt gå igenom tankar, känslor och handlingar och undersöka dem ur ett perspektiv av andlig renhet. Den här typen av självkännedom kan hjälpa någon att förändra sin framtid på ett positivt sätt.

D. Kommer du att behöva gå tillbaka, som Zachariah sa, och utvärdera alla dina tankar?

B. Aah, utvärdera mina framsteg, sa Zachariah, och det sa du också, att en del av min inlärningskurva här är att utvärdera mina framsteg. Och om jag kunde gå tillbaka, vad skulle jag ha gjort annorlunda nu, när jag ser tillbaka, när jag har mer information på min tallrik - vad skulle jag ha gjort annorlunda? Skulle jag ha lagt till en viss aspekt i mitt väsen? Vad hindrade min utveckling? —Och vad jag såg var min motvilja av egenstudier. Det är en stor bit på min tallrik när jag tittar i backspegeln, med vetskapen om att jag faktiskt njöt av tystnaden i mitt eget väsen, då skulle jag ha anammat den möjligheten annorlunda. Så när jag senare introducerar egenstudier för Tom, som förmodligen kommer att reagera på samma sätt som jag, då kommer jag att kunna göra det till en rolig upplevelse, och en värdefull sån, att det är en belöning. För nu ser jag egenstudier som en belöning, och det kommer att hjälpa mig att lära andra, som Tom, att också se det som en belöning.

D. Tror du att Gergen hade samma problem med egenstudier? Sa han någonsin att han var ovillig att studera egen hand?

B. Inte riktigt på samma sätt. Han sa att det var nödvändigt. Men han verkade inte heller gilla det. Han la inte fram det som en belöning, han sa, "Det är nödvändigt, Bob." Men jag ska säga till Tom att det var den största gåvan, att höra visdomen inom sitt eget väsen, istället för att säga att det är nödvändigt. Så jag kommer att paketera den specifika undervisningen lite annorlunda.

D. Det är förmodligen ett bättre sätt att se på det.

B. "Det är nödvändigt", hur kul låter det? Att säga att det är nödvändigt att skapa en bredare grund, har inte riktigt samma klang som att det beskrivs som en belöning att kunna höra ditt eget väsen inom dig.

D. Hur presenterade jag det för dig?

B. Alltså, först presenterade du det inte alls; du sa att det var brådska med nåt och att jag skulle stanna kvar där *(i vårt labb).* Så i den meningen fanns det liksom ingen som helst introduktion. Du placerade bara min uppgift där. Men det första kunde jag inte förstå, det var bara punkter i den boken, så jag gjorde ingenting med det. Och när du kom tillbaka och såg att jag förmodligen var på samma sida som när du lämnade mig, så du la du in ett annat sätt för egenstudier som faktiskt var en lite mer visuell undervisning. Det var nog samma som punkterna, men bara tillrett på ett annat sätt. Men nej, du sa varken det ena eller andra; du sa bara, "Medan jag är borta, är det här nåt du kan sysselsätta dig med. Jag är strax tillbaka." Istället för att ifrågasätta varför jag var där, för jag kom mig inte riktigt för att ställa den frågan, så satt jag där och tittade på saker. Du hade gjort boken som i 3D, fått den att röra sig och det fascinerade mig, och det studerade jag.

D. Så istället för att fråga andra andar, ställde du frågorna till dig själv?

B. Ja, och såg vad som kom tillbaka. För det var lättare att göra det med visuella 3D-bilder. Det var mer fängslande än punkter. Antagligen hade nån sagt till dig, att punkter inte kommer att göra mig särskilt motiverad.

D. Jag är säker på att det fanns massor av folk som observerade situationen i vårt labb och gav råd.

B. Aah. Gergen och andra var där. Okej, nu går jag.

Månar resonerar med Vatten (23 december 2018)

Efter att Bobs system hade introducerats och gått igenom en tidig utveckling, började vi *(i labbet den Sjätte)* fokusera på att lägga till en måne till hans planet med liv. Hans kommentar om månarnas dynamiska förhållande till vatten är fascinerande. Vi vet att det finns många månar i vårt eget solsystem, och förutom Jorden misstänks Mars, Uranus och Neptunus alla ha vatten. Faktum är att Uranus och Neptunus nu anses vara isjättar, istället för gasjättar, med vattenånga som har identifierats i deras atmosfärer. Liksom många andra saker som våra andliga vänner berättar för oss, så finns det en anledning till att de vill att vi ska veta om hur månar skapas och deras förhållande till vatten.

B. Alltså, jag har flera post-it-lappar, såklart.

D. Du kanske kan dra en kort?

B. En kort en. Okej, låt mig se ... *(Han tittade upp och skannade långsamt av en imaginär vägg, från vänster till höger, tills han stannade på en lapp.)* Oh, den här är bra! Den här handlar om mina framsteg i ditt arbetsrum *(labb)*, eftersom vi har nått till den nivån, där jag ska lära mig om hur man skapar en måne.

D. Oh, jag undrade just hur det går med din måne.

B. Den är på gång. Det är lite annorlunda än när jag skapade min levande planet och dom andra. *(Han började viska, så att han inte skulle störa sin måne.)* Den här är känsligare, och du måste nästan viska när du skapar den, för den är extremt känslig *(återgår sedan till sin vanliga bullrande stämma)*. Den flyter i en vätska i en liten skål, för månen är faktiskt väldigt nära kopplad till vätska, så även om den är ett fast föremål, säger du, så är den programmerad att resonera med vätska. Så, jag har min måne i en skål, i en glasskål, och där flyter den bara omkring. Inte som en fisk, den är helt stilla och håller bara på att bildas. Det är riktigt magiskt, för jag kan se som elektroner och aktivitet i den här vattensubstansen runt min måne. Och jag är rätt säker på att det kan vara lite som när Isak la in mitt system i ugnen – den förbereder sig, säger du.

D. Så den tar in energin från vattnet eller vätskan?

B. Precis.

D. Ja, vår måne är mycket involverad i havsvatten och strömmar nära kusterna.

B. Det är en kommunikationscentral, säger du, med vatten. I många system där det finns vattenvärldar har dom flera månar, så dom är som kommunikationscentraler eller mottagare för att kommunicera med, och knyta an till, vatten. Och nu, när jag har vatten, när mina sjöar och vatten har bildats, då kan jag faktiskt ha en måne! Men i början, innan jag hade vatten, så kunde jag inte ha nån måne. Så du kan ha en måne, där det finns vatten.

D. Hur länge har månen runt Jorden funnits?

B. Det var ungefär när regnet kom.

D. Alltså första gången som du kom?

B. Jag kom när det var ett stort moln.

D. Så regnen, det var tidigare?

B. Det kom en massa regn, det regnade, men när jag kom var det faktiskt redan vatten där, så regnen måste ha varit innan. Men det fanns en annan måne som var här innan, när det fanns mycket vatten på Mars.

D. Oj. Runt Jorden eller Mars?

B. Nää, det var närmare Jupiter och när vattnet försvann, så försvann den med. Den löstes upp. Så månen har en direkt koppling till att det finns vatten, vattenvärldar, säger du, även om det inte nödvändigtvis är som en vattenplanet.

D. Är alla månar så?

B. Ja, säger du.

D. Så om det finns ett gäng månar runt Jupiter eller någonstans...?

B. *(Avbröt)* Det är ett minne från att det nån gång har funnits vatten i närheten.

D. Det är helt fascinerande.

B. Eller, säger du, den kan faktiskt komma innan, att det liksom är som en...

D. Som en slags förberedelse?

B. Precis. Om du lite senare vill skapa, som en vattenreservoar, ifall det saknas vatten, då kan du förbereda månar för en värd. Det här är HÖGST AVANCERAD vetenskap, och Månfolket, jag kan definitivt inte förstå dom, så jag behöver mycket hjälp med översättningen här. Jag kollar på många dokumentärer och det är helt fascinerande, men det är inte nödvändigtvis alltid i samma ordning som med Jorden, att månen kom efteråt. Men ibland, säger du, om vi ser en värld som potentiellt saknar vatten och som är i behov av vatten senare, då kan vi förbereda, samma som du har här, en reservoar. Sen har vi tysta månar, dom är inte aktiva på samma sätt, dom är tysta månar. Den kan vara tyst eller så kan den sjunga. Det finns månar runt Jupiter och dom är tysta, men vår måne här, den sjunger för den är aktiverad, mottagaren är på. Det är som att det finns en av-och-på-knapp.

D. Månen skapades inte någon annanstans som en fast kropp och flyttades hit? Planterades den runt Jorden och sen växte sen och bildades?

B. Den bildades, men jag vet inte om den växte. Som min nu till exempel, den bildas i min skål. Men när vi senare placerar den, tror jag att den förblir lite grann sån som den är. Men den kan vara tyst eller så kan den sjunga.

D. Så den dyker bara plötsligt upp på natthimlen vid din planet?

B. För vissa kommer det att se ut som "OH! Vad hände här, det bara dök upp nånting där."

D. Så din individ kommer att titta upp och säga?

B. "VA? Vad är det där?" Och min måne, säger du, kommer faktiskt att vara större och närmare, så individen kommer absolut att se den!

D. En fin nattlampa. Du sa att den gillar ljus på natten.

B. Precis. Alla gillar en nattlampa. Aah, hmmm. Det var nog det hela. Jag lär mig om det nu och just nu är min måne i den där vattenhinken.

D. Det var en riktigt bra post-it-lapp, så tack för att du delade det.

Ari, som ni kanske minns från Andra Vågen, är en Elahim från den tionde dimensionen och kallar sig för vår farbror, vilket är hans sätt att säga att vi är en del av en liten familjegrupp därhemma. Han berättar hur Bob kom och besökte honom med en handfull anteckningar och bad om hans hjälp med att förklara vissa saker som han inte förstod. Bob var i mitt labb och studerade under en lång "tid" innan han någonsin talade med Ari.

D. Träffar du Bob ofta?

A. Oh, ja absolut. Jag skulle visserligen inte säga att jag direkt snubblar över honom, men det är lite...om jag säger så här, när jag besöker dig i ditt labb är han alltid i närheten.

D. Han sa att han skulle vilja prata med dig någon gång och kika i dina dagböcker.

A. Ja, det har han redan, han har redan kommit med några sorts nedtecknade funderingar, små lappar. Jag har anteckningar, sa han, rörande frågor och möten som han inte var riktigt säker på. Några som han tyckte var mystiska—han är intresserad av Månfolket, och låt oss bara säga så här - vi har diskuterat deras tendens att framträda med tydlig integritet. Ingen förstår dem riktigt till fullo.

D. De är väl inte Elahims?

A. Nej.

D. Han sa att de var lite mystiska.

A. Ja, men ändå vill han ha en! Han vill ha en måne, sa han, och han känner att han kanske behöver be dem om den, och jag sa, "Vi kan fixa månen åt dig, lille vän." Som sagt, han kom med några klotterlappar. Det finns ett större antal att gå igenom, alla är inte frågor. Vissa är i grund och botten bara observationer eller kommentarer om vad han är intresserad av att utforska. Men vi kommer absolut att försöka vara tillmötesgående.

D. Han är underhållande, eller hur?

A. Det är han verkligen, det är han. Aldrig sett en så nyfiken en. Kanske är de alla så? *(Andarna från den Andra.)*

D. Jag tror inte det.

A. Månfolket är raka motsatsen till honom.

D. Måste vara chockerande för honom. Han kan ha svårt att kommunicera med dem.

A. Oh, han ville inte gå dit själv, han sa att han ville att vi skulle förhandla. Nåväl, vi får se. Varför ger vi inte bara den Lille en måne? Han verkade angelägen att ha en, kretsande i sitt system, sa han.

D. Det skulle ge lite nattljus för hans individ.

A. Han har en varelse, ja, det stämmer. Det finns också nya varelser som vaknar. Och han placerade tydligen något i haven och han trodde att månens faser kunde ge de rörelser som behövdes för hans varelser i havet. Så vi får nog tillmötesgå honom med det. Jag förstår inte varför den inte fanns där från början.

D. Det var ett framtida projekt, något för honom att se fram emot.

A. Ah, ett framtida projekt. Stämmer, det fanns steg, en utvecklingsstege för att introducera vissa saker och hålla honom sysselsatt i ena änden men också fokuserad på projektet i den andra änden. Jag kan se det nyfikna sinnet i den där. Intressant. Rolig liten typ.

D. Han roar oss mycket. *(Ari fortsatte sedan med att ge råd, som kommer att publiceras i Tredje Vågen, och följdes av Ophelia som justerade restenergin, innan Bob kom in.)*

D. Ari sa att du kom förbi och visade honom några lappar, lite frågor och iakttagelser.

B. Ja, det gjorde jag. Mina iakttagelser, exakt. Och jag hade också, eftersom jag ville gå till högsta hönset, så att säga, jag hade idéer om hur vi kunde förbättra saker och ting här med *(på Jorden).*

D. Han sa att han skulle arbeta på en måne med dig.

B. Aah! Han kanske kommer? Han är förmodligen chefen för det där tåget *(Månfolket),* och om jag känner honom, så kanske jag kan gå längst fram och behöver inte vara sist.

D. De kommer att säga, "Om den Lille är en vän till Ari, är det bäst att vi är hyggliga med honom!"

B. Och då kanske dom kommer att prata, säga nånting – inte bara stirra. Men Jeshua och Isak, dom tar mig med till platser. Så vem vet vem som kommer?

D. Träffar du fortfarande Zachariah?

B. Jaa, det gör jag, ibland, i Biblioteket. Ibland går jag dit för att be honom hjälpa mig att uttrycka mina tankar. Han ställer frågor till mig som, "Vad ligger till grund för din tanke, Bob?" och jag svarar nånting, och sen säger han, "Vad är slutresultatet av den tanken, Bob?" Och ibland vet jag inte slutresultatet av min tanke, och då säger han, "Gå tillbaka och börja om ifrån början, och när du väl har löst slutet på din tanke eller idé, kom då tillbaka och vi kan fundera över det tillsammans."

D. Det är ett bra råd. Det hjälper dig att organisera allt.

B. Aah. Han är jättebra på att organisera. Okej, hur som helst, jag ska kila vidare nu.

D. Vi är verkligen glada att du tittade förbi.

B. Alltid närvarande - du kan inte lämnas ensam, vet du.

Planerar ett Besök hos Evolutionsgruppen (3 februari 2019)

Flera månader senare, efter att hans arbete med solsystemet var slutfört, fick vi reda på att Bob hade blivit inbjuden att gå och träffa

Evolutionsgruppen, detta på grund av hans oro över förändringar som tillåts ske.

B. Jag behövde inte städa idag när Ari gick.

D. Det är ganska imponerande. Hur kom det sig?

B. Ari och jag är kompisar nu, så jag känner inte att jag studsar ut.

D. Har du blivit van vid hans energi?

B. Ja, för att jag har varit på en lektion med honom, en kort sån. Oh, eller alltså lektion... jag presenterade mina idéer, och han sa, "Varför tar inte du och jag en kort gemensam stund i tystnad, och funderar över det här?" Så det var lektionen.

D. Ja, han nämnde det.

B. Jag tänkte att jag kanske, faktiskt bara kunde sätta lite fart på saker och ting, och jag hade idéer om hur man kanske skulle kunna göra arten här lite mer mjuk och fredlig. Jag sa att jag har en grupp i åtanke. Ari frågade, "Vilka är det?" och jag sa, "Jag har fått möjligheten att resa och besöka en annan civilisation i ett annat kosmiskt akvarium. Dom är mycket avancerade och vänliga, och dom bryr sig om samma saker som jag." Och han sa, "Ibland får vi inte bli för personliga, så att inte sakerna vi bryr oss om hindrar en mer betydelsefull utveckling." Och då sa jag, "Kan du snälla Herr Ari, förklara denna betydelsefulla utveckling, så jag kan justera mina anteckningar? Kanske alla mina anteckningar är fel!" Oh, och så kom du in, oj oj oj, det är som när Gergen kommer in. Där kom du...

D. Och vad hände sedan?

B. Oh, du sa, "Vi har pratat om det här, Bob, om att förändra hela evolutionen när vi inte känner till allt om dom bakomliggande större idéerna och avsikterna, eller hur?" Och jag sa, "Jo, men det är ingen som berättar nåt för mig, så det är verkligen svårt för mig att göra mitt jobb om jag är utesluten från hela den här strömmen av kunskap och medvetande." Så jag sa, "Om du berättade för mig, skulle jag sluta störa alla med uppgraderingar, som kanske inte är lämpliga just nu." Och då dök Ophelia upp också, och det blev som ett slags familjemöte. Sen kom Isak och Zachariah och alla blandade sig i. Och där satt jag.

D. Alla var bekymrade över dina idéer. Vad blev resultatet av all denna diskussion?

B. Att jag verkligen skulle få gå och delta i en frågestund med Evolutionsgruppen. Men jag ska inte gå dit själv, så jag går dit med dig. Huh, ni ska tydligen alla komma med. Det kommer att vara jag, Ari, du, Ophelia, Isak och Zachariah. Vi kommer alla att gå dit (*ler stort.*)

D. Wow, du kommer att ha ett helt team omkring dig.

B. Jag tror att det också beror på att jag kanske inte helt och hållet förstår allt, och då blir det bara mer frågor till er. Kanske är det här nåt som du också skulle vilja göra *(tala med Evolutionsgruppen)*, så att du kan vara mer till hjälp.

D. Så du ska äntligen få träffa Evolutionsgruppen?

B. Precis. Det ska jag. Det är planerat att äga rum inom den närmaste framtiden, vad nu det betyder. Så jag kommer att lyssna och kunna ställa frågor, genom några av er. Jag har stigit till en position där jag kan delta i dom större förändringarna och kunskaperna om evolution.

D. På den här planeten?

B. Bara på den här planeten.

D. Det är ju helt fantastiskt. Grattis.

B. Jag tror att det är för att jag har varit så orolig. Det är många av mina vänner, som trädgårdsmästarna, dom frågar mig hela tiden, för dom vet att jag reser, och jag tror att nån måste ha känt att det fanns en önskan och ett behov från den Andra att vara mer involverad. För jag får hela tiden frågor, dom kommer till mitt kontor och säger, "Oh, Bob, vattnet mår inte bra. Kan du ta upp det med nån, när du är ute och reser?" Och jag säger "Okej, jag ska göra en notering om det." Så några av dom här anteckningar är inte mina, det är önskemål från den Andra; vatteningenjörerna, och dom som ska uppgradera vissa organ, dom vill också veta vad det är som händer. Jag sa, "Vi kanske bara borde vänta på manualen som kommer genom molnet." Men dom sa, "Nej, du kanske kan fråga, eftersom du reser till molnet," och jag sa, "Nja, jag ska egentligen inte till molnet, men tack för att du litar på mig i det avseendet." Så, Evolutionsgruppen ligger lite högre upp, dom är typ uppe kring Nionde, Tionde, men dom kommunicerar mycket med Isak, så jag tror att Isak kommer att bli den som översätter åt mig. Kanske nåt ni alla är intresserade av?

D. Det tror jag. Det är verkligen en ära för dig att få svar på dina frågor.

B. Aah. Det tycker jag. Kanske inte alla, naturligtvis, men om jag bara kan få några. Om jag kan få dela mina bekymmer så kanske dom kan tänka om i vad dom nu gör. För om dom tror att allt som händer här nere är okej, då kanske dom bara fortsätter. Så jag tycker att det är viktigt att dom får höra en röst från nån som står det här arbete väldigt nära.

D. Jag ser fram emot att höra om dina diskussioner.

B. Aah. Om det är tillåtet att dela, säger Ophelia. Så hur som helst, jag pratade lite med Ari, och det var han som sa, "Varför tar vi inte och går till Evolutionsgruppen?" och jag tänkte: "Oohh, jag vet inte!" Du kom och sa, "Men du ville ju det, Bob." Och jag sa, "Ja, det gjorde jag, det gjorde jag verkligen." Så nu är jag på väg... nånstans.

D. Åtminstone kommer vi alla att vara tillsammans. Trygg i mängden.

B. Ahh. Så alla som jag känner kommer att vara med, antingen för att översätta eller bara som stöd. Det är skönt att ha såna vänner. Jag är verkligen glad. Och jag frågade, "Ska jag förbereda nåt?" men alla var som, "Nää, för du vet inte *vad* du ska förbereda."

D. Kanske kommer dom att visa dig en dokumentär om vad som ska ske.

B. Aah. Då ska jag ta mig en titt. För det är verkligt bekymmersamt, och varje gång när jag är hemma frågas det, "Vad är det som händer? Vilka planer har dom, dom stora, om vattnet?"

D. Du är den vise äldste nu.

B. Haha! Och jag sa: "Vi får se." Nån föreslog att jag skulle ha egna seminarier om kommande nyheter från dom olika Råden. Det var en av mina anteckningar till Ari, om det var möjligt. Jag sa, "Det här är inte en personlig förfrågan, utan kommer från mina vänner, ifall jag kunde vara som en nyhetsreporter?" Du vet, som att säga, "God afton allesammans. Det här är 19 nyheterna från Nionde Rådet." Oh, och Ari... han skrattade inte, men DU skrattade. Ari tittade bara på mig, "Hmm, uhm-hmm." Och du sa, "Dags att gå, Bob." Och jag sa medans vi gick, "Det var inte min begäran. Jag bara förmedlar information och frågor."

D. Det borde nog finnas mer kommunikation mellan dimensionerna.

B. Oh, jag är säker på att det finns, men kanske inte alltid på bottenvåningen.

D. Alla vill veta att de bidrar på rätt sätt.

B. Aah. Så jag tror att jag har rört upp saker och ting på den Andra, för det var inte lika mycket uppståndelse i början av mitt resande. Jag tänkte hela tiden på att jag måste hålla tyst - och det fick jag verkligen kämpa med! Men nu har det plötsligt, antagligen på grund av mig och min iver att dela med mig, blivit lite tumult här nere. Alla var uppjagade och ivriga. Kanske är det viktigt att fler reser. Jag var först som reste, men det kanske kommer flera. Så känns det. Och jag är ganska säker på att om jag inte hade fått berätta om allt det här, så skulle Ole eller Gergen, eller Ophelia med sin harpa, nån annan ha kommit och stoppat mig, och det har dom inte. Så jag är ganska säker på att nästa steg är att fler kommer att engagera sig, inte bara på plats här på Jorden, utan att fler från oss kommer att resa till olika platser.

D. Du kommer att vara upptagen med att lära alla hur man gör allt som du gör.

B. Jag behöver också tid för mig själv och mina studier.

D. Jag ser fram emot att höra vad Evolutionsgruppen har att säga.

B. Jag frågade om det. Jag hoppas att dom inte kommer att förändra min evolution, eller titta på mig och säga, "Oh, vad har vi här? Det här måste ha gått helt snett. Vad är det som du har tagit hit? Det är inte så den ska se ut; vi fixar till det på en gång." Ohhhh.

D. De kanske skickar dig tillbaka till fabriken. *(Bob är lite rädd för Evolutionsgruppen, eftersom han vet att de har förmågan att få galaxer, solsystem, planeter eller specifika livsformer att utvecklas väldigt snabbt, och han vill inte finna sig själv som ett ämne för deras intresse.)*

B. Så jag frågade om det. Ni skrattade alla och sa, "Nej, så blir det inte. Vi kommer att prata, men du är som en av oss, så du kommer att gå dit och lyssna, men dom kommer inte att göra justeringar PÅ dig. Vi kommer att prata om justeringar på planeten, främst, det är där gränsen för din medverkan kommer vara." Jag kanske smyger in en fråga eller två. Ophelia säger att jag bara pladdrar på nu, men jag kanske smyger en fråga eller två om dom större farhågorna jag har om själens utveckling rent allmänt. Det jag fiskar efter är att få vet mer om den där pålen och hela historien om upplösning, och sen kanske jag kan räkna ut var jag står nånstans, innan det är dags att upplösas. Ophelia drar mig i armen nu, men det här är helt klart av intresse.

Framsteg och Belöningar

Det här kapitlet är en samling historier som Bob har berättat, vilka inte var direkt relaterade till att undervisa småstjärnorna eller om att bygga ett solsystem. Som resenär är hans största glädje att utforska nya verkligheter, särskilt ute i formens universum. Den första planeten han reste till, förutom Jorden, eller lärocentra för den Andra, som Växthusplaneten, var Etena. Den planeten är ett magnifikt lager av kunskap och är befolkat av många olika fascinerande individer. För att komma till Etena var han tvungen att genomgå en rigorös träning, men han motiverades av bilderna han fick se av Lasarays husdjur, Siah. Var och en av hans inspirerande berättelser är vävda kring ett budskap som andarna vill att vi ska förstå. Hans resedagbok till Etena börjar när han först blev medveten om Siah.

Siahs Planet (5 november 2017)

Denna speciella planet, Etena, har varit föremål för många diskussioner, inte bara med Bob, utan också med andra i vårt andliga team. Solsystemet där Etena ingår finns i det fjärde kosmiska akvariet, men ligger i gränsområdet till vårt Universum, det femte akvariet. Den har växter och djur som liknar dem på Jorden, men andarna som bor här inkarnerar inte, de manifesterar en form och dör därför inte. Shea befolkar denna planet som vårdare, men Elahim besöker också ofta, eftersom det är ett stort centrum för lärande. Den har många pyramider där kunskap och energimodeller av otaliga livsformer lagras. Bob har rapporterat att det finns andar som kommer och går hela tiden för att lämna information, eller för att träffas och diskutera olika ämnen. Eli sa att jag hittade Siah på en annan planet, där han inte behandlades väl, så jag transporterade honom till denna högt utvecklade planet, där han skulle trivas och vara lycklig. Människorna och de flesta av djuren på Etena är inte biologiska utan liknar manifestationer, på samma sätt som Anunnaki; de har kroppar som är mer som energi i sin struktur. När en ande befinner sig i den världen känns den solid, men existerar på en högre, mindre tät frekvens än på vår planet. Shea är en liten grupp andar från den sjunde dimensionen, där Ophelia är en, som hjälper till att upprätthålla de register som är lagrade i kunskapscentrumet på Siahs planet, Etena. Andarna som bor här känner till Jorden, eftersom Elahim och Shea är förknippade med båda planeterna och de har uttryckt en önskan att få dela information med oss. Eftersom deras planet också har utvecklats till sin nuvarande status från ett mer primitivt tillstånd, är vi nyfikna på att få höra deras iakttagelser eller råd. Bob fick en förhandstitt på planeten, eftersom han skulle få resa dit för att lära sig.

B. Jag såg filmen. Jag såg den där varelsen (Siah).

D. Hur såg den ut?

B. Den såg inte ut som en gris, men var väldigt stor. Hans huvud såg lite ut som en flodhäst, och hans kropp som en, som en ... han är mer som en flodhäst på nåt vis, men han rör sig som en katt. Så du kan förstå vilket problem det skulle vara om han var här. Han är för stor för att hoppa omkring som en huskatt, och han förstår inte hur stor han är, han bara studsar omkring. Han har ett halsband med ... det ser nästan ut som diamanter, lika gnistrande, och han tycker jättemycket om dig. Hans öron står inte upp, dom hänger ner. Han har en stor nos, som en hund, och slät päls, och han studsar hela tiden omkring. Han är helt fri, han är inte lydnadstränad, för sånt finns inte här – alla får vara som dom är, och det här är han! Han studsar omkring, han tror att han är den allra minsta, mest ömsinta och mildaste lilla varelse, som en huskatt, men han är nästan lika stor som en flodhäst.

D. Du kanske kan komma och hälsa på honom.

B. Han ser nästan ut som en sjöko, han har inga horn eller klor eller stora vassa tänder. Hans tänder ser ut som sockerbitar. Han är inte nåt som jag har skapat! Jag visste inte att han fanns, oh!

D. Men det är en trevlig idé som design?

B. Ja, och han är extremt vänlig, och man skulle kunna tro att han är ett rovdjur, men det är han inte. Han gillar grönsaker, han äter växter. Ingen äter kött där, för det fysiska här är inte lika kompakt som en fysisk mänsklig form. Kött skulle göra dom ... cellerna i dom skulle bli för tunga och dom hedrar också alla livsformer. Siah äter, oh, han äter mycket såna där ... nåt grönt, som ser ut som att det är ett bär i, det gillar han. Dom är två som tar hand om honom, ett par, en man och en kvinna. Dom har som en liten trädgård där dom odlar saker. Det är som ett växthus, men det är inte inomhus, ingenting behöver vara inomhus här, eftersom atmosfären är ren och syret räcker till alla; både för växter och människor, till och med för livsformer som du inte kan se. Du vet det vi pratade om - älvor, allt som flyger omkring. Så du behöver inte ha ett täckt växthus, för allt är som det ska. Men dom måste ha ett staket för att hålla honom utanför trädgården. För Siah, han förstår egentligen inte att han inte bara får trampa omkring på växterna; och han är lite för stor, han är större än dom, fast inte högre. Men dom tar hand om honom, det här paret, dom bor där och dom jobbar i trädgården, och det är det dom äter. Lite annorlunda.

D. Det måste vara en stor trädgård om den ska föda honom.

B. Aah, aah. Han har som ett slags litet skjul också, som ett litet hus där han sover. Så det här är som ett samhälle. Jag har aldrig varit där, jag vill åka dit, var är det här? Var är det nånstans, är det här i närheten? *(Jag blir alltid väldigt road när han ställer sådana frågor, när han glömmer bort att vi inte är därhemma.)*

D. Eli sa att det ligger bakom Sirius. (*Långt senare fick vi veta att det finns som en energiväg nära Sirius, vilken förbinder akvarium fem och fyra.*)

B. Jag tänker åka hit om det är tillåtet. Kanske är det dit vi ska resa, kanske vi kan passera förbi här i min bubbla?

D. Kanske det. Det ligger på gränsen till ett annat kosmiskt akvarium, ungefär vid klockan 4.

B. Jag tror att jag vill prata med dom, för dom verkar väldigt snälla. Dom bryr sig verkligen om naturen och växterna. Grönsakerna är lite annorlunda här, det ser nästan ut som en slags morot men annorlunda, och dom äter den. Dom odlar saker och är verkligen i harmoni med alla, och om nån har lite mindre, en granne till exempel, då delar dom med sig. Det finns ingenting där som säger - "jag har och det har inte du", och att man bara själv sitter på sin skatt och sina godsaker - du delar med dig. Även med Siah, eftersom paret som tar hand om honom, ibland har dom inte tillräckligt med grönt, och då kommer grannar och matar Siah. Men Siah, han kan gå omkring, han kan röra sig fritt, han är inte som i koppel utan han är fri att gå dit han vill.

Och varje dag går han och sätter sig vid en pyramid, och där sitter han, och när det blir ... egentligen inte natt, det är mer som en solnedgång, för det blir inte helt mörkt här. Det mörkaste det blir är som en solnedgång – då går Siah tillbaka.

D. Eli sa att han sitter vid pyramiden och väntar på att jag ska komma tillbaka; han saknar visst mig.

B. Aah, aah, vi kanske borde åka dit. Jag tror att jag vill åka dit, för jag tror inte att jag skulle känna mig obekväm där, för det här verkar vara ett riktigt trevligt ställe.

D. Hur ser de ut, de som tar hand om Siah?

B. Jag skulle inte ha nåt emot att min individ togs om hand av dom här människorna. Dom har stora ögon, nästan som människoögon, fast större. Inte som ET-ögon, som du kallar det, inte svarta, utan dom är som mänskliga ögon fast lite mer äggformade och går uppåt på sidorna. Dom har inget hår och dom har som ett stort leende, stort leende och en liten näsa, stort huvud, och lite vitaktiga i hyn, lite ljusgrå, beige-vitaktig färg. Fingrar, får se, en, två, tre, fyra, aah, fyra fingrar.

D. Precis som vi då, med en tumme?

B. Nää, nää, tummen är medräknad, det är inte likadant. Men Siahs fötter är inte som en flodhäst, dom är mer som på en hund.

D. Finns det fler varelser som Siah, eller är han helt ensam?

B. Jag ser bara han. Jag försökte se mig omkring för att se om det fanns flera, men det kan jag inte se. Det verkar bara finnas Siah, men han är snäll och han knallar omkring där, han gillar att bli kliad bakom öronen. Dom bor som i familjer här och han rör sig fritt omkring. Det finns mindre djur här, och dom verkar lite, hehe, typ "OOHH", och springer iväg när han kommer. För det mesta springer han inte, han kan lunka också, bara gå försiktigt, men när han blir uppspelt –han gillar fjärilar, så när han ser dom, och sånt som flyger, då studsar han omkring. Ibland välter han saker och dom faller omkull, eftersom han är så stor och lite vild av sig. Så det är vad jag ser här. Huh huhuh. Siah verkar inte leva i ett parförhållande, han verkar vara ensam, som en ensam individ. Men jag visste inte om den här varelsen. I så fall skulle jag kanske ha satt den på min levande planet; men återigen, min individ studsar också omkring och tappar kollen på sina fötter när den är glad, när dom leker – men den här blir så bara av att en fjäril flyger förbi. Då studsar han runt och försöker fånga den, och öronen flyger och han tappar all orientering, verkar det som. Huhuh.

D. Han verkar glad.

B. Han är glad. Oh, det var intressant att se det här, jag tror att jag vill åka hit. Ophelia skrattar åt det, hon säger att jag gillar olika djur och den här är snäll. Hon tar hand om honom ibland, sa hon. Ophelia känner till det här stället, hon har varit här, sa hon. Jag, jag har inte varit här, jag vet inte varför, men jag tror att jag ska åka hit. HON, HON sa, du vet, "Om vi ger dig alla belöningar innan, vad har du då att se fram emot? Om du vet allting redan i förväg?" Hon sa att jag definitivt kommer att kunna projicera mig hit, förmodligen med dig. Spännande! Hon har saker gömt i skjortärmen för mig också, sa hon.

D. Hon kanske gör en sadel åt dig, så att du kan rida på honom.

B. Uhuhuhuh, rida på Ia—Siah så klart, inte Ia, men Siah låter nästan likadant, måste hålla styr på tungan här. Men Ophelia vet, eftersom Ophelias folk *(Shea),* dom är väldigt involverade i hur civilisationen här blev som den är. Ljusvarelser, dom hedrar ljuset, sa hon, dom hedrar solljuset, och dom får precis så mycket som dom behöver, och atmosfären - det är nåt som finns i atmosfären, det ser nästan ut som guld skulle jag säga; det gnistrar, och det skapar exakt dom rätta förutsättningarna för att alla ska vara tillfreds och få exakt den mängd som dom behöver, dom tar aldrig mer än nödvändigt. Och ibland, sa hon, kan dom använda nåt som ser ut som, typ solpaneler, men det är inte som dom där stora. Det ser nästan bara ut som en liten tallrik, för dom tar bara precis vad dom behöver. Jag skulle anta att eftersom Siah äter så mycket, om det växer lite sämre i ett hörn av trädgården, så kan dom sätta en liten tallrik där och bara lägga till lite extra energi. Jag känner inte till den här Solen, hur stor den är, jag kan inte riktigt se den, för atmosfären är som i en bubbla, det är nästan som att den här planeten flyter omkring i en såpbubbla, helt intakt. Solen är ganska stor, jag tror att den kan vara större än vår här. Planeten är skyddad, så det är därför som Solen kan vara närmare. Intressant. Jag vet inte vad det var för syfte med att designa det så här, som en såpbubbla *(med en sköld),* men den är helt skyddad. Det ser ut som en såpbubbla, som en bubbla av glas. *(Atmosfären är perfekt utformad för att skydda och vårda planeten.)*

D. Så vad gör jag på den planeten?

B. Du träffar dina vänner här, och sen finns dom här pyramiderna, men jag kan inte titta in i dom. Det är som ett samhälle där det är mycket diskussion om solljus och energi. Det handlar inte om en resande energi; det är ett sätt att öka och förbättra tillväxten inom den här verkligheten. Det skulle helt klart vara till hjälp här *(på Jorden)* också, att veta exakt hur mycket man ska använda så att jorden blir helt rätt och tillväxten precis som den ska. Men så länge som individer här *(på Jorden)* inte är uppdaterade och förstår det, kommer det inte att finnas samma atmosfäriska möjligheter. Vad du gör här *(på Etena),* säger Ophelia, är att det är en plats för avkoppling och ett ställe där man bara kan ha trevligt och träffa vänner. Och dom är verkligen intresserade av att höra om dina resor, för dom verkar inte direkt åka nånstans, så du kommer hit och berättar för dom. Dom är intresserade av Jorden, eftersom den är lite lika, med växternas utveckling och så vidare. Och några av dom försöker verkligen vara hjälpsamma och ger råd och frågar om dom kan skicka med ett meddelande till nån här på Jorden och berätta om hur man gör saker på rätt sätt. Det finns ett litet Råd här som bara stiftar -jag skulle inte säga lagar, för lagar har en sån dålig klang, som att det är nåt dåligt och att nån bestämmer över dig -men det här är ett Råd som bestämmer vad som är bäst för samhället. Men alla kan delta, alla kan lyssna, så det är inte i ett slutet rum där några gamla gubbar sitter och bestämmer över dom andra. Här har alla en talan. Det finns några här som vill vara mer hjälpsamma, och när du är där ger dom dig anteckningar som dom vill ska överlämnas till hit. Hur man gör saker och ting bättre. Dom känner att Jorden har kommit lite på efterkälken och dom vill hjälpa till och göra den mer i harmoni.

D. Kanske kommer de att kunna skicka några budskap genom dig senare under det här projektet?

B. Aah, ett budskap till människan om hur man verkligen ska vara. Men det viktigaste är att det här samhället *(Etena)* är helt annorlunda än samhällena här *(på Jorden),* för på Etena är det ingen skillnad, alla hjälps åt, tillsammans. På Jorden är det överallt uppdelat, inte bara mellan vad som skulle betraktas som ras, utan till och med mellan könen också; nästan som krig ibland. Det är som att alla försöker skydda sig själv hela tiden, alltid på högsta beredskap att det kan finnas ett bakhåll nånstans, och det är inte alls så det är där. Dom förstår det inte, dom förstår inte den där känslan av att hela tiden tro att man är under attack. Varför? För så har det aldrig varit i deras samhälle. Det här skulle jag säga är ett väldigt, väldigt trevligt resmål.

D. Bra ställe att semestra på.

B. Bra ställe att semestra, aah. Dom vill skicka med små lappar med råd, säger dom.

D. Bra, eftersom du kan se dem så tydligt, kanske du kan se vad där står.

B. Jag kan inte se anteckningarna. Eller jag kanske kan det, kanske jag faktiskt kan det, om jag får lov. Ophelia säger att vi får se, men hon är positiv till det. Hon säger att jag fick se den här planeten och Siah, att det var en av hennes små belöningar som hon hade i skjortärmen. Det är en gåva till oss alla, och jag tror att jag på nåt vis kommer att få åka hit. Och om jag inte kan det, så är jag säker på att jag kommer att kunna smita med, som när Isak och den här andra långa killen, han som är din bror, Eli, jag kanske försöker följa med honom. Jag vet inte vad han gör, han sa det inte riktigt till mig, men han verkar vara...

D. Han är min äldre bror, och jag tror att han studerade med Isak innan han gick upp till den Tionde.

B. Aah, jag är LÅNGT efter här, känner jag. Alltså, jag kommer att resa hit, om jag får lov, och jag kommer gärna att ta hand om Siah, och prata med honom, för jag tror att han skulle gilla det. Han är väldigt snäll, han är som, du vet hur en del hundar är, dom fäster sig bara vid *en* människa. Även om dom är i en familj med flera människor, knyter dom bara an till en, det är lite så han är. Han är inte ovänlig mot dom andra, det är bara det att han fäster sig vid en. Han är din personliga följeslagare. Han har det bra med sina adoptivföräldrar här, men han är fortfarande mer bunden till dig. Så du kanske behöver åka hit och bara spendera lite tid med honom.

D. Han går bara och sätter sig vid pyramiden och väntar på att jag ska dyka upp?

B. Det finns en ingång till pyramiden, jag vet inte vad det är, vi kanske kommer att utforska, OH, inte idag! säger Ophelia *(han tittade plötsligt åt vänster mot Ophelia)*. Hon upptäckte att jag såg den! Jag såg ingången till pyramiden där han satt, och hon sa, "Inte idag, Bob. Allt gott kommer till dom tålmodiga." Aah, aah, om du säger det så. Det här kommer att vara en fascinerande plats att åka till. Jag vet att Rådet finns i en av pyramiderna, så vi kanske går in där. Det finns ett Bibliotek här också, oh, hon sa att vi kommer att få tillgång till det.

D. Oh, vad trevligt. Finns det träd och liknande på den här planeten? Är det en grön planet?

B. Umm, det är verkligen konstigt, jag ser allt det här gröna som dom odlar, men det finns inte så många träd, inga jag kan se där jag är nu. Men här finns mycket växtlighet. Jag skulle anta att utanför den här stadsliknande kärnan finns det mer grönt, och dom har nån slags frukt här också, så dom odlar saker. Men vi utforskar bara stadskärnan.

D. Används pyramiderna på den här planeten?

B. *(Han pratade kort om pyramiderna på Jorden, som presenterades i Andra Vågen.)* Jag vet inte hur det är med den här planeten men dom har likadana, fast vi har inte gått in än, för vi ska visst vänta. Men jag vet att en av dom är ett Bibliotek. Om jag ger dig en bild av den här platsen så är det som att jag är på en stor, ganska bred gata i centrum. Det är inte som en grusväg och inte heller som asfalt, det är bara väldigt—jag menar, det är som mjukt, eller inte mjukt, men det är inte som asfalt, utan nästan mer som kullersten, fast lite mjukare och vitare. På båda sidor är det som en rad av pyramider, och det är långt där borta som Siah går och sätter sig, bredvid en av dom. Som jag ser det, har den här platsen minst tolv, femton stycken, och några är större och några är lite mindre, så alla är inte lika stora som Giza-pyramiderna.

D. Använder folket dem, använder de i vitt pyramiderna till något?

B. Aah som sagt, det ena är ett Bibliotek, men jag kan inte se in i dom andra, och det ska vi inte göra idag. Men det finns nånting inuti, dom är inte bara där för syns skull. Huhuh, Ophelia är verkligen glad över att vi upptäckte den här platsen idag. Och Siah kommer att bli jätteglad när vi kommer hit. Jag ska hälsa honom från dig, för jag kommer åka hit ifall du inte gör det när du sover, i dina drömmar. Jag ska klia honom på huvudet—det är ett stort huvud, jag vet inte om jag kommer att nå. Han är så snäll, men när han gapar, om du inte visste det, så kanske du skulle tänka, "Oh, hjälp, han kommer att äta upp mig!" Men han bara slickar.

D. Ja, du kan nog röra dig riktigt snabbt, eller hur?

B. Det kan jag, helt klart. Jag kanske leker med honom, jag kanske springer runt och gömmer mig bakom pyramiderna, så han kan hitta mig och jag kan säga, "BUUH!" Han kommer att bli lika upphetsad som med fjärilarna, Hehehe. "Det får vi se", säger Ophelia, för det händer att han tappar kontrollen över sina fötter och vi vill ju inte att han ska välta nånting. Men han är väl omhändertagen. Ja ja, hur som helst, det här har varit en stor lycka och glädje. Jag tror att jag ska åka hit, hehe, jag gillar dom här människorna, dom är snälla och nyfikna.

D. Låter som en väldigt fridfull plats. Jag förstår varför vi åker dit för att vila upp oss.

B. Aah, du åker dit, mest bara för en pratstund - snacka lite med dom, och höra vad som har hänt på sistone, småprata lite och se vad dom har för sig. En trevlig gemenskap, som vänner, familj, en som man vill ha. Och det är också därför som du har känt dig lite avskild *(i mitt liv),* för du vet hur det känns när det finns en genuin omtanke och gemenskap, och det känner du inte alltid här (*på Jorden*). Men det finns faktiskt, du måste bara hitta det. Här är allt mer som tänkt, men på Jorden är det som, "Varför säger folk saker för att få andra att må dåligt?", till exempel. Så gör dom inte här.

D. Eli sa att jag inte går in i en kropp på Etena, jag projicerar mig dit.

B. Aah, ja, jag kan inte se dig här. I den här lilla kolonin ser alla likdana ut, jag tror bara inte att dom lämnar. Jag tror att dom är lokalbefolkningen här, typ, och Siah går ingenstans.

D. Så dom är inte inkarnerade där?

B. Dom finns där, men dom går ingenstans. Du verkar komma och gå. Och du har det här paret som tar hand om Siah åt dig. Vi borde nog åka hit, och vi borde gå in i pyramiderna. Oh, Ophelia säger att här är vi alla lite för snabba i vändningen, hahaha.

D. Allt i sinom tid.

B. Allt i sinom tid, vad det nu än betyder. Oh, okej, okej, det här är nog allt för idag, vi utforskade nånting nytt idag, nytt för alla, och jag är glad över att inte bli utestängd. För det här hade jag inte velat missa! Det finns gott om ställen att åka till här. "Det får vi se," säger Ophelia.

Djungel-Bob (7 oktober 2018)

Bob försökte lura mig genom att skicka fram Ia först, men hon bara log och gjorde inga av de karaktäristiska ansiktsuttrycken som jag har lärt mig att Bob alltid gör var gång han tar över kontrollen. Så jag visste att det inte var han, trots att hon ingenting sa, och vi skrattade lite åt det. Efter att Ia klev åt sidan och Bob kom in började han sitt anförande med att berätta hur andevärlden alltid kommunicerar med människorna via skorstenen *(energifältet ovanför hjärnan).* Även om vi i vaket tillstånd är ovetande om de små andarna från den andra dimensionen, som tar hand om och beskyddar sina skapelser, så hör vi dem på något vis ändå, högt och tydligt.

B. HUH HUH AH! Det var en överraskning, eller hur? Du trodde att det var jag, men det var det inte!

D. Jag visste att det inte var du. Jag antog att du skulle komma, men jag förstod att det var Ia redan innan hon började prata.

B. Aha. Aha.

D. Hon gjorde inga av dina miner, låt oss bara säga det.

B. Aha. Jag kanske behöver jobba lite på det. Jag kanske behöver ta kamouflagelektioner? Jag kanske borde lära mig teater? Oh huhuh. Ah. Jag ska ta en teaterkurs, kanske med Ophelia och Julia, och bara försöka lära mig hur jag ska kamouflera mig. Det kanske jag ska.

D. Varför skulle du vilja vara kamouflerad?

B. Bara för att nosa runt lite på andra ställen, inkognito kanske. Du vet, jag tror att det kan vara skoj. Jag tror att det kan finnas såna klasser, hos Ophelia kanske, eftersom dom är väldigt mycket för sång, och du vet - teater.

D. Men inte så mycket i vårt labb.

B. Jag har faktiskt aldrig sett dig i nåt skådespel, i ditt labb. Och dom andra är också ganska seriösa. Men i det här fantastiska skådespelet *(Jorden),* skulle jag absolut vilja vara med och spela olika roller. På samma sätt som du gör när du tar en fysisk kropp här – du klär dig passande efter omständigheterna. Den här försöker ständigt spela en roll, som teater, och säger, "Vad kräver den här rollen av mig? Oh, jag ska klä mig så här, och jag ska ta på mig den här personligheten." Jag får aldrig en chans att vara nån annan, på samma sätt som ni. Jag tror att det kan vara roligt. Den här pratar mycket om det, så det är därför som jag tror att jag kanske vill göra det.

D. Du kanske kan vara en liten trädgårdsmästare.

B. Jag tror att jag skulle vilja ha huvudrollen som upptäcktsresande, en som korsar haven och upptäcker en ny kontinent. Jag kanske skulle vilja vara som han i den där filmen, typ en Indiana Jones-kille.

D. Ja, det är så du är, för det är inte alltför många på den Andra som reser som du gör. Du behöver bara en hatt och en piska!

B. Ahahaha! Jag kan vara Djungel-Bob! Huhuhuh. Aah, jag kanske skulle ta och skriva en liten historia om det; vad skulle jag göra om jag fick välja en inkarnation? Först skulle jag vilja vara Djungel-Bob! Jag ska nog faktiskt skriva om det. För småstjärnorna, dom går ju inte in i kroppar, bara smälter samman med träd och djur och så vidare, och dom kanske skulle tycka att det här är en fantastisk undervisning. Som en storartad och underhållande roman!

D. Det är ett bra sätt att undervisa.

B. Det är ett utmärkt sätt att undervisa, och jag är full av idéer om hur man undervisar. Jag tror att det här skulle bli super!

D. Många småstjärnor observerar eller interagerar aldrig med människor, eller hur?

B. Alltså, dom ser när en människa går förbi. Om dom är i ett träd, och som vi sa tidigare om att göra upp eld på ställen där det inte är lämpligt, då ska dom skicka ut sina tankebubblor till den som gör det. Så du vet, människorna kan faktiskt upptäcka tankebubblor från småstjärnorna i träd.

D. Verkligen?

B. Absolut.

D. Kan vi upptäcka tankebubblor från de små i vår växt? *(Vi har en liten växt i vårt hem som växer ovanligt bra, och Ophelia sa att det är småstjärnor från den Andra som hade kommit för att smälta samman med den växten, som en gåva till oss.)*

B. Absolut. Den här *(Christine)* gör det.

D. Vad säger de?

B. Det är som ett dagis, säger hon. Ophelia säger att det låter som ett dagis. Det är mycket prat, som ett stort mummel. Den här har ännu inte uppfattat dom enskilda bubblorna, eller dom olika tonerna i den, bara den kollektiva tonen. Men hon här kan ställa in sig och lyssna på dom. Dom är som mini-mig.

D. Mini dig?

B. Precis. Så, jag ska absolut, jag ska absolut skriva en fiktiv berättelse om mig i djungeln.

D. Du kanske bestämmer dig för att du gillar att vara författare och fyller ditt lilla Bibliotek med böcker.

B. Aah. Gergen och Ole, dom har en massa böcker.

D. Oh, som läroböcker och romaner?

B. Precis. Läroböcker men även dagböcker från olika platser som han *(Ole)* har rest till. Honom är jag EXTREMT intresserad av, och jag försöker kika in och boka ett möte på hans kontor. Men varje gång jag försöker göra det så dyker Gergen upp. Så jag är inte säker på om det är tillåtet.

D. Oh, det är nog tillåtet, han vill bara hålla koll på vad som händer.

B. Jag vet inte. Jag är lite listig också, men det är bara för att jag känner att det finns större mysterier som ännu inte har avslöjats. Och jag är väldigt angelägen att lyssna på vad andra också har upplevt, när dom var en slags Djungel-Bob, nånstans. Jag är fortfarande väldigt intresserad av att åka till Siah, och jag har faktiskt fått höra, efter ett flertal klagomål från min sida, att vi faktiskt SKA åka!

D. Bra! Du och jag? Det blir...

B. (*Avbryter*) Och den här. Den här har vänner där uppe *(på Etena)*, i Biblioteket där uppe, dom är förmodligen dina vänner också. "Jag gillar att åka dit" säger den här.

D. Det är en plats för avkoppling för oss, eller hur?

B. Det kanske är som ett spa.

D. Använder vi en stor del av vår energi när vi åker dit?

B. Större, mer. Det är ett ställe där dom lagrar dokument, sa du, och eftersom det bästa jag vet är att få ny kunskap, så är jag väldigt angelägen om att få följa med. Det finns ett jättestort lager av kunskap, när det kommer till rymdresor och astrala resor till olika destinationer, säger den här. Det är därför vi ska åka, säger Ophelia, det är dit vi ska bege oss härnäst. Där finns hyllor på hyllor på hyllor om olika resmål och olika sätt att resa. Det finns olika Bibliotek eller lagringsutrymmen där kunskap förvaras, inte bara under det stora Biblioteket i valven *(på den Femte)*, utan det finns, utspridda i andra världar, i andra kosmiska akvarier. Olika ställen eller centra där varierande typer av kunskap lagras, och här har det att göra med sätt att resa och resmål. Så vi ska åka, sa den här och du sa att vi ska hälsa på Siah och besöka Biblioteket. Det är egentligen inte ett Bibliotek, Ophelia säger att det är mer som ett center. Det är vad hon kallar alla dom här platserna. Det finns en mängd centra i alla kosmiska akvarier som lagrar rapporter om olika aktiviteter, och Skaparen kan ta del av dom och få all information som behövs om den specifika åtgärden eller platsen. Om det är ett område av geografiskt intresse.

D. Så vem underhåller Biblioteket där? *(Vi har lärt oss att det är en liten grupp andar från den Sjunde, Shea.)*

B. Hos Siah? Siah gillar att sitta utanför, han går inte in, så han sitter där ute, men det finns dom som är vitklädda och dom har som guldprydnader eller typ ett halsband. Större än ett vanligt halsband, det täcker hela bröstet och har olika guldmedaljonger, förmodligen kopplat till vart, inom det här centret, du har tillträde. Dom ansvarar för att organisera dokumenten.

D. När du en gång har fått åka dit, tror du att du kommer att få resa tillbaka när du vill? Vad säger Ophelia?

B. Det tillhör det okända, men det är en belöning, sa hon.

D. Det skulle vara trevligt om du kunde besöka Siah när du ville.

B. Men jag reser inte själv, så du vet, det blir när du har tid.

D. När vi bestämmer oss för att resa någonstans, hur går det till? Hur tar vi oss egentligen från en plats till en annan?

B. Först fick du mig att somna. Mina första resor från den Andra, det var precis som att jag gick in till mitt eget rum därhemma och liksom gick in i ett sömn- eller transtillstånd. Därifrån förvandlade jag min energi, och i början fick jag hjälp av Ophelia till hennes plats, på samma sätt som du också gjorde. Men jag minns inte att jag gick genom nån dörr, så där i början. Jag blev typ upplockad och hämtad. Efter det...

D. Du måste lämna en del av dig själv, en passiv partikel så att du kan dra dig fram och tillbaka?

B. Jaa, men jag har ingen passiv partikel där Siah är, men så snart som jag har det, skulle jag kunna gå, ungefär som jag kan gå till ditt valv. Men jag kan inte gå dit utan inbjudan. Det måste man fortfarande ha, även om du lämnar en passiv partikel där. Så det är inte så att du kan åka överallt, och jag kan inte bara resa fritt. Jag har inte lämnat en passiv partikel där mitt solsystem finns till exempel, så dit kan jag inte heller åka. Men jag kan titta på skärmarna i ditt labb.

D. Vad sägs om någonstans som 4H-gården.

B. Dit kan jag såklart resa. Den finns i vår egen verklighet, den finns i den andra dimensionen. Men om du tänker på varje andlig dimension, så är den också som ett kosmiskt akvarium, och Växthusplaneten finns också i det akvariet. Så DU kan inte gå dit, för du har inte nån passiv partikel där. Så det är inte en planet på samma sätt som Jorden, det är en "planet" eller en destination som finns inom den andra dimensionens vibrationsfält.

D. Jag förstår det.

B. Så dit kan jag åka när jag vill. Jag behöver inte gå i dvala eller vänta på att nån ska bjuda in mig, för det är min egen verklighet. Men om *du* skulle gå dit, skulle du behöva bli inbjuden, och du skulle inte kunna gå till den andliga aspekten av den verkligheten. Och när jag går till ditt labb är det en slags manifesterad del av din verklighet, och dit kan jag bli inbjuden. Isak, han verkar kunna resa utan inbjudan - det är mitt mål!

D. Han har ett passerkort överallt?

B. Han har ett passerkort till överallt, så han behöver inte ha en inbjudan.

D. Hur är det med Ophelia, hon måste också resa mycket?

B. Hon har förmodligen obegränsad behörighet. Det betyder att det är samma som jag har i min vibrationsverklighet på den Andra. Men när du väl nått en viss nivå är jag säker på att du bara kan resa fritt vart som helst.

Avancerad Bubbelträning (10 december 2018)

När Bob gick för att utforska platsen där vi hade installerat hans solsystem, reste han i en skyddande sköld av energi som Jeshua hade skapat åt honom. Det var som ett stort klot omkring honom, en bubbla fylld med något gasliknande material. Nästa steg i hans träning är att faktiskt integrera det skyddande lagret runt sig själv. Han lär sig reglera sin ljuskapsel till ett tunt lager, som en buffert mot de energivågor han kommer att möta när han reser genom olika verkligheter. Han uppmuntrades att behärska denna teknik eftersom det var det enda sättet han skulle kunna besöka mitt husdjur, Siah. Ophelia hade hängt en morot framför honom när hon gav honom en detaljerad förhandstitt på planeten Etena och dess invånare.

D. Gergen nämnde att du är tillbaka i bubbelträning?

B. Aah.

D. Vart ska du åka?

B. Jag ska åka och träffa Siah.

D. Äntligen!

B. ÄNTLIGEN! Det tog lång tid också. En annorlunda slags bubbelträning, ett annat sätt att resa.

D. Är det en annan typ av bubbla?

B. Nää, den är samma, det är bara att den skapas annorlunda. Inte en annan bubbla, det är samma bubbla, men den hanteras olika. Jag ska åka och samla in data från Biblioteket och jag ska leka med, och ta hand om, Siah också.

D. Så kommer du att resa i din bubbla och komma ut när du är framme?

B. Du säger att jag ska gå ut ur bubblan när jag är hos Siah, "Du kommer inte att flyta runt i bubblan när du är där, det är bara ett transportverktyg för att ta dig igenom energibarriärerna." Jag ska prata med vänner där uppe. Du säger att dom är som dokumentväktare, och att vi ska gå och titta på vissa skrifter om, i synnerhet det här universumet, men dom har rullar över alla möjliga saker, föreställer jag mig. Så jag ska åka dit. Det finns en vän där som jag ska träffa, säger du, en av dina vänner kommer ta hand om mig. Men jag antar att du också tänker åka med, och kolla att jag sköter mig.

D. Jag måste nog gå och hälsa på Siah.

B. Så jag tror att vi ska åka båda två. Under tiden tränar jag på att förvandla min energivarelse på ett lite annorlunda sätt, så att min bubbla transformeras. Du är försiktig med ordvalen, men du säger att bubblan på nåt vis ... inte att den upplöses, för du är försiktig med det ordet, utan att den drar ihop sig. Det är som att jag går in i bubblan och sen BLIR jag bubblan, så det kommer att vara annorlunda. Det är så du reser, säger du, "Alla kommer i en slags bubbla." Det är bara det att nu kommer jag att vara bubblan. Första gången svävade jag omkring inne i bubblan och rörde mig fritt inuti den. Nu säger du, att dit vi är på väg härnäst, behöver jag inte bara flyta runt i bubblan, nästa nivå i inlärningsprocessen är att jag blir..., bubblan blir jag, den suger ihop sig runt mig.

D. Wow, så du kommer att bli skicklig på att resa, kommer du att kunna göra det när du vill?

B. Det har jag inte fått veta. Men jag ska fråga!

D. Jag skulle anta det, för när du väl lär dig hur man gör det, kommer du snart att kunna flyta runt med den.

B. Ahh! Den här *(Christine)* är som, "Okej, nu är du redo för dom riktigt stora resorna, Bob." Och jag tänkte: "Vart går dom?" och han sa, "Först lär du dig hur du drar ihop dig och blir bubblan, och sen finns det ingen bubbla längre." Och jag tänkte, "Ett liv utan en bubbla, hur kommer det att vara?" Men han sa, "Du undrade varför vi inte reste i vår bubbla, men vi får den bara att krympa ihop runt vår själsenergi och vi blir bubblan. Vi lär oss hur den specifika skölden kan kontrolleras och justeras, och det är olika, beroende på vart du vill åka. Du har din bubbla och du får den liksom att omsluta dig, men du justerar komponenterna och utförandet, baserat på vart du vill åka." Så han sa, "Om du vill resa till andra sidan av mittpålen," och jag var som, "Absolut! Jag är med! Om alla andra åker vill jag det också." Men han sa, "Det är en helt annan sköld." Först och främst, måste jag lära mig att inte vara rädd när bubblan krymper runt min varelse, för det var läskigt måste jag säga.

D. Första gången det hände?

B. Aah. Jag gick in i bubblan, och Jeshua sa.... första gången sa han, "Jag ska få det att snurra lite, Bob, men du inuti kommer inte att snurra." Nu sa han, "Vi kommer att få den att krympa lite, Bob, det är inte så att du kommer att kvävas där inne, men det kommer att kännas som att bubblan kommer närmare. Det är för att den kommer att bli som en andra hud." OHHHH! Så, det är där vi är nu.

D. Har du redan gjort det?

B. Lite grann, men den har inte kommit hela vägen ända in. Det känns lite som att vara instängd. Men han sa, "Det är samma sak, samma procedur. Du kan fortfarande komma in och ut när du vill. Det är så här du förändrar dig och reser. Det här är det enda sättet, Bob, som du kan besöka Siah." *(Då gjorde han ett suckande ljud som om han byggde upp mod.)* Så, det är vad jag gör, och jag är nu i den fasen av träningen. Fast den har inte omslutit mig helt än.

D. Gör du det här i vårt labb, eller i bubbelrummet, eller var gör du det?

B. Det är i klotrummet, där bubblan är parkerad. Men det var min bubbla, jag förväntade mig inte ALLS att den skulle förändras! Jag trodde att det här skulle vara min bubbla för alla möjliga slags resor. Jag var också lite undrande eftersom DU inte har nån bubbla. Men det hade du också en gång, det är bara det att nu är din bubbla som en andra hud. Vi kommer att diskutera det här mer, säger Ophelia, för det är så man reser och åker omkring, med den här specifika tekniken.

D. Människor kan väl inte göra det här?

B. Nej, du har din hud.

D. Men om de är utanför kroppen, som med en UKU *(utanför-kroppen-upplevelse)* eller en nära-döden-upplevelse?

B. Inte samma sak. Så, hur som helst, det är i alla fall vad jag håller på med nu. Träning med Jeshua, och du är såklart också där. Och den här skrattar, för han ... jag hänger typ upp och ner och jag vet inte om jag ska vara upp och ner. Och du kom in och sa, "Varför hänger han där, upp och ner?" Och den här var som, "Vi leker lite." Och jag frågade, "Är det inte meningen att jag ska vara upp och ner?" Och du sa, "Nej, du behöver inte vara på nåt speciellt sätt, det här handlar inte om att vara vågrätt, lodrätt eller upp och ner." Så jag vet inte vem som spelade mig ett spratt och fick mig att vara upp och ner?

D. Jag är ganska säker på att det var Seth *(Christines Höger Jag).*

B. Aah. Hur som helst, jag ska gå nu, men så här långt har jag i alla fall kommit.

D. Det är fantastiskt. Jag ser fram emot att höra om Siah och dina resor.

B. Aah, jag är snart på väg. Efter att jag har lärt mig bemästra det här. Hej så länge, och jag kommer att fortsätta min träning, men nu vet jag åtminstone att jag inte behöver vara upp och ner.

D. Seth är en bråkstake. Retas alltid.

B. Han är en spelevink. Skämtare på alla möjliga nivåer, älskar att retas. Jag är ungefär likadan, så jag får skylla mig själv.

D. Du är också en lurifax, för du lurade mig med Ia förra veckan, när hon kom in och låtsades vara du.

B. Jag är också lite filurig. Så han och jag är ganska lika, så jag blir inte arg, men det är som, ”NEDRANS jag gick på det igen, jag behövde inte vara upp och ner.” Och så kommer du in, ”Varför är han upp och ner? Varför hänger han där?” HUHUHUH, den här skrattade, det var vad Seth gjorde, han bara skrattade.

D. Vi har åtminstone roligt tillsammans.

Krympanpassa Bubblan (16 december 2018)

Några veckor senare fortsatte Bob berättelsen om sin träning. Hemma i labbet skojar Seth ofta med honom för att få honom att skratta eller känna sig mindre orolig, som när han hade hängt Bob upp och ner när han övade på att skapa ett lager av energi runt sin själsenergi. Alla andar som reser måste lära sig hur man gör detta, och att söka tystnaden inom sig kan i viss mån vara användbart för dem som gör utanför-kroppen-expeditioner inom vårt kosmiska akvarium.

B. Så jag är verkligen ... jag går för närvarande fokuserat framåt i min bubbelträning, eftersom jag är väldigt angelägen att få åka. Jag vill åka och träffa Siah, och för att jag ska kunna göra det måste jag komma över den här känslan av att vara instängd i min bubbla, som ska krympa runt min varelse och bli som en andra hud.

D. Den här låter dig inte fortfarande hänga upp och ner, väl?

B. Nää! Nää, det var lite lurigt. När jag kom ner petade jag lite på honom och sa, "Du lurar mig hela tiden!" och han, "Det är bara för att göra din träning lite roligare, få dig att slappna av och för att få dig att inte vara så stressad eller hajpad över saker. Bara få dig i en lite mer avslappnad sinnesstämning." Han vet att jag lär mig bättre när jag är lite glad och skrattar, för det avväpnar mig, säger han. Så han hade en agenda där.

D. Uppskattar du det, eller stör det dig?

B. Nä, det stör mig inte, för jag vet att hans plan är att distrahera mig, bort från min känsla av rädsla i det här fallet, så han skojade bara.

D. Vi skrattar åt hur du och den här kivas med varandra.

B. Det är för att han känner mig och förstår hur jag är. Men jag förstår också varför jag inte alltid kan vara med honom, eftersom om jag var det, om jag alltid var uppspelt och inte fokuserad, då skulle jag gå miste om dom större lärdomarna och stillheten. Du sa att för att jag ska kunna bli en stor kosmisk ingenjör, måste jag förstå punkten av stillhet som finns i all materia. Och det har varit lite besvärligt under min utveckling, inte bara med dig, utan det är det här med tystnaden. Som jag sa med ägget, att man måste vara tyst. MEN, den här kommer in ibland för att peta på mig och skämta, för han ser att en del saker stressar mig, så han försöker bara avleda mig genom att ha hyss för sig.

D. Så vi jobbar liksom som ett team?

B. Precis. Den här är inte kvar hela tiden, han är upptagen. Han är alltid i rörelse, åker alltid omkring till platser, så han kommer bara snabbt förbi och hänger mig upp och ner och skrattar och sen går han. Han mer kommer in och göra en snabb grej och sen är han borta igen. Du är kvar med alla detaljer och frågor, som hjälper mig att hålla ut. Så det är mer som att, om jag skulle jämföra, så är han som en vind som bara sveper förbi och sen på väg igen nånstans, och man vet inte när han kommer tillbaka. Sen, när du minst anar det, oohh, då kommer han igen och säger eller gör nåt, eller bara släpper nåt i knät på mig. Han är alltid i rörelse.

D. Lite som här också.

B. Alltid på väg till olika ställen. Och så försöker jag fråga, "Vart är du på väg? Får jag följa med?" men han säger, "Nej, jag är precis på väg, och du ska vara här," och jag säger, "Vad jobbar du med?" och han säger, "Jag jobbar med mina kartor, jag måste resa." "Resa vart då nånstans?" undrar jag. "Olika ställen." Han är rätt vag. Fast vid ett tillfälle sa du till honom, att inte bara komma in och visa en massa saker och sen försvinna. För du är kvar själv med alla mina frågor. Och ibland när jag frågar, "Så vad gör han? Vad är alla dom där kartorna till för?" då försöker du distrahera mig, "Titta här, Bob, idag ska vi skapa en måne!" Och då tänker jag, "Oh, ska vi göra en måne?" och så glömmer jag allt annat. Men sen minns jag igen. Jag är lite sån, nånstans finns det liksom kvar.

D. Så hur fortskrider din bubbelträning?

B. Det går faktiskt bra. Jag har nästan låtit den omsluta mig helt nu. Men problemet är – när det händer så lämnas jag helt ensam – och då undrade jag, "Varför då?" Och du sa, "Likadant som när du går in i din ljuskapsel, är det meningen att du ska lära dig att navigera och generera energi i den här bubblan, som du är innesluten i, innan avfärd." Så det är inte bara *(gör ett sugande ljud),* att få den att krympa och sen iväg. Jag måste lära mig att utstråla min energi så att den fylls på rätt. Så det är inte alls meningen att jag ska sova här inne nu.

D. Du sa att vi alla har en liten bubbla omkring oss, sådär, när vi reser?

B. Ni hade nog också en gång en bubbla som min, det är jag rätt säker på.

D. Så vad exakt är syftet med denna bubbla?

B. Den gör att jag inte påverkas när jag rör mig igenom olika lager, säger du.

D. Så din varelse interagerar inte med dessa fält?

B. Nä, men jag är helt vaken. I bubblan tog bubblan smällen av dom olika vibrationsfälten när vi gick igenom. Men nu kommer jag att vara vaken hela tiden, så den inte hamnar ur kurs och jag kommer att vara helt med och uppleva allting.

D. Det kräver nog lite träning.

B. Precis. Så vad som händer nu är att jag är ensam, när den här skölden har omslutit mig, och då justeras den för dom olika händelser som kan komma i min väg, säger du. Så du lägger in olika situationer i klotrummet, du lägger inte bara in sinnesintrycken, utan det visuella också, det jag kommer att uppleva när jag reser till Siah. Så nu tränar jag för vad som kommer att hända, så jag inte flippar ur. För det finns liksom inget räddningsteam som det gjorde med bubblan, eftersom bubblan på nåt sätt var fjärrjusterad och styrd nån annanstans ifrån. Men nu är det JAG som sitter vid spakarna.

D. Så du är som din egen lilla rymdfarkost?

B. Jag är min egen rymdfarkost, precis.

D. Jag ska resa med dig, eller hur?

B. Absolut. Men nu tränar jag för att lära mig hur det kommer att kännas när vi är på väg, men också vad jag kan tänkas uppleva och se. Du sa, "Det är inte bara en utflykt för att se dig omkring, som på en film, du är också här för att göra nytta." Så när jag reser, om jag upptäcker ett ställe där melodin klingar falskt, måste jag göra anteckningar, så det kan justeras när jag kommer tillbaka. Och det är på det viset man reser, säger du. Du är inte bara på en söndagsutflykt.

D. Så det är därför många andar reser genom dessa olika verkligheter för att leta efter problem?

B. Jaa, det stämmer. Och många själar här har en känsla av att bara flyta omkring, som i meditationer och så, hur dom bara flyter omkring i rymden. Det är ett minne av hur dom specifika själarna har rest omkring och varit med om olika händelser runt om i olika kosmiska akvarier, normalt det här *(vårt Universum)* och hur dom känner sig väldigt bekanta med att flyta omkring och rapportera. Men det är inte bara som en trevlig utflykt och se sig omkring, det handlar också om att vara uppmärksam på olika problem; det är därför som alla dessa små kapslar är ute och far omkring i dom kosmiska akvarierna.

D. Det är helt fascinerande! Så när du kommer någonstans som Siahs plats, kan du ta dig ur din bubbla?

B. Jaa, när du når destinationen som du har bestämt dig för eller som du fått lov att resa till. Men det är inte så att du kliver ur den, utan det är helt enkelt ett sätt att vara och ett sätt att existera. Så du säger, "När du senare reser till en annan plats eller när du vill gå tillbaka, då går du bara in i den vibrationen igen, du förvandlar din mentala förmåga och återskapar den här skölden från din mittpunkt."

D. Är det så vi ska resa, som när Elahim kom till Jorden som Anunnaki?

B. Precis, precis. Så, inuti din sköld på den tiden var du i den formen som du trivs bäst med, och så länge som skölden var på skulle det se ut som att du var hälften-av-var. Så fort skölden inaktiverades återtog du gestalten som fanns inuti din kapsel, som såg ut som Anunnaki. Det är egentligen inte så knepigt, sa du, bara lite. I mitt fall kommer jag att vara som jag är, när jag avslutar eller inaktiverar ... det är lättare att säga det så; du aktiverar och du inaktiverar din resekapsel.

D. Håller du fortfarande på med vanlig bubbelträning?

B. Alltså, inte träning direkt, jag lär mig främst hur jag ska förändra mitt energiväsen. Jeshua sa att det är meningen att jag ska vara lite slumrande inuti bubblan, så jag kommer inte att resa så där helt och hållet klarvaken. Han sa att det är bättre för mig, för om man helt alert så tror man att man måste minnas allt. MEN du är faktiskt mer som en svamp för samlande av information och intryck om ditt sinne går in i ett lite meditativt tillstånd. Så han sa att det är så det kommer att vara -jag kommer inte att sova, men vara i ett slags passivt tillstånd i mitt medvetande. Och det beror på att jag måste lösgöra mitt medvetande för att alla intryck ska komma in på rätt sätt. Och när sinnet är frikopplat från sina vanliga dagliga aktiviteter, det är då som det har förmågan att bli helt uppfyllt. Så det är på det viset du måste vara, och det är samma sak med människan. För ditt sinne är ständigt på helspänn med alla dessa signaler som kommer in från typ internet, telefoner, och alla ljud omkring dig. Ditt sinne sover aldrig, det är aldrig tyst. Så snart som sinnet tystnar lite, inte nödvändigtvis att du sover, då har du förmågan att ta emot signaler och bilder omkring dig korrekt. Och det är vad jag ska göra i bubblan, sa han.

D. Det låter helt fantastiskt. Jag tänkte på det medan du pratade, hur det relaterar till en människa och meditation, eller att gå in i det där mörka tomrummet.

B. Du måste tysta ditt sinne, och när det är tyst då har det förmågan att förstå signalerna. Det är som att signalerna då inte rör sig lika snabbt, och du kan se dom för vad dom är. Och signaler kan vara verbala eller brus, men det kan också vara bilder eller intryck omkring dig. Men om du är på helspänn så kommer dom bara in, nästan som missiler och orsakar skada, eftersom sinnet inte är så stort och magnifikt som det kan vara. Det kan inte hantera missiler. SÅ, om du stillar ditt sinne, om du går in i tystnaden inom dig och har dina ögon vidöppna så du kan se allt och du kommer att kunna förstå vilken signal som är sann, och vilka som bara skapar förvirring, dom som bara är missiler. OCH, om du ser dom, då har du möjlighet att välja att inte bjuda in dom i ditt system också. Men om du inte känner skillnaden kommer alla att komma in, både missilerna och dom äkta. Och missilerna skapar mer av kratrar än dom sanna, och INGEN kan undgå att lägga märke till kratrarna.

D. Det var precis det som Ari talade om.

Jeshua föreläser om att resa (6 januari 2019)

Som en del av sin träning för att resa till Etena tog Bob en introduktionskurs tillsammans med några andra elever som också förberedde sig för att resa någonstans. Jeshua hade samlat dem i en föreläsningssal med bildskärmar likt ett planetarium. När Bob väl hade etablerat sin kostym tyckte han att han såg ut som en jordnöt, så han kallar för alltid sin skyddssköld för sin jordnötsdräkt.

D. Så, vilka anteckningar har du idag med dig för din bok?

B. Jag är inte säker på om det här ska finnas med i boken, men jag har faktiskt slutfört min bubbelträning, hur bubblan blir jag.

D. Oh? Hur kändes det?

B. Oh. Jag kan tänka mig att det är så det känns att vara en jordnöt. För jag ser ut som en jordnöt i min dräkt, och jag sa, "Ska jag vara så här? Ser *du* ut som en jordnöt när du reser?" Och du sa, "Nej, jag är mer lite oval, som en cylindrisk form."

Och jag undrade, "Varför fick jag en jordnötsform?" Och du sa, "Det beror på det inre, på melodin. Det är inte som att vi ger dig ett skal, det är din varelse som skapar skalet." Och jag sa, "Vill du påstå att jag ser ut som en jordnöt?"

D. Så, den är lite bullig i ändarna och tunnare i mitten?

B. Precis! Precis!

D. Det förvånar mig att du inte ser mer ut som en kotte.

B. Jag ser ut som en jordnöt. Så här kommer jag tydligen att se ut. Jag vet inte om det är så här som det Mästerliga Medvetandet ser på mig, som en jordnöt. Men det är bekvämt i den här dräkten, och jag har gått på föreläsningar om hur resor upplevs, när man rör sig genom olika vibrationsfält. Som för att min jordnöt inte ska besväras lika mycket, och för att det inte ska bli så obehagligt för mig, måste jag möta dom rakt på, med huvudet före. Det är som att besegra dina rädslor och det är mer kännbart som en jordnöt än det var i bubblan, eftersom bubblan var ett klot som liksom tog smällen.

D. Och du somnade liksom ibland, eller hur?

B. Det var du som fick mig att somna där inne, jag vet inte hur det annars gick till. Men det gjorde jag faktiskt, så jag behövde inte besegra några slags intensiva upplevelser.

D. Vem håller föreläsningarna?

B. Jeshua.

D. Han är duktig på det.

B. Han är bra. Det är flera här, men dom ser inte ut som jordnötter. En är lite rund, jag vet inte var dom andra kommer ifrån, han är röd och rund. Jag ser ut som en brun jordnöt. Men vi sitter här, jag har dig bakom mig och alla andra har sin person bakom sig. Så vi sitter här, och Jeshua är där *(nickar framåt)*, det är som en föreläsningssal med en stor samling åhörare och han har en enorm skärm bakom sig. Han skulle visa oss olika nivåer som vi kunde resa till, sa han. Jag tror inte att alla kommer att åka till samma ställe, så det här är nog bara ren basinformation. Och Jeshua sa, "Det jag vill att ni ska göra, i era dräkter, är att ni förblir vakna och öppna, och att ni möter det ni ser och känner, som kommer i er väg. Ni kommer att ha era handledare eller hjälpare bakom er, så ni blir inte lämnade ensamma. Du kan fortfarande kommunicera med din hjälpare," sa han

D. Så i den här föreläsningssalen, simuleras energivågorna och allt det du kan komma att möta?

B. Ja, se och känna. Jag pratade med Seth innan jag började på den här utbildningen och han sa, "Du kommer att se mycket av det jag känner och ser när jag reser på ljusvågorna." Och sen kom du och avbröt, "Låt honom uppleva det själv."

D. När du väl har kommit på det måste det vara behagligt att resa.

B. Mmm. Jag kan visuellt se det på den här stora skärmen – skärmen är inte platt, den är välvd.

D. Som ett planetarium?

B. Precis. Sen sa Jeshua, "Nu kör vi," och så klev han åt sidan. Först hände ingenting, och jag tänkte, "Det här var ju enkelt", men sen började det komma en massa färger och det var som att färdas i en tunnel, och samtidigt började det vibrera i mitt väsen. "Du kan använda vissa verktyg för att visualisera den här övergången när du reser," sa du. "Du kan använda fåglar, som att du sitter på en fågel. Du kommer att uppleva övergången när du reser genom vissa barriärer, men du kan känna dig mindre ensam om du visualiserar att du sitter på en fågel." Kanske har dom andra nåt annat knep, eftersom dom inte är från den andra dimensionen, så dom kanske inte ens vet vad en fågel är. Men jag vet vad en fågel är, så jag föreställer mig som en stor, vit albatross, och det är den jag sitter på här. Och du sa, "Du kan sitta kvar på den här stora fågeln länge, men så småningom, när du känner dig bekväm, säger du adjö till fågeln, och den kommer bara att sjunka undan och sen fortsätter vi." Det är som dom där styrraketerna ni har på era rymdraketer här, dom som lossnar och faller ner.

D. Så, på något sätt måste du ha en avsikt för, eller kontrollera hur du reser, eller hur? *(Jag tänkte på att faktiskt resa, inte sitta i simulatorn, så min fråga var inte särskilt relevant.)*

B. Aah, jag har kontroll över upplevelsen men inte över omgivningen, och det är det som är så skrämmande, eftersom jag inte vet vilken omgivning jag reser till. Det går ganska fort. Det börjar rätt långsamt, på fågeln, men efter ett tag när fågeln har försvunnit, så möter du allting själv och du måste själv styra. Du roterar faktiskt också när du reser, du färdas inte bara stadigt rakt på. När du passerar genom vissa barriärer roterar du också, sen blir du stilla igen och reser lite plant, så här. Men så fort du kommer till en ny barriär måste du, likt en borr, liksom rotera igenom, och där kommer känslan in av att inte veta hur länge det där snurrandet kommer att pågå. Vissa barriärer är bredare än andra och det är då du måste övervinna din rädsla och bara borra dig igenom, sa du.

D. Så är dessa barriärer mellan olika kosmiska akvarier, eller finns de också inom akvarier?

B. Vi är bara i det här lilla just nu, innan jag kan erövra den stora barriären. Då kommer min snurrupplevelse att bli mer intensiv. Här ger jag dig bara en bild av hur den första barriären kändes som jag plöjde igenom, den som finns runt olika galaxer. Om den skulle betraktas ta typ tio sekunder, så byggs det gradvis upp. Nästa skulle vara som, okej, det här kommer att ta trettio sekunder, och så vidare. Men du säger att när du reser mellan kosmiska akvarier, dom stora barriärerna, har du ingen aning om hur länge du kommer att rotera innan du så småningom kommer ut i det nya akvariet. Ingen vet, sa du. Det är därför du måste navigera inifrån och lita på din inre karta och din inre kompass.

D. Om du någon gång skulle bli orolig, kan du alltid kalla på hjälp?

B. Jag skulle anta det. Du säger det. Erfarenheterna är fortfarande mina egna, men man får lita på att det finns en öppning i andra änden. Beroende på olika förhållanden, normalt sett fastställda av Skaparen, så kan gränserna emellan vara bredare, och du kanske inte vet det den första gången du reser igenom. Så småningom kommer du att hitta olika ingångar och utgångar som kommer att resonera med dig. Första gången, innan du gör det, första gången måste du navigera från din inre kompass. Men jag frågade dig, "När du reser, vet du inte hurdan barriären är? Vet du inte hur länge du kommer att snurra där emellan?" Och du sa, "Jo, nu gör jag det, eftersom jag går igenom på ställen som jag känner till; in- och utgångar." Och jag sa, "Kanske jag kan använda en av dina, om den är välbekant, om den redan är öppen och etablerad?" Och du sa, "Nej, du skapar din egen, med hjälp av alla dina resor igenom skapar du din egen väg. Jag kan inte hjälpa dig att skapa din väg." Och jag sa, "Det var ju olyckligt, för jag skulle inte ha nåt emot att använda din, om den är som en upplyst tunnel." Du sa, "Du kommer att skapa en egen tunnel." Så, det är det som är skillnaden, det är därför man också först måste beviljas vissa saker. Du sa, "När du har rest flera gånger in i ett visst kosmiskt akvarium, då kommer du att känna dig bekväm, eftersom du bara färdas genom din egen tunnel, och den kommer då också att vara upplyst." Jag sa, "Jag har ingen tunnel," och du sa, "Nej, och jag kan inte ge dig en. Det här är vad du måste göra om du vill utforska det som ligger bortom." Och det vill jag.

D. Men när du är klar med din träning, kommer du att kunna åka och besöka Siah?

B. Aah, ja det kommer jag. Jag undrar vart dom andra här ska ta vägen. Du sa, "Bry dig inte om dom andra, försök att vara uppmärksam på din egen resa, Bob. Dom kommer att skapa sin egen tunnel, sitt eget hål. Dom kanske inte ens åker till Siah, det vet vi inte." Och jag sa, "Varför sitter vi då här alla tillsammans?" och du sa, "Eftersom det här är en allmän föreläsning av Jeshua." Jag sa, "När jag går in i den där stora barriären emellan, kommer det nån och möter mig på andra sidan då? Eller måste jag navigera igen, själv?" Och du sa, "Nej, jag kommer att vara där." Sen sa jag, "Jag vill fortfarande gå genom din tunnel, jag ska vara alldeles tyst, du kommer inte ens att märka mig, jag kommer att vara som en skugga, som en liten, liten fluga på din rygg. En jordnötsfluga." Men du sa, "Du kommer inte att kunna passera, ingen av oss skulle göra det, eftersom det är anpassat bara till min kapsel och mitt energiväsen. Om jag förändrades skulle min tunnel också förändras och stängas."

D. Ingen skulle skicka dig någonstans där du skulle vara i fara.

B. Nää. Nä. Men grejen är att du måste övervinna all din oro, och bara lita på att du skapar en tunnel, en passage.

D. Jeshua och jag skulle aldrig vilseleda dig.

B. Nää. Nää- nä, det skulle du inte, och jag ser fram emot att åka. Jag har gjort klart den här utbildningen och nu är det faktiskt dags att ge sig av.

D. Nämen, det är ju fantastiskt.

B. Mmm. Så jag ska snart åka dit och besöka Siah, och jag ska skapa en tunnel, en passage.

D. Det ska bli verkligt roligt.

B. Det kommer att bli jätteroligt, och grejen är ju att du gav mig bilden av Siah och allting i förväg. Så jag fick veta vad jag hade att se fram emot, eftersom det kan kännas lite läskigt det där med att skapa sig en passage...

D. Ja, det är nästa godbit i slutet av tunneln. Jag är säker på att det finns många platser i det här universumet som du kan resa till och utforska?

B. Ja. Efter den här träningen med Jeshua kommer jag att kunna åka in i olika galaxer och verkligheter i det här kosmiska akvariet. Jag är faktiskt intresserad av den här bredvid.

D. Den här galaxen?

B. Nästa. Andromeda, det är mycket aktivitet där.

D. Är det en annan vibration?

B. Olika vibrationer. Samma akvarium.

D. Lite högre?

B. Aah, lite grann. Inte mycket, men lite. Om jag skulle ge dig en bild av nivåerna så ser det nästan ut som breda trappsteg, som trappor. Andromeda är lite högre upp och dit skulle jag vilja åka. *(Det finns breda områden med liknande frekvens intill andra områden med en något högre eller lägre vibration.)*

D. Har det kommit några besökare hit från Andromeda?

B. Javisst, det har det! Det finns vänner där. Vi ska prata mer om det, men nu är tydligen min tid ute här.

Reser till Siahs Värld (8 januari 2019)

Äntligen hade Bob lärt sig bemästra att skapa en skyddande bubbla runt sitt energiväsen, och vi reste tillsammans till Etena i det fjärde kosmiska akvariet. Bob fick lite erkännande för sin prestation, och han var väldigt lycklig över att äntligen få träffa Siah och andarna som reser till eller bor på denna underbart trevliga planet.

D. Hej, Bob.

B. Jag har fått ett diplom! Woohoo!!

D. Gergen sa att du reste någonstans. Vart tog du vägen?

B. Jag klarade mig igenom!!

D. Igenom vart?

B. Till Siah! Jag är genom barriären!

D. Det är ju helt fantastiskt! Berätta om det, för jag är nyfiken.

B. Början var lite läskig, för det var som en stor, grå dimma, men du stod bredvid mig.

D. Var startade du ifrån?

B. Först var vi hos dig, sen drog vi, du och jag tillsammans. Vi drog iväg till, det såg ut som en plattform, men det var inte som en planet eller som ett rum, det var bara en rund plattform framför den där tjocka dimman. Och jag sa, "Var nånstans på hjulet är vi? Är vi på andra sidan pålen?" Och du sa, "Nej, nej, Bob, det är vi inte. Vi ska bara resa till strax här bredvid." Då undrade jag, "Var nånstans ligger det där bredvid?" och du sa, "Det är klockan 4, det är dit vi ska." För jag undrade om Siahs plats är precis på andra sidan den här väggen, eller om det är hela vägen över *(centrala mittpelaren)*, hela vägen över till andra sidan hjulet, men du sa, "Nej, nej, nej, Siah är väldigt nära." Och du sa att ibland, eftersom den här barriären rör sig fram och tillbaka lite mellan fem och fyra, så ibland, säger du, rör sig faktiskt Siah in i den femte verkligheten *(vårt kosmiska akvarium)*. Och det är det som kommer att ske framöver, en samverkan med dom från universum fyra. Dom är varmt välkomna att besöka och delta och undervisa dom som finns i den femte lådan.

D. Jag minns att de sa att Siahs verklighet är mellan klockan fyra och fem.

B. Ja, men du sa att ibland, eftersom den här barriären är rörlig mellan lådorna, så rör sig Siahs värld faktiskt nästan in i den femte, så dom smälter samman. Och jag sa, "Vad är det som avgör det? Varför rör den sig fram och tillbaka som en manet, eller som en klämlåda *(dragspel)*?" Och du sa, "Det är som en klämlåda." Och jag undrade, "Vem är det som bestämmer när den går in och ut?"

D. Det tror jag att du vet.

B. Det sa du också! Du sa, "Det vet du. Det är den stora bossen på övervåningen, innanför pålen." Men jag undrade varför och hur det bestäms och frågade, "Kommer klockan fyra över till fem ibland?" Och du sa, "Ja, precis. Första gången vi var här nere, när vi inte var inkarnerade, då var barriären faktiskt inte så tjock som nu. Den var bara som en tröskel." Så på den tiden var fyra och fem nästan som *ett* kosmiskt akvarium, sa du. Men sen, på grund av olika händelser som ägde rum, utvecklades och uppstod den här stora dimman däremellan.

D. Så har du satt på dig din dräkt nu?

B. Jag är i min jordnötsdräkt. Jag ser fortfarande ut som en jordnöt, det var inte bara en engångsgrej, den blev kvar och jag har min jordnötsdräkt på mig. Jag har boostat min självkänsla inombords.

D. Känner du dig djärv?

B. Jag är en djärv jordnöt, redo för avfärd, även om jag uppskattar att vi gör det här tillsammans. Så vi stod på den här plattformen och det var lite läskigt. Du försökte hjälpa mig, och sa, "Min ingång och utgång kommer att vara precis bredvid din, så även om du inte ser mig ska du veta att jag kommer att vara på din vänstra sida." Du sa att du skulle skicka ut som små små morsemeddelanden så att jag kunde höra dig, även om jag fortfarande navigerade i blindo i den här dimman. Så det kändes som en gåva, för det fick jag inte i träningslokalen. Sen lyfte vi.

D. Så du hoppade in i dimman?

B. Jag trodde att jag bara skulle hoppa in i den, men du sa, "Nu välkomnar du dimman här ifrån plattformen. Du välkomnar dimman och låter den bli du, och du låter dimman liksom omsluta dig och ta dig med." Så vi stod där och sen sa du, "Är du redo, Bob? Nu bjuder jag in dimman." Och jag sa "Okej, jag är redo. Har du satt på din pipgrej?" och du sa, "Ja, den är på." Jag undrade, "Har jag också en?" men du sa, "Jag vet var du är, jag kommer att kunna upptäcka dig. Det behövs inte nödvändigtvis en ljudsignal, jag kommer att känna din energi. Eftersom jag har rest så många gånger, så vet jag alltid om det finns andra som reser i närheten." Men det visste ju inte jag. Sen sa du, "Den är på, så nu bjuder vi in dimman." Och så gjorde du det. Du gjorde som ett slags ljud. Du bjöd in ljudet och sen kom dimman fram, och den hade samma ljud. Så jag antar att du speglade ljudet, och det var som ... *(väldigt svagt)* bum bum bum bum bum bum bum, och dimman svarade på det. Och du sa, "Det är så här du får din tillåtelse, eftersom du kan imitera tonen. Det är inte min melodi, det är dimmans. Så jag vet att jag kan kalla på den, för jag känner till melodin och mönstret som den bär." Sen sa du, "Om jag bara stod här och gjorde ett ljud som, plinky plonk plinky plonk, då skulle dimman aldrig komma. Det är så här man får tillträde", sa du.

D. Så var du också tvungen att göra ljudet?

B. Jag härmade dig lite grann, men du hjälpte till, så jag behövde inte göra det helt själv. Men när dimman kom, var den som du, och den hade samma sång, eller samma melodi, och vi bara liksom uppslukades av den. Hela tiden när jag roterade igenom, hörde jag det där bum bum bum bum bum *(fick ljudet att gradvis spridas ut),* men jag lyssnade också efter din pipsignal, som var annorlunda. Jag hade föreställt mig att det skulle vara tyst, men det var det inte.

D. Så vad hände sen? Dök du ut i universum, eller hamnade du direkt hos Siah?

B. Dimman ändrade färg. Först var den grå länge, och du hade förberett mig att början är marigast, men efter ett tag kommer det att bli mer i min smak, sa du. Så till slut kom jag ut och det var som solskensdimma, och vid det laget började jag se en siluett av dig, så jag visste att vi hade kommit fram. Man är medveten när man reser, men man går in i ett annat perspektiv. Så du är vaken, men agerar i lite av ett transtillstånd. Det är som att jordnöten är i trans, men jag inuti är vaken. Nåt sånt. Och när jag kom ut sken Solen. Och då, då såg jag inte bara din siluett, utan det var som fåglar som kom, en hel rad av fåglar som kom. Och dom var där precis som en ny barriär, dom bara flög omkring i den där solskensdimman. "Dom här fåglarna," sa du, "dom är som väktare för atmosfären runt omkring, dom skyddar den första nivån." Dom är som vårdare eller vakter, så om nån skulle komma igenom som inte hörde hemma här, då är jag säker på att fåglarna vänligt men bestämt skulle eskortera dom tillbaka. Dom är först, det är som att komma till en dörr och knacka på och nån öppnar. Men i den här verkligheten, var dörren en lång rad av fåglar. *(Jag kan bara anta att detta är någon form av andlig manifestation som tar gestalten av en fågel.)*

D. Välkomnade de dig, lät de dig passera?

B. Dom lät mig passera, och sen flöt vi bara i den där solskensdimman, och då kunde jag se platsen, Siahs plats, långt där borta! Och några av fåglarna följde efter, men dom flesta stannade kvar. Inget dåligt kan komma in här när dom har dom här fåglarna, dom är som en skyddande armé. Jag tror att jag också skulle vilja ha såna.

D. Och placera dem runt din planet med individen.

B. Aah, och här *(Jorden)* med, för att vara på den säkra sidan, för det är en helt annan känsla och harmoni, här *(Etena)*. Sen såg jag planeten där borta, och vi var tillsammans och det var några fåglar runt omkring. Du skrattade, "Det var väl inte så tokigt, va?" och jag sa, "Nä, det var det inte. Är det svårare att komma tillbaka?" och du sa, "Ibland är det så. Det beror på vilka upplevelser du hade på platsen du reste till. Om du kände lite hemlängtan, så kan det faktiskt vara lite svårare. Men det kommer att kännas annorlunda när du går åt andra hållet, eftersom du går tillbaka till en miljö där det är lite tätare. Men det har att göra med din upplevelse," sa du. "Barriären är vad den är, men beroende på vad du har känt och upplevt på andra sidan så avgör det lite hur du färdas igenom."

D. När en själ dör på Jorden och de lämnar, går de igenom samma barriär?

B. Det är en skönare känsla att gå från Jorden till andevärlden genom den Fjärde än att gå från andevärlden genom samma barriär. Det är samma sak här. Det beror på den andra sidan, vart du ska nånstans.

D. Så du såg Siahs planet?

B. Det gjorde jag, och jag såg dom som är där. Dom är snälla och vänliga. Jag kom dit och det var en vän till dig som gav mig diplomet. Du och han skrev under det, och det var en liten välkomstkommitté som tog emot mig. Det är bara solsken och alla är glada och alla är bara ...aahh *(han gled iväg i tanken och log belåtet när han återupplevde att vara där).* Först gratulerade välkomstkommittén mig till min resa, min jungfruresa! Whoo whoo. Det var väldigt överväldigande att känna sig så välkommen och bli så uppskattad ihop med känslan av tillhörighet. Och du sa, "Nu ska vi gå och hälsa på Siah." Siah är hos ett par som tar hand om honom. Så vi gick dit, och dom har som trädgårdar och där var Siah. Han låg på rygg med fötterna i vädret och med en fjäril på nosen, och han bara låg där med sina stora tassar i vädret. Och du visslade som en visselpipa, och han vände sig så snabbt att gräset och växterna blev alldeles nedtryckta. Sen så kom han i full galopp, och du skrattade, "Här kommer han! Här är Siah!" Och Siah kom och han bara hoppade och skuttade, han var SÅ lycklig! Han är nyfiken på mig med och nosar på mig. Jag ser inte ut som en jordnöt längre, jag ser mer ut som mig själv nu. Jag behöver tydligen inte vara i min jordnötsdräkt hela tiden, och det är jag glad för.

D. Vilken färg hade du på dig?

B. Jag har en reserock.

D. Vilken är det, den röda?

B. Nej, den är ljusblå, för jag minns att alla här har ljusa färger, det finns inget rött här och jag vill smälta in. Jag ville inte vara den som sticker ut, även om jag gör det ändå.

D. Är de ungefär lika långa, eller längre eller kortare än du?

B. Dom är kortare än dig, men längre än mig. Dom är väldigt lika människor.

D. Hur många kom för att hälsa på dig när du först dök upp?

B. Minst tjugo eller trettio. Dom kom ut från sina arbetsplatser. Några platser är som pyramider, men det ser ut som att dom är i metall. Men jag är trött efter min resa, så vi ska inte gå in och titta nu, säger du.

D. In i Biblioteket?

B. Jaa, Biblioteket. Men vi ska prata med och umgås med dom som bor här. Siah lämnade inte alls din sida, jag ska berätta mer sen. Ah... alla är bara så vänliga och dom har så mycket kunskap här, och dom för register. Det är så mycket aktivitet i atmosfären här, hela tiden kommer det in nya individer som lämnar saker. Flyger in och lämnar saker till det här samhället.

D. Ophelia sa att det är här dom lagrar mycket information om den här världen, vårt kosmiska femte akvarium och även andra akvarier.

B. Aah. För det kommer och går folk hela tiden och det är en massa aktivitet. Det är som, du vet där alla lastbilar kör till och fyller på med frukt som ska ut till butikerna, som ett centralt nav, men det är inte frukt dom lämnar.

D. Lämnar data?

B. Lämnar snabbt data, ett kort snack och sen går dom igen. Jag ser att det är många saker som kommer in här, och jag undrade om det är meningen att jag ska lämna mina anteckningar här. Men du sa, "Inte idag. Idag ska vi bara fira att du bemästrade att resa igenom barriären, och nu ska vi bara njuta och leka med Siah."

D. Vad trevligt.

B. Siah ger liksom en helande energi, så när du klappar honom, utstrålar han som en energi. Det är som att ni två kopplas samman och delar energi, och sen överförs allt som ni vill säga, allt som har hänt sen sist, direkt mellan er två. Jag ska berätta mer sen, för jag ska gå nu. Men jag ska inte gå igenom barriären den här gången, jag ska stanna här ett tag.

D. Nästa gång måste du berätta hur du återvände.

B. Jag är inte säker på att jag vill det, jag kanske vill stanna här ett tag. Min egen plats känner jag ju, och jag vet att jag kan gå tillbaka. Jag kanske vill stanna och se vad det här handlar om, men det är inte upp till mig.

D. Du kanske vill ta med din individ dit och släppa honom så att han kan leka med Siah?

B. Aah, men individen är inte tam, så jag vill inte ta med nåt hit som kan vara störande. Han är inte ilsken, han är bara inte tam, och alla här är tama och organiserade och vänliga, men individen är mer som fri. Jag säger inte att dom här inte är fria, dom är bara mer kontrollerade. Så hur som helst, jag ska gå nu.

D. Grattis, min vän.

B. Grattis till mig! Jag fick mitt diplom, ett till att lägga i mitt...

D. Du kommer att behöva en större vägg.

B. Jag behöver ett större kontor! Jag kanske behöver mitt eget palats! Det är nog vad jag behöver. Oh, nu skrattar Gergen. Oh, okej, jag ska gå nu. Det här var roligt.

D. Okej, min vän. Vi pratas vid snart.

Åter hos Siah (12 februari 2019)

B. Så jag har faktiskt varit tillbaka hos Siah. Som sagt, jag är en upptagen person.

D. Åkte vi tillsammans?

B. Absolut. Jag reser inte själv.

D. Såg vi oss omkring? Vi kanske besökte Biblioteket?

B. Aah, jag ska berätta. Det är enormt, ser nästan ut som en jättelik katedral dit du tog mig. Det är som grå marmor, så här ser det ut - det är riktigt högt i tak och det är en korridor, och på varje sida är det pelare och öppningar som går till olika valv. I den bortre änden, så långt gick vi aldrig, men det är väldigt vackert dekorerat där. Den här *(Christine)* har sett det, han har varit där. Det är som det största universitetet du kan tänka dig, och du kan komma hit och utbilda dig. Som jag sa, det är nästan som ett universitet den här marmorbyggnaden.

D. På vilket sätt är det annorlunda än Biblioteket på den Femte?

B. Det handlar mycket om dom ... dom olika kosmiska akvarierna. Jag menar, det är rätt likt men jag har inte sett alla ämnena än. På nåt vis är Biblioteket på den Femte och det här väldigt lika, men det är mer praktisk kunskap här.

D. Jag trodde du sa att det mer var en fysisk plats?

B. Precis. Det är en fysisk plats. Men alla ser så olika ut här, det är inte som att alla ser ut som dom som tar hand om Siah. Det förbryllar mig. Det är som när jag gick till Ophelias klassrum den där första gången, när jag såg alla dom där olika individerna. Och som jag sa, dom är fysiska, dom är inte i energi här, ingen är bara en energi *(själ)* här. Du förvandlas till den du är, i typ manifesterad variant. Jag ser inte ut som en jordnöt längre. Jag sa, "Om alla ska visa sitt verkliga jag här, måste jag också ha nåt annat. Jag vill inte se ut som en jordnöt i min dräkt." Så jag ser ut som, jag valde en form och ett beteende som passar mig. Alla är faktiskt fysiska här, men alla ser så olika ut. Det är så mycket liv och rörelse överallt, alla går fram och tillbaka och går på lektioner. Så på nåt vis är det som Biblioteket på den Femte.

D. Är det mer avancerat, som för speciellt omfattande studier?

B. Ja det är det. Mycket av det har att göra med kosmologisk undervisning, astronomi. Det handlar också om att skapa kontakter. Mycket handlar om att skapa kontakter och nätverka. För dom verkar väldigt glada att träffas här, som representanter för olika kosmiska akvarier och olika manifesterade verkligheter.

D. Kan du förstå vad de pratar om?

B. Det är som ah - fast det är så mycket stoj och stim, och i Biblioteket på den Femte är det inte så högljutt. Men här är det som att alla träffar gamla vänner och pratar om vad som hänt sen sist, men det sker rätt snabbt. Du är inte där så länge, du kommer och delar information och går på nån kurs, du lämnar saker och lär dig nåt nytt. Lärarna ser ut som dom som tar hand om Siah, men dom som kommer hit, dom ser ut som vuxna, men dom ser annorlunda ut. Fast dom kanske tycker att jag ser annorlunda ut? Kanske dom tittar på mig och tänker, "Oh, vad är det för konstig prick!" Men det är jag inte, jag är bara Bob. Och jag är där med dig, och vi går runt och jag ser möten överallt. Du säger att vi ska träffa några av dina vänner från ett annat kosmiskt akvarium. Du kallar dom Tallock och det är typ sju som är här och träffas och bara pratar om vad som hänt sen sist. Du pratar om olika saker som händer på Jorden och dom skrattar lite för dom tycker att det är lite primitivt! Huhuh, dom klappar dig lite på axeln och säger, "Det är verkligen bra att du reser dit."

D. Alla säger att Jorden är primitiv.

B. I det här läget handlar det om att höja medvetandet här *(på Jorden)* och det är det som du berättar för dom. Att du försöker öka ljuset i medvetandet, hjärnan, för att man ska kunna nå en högre, mer avancerad kunskap i framtiden. Så du jobbar för att skapa bättre villkor och kroppar, till exempel för dom tre som ska åka sen *(det finns tre små Elahims som är på väg till Jorden, vilket kommer att diskuteras i nästa kapitel).* Så du vill vara säker på att när dom kommer ner med annorlunda kunskap och lärdomar, så ska medvetandet och ljuset i hjärnan var annorlunda och matcha dom som kommer in. Och du vet vad det handlar om, men jag vet det inte helt och hållet än - men du förbereder det. Både Ophelia och Isak kommer också att jobba med det, för det handlar också om DNA och ljuset inom DNA, eftersom vissa strängar i kroppen har stängts av. Du förklarar att det är en total biologisk och fysiologisk förändring som kommer att äga rum, och att människans uppgradering är beroende av att vissa invärtes justeringar har gjorts i förväg. Som det mentala, att du oftare navigerar från din mittpunkt, för att kunna se bortom vissa illusioner som människor idag är snärjda inom. Och det verkar vara lite brådskande, eftersom du vet att det ska komma in olika själar som kräver en synnerligen annorlunda hjärna och kropp. Så du har en agenda här och du pratar om det projektet och uppgraderingen av fordonet.

D. Tallocks har faktiskt talat igenom den här tidigare.

B. Aah. Jag är – jag är – jag är också med här! Jag är också med! Jag har inte blivit förbisedd, jag står här bredvid dig och jag är nyfiken. Dom verkar trevliga -dom ser annorlunda ut, måste jag säga, men vid det här laget dömer jag inte, jag har sett så många saker, ska du veta, att vid det här laget blir jag inte ens förvånad, jag höjer inte ens på ett ögonbryn längre. Jag tänkte, "Jaha, okej, det är så du ser ut, det är så du vill visa upp dig. Jag är Bob, det här är jag och jag kommer från bortom."

D. Vilken färg har du på dig?

B. Ljusblått.

D. Har du några stenar eller liknande på dig?

B. Ja, det har jag faktiskt, jag har ett bälte runt midjan med kristaller.

D. Vilken färg har dina kristaller?

B. Dom är vita och ljusblå. Jag har också ett litet halsband, titta *(han lutade sig fram för att visa mig),* med matchande kristaller. Jag ser ut som en viktig köpman! —en som kommer från bortom. Så ser jag ut, jag har min tjusiga resedräkt på mig för jag ville inte se ut som en jordnöt.

D. Vilken färg har jag på mig?

B. Som mörklila.

D. Har jag också några stenar eller något?

B. Du har faktiskt en som håller ihop manteln, typ som en brosch. Det är den som ni alla bär, den mörkblå. Elahim har alla den där, som håller ihop manteln. Det är färgen som förbinder er.

D. Så, bidrog du något till diskussionen med Tallock?

B. Efter att du hade berättat för dom om vad du gjorde, så presenterade du mig, och du sa att jag var synnerligen involverad i att vidmakthålla ditt uppdrag och hålla det intakt så länge som möjligt. Du gav mig faktiskt beröm och sa att jag var till stor hjälp och att vi jobbade på projektet tillsammans – och då ville dom liksom veta om dig, från mitt perspektiv. Så det var lite roligt.

D. Så vad sa du till dem?

B. Jag sa till dom att, "Ibland, på grund av det faktum att Lasaray är så engagerad i uppdraget, så glömmer han bort sin egen personliga resa, varför han kom hit *(till Jorden som människa).*" Sen berättade jag för dom hur en personlig resa kan se ut. Och jag berättade för dom om den här, eftersom dom känner honom, så jag sa, "När Seth kommer, tar han på sig alla möjliga olika karaktärer. Han går in i olika mänskliga personligheter, nästan som en teaterföreställning, men han är där med en annan agenda än Lasaray." Så jag berättade lite om skillnaderna. Sen frågade jag, ”Så var kommer ni ifrån, högt ärade andar? Vad gör ni?" Huhuhuh, så dom berättade lite för mig, men då var vi tvungna att rusa och jag sa, "Dom verkade jättetrevliga, vi kanske borde träffa dom lite senare?"

D. Vilket kosmiskt akvarium kommer de ifrån?

B. Åttonde. Åtta, Nio *(på hjulet, motsvarande placeringen av timmarna på en urtavla).* Främst Åtta. Åtta är väldigt...

D. Jag tror att det är ett som Ophelia gillar, eller hur?

B. Aah. Men Ophelia är också i ett av dom övre, typ första eller andra, hon trivs där. Det finns ett där tonerna är påfrestande för mig. Det har en så intensiv vibration, att det är påfrestande för hela mitt väsen. Men jag har inte varit där, så klart, fast jag har lyssnat på många toner, som du vet, från olika kosmiska akvarier, och jag kan märka om det är lämpligt för mig. Om det är nåt jag skulle vilja ta del av, eller om det kanske är nåt som jag hellre väntar med att besöka. Och är det som jag tror, att man måste kretsa igenom några stycken innan man upplöses, då har jag ingen brådska.

D. Vilket tycker du bäst om, bortsett från det här?

B. Oh, jag gillar det fjärde akvariet och att vara här *(på Siahs planet).* Jag sa, "Vi kanske kan åka hit igen. Om du inte ska återvända till Jorden så mycket, för det verkar som att du inte tänker det, så kanske vi bara kan hänga här?" Alla är vänliga och det finns en massa bra saker som man kan lära sig här, men ingen ser ut som jag. Jag ser mig omkring för att se om jag kan hitta några bekanta ansikten, kanske Ole eller nån, men jag har inte sett nån, dom är alla så långa!

D. Jag slår vad om att Ole har varit där.

B. Aah. Jag ska fråga när jag återvänder till studierna i Rådet, om jag får prata om det här stället, då ska jag fråga Ole. Men Gergen har nog varit här också, för han skickar bara iväg mig till ställen som han redan har undersökt. Han skickar inte ut mig till nånting, vad som helst. Han undersöker överallt där jag sätter mina fötter, så jag är ganska säker på att han har varit här tidigare. Ophelia kommer hit, men hon hänger främst med lärarna. Men dom andra, dom kommer med ... det handlar mycket om kommunikation mellan olika kosmiska akvarier, och med kommunikation menas överföring av information, men det är också hur man reser emellan dom. Så det är väldigt mycket...O-OH, där blev det tomt. Du tog bort det jag skulle säga! Det var intressant. Ibland gör du det, du vet, du raderar en tanke. Ibland raderar du till och med en fråga! Jag kan börja, "Oh, Lasaray, vad sägs om...", sen gör jag en paus och det är som att jag fryser i tiden, och sen är allt borta. Men här finns en massa bra lärdomar, och jag har haft förmånen att få följa med dig. Men jag har inte tagit några lektioner, jag är bara här i mitten, i korridoren mellan pelarna. På sidorna ligger det rum där du lämnar olika information och dom har också hand om att lagra informationen. Det pågår lektioner och det är också som en mötesplats, en fysisk mötesplats för flera olika kosmiska akvarier och väsen, varelser som kan komma hit. Jag undrar hur dom reser hit? Dom måste resa på samma sätt som jag gör.

D. Ja, du sa att du har sett dem komma och gå, så hur gick det till?

B. Vissa ser ut som ett stjärnfall, bara shoo–shoo–shoo, men jag har faktiskt sett nånting som såg ut som en farkost som kom, men jag vet inte vad det var. Det här är en fysisk plats, men alla kommer och går, så det verkar inte som att man är kvar här länge.

D. Det är fascinerande. Är det något speciellt som du vill att vi tar med i boken?

B. Jag skulle vilja skapa en stor plattform för omsorg om naturen och djurlivet. Att vara medveten om vilken inverkan ni alla har på allt omkring er och att ingen är en isolerad ö; att allt ni gör skapar som vågor på ytan överallt i Universum. Det kan vara som en känslomässig vågrörelse eller en mental, men även det fysiska kan påverkas av störningar i er atmosfär. Jag vill att folk ska respektera miljön omkring er. Vi vill också att du ska ta hand om dig själv. Så länge du inte bryr dig om dig själv har du ingen förmåga att ta hand om nåt annat. Det första steget är att bli medveten om din mittpunkt, din själ och välkomna alla sidor av dig själv och att se det i ljuset av det du lär dig själv och andra. När du gör det, eftersom du då är mer i kontakt och kärleksfull - och inte heller blind för vad du känner och gör – då kan du överföra den kärleken och medkänslan till den fysiska verkligheten och till naturen. Det är väldigt svårt att sakna empati för din omgivning om du älskar dig själv, för du är verkligen en kopia, på många sätt en spegel av den miljön du befinner dig i. Och om din omgivning lider, då är det svårt att älska dig själv, för DU är verkligen DENSAMMA som din omgivning. Så det första steget för att förändra din omgivning är att börja förändra dig själv.

D. Wow! Det är riktigt bra. Tycker du att vi borde prata mycket om dina resor till den Sjätte också, och arbetet med ditt solsystem?

B. Absolut! För det är ett sätt att utvecklas, som alla själar gör. Så alla själar har förmågan att resa till den manifesterade sidan inom dom andliga verkligheterna, men jag kan inte gå och helt och hållet stanna i den Sjätte, men alla själar har förmågan att resa till andra andliga verkligheter och lära sig. Och vissa kommer att känna igen hur dom arbetar i olika miljöer som till exempel att skapa stjärnor och så vidare. Alla kommer inte att förstå. Men jag tror att det är viktigt att skapa en plattform för vad en själ sysslar med när den inte är inkarnerad. Så det här är som en längre livet-mellan-liven regression, om du så vill.

D. Det är riktigt intressant, jag hoppas att jag kan presentera det på ett bra sätt.

B. Vi hjälper till såklart.

Bob får en plats i Rådet (10 februari 2018)

B. HUUUHHHOOOO!! La la la la la la la la la. Huh ho ho *(sen började han sjunga igen).* Vi hade som en liten fest med Gergen och allihopa!

D. Oh, hade ni det? När var det?

B. Oh, precis just nu. Du vet, det finns ju ingen tid egentligen, så det var alldeles nyss.

D. Vad firade ni?

B. Oh, det är bara det att alla är riktigt nöjda. Det är som en spiral, eller mer som en cykel, kan man säga, för det är en cykel av lärare som roterar uppåt i kunskap, men också en rotation av elever som får nya specifika uppdrag att utveckla. Och då blir dom helt till sig, över att få ett eget personligt uppdrag. Dom ska rapportera tillbaka till Gergen och andra äldre lärare. Så det pågår en hel del rotation och det firas eftersom alla känner att dom har studsat upp ett litet steg.

D. Fick du eller Ia några nya uppdrag, eller några förändringar?

B. Ia jobbar med ännu ett nytt ägg, men det har faktiskt börjat lösas upp, och dom blir liksom små duttar, dom är som...

D. Pre-stjärnor?

B. Ah, HUH HUH, pre-stjärnor! Dom sjunger nu, det är nåt av det första som dom lär sig, för det är som en rytm att sjunga, och det gillar dom. Så dom är faktiskt med på många musiklektioner, dom här små pre-stjärnorna. Huhuh. Jag arbetar med mina memoarer och så, det sysslar jag med.

D. Arbetar du i Biblioteket eller i ditt arbetsrum?

B. Jag har varit mycket i vårt Bibliotek, jag har faktiskt också...jag vill inte skryta här, men det här är en del av min cykel, och jag har faktiskt deltagit i Rådet med Ole och Gergen. Jag har deltagit på ett sätt som en... jag är inte precis en lärling, men...

D. En rådgivare?

B. Precis! För jag har kunskap och information att dela med mig gällande kommunikation med människor, som så här, men även sånt som du och jag fibblar runt med i ditt labb. Så vi pratar om det. Det är ett väldigt vuxet uppdrag och det är mycket som jag måste lyssna på, för jag är typ yngst här. Men jag har fått en plats i det här Rådet. Så, återigen, jag vill inte skryta, men jag har faktiskt fått en egen plats.

D. Nämen oj, vad stolt jag är över dig! Grattis!

B. Oh, Oh. Ia kommer förmodligen också att få en, för vi jobbar mycket tillsammans, men hon bryr sig inte så mycket om ära och berömmelse, huhuh *(han liksom frustar till och skrattar)*, men det gör jag ibland. Jag blir riktigt stolt.

D. Jamen, det är okej. Du har förmodligen arbetat hårt.

B. Ah, ja, det handlar mycket om att lyssna. Det var nog också därför som dom ville att jag skulle göra det där reflekterandet först *(egenstudierna)*, så att jag skulle kunna ta till mig information som skulle komma i min väg. Gergen sa att, att jag fick en slags—han kallade det en medalj. Jag tror att han kallade det så för det har han gjort ända sen jag var en liten småstjärna, att jag har fått medaljer. Det är nog bara för att han vet att jag gillar att bli befordrad och bli uppmärksammad, ha nån slags, du vet, lite som en ny grej som visar att jag har avancerat.

D. Ett slags diplom.

B. Nånting sånt. Han sa att det var ett av kriterierna för att jag skulle få den här platsen, att jag hade varit uppmärksam och lyssnat, och vidkänt visdomen som vilar i vindens tystnad (*sagt med lite poetisk ton.*) Huhuh.

D. Talar Ole mycket på era möten i Rådet, eller lyssnar han mest?

B. Nä. Han lyssnar också. Han är liksom i den andra änden, han är typ den som är äldst och jag är den yngste lyssnaren. Sen har vi alla dessa farbröder här i mitten, som på nåt vis försöker samla in data från alla möjliga olika håll. Det är mycket insamling av data, måste jag säga. Ole är lite som en ordförande i Rådet; han kan avgöra om nånting är viktigt eller inte. Men han är väldigt tålmodig och snäll, för det är såna som kommer och vill ge data, och Ole säger, "Vi kanske ska vänta lite med det." Men han säger det på ett sätt så att den som tillhandahåller det inte känner som att han är nertryckt eller så. Och jag vill ge min data om solsystemet som jag byggde, och vad jag upptäckte när jag var ute och reste; så DET kommer att bli mitt bidrag till det här Rådet. Men Gergen säger att jag nog ska vänta lite, för några av dom andra medlemmarna har inte rest. Jag vill ju inte ses som en skrytmåns, att jag skulle vara lite mer speciell, även om Gergen säger att det är speciellt, och han inte vill ta det ifrån mig, och Ole sa samma sak. Men det är ju så, att om nån inte, du vet, gjort samma sak, så måste du säga det på ett sätt som inte får dom att känna sig utanför. Och om man inte kan säga det på ett sätt som inte är så charmerande, då ska man vara tyst. Så jag funderar på hur jag ska sätta ord på det. Men det ska bli mitt bidrag här, andra har samlat in data på annat sätt.

D. Det låter fantastiskt. Jag är stolt över hur hårt du har arbetat.

B. Aah. Det handlar mycket om att växa upp här, det är hela rotationen. Det är det som firas, eftersom dom försöker göra, jag menar, det finns mindre rotationer av utveckling och framsteg som pågår hela tiden, men då och då är det dom här stora sammankomsterna, och ALLA tar liksom en liten snurr uppåt till en ny inlärningsnivå eller nåt. Och det är då vi har lite fest där vi dansar och sjunger. Det är en massa färger. Det ser förmodligen ut som fyrverkerier från din synvinkel, men det är som energilågor med olika färger, och det skapar en väldigt livad och stor festlighet. Ahh. Så vad har du hållit på med?

D. För det mesta ingenting. Jag trodde inte att vi skulle ha en chans att prata med varandra innan den här gav sig iväg *(Christine skulle åka för att jobba i Sverige i ett par månader*). Så jag är glad att återigen höra din röst.

B. Alltså, jag kommer att vara här, du vet – se till att du är okej och inte snubblar på saker. För du har ganska stora fötter, så jag ska se till att du inte trillar över saker och att du äter ordentligt. Och om du sover för mycket ska jag peta på dig. Det var vad Jeshua sa! Huhuh. Jag kan kittla dig om du sover för mycket! Han vill att du ska vara ihärdig, fokuserad och göra ditt bästa.

Ungefär ett år senare berättade Bob hur han fick veta på vilket sätt Rådet samlas, arbetar och delar sina idéer. Det här var precis när vi avslutade redigeringen av *Andra Vågen*, och jag påminde honom om att vi förberedde att sammanställa hans tankar i en separat serie böcker, vilket han var väldigt glad över att höra. Vi har börjat förvänta oss att han uttrycker sina idéer med ord som låter lite konstiga i våra öron, som till exempel "Vi är gruppaktivitet", vilket betyder att andarna på andra dimensionen arbetar i grupper och verkar föredra sällskap. Vi skulle förstås kunna ändra formuleringen, men vi tror att det skulle försämra helheten i processen att föra vidare budskapen. Därför lämnar vi hans uttalanden oförändrade och lägger till dem i den växande listan av unika uttryck från Bob.

D. Vi kommer att arbeta med din bok härnäst. Vad tycker du om det?

B. Oh, det är jag helt för!

D. Ophelia kanske låter dig komma lite närmare när vi jobbar på den och låter dig viska i mina öron. *(Under redigeringen av Andra Vågen hade Ophelia instruerat Bob att inte trycka in för många idéer i min skorsten.)*

B. Jag ska viska. Oh, jag ska prata om utvecklingsprocessen bland grupper, eftersom vi är gruppaktivitet. Hur man utvecklas både i grupp och självständigt, så vi ska prata om det. Och även hur du senare utvecklas när du får en plats i ett Råd. Och man kanske undrar, "Tänk om Rådet är oenigt?"

D. Tänk om det finns dom som bara lämnar passiva partiklar? *(Jag retade honom lite, för han hade erkänt att han tagit mycket av sin energi från mötena i Rådet och lämnat efter sig vad Gergen kallade en passiv partikel.)*

B. Ahh, oh, det gjorde jag. Det var inte tänkt att nån skulle märka det.

D. Vi hade så roligt åt det. Du kanske har sett oss skratta, men vi härmade dig som en pappfigur i olika poser och hur du kan ha sett ut för de andra Rådsmedlemmarna.

B. Oh, Gergen sa, "Det är inte så det fungerar, Bob." Och sen sa han, "Du kanske inte vill vara en del av Rådet? Kanske var det för tidigt." Och jag sa, "Nää, det är inte för tidigt, jag vill vara med och fatta beslut." Det här var ett privat samtal med Gergen, och jag sa, "Det är bara det att jag kände att det inte hände nånting, det var många gånger då vi bara satt tysta." Och jag förstod inte varför. Jag var lite som, "Mediterar vi över ämnet här?" Och Gergen sa, "Ssshhh, vänta Bob." Så där satt vi alldeles tysta och han sa, "Det är så här vi skapar våra tankebubblor, i tysthet, innan vi delar dom med varandra här i gruppen. För om vi bara skjuter iväg tankar, så kommer vi ingenstans." Jag viskade, "Det känns inte som att vi kommer så långt!" Och då sa han, "Vi sammanställer våra tankar, och det gör vi i tysthet." Och jag vet hur jag ska sammanställa mina tankar, Zachariah pratar mycket om det *(han härmar sedan hur Zachariah pratar, som en professor som föreläser inför elever),* "Sammanställ dina tankar, Bob. Lägg dem i rätt låda och bestäm sen—ska denna låda överhuvudtaget skickas vidare? Eller ska den kanske ner på lagret?" Så jag vet hur man sammanställer tankar. MEN eftersom vi är en grupp på nio, tio, nä, vi är elva nu...

D. Elva? Är du fortfarande yngst?

B. Nää, det är en annan här, en trädgårdsmästare som kom med. Trädgårdsmästare, ska du veta, dom är bättre på att sammanställa sina tankebubblor.

D. Det beror på att de alltid arbetar i det tysta.

B. Dom arbetar i tysthet. Jag är mer som, "Låt oss slänga ut lite idéer och se om dom möjligtvis kan bli nånting." MEN, när du och jag jobbar är du också lite inne på att sammanställa tankar i tysthet. Men jag ville prata om dom, för jag visste inte hur jag skulle sammanställa tankarna... eftersom jag inte hade några tankar. Jag visste inte vilka tankar jag skulle ha, eftersom jag var helt ny inom området kosmisk ingenjörskonst. Så jag visste inte, och då sa Gergen, "Var uppmärksam." Så det var jag. Men du var mer tillmötesgående, eftersom vi bara var två, så du anpassade din undervisning ganska snabbt efter hur jag funkar. Vi jobbade på ett sätt som passade mig. Men när jag gick med i Rådet sa Gergen, "Nu handlar allt inte bara om dig. Nu måste du tillåta andra att lägga fram sina idéer också." Mina konstaterades ganska snabbt, men andra tog sin tid, och en av lärdomarna var att sitta och vänta tills alla lampor tändes i rummet.

D. Jag har en fråga, eftersom du pratar om att skicka runt tankebubblor. Jag har funderat på detta - när du kommunicerar med en grupp andar, sitter i ett Råd så där, kan du tala med dem alla samtidigt?

B. Umm. Jag bestämmer vem jag vill bjuda in i mina tankebubblor, och hade jag inte bjudit en viss person att vara en del av den specifika diskussionen, då skulle han inte kunna höra den. Så låt säga att vi elva sitter där, och en tolfte står i dörren, men den tolfte är inte helt inbjuden, då kommer den personen bara att SE oss. Även om han–hon–den-det kanske är på samma nivå men om inte inbjuden i gruppdiskussionen, så kommer han inte att kunna HÖRA oss. För jag inte har skickat mina tankar till tolv utan bara till elva.

D. Om du sitter där och tror att alla är tysta, är det möjligt att de pratar med varandra utan att du vet om det? Eller kan du se när någon pratar?

B. Ah, det är inte meningen att du ska göra det, det är lite taskigt. I den här gruppen om elva deltar alla. Det är inte som att tio pratar och en lämnas utanför, för så gör du inte, det är mobbing. Så gör du inte när du nått den här nivån, det är inte meningen att du ska mobba nån. Det är inte meningen att du ska göra det nån annanstans heller, men ibland faktiskt, när du går i småskolan ... alltså inte mobba, det är fel ord, men vi retar varandra lite.

D. Kan du se när andra andar kommunicerar?

B. Ja, jag kan upptäcka när det pågår kommunikation. Om jag passerar två individer på den andra dimensionen, och om dom pratar fritt, så att vem som helst kan höra, då kommer jag också att höra när jag passerar. Men även om vi talar samma språk, om jag går förbi, kommer jag inte att höra ifall jag inte är inbjuden. Så du väljer. Med all telepatisk kommunikation är det inte som att bara slå på radion och alla i närheten kan höra.

D. Så du kan ha privata tankar och samtal?

B. Ja, om du rattar in dig så.

D. Och när du sitter i ditt arbetsrum och har tankar?

B. Dom kan vara privata och ingen skulle då höra, inte ens Gergen.

D. Det är bra.

B. Så vad vi gjorde, vi satt där *(på mötet i Rådet),* sänkte volymen i våra radioapparater, satt där tysta och samlade ihop och skapade våra tankar, och när det väl var gjort, höjde var och en av oss volymen på vår radio. Men det som tog tid var att, du vet, alla drog inte upp volymen samtidigt, låt oss bara säga det...

D. Du skruvade direkt upp din! Får ditt Råd någon gång information från högre Råd när du sitter där?

B. Aah, det ser nästan ut som ett moln.

D. Är det också på den Andra, eller vet du var det kommer ifrån?

B. Nää *(låter lite sorgsen).*

D. Så molnet kommer in och du får information?

B. Det finns information i det, och vissa kan upptäcka det bättre, som Ole. Jag hör det inte, helt och hållet. Och en del säger, "Om du vore tyst skulle du göra det." Hehehe, lite som att retas. Så det är det jag menar med - inte mobbning utan mer som att retas.

D. Retar du och jag varandra?

B. Aah.

D. Retar den här dig?

B. Oh ja, den här retar mig! Petar på mig och säger, "Sen kommer du att resa hit, Bob, vill du göra det?" Och du säger, "Du vet att han inte kan åka dit." Och den här säger, "Visst kan du det, du kan följa med mig, Bob." Och sen säger du, "Du måste ha viss träning först, som att simma i gravitationsfältet. Och det är inte som att simma i havet."

D. Det är inte särskilt schysst.

B. Nja, den här är lite lika mig i sin själspersonlighet, på nåt vis. Gillar att dra iväg och göra saker och vet att jag är likadan, därför säger han, "Vill du åka någonstans, Bob, vill du göra saker?" Och många gånger sitter jag också och lyssnar på hans berättelser. Det gillar jag.

D. Han måste ha många.

B. En massa! Och du vet, ibland säger jag, "Oh, jag såg det avsnittet. Det slutade inte riktigt väl, eller hur?" Och han skrattar, "Nä, det var som att inte ha pengar för att avsluta en film, det slutade för tidigt." *(Christine har en historia av att välja mansliv som är spektakulära och farliga, och som ofta slutar innan det var tänkt.)*

D. Lågbudget.

B. Lågbudget, att inte få med allt innan pengarna tar slut.

D. Han blev kallad hem tidigt. Från ditt perspektiv, och jag har alltid undrat detta: säg att du är uppdelad mellan att studera på den Åttonde, med Gravitationsgruppen, en del av dig är i valvet, en del av dig är med Ia, och en del av dig är i Rådet. Är du samtidigt medveten om allt som pågår, eller flyttar du ditt fokus från det ena till det andra?

B. Jaa, så är det. Det är som att titta genom olika fönster. Jag lämnade typ lite grann i Rådet så jag har det fönstret på glänt, det är fortfarande öppet, men lite mer stängt. Från min mittpunkt kan jag välja att gå och titta på olika saker.

D. Men du tittar inte på dem en i taget, du kan liksom titta på dem alla tillsammans?

B. Jag kan göra både och. Jag kan titta ett i taget, och det var vad Gergen försökte få mig att göra här, han vill att jag ska fokusera på ett fönster i taget, men jag kan faktiskt dela upp mig. Så jag är närvarande och medveten. Han fann mig faktiskt lite sovande i mitt arbetsrum, och jag hade dragit tillbaka en massa energi och jag satt i mitt arbetsrum, men jag sa, "Jag övar på min ljuskapsel," och han sa, "Nä, det gör du inte, du tog en liten tupplur!" HUH HUH HUH. Ah, men jag är medveten om allt och om det händer nåt av betydelse kommer jag att känna det som en förnimmelse i mitt väsen. Även om jag är i Rådet och jag känner att det är nåt på gång, låt säga, i gravitationsklassen ... men Gergen säger att det inte är riktigt sant, för han säger att det inte händer nåt som skulle störa mitt arbete i Rådet, så jag kan inte dra det kortet, sa han. Men generellt sett kan jag känna om det finns ett specifikt fönster som kräver mer av min uppmärksamhet.

D. Så när du flyttar din energi från en plats till en annan, baseras din medvetenhet på hur mycket energi du lägger på en viss plats?

B. Precis. Min medvetenhet är alltid konstant, men inte alltid lika uppmärksam.

D. Jag förstår. Det är väldigt logiskt, faktiskt.

B. Det sa jag också, att jag är närvarande, men han sa, "Du är närvarande men du är passiv, och vi vill att du ska vara aktiv, vi vill att du ska lyssna." Då sa jag att jag var aktiv i gravitationsklassen, men han sa att lektionen där var slut och jag borde ha kommit tillbaka. Hehe. Så det är typ så det fungerar och nu har du litegrann en bild. Jag skiftar bara min medvetenhet och min känsla av tillhörighet, men jag suger hela tiden till mig information från varje verklighet som jag får resa till. Så hur som helst, det blir en kort en idag, men Ophelia säger att vi ska prata mer om grupper och sånt.

D. Tack för informationen. Vi är verkligen nöjda med allt du har gett oss för boken, och vi ska gärna fortsätta med nästa del.

B. Ah. Okej, jag kilar nu. Sparar på energi. Hej då.

Ole, den Vise Åhöraren (29 april 2019)

D. På tal om Råd, har jag en fråga: om Ole är den mest lärde i Rådet, varför fattar han inte bara besluten?

B. För att han vill att vi själva ska komma fram till en lösning. Han är inte där för att agera rektor och säga, "Det här är okej, det här är inte okej." Det är så en gruppdynamik ska fungera, att alla ska ha samma handlingsplan och vara på samma nivå. Det är på det här viset som en grupp utvecklas. Det finns många sätt som du individuellt kan utvecklas på, du har din egen själsutveckling, om du så vill, och du gör dina egna framsteg;

men sen finns det också en grupputveckling, att växa och mogna som grupp och det är vad alla Råd handlar om. Man utvecklas på samma sätt som man gör som individ, men man gör det som grupp. I början är det kanske runt tio stycken i en grupp. Så småningom kommer dom här Råden att växa, och då kan det vara hundra som måste utvecklas i samma takt. Så när du väl kommer upp till den nivån är det annorlunda än när du är en liten babystjärna. Småstjärnorna är redan i en gruppmiljö, men dom jobbar på att bli individer.

D. De utvecklar sina individuella talanger?

B. Precis. Och så går utvecklingen till här, för att göra en lång historia kort. När du väl har nåt nivån av att vara en del i ett Råd, då förväntas du göra framsteg, växa och utvecklas – som grupp. Fram till nu har mina framsteg och fokus bara handlat om mig och min utveckling. Det här är nytt för mig, och jag förstår att det är därför som Ole inte bara går in och säger, "Okej, vi klubbar den här idén, och så går vi vidare", eftersom han tränar oss att utvecklas som grupp. Och vi är som tolv med Gergen och Ole och mig. Vissa är lite mer blyga, dom är konservativa, men det finns en här som jag gillar. Han verkar vara en glad och påhittig kille, så jag gillar honom; men återigen, personligheten har ingen betydelse här. Vissa är snabba, som jag, och andra är mer konservativa och tar sin tid, MEN ingenting kommer att lämna rummet som en färdig idé förrän alla har kommit överens och nått samma lösning och samma utvecklingsnivå. Det är mycket det som ett Råd handlar om, har jag fått höra.

D. Kan du ge mig ett exempel på ett projekt du arbetar med?

B. Det har att göra med—vi hjälper dom som jobbar med atmosfären och vi oroas över hur ökenområden sprids, bristen på regn i vissa områden. Så tillsammans med andra Råd tittar vi på det. Det finns faktiskt dom från den Åttonde som kommer in och pratar om dom atmosfäriska förändringar som behöver göras för att vi ska kunna göra rätt anpassningar i dom områdena där det finns mycket öken. Det expanderar och breder ut sig på grund av bristen på regn. I det här läget undersöker vi om det är fördelaktigt eller inte att försätta den specifika regionen i lite av ett viloläge en stund. Eller om justeringar behöver göras för att förändra växlingarna i klimatet och förändra hur molnbältet (*luftströmmarna*) rör sig, för att det ska gynna dom områdena. Det finns vissa ställen, som i Afrika och Mellanöstern som är bekymmersamma, och det innefattar också det olyckliga beteendet hos individerna där. Alla levande varelser, ska du veta, även hundar beter sig lite annorlunda där. Om du skulle iaktta en hund i områden med stor hetta, och jämföra med en hund i typ Kanada eller nån annanstans norrut, så kommer du att se att hunden är mer aggressiv där det är hett, brist på skugga och ett överflöd av solsken. Det tittar vi på. Alla i vårt Råd måste förstå, så vi analyserar mycket här. Jag kom in mitt i projektet, jag var inte med från början, så jag frågade, ”Var är vi nånstans? Om ni började här och där är slutresultatet - var är vi nu, när jag nu kommer in?” Det är lite kvar än, för du kan inte bara få det att börja regna och inte förvänta dig att det inte kommer att finnas vissa sidoeffekter. Alla sidoeffekter är inte av godo, för om det regnar för mycket kan det orsaka en rörelse av, låt säga, djurlivet, som då kanske möter det ledande däggdjuret *(människan),* och det kan också skapa disharmoni på en kontinent. Så det kan inte bara finnas ett beslut som säger "Okej, vi lägger in mer regn, och får det att fungera på det viset", för det kan finnas sidoeffekter, och det undersöker vi, och det är det här som tar tid. Jag undrar lite var vi är på den här tidslinjen för beslutsfattande. Och Gergen säger att jag inte borde fokusera på tidslinjer så mycket, jag borde bara fokusera på att nå ett resultat och höra allas tankar och allas bekymmer.

D. Eftersom Ole är chef för det här Rådet, tror du att han fortfarande också själv lär sig och växer på det sättet?

B. Han är ansvarig för gruppens framsteg och utveckling, men om han inte hade sin egen, då är jag säker på att han skulle upplösas. Så han måste ha nåt som ligger bortom mitt förstånd. *(Bob använder "upplöst" för att beskriva en ande som gör den slutliga uppstigningen och smälter samman med Skaparen.)*

D. Umgås du någonsin med honom?

B. Jag försöker att, du vet, stanna efter klassen för att prata med honom, för jag tycker att han är fascinerande, och jag vet att han har jobbat i så många olika världar. Han har inte bara varit på Jorden, så han har kunskap om en massa verkligheter, när det kommer till att skapa det som manifesteras. HAN är den du ska gå till om du vill prata med nån om typ hälften-av-var, du vet dom som inte är helt manifesterade, dom världarna. Han har faktiskt kunskap om skapelser och vilken typ av manifestation som finns i flera olika kosmiska akvarier, både planeter och verkligheter. Så jag är intresserad av att höra med honom, bara sitta och lyssna, som att nån läser en berättelse för dig. Jag är i den fasen där jag känner att,... för att jag är så passiv för tillfället, att "Varför läser du inte bara en berättelse om nåt intressant för mig?" Inte bara ha samma fundering fram och tillbaka om huruvida det ska regna eller nåt. Och jag anmälde mig frivilligt att komma och lyssna när han läser högt ur sin dagbok! HEE HEE HA HA HA. Oh, Gergen skrattade åt det, och Ole med! Han kanske vill bli nostalgisk och läsa om allt som han varit med om. Det skulle jag gärna lyssna på!

D. Du kanske skulle lära dig mycket!

B. Gergen sa, "Du måste be om tillåtelse för att lyssna på nåns dagbok," och jag sa, "Det gjorde jag precis!" Och Ole, han sa inte nej, men han skrattade. Han log och avledde mig genom att fråga om mina anteckningar och vad jag har skrivit om, och diskussionen förändrades helt enkelt på ett sätt så att jag började prata om mina dagboksanteckningar, och efter ett tag så tänkte jag, "Vad hände med diskussion om *din* dagbok?" Jag liksom travade iväg till mitt arbetsrum, men sen slog det mig att han hade gjort en sorts mystisk undanmanöver för att få mig att tänka på nåt annat.

D. Det är ett bra tips hur du ska hantera Tom.

B. Oh, jag har mina knep när det kommer till Tom, för han måste, inte typ låsas in, men man måste ... du vet - han är en lite vild kille. Men Gergen sa, "Du var precis likadan, du hade alla dessa idéer om vad du ville göra på 4H-gården. Du ville ta med alla glada djuren och etablera dom på platser som inte alls var lämpliga för dom." Och tydligen sa jag, när jag var liten, att eftersom ingen dör på 4H-gården, dom är bara friska och lever så ville jag,... för jag såg allt elände både med djur och andra väsen, så jag sa, "Varför kan vi inte bara låta dom vara och få leva?" Men Gergen sa, "Nej, för vi ska införa cykler, som reinkarnationscykler och för den skull måste nån gå för att en annan ska kunna komma in." Och jag sa, "Vad var det för fel på dom första? Dom verkade ju trevlig, varför låta dom dö och låta nån annan komma in som inte är så trevlig?" Så jag förstod aldrig det, och han sa, "Det är en del av en större plan från det Mästerliga Medvetandet." Han brukar säga det när jag ställer en fråga, och då blir det liksom en punkt efter det. Han säger, "Det här är avsikten från det Mästerliga Medvetandet", för det kan jag inte säga emot.

D. Eftersom ni aldrig har pratat med det.

B. Precis. Och jag är inte säker på att jag för tillfället vill det heller, för det skulle betyda att jag måste gå in i mittpålen, och jag är inte säker på att jag kan ta mig ut igen. Det verkar inte som att nån som har gått in för att lyssna – har kommit ut igen.

D. Kanske de kommer tillbaka ut som en liten småstjärna.

B. Jag vill inte börja om på nytt. Jag vill inte vara ett ägg igen, som nån sjunger för. Det är en lång process när dom sjunger för en. Men varje gång jag frågar Ole, "Har du någonsin gått in i mittpålen, till det Mästerliga Medvetandet, för en liten pratstund, för att kanske förbättra ditt arbete?" så säger han, "Nej." Och jag frågade dig, "Fick du nån gång mer information från det Mästerliga Medvetandet?" Och du sa, "Nej." Så jag har verkligen frågat. Och jag frågade såklart Ophelia också, henne frågar jag mest.

D. Hon står bredvid dig, vad säger hon?

B. Ah, hon skrattar. Hon sa att jag är så nyfiken, och att ibland måste jag fokusera och titta ner på mina fötter, se var jag står nu. Men, det är bara det, varför inte bara svara en gång för alla, så skulle frågorna vara över? Varför inte bara svara på frågan, "Kan man gå in i mittpålen, få en snabb sammanfattning av nåt du undrar över, säga tack och sen återvända till där du var och sen aldrig ta upp den saken igen?" Bara flytta fram evolutionen och förloppet, som ett *(gör ett svischande ljud)* snurr!

D. Men om du tänker på det, skulle det kullkasta hela poängen med att Skaparen skapar små sinnen för att lära sig och växa.

B. Aah, om du bara kunde använda andevärldens Google, eller det där stora kunskapsbiblioteket, så skulle det lilla individuella sinnet inte utvecklas. Jag kan se det, MEN, ibland är det vissa saker, som till exempel, vi har den här oändliga diskussionen när jag känner att nåt skulle kunna lösas ganska snabbt. Då kunde vi bara säga, "Varför går vi inte och lyssnar vad det Mästerliga Medvetandet skulle göra åt det här specifika problemet med öken och regn?" Men Gergen sa, "Då skulle gruppen inte utvecklas, den skulle bara spegla och upprepa det Mästerliga Medvetandet, och det är inte utveckling." *(Tittar mot Ophelia.)* Det är vad Ophelia säger också, det är ingen utveckling alls.

D. Jag kan förstå det.

B. Det gör jag också. Egentligen. Jag är, jag är mest bara lite finurlig. Det jag egentligen ville, var att bara sitta och lyssna på lite historier.

D. Så du och Ophelia har jobbat på den Sjunde? Är det där du studerar färgmönstren?

B. Jag har faktiskt varit på den Femte. Jag har varit i trädgårdarna på Femte. Vi jobbar med dom nya insekterna och dom hör hemma i en växthusmiljö, en djungelmiljö, och den finns på den Femte. Så jag har varit där och Ophelia har kommit. Hon har också två riktigt trevliga medhjälpare. Dom gillar jag jättemycket! Dom är mycket yngre, men så snälla och vänliga och dom säger aldrig nej. Ophelia säger ibland som "Nix" Men dom här två *(ler stort)* dom gillar mig. Jag tror nästan dom ser mig som, inte som en sällskapshund, hehe, utan mer som en rolig liten kompis. Men Ophelia står alltid och lurar bakom en palm och kommer fram och säger "Nix". Just när du tror att hon inte kan se nånting och du försöker få dom här lite yngre att ge information, svips...precis där bakom en buske eller en palm—där står hon!

D. Du kan inte komma undan med någonting.

B. Nää, men vi har väldigt roligt. Jag gillar dom och dom gillar mig.

D. Är de som små Ophelias under utveckling?

B. Aah. Dom är, om du ser det som i ålder, skulle dom vara så där 16–18 år, så dom har redan stor kunskap.

D. Du är som deras roliga farbror.

B. Jag är som en rolig kompis. Ah, vi har väldigt roligt, för vi skapar saker och det är mycket skratt, och Ophelia blandar sig inte alltid i, men när hon upptäcker att det är nåt på gång, verkar hon dyka upp från ingenstans. Men jag jobbar faktiskt med dom här två underbara medhjälparna, jag gillar dom verkligen. Julia är en av dom.

D. Gör du en prototyp av en insekt som redan har funnits?

B. Precis, precis. Den flyger, vi har flera faktiskt. Den som jag jobbar på är som en blandning av en trollslända och en skalbagge, men den flyger. Den har mycket ljus, den spottar ut...ööh *(han kämpade med att beskriva processen),* där den landar och om den bygger bo där, då kommer just det området att bli renare. Så det är nästan som ett spindelnät, men deras bo är mer som en kokong, lite som hur getingar och bin lever. Det är ett sätt att alstra ljus, inte bara nerifrån, för det är maskarnas och andra väsens uppgift, utan det måste också komma ovanifrån, så att träden fullt ut kan ta till sig ljuset, solljuset och syret som kommer in, och även andra vågor av, ah ... *(han försöker finna de rätta orden).*

D. Ibland är det svårt att hitta ord som vi människor förstår.

B. Aah, för när jag säger ljus och syre, så är det faktiskt bara fem procent av vad träden absorberar från ovan, säger Ophelia.

D. Finns det något energifält som de hämtar från?

B. Som dom tar del av. Dom här insekterna hjälper träden att komma åt det ovanifrån, och andra väsen och hjälpare gör detsamma underifrån. Det är deras uppgift, och om dom bygger bo nånstans så får det specifika området hjälp.

D. Kommer det att hjälpa dig att skapa nya varelser?

B. Jag lär mig saker här, som jag kan tillämpa därhemma. Så det är inte bara som att jag far omkring och gör rymdresor, jag måste faktiskt använda informationen också, för jag hör inte hemma på Sjätte, eller Nionde eller Sjunde eller med Isak. Allt jag lär mig måste på nåt vis kunna tillämpas därhemma, eller delas med Rådet. Så, du ger dig iväg för att lära dig olika saker— som Ia, hon är mycket med Ophelia och till och med Isak, på Sjunde och Åttonde, och hon lär sig mycket om ljus, eftersom det är grunden för inte bara ljuskapseln, men också hur DNA-strängarna fungerar på rätt sätt, kontaktledningarna. Så hon är helt klart involverad i ljuskanalernas detaljer.

D. Ja, gruppen före dig idag talade om ljud och ljus.

B. Jag är nog lite mer av en ljud-kille, tror jag. Jag lyssnar på saker och går på alla möjliga ljudkurser. Men i slutänden måste allt på nåt vis kunna kopplas och kombineras och tillämpas hemma på den Andra. Ophelia sa att jag inte kan vara överallt *(göra alla designuppgraderingar för det nya mänskliga fordonet),* men jag kan absolut lämna ett litet bidrag. Det är som med en tavla, du kommer in och målar ett litet hörn, och det kan jag absolut. Så jag ska måla ett hörn när det kommer till hjärnan. Jag ska lägga till gravitationsfältet, eller vakuumfältet runt den, och jag kommer förmodligen att ge den en melodi. Kanske inte jag ensam, för jag är säker på att Rådet måste ha ett finger med i spelet här. Ooh, det kommer att bli en lååång diskussion om det, vilken låt *(mönster)* vi ska lägga in. Oh, alla har olika musiksmak. Jag måste förbereda mig rätt här. Hur som helst, jag tänkte att jag kanske skulle säga till Rådet, "Det finns FEM låtar att välja mellan", så jag tar inte in en hel CD-samling! HUH HUH HUH. Oj oj, detta kommer ta hur lång tid som helst (*han pratar om mönstret för den nya människan, och hur det kommer att innebära omfattande samtal med de andra Rådsmedlemmarna om han tar med för många alternativ*). Oh, Ophelia sa att det ligger långt fram i tiden och är inget som är aktuellt just nu. Det är ingen jukebox! Säger hon. Huhuhuh!

Träning inför Resa till Jorden

Ingen själ sänds till Jorden utan noggranna förberedelser och det innefattar även de andliga guiderna som följer och bistår den inkarnerade själen. I det här sista kapitlet får vi veta precis hur andar arbetar tillsammans och övar inför de olika roller de tilldelas.

Efter att Bob hade blivit min följeslagare hemma på den Sjätte, blev han mentor för några av de yngre Elahims. De är ämnade att ha liv på Jorden, men har ännu inte påbörjat den cykeln. Andliga vägledare spelar en viktig roll i det storslagna skådespelet på Jorden, eftersom de har så stort inflytande på de mänskliga aktiviteterna. Men de andliga vägledarna drar också nytta av relationen, eftersom de utvecklas hand i hand med sin följeslagare. Bob har till exempel kunnat samla in data om hur själen interagerar med den Karmiska Kappan och energiförbindelserna i fordonet. Han rapporterar sedan tillbaka till grupper på den Andra, som använder denna information för att göra justeringar i utformningen av kommande fordon. Han får belöningar och medaljer för hur han har bidragit till ett framgångsrikt liv. På grund av sin erfarenhet är han också en fantastisk lärare i andliga världar för dem som reser till vår planet.

Elahims som är förutbestämda att resa till Jorden är vanligtvis sammankopplade med en andlig vägledare från den andra dimensionen. De blir vänner och bygger en stark relation långt innan den första inkarnationen, och håller ihop genom hela reinkarnationscykeln och därefter. Som nämnts, inkarnerar inte andarna från den Andra. Bob och jag parades ihop miljontals jordiska år innan jag först kom ner i "apform", som han kallade de tidiga versionerna av en hominid. Han har varit min följeslagare under var och en av de 1200 kroppar han sa att jag har haft på det här planet. Det finns vanligtvis mindre än hundra Elahims på Jorden samtidigt och tre unga Elahims är på väg att komma ner för sin första inkarnation. Eftersom var och en av dem behövde en följeslagare från den andra dimensionen, ombads Bob att rekrytera och förbereda tre andliga guider. Hans anmärkningsvärda entusiasm inför uppdraget blir uppenbar senare i boken, när han i detalj går in på hur han startade upp hela träningsskolor för att utbilda de unga Elahims och deras följeslagare från den Andra om de utmaningar, svårigheter och förvirrande situationer som både den inkarnerande själen och den andliga guiden är tvungna att möta.

I det här kapitlet har vi också inkluderat bidrag av Gergen, Bobs mentor, och Ia, hans närmaste följeslagare hemma på den Andra. Bob har varit den främste stämman i denna *Bok 1*, men Gergen och Ia har båda kommit med betydande bidrag till vår förståelse av den andra dimensionen och hur de interagerar med växt- och djurlivet på Jorden. *Memoarer från Andra Dimensionen* skulle vara ofullständig om några av deras tal inte inkluderades.

Att vägleda och vaka över Själen (8 januari 2017)

Bob har följt mig genom otaliga inkarnationer, alltid hållit ett vakande öga, väglett, skyddat och gjort anteckningar. En del av dessa är för eget bruk, men han samlar också på anteckningar som vi jämför efter varje liv. Andliga guider får också värdefull kunskap om miljön dit deras person färdas, tillsammans med att de kan observera hur människor interagerar med varandra och med Jorden.

D. Så, anteckningsboken som du går omkring med, innehåller den alla noteringar som du någonsin har skrivit, eller lägger du dem då och då i en låda?

B. Jag arkiverar dom och börjar om. Jag har en som bara är för när jag följer dig. Den ger jag dig efteråt så du kan kolla, för du har en tendens att tappa minnet lite grann, eftersom du inte tar med dig en massa stora anteckningsböcker i din dator. Du säger, "Jag behöver frigöra utrymme i min dator," så på många sätt, saknar du förmågan att se allt. Alltså, du ser det så klart på ett andligt sätt, men när du är på Jorden så brukar du missa vissa saker, därför följer och skriver jag ner åt dig. Vissa saker som jag antecknar är sånt som du kan ha nytta av, saker som du kan lagra när du kommer tillbaka. Så när du säger, "Jag vill undersöka det här - och det här - och det här", då hjälper jag dig och noterar och håller reda på saker och ting som kan vara till hjälp för dig och din egen bok. Så, den boken byter jag varje gång såklart *(en ny bok varje liv)*. Det är ett extra tillägg till din egen upplevelse, som du redan har inom dig. Men jag följer dig faktiskt och noterar, främst när du har liv där datorn inte är så stor vill jag vara behjälplig.

D. Vad bad jag dig att göra anteckningar om denna gång?

B. Oh, det var rätt mycket, när du var runt nio till fjorton, femton år, eftersom du sa att du ville ta en paus. Det var många saker som du inte upplevde i din egen själsenergi, så det lagrades aldrig i din egen själ, nödvändigtvis. Du ville göra nåt annat, sa du, du liksom lämnade lite grann, så jag fångade upp din upplevelse och antecknade åt dig, vad den fysiska varelsen upplevde, för du skulle nånstans, sa du. Det var lite konstigt, annorlunda. Många saker som hände under den tiden, nio till fjorton, är som i en dimma för dig. Men jag har anteckningarna! Hahaha! Du kommer att få dom senare. Jag undrar vart du tog vägen? Alltså, du vet jag såg dig, jag följde dig men du verkade lite annorlunda. Du var tystare, mer inåtvänd och försjunken i tankar på nåt vis. Jag kunde inte nå dig på samma sätt som tidigare heller. *(Andarna har sagt att jag tog med sju procent, men minskade det till cirka två procent under vissa tidsperioder.)*

D. Var du där när jag hade en nära-döden-upplevelse som ung pojke?

B. Ja det var jag. Jag kallade på Ophelia. Ophelia var där och hon hjälpte dig. Hon är alltid nära dig, så vi var alla där, beskyddade och bevakade ditt fysiska fordon när du lämnade. Ophelia tog diskussionen med dig. Jag såg bara kroppen. Ophelia kommunicerade med själen, med dig. Så hon var den som ingav dig mod. Det var ett möte mellan er två. Du kommer att komma ihåg det, om du nån gång väljer att gå den vägen för att djupare minnas den upplevelsen. Du kommer att kommunicera med henne igen, på samma sätt som du gjorde då. Jag och Zachariah vi stod lite mer utanför.

D. Jag hade också en upplevelse när jag var i början av tjugoårsåldern, som helt förändrade mitt sätt att se på livet...

B. DU STOD PRECIS I DEN REVAN! Du var i det där området där allt är stilla, och du förstod. Du minns känslan du hade. Ni har faktiskt båda haft ett nära möte med den revan. Minns hur det kändes, och det kommer att ge dig en signal om du återigen snubblar in i den här revan. Men du var där i revan och du såg där tid och rum liksom möts, där du har fullständig klarhet, och det är också helt ljudlöst, eftersom allt bara upplevs inifrån. Dom yttre ljuden försvinner nästan, och det är ett sätt att bara vara i sin egen stämma och höra sin egen ande. Det här var också en tid då du ville lämna *(det fysiska)* igen, men du blev stoppad den gången. Du hade klarheten, men det var också för att Ophelia var där, så du lämnade inte igen. För hon vet att du gör det ibland, du vill lämna. *(Erfarenheten var en vändpunkt i mitt liv, eftersom jag hade absolut och fullständig klarhet om hur min uppfattning om livet förvrängdes av att bara se utåt, när fokus borde ha legat inåt. Det markerade början på min resa som andlig forskare.)*

D. Kommer vi att snubbla in i den revan igen?

B. Det är nåt du kan utforska om du vill. Du kan återvända till känslan av hur du upplevde allt runt omkring dig, stillheten omkring dig, tystnaden och nästan samma vakuumkänsla som den andra upplevelsen, bara mer glädjefull. Det är mer som att tända lampan, klick - inget mer. Så, mycket av upplevelserna i revan, och när du rör dig in i dom frekvenserna, är först en stillhet och du kan uppleva lite av en rädsla, men när du anpassar dig till den verkligheten är det som att tända lampan bara. Det är så jag kan förklara det. Så jag tror att du har mycket information som du kan arbeta med när det gäller det, och mycket av det är personligt. Det kommer att vara till stor hjälp för dig när du går in i nästa fas.

D. Jag uppskattar att du följer mig runt och tar hand om mig och gör anteckningar.

B. Nåå, nån var ju tvungen att notera livet! Du sa, "Jag måste kila, kan du bara fortsätta att göra anteckningar?" Och jag sa, "Okej, när kommer du tillbaka?" Och du sa, "Jag kommer tillbaka senare." Vem vet när, men jag följde dig omkring lite grann. Du var lite ledsen, du vet, men det dokumenterade jag också, för det var en upplevelse som det fysiska på nåt sätt upplevde, eftersom själsenergin sov lite. Du kom tillbaka, men du sov faktiskt lite grann upp till 25 årsåldern, och sen fortsatte du att slumra till 30. Du kom och gick lite, och jag visste inte exakt när, så jag fortsatte att skriva ner, för att kunna ge dig det efteråt.

D. Stort tack för det. Du har varit en fin vän, du och Ophelia och Zachariah.

B. Aah, för du vet, du hade ställen du skulle till, det var det du sa. Jag vet inte var. Jag träffade dig ibland, men under den tiden var vi *(Lassaray och Bob)* inte så mycket i labbet, eftersom jag jobbade med att skriva ner den fysiska upplevelsen. Så det var mycket sånt som skedde under tiden 9, 10 år och framåt. Från 30 kom du tillbaka mer, lite som en boom, du var tillbaka lite mer. Du sa, "Jag kan anteckna lite mer själv nu." Vi förändras och vi diskuterar hur vi vill jobba. Du gillade inte snö, du tyckte det var kallt, så du sa, "Du kanske kan uppleva det istället, och bara anteckna?" Jag sa nää! Så vi skrattade lite åt det. På nåt sätt, eftersom du kom och gick lite grann i flera år, när du kom tillbaka var du lite som avskild från upplevelser, du engagerade dig inte så mycket i folk och platser.

D. Det är sant. Men jag är väl till största delen tillbaka nu?

B. Ja, det är du verkligen. Nu sover du inte, nu är det dags att utforska och vara vaken.

Strålande färgrik (16 april 2017)

Oavsett vilken uppgift Bob än har att bemästra, lägger han alltid hela sin själ och hjärta i att göra det bra. Han har vid ett antal tillfällen sagt att han inte vill svika någon. När det gäller att lämna ett fotavtryck här på Jorden vill han bli ihågkommen och uppskattad för den fantastiska visdom han delar. Eftersom han aldrig har upplevt att vara människa, var han tvungen att lära sig lite om mänskliga känslor och humor. Och han var också tvungen att komma på hur han skulle smälta samman med Christine och hantera hennes stämband, läsa av hennes mentala ordförråd och omvandla sina idéer till mänskligt språk. Jag tror att de första gångerna måste Ophelia ha varit med honom och hjälpt till att styra hans energi till rätt ställen. Eftersom hon har inkarnerat här på Jorden är hennes själ väl förtrogen med den konsten. Visserligen har det varit det en läroprocess, men en som han bemästrade efter några månader. När jag lyssnar på tidiga inspelningar fanns hans personlighet alltid närvarande, men han verkade lite blyg ibland. När han blev mer bekväm i rollen kom han helt in i sin personlighet som den älskvärde vän vi känner idag.

D. Innan vi kom ner, när du var i mötet med Ophelia och planerade för det här uppdraget, visste du att du skulle göra det här? *(Prata genom Christine.)*

B. Aah, för att jag hade gjort anteckningar och vi diskuterade den biten hur vi skulle smälta samman, men jag visste inte riktigt hur det skulle gå till. Jag fick veta att jag skulle smälta samman, fast inte som jag var van - inte på samma sätt som att smälta samman med ett träd, utan jag skulle lägga mer energi i talorganet. När du förenar dig med ett träd, så sprider du antingen ut all energi, eller så centrerar du den i en specifik del av trädet, där du vill bli sedd. Om du ser till exempel ett ansikte i ett träd, så betyder det att all energi är lagt på ett ställe. Men om du inte kan se det så betyder det att andra dimensionens varelser inuti det har spritt ut sig. Så när jag fick veta att jag skulle få det här specifika uppdraget, att kommunicera, blev jag tillsagd att lägga ALL min energi i området kring halsen och uppåt. Så jag skulle smälta samman med halsen och hjärnan och då skulle det bli lättare att kommunicera.

D. Jag har också varit nyfiken på detta: en del av dig är i valvet, och en del är i labbet, och en del är i den andra dimensionen. Vilken del kommer till oss?

B. Oh, jag är inte alls så mycket i den andra dimensionen, faktiskt. Jag brukar många gånger stanna kvar i valvet, så energin som går till ditt labb eller till Ophelias klassrum, det är den delen av mig som kommer hit. Så det är en resande energi så att säga.

D. Det var ungefär vad jag trodde. Ditt resande jag.

B. Mitt resande jag, den som har passet! *(Skrattar högt.)*

D. Du har många stämplar i det nu.

B. Jaa. Jag har många stämplar i mitt pass, men jag vill ha fler.

D. Kanske får du snart en Isak-stämpel?

B. Kanske får jag en Isak-stämpel riktigt, riktigt snart! Jag ska fråga om det, när jag arbetar lite närmare med honom, om det finns ett sätt för mig att få behörighet dit.

D. När du sammansmälter, lägger du all din energi, som du tog med, in i henne, eller finns det en del som liksom står bredvid?

B. För det mesta är det som att jag rör mig in i hennes energifält, som en ansiktsmask, om du så vill. Det är därför du kan se mig i hennes ansikte. Jag anstränger mig också att lägga all energi framför allt i huvudet, halsen och hjärnan, för det är dom viktigaste delarna om jag ska kommunicera. Om jag skulle välja att flytta runt kroppen, som jag först ville, då skulle jag behöva sprida ut min energi i resten av fordonet och det skulle göra kommunikationen och föreningen med hjärnan lite mindre stark. Så om jag sprider ut mig, blir kommunikationslänken svagare, och det är inte ett riktigt bra alternativ - det är vad Ophelia sa. Jag har bara en viss mängd energi till mitt förfogande och för att det ska bli lyckat föreslogs det att jag skulle lägger den över ansiktet och röstlådan, och att smälta samman med hjärnan. Jag förstår nu att jag skulle bli svagare om jag spred ut mig.

D. Du skulle vara lika svag i huvudet som jag!

B. Hehehehe! Det är inget jag vill uttala mig om, men det är min resandeenergi som rör sig från vissa platser och flyttar omkring.

D. Var det något sätt du kunde förbereda dig på innan vi började göra det här, första gången?

B. Det var det. Och det var främst, och det här har inget med själva processen att göra, förberedelserna var faktiskt främst att jag skulle förstå mina egna olika energilager. Så det var lite som att gå i viloläge ett tag. Det handlade om den delen av mig som fanns i valvet och resandeenergin, dom två. För jag har ungefär, skulle jag säga, ungefär tio till tolv procent kvar i den andra dimensionen, lite som ett ankare, som jag kan återvända till – och som aldrig förändras. Resterande kan jag flytta runt, jag har ett trettiotal i valvet, och resten försöker jag använda för att kunna resa. Så när jag förberedde mig använde jag både energin från valvet och resandeenergin, främst resandeenergin, och jag gick in i ett viloläge, där jag förberedde min energi i en...hur ska jag säga? Det här är egentligen inget viktigt, men jag fyllde mig med olika färger, eftersom färger har olika vibrationer som hör ihop med platser som du vill åka till. Så för det här specifika stället *(Jorden)* la jag faktiskt till mycket rött i mitt energiväsen, eftersom rött är lite relaterat till det här planet. Rött och grönt och blått. Jag la till dom.

D. Hur är det med personligheten?

B. Den är gul. *(Alla själspersonligheter resonerar med gult, men anden kan också ha andra färger som visar dess primära uppdrag och utvecklingsnivå.)*

D. Du har en så underbar personlighet, är det en direkt återspegling av vem du är?

B. Jag hade redan min personlighet, så den behövde jag inte lägga till. Jag behövde förstå dom mänskliga aspekterna av vissa saker, och dom mänskliga erfarenheterna som en själ bär på när den inkarnerar. Så jag lärde mig om olika färger. Jag behövde till exempel förstå att jag inte kan gå omkring *(i Christines kropp)* som jag vill. Det är relaterat till det röda, eftersom det är fysiskt. Och då behövde jag också flytta in i grönt och blått. Blått är kommunikation, så jag behövde förstå hur man smälter samman och uttrycka mig på ett sätt som en människa gör. Jag behövde ställa in mig på ett mänskligt fordon, hur det kommunicerar och förstå det. På nåt sätt är grönt som en länk mellan dom två, det är där personligheten kan komma in och blandas med den känslomässiga och inkännande naturen. Det här är inte viktigt för dig att veta, men du frågade om hur jag förberedde mig. Så jag gick in i lite av ett färgspektrum där jag ställde in mig på vissa färger som framför allt resonerar med det här planet, för att jag skulle förstå dom. Det gula är personligheten som du alltid bär med dig. Som jag har sagt, du är lite stel, och det är i din gula färg; och den här är också lite stel, så hennes färg är också gul, eftersom det resonerar med personligheten. Men när den här går in i en kropp stänger hon ner lite av det gula och flyttar mer in i dom mänskliga känslorna, som är mer relaterade till grönt.

D. Det är fascinerande!

B. Så, det gjorde jag. Men kärnan i vem du är som personlighet resonerar alltid med färgen gult, och det är därför också som solar plexus-området är gult. Det är en fornlämning, hahaha, urgammal visdom från gamla tider, eftersom det relaterar till var själspartiklarna kommer och går. *(Sambandet mellan den gula färger och solar plexus var känt i antiken, men betydelsen har gått förlorad.)*

D. Så, har du en gul färg av naturen?

B. Precis. Det är min personlighet, och det är också i mitt centrum. Mitt centrum är min personlighet. Själ till själ kommunicerar du genom gult, för det är så du känner igen den andra, personligheten du har.

D. Du har ett sånt underbart sinne för humor, var du tvungen att lära dig vad människor tycker är roligt, eller är det roligt överallt?

B. Nää! Du vet, mycket av det är samma som människors personlighet, eftersom jag fick ta med mycket av min egen personlighet, mitt eget gula in i det gröna. Så se det så här; det gröna är lite relaterat till den mänskliga personligheten. När du till exempel reser, tar du med allt ditt gula in i det gröna, så det smälter ihop, och man kan inte riktigt se skillnaden. Medan den här tar med mindre av sitt gula in i det gröna och han blir nästan ett mänskligt uttryck, så han kamouflerar sig lite. När jag reser in får jag ta med mycket av min personlighet in i det här gröna, som är relaterat till hur människor uttrycker sina känslor.

D. Det var en mycket bra beskrivning. Tack.

B. Gul är vad du i verkligheten är, den riktiga du. Lyckligtvis verkar det fungera! Jag tror jag gillar det här.

D. Nåväl, vi är väldigt glada över att du kan kommunicera med oss den här livstiden.

B. Jag vill delta, och jag har alla dessa anteckningar på min vägg. Men tänk om vi inte har tid, enligt ditt sätt att tänka, att gå igenom mina anteckningar? Vem vet när den här möjligheten kommer igen? Jag vet inte om ni båda kommer att komma ner så här igen. Om vi ska fortsätta om hundra år? Det vet jag inte, ingen säger nåt till mig. Så jag har alla dessa anteckningar och jag är angelägen om att se till att vi presenterar dom på nåt sätt. Jag tror inte att ni planerar att göra det här mer än en gång, ingen av er, så på nåt sätt är det lite som en storslagen avslutningsceremoni. Lämna lite som en gåva till mänskligheten.

D. Jag hoppas att vi gör ett bra jobb då.

B. Ja det hoppas vi alla, för vi är alla en del av det här. Om en faller så faller alla! Huh huh, ah, jag vill inte heller bli ihågkommen som nån som gjorde ett dåligt jobb; för det här är första gången för mig, och jag vill bli ihågkommen som nån, mmm, magnifik *(han sa det väldigt tyst)* - men, du vet.

D. Du har gjort mer än din del, du har verkligen tillfört mycket visdom till våra samtal - så tack.

Slå iväg Bollar av Kunskap (3 juni 2018)

Bob berättar om hur hans unge vän, Tom, kommer till hans kontor och överöser honom med frågor. Han sa att Tom ställer en fråga som sedan leder till en hel rad andra frågor om sådant som han ännu inte har fått någon utbildning i. Så Bob jämförde de här frågestunderna med en oorganiserad form av brännboll. När som helst i framtiden som Bob nämner brännboll är det förmodligen detta han syftar på.

B. Så jag har också varit i mitt arbetsrum. Jag behöver också reflektera, ladda om och arbeta med min egen ljuskapsel, och det går väldigt lätt när jag är i en omgivning där jag känner mig hemma, där jag kan sitta och fundera över saker och ting. Men Tom är ute och far, jag vet inte om han är på lov eller har nån slags rast, men han dyker upp när jag egentligen försöker fundera och reflektera över mina beslut, mina val och mina upptäckter. Han kommer hela tiden förbi och berättar om vad han har hittat. Så jag är rådgivare också.

D. Blir hans frågor lite tuffare?

B. Verkligen! Men han befinner sig långt före frågorna. Så han har frågor, men han är ungefär tjugo-tjugofem frågor före den aktuella frågan, så jag måste sakta ner honom lite och säga, "Vad var din ursprungliga idé - här borta, innan vi tittar där?" *(han nickade till vänster och sedan till höger)* och Tom sa, "Jag tycker som-" och berättar sen liksom historien om nånting som potentiellt, POTENTIELLT skulle kunna hända." Jag säger inte att det INTE kommer att göra det, men det vet vi inte än. Så han fokuserar på frågor som liksom inte är aktuella ännu.

D. Så han tar en idé och bara springer iväg med den?

B. Springer iväg med den! Och det är mitt jobb att på nåt vis hämta tillbaka den. Det är som brännboll. Han slår iväg en idé och rusar sen bara efter den som en boll, precis som brännboll! Och här står jag, du vet, på utslagsplatsen och väntar på att han kanske kommer tillbaka. Ungefär så.

D. Är du hans huvudmentor?

B. Alltså, inte för vattenvärlden, såklart, eftersom jag inte riktigt är kvalificerad för det, jag gick liksom bara nybörjarkursen, så han har handledare där också. Men jag är, så att säga, ansvarig för hans personliga utveckling.

D. Är det så Gergen är för dig?

B. Precis. Jag hjälper honom att skapa en plan, eller ett schema för hans inlärningsprocess. Men när jag ser att bollen liksom skjuts iväg, ... och visst det är bra, det gjorde jag också, men sen rusar han bara efter den!

D. Och sedan slänger han iväg den igen?

B. Jaa, och sen slänger han iväg den igen, och här står jag. Jag kan inte minnas att jag gjorde så... *(Bob pausade när Gergen skickade ett meddelande till honom, vilket visar att det är väldigt många andar som alltid lyssnar på konversationerna)*, Gergen sa att jag faktiskt också hade ett slagträ och liksom slog iväg bollar, fast jag rusade inte iväg åt alla håll och kanter. Men jag tänker inte springa efter honom, jag ska få honom att släppa slagträet och vi ska analysera bollen istället för att slå iväg den. Och när vi har analyserat bollen fullt ut, då kan vi tillsammans ta slagträet och slå iväg den i riktningen som den ska. Sen kan vi båda gå till det specifika området och därifrån avancera steg–för-steg.

D. Han kommer att räkna ut det så småningom.

B. Ja, för han blir frustrerad, för att det är bollar överallt, och han rusar efter dom, och jag sa, "Vi måste jobba zon för zon", så det är planen.

D. Ja, du vet säkert hur han känner.

B. Jag vet faktiskt allt om det, och jag försöker vara uppmuntrande, eftersom det här är en väldigt positiv sida av hans väsen. För han hela tiden kommer att vilja utforska och känna sig gränslös i sitt sätt att vara, tänka och lära, och det tänker jag INTE sätta stopp för. Jag drar bara ner på tempot lite. Jag sa, "Vi SKA spela brännboll. Vi ska båda ge oss av och utforska alla dom här olika områdena där bollen landar. Men först måste vi förstå själva bollen. Vilken sorts kunskap finns i den och ska den gå åt höger, vänster eller nån annanstans? Eller ska bollen kanske TILL OCH MED släppas och plockas upp vid ett senare tillfälle? Ska vi eventuellt plocka upp en annan boll som är mer aktuell och passar bättre på den här inlärningsnivån, området eller plattformen där vi befinner oss på?"

D. Ja, han är fortfarande väldigt ung, han kommer att räkna ut det.

B. Aah, men han gillar att springa, han gillar inte att vara stilla. Jag sa, "Vi ska spela brännboll - det SKA vi, vi måste bara förstå och veta vilken boll vi ska slå iväg med vårt slagträ."

D. Han är som du var, "Vad är bortom, vad är bortom?"

B. Aah. Så småningom kommer jag att gå till plattformen därborta, den man kan kalla 'bortom'.

D. Ja, om du bara tänker på hur tålmodig och snäll Gergen var mot dig, han var väldigt hjälpsam.

B. Aah, han förstod min unika natur, och det var därför han tog mig åt sidan. Vi hade många diskussioner på tu man hand, och sen gav han mig alla dessa belöningar att gå och utforska alla dom där ställena. Eftersom jag är en upptäcktsresande, en globetrotter. Jag är inte riktigt säker på om Tom är det –Tom är en uppfinnare, men han måste förstå att om han slår iväg en idé och den landar på den där plattformen ute till havs, vilken typ av mottagande kommer den idén då att få? Är den redo att bli nånting? Så han kommer att slå iväg idéer i alla möjliga riktningar, men med tanke på mottagandet, måste han förstå var idén hör hemma, och vilken plattform den ska landa på. Om du ser det som att vi står på stranden med alla våra bollar och ett slagträ, och ute till havs finns det som tio olika plattformar där bollen kan landa, så måste vi identifiera exakt på vilken plattform. Från nummer ett till tio, var den här specifika bollen ska landa. För om den landar på fel, kommer den helt enkelt bara gå upp i rök.

D. Bollar flyger hej vilt.

B. Ja, i alla riktningar. Men vilken plattform ute till havs ska den landa på och ÄR plattformen redo för just den bollen?

D. Så du måste analysera mottagandet också.

B. Precis. Det är som här på Jorden, vi kan inte bombardera er med kunskap från det Mästerliga Medvetandet, eftersom den mottagande sidan, plattformen, inte är rätt utrustad. Det är samma sak. Förstår du?

D. Det gör jag, det är en riktigt bra bild, en bra beskrivning.

B. Aah, så vi försöker analysera, vi ska inte bara slå iväg alla dessa fantastiska idéer och låta dom landa på plattformar där dom för det första, inte hör hemma och för det andra, kanske inte kan ta emot den specifika kunskapen, visdomen eller uppgraderingen. Så vi tittar på det, men vi ska absolut spela spelet. Jag, för min del, var en upptäcktsresande och frågade en massa hela tiden, eftersom saker dök upp i undervisningen. Jag råkade höra saker och stannade upp och frågade, "Vilka är dom? Var är dom? Dom har jag aldrig sett." Och Gergen och dom andra lärarna låtsades att dom inte hörde och bara fortsatte, och jag sa, "Jag har aldrig sett dom, jag har aldrig skapat dom, jag har inte sett dom, ingen har pratat om dom där individerna. Var är dom?" Så det var därför, vid ett tillfälle, som nån sa, "Det är bortom", och jag sa, "Bortom vadå?" och dom sa, "Bortanför här. Nu fortsätter vi lektionen." Men jag undrade, "Bortom det här klassrummet? Bortom var nånstans? Och det var då som Gergen klev in och sa, "Det är en annan plats där dom också har klassrum och undervisning, och dom kanske ser oss som bortom." Och då sa jag, "Oh, så vi är alltså också bortom för nån?" Sen sa jag, "Då kanske det finns vänner där, eller så kanske jag vill åka dit." Och han sa, "Det kommer senare", och jag visste inte vad "senare" betydde, så jag fortsatte att fråga, ...och det var då som vi reste, jag och Gergen. Det var också då som jag togs bort från den specifika gruppen och jag jobbade mycket med Gergen ett tag, och sen träffades du och jag.

D. Så de plockade bort dig ur klassen, för att du helt klart är designad för något annat än vad de pratade om?

B. Precis. Det upptäcktes, att jag var designad för att utforska det som är bortom; medan klassen, för det första, förmodligen inte hade nåt intresse av det - och för det andra, det var inte en klass i att utforska bortom.

D. Som Ia sa, "Vi gör det när det är dags."

B. Ja, men det var som en väckarklocka i mig när jag hörde det, och jag ville utforska. Jag undrade, vilka är dom som ser oss som bortom?

D. Ditt lilla färgmönster lystes helt upp.

B. Det kan verkligen man säga! Det var som ett helt litet nöjesfält som började ling–ling–ling, färger och alla möjliga saker hände. Allting aktiverades. Men i alla fall, nu jobbar jag med Tom och försöker få honom att se att plattformarna där ute till havs fortfarande finns där. Och jag sa, "Kan du, härifrån där vi står, avgöra var den här specifika bollen hör hemma, ett till tio?" och det var då han blev förvirrad och jag sa, "Det är det som är poängen. Du vet inte riktigt, härifrån sett, eftersom du på det här avståndet inte kan avgöra vilken plattform ute till havs den här specifika bollen hör hemma. Kanske vi behöver ta reda på mer om bollen. Vad tycker du, Tom?" Och han sa, "Ja, jag tror att jag vill veta mer om den här bollen" och jag sa, "Då gör vi det."

D. Det är en väldigt bra undervisning. Du är en bra lärare.

B. Ja det är jag!

D. Du visste exakt hur du skulle ta itu med hans bekymmer.

B. Jag tar mig an det, men liksom frestar honom också, för jag vill inte att han ska tro att vi aldrig kommer att få slå iväg bollarna. Vi vill bara inte att idén ska gå upp i rök på fel plattform ute till havs. Det är lite som att skicka ner, du vet, högre medvetande till er dator *(hjärnan)* och så går det bara phfft *(gör ett fräsande ljud).*

D. Så när Tom inte kommer och ställer frågor, sa du att du satt och funderade på en massa saker. Vad tänker du på?

B. Jag skriver dagbok, mina memoarer. När det dyker upp frågor, skriver jag ner dom.

D. Så du studerade på den Åttonde, men sedan, när du är klar med det, så drar du tillbaka din energi?

B. Precis. Jag drar mig faktiskt tillbaka och jag behöver också reflektera och ladda om. Jag sover inte, men jag behöver vila.

D. Gergen sa att du sov.

B. Jag vilar! Fast det kan nog verka så.

D. Sover du någon gång, eller liksom stänger alla dina fönster?

B. Ja, men det är främst om det är nåt stort, som jag känner att jag behöver en omstart. Då är det som att jag behöver en lång sömn. Oh, Ophelia säger att vi ska spara energi här, så min tid är nog ute. Nån kanske behöver sova här.

D. Det var riktigt bra information. Jag uppskattar det verkligen.

Arbeta med Fossiler (8 juli 2018)

D. Vilka idéer skulle du vilja dela med oss idag?

B. Jag skulle vilja tala om Toms utveckling.

D. Vad har Tom gjort?

B. Tom är lugn igen. Först kände han sig väldigt ledsen, för han upplevde att hans idéer inte blev hörda; och den biten förstår jag, eftersom jag gick igenom samma fas, innan jag fick den första möjligheten att lämna den andra dimensionen för att träffa Ophelia. Så jag sa till honom, "Det här är bara en förberedelse för dig, innan du får uppleva nåt stort!" Och han undrade, "Vad för slags stort är det?" och jag sa, "Det kan vara väldigt olika, beroende på din resa, så vi kommer inte att avslöja vad det är i förväg, för vi vet det inte riktigt, eller hur? Och det ska komma som en överraskning, så du ska inte vara helt förberedd på gåvorna som ska komma till dig." Jag hade en massa pep-talks med Tom. Han var också ... han är bekymrad över haven och däggdjuren där. Han vill gå och prata med fiskarna och det kan han, sa jag. Han vill försäkra dom om att hjälp är på väg, och han sa, "Jag vet inte om dom kan höra mig." Och jag sa, "Det finns stora krafter som verkar runt haven och fiskarna, så jag är säker på att dom på nåt sätt får besked om att hjälp är på väg." Men han är faktiskt på gång att ge sig av med andra; området söder om Japan är deras första uppdrag, men han planerade också ett besök, verkar det som, till regionen kring dom karibiska öarna och fossilerna i havet som måste vårdas.

D. Vad i havet?

B. Ah, ah...

D. Det lät som att du sa fossilerna?

B. Jaa?

D. Oh, du menar korallreven! Nu är jag med dig.

B. Det är ett fossil.

D. Det föll mig inte in, men det är det ju.

B. Dom måste också vårdas. Men jag hade pep-talks med honom. Jag sa till honom, "Innan varje gång du går upp ett steg, infinner sig en känsla av att på nåt vis vara bortglömd eller att man inte bryr sig om dig. Och det är för att du ska reflektera över hur långt du har kommit vid den tidpunkten, och vara i stillhet för att uppskatta nästa nivå." Men det visste han inte, så vi satte oss ner och pratade om det, och jag berättade många av mina historier.

D. Det hjälpte förmodligen.

B. Det var till stor hjälp. *(Sedan började han intensivt gnugga Christines ansikte och näsa, som han ofta gör under sessionerna.)*

D. Jag retar den här att hon brukar driva med dig därhemma, så är det därför du gnuggar hennes näsa?

B. Han retar mig lite, det gör han, men på ett lekfullt sätt. Du kan bli lite arg ibland, för du ser att han kommer in och försöker distrahera mig och frågar, "Vill du komma och leka, Bob? Vill du göra nåt roligt? Vill du gå och kolla i muséet? Vill du gå till bubblan? Vill du gå och se min bubbla?" Huh huh huh *(han skrattade riktigt bullrigt när han imiterade Christine därhemma),* och då säger du, "Nej, han ska sitta och reflektera." På samma sätt som jag gör med Tom, säger åt honom att sitta i stillhet och reflektera innan han går upp ett steg. Jag är också i den fasen där jag ska sitta stilla och reflektera, så jag kan ta ett steg uppåt. Men den här svänger ibland förbi, "Vad gör du, Bob, vill du åka nånstans, har du tråkigt?" Och jag säger, "Kanske lite tråkigt, men jag är inte säker på att jag får lämna." Och sen kommer du, du måste känna på dig vad som är på gång, för du kommer alltid snabbt in och säger, "Nej, han håller på och reflekterar." Och då säger han, "Vill du reflektera lite senare, Bob, vill du åka nånstans, vill du se vad jag gör, vill du gå och se hur du kan resa? Jag kan visa dig en modell hur man reser, vill du se det? Vill du gå och se kartorna? Haha." Men jag vet att han bara vill göra mig lite glad *(poppar med läpparna.)*

Flera veckor senare fortsatte Bob att diskutera sitt arbete med Tom och återigen nämndes andevärldens oro över havens tillstånd. De flesta av de andar som skapades i samma bubbla som Tom delar ett mönster som resonerar med vatten, så de flesta av dem kommer att arbeta med Jordens vatten, inom ett eller flera expertområden.

D. Lyssnar du på Tom, eller är det mest du som pratar?

B. Jag lyssnar på Tom, men jag berättar också historier för att muntra upp honom, för han är verkligen redo för avfärd och att gå ut och göra nytta i havet.

D. Så han har avslutat sin utbildning i vattenvärlden?

B. Aah, aah. Det är problem med dom små fiskarna, planktonen i området utanför Japan, eftersom dom ingår i näringskedjan för dom större fiskarna. Det är problem med fossilerna här borta *(nickar till vänster, vilket indikerar Karibien),* och med planktonen i den regionen *(nickar till höger)* eftersom det faktiskt finns mycket kvicksilver där och det skapar en dålig näringskedja för andra. Så dom måste gå till roten av problemet där borta i det japanska området, dom måste minska kvicksilverhalten i planktonen och i dom små fiskarna. Och här borta behöver dom öka ljuset i fossilerna. Det är så sorgligt, så sorgligt sa han, och sen blir han ledsen, för han ser att den bryts ner, ekokedjan bryts. Han vill rusa dit, som en ambulansutryckning, typ. Så jag sa, "Du måste göra det lite i rätt ordning, det finns en ordning i allt," men han är som jag var, han vill gå och fixa det meddetsamma. Så han känner att mina berättelser på nåt vis lugnar ner honom. Han är glad över mina historier men känner också att det tar lite tid och hans ambulans är startklar.

D. Jag antar att när han går till Jorden första gången, då kommer han att dela upp sin själsenergi, sin reseenergi som han åker med?

B. Jaa. Det finns dom här två områdena, så jag är inte säker på om han kommer att dela upp sig eller bara gå till ett av dom.

D. Jag menar när han lämnar den Andra.

B. Oh, ja, precis. Och det här är nåt vi också har pratat om, men den utbildningen har han, så det vet han.

D. Jag antar att han var tvungen att dela upp sig för att gå till vattenvärlden?

B. På nåt sätt, ja, så är det.

Vad är Slutresultatet? (6 november 2018)

Zachariah och Bob arbetar fortfarande tillsammans i Biblioteket på den Femte, och som ett nästa steg i hans utveckling sa Zachariah till honom att han var tvungen att gå tillbaka och granska alla stora idéer eller avsikter han hade haft när han fattade olika beslut, och sedan tänka efter vilka åtgärder som behövde vidtas för att nå ett visst slutresultat. Om ett slutresultat hade blivit annorlunda än han tänkt sig, då var han tvungen att kartlägga de vägar som krävdes för att nå det han önskade för vart och ett. Det lät som ett enormt åtagande, men jag tror att det är ett sätt att visa att val måste ha något underliggande syfte.

Bob försöker hela tiden lura mig på något sätt innan han börjar prata, antingen försöker han gömma sig och se om jag kan upptäcka honom, eller lura mig att tro att han är någon annan. Hans ansträngningar var meningslösa tills han tog hjälp av Ia, som härmade några av hans ansiktsuttryck och jag antog felaktigt att det var han. När det var hans tur att tala, var hans glädje total när han högljutt pikade mig.

B. HAHAHAHA—Det här är Ophelia!! HAHAHA—Det här är Jeshua!! Huhuhuh.

D. *(Skrattar med honom)* Oh, där lurade du mig. Men det är inte så Jeshua ser ut *(Bob skrattade återigen att han lyckades lura mig).*

B. Lite mer stoiskt! Det är inte jag. Vi har en av dom i Rådet med den personligheten. Står med armarna i kors, funderar lite, tar en extra fundering på allt.

D. Dramatiskt.

B. Mycket dramatiskt. Låt oss inte ha för bråttom. Så jag tänker på det du sa, "Oh, jag har nåt brådskande att ta hand om", och jag funderar på hur det skulle vara på en nivå där det är konstant brådska. Jag vet inte om det är ständig brådska där du befinner dig, eller om det egentligen bara är en ursäkt för att du ska kunna gå iväg.

D. Jag tror att det finns saker som behöver uppmärksammas. Det är många bollar i luften så att säga.

B. Massor av marshmallows i elden; måste ta hand om dom. Så, du vet... *(poppar ned läpparna).*

D. Vad har du sysslat med?

B. Oh, jag har skrivit dagbok, jag har samlat mina tankar. Du vet, det är många idéer som har lämnat sin hemmabas, lite bara så där. Och precis som jag säger till Tom, behöver man ibland samla sina tankar och hämta tillbaka dom. Som Zachariah sa, jag har alla dessa idéer MEN har jag ett slutresultat med dom alla? Och det fick mig att fundera, så jag drog mig tillbaka, jag ursäktade mig och återvände till mitt arbetsrum. Och jag satte mig ner och försökte skriva ner alla mina tankar som liksom flugit omkring, dom som inte landat där dom skulle eller som inte passade in. Jag försökte minnas tillbaka.

D. Hur långt tillbaka gick du? Det måste ha varit en enorm mängd tankar och idéer.

B. Det tog ett tag. Zachariah sa att det här är en del i allas utveckling; att förstå att man inte bara slänger iväg en tanke och inte följer upp den, eller kanske inte har ett bestämt syfte med den. Det vill säga avsikten är utgångspunkten och när avsikten färdas är det meningen att jag ska räkna ut vad som kan hända med den här idén, när den rör sig här längs min tidslinje. Sen har jag ett tänkt slutresultat, och jag måste räkna ut, sa Zachariah, hur länge den här specifika idén, idé A) från det att den skapades fram till målet, hur lång tid kommer den specifika idén att behöva resa för att kunna genomföras, för att nå lösningen eller målet. Och vad kan hända på vägen med den specifika idén A. Idé B) kan bli en helt annan resa. Så han sa, "Gå tillbaka och skriv ner dom i siffror," för jag hade inte tillräckligt många bokstäver för mina tankar, från A till Ö, så han sa att jag kunde använda antingen siffror eller färger. Så jag gör samma som Tom här, bara på min nivå.

D. Kan du ge mig ett exempel på en som inte är alltför komplicerad, som jag skulle kunna förstå?

B. Av mina idéer?

D. Ja.

B. Som jag har funderat på?

D. Ja.

B. Umm. Om jag tar den här idén om min personliga utveckling. Så utifrån känslan jag hade när jag skapade grunden för min stege - och jag skapade den i blindo, som vi alla gör eftersom vi inte vet vart den kommer att leda. Vi måste först och främst identifiera om den här specifika idén kommer från hjärnan, så att säga, om det är ett behov, eller om det är en drivkraft. Handlar det om en medkänsla som ska utvecklas – inte bara för mig själv, utan för mig tillsammans med andra? Är det en självisk eller en kollektiv idé?

D. Jag trodde inte att andar skulle ha själviska motiv.

B. Alltså, du vet, det är fortfarande en del av din utveckling. Du kan ha själviska mål och själviskt är inte nödvändigtvis dåligt. Självisk betyder helt enkelt att det är en idé som gäller just dig. Så det behöver inte vara dåligt bara för att det är som en självisk idé.

D. Jag tänkte i mänskliga termer.

B. Det gör du alltid när du är här. Du är så knäpp! Huhuh. Tänk större – tänk Lasaray, han förstår. Så jag ska ändra mina ord. Vi har en kollektiv idé eller en individuell, en egen, idé. Och just den här idén var egen. Vad är det som jag skulle vilja bli och också utveckla inom mig själv? Och jag konstaterade att jag ville bli en stor resenär. Det här var innan du och jag ens hade träffats, eller vi hade träffats, men inte i ditt labb. MEN det var min avsikt, eftersom jag var helt fascinerad av dig, att du kom nån annanstans ifrån. Så jag tänkte, det måste finnas flera som han nånstans som ser annorlunda ut. Så jag ville bli en exceptionell resenär och hitta dom alla, jag ville hitta ALLA som är tillgängliga för mig att utforska. Det var den första nivån i just den här idén. Och sen tänkte jag, ”Vad kan jag behöva för den här resan? Vad behöver jag utveckla inom mitt eget väsen?” Och jag förstod snabbt att jag – på grund av att jag i mitt kärnväsen är gruppaktivitet – var tvungen att etablera nån form av oberoende inom mitt väsen. Jag visste att jag skulle behöva göra det här själv, det skulle inte bli en sällskapsresa. Så det var dom första delarna, när jag skapade den här idén. Sen tänkte jag, ”Okej, jag måste förmodligen lära mig att anpassa mig om jag ska välja den här vägen. Det är jag som måste anpassa mig, för dom andra kommer ju inte att anpassa sig efter mig.”

D. Det låter rimligt.

B. Och sen tänkte jag, "Var skulle jag kunna hitta dom där varelserna?" Jag skapade olika scenarier, och jag hade inte så mycket att jämföra med, förutom från Jorden, så jag skapade en idé typ att vissa kan leva i vatten. Jag är ju egentligen inte så mycket för vatten, men om jag hittar en varelse i vatten så måste jag dyka ner där - så vad behöver jag för det? Och så vidare och så vidare. Men i den här raden av tankar hade jag inget slutresultat. Jag kunde inte skapa hela scenariot, för jag hade inte upplevt det helt och fullt vid den tidpunkten. Så nu sitter jag här med den här lösa änden på min individuella väg, som jag skapade för länge sen. Mitt slutresultat är att jag vill bli erkänd som en stor resenär och kunna påvisa möten med alla möjliga olika besökare. Så att alla kan ha nytta av, och förstå, VEM som bor VAR.

D. Men din linje tar aldrig riktigt slut, eftersom det fortfarande finns platser att resa till, eller var det bara relaterat till de andar som du hade träffat vid den tiden?

B. När den här idén kom hade jag bara dig. Jag hade träffat Ophelia, men det var i hennes labb. *(Bobs önskan att resa var ett resultat av att han träffade mig, efter att jag hade manifesterats i skogen och sedan bara försvunnit. Det väckte hans intresse för att veta vart jag hade tagit vägen.)*

Vi avbryter samtalet här för att klargöra vad Bob säger härnäst. I den här sessionen hade Eli kommit in först och talat om karma och hur vi kan visualisera hur själen kommer till Jorden och går samma väg om och om igen, över ett fält, från födelse till död. När vi gör saker som inte är andliga är det som att gräva upp jord och kasta upp den på var sida om vår väg. Större misstag kan ses som en större skyffel med jord. Om vi fortsätter att göra misstag, liv efter liv, kommer vi så småningom att finna oss själva vandrandes i en skyttegrav av vårt eget grävande. Det är en vacker undervisning och kommer att vara en del av *Tredje Vågen,* men vi lägger in det här också, så att Bobs iakttagelser blir begripliga. Efter att Eli hade talat klart kom Bob in och bjöd på sin egen version av historien.

E. Allt som är inneslutet här möter en evolution. Karma är en del av den evolutionen. Du måste gå igenom viss karma – eller ta åkern som jag nämnde, du har en åker där du har plöjt din egen väg. Du kan fortfarande, på var sida av din väg ha jord som du har samlat på dig, byggt upp på var sida, när du plöjde åkern så att säga. Meningen är att när du har avslutat din resa, när du ser tillbaka på din väg, vilket betyder många existenser, många liv, då bör du ha lagt tillbaka det du har grävt upp. Fältet ska vara plant, jämnt igen. Så du kommer in i ditt första liv och börjar plöja din väg, som en mullvad, du kan se den och du kan se hur jord har kastats upp åt båda hållen och skapat en liten vägg med vallar på var sida. När du utvecklas förstår du att du kan gå fram och tillbaka i den här fåran, som du har plöjt på din åker, och du kan så småningom se tillbaka, och med stor tillfredsställelse konstatera att du inte längre ser din väg. Så länge som du i återblickande ser den här fåran och jorden på var sida, finns det fortfarande saker som du måste gå tillbaka och göra om, titta på. Så var och en som sätter sina fötter här plöjer sin egen väg; även djur på sätt och vis. De arbetar sig inte nödvändigtvis genom karma i det avseendet, men de lär genom Skaparen. Skaparen skapar vägen genom djuret och söker efter samma resultat med det djuret. Lite annorlunda, jag önskar att jag kunde ge dig en bättre bild. Det Mästerliga Medvetandet interagerar genom andra varelser som skapar stigar, plöjer sin egen åker och lär sig att arbeta i ett tredje fordon, om du så vill, fast på ett lite annorlunda sätt. Det är dock fortfarande samma idé – att när du har nått slutet av din destination, din resa, då känner du dig trött, men när du ser tillbaka är den första glimten som själen söker efter, huruvida man ser om diket fortfarande finns där.

Vi återupptar nu Bobs samtal om hans mål och vägar. Bob drar exemplet med människor som gräver karmiska diken till en extrem, och beskriver människor som gräver ett dike så djupt att bara deras huvuden kan ses röra sig fram och tillbaka över fältet, som kålhuvuden, en beskrivning som vi skrattat många gånger åt.

D. Jag förstår helt vad du säger, det är ett anmärkningsvärt bra mål.

B. Så det är en av dom *(en av hans idéer eller mål om hans personliga utveckling)*. Men Zachariah sa att det är en del av själens utveckling när du är hemma *(i andevärlden)*, vi kräver det inte härifrån *(inkarnerad på Jorden)*. Här går du bara i din karmiska väg *(sen frustade han till och skrattade)*, ...jag hörde Eli! Huhuh. Vissa ska du veta, när dom går i det här diket, som dom har plöjt sig som mullvadar igenom, så går diket bara till anklarna, och det är bra. Men om nån har ett dike som når dom till axlarna och du bara ser huvuden som rör sig över fältet, då vet du att det kommer att ta ett bra tag för den där att kasta tillbaka all jord igen! Huhuhuh.

D. Det var en riktigt bra liknelse, jag kan se den bilden!

B. Du ser som ett stort fält med alla dessa stora huvuden, som kålhuvuden, vandra fram och tillbaka!

D. Det är en riktigt rolig beskrivning! Så om vi går tillbaka till din önskan att resa, varför väckte inte andra, som Ophelia, samma intresse i dig?

B. Ophelia, henne hade jag träffat härhemma, jag träffade henne inte bakom ett träd. Ophelia förändrades aldrig. När vi är i ditt labb upplöses du inte heller, du kommer inte och går eller löses upp som du gjorde i början, när jag träffade dig här på Jorden. Det gör man inte Härhemma. Du har inte såna magiska krafter! Huhuhuh. Kanske du gör det på andra ställen, men inte hemma på Sjätte. Ophelia gör det aldrig. Om hon skulle göra det, skulle jag säga att hon är ett spöke!

D. Den enda gången som du försvinner är om du skulle vandra för nära den centrala mittpelaren *(Skaparen).*

B. Öhh, det gör jag inte. Jag försöker prata med Zachariah, för han har alla dessa böcker i sin ägo, alla dessa skrifter från alla möjliga ställen. Jag frågade honom, "Har du några skrifter eller böcker som förklarar upplösningsprocessen?", och han log lite, men han sa ingenting, han var helt tyst. Då frågade jag igen, bara för att förvissa mig om att han hade hört mig. Och han sa, "Ja, det finns det, Bob, det finns det."

D. Oh, det var intressant. Men han visade dig inte var de fanns?

B. Nää, det gjorde han inte. Han sa bara att det finns register över allting. Men, sa han, "Gå tillbaka och fokusera på dina tankar och idéer och se vart dom tog vägen. Och vissa," sa han, "har du kanske inte samma avsikt med längre, som du hade för länge sen, men dom kan fortfarande vara aktiva, du vet, som en liten ljusprick. Då kan du göra en ceremoni för den, och du kan lägga den till vila. Du dödar den inte, för allt som du har skapat i andevärlden är av rent ljus och i den renaste avsikt, så det finns ingen anledning att vara så dramatisk att döda den. Du får den bara att sova." Så sa han.

D. Men allt har inte samma djupa mening som din avsikt att resa? Det var ju en väldigt intensiv tanke. Måste du ta upp alla mindre tankar också?

B. Aah, jag hade till exempel en gång en tanke att jag ville lära mig att förstå uppskattningen med att vara en fisk, men jag ville inte VARA en fisk. Jag hade tänkt tanken men den hade inte rört sig nånstans och jag ville inte utveckla den vidare. Men eftersom jag hade skapat den och den var en aktiv skapelse av mitt väsen, så gjorde jag en ceremoni, ungefär som att man begraver nåt eller bränner det. Så jag gjorde en ceremoni och jag tackade den för upplevelsen. Det är vad du gör, du tackar Skaparen för att du kunde ha den idén och möjligheten att få följa den. Du ska värdesätta att Skaparen ger dig möjligheten att sprida alla dessa idéer. Så du tackar Skaparen för förmågan att i första hand ha tänkt tanken, haft en avsikt med en idé. Du tackar och lägger den tillbaka i jorden, så att säga, så att nån annan kanske kan använda den. Det är tanken bakom att du inte dödar den. *(Jag tycker att detta är en särskilt gripande idé; att vi är tacksamma för vår individualitet, förmågan att vara som Skaparen och ha tankar, men också att vara mottagare av tankar som Skaparen sänt oss.)*

D. Det var en riktigt vacker undervisning. Hur är det med alla små tankebubblor du poppar upp när du sitter på lektionerna?

B. Oh, dom finns det många av. Jag måste samla ihop dom och titta på dom. Inte alla, det är inte som att jag går tillbaka till alla tankar som jag har haft, men jag måste gå tillbaka och fokusera på dom större. Men också dom större som jag har sorterat bort. Det är dom som du säger tack till, att du hade nöjet att lära känna den idén, men just den är inte för mig. Kanske den är för nån annan, så du vill inte döda den, du bara begraver den, gör en ceremoni och tackar Skaparen för möjligheten och att ha fått den skickad till dig. För det är han–hon–den-det som gjorde det möjligt för mig och alla andra att ens HA idéer.

D. Det är en sån fantastiskt fin undervisning, så tack.

B. Ah. Jag ska nog gå nu, jag har många saker att titta på.

D. Jag antar att alla måste göra det?

B. Precis. Alla gör det. Jag har bara undvikit det, och det vet Zachariah.

D. Är detta lite samma som att skriva dagbok?

B. Ummuum, på sätt och vis lite lika. Men du borde uppskatta möjligheten att du snubblar över en viss lärdom, eftersom Skaparen gav dig den som en gåva för att utforska. Och eftersom du hade den i din ägo tyckte Skaparen att du var värdig den specifika tanken. Men han–hon–den-det blir aldrig upprörd om du inte helt omfamnar den, så att säga.

D. Så, precis som din starka önskan att resa, som jag antar var en del av ditt mönster, så kände du bara igen den och handlade efter den impulsen?

B. Precis. Jag kände igen impulsen. Så är det.

D. Tack.

B. Så gärna. Så nu går jag.

Gergen ger sig till känna (10 december 2018)

Ole, Ia och de andra Rådsmedlemmarna från den Andra kommer till varje session och lyssnar på Bob samtala med oss, även om det bara är Ia som ibland har talat. Den här dagen måste Gergen ha bestämt sig för att bevisa att han också var fullkomligt kapabel att kommunicera, eftersom jag hade slängt ur mig en kommentar att han kanske inte visste hur. Vi var väldigt glada att han gjorde det, för han höll en imponerande föreläsning och visade sin briljans på en mängd olika områden. Bob talar hela tiden om Gergen, hans mentor, så inflytandet från hans ledsagande hand är tydligt genom hela den här boken. Det är inte bara en handfull Elahims som har en guide från den Andra, utan nästan tio procent av människorna i vissa regioner, mestadels på den amerikanska kontinenten och de kallare delarna av Europa, har också en följeslagare från den världen närmast förbunden med naturen.

B. Ahh! Gergen är här!

D. Nämen hej Gergen!

B. Oh, Vi ska se om han kanske vill säga några ord.

D. Det skulle vara trevligt.

B. Ah, Får se. Han säger, "Jag vill inte stjäla ditt solsken", men jag säger att det här är en scen som ska delas. Ia är också här, och alla i Rådet är här men jag vet inte om alla planerar att inta scenen.

D. Gergen kanske inte vet hur man pratar igenom någon?

G. Oh, uh uh huh huh huh. Visst gör jag det! Bara för att jag inte blandar mig i betyder det inte att jag inte har något att säga och inte kan prata. Huh huh.

D. Det är ett nöje att äntligen höra dig!

G. Vi reser tillsammans, vårt lilla fyrverkeri *(Bob)* och jag. Han är verkligen som ett fyrverkeri! Huh huh. Han har också utvecklats och gjort framsteg i Rådet och han har äntligen fått komma med några av sina anteckningar. Huh. Men det är viktigt att alla känner att de engagerar sig och deltar. Och ja, faktiskt, även du, Bob *(tittar åt vänster där Bob uppenbarligen stod)*. Så vi har haft vad du skulle betrakta som ett öppet möte, där alla delar med sig, kortfattat – kortfattat, Bob – om sitt expertområde. Vi har redan lyssnat på några, och Bob har berättat om sin individ och hur individen nu har väckts till liv igen. Och det kan räcka för nu, innan vi fortsätter med historien om bubbelträningen, som är något av ett mysterium för de andra *(i hans Råd)*. Det måste komma i koppar, och det känner han till. Det gäller inte bara den här verkligheten, utan på alla nivåer, även Jorden. Att tillhandahålla något i koppar är ett sätt att, lite i taget, öppna upp skaran i din omgivning, att låta dem få komma och smutta på ditt te istället för att ta in hela kannan. Det är också för att försöka ta reda på vilken sorts te som bäst passar dina gäster. Inte alla teer i din kopp skulle uppskattas. Så tänk dig att du har en tebjudning, om du så vill, och du har olika örter i dina teer, baserat på vem du bjuder. De mjukare, lite sötare dofterna, kan ges till en mer kvinnlig publik. Medan en mer vetenskaplig, manlig, eller en mer logisk skara, kan behöva lite krydda i sitt te. Kanske till och med en liten, pytteliten droppe whisky för att piffa till det! Vissa kommer absolut att behöva den där lilla extra kryddan av whisky, för att få dem att uppleva det lite som en Big Bang, kraftfullt, eftersom det är vad de förväntar sig av dig. Scanna av din publik och se vilken kopp du ska servera på din tebjudning. Det är ett sätt att läsa av och förstå hur du ska lägga fram ditt budskap, för att bli välkomnad och hörd på bästa sätt. Det är det här som vi har pratat om, Bob! Tänk på kopparna, ta inte in alla koppar på en gång, Bob; en i taget. Titta på ditt Råd, tror du att de kan ta emot alla dina koppar? Nej. Tänk på kopparna vi pratade om, det är inte whisky i alla *(han använder whisky och menar med det, en mer logisk energi)*. Vi har pratat om vikten av det här, men han har en glöd och han är en fröjd, en glädje inom alla världar där han sätter sina fötter. Rådet värms så smått upp av hans glöd, och vi är glada över att ha honom ombord.

D. Jag är glad att han följer mig här från liv till liv.

G. Han har pratat mycket om det, hur han har en person som han följer och vad hans person gör på Jorden. Han pladdrar gärna på den här och kommer med alla möjliga historier, alla sorters kryddor i sina teer. Så jag känner väl till er två och era resor. Han har också gjort framsteg i sin distansundervisning. Vid ett tillfälle, på ett mycket tidigt stadium, somnade han, och det slutade inte väl för ditt fysiska. Det var en lägereld som spreds utom kontroll, och det påverkade inte bara dig, min vän *(flera måste ha dött)*. Han mådde riktigt dåligt av det och erkände, "Jag slumrade faktiskt till, jag tog en liten paus och gick nån annanstans." Det här var alldeles i början. Han sa att du var lite klumpig och att han därför borde ha varit mer närvarande, och uppmärksam. Det insåg han sedan, men han hade sett en växt och ett bär i närheten som fångade hans intresse. Vilket betydde att du och elden glömdes bort.

D. Vilken livstid var detta?

G. Tidigt, förmodligen andra eller tredje gången.

D. Hade du del i att välja mig att arbeta med Bob?

G. Ja det hade jag. Det var ett gemensamt samtal tillsammans med Ophelia och Jeshua. Jeshua var bekymrad över att familjen *(Elahims)* skulle resa hit. Han ville se till att det bästa stödsystemet fanns tillgängligt när familjen, som han sa, reste. Du var intresserad av att uppgradera hjärnan och förslaget var att det skulle göras inifrån, vilket betydde att du måste vara en del av inkarnationsprogrammet. Och då behövdes för det första en medhjälpare, och uppenbarligen fanns det verkligen ett behov av det med tanke på eldsvådan. Det hände bara en gång. Efter det har han varit som en fluga på en klisterremsa när han följer dig. Men vi diskuterade faktiskt projektet, när Bob hade nått en nivå av extrem nyfikenhet på den andra dimensionen och han behövde stimuleras. Hans stjärna började mattas av lite.

D. Behövde han något att fokusera sin uppmärksamhet på?

G. Precis. Det var en gåva, så klart, för er båda. Hans stjärna behövde lysas upp lite, han behövde ett nytt projekt. Han letade ständigt efter projekt. Zachariah var också närvarande i diskussionerna innan mötet där ni båda presenterades för varandra. Och förslaget för dig var att du skulle behöva lite förströelse när du kom hit också, det skulle inte bara vara arbete.

D. Hur många personer har någon från den Andra som följer dem, i procent räknat?

G. Cirka tio till tolv procent.

D. Oh, verkligen? Det är en ganska stor siffra.

G. Men de är inte jämnt fördelade på alla områden. Främst är vår närvaro känd på den amerikanska kontinenten, i Australien och såklart i de kallare geografiska zonerna. Så när jag säger tio eller tolv procent, så stämmer det inte för totalbefolkningen. Men i de regionerna där vi är mer ... glöm inte heller haven, men det finns ingen av er *(människor)* där. Så om du frågar om haven, så är andelen mycket högre.

D. Så du hjälper det Mästerliga Medvetandet när det gäller olika varelser i havet?

G. Ja, precis. Okej, Bob, du har väntat länge nog och jag har verkligen tagit en bit av scenen.

D. Det är underbart att äntligen få tala med dig. Vi skriver en bok om den andra dimensionen, så allt du vill berätta eller dela med dig av skulle vi verkligen uppskatta att höra.

G. Jag skulle vilja trycka på det ömtåliga sambandet mellan arter. Och jag menar inte bara mellan individer av din egen art, utan också att du är här som en kedja av hjälpare på den här planeten. Ni är medskapare och ni är här tillsammans med andra. Gör inte anspråk på mark för din egen del, tänk på andra arter och var ett stöd till dem. Se var de behöver finnas för att hela din miljö ska blomstra. Du är inte här för att lägga beslag på utrymme och tillkännage det som ditt, för du delar det med andra. Tidigare, när det här beteendet ägde rum, kom en stor våg in och landmassa försvann. Det var söder om ekvatorn.

D. Är det här Atlantis som du talar om?

G. Bland annat. Den regionen låg i havet väster om Afrika, men det fanns också en i regionen runt södra Japan. Två stora civilisationer som tog för mycket plats. De reste inte på samma sätt som ni gör, i flygplan och så vidare, men energimässigt tog de för mycket plats. De hade andra förmågor att få tillträde till nätet ovan genom att ansluta till kärnan inom din planet, inom din värd. De sysslade med teleportering mellan dessa två zoner och missbrukade energier. Två civilisationer som försökte ansluta till den fjärde verkligheten *(dimensionen)* utövade teleportering mellan de båda. De slutade inte utropa territorium som sina egna, särskilt den civilisationen i den japanska regionen. Landmassan som fanns där sjönk - nu är allt hav.

D. Hur länge sedan var detta, i jordiska år?

G. Första gången det hände var före de nyare cyklerna som du och din familj *(Elahims)* ofta berört. Om du går längre tillbaka så ägde denna händelse rum för omkring 600 000 år sedan *(omkring tiden för de första civilisationerna. Andarna har dock också diskuterat tidigare grupper av varelser som fanns här innan dinosaurierna placerades här, så att kalla ett samhälle, vilket som helst, för "först" är förmodligen missvisande).* Så du ser, historien upprepas. Men det hände igen, vattnet försvann och kontinenter steg och återgick till sin ursprungliga avsikt. Vågen, som du refererar till som Atlantis, var senare. Den japanska kontinenten återuppstod aldrig, kom aldrig upp till ytan igen. Vad var din fråga? Hamnade jag månntro på avvägar? Jag har en tendens att göra det, jag glider iväg emellanåt. Det har blivit en vana på äldre dar.

D. Nej, jag lyssnade och du svarade på min fråga.

G. Oh, gjorde jag? Nåväl, det var ju bra. Okej, Bob, jag ska gå åt sidan nu så att du kan återvända till plattformen. Så där ja, trevligt att träffa dig.

D. Det var trevligt att träffa dig också, Gergen. Tack.

G. Oh, nöjet var helt på min sida. Vi ses nog igen.

D. Det hoppas jag. Adjö min vän.

B. *(Bob kom snabbt in)* DÄR SER DU! DÄR SER DU!

D. Så han existerar verkligen!

B. Han finns! Du trodde inte han skulle prata, va?

D. Det gjorde jag inte, men jag hoppades.

B. Aah. Han är upptagen, han är som Zachariah, upptagen. Hans kontor är riktigt stökigt för han har alla dom där rullarna. När du kommer in där ser det bara ut som en enda stor röra. Men han säger att det finns ett system i röran, nåt som verkar lite motsägelsefullt, men han vet alltid exakt var han har saker och ting. Han är väldigt upptagen, så jag uppskattar hans tid. Han är som Zachariah.

D. Det förvånar mig att han inte delegerar lite av sitt arbete till dig.

B. *(Tittar åt höger)* Oh, han skrattar åt det. "Det kanske kommer, när du har lärt dig att samla dina tankar," säger han. Men det kan jag faktiskt, jag kan också ha ett system i röran, i mitt väsen! Mitt kontor är rent och städat, men det är inte hans. I alla fall, nu har du träffat honom; det var min mentor och förebild på den andra dimensionen.

D. Det lät som om han pikade dig lite där, med kopparna.

B. Aah, men det är för att jag inte riktigt förstår det där med volym. Först och främst, hur stor ska den där koppen vara? Vem säger att din kopp är bättre än min? Ska jag ha en av dom där pyttesmå engelska tekopparna, eller kan jag ha som en sån där stor ölsejdel från Tyskland? Den kanske är min kopp, för den har ett öra också. Så jag sa, "Vem vet vilken typ av kopp som passar mig?" men han sa att det också är för att jag inte kan hantera mitt ... *(ser åt vänster, mot Gergen)* "pladder", sa han.

D. Ja. Det finns många saker att täcka, så du vet aldrig riktigt var du ska börja.

B. Det är mycket att hålla reda på och jag visste inte var jag skulle börja. Det var lite samma som här, våra samtal *(kanaliseringarna)* här, Ophelia gav mig en lång manual och generellt utkast. ”Du börjar här och du pratar så här och du hänvisar till det här, och nu kör vi.” Så sa hon, så jag visste i stora drag innan jag kunde typ freestyla lite själv.

D. Ja. Gergen nämnde att du har varit med mig och låtit något brinna upp, han pratade om en lägereld?

B. Ah, ja, det där, ja. Alltså, det var en sammankomst och du satt runt elden med dom andra i din stam. Det verkade helt ofarligt och det verkade vara en munter och glad aktivitet. Det fanns en—jag såg en pytteliten växt som jag hade letat efter länge, så jag tänkte, ”Oh, han verkar ha det bra där borta, jag ska bara gå och hämta den.” Så jag tog ögonen från dig en KORT stund. Men det är som man säger om barn, man ska inte lämna dom vid spisen och gå på toa eller nåt, för man vet aldrig vad som kan hända. Det är lite samma sak, du var inte riktigt van vid vissa saker än. Och det där med elden, ni hade trevligt tillsammans men nån la mer ved på elden så det började brinna och det spred sig till era hyddor. Det blev liksom ett, Hoppsan! Och när jag kom tillbaka, du vet... då var du och jag på väg hem.

D. Du menar att jag var död?

B. Aah. Och du sa, "Titta vad som hände, Bob," och jag sa, "Oj då! Vad gjorde du?" och du sa, "Allt hamnade utom kontroll och det spred sig," och jag sa, "Ja, det var korkat!" Sen sa du, "Varför sa du inget till mig? Du skulle ha skickat in en SOS-bild till min skorsten. Vart tog du vägen?" Och jag sa, "Jag tog bara ögonen ifrån dig en liten stund," och du sa, "Jamen, du vet ju att jag inte är van vid det här stället än, så du kan inte bara titta bort." Och jag sa, "Uppenbarligen! Du måste helt klart bli omhändertagen." Så efter det vårdade jag dig mycket mer noggrant.

D. Tack för det. Hur är det med andra människor som inte har någon från den Andra, gör deras andliga guide ungefär samma sak?

B. Absolut. Vi tränas. Men det verkade ofarligt att du satt där med dina vänner och hade det trevligt, och på grund av den där växten som jag ville plocka så kändes det bara som en kort avvikelse, för jag skulle komma tillbaka på en gång. Men när jag kom tillbaka var katastrofen ett faktum.

D. Oh, det är okej, liv kommer och går.

B. Aah, du sa det. Du sa, "Nästa gång, speciellt när det är eld inblandat och du vet att jag inte är så van vid det här stället än, försök bara vara lite mer uppmärksam." Och jag sa, "Ja, och du borde kanske försöka lyssna lite bättre också." Så vi skrattade åt det, det var inga hard feelings egentligen.

D. Så klart inte.

B. Men faktiskt, jag har lärt mig hur man ska vara med dig. För du var helt klart klumpig, men jag visste inte riktigt att du skulle vara så EXTREMT klumpig. Jag trodde att du faktiskt skulle ha LITE mer kontroll. Men du sa, "Jag försöker få hjärnan att fungera, jag är egentligen inte så mycket här för att hantera det fysiska, så jag ser inte alltid var jag går." Och det var precis det som hände.

D. Är jag fortfarande sådan?

B. Nää. Men det fanns andra gånger när du var så. Du fungerade inuti, med hjärnan, men kroppen kom lite i andra hand. Den rörde sig på många sätt oberoende av ditt själsväsen.

Ia berättar Hemligheter om Planeten (23 december 2018)

Flera veckor senare kom Ia för att berätta om sitt arbete med växter och marken på Jorden. Ia har flera specialiteter där hennes talanger kommer till användning. Precis som alla andar delar hon upp sin energi och gör flera saker samtidigt. En del av hennes energi arbetar med det senaste energiknippet och de helt nya själarna på den Andra, en annan del undervisar småstjärnorna i ett av de stora klassrummen, en tredje del arbetar med Gergen om grundstenarna för DNA, och ännu en del är aktivt engagerad med Ophelia och Isak för att finna nya sätt att förbättra överföringen av ljusenergi till växter och jord. Hon har en väldigt mjuk personlighet, ungefär som en blyg version av Ophelia och hon har en otrolig kunskap inom sina expertområden, så vi blir alltid väldigt glada när hon bestämmer sig för att tala.

Ia. Hihihi. Aaah, Bob har varit extremt otålig den senaste cykeln här *(sedan föregående session).*

D. Ville han inte bli lämnad utanför?

Ia. Nej det ville han inte. Han pratade om och om igen med oss alla om sin önskan att få delta, och på grund av det blev det faktiskt ett litet semesteruppehåll när det gäller vårt arbete i Rådet. Vi tog alla en paus, för varför skulle bara han få ge sig av till sitt privata hemliga uppdrag – som han gärna skulle dela med sig av, om det bara var tillåtet. Det är vad han kallar det – ”mitt hemliga uppdrag”.

D. Vi arbetar på er bok om den andra dimensionen, så jag är glad att du beslöt dig för att komma idag.

Ia. Ah, tittar alltid förbi, men visste inte om jag fick komma först. Fast han verkar faktiskt vara i ren julstämning här och delar gärna med sig av sin tid *(vi skrattar båda).* Så absolut, vår målsättning, inte bara min och Bobs, utan också Rådets, är att människor ska lära känna oss. Vissa känner redan av vår närvaro i naturen och vi låter en ny våg av småstjärnor komma in, vilket gör det ännu lättare för mänskligheten att knyta an till nivån precis under deras fötter. Dessa småstjärnor skickas för att skapa harmoni i er atmosfär. Er atmosfär håller på många sätt på att kvävas, likt en sjö full av alger och ni behöver ge den lite extra hjälp.

D. Syre?

Ia. Syre ger faktiskt ljus. Den mängd utbrott som sker i marken, under ytan, har ungefär samma effekt i er atmosfär som åska och blixtar har. Det handlar om att skapa en balans inifrån, upp till nivåerna precis ovanför ditt huvud. Utbrotten, av till exempel vulkaner och liknande, kommer att öka, på grund av att en koppling till de högre atmosfäriska omgivningarna är nödvändig. Småstjärnorna agerar bara som små hjälpare för att skapa denna bro. Hur kan jag ge dig en bild? Mittpunkten inom din värd, din planet, är hjärtat, eller motorn som ger upphov till allt det du ser ske omkring dig. Men den har också förmågan att agera som en ledare för att bistå atmosfären. Det kan jämföras med ditt hjärtas förhållande till din hud, där din hud skulle betraktas som atmosfären. Om hjärtat och insidan inte fungerar korrekt, kommer du att se vissa fenomen uppträda på din hud. I ditt fall, min vän, har du denna gång antagit en kropp som är mer mottaglig. Du har vissa obalanser i ditt centrum och är därför mer känslig för vad du äter, på samma sätt som planeten själv är känslig för vad som sker, inte bara inom, utan också på dess yta. Effekten är det du ser i din ’atmosfär’. Du har tagit på dig ett fordon som ska påvisa vad det du äter gör med din hud. Den här *(Christine)* gjorde samma sak tidigare, men var inte en återspegling av vad hon åt. *(I Christines förra liv hade hon ett allvarligt hudproblem, vilket fick henne att känna sig som en fånge i kroppen.)* Det var en annan lärdom hon tog på sig, där hon ville uppleva hur man mår med en lägre självkänsla. Din koppling handlar om att förstå hur det du äter påverkar din hud, på samma sätt som planeten. Du fungerar på samma sätt som din värd.

D. Jag har alltid haft problem med mycket av det jag äter. *(Det är den främsta anledningen till att jag började äta ekologiskt för fyrtio år sedan, redan innan GMO, insektsmedel och växtgifter blev ett så vanligt och genomgripande problem inom livsmedelskedjan som idag kontrolleras av megaföretagen.)*

Ia. Men du är också känslig för din omgivning, så det är inte bara vad du äter, utan också var du befinner dig. Du fungerar på samma sätt som din planet, din värd. Kan du se vad jag försöker säga?

D. Det gör jag.

Ia. Som människa tar du på dig de förnimmelser och känslor som din värd upplever just nu. Din andning är samma som planetens; den kan inte andas. Den kan inte kommunicera med de andra himlakropparna omkring. Du fungerar på samma sätt som din värd. Förstår du?

D. Det gör jag.

Ia. Det är så planeten känner det, på samma sätt som du, att den inte kan andas och inte kan kommunicera. Den känner sig instängd och begränsad i sin kropp och att den inte kan blomstra. Ni (*jag och Christine*) har bägge förmågan, att fullt ut knyta an till himlakroppar i ert fysiska tillstånd här på Jorden, ni kan känna hur den här planeten upplever sin verklighet. Det är en av lärdomarna, sa Bob, som du bär med dig från den Sjätte och den Nionde, Elahims. Så, nu vet du.

D. Wow, det var helt fantastiskt.

Ia. Vill du ställa en fråga?

D. Jag är alltid intresserad av att höra allt som du skulle vilja lägga till i er bok och dina egna personliga iakttagelser om saker och ting.

Ia. Vad jag skulle önska att du delar med dig av, är att det finns andra som upplever det du gör, de upplever exakt vad planeten vid den här tidpunkten upplever. Det finns själar som är mer i kontakt, som inte förstår varför de känner på ett visst sätt och varför de upplever sig begränsade inom sitt väsen. Även om allt verkar vara bra på ytan, så känner de av det som deras värd upplever. Ni är inte så många, men ni och andra finns. Dela det.

D. Är de mestadels själar från den Sjätte eller från andra dimensioner?

Ia. En del kommer från Sjunde, de på gränsen till den Åttonde. Det finns också vissa själar här från den Åttonde, inte så många, men de verkar faktiskt direkt från den Åttonde. De är inte så framträdande, jobbar främst med miljön, vissa som marinbiologer andra som geologer som förstår landmassans rörelser och hur det skapar en koppling till deras eget väsen. De ser ett mönster som är svårt att bevisa för ert vetenskapssamhälle - att det finns ett samband mellan hur er planet mår och hur du själv mår. Om du visste det, är jag säker på att du skulle sköta om din värd på ett mycket bättre sätt, inte sant?

D. Verkligen. Du nämnde vulkanutbrott?

Ia. De har faktiskt samma förmåga att rensa joner och skapa en balans mellan positiva och negativa. Det skapar en koppling inifrån och ut.

D. Jag vet att vulkanutbrott ofta producerar en enorm mängd blixtar.

Ia. Det är en förbindelse och en bro för att rensa atmosfären. Bob, min vän här, skulle förmodligen kalla det en omstart från den andra dimensionen. Omstart mellan den andra och åttonde dimensionen.

D. Är vulkanutbrott något som kommer att inträffa oftare?

Ia. Ja. Eftersom vissa ställen i atmosfären behöver rensas upp. Atmosfären är inte konstant runt din planet, den rör sig och hålen som vi ser, eller den Åttonde observerar - när de ser ett hål, kommunicerar de direkt till den Andra, så att vulkanutbrott eller liknande aktiviteter kan äga rum. Det är en kommunikation mellan oss båda. Det var det hela. Okej, "Tiden är ute!" säger han.

D. Aha, hans julkänsla var inte så generös ändå.

Ia. "Se till att sy ihop säcken nu." säger han.

D. Jag är så glad att du kom till oss idag. Tack för att du delar med dig.

Ia. Jag skulle vilja stanna längre, det är verkligen en tid att vara generös och ge.

D. Så glad att du kunde komma idag. Hej då Ia.

B. Huhuhuh! *(Bob kom in och började skratta.)*

D. Det var snällt av dig att dela tiden.

B. Aah.

D. Har du tagit med några anteckningar idag?

B. Jag har flera stycken. Det är flera post-it-lappar, bara för att se till att vissa saker uppmärksammas. Men du såg dom när vi förberedde det här och sa, "Men du har ju en hel vägg av post-it-lappar. Vad är detta?" Och jag sa, "Det här är idéer som jag skulle vilja komma in och dela med er, sånt du kan ta med i mina böcker." *(Vi döpte den här boken, Del 1, eftersom Bob har aviserat att det kommer att komma fler delar.)* Och du sa, "Jaha, Okej." Vi stod där på mitt kontor, men sen tog jag med några till ditt labb med. Så nu har vi en post-it-vägg, både på ditt kontor och på mitt. Och du sa, "Du kan ta med vissa lappar som vi kan undersöka och se om dom passar in i historien." Och jag sa, "Jag tror alla passar in!" men du sa, "Vi måste fundera på det här, för vi måste se till att det kommer i rätt ordning, eller hur? Och att slutresultatet blir vad vi tänkt att det ska bli." Så jag flyttar om lite bland mina lappar - du vet, ändrar ordningen lite här och där.

D. Det kommer att bli mer än en bok, det är jag ganska säker på.

B. Aah, du sa det. Och du började omorganisera mina anteckningar här, på min vägg. Du sa, "Den här passar inte in, den här lappen är mer om oss, så den hör inte hemma här." Men jag sa, "Jag tycker att den passar in, det är en fin historia när vi vandrade omkring på olika sätt på Jorden." Du sa, "En del av dom är rätt personliga," och jag sa, "Människor här är personliga, dom gillar sånt som är personligt." Så jag har olika anteckningar, och vi håller på att organisera om dom tillsammans. Det är inte så att du tar bort dom och slänger dom i papperskorgen utan du gör en notering och säger, "Okej, vilket slutresultat vill du uppnå om vi tar med den här lappen?" Och för tillfället har jag egentligen bara satt upp en massa lappar, jag har inte riktigt reflekterat över alla. Men det verkar som att du väljer dom som jag inte har reflekterat över, så jag undrar varför du inte tar dom andra. Jag tror att du försöker lära mig nåt här. Det finns säkert minst hundra lappar på min vägg.

D. Vad tycker du att den här första boken ska innehålla? Vi har pratat om det, antar jag, så vad är målen?

B. Jag skulle vilja att det finns med en antydan om att väsen som jag själv och småstjärnorna existerar. Att det existerar väsen, även om man inte kan se och ta på dom. Att dom ska gå tillbaka till den där känslan dom hade som barn, som vid julen när allt var magiskt. När du väl går in i en föreställning där du känner att magi faktiskt KAN inträffa, då är du, på ett pyttelitet sätt, kopplad till oss. Dom som kan känna att nåt både är fascinerande, spännande och magiskt, och att du är tillsammans med andra i en känsla av ren lycka över nånting, DOM kommer att kunna upptäcka varelserna på den andra dimensionen. Så, det handlar om en förändring i er begränsade hjärna och att ni inser att det kan finnas nånting, även om du inte kan se och ta på det. Du kan inte se en tanke och inte ta på den, men den finns. Och dom flesta uppfattar en tanke som nåt verkligt, och det är samma sak med oss. Vi existerar på samma sätt som en tanke. Om du fokuserar och ställer in dig på den känslan av spänning och magi, så är det samma sak. Så om nån säger, "Du kan inte bevisa att dom där finns", då kan du säga, "Du kan inte bevisa att du har tankar för jag kan inte se dom. Jag kan bara se dina handlingar."

D. *(Skrattar.)* Det var en riktigt bra jämförelse.

B. Säg bara det. Och vi HAR faktiskt förmågan att manifestera och visa oss själva, medan en tanke bara manifesterar sig inom er fjärde dimension eller i din egna verklighet på din väg, som en krater eller ett litet gupp.

D. Utmärkt. Var det en av dina anteckningar?

B. Mm, du vet, du kan bara säga det. En av mina post-it-lappar handlar om att omfamna och bjuda in magi. För när du gör det så kommer dom andra illusionerna, som du är fängslad inom, att börja lösas upp, eftersom du går in i en känsla av solsken och glädje. Liksom småstjärnorna, dom tror alltid på magi, eftersom vi blir lärda från allra första början att det inte finns några gränser för vad som kan dyka upp och vad man kan uppnå, när du är i en känsla av spänning och solsken. Men din art har en tendens att dras till det som är mer dystert och grått och ni glömmer bort hur det var när ni var barn. Som runt julen, den där känslan när du sprang ner för trappan och undrade, "Oh, hur många paket ligger det under granen?" Det är samma sak. Du kan skapa känslan av din egen julgran inuti ditt väsen, det vill säga ett träd av kunskap och även hur många paket som finns under din gran. Så du kan visualisera en julgran om det är till hjälp för dig, och när du gör det kan du känna att det verkligen finns aktivitet och liv i den, och det är småstjärnorna. Ni har alla sett tecknade serier där det är som små ekorrar i trädet, "MAGI!" Så, gå in i känslan av att ALLT är möjligt, och när du gör det är det lite svårt att känna sig dyster och nedslagen.

D. När jag var liten och gick omkring i skogen kände jag alltid att det fanns en massa osynliga varelser runt omkring mig.

B. Alltså, du vet, det fanns det faktiskt, för vi iakttog dig, och vi placerade saker på din väg och sånt. Jag aktiverade mina vänner också, och jag var såklart själv där och knallade med dig. Du kände det, men du är, som Ia sa, du är som planeten, du känner samma som planeten känner, vilket är ganska unikt. Det finns förstås andra också som har samma förmåga. Här handlar det om själsutveckling när du inkarnerar, men det finns också en själsutveckling när du är i ditt hem, och ett steg i den utvecklingen är förmågan att ställa in dig och faktiskt känna ett kosmiskt väsen, som en planet eller till och med en dimension. När du når den nivån, då kan du bara ställa in dig och exakt känna av den planeten eller verkligheten. Då behöver du inte resa dit för att göra justeringar, du ställer bara in dig och känner av och förnimmer direkt var justeringarna behöver göras. Så i det här fallet, när det gäller Jorden, känner du starkt för atmosfären, eftersom den är lite grann som din hud och din förmåga att andas.

D. Det är förmodligen därför som jag blir så upprörd över alla kemikalier som sprutas i atmosfären och ner i jorden.

B. Ja, för att du känner att du inte kan andas. Men vad du faktiskt känner, är att planeten inte kan andas.

D. Det är en bra anteckning.

B. Det är en bra post-it-lapp. En annan post-it – den sista för i dag, är att vara i en gemenskap, som vi är, och att nå ut till dom som du upplever kanske saknar en gemenskap. Att bjuda in dom omkring dig till din magi, till din gran. Ju fler du bjuder in och ju mer du får kontakt med andra och skapar en liten kamratkrets eller en gemenskap, då när du kommer ner till din julgran, kommer du att se ett till paket under den. Så när du bjuder in och delar med dig kommer du själv att få en belöning och en liten gåva. När du gör det kommer antalet som är kopplade till ljuset att växa, och det är på det viset som du övervinner illusionen av rädsla och känslan av att vara förringad.

D. Det är också en bra anteckning. Är det en av dina lappar?

B. Oh, Ia hade nog ett finger med där. Hon är väldigt diplomatisk och älskar stora grupper. Jag är ibland lite mer som en ensamvarg, min egen satellit, men jag har ändå lite som ett minne av ... jag är en del från ett minne av gruppaktivitet. Så i mitt kärnväsen vill jag höra till, jag vill inte sväva omkring själv i rymden, det vill jag inte alls. Jag är absolut för gruppaktivitet. Så med det sagt, det handlar om att skapa en gemenskap där ni binds samman av ett intresse eller en känsla, som får er att besegra det där oket av rädsla. Liksom att bjuda in dom som man känner kanske stapplar runt i ensamhet, för ingen gillar att vara ensam. Det är värre att inte bli sedd. Så om du ser nån, och det kan vara bara helt kort; det behöver inte nödvändigtvis vara så att du måste hålla hand och sjunga "Kumbaya", men om du ser nån, kan du bara ge dom ett leende. Eller om du ser att nån kanske har lite låg energi, och särskilt vid den här tiden känner sig fler människor ensamma *(det här var kring julen)*. Så även om du inte behöver ta med dom hem till din cabana, kan du åtminstone bygga en bro med ett leende.

D. Det var riktigt bra råd, min vän.

B. Aah, vi ska prata mer om det, men det här var ett par anteckningar för dig. Ta in en liten känsla av magi och vet att du inte är ensam. Bara för att du inte först kan se den, betyder det inte att du ALDRIG kommer att se, eller att den inte existerar.

D. Jag minns att du sa en gång att naturfolken kunde se dem på den Andra för att de trodde att de kunde det.

B. Precis, precis. Först tror du och sen visar vi dig, och det är en gåva till dig.

D. Det skulle vara trevligt om du kunde visa dig för mig.

B. Det gör jag! Hela tiden! Hur som helst, jag går nu.

D. Det var en kort session idag, kommer ingen annan att tala?

B. Nää ... *(ser åt vänster)*, nä, Ophelia säger att vi ska spara energi.

Bob kommer med en hel Påse Lappar (31 december 2018)

Bob gjorde nyligen en kommentar i förbigående om hur han ser våra sessioner och jag tyckte att hans beskrivning var lite förbryllande men också mycket tankeväckande. Som människa ser vi våra handlingar fortskrida längs en tidslinje, dag för dag. Men Bob sa att han kommer och går och ger oss budskap eller anteckningar, som att han staplar dem ovanpå varandra och inte sprider ut på olika ställen i rum-tiden. Han ser ganska tydligt vad han har gett oss i "det förflutna", och lägger bara till sina senaste anteckningar i högen. Från andarnas synvinkel verkar vi inte förflytta oss, och våra livserfarenheter och minnen är ständigt närvarande omkring oss. Även om det inte riktigt förklarar vad "tid" är, ger det ett bättre sätt att visualisera hur den Karmiska Kappan lagrar alla våra minnen.

B. Ibland har du din dagbok på skrivbordet, men jag får inte titta i den. Du berättar och vi tittar tillsammans. Och jag tar med min, så vi delar anteckningar. Jag frågar, "Så vad har du i din dagbok?", och då säger du det och sen säger jag, "Okej, jag har nåt liknande här," och sen diskuterar vi ett ämne och fyller i varandras luckor. För du behöver också hjälp med att skriva ner ditt liv när du kommer hem, eftersom du har en tendens att missa vissa saker. Du kan säga, "Okej, här var jag en bonde, och här borta skrev jag lite grann." Och jag säger, "Nja, men du missade alla dom här detaljerna!" Och så går vi igenom mina anteckningar och fyller i luckorna, det är vad vi gör. Det är en stor del av hur vi tillbringar vår tid. Vi sitter bara och småpratar och fyller i olika luckor i vår historiebok, i våra dagböcker.

D. Jag är glad att du är med mig hela tiden och gör ordentliga anteckningar. Du är en fin vän.

B. Ah. Det är du med!

D. Har du tagit med några anteckningar idag?

B. Jag har dom i en påse. Ophelia sa när jag kom, "Du kan inte ta med alla dessa lappar, Bob." Och jag sa, "Jamen, jag visste inte vilken jag skulle ta, så jag tog med alla - för säkerhets skull!" Och jag har verkligen ansträngt mig att försöka få ett slutresultat på mina anteckningar. Det är mycket att förbereda, för jag lägger dom färdiga lapparna i min påse, MEN, påsen blir bara större och större. Och så tänkte jag att jag kanske skulle börja om och göra en mindre påse, men sen så tänkte jag, "Äsch, jag väntar med det. Jag tar med den här påsen, för jag har lagt ner så mycket jobb på att lägga i alla där." Det finns ingen ordning, egentligen. När jag hade grunnat på en anteckning och funderat över slutresultatet, la jag den i påsen ”att leverera". Och så tog jag en till och påsen blev bara större och större, och det var inte så många som jag kunde lägga i högen – ”inte aktuellt just nu”. Så det blev faktiskt nästan som att nittiofem procent ligger i påsen med ”att leverera!”

D. *(Skrattar).* Jag är säker på att de alla är bra anteckningar. Diskuterar vi vilka du ska framföra?

B. Ja absolut, det gör vi. Om vad som sker i ditt labb och alla gånger vi träffas där. Men det finns också anteckningar hemifrån och dom lägger du dig inte i.

D. Aha, från den Andra? Från ditt Råd?

B. Aah. Från personer i Rådet. Jag frågar om dom har nåt som dom vill förmedla till jättarna. Det finns en här, han är verkligen nyfiken. Han har inte rest, han är som en geolog, och han sa att han är MYCKET involverad i det som sker i bergsområdena kring Tibet och Nepal, och han är extremt intresserad av att få veta mer om dom varelserna som placerar vissa saker i hans berg, sa han. Han sa, "Jag såg det själv, hur nån kom och la saker i mina berg, hur dom bara flög in." Och jag sa, "Jag har inte sett nån som flög in." Men det hade han, och det har han alltid funderat över. Så när jag kom med i Rådet och sa att jag har vänner som skriver ner saker och har kunskap lagrad på det här planet, då blev han riktigt intresserad. Han trodde att det kanske var ni som flög in i hans berg och la saker där.

D. Så dessa var alltså besökare på Jorden?

B. Besökare. Precis. Och jag frågade dig, för han är väldigt nyfiken och jag gillar honom. Han kommer till mitt kontor ibland och undrar, "Vart tar du vägen, Bob, när du inte jobbar i Rådet?" Han är äldre än mig, men han har aldrig rest. Men han sa, "Jag har sett aktiviteter." Han håller främst till i berg och han iakttar kurvorna *(energivågor som passerar genom planeten),* dom seismiska rörelserna där i bergen. Det är han som kan ge en signal ifall ett berg behöver flyttas, om ett energiområde är i obalans. Då är det han som flyttar ryggraderna *(bergskedjor),* så att säga.

D. Aha. Är han med och flyttar den sydamerikanska ryggraden?

B. Han har, det vill säga han och hans grupp av forskare har, genom att det finns en ... oh, det här borde jag ha vetat, för jag gjorde anteckningar om det när jag var sekreterare. På grund av förändringarna på havsbottnen, framförallt i den karibiska regionen och i korallreven, vill man faktiskt öka syretillförseln lite i haven där. Men dom känner att vibrationen i största allmänhet under landmassan i Sydamerika inte är till gagn för området däromkring. Så dom vill göra en liten förändring. Det är inte så att du flyttar hela ryggraden från västkusten till östkusten, det skulle bli väldigt konstigt. "Men du kan få vissa raviner inom bergskedjan att förändras," sa han, "och alla är inte synliga på ytan." "Vi kan göra förändringar och flytta saker bara genom att skapa dalgångar inunder." Så sa han.

D. Aha. Så det förändrar energiflödet inom planeten?

B. Precis. Så ibland ser själva bergskedjan, eller berget, likadant ut men rötterna blir annorlunda. En del har djupare rötter, typ djupare dalgångar och ibland, sa han, trycker vi upp det, så den blir som en tand, du vet. *(När han sa detta lutade han sig framåt och satte Christines tunga mot hennes framtänder, för att betona vad han menade.)* Tänder har också rötter, och ibland är det som, "Oh, den här tanden är bara för syns skull", då kan du klippa rötterna. Den ser fortfarande ut som en tand, så här *(han gjorde återigen en dramatisk uppvisning av att peka ut tanden med tungan, vilket antyder ett implantat).* Det är det som händer, säger han. Men han är verkligen intresserad av att få veta mer om besökarna, och jag sa, "Det är vi båda två!" Jag sa, "Jag har en vän som kanske känner till det här, så om du vill kan jag göra en notering och fråga honom." Så det är det jag gör nu. Jag frågar om det har varit vissa besökare, andra än du, som rest in i den regionen? Han sa inte att dom förstörde bergen men att dom placerade saker i bergen.

D. Jag undrar vad de lade in där? Beskrev han det?

B. En gång sa han att det såg ut som en låda.

D. Så de gömde något där inne?

B. Precis. Han sa att det är som en låda. Den är inte stor men lådan kom in och den var inte påslagen. Men sen sa han att det började bli som, "Pip pip pip, pip pip pip, pip pip pip." Och då blev han orolig, för han är som en bergsväktare, så han rusade dit och såg den här förändringen inuti. Det är som en mottagare, sa han, det är så det ser ut, så han ville veta vilken slags mottagare som hade placerats i hans berg i Tibet. Så jag har det på en av mina anteckningar, och om du har nåt du skulle vilja säga om det, HAHAHA, då kommer jag att lyssna och skicka informationen vidare! Jag sa att jag skulle fråga under den här sessionen och se om jag får nån information. *(Han skrattade när han sa det, för han visste att mitt mänskliga jag inte har en aning.)*

D. *(Jag skrattade med honom.)* Jag är säker på att inom gruppen som är med oss idag, måste det finnas någon som vet.

B. Aah. Ophelia säger att vi rör oss in i ett kunskapsområde som snart kommer upp på dagordningen. Besökare!

D. Det kommer att bli fascinerande. Många är intresserade av det.

B. Aah. Jag med! Och min vän här också, jag kallar honom är Joel.

D. Joel?

B. Joel. Det låter lite som geologi.

D. Så, med alla dessa lapparna som du kom med, tror du att vi kommer att ha en chans att prata om dem alla, kommer du att kunna presentera dem alla?

B. Under MIN livstid *(frustar och skrattar högt),* eller DIN? HEHEHEHE.

D. Din, förmodligen - min, kanske inte.

B. Nää. Jag måste ta hand om dig, så att du inte går upp i rök, för du vet du kan vara lite klumpig. Det beror på att du ibland inte riktigt kan hantera det fysiska för du är så upptagen av det som sker i hjärnan. Det är som att du är där uppe, flyttar runt och fixar och har dig, så det fysiska ibland liksom är skilt från ditt självväsen, och det är därför du behöver mig. För jag noterar ett ... "Hoppsan!" och så puttar jag tillbaka dig upp på trottoaren igen, så du inte ska bli påkörd. För du bara tittar uppåt i huvudet, "Hmm, hmm, hmm," och sen bara, Hoppsan! Så jag puttar upp dig igen. Det finns vissa ställen där jag är extra uppmärksam nu, typ när du går på trottoarer. Så var det inte förut, för då fanns det egentligen ingen fara som kunde dyka upp så snabbt. Men jag är också uppmärksam om du skulle gå på en brygga nära vatten, eftersom du har en tendens att vara ... som att du går i dina egna tankar inuti istället för att titta rakt fram. Du är lite så här *(tittar upp mot taket),* du kollar uppåt. Du kan förstå att du missar vad dina fötter gör då, och det är därför du behöver mig! Så jag är lite uppmärksam på dina fötter för jag vet att du ibland är som en professor inuti, upptagen med att förstå signalerna i hjärnan, så att du kan rapportera tillbaka till Råden där du hör hemma.

D. Är alla mina liv så?

B. Många har varit så. Du tar dig an vissa fysiska saker ibland, men du är främst intresserad av att förstå dom mentala sambanden, kommunikationen mellan arter i den här kompakta miljön. Hur atmosfären och nätet påverkar varelsen, det vill säga människan, och hennes förmåga att kommunicera och motta information. Så vi har den här mänskliga hjärnan, en mottagare för all slags information, men för närvarande tar den bara in icke-viktiga signaler, så den missar vissa saker. Och det beror på allt det här oväsendet som stör, och det har jag på en av mina anteckningar här – den lappen kan vi prata om. Jag ser, på grund av allt extremt stim och stoj, oväsen och sånt som stör, att mottagaren, hjärnan, inte helt kan knyta an till dom äkta signalerna som den ska ta emot för att du ens ska kunna ha en möjlighet att börja kommunicera telepatiskt. Så även dom mer intuitiva kämpar med att få tydliga signaler med det här virrvarret av energibudskap som svävar omkring i rymden, så att säga.

D. Hur är det med radiovågor, mikrovågor och elektromagnetiska föroreningar i atmosfären? Påverkar det också folk?

B. Absolut. Absolut. Mottagarna, hjärnan, vi kan kalla det mottagaren, så när jag säger det, vet du vad jag menar, för det finns också en mottagare i mittpunkten där själen är, men det vi pratar om idag är mottagaren i hjärnan. Och du är väldigt intresserad av hur den här hjärnan fungerar, eftersom mängden signaler och vågor av olika ursprung påverkar människan. Ditt själsperspektiv inifrån är så här *(han tittar uppåt)* och det är därför du ibland snubblar och ramlar. Och vi vill inte att du ska snubbla och falla omkull. Men mängden energimässig inverkan i atmosfären är inte bara skapad av människan, utan fältet runt atmosfären, nätet har lösts upp lite grann. Så även influenser utifrån, som det aldrig var tänkt att du skulle höra, börjar nu komma in och skapa ett enda stort virrvarr i mottagaren. Och när dom kombineras med vågorna som ni själva har skapat här, som radiovågor och elektromagnetiska frekvenser och så vidare, då kan mottagaren, din hjärna, inte hantera alla dessa olika influenser – där vissa alltså inte är härifrån. Vissa individer som uppvisar psykiska sjukdomar, där handlar det faktiskt om att dom förvirras av signaler dom upptar men som inte hör hemma här.

D. Det låter väldigt logiskt.

B. Så det är därför det blir som kaos i mottagaren, det vill säga hjärnan. Människor som har problem med olika psykiska sjukdomar eller problem, det är faktiskt som att dom ställer in en radiofrekvens lite högre upp, som dom inte ska höra. För dom kan inte analysera och bena ut dom signalerna, eftersom hjärnan inte är utrustad för det. Det pågår mycket nu för att försöka bena ut hur man ska uppgradera mottagaren i huvudet.

D. Jag är i alla fall glad att du tar hand om min kropp och var jag sätter mina fötter.

B. Du behöver bli omhändertagen. Det gick inte så bra där i början! Jag–jag–jag var lite orolig att du inte ville att jag skulle vara med längre, efter eldsvådan, att du kände att jag inte var tillräckligt kvalificerad. Så jag lovade att jag skulle vara mycket mer uppmärksam ... och det har varit! Och nån gång, när du gav dig av tidigt, sa jag, "Det där var inte jag som gjorde! Det var inte mitt fel! Det var du som gjorde det." Och då sa du, "Jo, men mitt uppdrag var liksom klart," och jag sa, "Jag trodde att vi skulle stanna kvar längre." Ibland känner jag inte till det faktiska slutresultatet av det liv som du valde. Jag känner till vissa smådetaljer men jag har inte alltid fått detaljerna när det är dags för avresa...hemresa. Det är därför det är viktigt för mig att hålla mig nära.

D. Du är verkligen en fin och lojal vän.

B. Det finns många saker att diskutera, så klart. Men idag är jag här för att prata om det som skedde i bergen i Tibet. Det du sa var... på vissa ställen finns såna mottagare, som har placerats där av utomjordiska besökare från andra system. Och dom flesta av dom hör hemma i samma kosmiska akvarium, säger du, dom är bara på ett annat frekvensband. Men dom hör hemma i det femte kosmiska akvariet.

D. Så vad är dessa mottagare till för? Kommunicerar de med Jorden själv eller med dessa besökare?

B. Med besökarna. Och dom läser av aktiviteten inom planeten. Det är därför många av dom är i bergen. Vissa, säger du, är också på polerna, i ögonen, för att dom vill hålla koll på den stora gaffeln.

Gaffeln beskrevs i *Andra Vågen.* Det är det energifält som löper från pol till pol och skapar en väv som kommunicerar med alla livsformer. Detta är vad Bob kallar en stämgaffel, vilken håller en harmonisk melodi som planeten själv avger, och denna melodi resonerar och kommunicerar med alla livsformer på land och i haven. Människor har stört detta energifält genom missbruk av mikrovågsstrålning, GMO, gifter och föroreningar. Våra aktiviteter orsakar kaos och sönderfall inom växter och djur överallt på planeten. Jordprojektet har pågått i miljarder år, långt innan människor ens var påtänkta. Lådorna, som Joel såg installeras av besökare, placerades där för cirka 100 miljoner år sedan. De placerade också mottagare på rotationsaxeln, som Bob kallar "ögon", för att övervaka polerna. När Jordskorpan rör sig flyttas lådorna för att behålla sina positioner nära polerna. Informationen samlas in av besökarna och förs vidare till Råden på den Nionde och Femte.

Ett annat intressant uttalande handlar om att stenkonerna, pyramiderna, installerades för att stabilisera energin i det området. Även om de också kan ha haft andra användningsområden, har andarna alltid sagt att stenkonerna samlade energi från nätet ovanför och drog in den i strukturen, där den antingen lagrades eller släpptes ut i Jorden. De utomjordiska resenärerna som hjälpte till med konstruktionen var här för att bistå Jordprojektet. Bara för att vi inte förstår resonemanget eller tekniken det handlar om, betyder det inte att andarnas förklaringar är felaktiga. Bob sa att lådor, eller mottagare, placerades under de flesta av de äldsta pyramiderna. Stenkonerna på Gizaplatån har inga mottagare, men de som är gömda har det förmodligen.

D. Så resenärerna är här för att hjälpa, antar jag?

B. Absolut. Dom här lämnades här för LÄNGE sen och det var för att läsa av aktiviteten, fast inte så mycket för att läsa av käbblet mellan människorna, vilket är rätt patetiskt sett ur deras synvinkel, säger du. Dom engagerar sig inte i den sortens käbbel, men dom är intresserade av att förstå insidan av er planet. Det finns flera mottagare på polerna, särskilt på Nordpolen, och ögon som observerar. Det är nästan som en cirkel runt gaffeln för att hantera och följa upp aktiviteten inom den här stämgaffeln. Och så finns det ett par i bergen, för att se till att den stabiliserande kraften fungerar - för berg är stabilisatorer, på samma sätt som stenkonerna. Det finns faktiskt små mottagare under varje stenkon, ska du veta, och några av mottagarna är mer aktiva och några av dom sover. Men om du försöker gräva under dom i Egypten, kommer du inte att hitta nån låda. Fast det finns pyramider som är gömda på nåt sätt, typ under träd och växtlighet, och därunder kan du faktiskt hitta små mottagare eller lådor. Men besökarna håller koll på dom här energizonerna och hur stenkonerna och bergen ger stabilitet åt energicirkulationerna. Sen dom vid polerna, dom försöker hålla koll på hur gaffeln mår – jag repeterar bara vad du sagt här - och dom är placerade av besökare. Då undrade jag, "Vilka var det? Vilka var dom besökarna?" Och du mumlade "Nåväl ..." och så log du, och sen kom Ophelia och sa, "Kom Bob, dags att gå!" Så vi kommer kanske att prata om det senare, men ingen har sagt när, "Kanske senare". Du log och sen kom Ophelia, "Lektionen är slut!" Men jag sa, "Jag skulle vilja rapportera tillbaka till Joel, för han ville gärna veta vad som händer i bergen i Tibet, och med mottagarlådan som han såg placeras där." Då sa du, "Du kan berätta för honom, du kan bekräfta att det är en mottagare som ska se till att energicirkulationen under bergen är som den ska och att han inte behöver vara orolig, för det kommer inte på nåt vis att påverka hans arbete", eftersom Joel var orolig.

D. Det är bra att veta.

B. Så Joel och jag, vi sitter mycket i mitt arbetsrum och pratar, och han säger, "Berätta för mig om dom där stora varelserna." Och jag sa, "Alltså, jag går och besöker dom och jag lär mig all möjlig slags magi." *(Han viskade på ett hemlighetsfullt sätt.)* Och en gång kom Gergen förbi och bröt in, "Hallå, tiden är ute! Dags att gå. Rasten är slut, dags att gå och fortsätta studierna i Rådet." Jag sa, "Jaha, vi får fortsätta en annan gång", och Gergen sa, "Det får vi se."

D. Gergen kanske inte vill att du ska berätta allt för honom. Det kunde få de andra Rådsmedlemmarna att känna att de inte kan lika mycket som du.

B. Men Joel, han kom ju för att han en gång såg vad som hände. Okej, "Tiden är ute!" säger Ophelia. Oj, oj, oj, jag kanske ger för mycket information här. Det är vad som händer när vi pratar om vissa saker, säger hon. Jag blir alldeles för upphetsad och sen jagar jag upp dig och då kan alla möjliga saker flyga omkring. Hon säger att vi faktiskt har en agenda att följa.

D. Gick vi lite utanför ämnet idag?

B. Nää, det sa hon inte. Hon säger att vi är som två kompisar som sitter runt en lägereld och bara utbyter erfarenheter, och det kan vara lite annorlunda här än att göra det därhemma. Härhemma kommer hon inte direkt in och avbryter, såvida jag inte frågar om besökare. Så det är klart att hon kom förbi nu. Jag undrar hur hon ens kunde veta att jag var här?

D. Hon är som Isak.

B. Hon bara dyker upp. Hon kanske vet exakt var jag är. Jag kanske har en mottagare nånstans inuti? Ah, hur som helst, det var allt för idag, så jag går nu, men jag kommer tillbaks med min påse.

D. Okej, jag ser fram emot det, min vän. Stort tack för att du kom och delade med dig idag.

B. Okej, hejdå.

Bob blir Toms Mentor (6 januari 2019)

När Bob återberättar sin livshistoria har han dragit ihop flera utvecklingscykler till några korta beskrivningar. För bara några sidor sedan var Tom en elev i Ias klassrum men nu praktiserar han för att bli en vatteningenjör på Jorden. Det finns inget sätt att koppla inlärningscyklerna i andevärlden till "tid", men jag är helt säker på att det finns ett stort gap mellan när Tom var en småstjärna och hans nuvarande utvecklingsnivå. Längs vägen blev Bob mer och mer involverad i att hjälpa till med att utbilda Tom och fick så småningom uppdraget att vara hans mentor. Till skillnad från på Jorden, där en mentor kan vara involverad under några månader eller år, verkar det i andevärlden vara ett förhållande som varar på obestämd tid, även om många andra lärare kan komma in och hjälpa till med vissa ämnen.

B. Jag har fått möjligheten att vara mentor och ta hand om Tom.

D. Oh, vilken överraskning! *(Inte riktigt. Allt eftersom hans historia har utvecklats tydde allt på att Tom och Bob skulle arbeta tillsammans.)*

B. Tom har utvecklats till en fin yngling må jag säga!

D. Oh, vad gör han nu?

B. Han har varit extremt upptagen med att skriva ner sina äventyr, så nu har han en ordentlig samling anteckningar. Man kan undra var han fått den idén från, att göra anteckningar? Huhuh. Men han har sin egen samling memoarer och han har varit med i en grupp, en grupp vatteningenjörer. Han har gjort försök med att utveckla olika nya prototyper, inte bara såna som kommer att finnas i havet utan också projekt som utstrålar ljus. Några, sa han, kommer att uppträda på havsbotten på vissa platser som inte mår bra. Dom kommer aldrig att visas för fiskare och aldrig kunna fångas i nät. Dom kommer att vara djupt där nere i mörkret, och är där för att rensa upp. Dom ser ut som en slags maneter men dom kommer att flyta omkring ovanför havsbotten och skapa ljus i havets fundament inom vissa regioner. Några kommer att vara där borta runt Japan, i den regionen, så helt nya arter är under utveckling och kommer att utformas för att städa upp havsbotten. Och havsbotten bär också på händelser, inte bara från dom senaste, du vet, hundra eller tvåhundra åren - det finns vissa händelser som har bevarats där nere, som vårt Råd på den Andra, planerar att radera. På samma sätt som att du tar bort vissa minnen från atmosfären, som vissa händelser i den Fjärde, görs det på fler ställen. Du kan också radera vissa tilldragelser, som nån gång fysiskt har manifesterats på det här planet, och han *(Tom)* undersöker hur vi kan radera händelser rörande växelverkan mellan vissa mineraler som inte var så lyckat. Men det finns fortfarande kvar, det finns kvar tills du på nåt sätt tar bort det, och det kan inte göras av en fiskare eller en person som går ner i dykardräkt eller i en ubåt, utan som måste raderas av oss. Så han jobbar på det. Han har verkligen växt må jag säga.

D. Så du har fått i uppdrag att ta hand om honom?

B. Ja, för nu har han fått så mycket träning att han verkligen är redo att få höra om vissa saker som jag gör.

D. Vad ska du rent specifikt lära honom?

B. Jag ska prata om olika typer av resor. Jag ska berätta och lära honom hur du själv kan resa på annorlunda sätt, när du väl bemästrar dina olika vibrationer och hur du kan lära dig ... han är nu där jag var, när jag började röra mig omkring och gå till den Femte och lite senare träffa Ophelia. Ophelia kom faktiskt och träffade mig första gången på den Femte, jag gick inte till Sjunde. Hon mötte mig i trädgården. Hon satt där på en bänk och såg väldigt snäll ut. Hon satt där och utstrålade kärlek och kunskap. Så han är redo att ge sig av till nästa nivå som resenär.

D. Så kommer du att vara den som hjälper honom att dela upp sin energi?

B. Jag ska lära honom hur man behärskar och delar upp den. Hur han alltid finns kvar här men att han kommer att ha en jättestor andel – på samma sätt som jag under lång tid hade en megastor del av mitt väsen i Biblioteket, kommer han att ha en stor andel närvarande i vatteningenjörsgruppen, eftersom det uppdraget är så extremt viktigt.

D. Var kommer den att ligga, den gruppen?

B. Själva gruppen befinner sig i den andra dimensionen, men dom verkar i direkt kontakt, genom olika Råd förstås, men verkar direkt genom dessa nya individer som är skapade på havsbottnen. Så det är som fjärrundervisning, fast inte genom en människa, utan via dom där varelserna på havsbotten. Så vattengruppen kanske går in och smälter samman med dom, han kommer inte att smälta samman med träd.

Gergen om att uppskatta de Små Sakerna (8 januari 2019)

Gergen inleder med ett upplysande tal gällande de själar som är här med hopvikta Kappor. Många andar fortsätter att komma till Jorden när deras inlärningsstege har blivit uppfylld, men de gör det för att på något sätt vara till hjälp. Gergen säger att de som kommer alltid lämnar ett fotavtryck även om det är ett mindre bidrag. Senare säger han till oss att vara medvetna om och uppskatta de små sakerna som kommer i vår väg. Han säger att våra andliga hjälpare alltid observerar och ingriper för att ge oss dessa små gåvor. Några minuter av lugn under en hektisk dag, dofterna från naturen, en vacker Himmel, ett vänligt ord från en vän, värmen från en filt – det finns så många saker som vi borde vara tacksamma för, om vi bara är lite uppmärksamma. En av nycklarna till lycka är att lägga märke till de många små gåvorna vi får varje dag.

D. Vad tycker du och ditt Råd om vårt arbete här?

G. Det har varit väldigt intressant för oss att följa den här resa, genom Bob, och även direkt, att se hur du berättar om den andra dimensionen. Att också göra människor medvetna om de små sakerna, om livet och magin som finns även i en liten myra, att inte bara fokusera på uppstigna mästare, ärkeänglar och så vidare. Inget ont sagt om vännerna i de högre rikena förstås, men för vissa kan det vara svårt att riktigt föreställa sig vad en uppstigen mästare potentiellt kan vara. Det finns uppstigna mästare i alla verkligheter, det betyder helt enkelt att du har stigit genom alla kunskapsnivåer, antingen i det specifika kosmiska akvariet eller i den andliga verkligheten. Så i det avseendet, när en människa, eller flaskan med en själ i, när Kappan väl är hopvikt, är den specifika själen också en uppstigen människa! Huh huh huh, om du förstår vad jag menar. *(Den Karmiska Kappan diskuterades i Första Vågen. När en själ har lärt sig de viktigaste läxorna, som den var programmerad att uppleva på det här planet, kallar andarna det att "Kappan är hopvikt". Själar kan fortsätta att komma hit av olika anledningar, men karma är då normalt inte förknippat med aktiviteter under de liven.)*

D. Det är en ganska låg nivå.

G. Men det är fortfarande en ribba, det är det, och du ska veta att den kan vara lite knepig. Vi kan se det, även om vi inte använder flaskor på samma sätt som ni gör. Men vi kan se fotspåren som ni lämnar efter er, de vi måste städa upp. Så i det avseendet, och vi vet att alla själar är rena, men när vi ser vad som händer, så får det oss att hicka till och tänka, "Hur kunde det ens bli så här, med en sådan intelligens inombords?" Med tanke på att vi aldrig träffar en människa fysiskt, kan vi bara analysera och försöka tyda era fotspår. Med det sagt, när vi vet att insidan är väldigt intelligent och ren, men fotspåren ni gör kanske inte återspeglar själens intelligens, visar det att det är riktigt svårt att vara här. Vilket betyder att när Kappan väl har vikts ihop, så kan man faktiskt se det som en riktigt imponerande ribba.

D. Bra sagt!

G. Senare gör du annorlunda fotspår. Såna som antingen inte finns kvar för andra att trilla ner i eller som andevärlden inte kan se och undersöka.

D. När Kappan är hopvikt?

G. Precis. Fotstegen är då osynliga.

D. Så, när jag reser, lämnar jag inga fotspår?

G. Du lämnar inga fotspår som vi måste städa undan, nej, men du kan lämna en markering och det är annorlunda. Normalt sett lämnar även själar vars Kappor är hopvikta pytte pyttesmå bidrag. Det är fortfarande en del av utvecklingen att, även om du har en hopvikt Kappa, så är du här för att på något sätt vara till hjälp och lämna ett avtryck. Men dina fotspår, det vill säga sånt som vi behöver undersöka och städa undan, de finns inte där.

D. Intressant. Du kanske inte vet, men hur stor andel av människorna kommer hit med en hopvikt Kappa?

G. Ah, det skulle nog vara en fråga för Ophelia och Isak, antar jag. Det är de som övervakar utvecklingen av Kappor. Du ska veta att det inte är att rekommendera att ha för många hopvikta Kappor här, på grund av syftet med läxorna. Om det bara vore hopvikta Kappor som reste hit, så skulle de händelser som det

Mästerliga Medvetandet vill undersöka aldrig att äga rum. Men återigen, det här är ett projekt och ett av projekten är fotspåren man lämnar efter sig, så att olika nivåer *(dimensioner)* kan lära av dem. Om du gör fotspår, låt säga, som är relaterade till natur och lantbruk och miljö, då kommer Råd från den Andra, inklusive jag själv, att undersöka och göra anteckningar och också föra den informationen vidare till Jeshua och Isak och Ophelia. Huh huh, vi diskuterar det i våra måndagsmöten! Det var vad jag sa till Bob att vi gör och det har liksom fastnat.

D. Ja, han nämnde det, som du vet.

G. Ah, jag håller lite koll, eftersom han är lite finurlig, han försöker sicksacka sig framåt.

D. Han har varit riktigt duktig. När han väl lärt sig reglerna har han inte avslöjat för mycket information, sånt som han inte skulle, antar jag?

G. Nej. Bara det här med regler, det var nåt som vi undvek att lära honom. Vi ändrade faktiskt ordet "regler" i vår undervisning, innan det här ens kom på tal. När han var liten kallade vi det ”trivselråd” - det är vad vi kallar det, vi kallar det inte regler utan trivselråd, och han accepterar dem faktiskt men gör vissa anmärkningar.

D. Sätt att förbättra

G. Förbättring, precis. Och han är väldigt angelägen om dessa förbättringar. Nåväl, hur som helst, här står han med sitt diplom och jag är säker på att han har saker att säga. Det vi vill förmedla är att människor ska vara uppmärksamma på de riktigt små sakerna i livet, inte bara på, som jag sa, en liten myra, utan de allra minsta händelserna under ens dag. Att bara uppskatta att telefonen inte ringer, eller att det inte har kommit ett mejl som måste besvaras. Att då och då känna att du bara är själv och kan ta det lugnt i din egen vrå, att uppskatta solen, om det under en tid har varit mycket regn—de små sakerna. Inte bara blicka in i framtiden till de stora händelserna. De stora händelserna kommer och går genom ditt liv, oavsett, men det är de små sakerna som du kommer att betrakta när du återvänder till andevärlden. När du undersöker hur du tog emot de minsta gåvorna, inte bara det största paketet av alla. Det är det vi pratade om, Bob *(titta åt vänster)*, att värdesätta den minsta gåvan, inte bara gå till det största paketet under granen. Så det är detsamma som att du försöker vara uppmärksam på det som sker under din dag, och kanske i slutet av dagen, tacka för åtminstone en eller två saker som skett under dagen. Att, när du går till sängs känna tacksamhet, och att du tänker på åtminstone en eller två saker som gjorde dig glad eller fick dig att känna dig lyckligt lottad. Du kanske gavs en avslappnad stund, om livet omkring dig just då är väldigt stressigt, kanske låt säga att du fick en paus under dagen för att någon avbokade sitt möte och du hann med en extra kopp kaffe. Bara de allra minsta sakerna, inte de största. Att känna tacksamhet i slutet av dagen innan du går och lägger dig, att känna uppskattning över det som du har fått, kanske något från en andlig hjälpare, som betraktar dig och ser vad du kan behöva.

D. Det var en fin lärdom, Gergen.

G. Det var så lite, så lite. Ingen vill gå och lägga sig och känna sig stressad eller missnöjd. Så försök hitta något och var tacksam för det, och säg det högt eller inom dig själv innan du går och lägger dig. Och börja din dag med avsikten att du ska HITTA något att vara tacksam för när du går och lägger dig.

D. Det är verkligen fantastiskt. Tack för det.

G. Så, det var det om detta. Okej, tack för din tid.

D. Okej min vän, tack!

Tre små Elahims tittar in (13 januari 2019)

Bob är faktiskt väldigt känslig, och även om hans personlighet är väldigt glad och utåtriktad, upplever han sorg, frustration, nervositet och andra känslor som är väldigt mänskliga på något sätt. Den här berättelsen om hans möten med de andra andliga varelserna på den Sjätte är ett bra exempel på hur han interagerar i främmande omgivningar. Efter att Bob började komma till den sjätte dimensionen var han och jag för det mesta ensamma tillsammans i mitt labb och kontor. Andarna på varje dimension överför tankebubblor på olika frekvenser, Lasaray lärde sig att skicka tankebubblor och känslovågor till Bob, så vi förstod varandra perfekt. Men när han gick ut till andra områden på den Sjätte hade de andra inte lärt sig att kommunicera med honom, så han kände sig utanför. De unga eleverna på den Sjätte, de små Elahims, verkade skrämda och sprang iväg. Så det gjorde honom riktigt ledsen. Precis som jag lärde mig hur man "talar" Bobs språk, lärde sig de små Elahims också det, och sedan bildades ett vänskapsband mellan dem. Men till en början kände sig Bob väldigt isolerad och avvisad av de andra andarna på den Sjätte, vilket han beklagar sig över i den här följande sessionen.

B. Du sa att ibland när jag rör mig omkring, som uppe i Sjätte, så var det en del som...jag vet inte om dom var rädda för mig eller om dom bara var nyfikna, men några av dom yngre visste inte riktigt vad jag var för nåt. Jag försökte få vänner, som jag alltid gör, och jag gick fram till en av dom små hos dig, men jag gjorde det ganska snabbt, jag sprang dit, och det här var för länge sen *(när han först kom till den Sjätte),* men jag sprang dit och sa, "Hej! Vad håller du på med? Vad lär du dig om? Jag är Bob. Jag kommer bortom ifrån, känner du till bortom? För det här är bortom för mig. Vill du veta mer om det som är bortom för dig?" Och han bara försvann, han bara stack! Då såg jag en till och jag sprang iväg till honom och sa, "Hej, jag heter Bob, jag kommer bortom ifrån. Du är bortom mig. Vad lär du dig om? Är du intresserad av att få veta mer om bortom?" Han sprang också iväg, så ingen verkade vilja lyssna. Sen kom du och sa, "Dom har aldrig sett nån som du, men du kan prata om det som är bortom med några andra vänner." Och jag tänkte, "Vem kan det vara?" Vi hade inga vänner just då, men Zachariah kom och han sa, "Varför tar du inte och berättar för mig om bortom, Bob." Och jag sa, "Oh, jag ska berätta om bortom från ditt perspektiv." Jag ville så gärna berätta om där jag kommer ifrån.

D. Var Zachariah mottaglig?

B. Absolut. Men jag tror att du tog in honom, för att ingen annan ville veta och du såg att jag blev lite ledsen över att ingen var nyfiken på mig. Så du tog in Zachariah, som uppenbarligen inte har några fördomar om udda väsen och varelser, för han känner ju dom alla.

D. Jag är säker på att han är väl medveten om den Andra.

B. Det är han förmodligen. Jag hörde senare att Gergen och du hade bestämt, tillsammans med Zachariah, att låta mig presentera min verklighet för honom. Men jag var lite ledsen, du vet. Jag förstod inte varför dom bara sprang iväg *(sjönk ihop i stolen med en liten suck.)*

D. De är lite tillbakadragna uppe på den Sjätte.

B. Dom var rätt tysta. Kanske beror det på min personlighet? För dom springer inte, ingen av er rör er särskilt snabbt. Jag kan röra mig väldigt fort om jag vill och jag tror att det var lite jobbigt för dom, eftersom dom inte visste vad jag var för en. Sen undrade jag, "Om jag tassar på tå eller kanske bara hasar mig runt, då kanske jag kan få några vänner här?" Och du sa, "Vi kan prova det." Så det gjorde jag faktiskt. Jag gick till museet, där jag visste att det skulle vara små elever, och jag bara släpade fötterna, typ. Fast då sa jag till dig, "Tror du inte att dom ser mig som ett spöke nu? Som om jag är typ ööhh?" *(Han gjorde ett långt, lågt stönande ljud och härmade ett spöke.)* Och du sa, "Det handlar om att smälta in, Bob." Sagt och gjort, jag försökte och gick fram och sa, "Heeeej, jaaag...ääär...Bob." Och då var det en där som var lite intresserad av vem jag var.

D. Viss marginell framgång.

B. Framgång vet jag inte direkt, men jag ändrade hur jag närmade mig dom för att smälta in bättre. Samma om man som själ kommer in här och inte är van vid människors aktiviteter och reaktioner och känsloutbrott, då kan man bara tänka att, "Okej, jag kanske måste ändra mitt uppträdande och min uppfattning om hur man smälter in här, så jag inte ska betraktas som konstig." Och då måste man försöka klura ut det. I mitt fall, jag har en mycket mer livfull frekvens än dom andra, så jag var tvungen att dämpa mig lite. Men det kan vara tvärtom också, om du kommer in här och du redan är nedtonad, då kan du behöva fokusera på färger. Färger är rörelse, färger är till för att få saker att gå snabbare och färger är den första nivån innan det blir en melodi. Så Skaparen är inte bara vitt ljus, det är olika färger, och därifrån skapas en ton eller en melodi. Så nån som känner, "Oh, jag kanske är lite långsam, min omgivning är nog snabbare än jag", då kan dom försöka fylla upp sig själva, visualisera hur dom fyller sig med olika färger, och det kommer att visa sig på ytan. Alltså, dom kommer inte att bli gröna!! Men dom kommer verkligen att smälta in bättre. Så i mitt fall kom jag in med en hel regnbåge av färger till ditt ställe, eftersom jag ville visa mig från min allra bästa sida. Men dom *(eleverna på den Sjätte)* var mer som bara en färg, så dom blev förvirrade när jag kom in med alla möjliga färger.

D. Vilken färg tror du att de representerade?

B. Dom var som ljusblå, och jag försökte få vänner och utstrålade mitt röda och purpurfärgade, och det förstod dom inte. Också var det det här med att jag rörde mig lite snabbare. Jag jagade dom inte – fast du sa att jag gjorde det. Jag sa, "Varför sprang dom ifrån mig?" Och du sa, "Vi springer inte nödvändigtvis här. Så när du började springa så stack dom."

D. Det är som om månfolket alla skulle titta på dig och sedan började springa mot dig.

B. Oooohhhh! Nej! Nej! Oohh! Men dom är ju läskiga! Så det är inte samma sak.

D. Allt handlar om perspektiv.

B. Tror du att dom var rädda för mig?

D. Nej, de förstod dig bara inte. Men eftersom du har varit i vårt labb länge nu, har du blivit vän med någon av de små?

B. Aah, ah. Det är typ tre. Efter att jag hade slutat springa gick jag tillbaka in till dig och satte mig där och du sa, "Varför är du så ledsen, Bob? Vad har hänt?" Och jag sa, "Dom bara springer ifrån mig. Jag tror inte att dom tycker om mig här uppe." Och då kom Zachariah och jag fick berätta för honom. Men efter ett tag, när du och jag satt där, så plötsligt i dörröppningen såg jag tre små huvuden titta in. Så nu har jag tre små vänner! Men dom kom med sin person *(mentor)*, så det var tre små huvuden och tre stora. Och du sa, "Titta Bob, vi har besök." Och jag sa, "Då ska jag bara sitta stilla och inte göra nånting," Och du sa, "Ja, sitt bara stilla. Låt dom komma till dig, istället för att du går till dom." Det var en fantastisk lärdom bara det, att låta nånting komma till mig, att inte jag ska gå till nån eller nånstans för att få information. Så allt handlade om att jag skulle vara passiv, och det här var långt innan egenstudierna. Det var hela grejen, den där lektionen handlade bara om att vara passiv. Så jag satt där på min stol, och så småningom kom dom sex in och satte sig runt omkring mig. Och du skickade mig tankebubblor, "Var bara tyst nu, Bob. Var bara tyst och låt dom titta på dig. För du är annorlunda och dom vet inte vem du är. Det är som när jag kom ner till dig, småstjärnorna visste inte vad jag var, det är samma sak här." Och jag sa, "Vad tror du att dom tror att jag är?" Du sa, "Du verkar förmodligen för dom som trattöronen gjorde för dig, för dom har aldrig sett en som du men dom är nyfikna. Dom är blivande resenärer, så dom är nyfikna på vad dom kan möta." Så deras person, deras lärare, tog med sig tre små resenärer, som senare kommer att möta och jobba med nån som jag. På samma sätt som du och jag, kommer dom här tre att jobba med nån från den Andra så småningom. Jag tänker inte säga det till Tom, för han står på toppen av listan för att få en av dom här. Men jag ska inte säga det, för det är inte bestämt än. Men det är hela grejen. Så småningom kommer dom här tre, när dom har nått en viss ålder och inlärningsnivå, då kommer dom att få nån som jag. Om dom ska resa till Jorden alltså.

D. En riktig välsignelse för dem, kan man säga.

B. Aah. Så jag kände att här föddes det en ny vänskap, och vi pratade om vad som kan hända när dom kommer till Jorden och träffar sin person för första gången. Så jag berättade om vissa saker som, "Vi rör inte allt vi ser" och "Nån gång lite senare, när ni ska gå ner och vara i en människa, då kommer nån som jag att hjälpa er", och då blev dom verkligen intresserade. Dom visste ingenting om inkarnation, så där röjde en liten hemlighet! Huhuh. Så vi pratade om det och dom frågade, "Hur kommer det att vara? Vad betyder det?" och du sa, "Ibland när jag reser dit, så ser jag inte ut så här. Jag ...", och sen visade du på skärmarna, "Så här såg jag ut." Och du visade några av dina olika liv på skärmarna; du visade den håriga och sen en till, och dom bara, "Ooohhh." Så det var som en hel föreläsning och diskussion, ett föredrag, en presentation om vad som skulle komma och hända. Och dom var verkligen exalterade, och bara, "Jag vill också ha en liten vän, som den här!" För du visade det som en film och i filmen var du fysisk, MEN filmen visade också MIG! Jag var inte osynlig, för när vi ser tillbaka och vi går igenom livsrevyn och så vidare, ser vi också MIG! Jag manifesteras i dom där små filmerna och dokumentärerna som vi kan titta på. Så vi kan se, precis som det där med lägerelden - ja, vi kunde klart se att min manifestation inte fanns med i bilden. *(Han skrattade lite nervöst)*. Men det visade vi inte, uuuhhh, vi ville inte att dom skulle känna som att "Oh, du kommer att gå ner, och så här kommer det att bli - du brinner upp! Du kommer att brinna upp! Och din person är utanför bild!" Så det visade vi inte! Vi gjorde på samma sätt som vi gör med småstjärnorna, vi visar solskenshistorier så att dom ser fram emot själva resan. Så dom fick se olika skärmar med olika liv som du hade och så mitt bidrag i det livet. Det var roligt!

D. Vi har haft några intressanta liv tillsammans, eller hur?

B. Aah, jag har varit väldigt hjälpsam. Efter det där med branden var jag mycket mer uppmärksam.

D. Det är trevligt att du är så delaktig i det här livet. Att kunna prata så här är en underbar upplevelse.

B. Det här visade vi inte för dom, för det är inte så vanligt att du och jag sitter och pratar så här. Men dom fick se, "Du kommer att vara i nåt sånt där *(en människokropp),* och din hjälpare - nån som jag - kommer att hjälpa dig med olika saker." Och vi visade att vissa saker bara kan vara att undvika katastrofer, men också att känna att man har en vän när man är långt hemifrån.

D. När du tittar på dessa filmer, dyker de andra andliga hjälparna, som Ophelia, upp i dem ibland?

B. Aah, men framförallt, när jag tittar på våra filmer, så är det du och jag. Men om nåt händer där det behövs fler så dyker dom också upp. Men när alla kommer tillbaka och gör en återblick på livet och tittar på sina filmer, då ser dom alla andliga guider som var närvarande under en viss tid. Men vi vill inte förvirra dom här små, så vi visar en film där bara jag dyker upp som medhjälpare.

D. Som en filmstjärna.

B. Alltså, det är du som typ har huvudrollen och jag är liksom assistenten. Men när nån kommer tillbaka och kollar på dom här återblickarna, kan dom faktiskt se vissa händelser och hur en andlig guide hjälpte till, eftersom filmen visar hur guiden försökte ingripa och på vilket sätt. Det är så dom kan lära sig att, nästa gång anpassa sig lite grann. Om dom kanske inte tillät sig själva att känna ... låt säga att dom såg sin guide, hur nån som Isak eller Ophelia skickade enormt stöd och hjälp till mittpunkten och bröstet, men dom hörde det inte. Då inser dom att det finns olika saker att justera till nästa gång. Så dom får se hur deras guide jobbade med dom. Dom kommer att se sig själva och sina andliga vägledare, hur dom försökte stötta och hjälpa.

D. Det är verkligt bra för människor att veta hur de alltid tas om hand. Jag har en fråga. Den här har väl ingen hjälpare från den Andra?

B. Gergen faktiskt. Gergen, eftersom den här inte ville komma i början. Men Gergen följer inte på samma sätt som jag följer dig men det kanske är för att den här säger, "Jag är inte lika klumpig!" Det var vad han sa, "Jag behöver ingen barnvakt hela tiden! Whoo-hoo!" Men jag är ingen barnvakt. Jo förresten, det är jag nog, men den här sa, "Jag behöver inte en babysitter hela tiden." Men det gör han faktiskt, för han brukar komma hem tidigt.

D. Som i tidigare liv?

B. Gergen har faktiskt varit närvarande i ett par tidigare liv, men främst Isak och Ophelia ser efter den här.

D. De vill inte att något ska hända som skulle störa vårt projekt.

B. Ibland följer faktiskt Gergen den här men det är inte som vi – jag följer dig alltid. Och det vill jag också, jag vill inte missa nåt tillfälle att lära mig. Och jag sa ... för du sa efter elden, "Du kanske inte behöver följa med varje gång", och då sa jag, "Titta vad som händer om du är själv!" Så jag visade lite på vikten av min närvaro, liv där det gick bra. Jag tryckte verkligen på min betydelse att få komma med, för jag vill också lära mig.

D. Jag är verkligen tacksam för all din hjälp.

B. Alltså, jag vill vara med. Jag sa, "Det är bättre att ha en vän och inte behöva en, än att inte ha en vän och verkligen velat haft en." För jag kanske inte skulle kunna komma när du kallar på mig, ifall du hade sagt, "Oh, jag behöver dig inte", då skulle jag ha sagt, "Om du inte behöver mig då är du helt själv!" Så jag sa, "Är det inte bättre om du bara låter mig följa med, för säkerhets skull?" Sen sa jag, "Varför tar vi inte i hand på det?" och det gjorde, typ. Så du reser inte själv, även om du inte alltid behöver mig.

D. Jag är säker på att jag gör det. Du har varit till stor hjälp.

B. Ja, ibland är det bara, som när du jobbar med hjärnan, att du liksom vill att nån ska hålla koll på det fysiska, på kroppen. Så många liv har varit så, att jag bara tar hand om det fysiska för att se till att du inte gör dig illa, och så vidare. Men dom här tre blev verkligen intresserade av det här, när dom såg våra filmer. Och jag sa, "Nån som jag kommer att följa med och ta hand om dig." Vi visade också olika scenarier som kan utspela sig när du träffar en människa. Så, dom ska snart komma hit för första gången och dom kommer att ... och nyfiken som jag är, eller brukar vara, så frågade jag, "Vad kommer ditt uppdrag att bli? Varför går du ner? Min person går ner och undersöker hjärnan och gruppdynamiken. Vad ska du gå ner och göra?"

D. Det visste de förmodligen inte, eller hur?

B. Nää. Och sen sa deras personer, "Okej, mötet är slut", och sen gick dom.

D. Och du kunde höra dom gå ut genom dörren och säga, "Vad menade han med det?" – och deras person stod där med frågorna!

B. Precis! hehehehe. Men dom har kommit tillbaka. Det här var liksom första gången och nu, när jag kan röra mig fritt, springer jag inte, jag släpar mig inte runt heller, jag går så här *(nickar långsamt och formellt åt var sida och visar hur han tilltalar dem på den Sjätte),* "God middag."

D. Till månfolket?

B. Till månfolket - "God afton, Ärade Ande!" Jag nickar och uppträder väldigt värdigt.

D. Hur är din kommunikation med dem, de små?

B. Aha, jag trodde att du menade månfolket och jag tänkte säga - den är obefintligt! HUHUHUH. Oh, dom tre små, vi kommunicerar lätt nu. Det behövdes förstås lite översättning i början, av dig och från deras lärare, men nu får jag själv prata med dom, för jag har blivit instruerad om vad jag kan, och inte kan, säga. Det är typ en eller två i den här gruppen som ställer många frågor. *(Han sänkte rösten och började tala i en hemlighetsfull viskning.)* En gång när jag satt själv och studerade, kom den ena in och den andra kom sen direkt efter, dom kom in och sa, "Kan du berätta mer om Jorden och vad man kan förvänta sig där?" Och direkt var du där! Och jag tänkte *(han sträckte upp händerna),* "Jag håller på med egenstudier! Jag gjorde inte det här, jag sa ingenting!" Så dom är nyfikna, men för tillfället har vi bara diskussioner när det är en person närvarande, som du eller nån från dom. Så vi lämnas inte ensamma och jag är inte säker på att det nånsin kommer att ske.

D. Det är ungefär som du och jag här, jag är säker på att Ophelia aldrig skulle lämna oss ensamma för att småprata.

B. Förmodligen samma sak.

D. För att jag också är nyfiken.

B. Ahh, och dom är nyfikna. Men eftersom dom är så nyfikna och jag gärna delar med mig, har vi faktiskt satt upp ett mötesschema för att prata om aktiviteterna på Jorden och om inkarnationer och vad som väntar.

D. Hur gamla måste de vara innan de börjar göra det?

B. Oh, för tillfället skulle jag säga att dom är typ som tolvåringar, och dom kommer att börja resa när dom är runt sexton. Alla själar börjar när dom är i, vad du skulle betrakta som sextonårsåldern, det är då du verkligen börjar jobba. Det är då kraven kommer. Nu är du vuxen, nu måste du ge dig av och uppfylla ditt färgmönster eller din plan.

D. Elahimrådet som talade innan du kom in, sa att det var omkring hundra Elahims här för tillfället. Två har precis kommit hem.

B. Och det är också nåt, som jag inte vet ifall dom förstår, att dom inte kommer att komma ner tillsamman alla tre. Dom kommer att spridas ut. Det är därför dom behöver ha en vän. Så vi pratade om det, och dom blev lite, "Oh, går du helt själv?" Jag antar att det kan kännas för dom som att bli utslängda i rymden utan fallskärm. Och jag sa, "Vi kommer att vara era fallskärmar, det är därför ni kommer att få nån av mina vänner." Så, så småningom kommer vi ... *(Bob fick plötsligt se att han skulle hjälpa till att introducera och träna de unga på sin dimension att vara följeslagare åt de tre små Elahims).* Ah! Det här var en gåva! Jag kommer att vara den som tar ner dom till mig för att träffa dom som dom ska jobba med! Oh, det är vad som kommer! Det är därför dom nosar omkring runt mig, för dom ska följa med mig och jag ska vara den som visar dom runt. Oh, "Jag ska göra intervjuer nu", sa du, "med vissa elever från den andra dimensionen för att se vilken som passar bäst ihop med den i er grupp." Oh, det här är ett stort ansvar, som jag tar på största allvar och jag är enormt hedrad! Oh, vilken gåva!

D. Det kommer att vara ett långt engagemang för dem, eftersom du registrerar dem för hela cykeln av inkarnationer på Jorden.

B. Jag tror att Tom står överst på listan. Tom skulle bli minst sagt besviken om det här kom ut och jag inte hade gett honom samma möjlighet att växa. MEN, jag ska säga till honom, "Det kommer en stor gåva till dig, Tom, men först måste du göra vissa saker." "Vad då för gåva?" kommer han att säga, ungefär som jag gjorde, "Vad är det för gåva, vad är det för gåva?" och jag kommer att säga, "Tänk bara på det som en av dom allra STÖRSTA belöningar som du kan få just nu och fortsätt bara jobba utifrån den vetskapen, att den största belöningen är på väg. Men jag ska inte berätta vad det är. Ingen kommer att tala om det för dig."

D. Det ger dig motivation.

B. Jaa. Men han har en del olika saker som han behöver jobba på innan han kan få en person. Så det jag ska göra nu är intervjuer och ett sorts urval. Men du kan inte ta nån som redan är upptagen. Dom frågade om jag kunde komma och vara med. Och jag svarade, "Det är inte riktigt så det fungerar. Du kommer att få nån SOM jag men du kommer att ha din egen individuella kontakt. Vi har inte flera."

D. Jag tror inte att det finns någon som du.

B. Nää, nää. Dom är som småstjärnorna när dom ville att Ia skulle gå *(till Jorden och smälta samman med träd eller stenar),* och sa, "Kan du komma, kan du komma?" och hon svarade, "Nej, jag tar hand om dom nya små som kommer." Och alla dessa tre ville att jag skulle följa med och jag sa, "Det vore en stor ära men vi är bara tilldelade en av er."

D. Får trädgårdsmästarna någon, någon gång?

B. Ibland kan en trädgårdsmästare vara följeslagare, men aldrig med själar härifrån *(den Sjätte).* Dom skulle isåfall följa en själ från den Femte.

D. Ja, liksom S— *(en vän i Sverige),* har hon en liten trädgårdsmästare?

B. Ja, hon har en, men en trädgårdsmästare har andra egenskaper än jag. Nån från *din* hemmabas kommer att få nån som jag eller nån som Tom. Jag måste nog välja Tom. Jag skulle ha blivit oerhört upprörd om det hade kommit fram att Gergen inte hade valt mig. Jag tror att det var därför jag fick Tom, för att skicka facklan vidare, för det är vad jag gör.

D. Det verkar som att det finns ett syfte bakom allt som händer.

B. Det finns alltid ett syfte och du sa att, *(han imiterar mig, talar långsamt som en stel och tråkig professor),* "Det finns alltid ett syfte, Bob. Försök att finna det syftet. Om det inte finns något syfte, har du missat något och då får du gå tillbaka till ritbordet och hitta det." Så sa du. Så det är naturligtvis ett stort ansvar att hitta en följeslagare till dom.

D. Ja, grattis till det.

B. Grattis till mig. Grattis till dom. Så det blir ... oh, oh oh, vad glad jag är! Det här är fantastiskt, men okej, jag måste nog rusa iväg nu och börja välja ut mina intervjukandidater!

D. Du kan inte berätta för dem, eller hur?

B. Det kan jag inte! Det är en hemlig intervju. Dom kanske undrar, "Varför frågar du så mycket?" Jag ska sätta upp det på anslagstavlan därhemma, att det kommer uppdrag som rör Jorden och fjärrundervisning och dom som har vissa kvalifikationer får gärna skicka in en intresseanmälan.

D. Jag är säker på att du kommer att få in massor.

B. Aah, jag får nog en hel massa och sen börjar urvalet. Så det ska bli roligt! Oh, okej, jag går nu. MEN, vad roligt det här ska bli!

D. Tack så mycket för alla kloka ord idag, det uppskattar jag verkligen.

B. Och tack för att du gav mig äran att få välja vänner till dina vänner, dina bebiskompisar. Så okej, dom ska börja läsa på nu och tränas i inkarnationer och när dom är redo, vid sextonårsåldern, då kommer dom att gå ner. Så jag har lite tid här.

D. Att lära dem hur man hör en walkie-talkie?

B. Jaa, och att dom inte reser som dom är. Nu ska dom träna på hur det är att inkarneras och jag ska hitta den allra bästa hjälparen som jag kan till dom. Dom kommer att ha andra hjälpare också men dom här tre kommer att få nån som följer dom, som jag följer dig.

D. De har tur.

Låt Intervjuerna börja (28 januari 2019)

Bob fick i uppgift att gå tillbaka till den Andra och hitta lämpliga följeslagare till de tre små Elahims. Han skulle välja ut några bra kandidater och sedan utvärdera deras intresse och potential som andliga guider. Det verkar som att hans strategi var lite väl vidlyftig. Han lät det bli känt för stora grupper av elever att han letade efter några volontärer för ett hemligt uppdrag. Sedan blev han fullkomligt översvämmad av intresse. Detta ledde till ingripanden från Ophelia, Ia, Gergen och Zachariah för att reda ut hur man skulle göra så att eleverna inte skulle bli besvikna. De flesta av volontärerna fick i uppdrag att verka som hjälpare eller guider till andra grupper från den Femte och Sjunde.

D. *(Efter en diskussion om andra ämnen började Bob berätta om hur han lyckades med projektet att hitta följeslagare till de tre små Elahims.)* Hade du några anteckningar som du ville ta upp idag?

B. Ah, jag har flera stycken såklart, men en jag tänkte dela med mig av är hur mina intervjuer har gått. Det blev en stor succé!

D. Var det ett stort intresse för programmet?

B. Aah, det var en lång kö. Och jag var som, "Det finns plats för alla. Alla kommer in, alla i rätt turordning."

D. Pratade du bredvid munnen och alla fick reda på det?

B. Jag satte upp en lapp, i cafeterian typ, jag satte upp en lapp om att det fanns...

D. Sa du, "Bob, den store resenären, genomför intervjuer för hemliga uppdrag?"

B. Hemliga uppdrag för att hjälpa varelser bortom ifrån som letar efter en vän.

D. Satte du verkligen upp det?

B. Aah, med små bokstäver, men det fanns ju fortfarande där och det verkade som att alla såg det. Mina vänner såg det och frågade, "Vem är det som vi ska hjälpa bortom ifrån?" Och jag sa, "Det är inget vi kan avslöja just nu men du kommer att bli som en reseledare för några som inte är bekanta med Jorden." Jag var tvungen att säga det. Innan intervjuerna kom faktiskt Gergen också.

D. Och räckte ut en hjälpande hand?

B. Ah, ah. Det första urvalet för intervjuerna var att bjuda in till den här utbildningen. Det är som ett träningsläger och du får en motpart, så du arbetar två och två och man växlar roller – en är inkarnationen och en är en andlig hjälpare, sen byter man. I den här anläggningen *(Bob startade sin egen skola för intervjuerna och utbildningen)* har jag skapat olika händelser som kan äga rum *(under en inkarnation)*, och jag har faktiskt använt vissa erfarenheter ur min egen kunskapsbank från våra resor. Det sista testet, som dom inte vet om än, handlar om eldsvådan. Först kopplas dom ihop i skolan där dom ska turas om och så vidare, och sen kommer jag in – som den stora utvärderaren. Men jag trodde inte att så många skulle söka...

D. Hur många fick du?

B. Oh, det var typ åttio till hundratjugo och dom bara fortsatte att komma, och jag sa, "Du där längst bak, sprid det inte vidare, vi sätter stopp efter dig där." Tom var nånstans i mitten.

D. Skulle de vara som guider, försökte du lära dem att kommunicera med varandra?

B. Precis. Och jag iscensatte händelser som kunde äga rum. Så för tillfället har jag valt ut elever till den första omgången. Eftersom ingen vill känna att man misslyckas, så halverade jag gruppen vid första sammansättningen, så dom var typ fyrtio.

D. Det är fortfarande många, eftersom du bara behövde tre.

B. Jag behöver bara tre och för tillfället har jag fyrtio, men jag började med åttio till hundratjugo. Och då var jag tvungen att sätta stopp och säga att vi inte kan ta med alla, men att det kanske kommer fler omgångar senare och då kan andra vara med. Så dom som inte klarade första urvalet dom kommer att ha först tjing till nästa omgång, så jag hoppas att jag kommer att få fler. Kanske Julia, eller nån från Ophelias ställe kan komma, så jag kan fortsätta med det här. Jag mår faktiskt lite dåligt av det. Jag förväntade mig inte att det skulle vara ett så stort intresse för att hjälpa nån som dom inte kände.

D. De kanske tycker att det du gör verkar så spännande och bara vill vara en del av det.

B. Det såg så ut, för dom sa, "Vi har lyssnat på så många av dina historier." och jag tänkte, ”Aha, jo..." Och dom sa, "Vi vill också göra det, för dina berättelser var så spännande, du verkar ha varit med om så många äventyr och det vill vi också." Och jag tänkte, "Oh, det får vi se." Så ibland kan det bli ett bakslag av att prata för mycket, och det blev det lite grann. Så jag har lärt mig min läxa här, att jag nog inte borde ha gått omkring och braverat så ofta. Huhuh. Hur som helst, så hade jag intervjuer och jag ställde frågor som, "Vad skulle du göra om din person försvann?" och dom var som, "Vart skulle personen ha tagit vägen?" och jag sa, "Det är det som är frågan. Om du inte vet vart personen har tagit vägen, vad skulle du göra för att hitta den, vilka knep skulle du ta till för att hitta din person?"

D. Har du någonsin förlorat din person?

B. Det gjorde jag. Jag förlorade dig ett par gånger.

D. Verkligen? Kunde du inte ha rattat in dig på mig? *(Inom den mentala sfären, den fjärde dimensionens nivå, samtalar din själ alltid med dina andliga vägledare, ett faktum som vi i allmänhet är omedvetna om.)*

B. Ur mitt perspektiv var det du som tappade bort mig. Du försvann ur min radar. Men du sa att jag försvann, och jag sa, "Nää, jag är ganska säker på att det var du som försvann, för jag har varit här hela tiden, på min plats." Och du sa, "Nej, för din plats förändrades. Det var inte samma ställe." Och jag sa, "Jag är fortfarande på min plats." Så det vi måste förstå är, att när man är ansvarig för att hjälpa en själ som reser, då måste man tänka som den. Vart kan den här personen tänkas gå? För det är annorlunda än, oh...

D. När jag vandrar runt på Jorden så kan du hitta mig var som helst, eller hur?

B. Jaa, absolut, nu kan jag det såklart. Men i början upplevde jag det som att du liksom travade iväg.

D. Så vad är det rätta svaret?

B. Svaret på frågan, "Hur kan jag hitta min person när den är försvunnen?" Knepet är att inte springa runt som en yr höna utan att förbli centrerad och lyssna efter den där melodin som ni två kommer att ha etablerat. Och det var så jag hittade dig. Första gången sprang jag bara runt och ropade, "La–Sa–Ray! Lasaray! Lasaray!" och jag missade dig förmodligen flera gånger, eftersom jag bara hörde min egen röst ropa, "La–Sa–Ray! Lasaray! Lasaray!" Men sen tänkte jag, "NÄ! Låt Lasaray komma till mig. Jag ska stanna kvar, lyssna och jag ska skicka ut min signal, min melodi till Lasaray, och han kommer att hitta MIG."

D. Fungerade det?

B. Det gjorde det, dom flesta gångerna. Så det blev intervjuer om vissa ämnen, och några var bara nyfikna, dom kom bara för att lyssna. Och jag sa, "Du kanske inte riktigt har kvalifikationerna än, eller hur? Du går fortfarande i småskolan." Och dom sa lite i kör, "Du berättade en så rolig historia en gång, så jag är intresserad!" Och jag sa, "Det tror jag absolut att du är, och vi kommer att prata mer om det här, men just det här är mer som ett praktiskt projekt." Så jag sa, "Ni kommer alla att gå i en egen skola där ni kommer att se dokumentärer om vad andra gör." För jag ville inte att dom skulle känna sig utanför. Så dom kommer att titta på dokumentären om det här träningslägret, det kan få dom att vilja vänta ett tag.

D. Du måste ändra frågorna senare.

B. Jag ska ändra mina frågor.

D. Vad mer ska du göra för att sålla bort några?

B. Alltså, jag är tvungen att sålla för jag behöver bara tre. Dom är i den här skolan för fjärrundervisning, där dom ska iaktta olika saker som kan hända och det måste vara tidsanpassat. Du kan inte typ ha ett träskepp om det inte längre finns några träskepp. Och här kommer Oles expertis in, och dom i dom högre Råden, när det gäller vad som är aktuellt då det är dags för skarpt läge. Dina små elever och mina kommer att tränas här, men vem vet hur världen kommer att se ut när det är skapt läge?

D. Hade Gergen någon aning om hur världen skulle se ut när de tre kommer ner?

B. Jaa, men jag fick inte vara med.

D. Det var synd, för jag tänkte fråga dig.

B. Huhuh, jag är ganska säker på att det är därför som jag inte var inbjuden! Men det är inte så heller att dom berättar det för eleverna och inte för mig, utan dom skapar scenarier som lite grann kommer att spegla verkligheten vid den tidpunkten. Jag smög in och kikade.

D. Kan du ge mig ett exempel?

B. Alltså, det är andra fordon *(människokroppar),* det är helt klart. Allt är tystare och saker och ting flyger mer. Alla ser mer likadana ut.

D. Är det fortfarande ett fordon som ser ut som en människa?

B. Aah, men atmosfären har förändrats, och människorna ... dom ser fortfarande ut som människor men ändå annorlunda, dom är smalare. Ingen är fet verkar det som, eller överviktig *(han sa detta lite försynt, men det var tydligt att han gjorde lite narr av hur lättkränkta människor kan vara),* alla verkar smalare. Men det är nåt med atmosfären, dom måste skydda sig. Huden är känslig. Alla ser likadana ut och dom verkar ha nån slags dräkt på sig.

D. Finns det fortfarande många vita människor?

B. Aah. Men smala. Längre och smalare.

D. Detta måste vara efter uppgraderingen?

B. Aah. Det här är långt fram i tiden. Hur som helst, det är vad jag sysslar med, jag jobbar med min träningsskola och jag måste sålla.

D. Tror du att Tom kommer att klara det? Är han kvalificerad?

B. Absolut. Han är högt kvalificerad och han kommer varje dag efter lektionen för att försäkra sig om att han är tillräckligt kvalificerad. Och vill veta om det finns nåt han borde göra för att bli mer kvalificerad, om han nu inte är det.

D. Det är bra att han är entusiastisk. Han är en liten stjärna.

B. Det är han verkligen. Han är en riktig stjärna i sitt sinne. Men jag mår lite dåligt av att behöva sålla bort så många, så faktiskt, en av mina lappar idag var om jag kunde få några fler av dig?

D. Frågade du Gergen?

B. Jag frågade dig. Jag frågade om jag kunde få fler än dom tre från Sjätte, för jag har fyrtio! Huhuh. Och du sa högt, "Har du fyrtio?" och jag sa, "Ja, det blev liksom så." Du sa ännu högre, "Hur kunde det bli fyrtio? Du skulle bara se dig omkring efter tio, högst, och sen lugnt och stilla fortsätta utgallringen." Och jag var ganska tyst, så du sa...nu lugnt, "Berätta exakt vad som hände här." Och jag sa, "Alltså, jag satte upp en lapp och sa att det skulle komma ett viktigt uppdrag att få hjälpa individer bortom ifrån som ska resa till Jorden. Och det var folk som var väldigt intresserade av det, och sen spred det sig, och det bara fortsatte att spridas och plötsligt var dom överallt, och sen bara blev det så." Då sa du, "Jag gav dig tre, och nu vill du ha fyrtio?" och jag sa, "Vi kanske kan mötas i mitten nånstans, och jag kan få typ trettiofem?" Och du sa, "Det är inte i mitten!" och jag sa, "Joo, från åttio är det det." Så vi skrattade lite åt det, men jag såg att jag hade orsakat ett litet problem.

D. Du måste tänka ut något så att de inte mår så dåligt av att bli bortsållade.

B. Aah. Jag funderar på det. Hur som helst, det var min lapp för idag, att jag är mitt uppe i träning och urval och så vidare.

D. Vad tycker Ia om allt detta?

B. Oh, Ia, hon skakade bara på huvudet och sa, "Vad är det som händer här borta, Bob?" och jag sa, "Jag har intervjuer." Och hon sa, "Det här ser snarare ut som en rockkonsert. Varför är alla här?" och jag sa, "Jag hade satt upp en lapp", och hon nickade och log, "Ja, jag såg din lapp, och det kändes nästan som att vem som helst kunde komma." Jag sa, "Det var inte min avsikt", och hon sa, "Nu måste du lösa det här."

D. Du fick med alla, från femtonåringarna ända ner till småstjärnorna.

B. Jaa, som ner till sjuåringarna. Jag sa, "Det här är inte som att åka till 4H-gården, Jorden är inte alls samma sak. Så hur som helst, vi ska spara energi nu, säger Ophelia, men jag ville komma förbi och bara dela med mig.

D. Vi skapade en privat session för dig eftersom vi ville höra dina idéer.

B. Privat session - min scen.

D. Vi visste att du ville prata.

B. Aah, och vi måste fortsätta prata om min rekryteringsverksamhet. För jag vill inte misslyckas, jag vill göra det här fler gånger. Men för tillfället säger du, "Du får tre. Det här är en läxa för dig, Bob. Du måste lära dig hur du handskas med det du har."

D. Hantera massan.

B. Hantera massan. Jag kanske kan erbjuda dom nåt annat? Vi får se.

D. De kan vara ersättare.

B. Jag tänkte lite att dom kunde vara som statister.

D. Gergen sa att ungefär tio till tolv procent av människorna här har någon från den Andra som följer dem.

B. Men jag väljer för dom tre från Sjätte och det är annorlunda. Det är olika kriterier. Jag frågade om jag kunde få fler av dig, men det verkade inte som att jag kunde det, så nu ska jag gå till Ophelia och se om jag kanske kan få nån därifrån.

D. Jag slår vad om att det kommer att finnas några som kommer ner.

B. Precis. Så jag kommer förmodligen att få fler, för Ophelia hon kan se slutresultatet av all den här uppståndelsen, att många skulle bli väldigt ledsna och det är det ingen som vill. Så vi kanske kan välja nån från hennes ställe. Eller Zachariahs, han är alltid väldigt hjälpsam, han kom också förbi och sa, "Det finns faktiskt dom från fabriken som är redo att komma ner till Jorden." Zachariah var verkligen hjälpsam. Han sa, "Om du ser nån i din skola som verkar redo, då ska vi ge dom nån härifrån Femte." *(Zachariah måste styra en del av aktiviteten från den femte dimensionen, som i dagens läge utgör huvuddelen av själarna på Jorden.)*

D. Jag skulle tro att mycket av träningen är på det viset?

B. Aah. Jag har alla trädgårdsmästarna här också. Dom är här med sina spadar och dom vill också hjälpa till. Så Zachariah kom och Ophelia; så du, Zachariah och Ophelia är alla här för att hjälpa till. Först tänkte jag bara intervjua för dom tre, men det blev en sån lyckad tillställning, så nu ska vi skapa en skola för fler. Och då behöver dom inte känna sig så nedstämda för dom kommer också att få en, bara inte en av dom tre från den Sjätte.

D. Du kan göra det till en mer allmän utbildning för alla andra.

B. Precis. Jag ska se om dom kanske passar bättre åt nån från Ophelias värld, den Sjunde. Jag kanske blir mer som en som håller i trådarna. Nu, när jag har fler till mitt förfogande som jag kan använda, så kanske jag kan bjuda in dom andra fyrtio som jag sorterade bort.

D. Du kan bli rektor för en skola för andliga guider och inkarnationer.

B. Aah, för jag hade åttio till hundratjugo.

D. Du har stor erfarenhet av att vara en följeslagare, så det här är kanske något du kommer att ta dig an—träna småstjärnor för fjärrundervisning.

B. Så, det är det vi ska göra. Men Zachariah, han kom förbi och sa, "Är det nån som känner sig utanför, så ska jag gärna tillhandahålla några från min fabrik." Och Ophelia, hon kallar det inte en fabrik, hon säger, "Vi har ljus som vi kan skicka." Och du var som, "Du fick tre av mig, det är vad du får." Du är mer orubblig. Vi får se. Oh, jag ska gå nu, men det här blev ett mer omfattande projekt.

D. Ja, lev och lär, haha.

B. Haha, ah. Hur som helst, jag går nu, men vi ses snart.

Ett Träningsläger för Guider (3 februari 2019)

D. Så det fanns aldrig en formell klass på den Andra för att lära sig hur man arbetar med sin person?

B. Alltså, lektionerna handlade om distansundervisning.

D. Så när du tränade gick du inte direkt i någon skola?

B. Nää, jag fick lära mig att jobba med överföring och kommunikation men min person var inte där. Du var inte i andra änden, så att säga, så jag var bara ... du vet när man ska ut i rymden och dom sitter i en sån där...

D. Simulator?

B. Simulator, ja precis. Så jag kände att det var viktigt att ha nån att träna på. Vi hade vänner i klassen som vi kunde träna på, så i den meningen var det verkligen en typ av klass, men i min träningsskola har jag tagit med olika hinder och andra upplevelser. Och den här träningsskolan, som jag har startat, kommer faktiskt bara att vara för dom från den Sjätte. Jag gick i en allmän skola, som en kommunal skola, och det här kommer att bli som en specialistskola. För dom tre som kommer ner från dig är lite annorlunda.

D. Hur många tränar du för detta?

B. Vi är nu ett tjugotal.

D. Oh, halverade du gruppen igen?

B. Ah, Dom andra skickade jag till den allmänna, kommunala skolan, men det här är en specialistskola som jag leder. För att gå här måste du ha personlig erfarenhet av att vara vägledare för nån från den Sjätte, nån som du, eftersom dom tre är samma som du. Alla är inte likadana. Som i min värld skulle det vara som att säga att alla vore trädgårdsmästare - och det är vi ju inte. Det är samma sak inom alla verkligheter, så alla på den Sjätte är inte likadana. Jag tränar guider för dom som är som ni två, Elahims.

D. Klarade Tom sig vidare?

B. Tom är fortfarande med, han jobbar på här. Men det är lite annorlunda, för det syns inte på samma sätt i det fysiska. Alltså, dom måste titta efter andra tecken och signaler än trädgårdsmästarna som följer själar från Zachariahs fabrik. Dom guiderna observerar saker på ett annat sätt.

D. Kan du ge mig ett exempel?

B. Som det fysiska, till exempel. När ni två har rest hit har det inte varit samma, ni rapporterar olika saker om det fysiska. Som nu i ditt fall, det här med huden, och den här gjorde det tidigare. Men din personlighet, den personlighet som du reser med, är normalt lite annorlunda, så väktaren *(den andliga guiden)* har lite andra förväntningar på dig än till exempel på nån från den Femte. För dom som är mer hemma här, så händer det inte så mycket inom deras inre upplevelser på samma sätt. Det fysiska kan se likadant ut men den inre upplevelsen är annorlunda och vi riktar oss till det inre, till själen, på ett annat sätt, när det gäller er. För ni är på nåt vis separerade från den fysiska upplevelsen inom er, där dom andra är mer sammansmälta. Det är som att vägleda två - själen i bilen och sen tar jag också hand om själva bilen, som en mekaniker. Så jag måste vara både mekaniker och terapeut, om du förstår vad jag menar.

D. Absolut, det gör jag.

B. Så dom här tre som kommer kan inte bara ta hand om bilen. Dom måste också vara observanta på vad som kan vara på gång *inuti* bilen. Dom kommer ibland att fungera som du gjorde med hjärnan, och då måste du avväga och balansera när du behöver titta till fordonet mer, typ se till att nån inte brinner upp. Dom andra *(från den Femte)* är lättare att nå, eftersom dom är mer som en, dom är sammanfogade på nåt vis, så du skickar all din information och uppmärksamhet direkt till vännen som du följer. Men med Elahims kan du behöva anpassa dig, som att prata ett mänskligt eller andligt språk och då måste du också kunna det andliga språket, som din person inom sig förstår. När du kommunicerar med dom andra, fjärrundervisar du bara och det hörs direkt på olika sätt, eller hörs inte alls i vissa fall.

Det är svårt att ge en bild egentligen. Det är bara det att det är ett dubbelt jobb, när du har nån från ditt område på den Sjätte. Men som sagt, alla från den Sjätte är inte likadana.

D. Okej, jag förstår, det var en riktigt bra förklaring. Om Ophelia sänder en själ från den Sjunde för att inkarneras, skulle någon av dina elever kunna hjälpa till att arbeta som guide?

B. Om dom har den utbildningen så, absolut. Förmodligen nån som Ia hade valt ut. Ia har andra kriterier.

D. Hjälpte hon dig lite?

B. Lite grann. Jag frågade henne, för vi är alla som en familj, så hon kände några. Och jag bad om en bakgrundskontroll på några av dom.

D. Finns det några trädgårdsmästare i gruppen?

B. Nä, dom kommer att följa med Zachariah, och jag sa till dom att *(han talade sedan långsamt med hög, klar röst, som om han tilltalade en stor folkmassa),* "Jag har just fått höra. En stor möjlighet har uppenbarats sig för en mängd själar från min vän Zachariah att komma in för att bistå planeten och miljön." Och sen sa jag, "Dom bad specifikt om någon som är nära bekant med miljön. Vem i denna stora grupp känner sig manad att vara behjälplig till pionjärer på väg till Jorden för undsättning av miljön?" Och då åkte alla spadar upp *(vilket betyder att alla trädgårdsmästare i gruppen anmälde sig frivilligt),* och jag sa, "Utmärkt! Vänligen lämna ditt namn och du kommer att bli kontaktad så snart som jag har närmare besked från centralen för avgående själar. Du kommer att få speciell träning, eftersom det finns olika kriterier för dessa specifika själar. Tack." Men det var fortfarande för många. Så jag fortsatte, "Jag har också fått besked att det kommer att komma ner själar från bortom, en annan nivå, som kommer att hjälpa till med att hela vissa emotionella utmaningar *(problem)* inom denna människovarelse. Dessa kommer att ta på sig vissa emotionella upplevelser och dom är i behov av en vägledande hand som är mycket empatisk, med en stor förmåga att lyssna och som ska utstråla värme till sina vänner."

D. Och många små händer kom upp?

B. Många små händer kom upp, ja. Det var också då som Ia kom, och hon sa, "Jag har många som verkligen vill hjälpa till med själar som kommer in, hjälpa till på det emotionella planet och jobba med sånt som ensamhet. Det kommer att komma in själar som väljer liv där dom känner att dom är ensamma och övergivna, och dom kan behöva två *(guider)* för dessa uppdrag. Så vem här känner att dom vill vara som en omtänksam barnflicka?" Och det var flera, för några av dom har redan varit i barnkammaren med Ia, så det var flera som räckte upp sina små händer för det. Mina kommer att vara mer ansvariga för förändring, det kommer att ske ett skifte inom vetenskap och kunskap på energiområdet, energiresurser, så det kommer att vara lite annorlunda med dom tre.

D. Inom vilken tidsram tror du att de kommer ner?

B. Jag är inte säker på om dom kommer att vara i den smala människoversionen som jag nämnde tidigare. Kanske lite testkör först, som när du en gång kom ner med päls innan det var dags på riktigt i den där *(nickar mot mig)*. Jag tror inte att vi är så långt framme men det är lite bråttom. Jag är ganska säker på att dom här tre kommer att börja ge sig iväg om ungefär hundrafemtio till tvåhundra år. Det är vad Ophelia säger, så det är inte så långt borta. Men återigen, jag vet inte om det skulle bli på samma sätt som när du kom ner i apformen. Men dom behöver fortfarande nån som tar hand om dom. Det är tufft första gången. Du känner dig vilsen och dom kommer inte att resa tillsammans - det gör Elahims aldrig, normalt sett. Som att ni två kommer så här, det är inte särskilt vanligt. Och det är också en annan läxa, eftersom dom måste förstå att dom kommer att resa till Jorden med själar från andra platser *(andra dimensioner)*. Så dom kanske kommer känna lite som att dom jobbar mer solo. Jag är inte säker på att mitt folk från den Andra skulle vilja gå själva sådär, som en soloartist.

D. Som du? Du är en sorts soloartist.

B. Aah, men inte gå till Jorden som soloartist. Dom från fabriken, dom går tillsammans i en stor grupp från samma område på den Femte.

D. Den här och jag har delat några liv tillsammans, eller hur?

B. Aah, några, ett par stycken. Ett på en båt.

D. Hur var det med Skottland? *(Christine har klara minnen från denna livstid när vi var tillsammans.)*

B. Ah, i Skottland också. Det var omkring 823, 825 e.Kr, 800 till 900 nånstans. Men du var, du vet, den här försökte hjälpa dig med ... det var stor sorg i er familj, eftersom den lilla dog och du stängde ute hela världen. Den här försökte hjälpa dig att få kontakt med ... du ville se hur en stor förlust skulle upplevas i ett mänskligt fordon, så det var en själ, en vän från Ophelias ställe *(den sjunde dimensionen)*, som tog ett kort liv som barn. Och när hon lämnade, fick du verkligen kämpa för att skicka ditt själsliga medvetande in i hjärtcentret och hjärnan för att dämpa den sorgen. Men det var återigen beteenden som du granskade, och i det livet ville du utforska och undersöka hur förlust och sorg kan ta över alla nivåer inom dig. Hur det är när allt inom dig bara stängs av, och hur man kan hjälpa sig själv att förstå att det sker ett växande ur en förlust. Den här hjälpte dig, och så småningom, med olika tekniker och hjälp, och jag var också inblandad, började du se ett ljus i mörkret. För du skapade mer mörker istället för att se det lilla ljuset som fanns, och du såg att det här var väldigt vanligt för en människa; att när sorgen eller saknade slår till, blir allt väldigt mörkt och svart – svart och vitt. Uppdraget var hur man inifrån skapar en värld, som bara ser svart-vit ut, hur man skapar den i färg igen. Och en av sakerna du undersökte var hjälpen som du fick i naturen, och där var jag. Den här hjälpte dig, för hon sa att du skulle ge dig ut och lyssna på naturen, så du var mycket ute och red, och din häst hjälpte också till och jag med såklart. Du kände värmen och den enorma medkänslan från din häst och från naturen, och du satte dig ner vid en bäck och du började se älvorna. Och i den upplevelsen kände du den allra största tacksamhet för att du, även om det bara var kort, hade fått uppleva tiden med din dotter som gick bort. Och då, när du kände tacksamhet, bara över att hon hade funnits i ditt liv, då började du se allt i färg igen. Och från den punkten började du också förstå att du kunde kommunicera inom dig direkt till henne. Och du sa, "Även om hon inte är här fysiskt, så är hon här i alla andra aspekter av sitt väsen. Och även om jag inte kan röra henne, är hon fortfarande lika verklig för mig nu, som när hon fanns här fysiskt." Med den förståelsen blev världen rik på färger igen. Och andra tyckte att du var lite galen, men den här, som var din fru, hon stöttade dig. Hon sa, "Du har nu bara din relation direkt med henne." Och det hade du, och i den meningen var du annorlunda, eftersom du var fristående från den mänskliga upplevelsen av förlust. Andra kom till dig och sa, "Oh, jag beklagar verkligen din sorg," men vid den tidpunkten i berättelsen hade du läkt för du sa, "Hon är inte borta, hon är fortfarande här, och jag kommunicerar med henne på samma sätt." Sen kom andra och undrade, "Men du kan inte hålla om henne på samma sätt, det måste vara förkrossande." Och du sa, "Nej, jag kramar henne inom mig och i mina drömmar. Nu kan jag hålla om henne hela tiden. När hon var här fysiskt satt jag inte och kramade om henne hela tiden. Det kan jag nu."

D. Wow. Det var en riktigt fin berättelse.

B. Hur som helst, nu kilar jag.

Bob kommer med en Katalog till Zachariah (8 februari 2019)

Efter att Bob hade intervjuat och börjat jobba med småstjärnorna från den Andra började han oroa sig lite för vem exakt de skulle kunna paras ihop med. Så han gjorde en katalog med en detaljerad analys över var och en av sina unga vänner och började leta efter kompatibla andar på Femte, Sjätte och Sjunde. Sammankoppling av själar har pågått sedan inkarnationer började på Jorden, men det har vanligtvis gjorts av olika Råd och mentorer. Bob introducerade sin egen metod för Zachariah, som var lite road, men som ändå uppskattade hans engagemang och omtanke.

Z. God afton. Det här är Zachariah.

D. Zachariah! Nämen, välkommen min vän.

Z. Det har uppstått ett litet dilemma som vi måste ta itu med. En fråga kanske är fel ord, men det har framförts ett ärende. Ett verkligt problem, eftersom det inte verkar finnas tillräckligt för att resan, som väntar vår lille väns vänner från den Andra, ska gå ihop.

D. Vad menar du?

Z. Vänner för att hjälpa andra vänner. Bob påpekade och undrade, "Är det inte en fabrik, eller ...?" Och jag sa, "Det är inte en fabrik i det avseendet, som att vi bara rent allmänt går och tillverkar själar. Det är inte som en glasskiosk, och när glassen tar slut på grund av vackert väder, att man bara jobbar lite övertid så kommer det mer glass. Det är lite mer förberedelser bakom att skapa själar från fabriken än glass." Och så menade han faktiskt också att han hade krav på dessa fabrikstillverkade glassar! Så han kom inte bara med en låda lappar över dem som var tänkta att bli hopparade med en vän, utan han kom med en hel katalog med beskrivningar på dessa elever. Han kom in och sa, "Den här kommer inte att passa ihop med någon som har för mycket temperament, eftersom den här specifika eleven är väldigt timid. Så här skulle jag vilja ha en själ som är mer ömsint i sin karaktär. Han lade ner den lappen och tog sedan en ny lapp, "Den här skulle dock behöva lite mer spänning." Så han kom med hela den här katalogen till mitt kontor och han hade verkligen ansträngt sig för att detaljera och kategorisera dessa små stjärnvänner, för att se till att jag exakt skulle veta vilken glass jag skulle skapa i fabriken.

D. Ja, han tog sitt uppdrag på största allvar.

Z. Det gör han fortfarande.

D. Han anstränger sig mycket för att göra ett bra jobb.

Z. Så här sitter vi med en katalog över elever och alla deras kriterier, personlighetsdrag, behov och önskemål – alla är inte deras egna skulle jag anta. Sedan sa han, "Jag skulle också vilja se din katalog över dom som kommer från fabriken." Och jag sa, "Vi har egentligen ingen katalog, det är, som jag sa, inte som en glassfabrik. Det är inte som att vi har en plansch över olika själar, och det överskrider.... jag skulle inte säga min expertis men vad jag *tillåts* att göra. Det är inte jag som tillverkar den nya glassorten." Men han ville försäkra sig om att det var en bra matchning och sa med ett smil, "Jag kan ta min katalog någon annanstans." "Vart ska du gå då, Bob?" sa jag och han sa, "Jag kan gå till Ophelias ställe." Och jag är ganska säker på att han redan har varit där med sin katalog. Så han försöker verkligen, han är som en match-maker, skulle jag säga.

D. Vi började med ett behov av tre, och han hade långt över hundra unga som var intresserade.

Z. Han har verkligen blivit en match-maker för destination Jorden. Han hade nästan som ett visitkort där han kallade sig budbärare och match-maker, en resebyrå. Det är vad han har startat, ett komplett företag för äventyrsresor, destination Jorden! Så han har på eget bevåg blivit en reseledare för alla dessa småstjärnor. Och faktiskt, match-maker, på grund av det faktum att han vill försäkra sig om samstämmigheten; och jag uppskattar idén och avsikten bakom den. Likväl, även den mest smälta glassen kan behöva hjälp, och även om det bara är en vanlig vaniljglass som är på väg mot sitt syfte, så baserat på alla karmiska lagar och idéer om utveckling och evolution, beviljas den ändå alltid en andlig vän.

D. Alla får ju inte en ande från den Andra. Hur har det hanterats tidigare? Vem gör matchningen?

Z. Det är en sak för Råden, mellan den Andra och främst Sjunde. Men Femte har successivt kommit att ta över. Fler som kommer från den Femte behöver hjälp från den Andra, på grund av det faktum att Jorden behöver mer uppmärksamhet och vi önskar att det ska finnas en närvaro från den Andra som en andlig hjälpare. En som på distans undervisar den här nya glassen. Men det är verkligen ett stort nöje att sitta här och gå igenom den här katalogen.

D. Ska du försöka förse honom med några själar?

Z. Absolut. Jag har redan några vänner i åtanke. De är inte helt nya från fabriken förstås, men ändå redo för avfärd. Så jag frågade, "Känner du någon i denna enormt omfattande katalog som skulle vara redo för skarpt läge att gå ner och hjälpa? Jag har några som är under utbildning; geologer, biologer och marinbiologer. Och det gjorde han, han bläddrade till slutet i sin katalog och han hade fem som han menade hade kommit lite längre och var redo för avfärd. Så jag sa, "Låt oss bara börja med dessa fem och jag ska ge dig fem från Femte, och sedan matchar ihop dessa tio." Så vi börjar där med de lite enklare som är redo för avfärd.

D. Vad tycker Gergen om det här?

Z. Gergen förutsåg inte hur detta kunde skena iväg på det viset som det gjorde och kände en viss oro över hur allt hade utvecklat sig. Men han uppskattar verkligen Bobs iver att ta sig an projektet. Han sa, "Jag har inte sett honom så upprymd här nere på länge. Han är inte lika upphetsad när det gäller arbetet i Rådet, men här blev han verkligen eld och lågor." Så han är tacksam över att Bob har fått den här möjligheten eftersom, "Han är unik på det sättet att han fungerar bäst om han tycker något är spännande." Om han känner att det går för långsamt, eller om han inte känner sig helt engagerad, har han en tendens att glida iväg. Gergen hade för avsikt att göra honom mer exalterad genom att ge honom de tre att starta intervjuer med. Han förutsåg dock inte resultatet av att sätta upp en lapp i skolområdet om alla dessa möjligheter. Det orsakade lite tumult där nere. Nåväl, nu vet du.

D. Ibland kan det vara bra. Jag har verkligen saknat att prata med dig, du försvann liksom efter den *Första Vågen.*

Z. Jag försvann inte riktigt. Jag var tvungen att arkivera. Jag flyttar runt arkiven; några kommer att gå till den destinationen som du kallar Siahs plats *(Etena).* Så, vissa idéer och minnen kommer faktiskt att tas bort från den här platsen och lagras i det stora Biblioteket där Siah är.

D. Jag är verkligen glad att du hjälper till. Han antog att du skulle kliva in och fylla tomrummet.

Z. Oh ja, han antog det. Han antog att både jag och Ophelia och alla andra skulle bidra. Han sa, "Om du får slut på själar, kanske nån från Aris ställe kan vara med?" Och jag sa, "Så, du vill att vi ska ge dig någon från den Tionde, en som inte ens kommer till Jorden längre?" och han sa, "Jamen, dom kanske vill komma om dom har en fin sån vän som jag ska träna - den allra snällaste, bästa vän dom nånsin kan önska sig. Då kanske dom vill komma, om jag ger dom en reseledare?" Han har en intressant syn på hur saker fungerar.

D. Ja, det är ovärderligt.

Z. Så är det. Det var det. Jag är rätt säker på att vi har någon här som gärna vill fortsätta diskussionen.

D. Jag är verkligen glad att höra av dig igen. Jag hoppas att du kommer tillbaka snart, för vi saknar att prata med dig.

Z. Oh, jag står alltid i beredskap, speciellt nu. Vi ses, min vän.

D. Okej, adjö.

B. *(Poppar med läpparna.)* Ahh! Huhuhuhhuh! Deet–de–deet–de deet. Tack, Zachariah, för att du kom idag och lämnade dina synpunkter.

D. Lyssnade du?

B. Lite med ett halvt öra.

D. Uppskattade du det som sas?

B. Aah. Det är en gemensam insats men jag har varit lite orolig över att ge alla dessa värdefulla små vänner till nån som kanske inte kommer att uppskatta dom. Så plötsligt kände jag hur min entusiasm tog slut, för jag tänkte, "Vem ska du matcha mina vänner med, och vad ska dom göra på Jorden?" Så jag ville inte göra mina vänner upphetsade och träna dom på alla dessa olika sätt och sen få nån som uppenbarligen inte skulle passa. Så jag sa, "Jag vill ha nån som verkligen ska göra gott," och då kom Ophelia, och sen kom Isak, och Jeshua kom, alla kom och dom sa, "Det här är som att försöka kringgå evolutionen igen." Och jag sa, "Nä, jag går inte förbi evolutionen. Jag säger bara att jag skulle uppskatta om mina vänner kan få nån som kommer att göra nåt bra, eller vara trevlig." Och dom sa, "Du vet, du ska inte hitta en teaterensemble för Siahs värld, det är Jorden det handlar om och läxorna där är annorlunda." Och då sa jag,

"Kanske jag istället borde satsa på Siahs värld. För då är mina vänliga - och dom är vänliga."

D. Det finns knappast något behov av någon som vägleder på Etena.

B. Bhah! Bhah! (*Han gjorde ett spottande ljud.)* Du låter precis som Zachariah! Han sa, "Det finns inget behov av att gå igenom allt detta arbete och all utbildning, om du bara ska skicka dom till Siahs värld." Och jag sa, "Nåja, kanske inte, men..." Då kom Isak. Isak är den som alltid kommer när jag blir lite upprörd över allt det här med evolutionen, så Isak kom och sa, "Varför tar inte du och jag en liten promenad, Bob?" och jag frågade, "Vart ska vi gå?" och han svarade, "Du och jag ska bara strosa omkring lite här", och det var som en skog här på den Femte där vi träffades, och han sa, "Berätta nu för mig exakt vad du bekymrar dig över." Och jag sa, "Det är väldigt snällt att du frågar om mina bekymmer," och han sa, "Gå tillbaka i minnet och tänk på när du gick ner med Lasaray första gången." Och jag sa, "Alltså, han förstod inte riktigt hur man för sig på Jorden," och Isak sa, "Och se så bra er relation har blivit." Och jag sa, "Det är ett väldigt bra förhållande, men han lyssnade. Tänk om jag skaffar nån till en av mina vänner på Andra som inte lyssnar?" Så vi gick och pratade om det, och jag sa, "Jag vill bara inte att nån ska bli besviken," men han sa, "Du kan gå tillbaka och minnas vissa liv med Lasaray. När han kom tillbaka och förstod allt som han hade gjort på Jorden, vilket från andevärlden sett kunde uppfattas som en besvikelse. Men när ni träffades igen som vänner, då stod ni varandra precis lika nära som alltid i er kamratrelation. Så du måste skilja på, separera besöket på Jorden och på vännen. Så berätta för dina elever att dom kommer att få en trevlig vän som kan te sig väldigt annorlunda när dom lämnar *(andevärlden)*, och hur dom kan hjälpa den vännen att komma ihåg vem dom verkligen är."

D. Det var ett bra råd.

B. Så han sa, "Evolution är att låta den här vännen gå in i en miljö och växa utifrån den erfarenheten, och att upprepade gånger resa tillbaka. Och, att dom alla mer och mer kan ta åt sig äran för det." Han sa, "Du har tagit åt dig äran för många av Lasarays framsteg, eller hur?" Jag sa, "Ja, absolut. Det har jag verkligen gjort. Jag tog helt klart åt mig äran för vissa framsteg, som när han gjorde ett slags hjul en gång, ett som skulle generera och skapa energi av vatten. Det var jag som satte den idén i huvudet på honom, så den tog jag åt mig äran för." Och han sa, "Och det kan dom också göra." Så när vi gick genom den här lilla skogen ihop blev jag lugnare. Och han sa, "Vill du inte att dina vänner ska ha en fantastisk vänskap och få upplevelser på samma sätt som du har haft med Lasaray?" och jag sa, "Joo, absolut," och han sa, "Tänk på vissa liv som Lasaray hade, alla var inte så där jättecharmiga, eller hur?" och jag sa, "Nääå!" och Isak sa då, "Och se på den här, tänk om jag hade övergivit den här, bara för att vissa liv var som, ööh, njaa, vad är det som händer där? Men jag är en vän och jag hjälper själen," sa han, "och det är nästan som att vara en förälder till inkarnationen. Du är en vän till själen, men du är som en förälder till inkarnationen." Det var vad han sa.

D. Det var riktigt tänkvärt. Han är väldigt klok.

B. Han är intelligent och han gör mig alltid lugn. Så han sa, "Det är det som är evolution, att separera och förstå att själen kanske är jämställd och på din egen nivå, så ni är vänner, men inkarnationen är ett barn. Som en andlig vägledare," sa han, "växlar du mellan vänskap och att vara förälder. Så när du kliver in i rollen som andlig guide, när du börjar distansundervisa, måste du ibland släppa taget om att vara en vän och istället agera förälder eller lärare." Så när jag hörde det, sa jag, "Det här kan jag tänka mig att skicka vidare till mina elever," och han sa, "Du kan använda det här som din egen idé, om du vill," och jag sa, "Jag kanske faktiskt gör det." Och det gjorde jag. Jag sa (*sedan började han upprepa vad han sa till sina elever, som om han stod på scenen i en stor föreläsningssal, högljutt artikulerande),* "När du går in i distansundervisning, kommer du först att bygga upp en vänskap med den själen som du blivit tilldelad. Är du redo för det här uppdraget? Kan jag få ett HOO–HA?" Och det fick jag. Det här är femgruppen på Andra som nu först kommer att gå med Zachariah, eftersom dom andra fortfarande är under upplärning och det kan inte skyndas på. För det finns specifika saker som dom kommer att göra som jag inte är helt uppdaterad om än, så vi kan inte släppa iväg dom än. MEN, det finns dom här fem som är redo att resa, så jag sa, "Kan jag få ett HOO-HA från er som är redo att träffa sin vän från den Femte, vilket är bortom." Och några av dom *(hans elever)* har varit på den Femte, så dom är inga nybörjare. Sen ska vi sitta ner och para ihop dom, och jag sa,

"Ni ska först vara vänner och lära känna varandra och uppskatta den här nya vännen. Berätta om var ni båda kommer ifrån. Efter det kommer din vän från Femte att anta en annan personlighet och sen är ni inte längre vänner, ni är mer som en förälder i början. Ju mer den här själen reser till Jorden, så kommer den inte att behöva en förälder längre och då kommer du att vara en vän på båda ställena. Men i början, sa Isak, då är det meningen att du ska gå in i rollen som en förälder när ni lämnar. Allteftersom ni gör det här, blir du mer och mer en vän." Det är vad jag sa till mina elever. Men som när du går ner, jag är inte en förälder längre, jag är en vän, samma både här och hemma. Men i början, eftersom du var så klumpig, då var det verkligen som att ta hand om en baby. Så det här var vad Isak sa. Dom första par liven kommer föräldern, som dom måste förvandla sig till, att ta hand om ett spädbarn. Senare ska dom ta hand om en femåring och så vidare. När dom väl når lite mer vuxen ålder, då kan du släppa föräldradelen och bara vara vänner. Din partner eller vän kanske fortfarande går ner, som du ju gör fortfarande, men det är inte som att ta hand om ett spädbarn längre.

D. Har du träffat de andra själarna på den Femte?

B. Ja det har jag.

D. Vad ska de arbeta med?

B. En ska gå och arbeta med kurvorna, han ska komma ner och hjälpa till med nån form av ingenjörskonst för att övervaka kurvorna under jordmassan. Han kommer att uppfinna ett instrument som balanserar, eller först och främst upptäcker obalanserna. Det kommer att bli en intressant resa med den! *("Kurvor" är Bobs sätt att beskriva vibrationerna eller naturliga fält som Jorden avger.)*

D. Det är bra. Tom och hans vänner, de du sammanför med dem från den Sjätte, de är inte redo än, eller hur?

B. Tom ska inte gå med dom. Han specialutbildas för att få en av dina tre, eftersom dom kommer att jobba mer på energinivå. Dom kommer att jobba med kommunikation, med telepatisk kommunikationsförmåga och dom kommer att utvecklas inom det området. Vi kanske också skulle gå ner då? Det låter intressant, det vill jag inte missa. För det skulle bli som att Tom kommer och berättar för mig, och jag känner mig helt utanför – om inte du också går ner.

D. Jamen, det är som med Gergen och dig, ni arbetar tillsammans, så hjälpte inte Gergen ibland till med Lasarays problem?

B. Han hjälpte om jag hade problem med Lasaray. Jag gick då till Gergen och han pratade och sen anpassade jag mig.

D. Jag är säker på att du kommer att ha samma ansvar.

B. Ah, det är sant. Men jag kanske inte tar hand om det rent praktiska.

D. Du kommer att ha 20 stycken som kommer till dig och ber om råd.

B. Aah precis, det blev mer än väntat. Några av dom är tillsammans med Ia och sjunger, så dom kommer att följa med Ophelia. Hon tog dom och hon jobbar med att skapa energi. Dom ska jobba med att överföra ljusenergi i olika regioner, så dom kommer att få nån från Ophelias ställe.

D. Det låter bra. Hur många fick du av Ophelia?

B. Trettio.

D. Jag gav dig tre, hon gav dig trettio?

B. Och jag fick fem av Zachariah. Jag är nästan uppe i fyrtio här!

D. Men han kommer att ge dig fler, sa han.

B. Jag antar det, för jag har lagt ner stor ansträngning på att kategorisera deras färdigheter, såna jag hittills har hittat.

D. Det var vad han sa. Han sa att du har gjort ett fantastiskt jobb med det.

B. Men så undrade jag, "Behövs alla nödvändigtvis på Jorden?"

D. Vart ville du att de skulle ta vägen?

B. Jag erbjöd mina – inte mina bästa, nödvändigtvis, och jag vill inte säga att nån är bättre än nån annan – men jag sa, för vissa av dom är lite mer ömsinta, så jag sa: ”Jag har en grupp här på ungefär *(mumlar medan han räknar),* fjorton, och jag tänkte att dom kunde gå till Siahs plats och hjälpa nån som går dit. Kanske hjälpa till och ta hand om Siah och bara vara till hjälp för ... *(han tystnar när han tänker).*

D. Och vad sa han om det?

B. Han sa att det inte är samma evolution där borta. Det skulle vara som att dom skulle besöka nån på den Femte eller Sjunde. Och då sa jag, "Ja, vi kanske kan börja där." Och han sa, "Ingen från Siahs plats kommer, vid den här tidpunkten, att inkarnera på Jorden. Senare kanske, men dom har redan gjort dom läxorna.” Sen sa jag, "Varför fick jag den här B-destinationen?"

Och han sa, "Kalla den inte för B-destination, det är ju den som håller på att utvecklas till att bli som Siahs plats." Och jag sa, "Okej, hur långt borta är det, innan den har utvecklats till att bli som Siahs ställe?" och då sa han, "Nu försöker du kringgå evolutionen igen, Bob." Och jag sa, "Nä, det tror jag inte, jag behöver bara en mätsticka för att ha en hum om vad jag ska förbereda dom för." Sen sa han, "Du får inte förbereda dom helt och hållet själv, eftersom det är en gemensam utveckling för bägge – guide och resande själ." Så vi pratade lite om det.

D. Jorden är en ganska tuff plats ibland.

B. Men han sa också, "Glöm inte allt det vackra som finns här och alla vackra själar som kommer hit. Se skönheten och vänligheten också och du kommer att se att det finns flera platser som liknar Siahs." Sen visade han mig en slags dokumentär och jag kunde se vissa saker som jag verkligen hade missat och förbisett. Bara för att påminnas. Och jag tror att det är en sorg bland er människor att ni ibland, på samma sätt som jag gjorde, glömmer bort skönheten, vänligheten och empatin som finns bland er och omkring er. Så hitta det, för när du hittar ett ljus så ökar ditt eget ljus. Om du hittar mörker kommer ditt ljus att dämpas.

D. Det var riktigt bra råd. Välj dina vänner klokt.

B. Och ditt ljus kommer att öka. Om inte, kommer det att dämpas och det är inte bra. Så om du känner att ditt ljus dämpas, vilket betyder att du kanske dras till negativitet, som negativa tankar eller handlingar och så vidare, då kan det vara så att det faktiskt är nånting i din omgivning som dämpar ditt ljus. Det kan vara en person, en händelse eller det kan vara miljön som du befinner dig i. Då måste du bli medveten om det. Fråga dig själv, "Den här personen, den här miljön, den här händelsen eller den här platsen, ökar den mitt ljus eller dämpar den det?"

D. Mycket kloka råd.

B. Så det är en del av träningen. Jag ska inte bli för långrandig här.

Vart tog de vägen? (12 februari 2019)

Den här sessionen är intressant eftersom den ger en inblick i organisationen bakom undervisningen och aktiviteterna i de andliga världarna. Bob hade tappat bort några av sina elever och sprang runt och letade efter dem.

O. Jag går först idag, det här är Ophelia. Bob är i full fart här, han har sprungit runt med en lista och räknat eleverna. Tydligen hade några försvunnit och hans noteringar stämde inte överens med den ursprungliga listan som han hade. Så han kom upp till mig för att se om någon hade gått vilse och hamnat uppe i mitt klassrum, där vi just då hade instrumentalundervisning. Han stormade in och undrade om några av hans elever, som hade försvunnit, eventuellt hade hamnat här. Och jag sa, "Hur skulle det ha gått till, Bob? Du vet att de inte kan resa utan sällskap." Och han sa, "Jag har tappat ett par och jag vet inte var dom är," och jag sa, "De är inte här för tillfället, Bob." Han ursäktade sig, och jag är ganska säker på att du stod näst på tur. Så han drog iväg och han sprang runt, och Zachariah rapporterade också om att han hade fått besök av Bob, som letade efter sina små elever, de han hade tappat.

D. Han kanske hade haft bättre tur med att fråga Ia.

O. Förmodligen, eller Gergen.

D. Det är lite jobbigt att tappa en småstjärna, eller hur?

O. Det är det nog.

D. Har du någonsin förlorat någon av dina?

O. Nej. Men hans lista stämde inte överens med verkligheten, och det var då han blev så uppjagad och började springa runt och leta efter dem och ville veta om de fanns i ett annat klassrum, för just nu är de faktiskt uppdelade i olika klassrum. De samlas och förenas med de olika själar som de förmodas bli hopparade med och han har fått väldigt många av mig och Julia.

D. Det var snällt av dig.

O. Så Julia är ansvarig för den här gruppen på tjugoåtta-tjugonio från vår nivå.

D. Det är ungefär trettio, så Zachariah måste ha erbjudit några.

O. Det räckte fortfarande inte, förklarade han. Men jag sa att alla kanske inte nödvändigtvis känner sig redo för avresa, även om det kanske låter intressant. Det är som när du läser om ett äventyr eller en resa som du vill göra eller vara med på, MEN när det börjar närmar sig kan man tveka och bli orolig eller till och med bli rädd. Det kan vara vad som helst, det kan handla om reseutrustningen, flygplan i det här fallet *(som människa),* eller det kan vara något annat som själen eller människan inte känner sig redo för. Jag sade, "Så, även om du har etthundratjugo själar...," "Och det ökar," sade han. Och jag sa,

"Nej. Nej nej. Det får inte att öka mer, Bob. Vi måste vara selektiva."

D. Aha, han vet inte hur man säger "nej".

O. Han vet inte hur man säger nej, det är också en av hans nya läxor. Han hade aldrig varit i den situationen där han varit tvungen att säga nej. Så det är en helt ny lärdom som kommit hans väg, att han också måste vara selektiv och en god förebild. Men även se huruvida någon är redo för den här typen av äventyr, eller icke. Det kan liknas vid om en människa säger, "Oh, jag skulle vilja hoppa fallskärm" eller "Jag skulle vilja bestiga ett berg." Men när det väl kommer därhän, så kan man ha ångrat sig. Och det är samma för alla själar, oavsett om det är en småstjärna från den andra dimensionen eller om det är någon från vår verklighet och våra skolor. Att läsa om något är väldigt annorlunda, för när du väl står där och ska ta dig an äventyret, då kan du känna en tvekan, och det är likadant på alla nivåer. Så jag sa till honom, "Även om du har etthundratjugo själar, kommer vissa fortfarande att falla bort. Eftersom inte alla kommer att känna sig redo eller så kanske de har andra åtaganden." Men just nu springer han runt lite.

D. Får många av småstjärnorna ... har de tidigare alla blivit tilldelade någon att ta hand om?

O. Om de känner att de är redo. Det är samma sak med alla själar, ingenting tvingas på någon. När en själ känner sig kallad att resa får den hjälp av sina andliga hjälpare och tränare, så att resan kan äga rum. Men in i sista sekunden, om en själ inte känner sig redo att göra det, så tvingas den inte. Men avsikten med träningsprogrammet som han tilldelades var att verkligen ha ett specifikt syfte, likadant som träningslägret för de tre som han fick. Och de *(de tre Elahims)* har inte samma valmöjligheter, de är tränade att hoppa fallskärm, om du så vill, de har ingen möjlighet välja. Om jag ska ge dig en jämförelse – ta till exempel er militärutbildning– om någon bara är utbildad till att vara eldvakt eller kock, då förväntar sig ingen att han ska hoppa fallskärm. Men om du har fallskärmsutbildats godtas det inte att bara säga, "Jag skulle hellre vilja var eldvakt." Så stora ansträngningar görs för att undervisa dessa tre och andra från den Sjätte såväl som den Sjunde för framtida resor. Så där blir det lite annorlunda. Men de som kommer från Zachariahs...

D. Fabrik?

O. (*Ler*) Det är vad du kallar det, ja.

D. Det var så han kallade det.

O. Dessa har större möjlighet att eventuellt avstyra resan, om de inte känner sig redo. De har inte samma utbildning, eftersom de kanske inte alla går ner med samma agenda.

D. Finns det några skillnader i hur själar vägleds? Jag vet att Bob följer mig mycket noga och du följer mig också, tillsammans med Jeshua, Eli och andra, men är det dagliga, det som sker dag för dag, överlämnat till Bob?

O. Det skulle jag nog säga. Som vuxen *(i det här livet, som David)* har Bob tagit hand om mycket av den dagliga vägledningen och han diskuterar det med mig och Jeshua. När du var yngre tog jag hand om dig oftare, tillsammans med Bob. Inte Jeshua egentligen, han var inte lika delaktig.

D. Jag är väldigt glad att du var där. *(Hon gav sedan lite information om det framtida arbetet innan hon lämnade.)* Mycket bra. Tack för det.

O. Oh, så gärna. Och ja, Bob, det är din tur nu.

D. Så han dök upp till slut?

O. Oh, han har varit här hela tiden. Men han springer åtminstone inte omkring.

D. Tack, Ophelia. Det är alltid trevligt att höra din röst.

O. Tills nästa gång. Tack.

B. *(Bob kom in och lät som att han höll på att kvävas.)*

D. Dök upp direkt, va?

B. Ahh. Ha lalalalalalala. Jag har varit ute och rört mig, du vet.

D. Jag hörde att du tappade dina elever.

B. Dom försvann för mig. Dom gav sig av och jag hade inte blivit helt informerad om var dom befann sig, och vart några hade gått.

D. Vart tog de vägen?

B. Några, som jag hade på min lista, skulle vara med Ia men när jag kom dit för att prata med dom, var dom inte där, och andra fanns där som jag inte hade på min lista. Då blev jag fundersam, jag hade min katalog och jag sa, "Jag letar efter dom här, dom här och dom här - var är dom?" Och Ia sa, "Kanske dom är med Ophelia," och jag sa, "Dom kan inte bara sticka och gå nånstans utan att jag vet, för vi missar lektioner här. Vem gav dom tillåtelse att gå dit?" Och hon sa, "Jag trodde att du gjorde det," och jag sa, "Nää, för jag jobbar med dom som ska gå med Lasaray och jag kan inte vara överallt!" Sen gick jag upp till Ophelia och jag såg mig bara lite tyst och försiktigt omkring, för att se om dom kanske var på hennes lektion. Alltså egentligen, kanske inte helt tyst.

D. Jag hörde att hon hade en lektion och att du stormade in.

B. Jag visste inte att dom hade lektion, men jag gick faktiskt in och kikade runt. Men mina listor blir klart mindre. Det var bara det att det var tre eller fyra som hade försvunnit och jag kunde inte hitta dom. Och jag kände som, "Tänk om dom är nånstans eller i nån klass där dom inte hör hemma och dom blir totalt förvirrade. Eller överdrivet entusiastiska, vilket skulle vara ännu värre, och sen tas bort från programmet?"

D. Så var hittade du dem?

B. Jag hittade dom med Zachariah.

D. Det är ett bra ställe att vara på.

B. Aah. Zachariah är värd för en stor klass om Jorden, så dom var där. Dom var där och dom var nyfikna, och jag vet inte hur det hade gått till men Zachariah sa att han hade bjudit in dom från min katalog, som han tyckte skulle passa bra till att jobba med nån som bara kommer att resa till Jorden. Dom som inte nödvändigtvis skulle utforska andra verkligheter utan bara åka mellan Jorden och den Femte. Så han hade en riktigt stor klass nu.

D. Han har nog ett ganska bra öga för det?

B. Verkligen. Jag trodde att jag hade ett bra öga, men jag hade tänkt göra som en lek av det först. Du vet som, du sätter nån på en stol och låt säga att det finns trettio småstjärnor, men du har bara typ tjugoåtta stolar. Och sen går du runt, du sätter stolarna i en cirkel och spelar musik och du går runt stolarna, och sen när musiken stannar ska du sätta dig ner. Och jag tänkte att det kanske är ett bra sätt att sålla; så om du inte är tillräckligt snabb, då är du ute. Men då kom Gergen och Ophelia in. Jag sa, "Det här är skojigt, det här är en lek!" Men hon sa, "Ja, men vad händer med dom som inte får en stol?" Och då var jag tvungen att tänka om alltsamman och göra olika pjäser med andra lekar. Fast nu är jag verkligen tacksam för det. Jag jobbar för tillfället med tolv för den sjätte dimensionen. Så från dom tjugo som jag hade, har dom faktiskt delats upp, så några ska följa med Ophelia och några är förmodligen i den här stora salen med Zachariah. Zachariah är en bra lärare. Du ska veta, det är VÄLDIGT annorlunda än att gå till Ophelia. Ingen säger ett pip på Zachariahs lektioner!

D. Är det för att han är skrämmande?

B. Kanske det. Dom sitter helt tysta och antecknar. Men hos Ophelia får man gå omkring. Det gör man inte hos Zachariah och han dansar inte heller, det finns ingen musik där. Väldigt olika sätt att undervisa. Men för tillfället undervisade han om landmassans rörelse. Det är som en historielektion, så han går tillbaka i tiden och dom får veta hur vissa saker såg ut förr. En resa lite grann tillbaka i minnenas värld, bara för att se vilken sorts individer som har funnits. Men dom kommer också att ha sett dokumentärer, inte bara om det som har varit, utan dokumentärer om framåt i tiden.

D. Oh, det skulle jag vilja höra om.

B. Ahh. Dom undersöker förändringarna i miljön, så dom får se vilken typ av miljö dom kommer att befinna sig i. Och dom kan också komma med önskemål, det är visserligen inte säkert att dom kommer att åka dit. Men dom kan lägga fram önskemål om dom vill vara i en svalare klimat, till exempel, eller om dom vill hjälpa nån som kommer att vara mer kopplad till vatten. Så, Zachariah, han har redan min bakgrundskontroll, där jag gjort ett jättebra jobb med att beskriva deras färdigheter och kvalifikationer, behov och personlighetsdrag. Till exempel som jag, jag är en resenär och det skulle stå på mitt CV. Så jag hjälper till att skapa ett CV, så att dom senare kan matchas med nån, inte bara att trivas med, utan nån som min småstjärna också på bästa sätt kommer vara lämpad att assistera.

D. Ja, alla sa att du gjorde ett riktigt bra jobb med din katalog.

B. Ah, umm. Jag la ner stor möda på att kategorisera för att se till att det skulle bli en bra matchning. Men NU ska vi börja med teaterklasserna!

D. Oj, vad innebär det?

B. Det betyder att när du har parats ihop, och nu pratar jag om mina, för Zachariahs dom kommer att sitta där ett tag, du vet han kan PRATA. Jag har varit på hans lektioner och du lämnar inte, inte ens för att gå och kissa! *(Han skrattade åt sitt skämt, eftersom andar inte har kroppsliga funktioner.)* Man lär sig verkligen men det är väldigt annorlunda – för när jag är med Ophelia på hennes lektioner, då kan jag dansa och jag kan gå omkring och jag kan ta på saker.

D. Det är vad du gillar.

B. Men det är bra att dom får olika utbildning. MEN, dom tolv som jag jobbar med kommer alla att tilldelas nån från den Sjätte. Mina tre kommer att bli lite annorlunda, så tre av dom tolv kommer att få specialträning på slutet, men just nu går dom alla samma utbildning.

D. Så du har tolv från den Sjätte som kommer ner, men tre från vår grupp?

B. Dom kommer att paras ihop med andra från den Sjätte men dom från dig är inte alla samma.

D. Så de små Elahims?

B. Det är dom tre, dom som kom in på ditt kontor, som stack in huvudet där. Jag är vän med dom, så jag pratar lite med dom och frågar, "Vilka egenskaper vill du se i en reseguide?" Och dom säger, "Vi skulle vilja ha nån som du," och jag sa, "Ja, det finns några som är lika fast vi är alla ändå väldigt olika. Men jag har en fullständig bakgrundskontroll på alla."

D. Som med Tom, eftersom han är din elev, ger du honom extra förmåner eller försöker du vara opartisk?

B. Jag försöker vara neutral. I det här uppdraget kommer åtminstone dom här tre att jobba med kommunikation. En kommer att jobba med kommunikation under vatten och jag tror att Tom skulle vara en bra matchning där. Men jag tittar också på personlighetsaspekterna. Jag vill att dom ska lära sig av varandra på samma sätt som du och jag gjorde, så jag vill inte att det bara ska bli en nöjesresa. Jag vill att Skaparen senare kanske ger mig en liten guldstjärna eller ett diplom och säger, ”Wow, titta vilken bra matchning! Vem var ansvarig för att skapa dessa utmärkta team som gick ner till Jorden?” Och där står jag, och jag kanske kan bli befordrad eller nåt.

D. Skaparen delar nog ut riktigt fina medaljer.

B. Aah, så jag siktar på nåt slags erkännande, och jag säger till dom båda att jag förväntar mig betydande resultat. Jag förväntar mig förändringar i medvetandet och även hur man tar hand om planeten och dom som är där, att ni ska vara fantastiska ledare. Och sen kommer du...eller ja, alla ni kommer in här och säger, "Nu går du förbi evolutionen igen, du förstår inte riktigt ditt uppdrag. ”Och jag sa, "Men jag kan sätta avsikten! Det är som att skapa ..." och du sa, "Det är ingen superman som du ska skapa. Det finns fortfarande förhållanden på Jorden som du inte kan kringgå." Och jag sa, "Varför kan man inte komma mer som man är? Dom här tre kan kanske i framtiden komma mer som dom är? Som typ James Bond, och bara gå ner och fixa saker." Det är det jag hoppas på och det är det som jag tränar dom för. Men det är många som är inblandade här. Jag är inte ensam, jag får inte bara ensam plantera frön, eftersom dom har sina egna lärare som vill ha ett finger med i leken. Men det som händer nu är att jag har tolv småstjärnor. Det är dom tre, plus några andra elever från den Sjätte som inte riktigt har bestämt sig än om dom ska gå ner eller inte. Men tillsammans är vi tjugofyra, tolv i varje lag, och vi spelar rollspel. Så jag skapar som ett drama här av olika händelser, och alla är inblandade i det här, det är inte bara två stycken i en pjäs. Jag har skapat en hel by och en komplett era av händelser för vad som kan hända.

D. Det tycker de förmodligen är väldigt roligt.

B. Ah. Men jag skapar det inte i en framtida miljö, för jag vet inget om den just nu, så den modellen som jag använder nu, och vi kommer att använda olika tidsåldrar, men jag börjar här innan år noll. Jag klär ut nån som ska vara som en gudinna och så jobbar vi med olika saker som kan hända. Det är fartyg som kommer in med varor och vi skapar... det är svårt att ge dig en bild på riktigt, men det är som en scen, en Hollywood-scen, men det är 3D och jag kan ändra och flytta omkring.

D. Så de människor du visar, skapar du dem?

B. Nej, dom klär ut sig. Jag låter dom klä ut sig, för annars sitter dom bara passiva och lyssnar. Jag är annorlunda än Zachariah, jag vill att dom ska vara med, inte bara sitta och TITTA på. Dom kommer att VARA gudinnan, dom kommer att VARA köpmannen och kaptenen. Jag fick hjälp av Isak. Jag sa, "Nu håller jag på att återge den minoiska tiden, så jag skapar olika saker. Det kommer inte att vara samma stora våg utan en lite mindre våg." Med hjälp av Isak skapar jag olika atmosfäriska fenomen och väderfenomen. Jag har SÅ många pjäser som jag kan använda!

D. Du nämnde en stor våg, var det den som utplånade minoerna?

B. Aah, det var en våg som kom en gång.

D. När var det ungefär?

B. Det har varit flera, det var två eller tre – det var en stor omkring 1500 f.Kr., men det var en ännu större som hände omkring 3000 f.Kr. i samma region. Men jag gör inte den stora. Och Seth

(Christines Högre Jag) kom in, för att han såg det här rollspelet och han var som, "Oh, där har jag varit, jag kan klä ut mig, jag kan vara kapten på båten!" Men jag sa, "Det är faktiskt FULLT här men du kan se på." Men alla blev så uppspelta när han kom in, dom sa, "Oh, har du varit där?" och sen sprang alla mot honom och lämnade sina positioner. Och jag var som, "Hallå där, du går tillbaka och ställer dig där vid båten; och här är huset och det är där du med hunden ska vara." När han kom in började han prata om vilken stor sjöman han hade varit och hur han bemästrade dessa vågor. Och jag sa, "Jag vet inte om så verkligen var fallet. Jag såg det avsnittet och jag är inte riktigt säker", och han mullrade, "Du ser inte alla mina avsnitt, eller hur?" och jag sa, "Jo, jag tror nog att jag gjorde det, men okej." *(Bob menar att han tittade på inspelningarna av Seths alla liv, som en tv-serie.)* Så han kom in och alla blev helt uppspelta. Men det här är ett stort rollspel och jag klär upp dom, alltså jag klär upp dina från Sjätte, för mina är ju hjälpare och dom ska inte veta allt som kommer att hända. Så när vågen kom visste dom inte om det, men jag sa till mina kandidater *(andarna på den andra dimensionen som kommer att vara guider),* "Det kommer att hända en slags katastrof och du behöver vägleda din person i säkerhet. " Så, det är vad jag gör och nu har jag en ny katalog, där jag samlat in mycket data från tidigare besök. Jag har flera som jag ska iscensätta här, så frågade jag dig och dom andra tre *(de äldre Elahims som är mentorer till de tre yngre Elahim-kandidaterna),* "Vad tycker du att vi borde jobba på?" Jag typ fiskade lite för att se vad som ska komma i framtiden, "Vad skulle du vilja att jag förberedde dom för?" Huhuh!

D. Fungerade det?

B. Inte helt. Ni sa alla nåt i stil med, "Dom måste jobba med och lära sig att hantera och agera i vissa väderkatastrofer, för det kommer att ske olika saker framöver där det kan behövas en instinkt av att sätta sig i säkerhet." Sen kommer det att finnas vanliga skådespel också, där dom måste lära sig att knyta an relationsmässigt. Dom kan inte det riktigt helt och hållet, och några av dom kommer att resa själva, inte alla men dom tre kommer att gå ner väldigt mycket solo.

D. De tre små Elahims?

B. Aah, dom tre från din grupp. Men dom andra från Sjätte dom behöver veta lite om hur man beter sig när man reser med andra, eftersom dom kan paras ihop med nån där borta i

Zachariahs klass. Dom tre kommer förmodligen att få familjemedlemmar från andra ställen, såna som inte är i ordinarie familjen. *(Eftersom Elahims vanligtvis inte inkarnerar med andra Elahims, får de ofta följeslagare från den Femte och Sjunde till Jorden.)* Så jag gör det, jag skapar olika scener och jag klär upp dom. Jag har en stor garderob till mitt förfogande och så säger jag, "Ett, två, tre, BÖRJA!" Och sen kommer vågen och jag håller koll och hjälper småstjärnan, så att dom förstår vad dom ska göra när dom inser, "Var är min person?" eftersom personen kan ha försvunnit i vågen. Då säger jag till guiderna, "Vad gör vi då? Vi skickar ut en signal och vi försöker lokalisera personen och sen hjälper vi till." Och så säger jag, "STOPP! Nå, vad har vi lärt oss här?" och sen samlades alla, och jag frågar, "Hur kände du dig när din vän blev överväldigad och överraskad av den här vågen? Och hur upplevde du att din person hörde dig och kände sig tröstad i den här upplevelsen, trots den stora faran? Hur kom du och dina råd igenom?" Och sen börjar vi om och jag säger, "Okej, nu gör vi allt igen, men den här gången gör vi det lite annorlunda. Nu ska ni som är skådespelare känna er mer omtumlade och med en känsla av hopplöshet. Och vad gör vi hjälpare då, om vår person hamnar i chock?" Så jag ger dom olika sätt att hantera problem, om du förstår vad jag menar.

D. Det gör jag, det är verkligen intressant.

B. Så i nästa scen säger jag, "Ett, två, tre, BÖRJA!" och då kommer dom att bete sig helt chockat och liksom vilja ge upp. "Men hur reagerar vi om det inte är meningen att vår person ska ge upp, eftersom det inte är tänkt att din person ska åka hem - vad gör du?" Och vi *(instruktörerna)* ser vad som händer, och sen, "STOPP!" och sen utvärderar vi. Det är vad vi gör, och vi har olika scener som kommer upp här, men det här är en.

D. Tror du att det är så alla andliga guider utbildas?

B. Jag fick inte den här utbildningen, jag hittade på det här själv! Men jag fick inte den här träningen, jag bara fristylade med dig. Jag menar att visst tränade jag lite, vi pratade om vad du skulle göra och så vidare, och du sa, "Jag kommer att se ut så här." Jag fick utbildning i kommunikation men vi hade inget rollspel, som dom gör här.

D. Du ger dom mycket större chanser att lyckas.

B. Jag lägger till min egen stil i träningsprogrammet. Jag tänker dela med mig mer, men idag tränade vi på vissa väderfenomen, efter att Isak kom in, hjälpsam som han är. Och där borta i Zacharias klassrum sitter dom fortfarande och gör anteckningar. Vi gör det annorlunda.

D. Det är säkert väldigt roligt i din klass.

B. Aah. Jag är ganska säker på att alla tolv från var sida kommer att delta, och bland dom tolv finns naturligtvis dom tre som kommer att dyka upp lite senare. Men det här är som en introduktionskurs om vad som kan hända på Jorden, och dom verkar uppskatta det. Och sen turas vi om, för du lär känna och blir bekväm med en person, men vid det här laget har dom inte fått nån egen person än. Så vi roterar, för alla förstår inte varandra eftersom dom har olika signaler. Så ännu så länge, eftersom det bara är en introduktionsklass, så roterar vi lite, bara för att göra det lite mer knepigt för båda sidor. Inte bara när det gäller att höra råden och vägledningen, utan också att överföra och undervisa på distans.

D. Det måste vara ännu svårare på Jorden, för när du väl är i en människokropp har du alla möjliga konstiga idéer och beteenden?

B. Aah. Vi tränar så att dom verkligen ska få en känsla av vad som kan hända.

D. Var jag bra på att lyssna, när vi först började arbeta tillsammans på Jorden?

B. Ja, men du hade en annan mottagare inuti dig. Vi hade nästan som en radio inom dig, för vi ville inte att du skulle vandra iväg, klumpig som du är. Vi hade inte heller den här typen av utbildning, eftersom du inte var en småstjärna när jag träffade dig. Du var mer redo att gå ner och du bara informerade mig om vad du tänkte göra och sen lärde jag mig allt eftersom.

D. Kom Gergen eller någon för att hjälpa till?

B. I början hade jag Gergen som medhjälpare också, när jag kände för, phut, phut phut, *(blåser i sin imaginära walkie-talkie).* "Kom in, kom in - Lasaray, kom in." Det fungerade inte riktigt alltid och då fick jag hjälp av Gergen; så i början var vi många gånger två. Med dom här är det annorlunda, dom kommer inte att ha två från den Andra.

D. Jo men, de kommer att ha dig.

B. Ah, jo, precis. Men jag är inte säker på att jag är inbjuden att delta när det är skarpt läge.

D. Vem skulle vara bättre att kalla på än dig?

B. Vi ska diskutera det så klart när alla är hemma. Men jag är inte säker på att jag kommer att kunna engagera mig som Gergen gjorde med dig. Men som sagt, dom får en annan utbildning än vad jag fick. Vi hade precis börjat umgås, du och jag. Du kom bara in och sa, "Jag ska göra det här och jag kommer att se ut så där," och jag sa, "Oh, okej." Och du sa, "Det här är min färg och det här är min ton." Och då sa jag, "Jag kan inte riktigt höra din ton, kan vi installera en liten knapp för att öka den lite?" Och det byggde vi in i dig, så jag kan justera dina signaler på distans, om jag inte skulle höra dig så bra. Det är lite annorlunda så bli inte förvirrad här. Jag säger inte det här till dom, eftersom då skulle dom säga, "Oh, var är knappen? Var är knappen?" och det kanske inte finns nån knapp. Det är annorlunda. Men med dig, eftersom du var vuxen, så gjorde vi det på ett annat sätt. Ophelia säger att lektionen är slut nu och jag har fortfarande ett par scener som jag ska övervaka i det här dramat och se till att alla lär sig.

D. Jag är glad att du hittade dina elever, och det låter som att du har ett riktigt trevligt program på gång.

B. Ah. Det här är helt i min stil.

Träningslägret är en stor Succé (12 februari 2019)

D. *(Bob kom in och tillbringade några ögonblick med att acklimatisera sig.)* Kände du inte för att städa upp idag?

B. Nää. Nä, jag vet inte varför jag inte bara kunde...oh, Ia är här. Aha, Ia, oh okej.

Ia. Hhmm.

D. Hej, Ia.

Ia. Oh, god morgon.

D. Klev han bara åt sidan?

Ia. Bara en kort liten kommentar om småstjärnornas framsteg och alla olika klasser som för närvarande är igång – pågår i den andra dimensionen. Det har varit en stor framgång med Bobs träningsläger och jag tänkte att jag skulle ge lite feedback, så att inte allt kommer från honom själv. Han sa att han inte ville slå sig för bröstet och bad att jag skulle ge feedback om hur jag uppfattar den här träningsprocessen. Det har varit en stor glädje och en stor succé, och allt fler anmäler sig till det här specifika sättet att gå vidare i sin egen utveckling.

D. Hans rollspel och teater?

Ia. Teaterspel, och möjligheten att följa med någon som kommer att ta en mänsklig gestalt. Det finns ett enormt intresse för att delta på Jorden och utveckla olika miljöprojekt. Zachariah hade ju avslöjat att det kommer in fler själar som är mer benägna att förbättra ert sätt att uppfatta er värd. Det sker undervisning inom många olika områden just nu, men miljön och atmosfären behöver belysas alldeles speciellt. Det innebär att det finns en stor möjlighet för oss från den Andra att mer ingående få delta. Beroende på olika läxor under Jordens utveckling, växlar antalet deltagare eller hjälpare från olika verkligheter. Vid den här tiden har vi beviljats en framtida mängd själar att följa, och allt fler kommer att få en följeslagare från den Andra.

D. Så de tyckte om hans klasser?

Ia. Oh ja, det gjorde de verkligen. Jag deltog lite som, ah – jag hade ingen aktiv roll men Bob sa att jag absolut kunde vara där som stöd, eftersom vi gick in i olika lärdomar som han trodde kunde vara besvärliga. Så jag och några andra lärare var faktiskt med på hjälparsidan. Så vi placerades ut för olika händelser. Han klär upp dem väldigt lika som de kommer att se ut på Jorden måste jag säga.

D. Det är förmodligen väldigt roligt för alla.

Ia. Oh, det är det verkligen.

D. Ett bättre sätt att sålla än med ”Hela havet stormar”.

Ia. Det var kanske inte det bäst tänkbara sättet, men det var just att han blev överväldigad av allt intresse och mådde dåligt av att behöva välja. Han talade med Ophelia och han talade med Zachariah, och med mig och Gergen, och jag är säker på att han diskuterade med dig också, hur han skulle lösa det här problemet. Och ni tog alla typ ett steg tillbaka och sa, "Det här är en bra läxa för dig, hur du löser frågan." Det finns alltid en möjlighet nära till hands hur du löser ett problem, oavsett om du är i andevärlden eller i ett kosmiskt akvarium. Så den första lösningen med stolarna, den leken var kanske inte det bästa sättet. Han försökte undvika det ansvar som han hade lagt på sig själv. Han sa, "Det var inte mitt fel," och jag sa, "Jo det var det och nu måste du använda diplomati, omsorg och medkänsla, och kanske representerar inte stolarna just detta."

D. Han kom på en väldigt bra lösning efter det, så jag är väldigt stolt över honom.

Ia. Skådespelen, rollspelen, är enormt uppskattade och fler kommer faktiskt att delta från både Zachariahs och Ophelias klasser. Så det är inte bara för dem som kommer att följa med eleverna från Sjätte.

D. Det är riktigt bra träning.

Ia. Han är verkligen stolt över det. Så jag vill gratulera honom till det fantastiska projektet och träningsprogrammet som han nu har utvecklat. Han är verkligen värd en guldstjärna.

D. Du förtjänar också en, min vän.

Ia. Oh tack så mycket.

D. Tack för att du kom.

Ia. Alltid ett nöje. Vi talas vid snart igen. *(Bob klev omedelbart in.)*

D. Grattis min vän!

B. Grattis till mig! Det blev verkligen en stor succé, och jag har nu flera dramakurser på gång. Det betyder att jag måste engagera assistenter, som Ia, för att hålla koll på olika saker, eftersom jag inte kan vara helt, hundra procent, uppmärksam på alla dom olika pjäserna. Det är som att spela in fem filmer samtidigt. Jag jobbar här med olika saker och vi börjar lite lätt och sen lägger vi gradvis till mer. Så faktiskt, din grupp låter vi agera mer som i ett drama. Ibland låter vi scenerna vara en komedi, och ibland, ur deras perspektiv, framstå som en thriller. Men det är inte tänkt att skrämmas, det är tänkt att vara realistiskt. Men när vi går in i temat drama, så jobbar vi med beteenden. Istället för att klä dom i kostymer klär dom sig i olika personligheter. Vissa klär ut sig till en trångsynt chef. Jag skapade en sån. Sen har vi dom som är överdrivet emotionella, som gråter mycket. Vi har alla dessa och jag iscensatte det här. Jag ville att alla dessa personligheter skulle vara tillsammans. Så först tänkte jag, "Ska dom kanske vara i samma släkt?" Men det är högst osannolikt att alla dom här olika karaktärerna skulle vara i en stor familj, som kusiner och så vidare. Så istället skapade jag ett företag som jag fyller med olika karaktärer, för det är trovärdigt. Det är en hööög byggnad med flera våningar, och vi har sekreterarna, dom som jobbar med kopieringsmaskinerna och kaffemaskinerna och så vidare med olika nivåer uppåt i hierarkin. Dom på toppen, dom gav jag trångsynta personligheter, som girighet med tendenser att trampa över andra. Så jag har alla dessa olika egenskaper, personligheter, men det finns också på varje nivå en mullvad och den är väldigt annorlunda. Så även på VD-mötena har jag faktiskt dom som jobbar för förändring men på ett realistiskt och vänligt sätt. Så jag vill se om mina medhjälpare kan upptäcka det, att även om gruppen beter sig omoget och med bristande empati, men att det inom gruppen finns en som är annorlunda, motsatsen. Och dom behöver först och främst försöka hitta dom olika vibrationerna, och sen ställa sig frågan, "Hur skickar jag information till, låt säga, en som är trångsynt? Kanaliserar jag min undervisning genom den här enda ljusvarelsen, mullvaden, till den som inte lyssnar? Eller försöker jag gå direkt till själen?" Så ibland kan en andlig guide faktiskt inte bara gå DIREKT till sin person, utan han går GENOM en annan som håller kunskapen av dom lärdomar och budskap som den andliga hjälparen försöker förmedla.

D. Oh. Jag har aldrig tänkt på det på det viset, men jag antar att det är rimligt.

B. Oh, det gör vi hela tiden. Om du inte hör mig, kan jag försöka peta på den här för att berätta nånting för dig. Så det är likadant. Och det är så här vi undervisar. Jag sa *(han höll sedan talet här nedan som om han föreläste inför en klass, ganska högt och pausade för att betona varje ord)*, "När dom går in i olika karaktärer, kommer du att upptäcka att vissa är mindre mottagliga för dina lärdomar, för din lilla walkie-talkie. Dom har alla en walkie-talkie och du kan se några som håller den i handen, medan andra har den bara i fickan. Om den ligger i fickan kommer dom inte att höra dig! Försök då istället hitta en som har sin walkie-talkie tillgänglig i handen. Du försöker se, "Håller min person sin walkie-talkie, mottagaren, eller ligger den i fickan, eller kanske är den till och med lämnad hemma? Om så är fallet, måste du hitta andra sätt att nå din person. Först och främst, fastställ om walkie-talkien finns närvarande i hans hand. Om inte, vad gör vi?" Och generellt sett brukar det vara så att dom, ur mänsklig synvinkel, med en högre befattning tenderar att ha sin walkie-talkie liggandes hemma i byrålådan. Dom som är mer kopplade till dom små sakerna, och det kan vara som att bara sköta kopieringsmaskinen eller dela ut posten i den här jättestora byggnaden som jag har skapat - Deras walkie-talkies kan vara mer på. (*Fortsatte med sin tydliga lärarröst*), "Så du försöker identifiera dom och ibland välja att till exempel använda den som delar ut posten. Han som går upp genom alla dessa nivåer för att dela ut, inte bara dom fysiska kuverten, utan som också kommer med en känsla eller en förnimmelse, vilket gör att DIN person stannar upp, ser sig omkring och kanske ändrar vad han just håller på med."

D. Jag antar att det är mycket koordination som behövs då?

B. Det är det verkligen. Jag skriver och sätter upp alla dessa pjäser, och sen klär jag upp dom, och det är inte bara från den Sjätte nu. För det blev ett sånt enormt intresse för projektet, så nu tar vi med folk från både Sjätte och Femte. Det har blivit en väldigt trevlig tillställning, eftersom dom kanske inte har träffats tidigare. Det är som att koppla samman alla andliga verkligheter på nåt sätt, i min kontorsbyggnad. Jag jobbar bara med hjälparna som är från den Andra men jag godkände att vem som helst kunde delta i nån av mina shower, om inte annat som för statister.

D. De som deltar, har några av dem varit på Jorden tidigare och känner till de olika personligheterna?

B. Vissa har varit några gånger.

D. Tittar de bara på skärmar och ser hur människor agerar och försöker efterlikna det?

B. Nä. Det placeras i dom, det är nästan som en kostym. Du förvandlar ditt själsväsen och du blir nästan mänsklig. Det är som att ta på sig en klänning eller en frack, det är samma sak och du blir personen som du får av mig. Och då kan man, bara för att göra pjäsen ännu roligare, klä upp dom i dräkter också. Det här är nästan som att bli inkarnerad, du tar dig an mänskliga egenskaper och mänskliga händelser, men du har inte gått in en kropp än. Det är som att vara hälften-av-var...eller nästan-som.

D. Det hjälper dem säkert att förstå många saker.

B. Exakt. Och i slutet av dan är dom riktigt trötta och dom är glada att få ta av sig kostymen och ta sig ur vissa personligheter som dom kände, "Ojoj, det där var knepigt! Jag är inte säker på att jag tänker ta den där." Jag sa, "Det kommer du nog att göra. Om du inte bara vill utvecklas som själ utan också som själ i en människa, då måste du gå igenom olika egenskaper och personligheter."

D. De kanske blir rädda för att komma hit.

B. Men dom uppmuntras att fortsätta, för alla vill utvecklas. MEN jag talar inte om att dom kommer att upplösas, jag säger INTE att det är *det* som är slutresultatet - att vi alla kommer att lösas upp som en brustablett. Vi hade en lektion om eld, som gav en känsla av att upplösas, och alla *(de som skulle gå in i mänsklig kropp)* vart inte jätteglada. Det var inte alla som uppskattade den lektionen, men jag sa, "Det här är viktigt - du vill inte att det här ska hända, du vill ha en mekanism inom dig som säger att istället för att gå in i en brand, försöker du fly därifrån och hitta lösningar. Så det är viktiga lärdomar. Men vi ska inte prata om total upplösning än.

Kung Henrik VIII rider igen (14 april 2019)

Våra andliga vänner funderar alltid på hur de på olika sätt ska förmedla budskap som är användbara för oss, och dessa berättelser om hur Bob undervisar sina elever är fyllda av goda råd. Bob fångar essensen av all fåfänglig grannlåt i ett enda porträtt av sig själv när han framställer sig som en kung av England som går i krig mot Frankrike. Vi ska förstå att porträttet är tänkt att representera alla statussymboler som vi omger oss med – bilar, hem, smycken, kläder, titlar, positioner och så vidare. När det gäller den moderna människan, sammanfattade Bob det i ett ord – selfies, ett självförhärligande på en mycket förenklad nivå. Människor verkar ha ett behov av att andra ser dem som speciella, eller lite för mer än andra. I den här berättelsen handlar det om en kung och i den nästa som beskriver Robin Hood och De Gröna Rebellerna får vi höra, i mycket tydliga ordalag, hur andevärlden och våra guider ser på många av våra allmänt accepterade beteenden.

B. Deet–da–da–deet–da–deeeet! Jag tog med en trumpet till klassen idag.

D. Det lät som en kungörelse att kungen kommer.

B. Hehehe. Det är för att kalla in skådespelarna i det här storslagna dramat som jag iscensätter just nu. Så jag låter min trumpet ljuda deet–da–deet–da–deet–da–deet, "Inta era positioner och detta storslagna drama kan börja!" Jag visade mig för den här *(Christine),* du vet, i min outfit.

D. Den var väldigt kunglig fick jag höra. *(Christine hör ofta korta fraser eller ser bilder, som han projicerar till henne, blixtra förbi i sitt sinne. Eftersom han är min guide finns han alltid med i våra dagliga sysslor. Nu visade han sig i kunglig stass, en tjusig hatt och han såg lite fyllig ut.)*

B. Det är också för att göra intryck. Jag är inte lika knubbig som den här såg mig som. Jag la faktiskt en liten kudde under min outfit, så jag skulle se ännu mer pompös och storslagen ut.

D. Välnärd.

B. Välnärd, precis. Så det hade jag, och det var därför som den här sa att jag hade en kalaskula. Jag hade verkligen en mage men det var en kudde där under, och sen hade jag min hatt och mina accessoarer för full effekt av det jag försökte iscensätta.

D. Vad handlar pjäsen om?

B. Den handlar om gruppbeteenden. För din person *(den inkarnerade anden som vägleds)* kan ta liv i grupper dit dom skickas för att skapa förändring i medvetandet. Så, här försöker jag återigen spegla vad som ägde rum i en konflikt mellan England och Frankrike. Jag är England. Jag skickade iväg dom här grupperna på fartyg, men vissa ville inte riktigt resa med båt på grund av den tidigare pjäsen med vågen *(hans återskapande av den enorma vågen som rullade in över Kreta runt 1500 f.Kr).* Jag sa, "Det kommer inte att vara samma våg här." Så det diskuterades mycket fram och tillbaka om det, för att ens FÅ dom att gå ombord på ett skepp. Och det här var dom från den Sjätte, för nu jobbar jag bara med dom från Sjätte. Så jag har mina tre små Elahims, men jag har också tre som inte är Elahims. Dom är alla från samma verklighet, så dom är vänner och har förmodligen känt varandra sen dom gick i småskolan. Så jag har mina sex, det är vad jag har, och i det här läget är det dom enda som jag får träna fullt ut.

D. Så du har sex från den Sjätte?

B. Sex från Sjätte är det nu. Lätt att komma ihåg, eller hur?

D. Är Tom med i din grupp?

B. Det är han, han har nu faktiskt fått en av dom tre Elahims, så nu är dom hopparade. Alla har parats ihop, och för tillfället jobbar alla sex i samma pjäs och kan se varandra. Dom inkarnerar i den här pjäsen som bröder, eller familjemedlemmar, men vad jag inte säger just nu är att, speciellt dom här tre Elahims, att dom sen inte kommer att gå ner i grupp tillsammans utan bara vara själva. Men just vid den här tidpunkten i deras läroplan är alla tillsammans. Men på grund av den stora vågen som vi mötte i min senaste pjäs, har några av dom inte velat gå ombord på ett fartyg, eftersom några av dom inte klarade sig i den pjäsen. Så vi försöker uppmuntra och motivera dom. Och sen ... en i den här Elahim-gruppen, han är väldigt tuff och modig måste jag säga. Han bara, "Jag kan gå, jag går!"

D. Det låter bekant.

B. Aah. Han säger, "Om Seth gjorde det, så kan jag. Jag ska gå." Han är liten men har en personlighet som är väldigt lika den här *(Seth)*. Oh! Herregud, det kommer att bli en repris. Vi får se hur det blir, för Seth kanske inte hade nån som jag i bakgrunden under sin träning. Vem vet vilken typ av träning han hade. Jag ska fråga, för jag tror inte nödvändigtvis att det skulle vara fördelaktigt om allt bara upprepades med den här lilla Elahim-stjärnan. Men det var alltså en som sa, "Jamen jag kan ta båten, jag tar fartyget." Och så var det en av dom andra tre som var som, "Okej, jag tror också att jag ska pröva det." Men dom andra fyra kommer att tillhöra fotfolket. Dom sa, "Vi kanske kan få en häst?" och jag sa, "Nää, ni ska vara till fots." Och dom sa, "Men vi såg att man kunde få hästar." Jag sa, "Nää, inte den här gången. Du ska vara till fots och vi kommer att marschera, och jag är där bak med min trumpet. Jag ska ha en häst." Jag hade egentligen ingen häst, den är mer som en mula. Den är större än en åsna. Och dom sa, "Varför får du rida?" och jag sa, "Ifrågasätt inte läraren hela tiden, vi kommer aldrig igenom den här pjäsen." Deet–da–da–deet! *(Imiterade en trumpet.)* "Tyst i gruppen!" Och sen skulle vi marschera genom Frankrike, och dom två på båten dom skulle förmodligen komma fram först, eftersom dom hade ett transportmedel. Så, det är också nåt som jag påpekade, "Dom var modiga nog att ta sig an havet igen. Dom kommer fortfarande att få det kämpigt till havs men det kommer inte att vara en stor våg. Dom kommer faktiskt att uppleva – för det härjade sjukdomar ombord på fartygen – så dom kommer att uppleva en annan slags katastrof." Jag förklarade, "Ni till fots kommer att ha en annan känsla, men också uppleva annorlunda saker. MEN, den viktiga lärdomen här, bortsett från alla smådetaljer, är huruvida du ska följa den här galningen bakom dig med trumpeten." Det är det som är grejen, för det är liknande saker som kan hända när dom reser till Jorden. Dom kommer att känna som att dom pushas framåt av en kraft som själen upplever på samma sätt som en trumpet. Och här, eftersom så fort som den här ledaren, alltså jag, såg att nån kom på andra tankar och medvetandet rörde sig i en mer andlig riktning, då var jag där med trumpeten. Alltså, oljud gör att man tar dåliga beslut! Och om det är för mycket störande brus – och det kan vara vitt brus, vilket förmodligen är vad som kommer att vara fallet i framtiden, när det är skarpt läge för dom. Dom kommer att utsättas för oljud, som själen och hjärnan, varelsen kommer att uppleva på ett liknande sätt som oljudet från min trumpet. Så jag frågade, "Vad gör du, om det är nåt som stör?" Så här är jag, på min mula med min kudde på magen – jag fick verkligen kämpa för att komma upp, måste jag säga, men allt för effekten - och jag är klädd i mitt allra tjusigaste.

D. Du är ståtlig!

B. Javisst är jag! Jag har allt möjligt tingel-tangel på mig. Huhuh, och min hatt! Det är inte en krona, den är rödaktig med stenar fastsydda på den... ser du? *(Han vände sig om för att visa sidan av sin hatt, som han glömde att jag inte kunde se.)*

D. Den är fin.

B. Och jag sa också, "Du kommer också att möta översittarfasoner, som ofta finns i maktens korridorer. Det du kommer att upptäcka hos nån med en trumpet, oavsett om det är en riktig trumpet eller inte, är att dessa individer kan vara extremt självupptagna." Så jag hade mitt porträtt *(som han uttalar som "po-trett")* med mig när vi marscherade. Jag sa, "Det här är min fåfänga!" Det är samma som alla dessa selfies!

D. Bär du ditt porträtt med dig?

B. Jag bar med mig mitt porträtt när vi marscherade till Frankrike. Och jag sa, "Det här kan jämföras med det du kommer att se." Jag försöker bara göra idén mer levande. Så jag hade små hjälpare som bar min bild bredvid mig, och här sitter jag på min mula, med min trumpet och mitt spjut, och vi marscherar framåt. Jag sa, "Vad tycker du om mig, den här personen bakom dig? Tror du att han vet vad som komma skall? Tror du att den här personen bakom dig med trumpeten kommer att se till ditt bästa, eller inte?" Så vi pausade scenen – dom på båtarna, dom är fortfarande på väg – men till fotfolket sa jag, "HALT!" Och där satt jag på min mula med mitt porträtt bredvid mig, och jag sa, ”Vad får du för intryck här? Tror du att jag är en person som ser till ditt bästa och kommer att ta hand om dig, att jag har ett uppdrag som kommer att vara till gagn för alla ... eller bara för mig själv och mitt porträtt?" Och dom var som, "Vi känner inte igen dig, du är aldrig så där pompös hemma." Och jag sa, "Nä. Exakt, men det här är vad du kan stöta på – nån som försöker vara en ledare över dig. Nån som är extremt självupptagen, som jag här med mitt porträtt. Nån som bara tänker på sig själv." Det var den övergripande idén med att jag tog med porträttet. Det var för att ge intryck av att vara självupptagen. Så jag sa, "Vad skulle du göra om du känner att nåt inte är rätt och du är omgiven av en grupp, som kanske inte ens säger högt hur dom känner? Men tänk om ni fyra här, inom er, tycker likadant. Vad är då sannolikheten att resten av dom här femhundra *(med hänvisning till kungens armé)* känner på samma sätt, men inget säger?" Så, "Tänk efter ett tag, så får vi se om ni alla har samma uppfattning om mig, porträttet och uppdraget." Och alla sa att dom inte kände att jag tog hand om dom och ville deras bästa, eftersom jag bara trumpetade bakom dom och pushade på dom. Och sen sa dom, "Varför går du inte längst fram? Vi vet inte vad som kommer där framme, så varför är du inte först med ditt porträtt?" Och jag sa, "Jag har en bättre överblick här." Och det är en indikation, om nån säger, "Jag kommer att vara här bak, men du ska gå ut och uppfylla mitt uppdrag åt mig. Jag har en bättre och mer objektiv överblick från min helikopter här", skulle man säga idag, men jag sa det från min mula. Så, "Det är en bra indikation på att nånting kan vara fel. Jag deltar inte aktivt, bara sitter här bak med min trumpet." Och alla dessa fyra hade samma känsla av att inte riktigt vara väl omhändertagna. Småstjärnorna *(den andra dimensionens följeslagare som kommer att agera guider)* står vid den här tidpunkten i scenen på standby. Dom som är ute till havs, dom har sin småstjärna med sig eftersom dom måste möta en annan slags svårigheter på fartyget. Men vi har dom här fyra till fots och deras fyra småstjärnor står på standby, när vi går igenom detaljerna innan vi går vidare. Och jag sa, "Okej, så ni fyra, utan att prata med varandra, hade samma känsla, samma idé. Vad tror ni om möjligheten att alla femhundra känner likadant?" och dom sa, "Vi tror att om vi fyra känner likadant, så känner åtminstone sjuttiofem till åttio procent samma sak." Och – och det här var bra - för en sa, "Jag tror att det finns några som inte bryr sig, för dom känner sig så svikna av livet att dom inte bryr sig." Och jag sa, "Det stämmer. Så dom BRYR sig inte om vad dom blir tillsagda att göra. I en annan slags inramning, som du kommer att möta på Jorden, kan du komma att uppleva en större del av mänskligheten som helt enkelt bara vill vallas runt som får. Det är hela idén med den här övningen. OCH, vad gör du när du känner det här?"

D. Det är en bra fråga. I en sådan situation, om de hade beslutat sig för att inte delta, skulle kungen vanligtvis ha soldater som skulle döda den som försökte fly.

B. Precis.

D. Så är det den rätta vägen?

B. Det som alltid sagts är, "Myteri! Myteri!" Nu säger dom inte myteri, dom säger, "Fara för fosterlandet" eller "Förrädare! Förrädare! Förrädare!" Återigen, det är bara ett ord, samma som en trumpet, som placeras in i resten och i gruppmedvetandet. Att om du inte gör precis som den här ledaren med porträttet, eller selfien, säger till dig, då du är en förrädare. Men vem är du en förrädare mot – den här personen med porträttet, eller är du en förrädare mot Skaparen? Vad är värre kan man undra? En förrädare mot Skaparen, din själ och din andliga vän som ivrigt står där redo att hjälpa dig, eller mot personen på mulan med porträttet? Så jag sa, "Vad skulle vara det värsta du kan göra, att vara en förrädare mot mig eller mot dig själv?" Då sa dom, "Jag vill inte vara en förrädare mot mig själv, för jag är 99 procent mig själv, jag är bara 1 procent här." Jag sa, "Det är värre att vara förrädare mot sig själv än mot inkarnationen och mot spelet. Spelet kanske inte ens är helt verkligt, det kan vara iscensatt. Du kommer att möta händelser som är iscensatta, bara för att se om du lyssnar på den där inre varelsen, dina andliga vänner och vad som känns sant för dig - Eller om du följer den där pyttelilla trumpetrösten som säger, 'Förrädare! Förrädare! Myteri! Myteri!'" Så nu bestämde sig fyra av dom för att inte delta i det här och det var faktiskt det jag ville se. Så jag tar tillbaka skeppen och dom här fyra leds av sina andliga vänner ut ur det här landskapet till en parallell händelse. SÅ, det var min lektion.

D. Det var en otroligt klok lektion som du gav dem och mig!

B. Det är ett faktum att det finns en enormt stor andel, en otroligt stor grupp, som inte bryr sig, och det är samma sak här. Vad händer om du stöter på dom som inte bryr sig? Det betyder att ytan är passiv och insidan, som är kopplad till en vän från andevärlden, försöker göra sig hörd. Men om du känner att du inte har nåt av värde att bidra med, eller att du är till gagn för det större upplägget, då kan du bli passiv. Det stora problemet är dom passiva. Det är lättare att ta sig an dom som gör fel; du kan antingen ta hem dom eller lägga ner mycket ansträngning på att förvandla deras drivkraft. Eftersom dom åtminstone HAR en drivkraft, bara kanaliserar den åt fel håll. Men nån som överhuvudtaget inte har nåt driv, som bara är passiv, som inte bryr sig, den är det svårare att väcka. Det är en viktig lektion för småstjärnorna. Bland dom här fyra, som kommer att inkarnera, kommer några att vara passiva och några vara mottagliga med mycket driv, bara åt fel håll. Och en av småstjärnorna sa, "Det är svårare att gör mig hörd hos den som inte bryr sig, än den som marscherar på riktigt snabbt och försöker göra gott, även om det är dålig gott. Det är lättare att förvandla den i förändring än den som sover."

D. Tydligen är de styrande makterna väl medvetna om det, eftersom de lägger ner stora ansträngningar på att skrämma människor till att vara undergivna.

B. Förrädare! Förrädare! Om du inte tycker som vi, är du en förrädare! Men insidan och kopplingen till Skaparen och till Källan, det är det som du ska anpassa dig till. Du vet, allt annat är bara ett mischmasch. Det är bara iscensatt för att se om du låter dig förtrollas av trumpeten, speciellt om nån visar sig så dynamisk och imponerande som jag här. Jag är klädd i mitt allra flottaste; Jag har ett färdmedel, min mula; och jag har också det här storslagna porträttet av mig, så jag måste ju vara nån oerhört skicklig och framstående individ, nästan gudomlig! Hur nån framställer sig själv är lite nyckeln till om dom har följare eller inte. Och dom som är som jag – det som jag porträtterar här, kungen – vi vänder oss faktiskt till den gruppen, dom passiva. För dom ifrågasätter inte, dom kommer bara att följa trumpeten. Men han som full av iver säger ”Oh jag är redo att gå in i striden, han vet jag kan lätt övertygas till nåt annat. Dom som är som jag i den här scenen, vill att anhängarna ska vara passiva, men andevärlden vill att du ska vara aktiv. Så där har du dilemmat och det var vad scenen handlade om, och jag tror att jag fick fram min poäng. När dom andra, dom på fartyget, kom tillbaka frågade jag, "Hur gick det för er, grabbar?" och dom var lite som, "Vi mådde inte så bra till sjöss." Jag sa, "Läxorna för er var att ni var låsta i en situation, som ni inte kunde ta er ur, i det här fallet fartyget." Dom här till fots kunde gå, kunde springa iväg, men dom på båten stötte också på problem, men satt fast. Olika läxor.

D. Här på Jorden idag attackerar media och politiker hela tiden människor för att de uttrycker sanningen om farorna när det gäller olika religioner, GMO, bekämpningsmedel, vaccinationer, mikrovågsstrålning och statlig korruption, vilket gör människor passiva och rädda för att säga ifrån. –

B. Där har du det igen! Den här pompösa typen i bakgrunden med trumpet sätter reglerna för vad som är okej och vad som inte är okej. Och när det väl gäller, då blir vissa passiva och bryr sig inte. Men dom andra kanske känner, "Jag vet att allt kommer från ljuset, så det är på många sätt en fabricerad rädsla." Ia kom också förbi och tittade på det här och sa, "Vilken storslagen scen du gjorde här!" Jag sa, "Ja, visst gjorde jag!" Då sa hon, "Men vad har du på dig?" och jag sa, "Jag har på mig mitt allra flottaste, jag porträtterar kung Henrik. Jag är Henrik den Åttonde."

D. Du kanske skulle vilja inkarnera om du tycker det här är så roligt.

B. Om jag bestämmer mig för att göra det, om det är möjligt – Ophelia ger inget grönt ljus för det – men OM det är möjligt, då skulle jag vilja vara en upptäcktsresande. Jag skulle vilja åka runt i djungeln och jag skulle vilja åka till Egypten och jag skulle vilja avslöja alla hemligheter som jag VET är gömda på olika platser! *(Titta åt vänster)* Oh, Ophelia kommer inte att tillåta att det sker...

D. De skulle få dig att glömma, precis som alla oss andra. Du kommer att minnas lika lite som alla på Jorden.

B. Aha ... aha ... oh, hmmm. Jag skulle hamna under glömskans gissel och karma. Här har jag ingen karma, i den bemärkelsen.

D. Du skulle vara fast i hjulet.

B. Och jag kanske skulle få ett fordon som inte svarar. Nä nä, jag vill inte ha nån av dom kropparna. Jag tror inte att jag skulle få en sån som med trumpeten första gången. För om du är helt ny i gamet är det inte meningen att du ska klä ut dig i allt det här tjusiga bling-blinget, för du inte är utbildad till att vara ledare över en stor grupp. Det är också en av dom sakerna som vi ser, att vissa själar som kommer in inte är lämpade för rollen dom spelar. Som att vara en ledare, typ en kung med en trumpet.

D. Vi har ett gäng sådana.

B. Precis. Vi försöker balansera upp det med att öka ljuset inom andra områden. Saken är den att även jag här på min mula med mitt porträtt, jag skulle falla platt om hela den här gruppen om femhundra... istället för att gå framåt med ryggen vänd mot mig, om alla dessa femhundra skulle vända sig om och gå EMOT mig, då skulle jag – mulan - porträttet och trumpeten, vi skulle falla platt till marken. Och det är hela lärdomen här; att gruppen i sig, när dom utgår från källan av sin själspartikel, har möjligheten och förmågan att eliminera idéer och rädslor, vilket kan handla om individer eller föreställningar som flyger omkring helt okontrollerat. Ni är starkare än ni tror, den här gruppen. Du behöver bara få dom som är passiva att vakna till och vara villiga att delta. Och det är lite av ert jobb i detta liv. Få människor att känna sig lockade av att dom har nån inom sig *(deras själ)*, som uppenbarligen är här på ett hemligt uppdrag. Att sända ut bubblor av ljus in i den storslagna designen och in i den stora webben.

D. Det var en lysande lektion, min vän.

B. Aah. Så det är vad jag har gjort, och jag förbereder mig fortfarande lite för Evolutionsgruppen.

D. Nåväl, grattis till din underbara pjäs, det var fantastiska lärdomar, som jag verkligen uppskattar. Det kommer att finnas med i din *Del 1*. Vad tycker du om den förresten?

B. Ah, den är bra. Jag gillar min bok, jag har gjort det bra. Alla har gjort bra ifrån sig, inte bara jag även om jag kanske är den store talaren. Alla deltar, och en del av det som jag säger kommer faktiskt från Ia eller Rådet, eller Gergen och Ole, du vet, det är allihopa. Så även om jag är talesperson på många sätt, är allt en gemensam insats.

D. Vi kommer att notera det, så att folk förstår att du är talespersonen.

B. Jag är en talesman från den andra dimensionen. Jag tar mitt jobb på största allvar.

D. Jag är säker på att de är stolta över dig.

B. Jag är också lite stolt.

D. Det ska du vara.

B. Även om det kan betraktas som pompöst att vara stolt. Men det är också en grej! Vissa säger, "Säg inte att du är stolt över dina prestationer." VARFÖR INTE? säger jag. Alla är bra på nånting och du borde, som människa, till och med applådera dig själv ibland och säga, "Jag är verkligen tacksam för att jag gjorde så bra ifrån mig på det här provet." Eller, "Jag hjälpte verkligen den personen att växa, jag tycker att jag gjorde det riktigt bra." Det är inget fel med att säga att du faktiskt gör nånting bra. För om du bara tänker, "Oh, här var jag dålig. Jag engagerade mig inte där. Det jag gjorde där var inte bra." - Då blir vågskålen helt i obalans. I andevärlden får vi säga vad vi gjorde bra, och skulle det vara fel så kommer nån att tala om det för oss och vi kommer att få veta hur vi kan göra det bättre.

D. Det är ett bättre sätt att vara. Det är mer ärligt.

B. Aah, nu ska jag återgå till min pjäs. Jag har en uppföljare! Del två i detta storslagna drama där vi ska marschera till Frankrike.

D. Okej, min vän, tack för att du kom.

B. Tack för att du också kom! (*Trumpetade*) DEET da da DEET!

Robin Hood undervisar de Rika (11 maj 2019)

Vi hade tänkt avsluta den här boken med Bobs lektion, där han porträtterade sig själv som en pompös kung, men han höll ännu ett underbart anförande som hängde mycket väl ihop med temat mänskligt beteende, så vi låter hans episka berättelse om Robin Hood och De Gröna Rebellerna ingå som en liten bonus för dig. Bob har följt mig genom många medeltida liv, så han är mycket väl kvalificerad att återskapa de beteenden som han observerat.

D. Vad har du arbetat med?

B. Jag jobbar med att lära eleverna om välgörenhet. Eftersom, när du väl kommer hit ner, måste du efter ett tag bli lite mer välgörenhetsinriktad. Du måste vara mer inställd på att ge mer än du tar. Jag speglar det på ett sätt som att du tar nånting och ger det vidare till nån annan, utan att ta åt dig äran för det. Du sänder det bara vidare. När du gör nånting av ren givmildhet, då växer du som själ i människan, eftersom du på nåt vis objektivt observerar den mänskliga upplevelsen. Själen jobbar självständigt med ett större uppdrag, och det är att upplysa eller till och med dela ljus med andra som saknar det eller som är nedtonade på insidan. Så när jag nu speglar det här - att ta nåt från nån annan, en som kanske inte ens uppskattar sakerna eller ens är en givmild person, så har jag tagit på mig en ny hatt *(för att porträttera en mänsklig egenskap)*.

D. Vad är det för hatt?

B. Den är grön. Mossgrön, och med en liten fjäder *(han vänder sig åt sidan för att visa).* Den har en liten röd knapp framtill. Den har ingen funktion den här knappen utan det är bara för att göra hatten lite finare.

D. Så vad handlar din pjäs om nu?

B. Jag sätter upp en pjäs med alla sex eleverna från den Sjätte och deras sex hjälpare, småstjärnorna. Tre (*från Sjätte*) kommer att agera som att dom bär stor kunskap men inte delar med sig. Dom andra tre har fått lite mer själsmedvetande med sig. Jag har dämpat dom tre som är lite giriga, så dom kanske inte ens förstår att dom ÄR giriga. Jag dämpade själsmedvetandet inom *dom,* och jag ökade själsenergin, upplysningen och förståelsen i dom andra tre. Dom andliga guiderna vet exakt vad som har hänt och dom är här för att på nåt sätt regissera den här pjäsen; hur når du fram till en grupp, en person eller en organisation som säger sig äga en kunskap eller en idé, det vill säga dom där tre som jag har dämpat där borta. Dom har alla dessa rikedomar men dom sitter på dom. Hur når du fram till stagnation när nån varken har vilja eller förmåga att dela med sig? SÅ, jag är som Robin Hood.

D. *(Skrattar)* Är det det som den gröna hatten representerar?

B. Precis! Jag är en slags Robin Hood. Så jag sa, "Låt oss bara inta fortet och ta rikedomarna och sen dela dom med allmänheten." Vi är kamouflerade. Jag, jag är med dom tre som jag har gjort lite mer medvetna, så du vet, vi ska attackera fortet och när vi har kommit in ska vi på ett skonsamt sätt försöka få dom att förstå att deras ljus är nedtonat. För dom är inte lyckliga där i fortet, dom är bara så inställda på att sitta på en idé eller en tro, utan nån som helst vilja att dela med sig. Deras inställning är att dom är berättigade - det är ett ord jag verkligen ogillar - berättigad. Vem har sagt att du är berättigad det ena eller det andra? Vem har sagt att du vet bäst? Vem har sagt att du har rätt att sitta med din pompösa bakdel på skattkistan? Vem sa det? DU *(menar den som anser sig berättigad)* sa det. Skaparen sa det inte. Skaparen sa, "Vi har gett dig en skattkista, vi har gett dig tillgång till idéer, till och med rikedomar i form av pengar, men det är meningen att du ska dela den skatten med andra." Om vi tonar ner ditt väsen, kan du att ha mindre tillgång till viljan att dela med dig; men om du gör det, kommer faktiskt ditt ljus att öka.

D. Det är en bra läxa.

B. Så när vi nu ska inta det här fortet gav jag dom samma hattar, men jag har en knapp på min, så dom kan se att jag är ledaren i gruppen.

D. Jag trodde att du hade en fjäder.

B. Och en knapp. Fjädern är baktill på hatten men framtill har jag en röd knapp. Det har inte dom. Så jag gav dom hattarna, för dom gillar att klä ut sig, att gå in i en karaktär, som dom säger. Dom andra *(med dämpat ljus)* har också klätt ut sig och dom föreställer Baroner, Hertigar, Grevar, du vet adelsmän, såna med titlar. Och det är ju också en sak, alla dessa titlar! Doktor, Docent, Professor, Greve, Grevinna; alla dessa titlar, som det verkligen inte finns nåt behov av eftersom det bara skiljer er åt. Det är som att sätta sig själv lite på en piedestal och på nåt vis att säga, "Mitt porträtt är mycket finare än ditt." Men vem har sagt att det ena porträttet är bättre än det andra? Det är i och för sig inget fel med att ha ett porträtt, men hur du målar ditt porträtt och hur du visar upp det, det är det som är viktigt. Så där uppe *(i fortet)* har vi Grevar, Grevinnor, Hertigar och så vidare. Vi här *(i de gröna hattarna),* vi är jämlikar – förutom jag som har en knapp men det är bara för att visa att jag är läraren. Så vi intog fortet och jag skapade hela det här medeltida dramat med rep som hängde ner för dom att kunna klättra upp. Jag var redan där uppe, jag bara placerade mig; ingen anledning med allt det där fysiska tramset. Men dom spelade en karaktär, så jag sa: "Du kan äntra upp för repet där på väggen, så möter jag dig där uppe." När vi kom in där pågick en stor medeltida festlighet. Och dom andra tre var klädda som tre herremän från olika provinser och satt där och jämförde sina skatter; och dom var som, "Se på min vackra bägare av guld," och "Titta här på mitt gyllenglänsande svärd." Och där satt dom och jämförde och märkte inte ens att vi kom in. Och när vi gjorde det blev dom lite bestörta och började ropa på vakterna, men jag hade fått dom att gå sin väg, så det fanns inga vakter. Jag sa till min grupp, rebellerna i dom gröna hattarna, "Ibland är det bra att vara rebell, för en rebell är god i sin kärna." Dom som använder ordet rebell på ett negativt sätt, dom har liksom kidnappat ordet, eftersom rebell faktiskt indikerar att på nåt sätt tränga in i en stagnation och röra om i ett system, eller i en tro, eller i olika organisationer. Så vi är rebeller – huhuuh, De Gröna Rebellerna!

D. Det låter roligt!

B. Och här kommer vi. Vakterna är borta och herrefolket dom blir väldigt snopna. Dom andliga guiderna är närvarande, men observerar bara i det här läget. Jag sa, "Det är här som förlikning kommer in, när vi börjar lyssna på varandra och komma fram till en uppgörelse. Vad tror du att det kommer att leda till, att du har alla dessa glänsande bägare och svärd? Vad tror du det kommer att säga om dig, dina framsteg och om själen inom dig?" Och eftersom dom är nedtonade, så är dom inte riktigt medvetna om att dom har en själ inom sig. Så först och främst måste du väcka insikten i dom, att dom faktiskt HAR ett inre väsen som kanske vill att det yttre ska bete sig annorlunda. Så, vad jag gör här, med lite magi, jag ökar gradvis ljuset hos dom som är nedtonade. Och när jag gör det, finns det en högre närvaro i rummet. I det här läget sitter dom Gröna Rebellerna och utstrålar det till dom andra tre, som ju är deras vänner därhemma. Jag har instruerat de Gröna Rebellerna att på nåt sätt utstråla och tända ljuset hos dom som är nedtonade. Det är därför jag har tre och tre som jobbar i par. Så, dom sitter här, och dom som är nedtonade är först lite förvirrade och försöker på nåt vis kämpa emot. Och det är vad du kommer att uppleva; att även om nån försöker tända ett ljus inom en annan kan dom göra motstånd eller till och med attackera och bekämpa det. Men det är bara människan, egot. Det är i första hand i det mentala som rädslan slår till. Rädsla finns inte så ofta inom hjärtområdet, och den finns ALDRIG närvarande i mittpunkten. Men vad dom försöker göra här, och det är vad du gör när du lyser upp nån från insidan, du försöker dämpa sinnet. Du försöker sätta det ljuset i viloläge, så att dom helt enkelt upplever allt från hjärtat och FÖRHOPPNINGSVIS från mittpunkten. Jag gillar inte ordet "attackerar" så jag säger, "vi vänder oss till" det mentala, eftersom det mentala är det som är kopplat till rädsla och girighet, att ha alla dessa känslor av att vara berättigad vissa saker. När du väl är upplyst i din mittpunkt och i ditt hjärta, då kommer det mentala på nåt sätt att kapitulera. Så, vad jag låter dom här Gröna Rebellerna göra, är att skicka ut en energilänk till mittpunkten och hjärtat, som får det att lysa upp mer. Det är då det mentala och hjärnan lite grann börjar ge upp. Och i närvaro av sina vänner här, som både försökt och också lyckats tända ljuset hos dom andra, började dom tre att gråta, och dom skämdes djupt över hur dom hade betett sig. Dom sa, "Jag vill att du tar allt!" Men dom

Gröna Rebellerna sa, "Vi är inte här för att ta det. Vi är inte intresserade av din gyllene bägare och ditt svärd; vi är intresserade av dig. Vi bryr oss inte om vad du har. Vi bryr oss inte om att du kanske äger mer än vi gör. Vi bryr oss om dig. Vi bryr oss om hur du mår och det faktum att du är nedtonad. Vi är här för att se till att du upplever känslan av kärlek och koppling till din källa och till andra."

D. Det var en riktigt vacker undervisning.

B. Aah. Så det var den pjäsen. Jag var verkligen stolt över mina Gröna och efter det satte vi oss ner och det gavs mycket tröst och uppmuntran till dom andra. Dom sa, "Det var nästan som att jag sov. Jag kunde inte höra den där inre rösten. Varför gjorde jag så? Jag känner inte igen mig själv." Och jag sa, "Det här liknar det som ibland kan hända när du kommer ner i en människokropp. Du kanske inte riktigt känner igen varför du agerar och känner på ett specifikt sätt. Du kanske börjar tänka, "Varför reagerar jag så här? Varför känner jag allt det här? Varför dras jag till det negativa? Varför kan jag inte se ljuset i andra? Varför är jag så rädd att kapitulera?" Att kapitulera här *(på Jorden),* betyder på många sätt ett nederlag, medan att kapitulera i andevärlden visar på växande och lärande. Om individer attackerar eller placerar sig själva på kistlocket *(sina rikedomar eller övertygelser),* då är deras förhållningssätt styrt av rädsla. För dom betyder det näst intill död att kapitulera. Istället är givande faktiskt en känsla av återfödelse.

D. Det var en mycket gripande lektion, min vän.

B. Ah. Så, vi lär ut det, eftersom du inte alltid helt kan styra händelserna när du är i en människa. Du kan inte styra vad andra gör. Det är inte som jag här, jag har alla möjligheter att regissera den här scenen. Men när du kommer in och har en mänsklig upplevelse, har du ingen möjlighet att ansvara för vad andra gör. Du kan bara vara centrerad inom ditt eget väsen, inte vara rädd för att kapitulera och våga erkänna att du kan ha haft fel. Att vara i det tänkesättet att du erkänner att du har haft fel; det är ett sätt att kapitulera. När du gör det, förlorar du inte, du vinner. Du vinner alltid. Men det betyder inte att om nån försöker pracka på dig sina idéer, att du bara ska säga, "Oh, jag ger mig, jag växer!" Men om du till exempel känner dig missnöjd, så kan det vara ett tecken på att nånting är nedtonat eller fel. Men så kommer nån och försöker tända ljuset i dig, eller bara vara vänlig, och dom kanske inte säger, "Jag är här för att tända ljuset i dig, jag har kommit för att lyfta upp dig." Men dom finns på nåt vis där för att hjälpa dig.

D. Det är riktigt bra. Jag skulle vilja ta med det i vår nuvarande bok men den är redan ganska lång.

B. Ah. Jag vet inte. Ophelia säger, "Det är upp till dig." Men jag vill att min bok bara ska fortsätta och fortsätta. Jag har inget emot det. Det är viktigt, men du vet...

D. Jag kan lägga till det på slutet?

B. Aah, kanske där vore bra. Så hur som helst, det är vad jag pysslat med. Och Tom, Tom är med sin person och dom kommer verkligen bra överens. Hans person från Sjätte har en HÄRLIG humor men han är mer lugn än Seth Junior. Toms person var faktiskt i rebellgruppen.

D. Och Seth Junior?

B. Seth Junior var i den andra gruppen. Han var som, "Wow, titta på alla tjusiga saker! Jag vill vara med där," istället för att verkligen förstå vad det handlade om. Alla fick saker för sin roll. Vissa fick kistorna med guld och vackra saker, men min grupp här fick bara den gröna hatten. Seth Junior sa, "Oh, jag går dit, titta vad det skimrar."

D. Så du lät dem välja?

B. Lite grann. Men det jag inte sa, var att jag skulle tona ner dom som fick alla dom granna prylarna, och lysa upp insidan hos dom som bara valde den gröna hatten. Så det är också nåt som ni människor kan tänka på. Om nån säger, "Titta vilket stort hus jag har, oh vad tjusigt. Titta på min fina bil och vackra fru, se så ung och vacker!" Huhu, du vet så. Men det kanske inte är lika flott och glassigt när det kommer till kritan. Och dom här som bara hade den lilla gröna hatten, inuti var det faktiskt dom som var lärarna. Dom andliga guiderna deltog inte så mycket mer än när det kom till medlingen där dom försökte hjälpa sin person, dom nedtonade, att öppna upp sig. Dom gröna hattarna som sände ljus, där försökte guiderna få dom att rikta det till rätt ställe och inte mot magen eller fötterna. Dom sa, "Skicka din avsikt om välbefinnande först och främst till hjärtat, eftersom det är närmare det mentala. Det kommer då att smitta av sig på det mentala, förhoppningsvis. Sen ställde guiden sig bakom sin person i den gröna hatten, och sa, "Nu ser jag att området kring hjärtat lyser upp lite, så försök nu att dela upp din energi och fortsätt skicka samma avsikt om välbefinnande och omsorg men inkludera även mittpunkten. Mittpunkten kommer att få hela individen att förstå mer. Hjärtat känner bara typ medkänsla och barmhärtighet, bara liksom kapitulerar lite grann, men hela upplevelsen av att fullt ut förstå och bryta igenom, kommer när mittpunkten lyser upp.

D. Så fint!

B. Det är inte så konstigt, egentligen, men det här var min pjäs.

D. Det var en underbar pjäs. Den här sa att hon såg dig i en liten grön hatt igår. Så vi gissade på någon medeltida karaktär.

B. Jag ville vara lite av en rebell. Och mina elever frågade, "Vem var som en bra rebell förr i tiden?" och jag tänkte, "Uhmm, jag ska vara Robin Hood!" Det fanns andra rebeller som gjorde gott också, men det slutade inte alltid så bra och det här handlade om att väcka medkänsla, och även att förstå att kapitulera inte alltid betyder nederlag. Att kapitulera, be om förlåtelse och inse att du kan ha gjort nåt fel, det rensar faktiskt bort mycket av det som du har gjort tidigare. Det löser upp många, många olika knutar i din Karmiska Kappa. En del människor är verkligen rädda för att be om ursäkt och att kapitulera, men mycket karma är faktiskt relaterat till det. Att be om förlåtelse och att vara villig att lämna en idé eller ett tankesätt bakom sig – vilket betyder att kapitulera. Det gör att du växer, du blir inte mindre, som en del är rädda för. Zachariah kom också in och han gjorde anteckningar om den här pjäsen. Han berömde verkligen mitt sätt att undervisa och sa, "Det här är verkligen intressant, kom du på det här alldeles själv?" Och sen sa han, "Jag kommer att stå här vid sidan av och se hur allt slutar." Men också viktigt; vad gör du om du är själv, om du inte har en vän, arbetskamrater eller en familj? Finns det ingen då som kommer in och lyfter upp dig? (*Ser finurlig ut*) Det är nästa nivå - Hur gör du det här själv?

D. Det är en bra fråga.

B. Del två, kommer senare. Hur gör du det här, om ingen kommer och hjälper dig? Om den enda hjälp du har är från din andliga vägledare? Nästa gång jag gör pjäsen kommer jag att dämpa alla och dom andliga guiderna kommer att vara den enda länken till det ljuset.

D. Det är mycket svårare.

B. Mycket svårare. Så det finns steg här. Men det kommer härnäst. Så nu ska gå, men tralla la la la la.

D. Tack för att du kom. Det var en riktigt, riktigt bra lektion.

B. Zachariah sa också att det var riktigt bra, och han sa, "Vem sa åt dig att göra det här?" och jag sa, "Jag gjorde det alldeles själv."

D. Kanske kommer Zachariah att sluta föreläsa så mycket och gå vidare till skådespel?

B. Kanske han kommer och ber mig om råd; "Vad tycker du, Bob? Vad tycker du att vi ska göra med den här?" Och då säger jag, "Hmmm. Låt mig se ..." *(och han strök sig över hakan i djup eftertanke).* Det skulle vara ett roligt resultat eller händelseförlopp.

När *Del 1* går mot sitt slut bör vi ta en stund och tänka på de senaste lärdomarna som Bob gav oss. Det är alldeles för lätt att fastna i livets dramer på Jorden, men i alla våra personliga strider bör vi alltid ha i åtanke de ord som Bob sa till sina elever när han satt där i all sin glans på sin mula, ”Det är värre att vara en förrädare mot sig själv, än mot inkarnationen och mot spelet. Spelet kanske inte ens är helt verkligt, det kan vara iscensatt så här. Du kommer att möta händelser som är iscensatta, bara för att se om du lyssnar på den där inre varelsen och dina andliga vänner och vad som känns sant för dig.”

Skapelsens Hjul

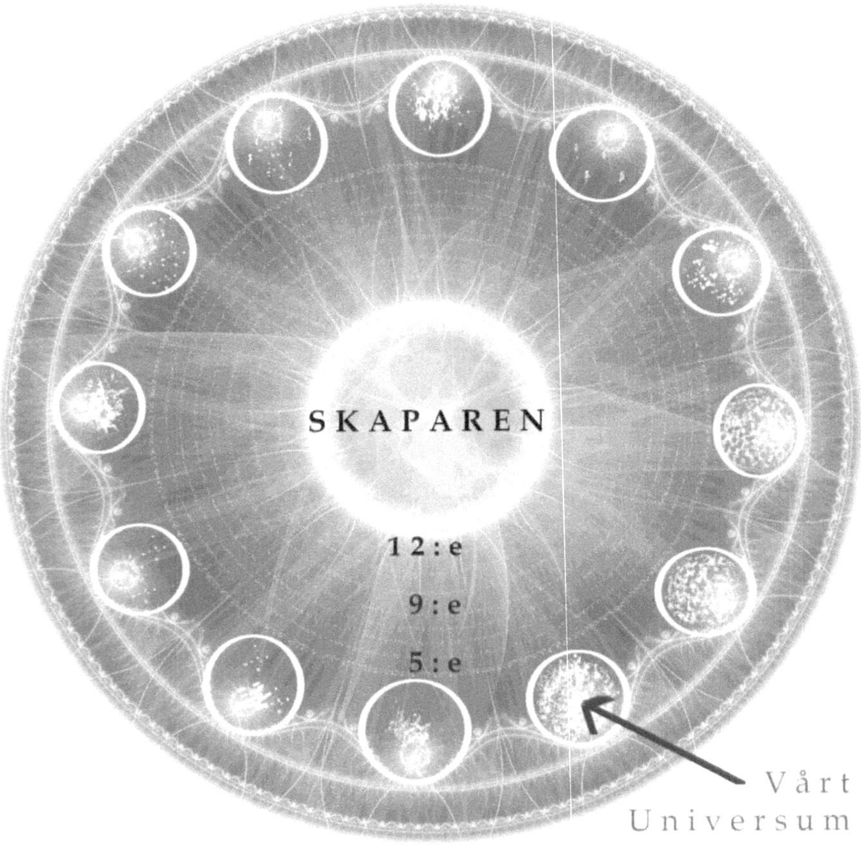

OM FÖRFATTRNA

Christine Kromm Henrie är transmedium, andlig kanal, certifierad tidigare liv- och livet mellan liven- regressionsterapeut samt framtida liv progressionsterapeut och astrolog. Hon föddes och bodde i Stockholm, fram till 2014, då hon flyttade till USA och gifte sig med David Henrie, med vilken hon nu delar sitt arbete.

Hon hade ett intensivt andligt uppvaknande 2009 under en tidigare liv regression, vilket blev startpunkten för hennes arbete med de högre dimensionerna. Hon började ta emot budskap och visioner från sina andliga guider om sin själs uppdrag, information så att hon kunde utveckla de färdigheter som behövdes för att de skulle kunna tala genom henne. Hon tog till sig deras råd och studerade olika former av mediumskap, trans och astrologi i Sverige och England under de kommande fem åren. Denna intensiva träning gjorde det möjligt för henne att förfina länken och etablera förmågan att under längre perioder upprätthålla det förändrade medvetandetillståndet som krävdes.

Efter att ha flyttat till USA fortsatte hennes formella utbildning inom regression och hypnoterapi och där blev hon en licensierad regressionsterapeut. Christine har kontor i Stockholm, där hon erbjuder privata regressioner för att hjälpa människor att återkalla lärdomar från tidigare liv och minnen från deras andliga hem. Från 2019 tar hon även emot klienter i Skåne. Konsultationer är också tillgängliga online.

En nära-döden-upplevelse vid elva års ålder och en transcendental uppenbarelse i hans tidiga tjugoårsålder ledde David Henrie till livslång undersökning av andens natur. Hans studier fokuserade på NDU, reinkarnation, spiritualism och de teologiska föreställningarna inom buddhismen och andra förkristna religioner. Efter en lång karriär som petroleumingenjör och verkställande chef i USA bor han nu i Sverige med sin fru, där hans tid ägnas åt skrivande och forskning. David leder trancesessionerna och samtalar med andarna som Christine kanaliserar. Han renskriver de inspelade dialogerna och sammanställer deras lärdomar i böckerna.

Christine och David håller regelbundna föreläsningar om själens utveckling och livet efter detta för att hjälpa människor att komma ihåg att de alla har ett själsligt uppdrag och syfte här på Jorden. All publicering sker via Access Soul Knowledge. För mer information, besök

www.AccesSoulKnowledge.com.

www.ingramcontent.com/pod-product-compliance
Lightning Source LLC
Chambersburg PA
CBHW030144100526
44592CB00009B/109
* 9 7 8 1 9 5 1 8 7 9 0 8 2 *